DICCIONARIO DE MODISMOS VERBALES EN INGLÉS Y ESPAÑOL
PHRASAL AND PREPOSITIONAL VERBS

Ronan Fitzsimons
(Nottingham Trent University, GB)

Diccionario de modismos verbales en inglés y español
Phrasal and prepositional verbs

Herder

Diseño de la cubierta: Claudio Bado y Mónica Bazán

Fotocomposición: gama, sl
Imprenta: Liberdúplex, S.L.
Depósito legal: B-34.119-2001
Printed in Spain

ISBN: 84-254-2119-5 **Herder** Código catálogo: DIC2119

Provenza, 388. 08025 Barcelona - Teléfono 93 476 26 26 - Fax 93 207 34 48
E-mail: editorialherder@herder-sa.com - **http://www.herder-sa.com**

A Shell, Miguel y Sabina
Sit back; beer up; chill out!

Prefacio

Introducción

En el largo y tortuoso proceso del perfeccionamiento del inglés, quizás uno de los mayores obstáculos para el estudiante extranjero sea el aprendizaje de los llamados *phrasal and prepositional verbs*. El hecho de que un verbo inglés pueda ir acompañado de varios tipos de partículas que le confieren significados bien diferentes (e incluso suponen ambigüedades con la misma combinación verbal), presenta enormes dificultades y confusiones. Ha frustrado a más de un estudiante del inglés como lengua extranjera el darse cuenta de que los niños de habla inglesa aprenden este tipo de expresión de forma casi instintiva, llegando muy pronto a dominar las complicaciones y sutilezas que suponen los *phrasal verbs*. Dirigiéndose específicamente al estudiante de habla española, el presente diccionario tiene como objetivo ofrecer soluciones tanto claras como completas al enigma de los verbos frasales y preposicionales, ilustrando cada uso con un ejemplo bilingüe.

¿Qué es un phrasal verb?

Definamos primero lo que constituye un *phrasal verb,* y qué tipos de combinaciones hay. Todo depende de la clase de partícula de la que se trate: si ésta es un adverbio, se puede calificar al conjunto de verbo frasal o *phrasal verb*; si es una preposición, en cambio, entonces se denomina verbo preposicional o *prepositional verb*. A pesar de esta – a veces sutil – diferencia, el término más generalizado para describir cualquier tipo de verbo inglés con partícula sigue siendo *phrasal verb*, y es éste el nombre que aplicaremos a la mayoría de las expresiones contenidas en este libro de consulta.

¿Qué pretende hacer este diccionario?

Algunos trabajos ya lanzados al mercado se han limitado a ofrecer un resumen más o menos detallado de los verbos frasales más comunes (normalmente unos cincuenta verbos base). Otros han propuesto soluciones españolas solamente a los verbos estrictamente frasales, y han omitido un gran número de posibilidades idiomáticas de las que habría convenido que el estudiante dispusiera. En nuestra edición, procuramos ir más allá de lo ofrecido hasta la fecha. Con miras a equipar al estudiante de la gama más alta posible de expresiones, incluimos también usos verbales que no suelen figurar en tales diccionarios: los hay que dirían que una expresión como equipar *a alguien* de *algo* no debería corresponder a este tipo de trabajo – sin embargo, ya que la traducción más adecuada es *to* equip *somebody* with [y no of] *something*, creo que el estudiante agradecerá que se haya destacado la diferencia, y de paso aprenderá un poco más de vocabulario. Nótese también la inclusión de ciertas expresiones como *to act as* (hacer las veces de) que, sin ser *phrasal verbs*, son modismos que al lector juzgamos le serán útiles.

El inglés como idioma mundial

Como es sabido, el inglés no se limita solamente a Inglaterra, ni siquiera al Reino Unido. Para reflejar la importancia mundial del inglés, hemos intentado incluir aquí las aportaciones más importantes de diversos países de habla inglesa: entre ellos Irlanda, Estados Unidos y Australia.

Registros y modismos

Al margen del factor geográfico, los *phrasal verbs* existen a muchos niveles del lenguaje. Por lo tanto, aquí cubrimos usos formales, informales, arcaicos, jurídicos, técnicos y deportivos, entre otros. Asimismo, el inglés no es un idioma que alcance su cuota de usos idiomáticos y se duerma en los laureles: la naturaleza cambiante de la lengua de Shakespeare hace que casi cada día se acuñe una nueva palabra o un uso diferente de una palabra ya existente. Los *phrasal verbs* no quedan excluidos de este fenómeno, y el presente diccionario procura tratar todo tipo de modismos de la actualidad de comienzos del siglo veintiuno – mucho argot y algún tabú, que espero que el lector me perdone en beneficio de la ampliación de su vocabulario.

¿Transitivo o intransitivo? ¿Separable o inseparable?

Como es el caso también con las estructuras verbales menos complejas, los *phrasal verbs* pueden ser transitivos (llevan objeto directo) o intransitivos (no lo llevan), pero hay una complicación adicional: el uso correcto de un *phrasal verb* transitivo requiere que el estudiante sepa si se trata de una expresión separable (cuya partícula puede – o, en muchos casos, debe – ir después del objeto, alejándose un poco del verbo del que depende) o inseparable (en caso de lo cual, el verbo y la partícula deben ir juntos, no pudiendo haber palabras en medio). Téngase en cuenta que en el caso de que el objeto de un *phrasal verb* separable sea pronombre, éste deberá ir obligatoriamente entre el verbo y la partícula. En este diccionario hemos adoptado un sistema de abreviaturas que, a pesar de parecer contradecir de vez en cuando las reglas que definen qué constituye un verbo transitivo o intransitivo, esperamos ofrezca una explicación clara de los posibles usos de cada compuesto.

Abreviaturas

A continuación viene una lista de las abreviaturas que hemos utilizado:

arc	término arcaico
arg	argot
arq	término arquitectónico
AUS	inglés australiano
com	término del mundo comercial
dep	término deportivo
eléc	término relacionado con la electricidad
esp.	especialmente
etc.	etcétera
form	uso formal
fút	término futbolístico
GB	inglés de Gran Bretaña
inf	uso informal
infin	infinitivo
ins	(verbo) inseparable
IRL	inglés de la República de Irlanda
IT	término relacionado con la informática
jur	término jurídico
lit	término literario
méd	término médico
mil	término militar
náut	término náutico
pol	término político
sep	(verbo) separable
sep ns	(verbo) separable y normalmente separado
sep os	(verbo) separable y obligatoriamente separado
tab	tabú
téc	término técnico
vi	verbo intransitivo
v2obj	expresión verbal que lleva objeto tanto antes como después de la partícula
USA	inglés estadounidense
véase	con el objetivo de ahorrar espacio, hemos optado en muchas ocasiones por referir al lector a otra entrada cuyo significado es idéntico o muy parecido, o cuya estructura ayudará al lector a comprender cuál es el uso correcto del modismo en cuestión. Cuando hace falta, una nota entre paréntesis ofrece información adicional sobre el uso.

Nota final

Como ya queda dicho, este diccionario tiene como objetivo ofrecer al estudiante la recopilación más completa de los verbos ingleses con partículas de diversos tipos. Si sirve para que el lector disponga de un valioso libro de consulta, y si facilita en cierta medida el dominio de uno de los rincones más comunes pero a la vez más complicados del estudio del inglés, habremos alcanzado de sobra nuestra meta.

RJF
Enero de 2001

A

abandon to v2obj ♦ to leave (someone) to (fate etc.) ~ abandonar a (alguien) a || *The sailors abandoned him to his fate ~ Los marineros le abandonaron a su suerte*

abbreviate to v2obj ♦ to shorten (name/term) to ~ abreviar a || *His name is Samuel, but he abbreviates it to Sam ~ Su nombre es Samuel, pero lo abrevia a Sam*

abduct from v2obj ♦ to kidnap (child etc.) from (a place) ~ raptar/secuestrar de || *They have abducted the prince from the palace ~ Han secuestrado al príncipe del palacio*

abet in v2obj ♦ to be an accomplice of (criminal) in (crime) ~ ser cómplice de (alguien) en || *It's true that I abetted the men in the robbery ~ Es verdad que fui cómplice de los hombres en el robo*

abide by ins ♦ to act according to; to accept; to obey ~ atenerse a || *We had to abide by the committee's decision ~ Tuvimos que atenernos a la decisión del comité*

abide with ins arc ♦ *véase* stay with [1]

abound in ins ♦ to have (contain etc.) a lot of ~ abundar de/en || *The forest abounds in beautiful flowers ~ El bosque abunda en flores bellas*

abound with ins ♦ *véase* abound in

abscond with ins ♦ *véase* escape with [1]

abseil down vi & ins ♦ to descend by abseiling ~ hacer rappel || *He abseiled down (the cliff) ~ Hizo rappel bajando (del acantilado)*

absent oneself from ins form ♦ not to attend ~ ausentarse de || *Laura chose to absent herself from the meeting ~ Laura optó por ausentarse de la reunión*

absolve from v2obj form ♦ [sin etc.] *véase* acquit of

absolve of v2obj form ♦ [sin etc.] *véase* acquit of

absorb in v2obj ♦ *véase* immerse in [2]

absorb with v2obj ♦ to absorb (liquid) using (sponge etc.) ~ absorber con || *Daniel absorbed the oil with a cloth ~ Daniel absorbió el aceite con un trapo*

abstain from ins ♦ not to do; not to take ~ abstenerse de || *She abstained from voting / from alcoholic drinks ~ Se abstuvo de votar / de las bebidas alcohólicas*

abstract from v2obj ♦ *véase* extract from

abut against ins ♦ to stand next to and touch with a projecting point ~ apoyarse en || *The garden shed abuts against the house wall ~ El cobertizo del jardín se apoya en el muro de la casa*

abut on **[1]** ins ♦ to be next to; to border on ~ confinar con || *Belgium abuts on France ~ Bélgica confina con Francia* **[2]** ins ♦ *véase* abut against

abut up against ins ♦ *véase* abut against

accede to **[1]** ins form ♦ to agree to ~ acceder a; aceptar || *In the end I acceded to what the members had proposed ~ Al final accedí a lo que habían propuesto* *los socios* **[2]** ins form ♦ to gain / enter into (crown, power etc.) ~ tomar posesión de; entrar en; subir a || *He acceded to a more important position in the firm ~ Entró en un puesto más importante en la empresa* | *The Queen acceded to the throne when she was eleven ~ La Reina subió al trono a los once años*

accept as v2obj ♦ to accept (person) as (having a particular status etc.) ~ aceptar como || *The university accepted me as a student ~ La universidad me aceptó como estudiante*

accept into v2obj ♦ to accept (someone) as a member of ~ aceptar como miembro/socio de || *The committee accepted us into the club ~ El consejo nos aceptó como socios del club*

acclimate to **[1]** ins USA ♦ to accustom oneself to (a new climate) ~ aclimatarse a || *I'll take a little while to acclimate to this new life ~ Tardaré un poco en aclimatarme a esta nueva vida* **[2]** v2obj USA ♦ to accustom (somebody) to (a new climate) ~ aclimatar a || *The house in the mountains helped to acclimate me to the rarified air ~ La casa en las montañas ayudó a aclimatarme al aire enrarecido*

acclimatise to **[1]** ins GB AUS ♦ *véase* acclimate to [1] **[2]** v2obj GB AUS ♦ *véase* acclimate to [2]

acclimatize to **[1]** ins ♦ *véase* acclimate to [1] **[2]** v2obj ♦ *véase* acclimate to [2]

accommodate oneself to ins ♦ *véase* adapt to [1]

accommodate with v2obj ♦ *véase* equip with

accompany on **[1]** v2obj ♦ to accompany (someone) during (a journey etc.) ~ acompañar en || *I decided to accompany Daniel on his trip ~ Decidí acompañar a Daniel en su viaje* **[2]** v2obj ♦ to accompany (a singing voice) by playing (an instrument) ~ acompañar de/a/con || *She accompanied us on the piano as we sang ~ Cuando cantamos ella nos acompañó con el piano*

accord with ins ♦ to agree with; to be the same as ~ concordar con; armonizar con || *Their ideas accorded with our plans ~ Sus ideas concordaban con nuestros planes*

account for **[1]** ins ♦ to give a reason for, to explain ~ responder de/explicar/dar razón de || *So this illness accounts for her absence ~ Entonces su ausencia se debe a esta enfermedad* | *There is no accounting for taste ~ Sobre gustos no hay nada escrito* **[2]** ins ♦ to explain where (a missing person) is ~ conocer el paradero de || *We can account for five of these people ~ Sabemos dónde están cinco de estas personas* **[3]** ins ♦ to constitute an amount of ~ constituir; representar || *Women account for 3% of this group ~ Las mujeres representan el 3 por ciento de este grupo* **[4]** ins ♦ to kill ~ matar || *The bomb accounted for 300 enemy soldiers ~ La bomba mató a 300 soldados enemigos*

accredit to v2obj ♦ *véase* attribute to [1]

accrue from ins ♦ to accumulate as a result of ~ proceder de || *The profits accrued from the success of the account ~ Los beneficios procedían del éxito de la cuenta*

accrue to ins ♦ to come to as an advantage ~ corresponder a || *Some interest will accrue to you in April ~ Algunos intereses le corresponderán en abril*

accuse of v2obj ♦ to charge with (a crime/fault) ~ acusar de || *The committee accused him of murder / of being lazy ~ El consejo le acusó de homicidio / de ser perezoso*

accustom to v2obj ♦ *véase* harden to

ace in vi USA inf ♦ to enter/be accepted without any problems ~ entrar/ser aceptado sin problemas || *They only accepted eight women but Laura aced in ~ Sólo aceptaron a ocho mujeres pero Laura entró fácilmente*

ace into ins USA inf ♦ to enter/be accepted into without any problems ~ entrar en/ser aceptado en sin problemas || *Daniel aced into the starting line-up ~ Daniel fue nombrado sin problemas en el once inicial*

ace out sep USA ♦ to beat/defeat ~ vencer || *The competition aced my brother-in-law's company out* ~ *La competencia venció a la empresa de mi cuñado*

ache for ins ♦ to desire greatly; to miss ~ añorar, echar de menos || *I ache for my wife when she is abroad* ~ *Añoro a mi mujer cuando está en el extranjero*

acknowledge as v2obj ♦ to recognise as having the title, role (etc.) of ~ reconocer como || *At least they acknowledge me as the boss* ~ *Por lo menos me reconocen como jefa*

acquaint with v2obj ♦ to inform, to make aware of ~ informar (a uno) sobre; hacer saber/conocer || *I want to acquaint you with this process* ~ *Quiero informarte sobre este proceso* | *They are acquainted with what has happened / with the manager* ~ *Saben lo que ha pasado / conocen al director*

acquiesce to ins form ♦ *véase* give in to [1]

acquit of v2obj ♦ to declare (someone) not guilty of (a criminal charge) ~ absolver de/exonerar de || *The judges acquitted my brother of theft* ~ *Los jueces absolvieron a mi hermano de hurto*

act as ins ♦ to do the work or duties of ~ estar de/hacer de || *I was acting as manager when the strike began* ~ *Estaba de director cuando empezó la huelga*

act for ins ♦ to act on behalf of (another); to represent (somebody) ~ hacer las veces de / representar a uno || *My brother acted for the director in her absence* ~ *Mi hermano representó a la directora durante la ausencia de ésta*

act on **[1]** ins ♦ to do something following (another's advice etc.) ~ actuar de acuerdo con; seguir || *They acted on my instructions* ~ *Siguieron mis instrucciones* **[2]** ins ♦ to have an effect on ~ surtir efecto en || *This acid acts on metals* ~ *Este ácido surte efecto en los metales*

act out sep ♦ to perform; to make real ~ representar; expresar || *We were acting out a scene from a modern play* ~ *Representábamos una escena de una obra moderna* | *They act out their fantasies when they are drunk* ~ *Hacen vivir sus fantasías cuando están borrachos*

act up **[1]** vi ♦ to behave badly/wrongly ~ travesear || *The children were acting up when the teacher came in* ~ *Los niños traveseaban cuando entró la profesora* **[2]** vi ♦ *[*car, machine, etc.] not to work correctly ~ fallar; funcionar mal || *Her car was acting up so she had to walk* ~ *Su coche no funcionaba bien, así que tuvo que ir a pie* **[3]** vi GB ♦ to do a more important job than usual for a temporary period ~ ocupar temporalmente un puesto superior (etc.) || *Laura is going to act up during the summer period* ~ *Laura va a ocupar un puesto superior durante el verano*

act upon ins form ♦ *véase* act on

adapt for v2obj ♦ [novel for TV etc.] *véase* adapt to [2]

adapt from v2obj ♦ to adapt from the original shape, form (etc.) of ~ adaptar de || *We've adapted this machine from its original function* ~ *Hemos adaptado esta máquina de su función original*

adapt to **[1]** ins ♦ to adapt (oneself) so as to be more suitable for or suited to ~ adaptarse a/ajustarse a || *You have adapted to life in Madrid very quickly* ~ *Te has adaptado muy pronto a la vida madrileña* **[2]** v2obj ♦ to adapt (something) to make it more suited to ~ adaptar a/ajustar a || *I have adapted my machines to the new system* ~ *He adaptado mis máquinas al nuevo sistema*

add in sep ♦ to include ~ incluir/añadir || *Here's our new catalogue; we've added in some new shirts* ~ *Aquí tienes nuestro nuevo catálogo; hemos incluido unas nuevas camisas*

add into v2obj ♦ *véase* add to [3]

add on sep ♦ to include/add as extra ~ añadir; poner además || *Their house is huge now that they've added on three extra rooms* ~ *Su casa es enorme ahora que han hecho construir tres habitaciones más*

add on to **[1]** v2obj ♦ *véase* append to **[2]** v2obj ♦ *véase* add to [2] **[3]** v2obj ♦ *véase* add to [3]

add onto v2obj ♦ *véase* add on to

add to **[1]** ins ♦ to increase ~ aumentar, añadir a || *The robbery has only added to my difficulties ~ El robo no ha hecho sino aumentar mis dificultades* **[2]** v2obj ♦ to add (*x* + *y*) ~ sumar || *If you add three to this total, you'll get seven ~ Si sumas tres a este total, acabarás con siete* **[3]** v2obj ♦ to add (an ingredient or supplement) to (mixture/price) ~ añadir a || *Now add three eggs to the sauce ~ Ahora añadan tres huevos a la salsa* | *I see they've added 100 pesos to the price of a ticket ~ Veo que han añadido 100 pesos al precio de una entrada*

add together sep ♦ to add and find the total of ~ sumar || *Have you added all the prices together yet? ~ ¿Ya has sumado todos los precios?*

add up **[1]** sep ♦ *véase* add together **[2]** vi ♦ to constitute a correct total ~ sumar || *The accountant has worked wonders: all the figures add up! ~ El contable ha hecho milagros: ¡todas las cifras suman bien!* **[3]** vi ♦ to accumulate; to become a large amount ~ acumularse || *Put a small amount in your account each year, and your fortune will quickly add up ~ Ingresa un poquito en tu cuenta cada año, y tu fortuna pronto se acumulará* **[4]** vi inf ♦ to seem sensible/logical ~ ser lógico; tener sentido || *I don't believe the story the boys have told me: it just doesn't add up ~ No me fío de la historia que me han contado los muchachos: no tiene ni pies ni cabeza*

add up to **[1]** ins ♦ to arrive at as a total ~ sumar; ascender a || *The values of the toys add up to 100 dollars ~ El valor conjunto de los juguetes es de cien dólares* **[2]** ins ♦ to produce as a result ~ producir, dar por resultado || *The combination of snow and wind added up to chaos ~ La combinación de nieve y viento produjo caos*

addict to v2obj ♦ to cause (someone) to become addicted to (drugs etc.) ~ enganchar a/enviciar a || *It was my parents who addicted me to alcohol ~ Fueron mis padres los que me engancharon al alcohol*

address as v2obj ♦ to call (someone) by the name or title of ~ llamar/tratar de; dar el tratamiento de || *My name is Laura, but you may address me as 'Miss' ~ Me llamo Laura, pero ustedes pueden llamarme 'señorita'*

address to v2obj ♦ *véase* fire at [3]

adhere to **[1]** ins ♦ to stick to ~ pegarse a || *This sellotape won't adhere to the paper ~ Este celo no quiere pegarse al papel* **[2]** ins ♦ to remain loyal to, to obey ~ adherirse a/atenerse a || *She adhered to her principles throughout her life ~ Se adhirió a sus principios durante toda su vida*

adjourn for ins ♦ [court/meeting etc.] to stop in order to have (lunch etc.) ~ suspender la sesión/reunión (etc.) para (ir a comer etc.) || *The directors adjourned for coffee after a long debate ~ Tras un largo debate los directores suspendieron la sesión para tomar un café*

adjourn to ins ♦ to leave a meeting (etc.) and go to (esp. a bar) ~ *trasladarse a* || *We're adjourning to the bar if you'd like to join us ~ Vamos a irnos al bar si quieres venir con nosotros*

adjust to ins & v2obj ♦ *véase* adapt to

administer to v2obj ♦ to give (esp. medicine) to ~ suministrar a || *The doctor administered tablets to the whole family ~ El médico proporcionó pastillas a toda la familia*

admire for v2obj ♦ to admire (someone) because of (a specific quality) ~ admirar a (alguien) por (tal cualidad) || *I admire him for his honesty ~ Le admiro por su sinceridad*

admit in v2obj ♦ *véase* let in to

admit into v2obj ♦ *véase* let in to

admit of ins ♦ to allow as possible ~ admitir, dar lugar a || *The matter admits of no possible explanation ~ De este asunto no hay explicación posible*

admit to **[1]** ins ♦ to declare oneself guilty of ~ confesarse culpable de || *He* *soon admitted to the crime* ~ *Pronto se confesó culpable del crimen* **[2]** ins ♦ to confess, acknowledge etc. ~ confesar || *I confessed to being a little uncomfortable* ~ *Confesé que estaba un poco incómodo* **[3]** v2obj ♦ to allow/cause to enter (a club, hospital etc.) ~ dejar entrar en/ingresar en || *The bouncer admitted us to the bar without any problems* ~ *El gorila nos dejó entrar en el bar sin problemas*

admonish for v2obj form ♦ to reprimand/reprehend (a person) due to (offence etc.) ~ reprender (etc.) por || *I admonished the child for his cheek* ~ *Reprendí al niño por su frescura*

adopt as v2obj ♦ to choose (someone) to act as ~ adoptar como || *The team has adopted my daughter as its mascot* ~ *El equipo ha adoptado a mi hija como mascota*

adore for v2obj ♦ to adore (someone) due to ~ adorar por || *I adore her for her body* ~ *La adoro por su tipo*

adorn with v2obj ♦ *véase* deck out with

adulterate with v2obj ♦ to weaken or alter (drink etc.) by adding ~ adulterar de/con || *I think they've adulterated the wine with water* ~ *Creo que han adulterado el vino echándole agua*

advance on ins ♦ to approach threateningly ~ avanzar sobre || *The army advanced on the city* ~ *El ejército avanzó sobre la ciudad*

advance toward ins USA ♦ *véase* advance on

advance towards ins GB AUS ♦ *véase* advance on

advance upon ins form ♦ *véase* advance on

advertise for ins ♦ to place an advertisement in order to find/employ ~ buscar por medio de anuncios; solicitar || *The company has advertised for a new head of sales* ~ *La empresa ha puesto un anuncio solicitando un nuevo jefe de ventas*

advise about v2obj ♦ *véase* advise on [2]

advise against ins & v2obj ♦ to recommend that (a course of action) should not be taken ~ aconsejar en contra de || *The management advised (the president) against the proposal* ~ *La dirección aconsejó (al presidente) en contra de la propuesta*

advise of v2obj form ♦ *véase* clue in on

advise on [1] ins ♦ to offer advice about ~ ser asesor en || *She advises on family planning at the Town Hall* ~ *Es asesora en planificación familiar en el Ayuntamiento* **[2]** v2obj ♦ to offer advice (to someone) about ~ dar consejos a (uno) sobre || *He advises refugees on their rights* ~ *Da consejos a los refugiados sobre sus derechos*

affiliate to ins ♦ to associate (oneself) with ~ afiliarse a || *The team affiliates to a club in the county league* ~ *El equipo está afiliado a un club de la liga provincial*

affiliate with ins ♦ *véase* affiliate to

affix to v2obj ♦ *véase* append to; fit on [3]

afflict with v2obj ♦ *véase* burden with

age out of ins USA ♦ *véase* grow out of [3]

agitate against ins ♦ to work to produce an opinion against ~ hacer una campaña / propaganda contra || *They are agitating against the conservative candidate* ~ *Hacen propaganda contra el candidato conservador*

agitate for ins ♦ to work to produce an opinion in favour of ~ hacer una campaña / propaganda por || *They are agitating for the socialist candidate* ~ *Hacen propaganda por el candidato socialista*

agonise over ins GB AUS ♦ to suffer (mental) agony because of ~ atormentarse por || *You agonised over her for a whole week* ~ *Estuviste una semana entera atormentándote por ella*

agonize over ins ♦ *véase* agonise over

agree about ins ♦ *véase* agree on [2]

agree on [1] ins ♦ to discuss and reach the same decision about ~ estar de acuerdo en/convenir en || *They agreed on the date for the next meeting*

~ *Convinieron en la fecha de la siguiente reunión* **[2]** ins ♦ to have the same opinion as somebody else about ~ concordar en/estar de acuerdo en || *My parents fought a lot, but they always agreed on what food they liked ~ Mis padres se peleaban mucho, pero siempre concordaban en qué comida les gustaba*

agree to ins ♦ *véase* agree on [1]

agree upon ins form ♦ *véase* agree on

agree with [1] ins ♦ to be of the same opinion as; to approve of ~ estar de acuerdo con || *We agree with their ideas in principle ~ En un principio, estamos de acuerdo con sus ideas* **[2]** ins ♦ to be good for the health of; to digest well inside/for ~ sentar bien a || *Tripe doesn't agree with me ~ Los callos no me sientan bien* **[3]** ins ♦ [in grammar] to be in the same tense, person (etc.) as ~ concordar con || *The pronoun doesn't agree with the verb in your sentence ~ El pronombre no concuerda con el verbo en tu frase*

aid in ins & v2obj ♦ *véase* assist in

aim at [1] ins & v2obj ♦ to direct/point (something) at (a target) ~ apuntar a/asestar a || *He picked up a gun and aimed (it) at my sister ~ Cogió una pistola y (la) apuntó a mi hermana* | *She aimed a blow at his head ~ Le asestó un golpe a la cabeza* **[2]** ins ♦ to direct one's objectives at ~ tener la mira puesta en || *He is aiming at a management post in the next five years ~ Tiene la mira puesta en ser gerente dentro de cinco años*

aim for ins ♦ *véase* aim at [2]

air out sep ♦ [room/clothes etc.] to freshen by exposing to fresh air ~ airear || *I'm going to air this room (these towels) out today ~ Hoy voy a airear esta habitación (estas toallas)*

alert to v2obj ♦ [danger etc.] *véase* clue in on

alienate from v2obj ♦ *véase* distance from

alight from ins ♦ to descend from (transport) ~ bajarse de/apearse de || *She alighted from the bus when she saw her mother on the corner ~ Se bajó del autobús cuando vio a su madre en la esquina*

alight on [1] ins ♦ to realise; to be come aware of ~ caer en la cuenta de || *Laura alighted on the idea during a maths exam ~ Laura cayó en la cuenta de la idea durante un examen de mates* **[2]** ins ♦ [of birds etc.] to land/settle on ~ posarse sobre || *The owl alighted on the fence ~ El búho se posó sobre el cercado*

alight upon ins form ♦ *véase* alight on

align with v2obj ♦ to straighten (something) with reference to ~ alinear con || *We need to align this sheet with the red line ~ Tenemos que alinear esta lámina con la línea roja*

align oneself with ins ♦ *véase* come out for [1]; ally oneself to

allocate to v2obj ♦ *véase* assign to

allot to v2obj ♦ *véase* assign to

allow for ins ♦ to take into consideration while planning or judging ~ tener en cuenta || *When you plan the journey you must allow for possible delays ~ Cuando planees el viaje deberás tener en cuenta posibles retrasos*

allow in sep ns ♦ to permit to enter ~ dejar entrar || *We knocked at the door five times before they allowed us in ~ Llamamos a la puerta cinco veces antes de que nos dejaran entrar*

allow of ins form ♦ to permit or accept ~ admitir/permitir || *The situation allows of no concessions ~ La situación no admite concesiones*

allow out sep os ♦ to permit to go out ~ dejar salir || *After 3 weeks in bed with the flu, they finally allowed him out ~ Tras 3 semanas en la cama con la gripe, por fin le dejaron salir*

allow up sep os ♦ to permit to rise/climb (etc.) ~ dejar levantarse/subir (etc.) || *When I had the flu my mother wouldn't allow me up ~ Cuando tenía la gripe mi madre no me dejaba levantarme*

alloy with v2obj téc ♦ [molten metals] *véase* blend in with [2]

allude to ins ♦ to refer to or mention indirectly ~ aludir a || *The report alludes* *to problems of discipline in the classroom* ~ *El informe alude a problemas de disciplina en el aula*

ally against ins ♦ *véase* gang up against

ally oneself to ins ♦ to unite oneself with (a specific group) ~ aliarse con || *The French allied themselves with the British in the war* ~ *Los franceses se aliaron con los británicos en la guerra*

ally oneself with ins ♦ *véase* ally oneself to

alternate between ins ♦ to change repeatedly between (two factors) ~ alternar entre || *In my childhood I alternated between happiness and sadness* ~ *En mi niñez alternaba entre la felicidad y la tristeza*

alternate with ins ♦ to change repeatedly with ~ alternar con || *I alternated with my sister until the job was done* ~ *Iba alternando con mi hermana hasta que acabamos el trabajo*

amalgamate with **[1]** v2obj ♦ *véase* blend in with [2] **[2]** ins ♦ [company etc.] to join together with ~ unirse con || *That society has amalgamated with ours* ~ *Esa sociedad se ha unido con la nuestra*

amaze with v2obj ♦ *véase* astonish with

amble along vi & ins ♦ to walk slowly, without hurrying ~ caminar sin prisa (por) || *For two hours we ambled along (the track)* ~ *Durante dos horas caminamos (por el sendero)*

amount to **[1]** ins ♦ *véase* add up to [1] **[2]** ins ♦ to be (in effect) the same as ~ equivaler a || *This amounts to a confession of guilt* ~ *Esto equivale a una confesión de culpabilidad*

amuse with v2obj ♦ to entertain (someone) using ~ entretener con || *She was amusing the baby with the rattle* ~ *Entretenía al bebé con el sonajero*

angle for ins ♦ to seek in an indirect way ~ ir a la caza de || *I think she's angling for a bonus* ~ *Creo que va a la caza de una sobrepaga*

angle off vi USA ♦ *véase* branch off [1]

annex to v2obj ♦ to add (some land) legally or politically to (some other land) ~ anexar a || *They're trying to annex my land to theirs* ~ *Están intentando anexar mi terreno al suyo*

announce against ins USA ♦ to state publicly that one is against ~ declararse públicamente en contra de || *All the members of the team announced against the government* ~ *Todos los miembros del equipo se declararon públicamente en contra del gobierno*

announce for ins USA ♦ to state publicly that one supports ~ declararse públicamente a favor de || *He announced for the Greens after the Republican scandal* ~ *Después del escándalo de los republicanos, se declaró públicamente a favor de los verdes*

anoint with v2obj ♦ to rub (oil etc.) onto (someone) ~ ungir/untar de/con || *The priest anointed the child with chrism* ~ *El cura ungió al niño con crisma*

answer back vi & sep os ♦ to reply (to authority etc.) rudely ~ replicar || *He would always answer (the teacher) back in class* ~ *Siempre replicaba (al profesor) en clase*

answer for **[1]** ins ♦ to be responsible for (something negative) ~ responsabilizarse de || *I cannot answer for the loss of all these goods* ~ *No puedo responsabilizarme de la pérdida de todos estos bienes* **[2]** ins ♦ to speak in favour of (a person's character) ~ responder por || *After three years I can answer for Daniel's trustworthiness* ~ *Después de tres años puedo responder de la honradez de Daniel*

answer to **[1]** ins ♦ to correspond to (description etc.) ~ corresponder a || *The police have arrested a man who answers to that description* ~ *La policía ha detenido a un hombre que corresponde a esa descripción* **[2]** ins ♦ to have as one's immediate boss ~ ser responsable a || *He answers to the head of sales* ~ *Es responsable al jefe de ventas*

ante up ins USA ♦ to pay ~ apoquinar/pagar || *We had to ante up ten dollars each for the party* ~ *Tuvimos que* *apoquinar diez dólares por barba para la fiesta*

apologise for ins GB AUS ♦ to say sorry for ~ disculparse por/de || *I want to apologise for making such a fuss ~ Quiero disculparme por armar tanto follón* | *She apologised for the mess on the table ~ Se disculpó del lío que había sobre la mesa*

apologise to ins GB AUS ♦ to say sorry to ~ disculparse con || *We apologised to the manager after the incident ~ Nos disculpamos con el jefe después del incidente*

apologize for ins ♦ *véase* apologise for

apologize to ins ♦ *véase* apologise to

appeal against ins jur ♦ to refer to a higher court (an unacceptable decision taken by a lower court) ~ apelar de, recurrir contra || *My father appealed against the sentence ~ Mi padre apeló de la sentencia*

appeal for ins ♦ to request (strongly or emotionally) ~ suplicar/rogar || *The police appealed for calm during the disturbances ~ La policía rogó durante los disturbios que la gente se calmara*

appeal to [1] ins ♦ to make a request to ~ suplicar a || *He appealed to his wife not to leave him ~ Suplicó a su mujer no abandonarle* **[2]** ins pol ♦ to issue a formal appeal to ~ apelar a || *The president appealed to the country after the scandal ~ El presidente apeló al arbitrio de las urnas después del escándalo* **[3]** ins ♦ to be attractive to; to stimulate ~ gustar; tener atractivo para || *Classical music doesn't appeal to me very much ~ La música clásica no me gusta mucho*

appear as ins ♦ to take the theatrical role of ~ hacer el papel de || *Daniel appeared as Romeo ~ Daniel hizo el papel de Romeo*

appear at ins ♦ to perform at (a theatre etc.) ~ actuar en || *The group will appear at the bullring next week ~ El grupo actuará en la plaza de toros la semana que viene*

appear before ins jur ♦ to present oneself (in court) before ~ comparecer ante || *He appeared before the judge yesterday morning ~ Compareció ante el juez ayer por la mañana*

appear for ins jur ♦ to represent (in court) ~ representar a || *My cousin, who is a lawyer, appeared for him ~ Mi primo, que es abogado, le representó*

appear from ins ♦ to become visible from (somewhere hidden) ~ aparecer de/salir de || *The rapist appeared from nowhere and attacked the woman ~ El violador salió de la nada y asaltó a la mujer*

appear in ins ♦ to take part in ~ salir en || *She is appearing in* Cinderella *this month and next ~ Sale en* Cenicienta *este mes y el que viene*

appear to [1] ins ♦ to present oneself to (as a vision) ~ aparecerse a || *The ghost appeared to my brother in a dream ~ El fantasma se apareció a mi hermano en un sueño* **[2]** ins ♦ to give the impression of ~ parecer || *He appeared to fall but managed to complete the circuit ~ Pareció caerse pero logró completar el circuito*

appear under ins ♦ *véase* come under [3]

append to v2obj ♦ to attach to; to send with ~ añadir a; adjuntar a || *Please append this certificate to the formal letter ~ Por favor, adjunte este certificado a la carta formal*

appertain to ins form ♦ *véase* attach to [2]; come under [2]

applaud off sep os & v2obj ♦ to applaud the exit from the stage of (an actor) ~ aplaudir a (un actor) al hacer (éste) mutis || *The audience applauded Carmen off (the stage) at the end ~ El público aplaudió el mutis de Carmen al final de la obra*

apply for ins ♦ to submit a request for ~ solicitar || *We all applied for the same job ~ Todos solicitamos el mismo puesto de trabajo*

apply to [1] ins ♦ to submit a request (for employment) to ~ dirigirse a (pidiendo trabajo) || *David applied to the direc-*

tor for the job in the office ~ *David se dirigió a la directora pidiendo el puesto en la oficina* **[2]** ins ♦ to be relevant/important to; to concern ~ referirse a/ser aplicable a || *This rule applies to all employees in the factory* ~ *Esta norma es aplicable a todos los trabajadores de la fábrica* **[3]** v2obj ♦ to use (something) in the context of ~ aplicar (algo) a || *She applied her skills to the restoration of the chair* ~ *Aplicó sus capacidades a la restauración de la silla* **[4]** v2obj ♦ to spread (cream etc.) on ~ aplicar (crema etc.) a || *The nurse applied cream to the child's foot* ~ *La enfermera aplicó crema al pie del niño*

appoint to v2obj ♦ to employ (someone) in the capacity of (etc.) ~ nombrar a || *They have appointed my brother to the new post* ~ *Han nombrado a mi hermano al nuevo puesto*

apportion out sep ♦ *véase* divide out

appraise at v2obj USA ♦ to estimate the value of (e.g. a house) to be ~ valorar en (etc.) || *He's appraised my house at a hundred thousand* ~ *Ha valorado mi casa en cien mil*

apprentice to v2obj ♦ to send (a young person) to work as an apprentice for ~ poner de aprendiz con || *His parents apprenticed him to the blacksmith* ~ *Sus padres le pusieron de aprendiz con el herrero*

apprise of v2obj form ♦ *véase* clue in on

approach about v2obj ♦ to go and speak to (a person) concerning (a specific matter) ~ dirigirse (a alguien) sobre || *That woman approached me about the rubbish on the street* ~ *Esa mujer vino a verme sobre la basura en la calle*

appropriate for [1] v2obj ♦ [+ oneself] to steal (something) for oneself ~ apropiarse || *Daniel appropriated the car for himself* ~ *Daniel se apropió el coche* **[2]** v2obj ♦ *véase* assign to

approve of ins ♦ to be pleased with/think well of ~ dar por bueno || *The committee did not approve of Laura's decision* ~ *El comité no estuvo de acuerdo con la decisión de Laura*

arbitrate between ins ♦ to mediate between (two parties who have a dispute) ~ arbitrar entre || *I hate having to arbitrate between my parents* ~ *No me gusta nada tener que arbitrar entre mis padres*

arbitrate in ins ♦ to mediate in (a dispute) ~ arbitrar en || *The secretary said he would arbitrate in the dispute* ~ *El secretario dijo que arbitraría en la disputa*

arc out vi ♦ to emerge/extend in an arc ~ arquearse/extenderse en arco || *The liquid tends to arc out and splash the drinker* ~ *El líquido suele salir en arco y salpicar al bebedor*

arch over ins arq ♦ to form an arch on top of ~ abovedar || *The little bridge arches over the central corridor* ~ *El puentecillo aboveda el pasillo central*

argue about ins ♦ *véase* face off over

argue against ins ♦ to suggest reasons not to support ~ hablar en contra de || *The mayor argued against the building of a new cinema* ~ *El alcalde alegó razones contra la construcción de un nuevo cine*

argue back vi ♦ *véase* answer back

argue down sep ♦ [person/law etc.] to defeat in a debate ~ vencer en un debate || *I managed to argue the manager (the idea) down* ~ *Conseguí vencer al jefe (anular la idea) en el debate*

argue for ins ♦ to suggest reasons in support of ~ abogar por || *We argued for the creation of a second factory* ~ *Abogamos por la creación de una segunda fábrica*

argue into v2obj ♦ to persuade (somebody) via arguments to do (something) ~ persuadir a (uno) a hacer (algo) || *His friends argued him into standing as a candidate* ~ *Sus amigos le persuadieron a presentarse como candidato*

argue out sep ns ♦ to discuss (a matter) in great depth ~ debatir a fondo || *They argued the problem out until the early hours* ~ *Debatieron el tema hasta las altas horas de la noche*

argue out of v2obj ♦ to dissuade (somebody) via arguments from (doing something) ~ disuadir (a uno) de (hacer algo) || *My wife argued me out of jumping off the bridge ~ Mi mujer me disuadió de tirarme del puente*

argue over ins ♦ *véase* face off over

argue with ins ♦ to fight verbally with ~ discutir con || *I think Laura has argued with her boyfriend: she's very quiet ~ Creo que Laura ha tenido una riña con su novio: está muy callada*

arise from ins ♦ to originate from ~ resultar de, originarse en || *The problem arose from the long months of drought ~ El problema resultó de los largos meses de sequía*

arise out of ins ♦ *véase* arise from

arm against v2obj ♦ to equip (a person) with arms or arguments to fight/ argue against ~ armar (a alguien) contra || *I want to try and arm you against such threats ~ Quiero intentar armarte contra tales amenazas*

arm with v2obj ♦ to equip (a person) with (a gun etc.) as a weapon ~ armar de/con || *The general armed his men with bayonets ~ El general armó a sus hombres de bayonetas*

arouse from v2obj ♦ to cause (someone) to rise from (bed/sleep/rest etc.) ~ despertar de || *It's time to arouse him from his beautiful dreams ~ Es hora de despertarle de sus bellos sueños*

arouse to v2obj ♦ [+ rebellion/revolution etc.] *véase* incite to

arraign before v2obj arc jur ♦ to bring (prisoner etc.) before (a court) ~ procesar ante || *The lawyers arraigned the accused before the judge ~ Los abogados procesaron al acusado ante el juez*

arrange for ins ♦ to make preparations so that ~ hacer arreglos para que || *I have arranged for you to be met at the airport ~ He hecho los arreglos para que vayan al aeropuerto a buscarle*

arrange with v2obj ♦ to fix (details/ time etc.) with ~ arreglar/fijar (algo) con || *I've arranged the whole thing with the lawyers ~ Lo he arreglado todo con los abogados*

arrest for v2obj jur ♦ [detain] *véase* impeach for [1]

arrive at ins ♦ to reach (place, agreement etc.) ~ llegar a || *They arrived at the station (decision) after about three hours ~ Llegaron a la estación (decisión) después de unas tres horas*

arrive in ins ♦ [e.g. city/country] *véase* arrive at

arrive on ins ♦ [+ the scene] *véase* arrive at

arse about vi GB AUS arg ♦ to waste time on trivial or silly activities ~ hacer el oso || *When I saw him he was arsing about in the kitchen ~ Cuando le vi estaba haciendo el oso en la cocina*

arse about with ins GB AUS arg ♦ *véase* fool about with [1]

arse around vi GB AUS arg ♦ *véase* arse about

arse around with ins GB AUS arg ♦ *véase* fool about with [1]

arse up vi & sep GB AUS arg ♦ *véase* cock up

ascribe to [1] v2obj form ♦ to believe that (somebody or something) has (a specific characteristic) ~ atribuir a || *The teachers ascribed weakness and unsociability to the unfortunate boy ~ Los profesores atribuyeron debilidad e insociabilidad al pobre chico* **[2]** v2obj form ♦ to suggest as a reason for (or origin of) ~ atribuir a || *The experts ascribed the fire to bad luck ~ Los expertos atribuyeron el incendio a mala suerte* **[3]** v2obj form ♦ to believe that (a book, statement, painting etc.) was created by (a specific person) ~ atribuir a || *This manuscript is very often ascribed to Fernández ~ Muy a menudo se atribuye este manuscrito a Fernández*

ask about ins & v2obj ♦ to make inquiries concerning ~ preguntar sobre || *The police asked (Daniel) about the suitcase ~ La policía preguntó (a Daniel) acerca de la maleta*

ask after ins ♦ to make inquiries concerning the state of [usually a person] ~ preguntar por || *Your aunt asked after you when I saw her last week ~ Tu tía preguntó por ti cuando la vi la semana pasada*

ask along sep ns ♦ to invite somebody to accompany one (to a party etc.)

~ invitar a alguien (a una fiesta etc.) || *I met Daniel on Saturday and asked him along to the meal* ~ *Conocí a Daniel el sábado y le invité a asistir a la cena*

ask around vi ♦ to ask various people in order to get a piece of information ~ informarse haciendo preguntas a varias personas || *I haven't seen her for ages - I'll ask around if you like* ~ *Hace siglos que no la veo - preguntaré por ahí si quieres*

ask back **[1]** sep os ♦ to invite again ~ volver a invitar || *The evening with your friends was very pleasant - I think we should invite them back next week* ~ *La velada con tus amigos ha sido muy agradable - creo que deberíamos volver a invitarles la semana que viene* **[2]** sep os ♦ to reciprocate an invitation ~ invitar a (uno) a que devuelva la visita || *We've been to their house three times - we should invite them back!* ~ *Ya hemos ido tres veces a su casa - ¡deberíamos invitarles a la nuestra!*

ask down sep os ♦ [to the south etc.] *véase* ask over

ask for **[1]** ins & v2obj ♦ to request (from somebody) ~ pedir (a alguien) || *She asked (Daniel) for a pen* ~ *Pidió un boli (a Daniel)* **[2]** ins ♦ to request to see somebody ~ preguntar por || *When you arrive at the secretary's office, ask for Juan García* ~ *Cuando llegue a secretaría, pregunte por Juan García* **[3]** ins inf ♦ to act provocatively / in a way which will cause (problems) ~ buscársela || *I'm not surprised the bouncer hit him: he spent the whole evening asking for trouble* ~ *No me extraña que el gorila le pegara: estuvo toda la tarde buscándosela*

ask in sep ns ♦ to invite to enter ~ invitar a entrar || *They went back to his flat and he asked the whole team in* ~ *Volvieron a su piso e invitó a entrar al equipo entero*

ask in for v2obj ♦ to invite to enter for/in order to ~ invitar a entrar a (por) || *He asked his girlfriend in for a drink* ~ *Invitó a su novia a entrar a tomar algo*

ask of v2obj ♦ to request/require (favour etc.) from ~ pedir (un favor/esfuerzo etc.) a || *I need to ask a huge favour of you* ~ *Tengo que pedirte un favor enorme*

ask out sep ns ♦ to invite to accompany one on a date ~ invitar a salir || *He had loved Laura for seven years when he finally asked her out* ~ *Llevaba siete años queriendo a Laura cuando por fin la invitó a salir con él*

ask out for v2obj ♦ to invite to accompany one for / in order to ~ invitar a salir a (por) || *The guy was very funny, so she asked him out for a drink* ~ *El tío era muy divertido, así que le invitó a salir con ella a tomar algo*

ask over sep os ♦ to invite to visit one's house ~ invitar a casa || *When we heard that they were in Spain again, we asked them over* ~ *Cuando supimos que estaban de nuevo en España, les invitamos a casa*

ask over for v2obj ♦ to invite to one's house for / in order to ~ invitar a casa a (por) || *They have asked us over for a curry on Friday* ~ *Nos han invitado a su casa a tomar un curry el viernes*

ask round sep os ♦ *véase* ask over

ask round for v2obj ♦ *véase* ask over for

ask up sep os ♦ [to the north; upstairs] *véase* ask over

aspire to ins ♦ to want/try greatly to acquire/achieve ~ aspirar a || *We have never aspired to such wealth* ~ *Nunca hemos aspirado a tanta riqueza*

assail with v2obj ♦ *véase* come at with

assent to ins ♦ to agree to, to accept ~ consentir en/asentir a || *Laura's parents have assented to the offer made to them yesterday* ~ *Los padres de Laura han asentido a la oferta que se les hizo ayer*

assess at v2obj ♦ *véase* appraise at

assign to v2obj ♦ to allot/reserve/give to ~ asignar a || *The rector assigned some new responsibilities to the lecturer* ~ *El rector asignó unas nuevas responsabilidades a la profesora*

assimilate into v2obj ♦ to cause (person/information etc.) to be absorbed into ~ asimilar en || *The teacher tried to assimilate the information into our heads ~ La profesora intentó meternos la información en la cabeza*

assimilate with ins ♦ *véase* get along with

assist in ins & v2obj ♦ to help (somebody) with; to participate in ~ participar en/ayudar (a alguien) con || *I assisted (my boss) in the transporting of the boxes to the factory ~ Ayudé (al jefe) con la transportación de las cajas a la fábrica*

assist with ins & v2obj ♦ *véase* assist in

associate with [1] ins ♦ to spend time habitually with ~ relacionarse con/andar con || *Her son used to associate with a gang of hooligans ~ Su hijo solía andar con una pandilla de gamberros* **[2]** v2obj ♦ to connect mentally with ~ asociar con || *I always associate your daughter with classical music ~ Siempre asocio a tu hija con la música clásica*

assort with ins ♦ to harmonise/agree with ~ concordar con || *Your plans do not assort with ours ~ Vuestros planes no concuerdan con los nuestros*

assure for v2obj ♦ to assure to the value of ~ asegurar en || *She assured her life for a million dollars ~ Aseguró su vida en un millón de dólares*

assure of v2obj ♦ to convince of, to make sure of ~ asegurar de || *We assured the director of our commitment ~ Aseguramos a la directora de nuestro compromiso*

astonish with v2obj ♦ to amaze (someone) with (one's qualities/tricks etc.) ~ asombrar con || *She astonished us with her memory ~ Nos asombró con su memoria*

astound with v2obj ♦ *véase* astonish with

atone for ins ♦ to repent for/show one's regret for ~ expiar || *To be good catholics, you must atone for your sins ~ Para ser buenos católicos, debéis expiar vuestros pecados*

attach to [1] v2obj ♦ to fasten, join, affix (etc.) to ~ sujetar a/unir a/pegar a (etc.) || *The secretary attached the letter to the other documents ~ La secretaria unió la carta a los demás documentos* **[2]** ins ♦ to correspond to ~ corresponder a || *Several responsibilities attach to your new job ~ Varias responsabilidades corresponden a su nuevo trabajo*

attack with v2obj ♦ *véase* come at with

attend on ins ♦ to serve ~ estar al servicio de || *The butler attends on his master every morning ~ El mayordomo sirve a su señor cada mañana*

attend to [1] ins ♦ to apply one's activity or attention to ~ ocuparse de || *I have to attend to a few matters in the office this evening ~ Tengo que ocuparme de unos asuntos en el despacho esta tarde* **[2]** ins ♦ to help, to care for ~ atender a || *The important thing is to attend to the patients and their needs ~ Lo importante es atender a los pacientes y sus necesidades*

attend upon ins form ♦ *véase* attend on

attest to ins ♦ to prove the truth of ~ dar fe de || *The woman attested to the statements she had heard ~ La mujer dio fe de las declaraciones que había oído*

attire in v2obj arc ♦ *véase* dress in [2]

attract to v2obj ♦ to pull/draw (person/thing) towards (place/thing) ~ atraer a || *I don't know what attracts you to that type of life ~ No sé qué te atrae a ese tipo de vida*

attribute to [1] v2obj form ♦ consider to have been created (etc.) by ~ atribuir a || *The critics usually attribute this book to a Hungarian author ~ Los críticos suelen atribuir este libro a una autora húngara* **[2]** v2obj form ♦ to consider to be the cause of ~ atribuir a || *Experts are attributing the damage to the recent storms ~ Los expertos atribuyen los daños a las tormentas recientes*

attune to ins & v2obj ♦ to adjust to, to harmonise with ~ armonizar con || *I must attune (my opinions) to modern thought ~ Debo armonizar (mis opiniones) con el pensamiento moderno*

auction off sep ♦ to sell at an auction ~ subastar || *We auctioned off the statues in London last Thursday ~ Subastamos las estatuas el jueves pasado en Londres*

audition for **[1]** ins ♦ to do an audition/casting for (a theatrical part etc.) ~ hacer una audición/un casting para (un papel) || *I auditioned for the part of Romeo but I didn't get it ~ Hice una audición para el papel de Romeo pero no me lo dieron* **[2]** v2obj ♦ to give an audition to (an actor) for (a theatrical part etc.) ~ hacerle una audición a || *We auditioned 100 women for the part of Juliet ~ Hicimos audiciones a 100 mujeres para el papel de Julieta*

augur for v2obj ♦ *véase* bode for

avail oneself of ins form ♦ to (take the opportunity to) use ~ aprovechar(se de) || *I know you availed yourself illegally of my mother's money ~ Sé que usted se aprovechó ilegalmente del dinero de mi madre*

avenge against ins form ♦ *véase* get back [4]

avenge for v2obj form ♦ *véase* get back for [1]

avenge on ins form ♦ *véase* get back [4]

average down sep ♦ to decrease the average of ~ promediar hacia abajo || *The teacher averaged the complicated marks down ~ El profesor promedió hacia abajo las notas complicadas*

average out **[1]** vi ♦ to be equal in amount/result in an average ~ salir como premedio || *We calculated the numbers for ages and finally they averaged out ~ Estuvimos una eternidad calculando los números y por fin salieron como promedio* **[2]** sep ♦ to calculate the average of ~ calcular el término medio de || *Do you mind averaging out these marks for me? ~ ¿Te importa calcularme el término medio de estas notas?*

average out at ins ♦ to have as an average ~ tener como promedio || *My salary averages out at a thousand dollars per month ~ Si salario tiene un promedio de unos mil dólares mensuales*

average up sep ♦ to increase the average of ~ promediar hacia arriba || *The marks were a little low, so I averaged them up ~ Las notas eran un poco bajas, así que las promedié hacia arriba*

avert from v2obj ♦ *véase* deflect from

awake from ins & v2obj ♦ [oneself or someone else] *véase* arouse from

awake to **[1]** ins ♦ to wake and experience (a smell or noise etc.) ~ despertarse al sonido de (etc.) || *We awoke to the smell of fresh bread ~ Cuando nos despertamos olía a pan fresco* **[2]** v2obj ♦ [danger etc.] *véase* clue in on

awaken from ins & v2obj ♦ [oneself or someone else] *véase* arouse from

awaken to ins & v2obj ♦ *véase* awake to

award for v2obj ♦ to give (a prize etc. to someone) for (an achievement/quality) ~ dar/otorgar (un premio etc. a alguien) por || *The committee awarded Laura a medal for her bravery ~ El comité le dio a Laura una medalla por su valentía*

award to v2obj ♦ to give (prize etc.) to ~ dar/otorgar (etc.) a || *We awarded the first prize to Daniel ~ Dimos el primer premio a Daniel*

B

babble away vi ♦ to talk without stopping ~ hablar sin parar || *The sales rep babbled away until five o'clock ~ El representante habló sin parar hasta las cinco*

babble on vi ♦ *véase* babble away

babysit for ins ♦ to take care of (a child) while its parents are out ~ hacer de/estar de canguro a || *I used to babysit for you when you were little ~ Te hacía de canguro cuando eras pequeña*

babysit with ins USA ♦ *véase* babysit for

back away vi ♦ to step backwards, to retreat ~ retroceder/dar un paso hacia atrás || *The bull began to attack the boy, but then it backed away ~ El toro empezó a embestir al chico, pero luego retrocedió*

back down vi ♦ to withdraw an opinion; to admit defeat ~ volverse atrás/rajarse || *To our surprise, the politician backed down during the debate ~ Para nuestra sorpresa, el político se rajó durante el debate*

back for v2obj ♦ to support (a person) in a campaign to be (president etc.) ~ apoyar la candidatura de (uno) a (la presidencia etc.) || *We're all backing Daniel's candidacy for regional president ~ Todos apoyamos la candidatura de Daniel a la presidencia regional*

back into **[1]** ins USA inf ♦ to become involved in (something) by accident ~ enredarse en (algo) por casualidad || *She wanted a quiet drink but ended up backing into a ferocious argument in the bar ~ Quería tomarse una copa tranquilamente pero acabó enredándose sin querer en una discusión feroz en el bar* **[2]** ins & v2obj ♦ to hit (something) while reversing (a vehicle) ~ dar con (algo) al conducir en marcha atrás || *I wasn't concentrating as I left the garage and I backed (the car) into a tree ~ No me concentraba al salir marcha atrás del garaje y di con un árbol*

back off vi inf ♦ to withdraw (verbally or physically) ~ retirarse || *Although she began to criticise you, she soon backed off ~ Aunque empezó a criticarte, pronto se retiró*

back off from ins USA ♦ to withdraw one's support for ~ dejar de apoyar; no cumplir || *The Governor has backed off from his initial promises ~ El gobernador no ha querido cumplir sus promesas iniciales*

back onto ins ♦ to face (with the rear part) ~ dar a (con la parte trasera) || *Their new house backs onto the golf course ~ La parte trasera de su nueva casa da al campo de golf*

back out **[1]** vi & sep os ♦ to reverse (a vehicle) out ~ salir (sacar) marcha atrás || *She opened the garage door, engaged reverse gear and backed (the car) out ~ Abrió la puerta del garaje, metió marcha atrás y salió (sacó el coche)* **[2]** vi ♦ not to do something one has promised ~ volverse atrás || *They had promised to come, but they backed out at the last minute ~ Habían prometido venir, pero a última hora se volvieron atrás*

back out of **[1]** ins & v2obj ♦ to reverse (a vehicle) out of ~ salir (sacar) marcha atrás de || *I backed out of the car park as carefully as possible ~ Salí (saqué el coche) marcha atrás del parking lo más cuidadosamente posible* **[2]** ins ♦ *véase* duck out of

back over ins ♦ to reverse (a car etc.) and crush (a person/bicycle etc. behind) ~ atropellar al conducir en marcha atrás || *My dad has backed over my bike in the street ~ Mi padre ha atropellado mi bici en marcha atrás en la calle*

back up **[1]** vi ♦ [of vehicles] to accumulate in a traffic-jam ~ atascarse || *I saw that dozens of cars were starting to back up on the road ~ Vi que docenas de coches empezaban a atascarse en la carretera* **[2]** vi ♦ [of a vehicle] to reverse ~ moverse marcha atrás || *The car backed up like a bullet when the police arrived ~ El coche se movió marcha atrás como un rayo cuando llegó la policía* **[3]** vi & sep ♦ [of a driver] to reverse (a vehicle) ~ mover(se) marcha atrás || *Daniel backed (the car) up to let the children pass by ~ Daniel se movió (movió el coche) marcha atrás para dejar pasar a los niños* **[4]** sep ♦ to support the truth of (a fact or a person) ~ respaldar/apoyar || *He told the police the facts and I backed him up ~ Contó los hechos a la policía y yo le respaldé* | *The photographs back up what you told the policewoman ~ Las fotos respaldan lo que le contaste a la policía* **[5]** sep ♦ to support, to help ~ ayudar, apoyar || *I spent nearly three hours arguing with her, but you backed me up ~ Estuve casi tres horas discutiendo con ella, pero tú me apoyaste* **[6]** sep ♦ [in music] to play or sing with ~ acompañar || *She sings and plays the guitar very well: she backed a famous group up on their first album ~ Ella canta y toca la guitarra muy bien: acompañó a un grupo muy famoso en su primer elepé* **[7]** sep IT ♦ to make a copy of ~ hacer una copia de apoyo de || *You should back up your files at the end of each session ~ Deberías hacer copias de tus ficheros al final de cada sesión*

back up on v2obj ♦ to support (another's) facts regarding ~ respaldar respecto a || *If you tell them you weren't in the shop at the time of the robbery, I'll back you up on that ~ Si tú les dices que no estabas en la tienda en el momento del robo, yo te respaldaré al respecto*

backfire on ins ♦ *véase* boomerang on

badger into v2obj ♦ *véase* bounce into

bag out vi ♦ [in sewing] to take the form of a bag ~ hacer bolsa || *The seamstress made some adjustments and the dress bagged out ~ La costurera hizo unos reajustes y el vestido hizo bolsa*

bag up sep ♦ to put into bags ~ ensacar || *My job involved bagging up the flour every morning ~ Mi trabajo consistía en ensacar la harina cada mañana*

bail out **[1]** vi USA ♦ to jump to safety from an aeroplane (in a parachute) ~ lanzarse en paracaídas || *The plane was in flames but the pilot managed to bail out ~ El avión ardía en llamas pero el piloto logró lanzarse en paracaídas* **[2]** vi USA ♦ to escape; to withdraw one's support ~ escaparse || *The company was doing badly, so I bailed out in December ~ La empresa iba mal, así que me escapé en diciembre* **[3]** sep ♦ to allow the release of by paying money to a court ~ obtener la libertad bajo fianza de || *I have bailed my brother-in-law out three times this year ~ Este año he hecho tres veces que mi cuñado saliera bajo fianza* **[4]** sep ♦ to give financial help to (during a crisis) ~ echar un cable a || *They had accumulated massive debts, but their cousin was able to bail them out ~ Habían acumulado unas deudas masivas, pero su prima pudo echarles un cable* **[5]** sep GB USA AUS ♦ to remove water from (a sinking boat) ~ achicar || *There was a lot of water in the boat but we managed to bail it out ~ Había mucha agua en la barca pero conseguimos achicarla*

bail out on ins USA ♦ to abandon (during a crisis etc.) ~ abandonar (durante una crisis etc.) || *During my illness, all my friends bailed out on me ~ Durante mi enfermedad, todos mis amigos me abandonaron*

bail up **[1]** sep AUS ♦ to make late by detaining ~ detener/atrapar en una conversación || *I'm sorry I'm late: a talkative shop assistant bailed me up ~ Siento llegar tarde: me detuvo un dependiente hablador* **[2]** sep AUS ♦ to threaten with a gun and rob ~ asaltar y robar a punta de pistola || *The man bailed up the manager and stole her money ~ El hombre asaltó a la jefa a punta de pistola y le robó el dinero*

balance against v2obj ♦ to consider (e.g. one possibility) against (another) ~ pesar contra || *I had to balance the money against the time the project took me ~ Tuve que pesar el dinero contra el tiempo que tardé en acabar el proyecto*

balance out **[1]** vi ♦ to be equal in amount, to be in equilibrium ~ compensarse || *The losses and the profits seem to balance out this year ~ Las pérdidas y las ganancias parecen compensarse este año* **[2]** sep ♦ to make equal, to achieve equilibrium in ~ finiquitar || *Let's see if we can balance out the books this time ~ A ver si esta vez podemos finiquitar las cuentas*

balance up vi & sep ♦ *véase* balance out

balance with v2obj ♦ *véase* balance against

bale out **[1]** vi GB AUS ♦ *véase* bail out [1] **[2]** sep GB AUS ♦ *véase* bail out [5]

balk at ins ♦ to hesitate at; to be unwilling to do (etc.) ~ vacilar ante, no ver con buenos ojos || *The students balked at the possibility of 5 exams in 2 days ~ A los estudiantes no les hizo mucha gracia la idea de 5 exámenes en dos días*

ball up **[1]** sep USA inf ♦ to confuse; to make difficult to use ~ confundir || *This new system really balls me up ~ Este nuevo sistema me confunde de verdad* **[2]** sep USA inf ♦ *véase* balls up **[3]** sep ♦ *véase* crease up [2]

balls up sep GB AUS inf ♦ to ruin/spoil by doing badly ~ estropear/joder || *I ballsed the first exam up totally ~ Jodí totalmente el primer examen*

ban from v2obj ♦ to prohibit (someone) from (a building/place/activity) ~ prohibir/excluir de; prohibir la entrada en; desterrar de || *My parents banned me from that bar (going skiing) ~ Mis padres me prohibieron ir a ese bar (ir a esquiar)*

band together vi ♦ to form a group ~ juntarse || *Many clients are banding together to demand discounts ~ Muchos clientes se están juntando para exigir descuentos*

bandage up sep ♦ to apply/fasten a bandage to ~ vendar || *We bandaged her hand up and hoped it would heal ~ Le vendamos la mano y esperamos que se cicatrizara*

bandy about sep ♦ to mention often (in trying to impress) ~ mencionar repetidas veces || *The director bandied about too many clichés during the speech ~ El director usó demasiados clichés y demasiado a menudo durante el discurso*

bandy around sep ♦ *véase* bandy about

bandy with ins USA ♦ *véase* argue with

bang about vi ♦ to move noisily (around a room etc.) ~ moverse ruidosamente || *The people in the next flat were banging about all day ~ La gente del piso de al lado estuvo todo el día moviéndose ruidosamente*

bang against ins & v2obj ♦ *véase* bump against

bang around vi ♦ *véase* bang about

bang away **[1]** vi ♦ [of cannons etc.] to fire noisily ~ disparar estrepitosamente || *The cannons were banging away while we were trying to eat ~ Los cañones disparaban estrepitosamente mientras intentábamos comer* **[2]** vi ♦ [of workman etc.] to hammer continually ~ martillear sin parar || *The workman banged away for three hours before lunch ~ El obrero pasó tres horas martilleando antes de comer* **[3]** vi arg ♦ to have sex (noisily or for a long time) ~ follar a gusto || *We couldn't hear the TV because the two of them were banging away next door ~ No podíamos oír la* *tele porque los dos estaban follando a gusto al lado*

bang away at ins ♦ to hammer continually ~ dar martillazos continuos a || *I was banging away at the old cupboard all morning ~ Estuve toda la mañana dando martillazos al viejo armario*

bang down sep ♦ to place violently on a surface ~ arrojar violentamente sobre || *She banged the book down on the table ~ Arrojó el libro violentamente sobre la mesa* | *Before you could tell him, Daniel banged the phone down ~ Antes de que pudieras decírselo, Daniel colgó el teléfono de golpe*

bang in sep ♦ *véase* drive in [2]

bang into ins ♦ to hit/touch accidentally and forcefully ~ chocar (violentamente) con || *I was so drunk I fell off the table and banged into the waiter ~ Estaba tan borracho que me caí de la mesa y choqué con el camarero*

bang on [1] ins ♦ to hit (a door etc.) forcefully ~ dar golpes en || *They banged on the door and the owner opened it ~ Dieron golpes en la puerta y la abrió el propietario* **[2]** vi GB inf ♦ to talk boringly for a long time ~ dar el rollo || *Anything is preferable to listening to Daniel banging on ~ Cualquier cosa es preferible a escuchar a Daniel dando el rollo*

bang on about ins ♦ to talk boringly about (a topic) for a long time ~ dar el rollo sobre || *You were banging on about something or other when I left ~ Estabas dando el rollo sobre no sé qué cuando me fui*

bang out [1] sep inf ♦ to play (a melody) loudly on the piano ~ tocar fuertemente en el piano || *He banged out a whole string of songs ~ Tocó fuertemente en el piano toda una serie de canciones* **[2]** sep inf ♦ to write (something) quickly ~ escribir (algo) de prisa || *I must bang out a couple of letters before I go out ~ Tengo que escribir un par de cartas rápidas antes de salir*

bang together sep ns ♦ to cause to clash violently ~ hacer chocar || *She banged the two cymbals together to begin the show ~ Hizo chocar los dos platillos para dar comienzo al espectáculo*

bang up [1] sep GB inf ♦ to imprison ~ encarcelar || *The judge banged him up for five years ~ El juez le condenó a cinco años de prisión* **[2]** sep USA inf ♦ to damage/hurt badly ~ estropear/dañar || *I banged up your car in yesterday's accident ~ Te estropeé el coche en el accidente de ayer*

bang up for v2obj GB inf ♦ *véase* imprison for

banish from v2obj ♦ [remove from country etc.] *véase* ban from

bank on ins ♦ to depend (confidently) on; to rely on ~ contar con || *We are banking on her turning up / on her presence ~ Estamos contando con que venga / con su presencia*

bank up [1] sep ♦ to make a pile of ~ amontonar || *Daniel banked the sand up to stop the water coming in ~ Daniel amontonó la arena para impedir que el agua entrara* **[2]** sep ♦ to increase the strength of (a fire) ~ alimentar || *They banked up the fire with wood because the house was cold ~ Alimentaron el fuego con leña porque en la casa hacía frío*

bar from v2obj ♦ *véase* ban from

bare to v2obj ♦ to show/reveal (secret; one's body) to (another person) ~ desnudar(se)/descubrir(se) a || *She bore her secrets (her breasts) to her best friend ~ Le confió sus secretos (enseñó los pechos) a su mejor amigo*

barf out [1] vi USA arg ♦ *véase* freak out [1] **[2]** sep arg ♦ *véase* bring up [4]

bargain about ins ♦ to discuss a transaction regarding ~ negociar sobre || *The two men are bargaining about the sale of the silk ~ Los dos hombres están negociando sobre la venta de la seda*

bargain away sep ♦ to sell too cheaply ~ malvender || *She bargained the dresses away to get rid of them ~ Malvendió los vestidos para deshacerse de ellos*

bargain for [1] ins ♦ to expect (and be prepared for) ~ contar con || *I hadn't bargained for such heavy rain ~ No ha-*

bía contado con que lloviera tanto **[2]** ins ♦ to negotiate a price for ~ negociar/regatear para obtener || *You will have to bargain for that chest of drawers ~ Tendrás que regatear para que te vendan esa cómoda*

bargain on ins ♦ *véase* bargain for [1]

bargain over ins USA ♦ *véase* bargain for [2]

bargain with ins ♦ to negotiate with ~ negociar con || *Bargaining with Daniel is always a difficult process ~ Negociar con Daniel siempre es un proceso difícil*

barge about vi ♦ to move heavily/with difficulty ~ dar tumbos || *You could hear somebody barging about on the floor above ~ Se oía que alguien daba tumbos en la planta superior*

barge in vi ♦ to enter forcefully (into a room or conversation) without permission ~ entrar/irrumpir abruptamente || *We were talking about a delicate matter when he barged in ~ Estábamos comentando un asunto delicado cuando irrumpió*

barge in on ins ♦ to interrupt (a conversation etc.) ~ entrometerse en || *I'm sorry. I didn't mean to barge in on your chat ~ Lo siento. No quería entrometerme en vuestra charla*

barge into **[1]** ins ♦ to enter forcefully (into a room or conversation) without permission ~ entrar/irrumpir abruptamente en || *She was in the shower when the man barged into the bathroom ~ Ella estaba duchándose cuando el hombre irrumpió en el cuarto de baño* **[2]** ins ♦ *véase* barge in on **[3]** ins ♦ to collide forcefully with ~ chocar contra || *The light wasn't working so he barged into the cupboard ~ Como la luz no funcionaba chocó contra el armario*

bark at ins ♦ [dog] to bark at; [human] to shout at (in a dog-like voice) ~ chillar/ladrar a || *Don't bark at me! It's not my fault! ~ ¡No me chilles! ¡Yo no tengo la culpa!*

bark out sep ♦ to shout (an order etc.) in a loud voice ~ escupir || *The sergeant barked out a whole series of orders ~ El sargento escupió toda una serie de órdenes*

barrel along vi USA ♦ *véase* belt along

barrel into ins USA ♦ *véase* belt into [2]; barge into

barrel out vi USA ♦ *véase* burst out [3]

barter away sep ♦ *véase* bargain away

barter for ins ♦ *véase* bargain for [2]

barter off sep ♦ *véase* bargain away

barter with ins ♦ *véase* bargain with

base on v2obj ♦ to develop using (something basic/initial) ~ basar/fundar en || *We have based the new product on last year's prototype ~ Hemos basado el nuevo producto en el prototipo del año pasado*

base upon v2obj form ♦ *véase* base on

bash about sep os GB AUS inf ♦ to treat in a rough/violent manner ~ maltratar, dar una paliza a || *Don't bash your toys about: you'll break them! ~ ¡No maltrates los juguetes, que los vas a romper!* | *They reckon he used to bash his wife about when he was drunk ~ Dicen que solía darle palizas a su mujer cuando estaba borracho*

bash against ins & v2obj ♦ *véase* bump against

bash around sep os inf ♦ *véase* bash about

bash away vi ♦ *véase* bang away [2]

bash away at ins ♦ *véase* bang away at

bash in **[1]** sep inf ♦ to break/hurt/damage with repeated blows ~ echar abajo; cargarse a golpes || *The soldiers bashed the door in to save the child ~ Los soldados echaron la puerta abajo para salvar a la niña* | *The older lads bashed the new boy in on Monday ~ Los muchachos mayores aporrearon al novato el lunes* **[2]** sep ♦ *véase* drive in [2]

bash on vi ♦ to continue (despite bad circumstances) ~ continuar/seguir adelante || *We had no money left but we decided to bash on ~ No nos quedaba dinero pero decidimos seguir adelante*

bash up sep ♦ *véase* bash in [1]

bask in ins ♦ to enjoy (admiration etc.; sunshine) ~ disfrutar de || *I must confess I basked in the heat / the bosses' praise ~ Debo confesar que disfruté del calor / de los elogios de los jefes*

bat around **[1]** sep inf ♦ to discuss in various ways ~ discutir/debatir || *The members batted a few ideas around ~ Los socios discutieron unas cuantas ideas* **[2]** vi & ins USA inf ♦ to spend time idly (in) ~ gandulear (en/por) || *Young people today only like batting around (the shopping mall) ~ A los jóvenes de hoy sólo les gusta gandulear (en el centro comercial)*

bat on vi ♦ [in baseball, cricket] to continue batting ~ continuar bateando || *The light was fading but the team batted on ~ Ya anochecía pero el equipo siguió bateando*

bat out sep USA inf ♦ to do (esp. write) quickly and carelessly ~ hacer a toda leche || *He'll need to bat the letter out if he wants to be included ~ Tendrá que escribir la carta a toda leche si quiere que se le incluya*

bath in **[1]** ins ♦ *véase* bathe in [1] **[2]** v2obj ♦ *véase* bathe in [2]

bathe in **[1]** ins ♦ to bath oneself in (water etc.) ~ bañarse en || *I prefer to bathe in lukewarm water ~ Prefiero tomar un baño en agua tibia* **[2]** v2obj ♦ to give a bath to (e.g. a child) in (hot water etc.) ~ dar un baño a (un niño etc.) en (agua caliente etc.) || *It's not good to bathe a baby in excessively hot water ~ No está bien bañar a un niño en agua excesivamente caliente* **[3]** v2obj ♦ [sunshine/light etc.] *véase* blanket with [1]

batten down sep ♦ to fix/fasten (windows etc.) for safety ~ atrancar || *You must batten the windows down before the winds start ~ Deberás atrancar las ventanas antes de que empiecen los vientos* | *We'll have to batten down the hatches if we want to survive ~ Tendremos que atrancar las escotillas si queremos sobrevivir*

batten on ins lit ♦ to use the wealth of (in order to live well) ~ vivir a costa de || *The duke battened on his father-in-law ~ El duque vivió a costa de la riqueza de su suegro*

batten upon ins lit ♦ *véase* batten on

batter away vi ♦ *véase* bang away [2]

batter away at ins ♦ *véase* bang away at

batter down sep ♦ to make (a door or wall etc.) fall ~ derribar a palos || *The workmen battered the door down in two minutes ~ Los obreros tardaron dos minutos en derribar la puerta a palos*

batter in sep ♦ *véase* batter down

batter up sep USA inf ♦ *véase* beat up [1]

battle against ins ♦ *véase* fight against

battle for ins ♦ *véase* fight for

battle on **[1]** vi ♦ to continue fighting ~ continuar luchando || *The troops were very tired but they battled on ~ Las tropas estaban muy cansadas pero siguieron luchando* **[2]** vi ♦ *véase* bash on

battle over ins ♦ *véase* fight over

battle with ins ♦ *véase* fight against

baulk at ins GB & AUS ♦ *véase* balk at

bawl at ins & v2obj ♦ to shout (something) at; to reprimand loudly ~ gritar/chillar (algo) a || *The teacher bawled (a swearword) at the naughty pupils ~ La profesora chilló (una palabrota) a los alumnos traviesos*

bawl out **[1]** sep inf ♦ to shout/sing in a loud voice ~ chillar/cantar en voz fuerte || *The general bawled out his orders from the tank ~ El general chilló sus órdenes desde el tanque* **[2]** sep USA & AUS inf ♦ to reprimand loudly and angrily ~ echarle un rapapolvo a || *My boss bawled her secretary out the day before yesterday ~ Mi jefa echó un rapapolvo a su secretaria anteayer*

be about **[1]** vi ♦ to be in the vicinity ~ estar por aquí (etc.) || *Is Daniel about? Yes, he's in the teachers' room ~ ¿Está por aquí Daniel? Sí, está en la sala de profesores* **[2]** vi ♦ to be popular, frequent, epidemic (etc.) in society ~ abundar por ahí || *Watch out: thieves are about!* ~ *¡Ojo! ¡Andan ladrones por ahí!* **[3]** ins ♦ to concern (the subject of) ~ tratar(se) de || *This book is about the history of photography* ~ *Este libro trata de la historia de la fotografía* **[4]** ins ♦ to have the approximate age of ~ tener unos (x) años || *My father is about seventy* ~ *Mi padre tiene unos setenta años*

be above **[1]** ins ♦ to be positioned physically above ~ estar encima de/sobre || *The picture is above the computer* ~ *El cuadro está encima del ordenador* **[2]** ins ♦ to be too moral/honourable to become involed in ~ quedar por encima de; no rebajarse a || *My company is above such tactics* ~ *Mi empresa no se rebajaría a tales tácticas*

be after **[1]** ins ♦ *véase* come after [1] **[2]** ins ♦ *véase* come after [2] **[3]** ins ♦ *véase* dangle after

be against ins ♦ *véase* come down against

be ahead **[1]** vi ♦ to be advanced (compared to others) ~ estar/ir adelantado || *My daughter is ahead in maths and geography* ~ *Mi hija va muy adelantada en mates y geografía* **[2]** vi ♦ to be positioned in front ~ estar delante || *I can see that the roadworks are ahead, not behind* ~ *Veo que las obras están delante, y no atrás*

be ahead of **[1]** ins ♦ to be more advanced than ~ llevar ventaja a || *You are ahead of the others in this process* ~ *Llevas ventaja a los demás en este proceso* **[2]** ins ♦ to be positioned in front of ~ estar delante de || *A lot of work is ahead of you before your exams* ~ *Os queda mucho trabajo por delante antes de los exámenes*

be around **[1]** vi ♦ *véase* be about [1] **[2]** vi ♦ *véase* be about [2] **[3]** ins ♦ *véase* be about [4]

be at **[1]** ins ♦ to take place at (time/place) ~ ser a las / ser en || *The meeting is at the Town Hall; it is at 10.00* ~ *La reunión es en el ayuntamiento; es a las 10.00* **[2]** ins inf ♦ to be fashionable, trendy (etc.) ~ ser un buen rollo || *This is where it's at* ~ *Es un buen rollo aquí* **[3]** ins ♦ to be occupied with ~ estar ocupado en || *I've been at this homework for nearly three hours* ~ *Estoy ocupado en estos deberes desde hace casi tres horas*

be at it **[1]** vi ♦ to be occupied (with something specific) ~ estar en ello || *We were at it all day yesterday* ~ *Estuvimos en ello durante todo el día de ayer* **[2]** vi arg ♦ to be having sex ~ estar follando || *They are at it in the bedroom: can't you hear them?* ~ *Están follando en la habitación: ¿no les oyes?*

be away **[1]** vi ♦ not to be present; to be on holiday (etc.) ~ estar fuera || *I'm sorry: my sister is away for a few days* ~ *Lo siento: mi hermana está pasando unos días fuera* **[2]** vi ♦ to be active in something after receiving an impulse ~ estar en marcha; soltar el rollo || *Press these buttons, start the engine and you're away!* ~ *¡Pulsa estos botones, arranca el motor y ya estás en marcha!* | *You only have to mention trains and he's away!* ~ *¡Con la mera mención de los trenes empieza a soltar el rollo!* **[3]** vi ♦ [sports team] to be playing at the opponents' stadium ~ jugar fuera (de casa) || *Espanyol are away this Sunday* ~ *El Espanyol juega fuera de casa este domingo*

be away at ins ♦ [sports team] to play at the stadium of ~ jugar (fuera de casa) contra || *Next week we're away at Valencia* ~ *La semana que viene jugamos contra el Valencia, fuera de casa*

be back vi ♦ to have returned ~ estar de vuelta || *My cousin is back: we'll have to celebrate!* ~ *Ha vuelto mi prima: ¡habrá que festajarlo!*

be before ins ♦ *véase* be ahead of [2]

be behind vi & ins ♦ *véase* get behind

be behind in ins ♦ *véase* drop behind in

be below **[1]** ins ♦ [temperature/inflation etc.] to be less than ~ ser menos que/de || *I think the temperature is below normal today* ~ *Creo que la tempe-*

ratura hoy es inferior a la normal **[2]** vi náut ♦ [*véase* go below] to have gone downstairs to one's cabin ~ estar abajo || *The officers were below due to the rain ~ Debido a la lluvia los oficiales estaban abajo*

be beneath **[1]** ins ♦ to be physically under ~ estar debajo de || *The papers were beneath the table ~ Los papeles estaban debajo de la mesa* **[2]** ins ♦ to be too immoral for (someone) ~ ser indigno de || *Such cruelty is beneath nice people like us ~ Semejante crueldad es indigna de gente simpática como nosotros*

be beside ins ♦ to be physically next to ~ estar al lado de || *In this photo my sister is beside Laura ~ En esta foto mi hermana está al lado de Laura*

be beside oneself vi ♦ to be experiencing extreme emotion (anger/fear/worry etc.) ~ estar fuera de sí; volverse loco (etc.) || *When I escaped from prison my mother was beside herself ~ Cuando me escapé de la cárcel, mi madre estaba fuera de sí*

be between **[1]** ins ♦ to be situated between ~ estar/quedar entre || *The bar is between the supermarket and the church ~ El bar está entre el supermercado y la iglesia* **[2]** ins ♦ to be a choice between (two last candidates etc.) ~ tratarse de una última elección entre || *The judges are deciding now: it's between Daniel y Laura ~ El jurado se está decidiendo ahora: tiene que ganar o Daniel o Laura*

be beyond ins ♦ *véase* go beyond [2]

be by **[1]** ins ♦ *véase* be beside **[2]** ins ♦ to have been written/painted (etc.) by ~ ser obra de || *This painting is by Picasso ~ Este cuadro es obra de Picasso*

be down to **[1]** ins ♦ to have been reduced to; to have only ~ no quedarle más que/de; haberse reducido a || *They're down to the last three/the last kilo ~ Se han reducido a los tres últimos/sólo les queda un kilo* **[2]** ins ♦ *véase* be up to [1]

be for **[1]** ins ♦ to be intended for ~ ser para || *Here - this is for you ~ Toma - esto es para ti* **[2]** ins ♦ *véase* come out for [1]

be from ins ♦ *véase* come from [1]; hail from

be in **[1]** vi ♦ to be at home (etc.) ~ estar en casa (etc.) || *Is Laura in? No, but she'll be in soon ~ ¿Está Laura? No, pero pronto estará* **[2]** vi ♦ to be fashionable ~ estar de moda || *Grey and brown are in this year ~ El gris y el marrón están de moda este año* **[3]** vi ♦ to be governing/to be in power ~ estar en el poder || *When the Tories were in, nobody was satisfied ~ Cuando los conservadores estaban en el poder, nadie estaba satisfecho* **[4]** vi ♦ [of the sun] to be hidden behind a cloud ~ estar escondido || *When the sun is in it isn't so warm ~ Cuando el sol se esconde, no hace tanto calor* **[5]** vi ♦ [cricket, baseball etc.] to be batting ~ estar bateando || *He's been in for nearly four hours ~ Lleva casi cuatro horas bateando* **[6]** ins ♦ to be situated inside (a room, box, country etc.) ~ estar en || *The papers are in my bag, and my bag is in London ~ Los papeles están en mi bolsa, y mi bolsa está en Londres*

be in for **[1]** ins ♦ to be a candidate for ~ ser candidato a || *I am in for the job at the bank ~ Soy candidato al puesto en el banco* **[2]** ins ♦ to be about to undergo (something bad) ~ esperar; estar a punto de sufrir || *Now we're in for a whole load of trouble ~ Ahora se va a armar la gorda de verdad* **[3]** ins ♦ to have been imprisoned due to ~ estar preso por || *He's in for stealing a car ~ Está preso por robar un coche*

be in on ins ♦ to have knowledge of/be included in ~ estar en, estar enterado de || *We've been in on the secret since the beginning ~ Estamos en el secreto desde el comienzo*

be in with ins ♦ to be friendly with, to be in the trust of ~ estar metido con || *She's in with the gang from the health club ~ Está metida con la pandilla del gimnasio*

be inside **[1]** vi & ins ♦ *véase* be in [6] **[2]** vi GB inf ♦ to be in prison ~ estar en la cárcel || *Her son's inside, but she doesn't like to talk about it* ~ *Su hijo está en la cárcel, pero no le gusta hablar de ello*

be off [1] vi ♦ to be absent (from work, school etc.) ~ estar ausente || *Daniel is off today; he's got an awful cold* ~ *Daniel está ausente hoy; tiene un catarro terrible* **[2]** vi ♦ to leave, to go ~ marcharse || *Right, I'm off; I'll see you tomorrow* ~ *Bueno, me voy; nos veremos mañana* **[3]** vi ♦ [of electrical goods; bottle tops etc.] to be disconnected (etc.) ~ estar apagado/desenchufado (etc.) || *The television is off, so I'll examine the wires now* ~ *Como el televisor está apagado, miraré los cables ahora* **[4]** vi ♦ *véase* be away [2] **[5]** vi ♦ [of food on menu] to be finished ~ ya no haber || *We're sorry, madam: the chops are off* ~ *Lo sentimos, señora: las chuletas se han acabado* **[6]** vi ♦ [of old food] to have deteriorated ~ estar pasado (etc.) || *You can't use these onions: they're off* ~ *No puedes utilizar estas cebollas: están podridas* **[7]** vi inf ♦ [of conduct] to be inappropriate ~ no estar bien || *I think his behaviour at the dance was a bit off* ~ *Creo que su conducta en el baile no estuvo del todo bien*

be off at ins inf ♦ to act in an unfriendly way towards ~ estar un poco raro con || *My mother was off at me when I saw her yesterday* ~ *Mi madre estuvo un poco rara conmigo cuando la vi ayer*

be off with [1] ins inf ♦ [in a dream etc.] to be in the land of ~ estar en la luna || *I think she's off with the fairies again* ~ *Creo que está en la luna otra vez* **[2]** ins inf ♦ *véase* be off at

be on [1] vi ♦ to take place, to be showing currently ~ tener lugar, echarse || *Despite the snow, tonight's game is on* ~ *A pesar de la nieve, el partido de esta noche tendrá lugar* **[2]** vi tab/arg ♦ to have one's period ~ tener la regla || *I can't go to the swimming-pool because I'm on this weekend* ~ *No puedo ir a la piscina porque tengo la regla este fin de semana* **[3]** vi inf ♦ [of conduct] to be appropriate ~ estar bien || *Frankly, this sort of behaviour is not on!* ~ *¡Francamente, esta clase de conducta no está bien!* **[4]** vi ♦ [of electrical goods; bottle tops etc.] to be connected ~ estar puesto/enchufado (etc.) || *Be careful: the washing machine is on in the kitchen!* ~ *¡Ten cuidado!: la lavadora está puesta en la cocina* **[5]** vi ♦ [actors etc.] it to be time to act/sing (etc.) ~ tocarle a uno || *Come on, you're on; sing as loudly as you can* ~ *Venga, te toca; canta lo más fuerte que puedas* **[6]** ins inf ♦ to be taking/have taken (tablets, drugs etc.) ~ tomarse / haberse tomado || *Look at him dance! What the hell is he on?* ~ *¡Mírale bailar! ¿Qué coño se habrá tomado?*

be on about ins ♦ to be talking about ~ estar hablando de || *He was on about some cousin of his* ~ *Estaba hablando de algún primo suyo*

be on at ins ♦ to bother/pester ~ majar a || *He is always on at me to get my hair cut* ~ *Siempre me da la lata para que me corte el pelo*

be on for ins ♦ to be very likely to achieve ~ tener muchas posibilidades de conseguir || *My sister's on for an A in maths* ~ *Es probable que mi hermana saque un sobresaliente en mates*

be on to [1] ins ♦ to have reached (in a sequence) ~ haber llegado a || *I'm on to number 7; have you finished it?* ~ *Yo voy por el número 7; ¿ya lo has terminado?* **[2]** ins ♦ to have become aware of (a suspicious/naughty act etc.) ~ estar enterado de, conocerle el juego a || *The police are on to your little game, lads* ~ *La policía ya está enterada de vuestro jueguillo, muchachos*

be onto ins ♦ *véase* be on to

be out [1] vi ♦ [news, book etc.] to be public/published ~ saberse, haberse publicado || *The news of her death is out* ~ *La noticia de su muerte ya se sabe* | *Yes, her book is out already* ~ *Sí, su nuevo libro ya está a la venta* **[2]** vi ♦ not to be at home (etc.) ~ estar fuera (etc.) || *No, she's out at the moment, but I'll tell her you called* ~ *No, en este mo-*

mento no está, pero le diré que has llamado **[3]** vi ♦ to have declared oneself homosexual ~ haberse declarado homosexual || *That politician is out: he held a press conference yesterday ~ Ese político se ha declarado homosexual: lo hizo ayer en una rueda de prensa* **[4]** vi ♦ not to be fashionable any more ~ ya no estar de moda || *Black shirts are out these days ~ Las camisas negras ya no están de moda hoy en día* **[5]** vi ♦ not to be acceptable or appropriate ~ no permitirse || *In many London offices smoking is out ~ En muchas oficinas londinenses queda prohibido fumar* **[6]** vi ♦ [in sports/games] to have been eliminated ~ quedar eliminado || *Germany have beaten France, so England are out ~ Alemania ha derrotado a Francia, entonces Inglaterra queda eliminada* **[7]** vi ♦ [flowers] to be in bloom ~ estar en flor || *The roses are out in the park ~ Las rosas están en flor en el parque* **[8]** vi ♦ to be no longer in government/in power ~ estar fuera del poder || *Since the Tories are out, people are much happier ~ Desde que los conservadores están fuera del poder, la gente es mucho más feliz* **[9]** vi ♦ [of the tide] to be low ~ estar baja || *The tide is out, so we can go to the island ~ La marea está baja, así que podemos ir a la isla* **[10]** vi ♦ to be unconscious ~ estar sin conocimiento || *The boxer was out for nearly an hour ~ El boxeador estuvo casi una hora sin conocimiento* **[11]** vi ♦ to be on strike ~ estar en huelga || *Last year the miners were out for three months ~ El año pasado los mineros estuvieron tres meses en huelga* **[12]** vi ♦ [of the sun] to shine, to be visible ~ brillar || *The sun was out yesterday morning, but then it rained ~ El sol brillaba ayer por la mañana, pero luego llovió* **[13]** vi ♦ to be incorrect (by a certain amount etc.) ~ estar mal (calculado) || *The calculations are out, but I can't find the mistake ~ Los cálculos están mal, pero no encuentro el error* **[14]** vi ♦ to be finished ~ acabarse || *We must discuss this before the conference is out ~ Tendremos que discutir esto antes de que se acabe el congreso* **[15]** vi ♦ [fire, light etc.] not to be lit (any more) ~ estar apagado || *When we reached the camp, the fire was out and they were all asleep ~ Cuando llegamos al campamento, el fuego estaba apagado y todo el mundo estaba dormido*

be out for ins ♦ to search (ambitiously or threateningly) for ~ aspirar a; ir en busca de || *He is out for promotion at any cost ~ Aspira a que le asciendan, cueste lo que cueste* | *Those boys are out for trouble; you can tell ~ Esos chavales quieren armar un escándalo; se les nota*

be out of ins ♦ not to have any more, to have exhausted ~ habérsele agotado || *We're out of carrots; you'll have to go to the market ~ Se nos han agotado las zanahorias; tendrás que ir al mercado*

be out of it **[1]** vi ♦ to have escaped from (something bad) ~ de buena haberse librado || *I'm well out of it: the company is going to collapse ~ De buena me he librado: la empresa va a hundirse* **[2]** vi ♦ to have lost control [from drink, drugs etc.] ~ estar colocado (etc.) || *I saw him last night in the bar and he was out of it ~ Le vi anoche en el bar y ya estaba bien colocado*

be over **[1]** vi ♦ to be visiting ~ estar de visita || *My parents are over this week so I can't go out ~ Mis padres nos están visitando esta semana así que no puedo salir* **[2]** vi ♦ [relationship, event] to have/be finished ~ haberse acabado || *Our period of happiness (our meeting) is over ~ Nuestra etapa de felicidad (nuestra reunión) se ha acabado* **[3]** ins inf ♦ [to have successfully overcome] *véase* get over [1]

be past ins ♦ to have exceeded; not to have any need for ~ haber ido más allá de; ya no necesitar (etc.) || *We're past the arguing years now ~ Ya hemos pasado los años de riñas*

be past it vi inf ♦ to be very old; to be too old for a specific activity ~ ya ser viejecito; ya no poder con ello || *Look at that old man - he's really past it ~ Mira a ese viejo - ya no tiene fuerzas para esto*

be through [1] vi ♦ [on the telephone] to have been connected ~ haberse conectado (puesta la llamada) || *You are through: you may begin the conversation ~ Hemos puesto la llamada: ya puede hablar* **[2]** vi USA ♦ *véase* be over [2] **[3]** vi USA ♦ to lose one's job (by dismissal) ~ quedar despedido || *We can't employ thieves: you're through! ~ No podemos emplear a ladrones: ¡quedas despedido!*

be through with ins USA ♦ to have finished with ~ haber terminado (cortado etc.) con || *I'm through with my girlfriend (with your book) ~ He cortado con mi novia (he terminado de leer tu libro)*

be under [1] ins ♦ *véase* be beneath [1] **[2]** ins ♦ *véase* come under [3]

be up [1] vi ♦ to have risen from bed ~ estar levantado || *I've been up since five o'clock this morning ~ Estoy levantado desde las cinco de la mañana* **[2]** vi ♦ [painting, shelves, flag etc.] to be erected/fixed high/flying etc. ~ estar montado/fijado/izado (etc.) || *I've been struggling with the shelves all morning, but at least now they're up ~ He estado toda la mañana luchando con las baldas, pero al menos ya están montadas* **[3]** vi ♦ [tide/river/prices etc.] to be high ~ estar alto, haber subido || *Be careful on the beach: the tide is well up ~ Tened cuidado en la playa: la marea está bien alta* | *The price of strawberries is up this summer ~ El precio de las fresas ha subido este verano* **[4]** vi ♦ [of the sun] to have risen ~ haber salido || *The sun is up and the dew is beginning to dry ~ El sol ha salido y el rocío está empezando a secarse* **[5]** vi ♦ to be the problem ~ pasarle a uno || *What's up? Have you got a headache? ~ ¿Qué te pasa? ¿Te duele la cabeza?* **[6]** vi inf ♦ to be happy, to be on good form ~ estar en plena forma || *You certainly look to be up these days ~ Desde luego, parece que estás en plena forma hoy día* **[7]** vi ♦ [of a period of time] to have finished ~ haberse acabado || *Stop writing now: your time is up ~ Dejen de escribir: se ha terminado el tiempo* **[8]** vi ♦ to be at university (esp. Oxford or Cambridge) ~ ser estudiante universitario || *Things were very different when I was up ~ Las cosas eran muy diferentes cuando yo era estudiante*

be up against ins ♦ to have to face (difficulties etc.) ~ haber tropezado con || *You're up against it now: look at the size of the opposition! ~ Ahora lo tenéis claro: ¡fijaos en lo grandes que son los rivales!*

be up for [1] ins ♦ to approach (a challenge etc.) confidently/happily/with expectation ~ abordar lleno de confianza || *It will be a difficult match against the champions, but the lads are up for it ~ Va a ser un partido muy difícil contra el campeón, pero los muchachos lo esperan con mucha confianza* **[2]** ins ♦ to face a criminal charge of ~ quedar acusado de || *He's up for murder at the moment ~ Ahora le han acusado de homicidio*

be up to [1] ins ♦ to depend on (for a decision) ~ depender de || *It's not up to me, but (to) the manager ~ No depende de mí, sino del jefe* **[2]** ins ♦ to be (physically or intellectually) capable of ~ estar a la altura de || *Are you up to such tasks? ~ ¿Estás a la altura de tales cometidos?* **[3]** ins inf ♦ to be of value/quality ~ valer; ser de calidad || *I don't think his prose is up to much ~ No creo que su prosa valga mucho* **[4]** ins ♦ to do; to be occupied with/in ~ hacer, ocuparse con || *What are you up to? I bet you're up to no good ~ ¿Qué haces? A que estás tramando algo malo* **[5]** ins ♦ *véase* be on to [1]

be up with [1] ins ♦ to have reached the level of ~ haber alcanzado el nivel de || *She's up with the professionals these days ~ Ha logrado asociarse con los profesionales hoy en día* **[2]** ins ♦ to be up to date with ~ estar al tanto de || *She's up with all the latest fashions ~ Está al tanto de todas las últimas modas*

be with [1] ins ♦ to accompany ~ estar con || *My father is with his friend at the hospital ~ Mi padre está con su amigo en el hospital* **[2]** ins ♦ *véase* agree with [1]

be with it vi arc inf ♦ [person] to be fashionable ~ ser moderno (etc.) || *My father was with it in the sixties ~ Mi padre se consideraba moderno en los años sesenta*

be without ins ♦ not to have; to lack ~ no tener; estar sin || *This is a plan which is without any sense ~ Este es un plan que no tiene ni pies ni cabeza*

beam at ins ♦ to smile happily at ~ sonreírse alegremente a || *The baby beamed at me when I gave him the sweet ~ El bebé me sonrió encantado cuando le di el caramelo*

beam down sep ♦ [in science fiction] to transport via an invisible beam ~ transportar por un rayo invisible || *The commander beamed the captain down ~ El comandante hizo aparecer al capitán por un rayo invisible*

beam up sep ♦ *véase* beam down

bear away sep ♦ to win (a prize etc.) ~ llevarse || *Their team bore away the gold medal in the championship ~ Su equipo se llevó la medalla de oro en el campeonato*

bear down **[1]** vi USA ♦ to act with a lot of determination ~ actuar de modo resuelto || *You must bear down and study hard before your exams ~ Deberás dedicarte con empeño y estudiar mucho antes de los exámenes* **[2]** vi ♦ to push/exert pressure downwards ~ empujar hacia abajo || *When she was giving birth, she had to bear down for hours ~ Cuando daba a luz, tuvo que empujar hacia abajo durante horas* **[3]** sep ns ♦ to destroy, to weaken ~ derrotar, debilitar || *The stress eventually bore my brother down ~ El estrés acabó por derrotar a mi hermano*

bear down on ins form ♦ to approach threateningly ~ acercarse de modo amenazador || *The lion was bearing down on him, and he started to run ~ El león se le acercaba de modo amenazador, y echó a correr*

bear down upon ins form ♦ *véase* bear down on

bear off sep ♦ *véase* bear away

bear on ins form ♦ to influence; to connect directly to ~ tener que ver con, influir en || *This is a decision which will bear on your immediate future ~ Esta es una decisión que influirá en tu futuro inmediato*

bear out sep ♦ to support the truth of ~ corrobar/confirmar || *This thesis bears out the conclusions reached by García ~ Esta tesis confirma las conclusiones alcanzadas por García*

bear up vi ♦ to cope bravely in difficult circumstances ~ (no des)animarse || *Life has been difficult since Laura's death, but I'm bearing up ~ La vida ha sido difícil desde la muerte de Laura, pero no me desanimo*

bear upon ins form ♦ *véase* bear on

bear with ins ♦ to be patient with, to treat with tolerance ~ tener paciencia con, ser indulgente con || *If you bear with me, I'll finish the letter very soon ~ Si tenéis paciencia conmigo, terminaré la carta muy pronto*

beat about vi náut ♦ to change direction in a strong wind ~ barloventear || *When the wind got up the ship was beating about in the sea ~ Cuando el viento empezó a soplar recio el barco barloventeaba en el mar*

beat about for ins ♦ to search for ~ buscar || *They were beating about for an excuse, but in vain ~ Buscaban una excusa, pero en vano*

beat back sep ♦ to reject, to repel ~ rechazar || *The attacker was strong, but I managed to beat him back ~ El agresor era fuerte, pero conseguí rechazarle*

beat down **[1]** vi ♦ [of rain etc.] to fall heavily ~ llover con violencia || *The rain was beating down when we arrived at the station ~ Llovía a cántaros cuando llegamos a la estación* **[2]** vi ♦ [of the sun] to shine strongly ~ picar (fuerte) || *It was ten in the morning and the sun was already beating down ~ Eran las diez de la mañana y el sol ya picaba fuerte* **[3]** sep ♦ *véase* batter down **[4]** sep ♦ to reduce a price by arguing/haggling ~ conseguir rebajar regateando || *We haggled for half an hour and beat the* *price down massively* ~ *Regateamos durante media hora y conseguimos una rebaja masiva* | *She beat the seller down by twenty dollars* ~ *Logró que el vendedor redujera el precio en veinte dólares*

beat into **[1]** v2obj ♦ to whip (eggs etc.) until achieving (a specific state) ~ batir (etc.) hasta lograr (tal consistencia etc.) || *Beat these ingredients into a thin liquid* ~ *Bata estos ingredientes hasta que tengan forma de líquido* **[2]** v2obj ♦ to beat (a person) until (a specific state) ~ pegar una paliza a; reducir a || *The thugs beat me to a pulp* ~ *Los gamberros me pegaron una paliza* **[3]** v2obj ♦ to cause (information) to enter (a person's head) by violence ~ hacer que (alguien) aprenda (algo) a fuerza de violencia || *The teacher beat the multiplication tables into us* ~ *El profesor usaba violencia para que aprendiéramos las tablas de multiplicar* **[4]** v2obj ♦ to win, and force (competitor) to accept (2nd position etc.) ~ ganar y condenar a (un rival) a (segundo lugar etc.) || *Laura beat the Swedish girl into second place in the competition* ~ *Laura ganó el concurso y la sueca quedó segunda*

beat off **[1]** sep ♦ to repel (an attacker; competition etc.) ~ rechazar || *I heard you managed to beat off the attacker / the competition* ~ *Dicen que lograste rechazar al agresor / a la competencia* **[2]** vi & sep USA tab ♦ to masturbate (oneself or somebody else) ~ masturbar(se), hacer(se) una paja || *He apparently beats off (his partner) in the bus every night* ~ *Se dice que el tío se hace una paja (le hace una paja a su pareja) cada noche en el autobús*

beat on ins ♦ to hit (drum/door etc.) hard and repeatedly ~ dar golpes en (etc.) || *Will you stop beating on that drum? I've got a headache* ~ *¿Quieres dejar de golpear ese tambor? Me duele la cabeza*

beat out **[1]** sep ♦ [of drums] to play (with a loud rhythm) ~ tocar (con fuerte ritmo) || *The members of the tribe beat out complicated rhythms on their drums* ~ *Los miembros de la tribu tocaron sus tambores con ritmos fuertes y complicados* **[2]** sep ♦ to extinguish (a fire) by hitting ~ apagar a golpes || *The fire had destroyed a lot of trees but the firemen beat it out* ~ *El incendio había destrozado muchos árboles pero los bomberos lo apagaron a golpes* **[3]** sep USA ♦ to defeat, to do better than ~ vencer, exceder || *To win the cup, he had to beat out seven rivals* ~ *Para ganar la copa, tuvo que vencer a siete rivales*

beat out of v2obj ♦ to extract (a confession etc.) from (someone) with violence ~ sacar (hacer que se saque) con violencia || *The kidnappers had to beat the information out of the hostage* ~ *Los secuestradores tuvieron que utilizar violencia para que el rehén soltara la información*

beat to **[1]** v2obj ♦ to reach/arrive at before ~ llegar a (etc.) antes que || *Daniel beat his neighbour to the end of the novel* ~ *Daniel llegó al final de la novela antes que su vecino* **[2]** v2obj ♦ *véase* beat into [2]

beat up **[1]** sep ♦ to hurt badly by attacking violently ~ dar una paliza a || *Some thugs have beaten up your son; please come quickly* ~ *Unos gamberros le han dado una paliza a su hijo; por favor, venga de prisa* **[2]** sep ♦ [in cooking] to break and whisk ~ batir || *Beat up four eggs in a bowl* ~ *Bátanse cuatro huevos en un bol* **[3]** sep ♦ to attract/encourage (customers, recruits) ~ atraer/reclutar || *We'll have to beat up more clientele before Christmas* ~ *Tendremos que atraer a más clientela antes de Navidades*

beat up on **[1]** ins USA inf ♦ *véase* beat up [1] **[2]** ins USA inf ♦ to criticise/blame (oneself or someone else) ~ echar(se) la culpa, criticar(se) || *The manager always seems to beat up on his secretary/himself* ~ *El director siempre parece echarle la culpa a su secretaria / echarse la culpa a sí mismo*

beaver away vi inf ♦ to work hard (for a long time) ~ trabajar diligentemente || *She spent the whole summer* *beavering away in her bedroom ~ Pasó el verano entero trabajando diligentemente en su cuarto*

beaver away at ins inf ♦ to work hard at (for a long time) ~ trabajar diligentemente en || *I'll have to beaver away at my maths if I want to pass ~ Tendré que empollar mates como un loco si quiero aprobar*

beckon to ins ♦ to signal with one's hand for (a person) to come ~ hacer señas a (alguien) para que se acerque || *I beckoned to Daniel and he came over straight away ~ Hice señas a Daniel para que se acercara, y lo hizo enseguida*

become of ins ♦ to have happened to ~ ser de || *What has become of that boy who used to be your friend? ~ ¿Qué es de aquel chico que era amigo tuyo?*

bed down **[1]** vi & sep ♦ to lie (or lay) down to sleep (somewhere unusual) ~ acostar(se) (en un sitio inhabitual) || *He was so drunk that he bedded down in the bath ~ Estaba tan borracho que se acostó en la bañera | As his daughter was tired, he bedded her down on the sofa ~ Como su hija tenía sueño, la acostó en el sofá* **[2]** vi & sep GB AUS ♦ to begin to settle/(make) function fluently (after initial difficulties etc.) ~ establecer(se), engastar(se) || *The new machines bedded down after three months or so ~ Las nuevas máquinas cogieron su ritmo tras unos tres meses | My job involves bedding down these components ~ Mi trabajo consiste en hacer que estos componentes se establezcan*

bed in vi & sep GB AUS ♦ *véase* bed down [2]

bed out sep ♦ to move (plants which have been indoors) and plant in the garden ~ plantar en un macizo || *In the spring we bedded out the flowers that had been in the lounge ~ En la primavera cogimos las flores que habían estado en el salón y las plantamos en el macizo*

bedeck with v2obj ♦ *véase* deck out with

beef about ins inf ♦ to complain about ~ quejarse de || *He spent the whole weekend beefing about the accommodation ~ Estuvo todo el fin de semana quejándose del alojamiento*

beef up sep inf ♦ [image, speech etc.] to make stronger ~ reforzar/fortalecer || *She beefed up her speech to try and impress the management ~ Reforzó su discurso para intentar impresionar a la dirección*

beer up **[1]** vi inf ♦ to get drunk ~ emborracharse || *We beered up first then went to the football match ~ Primero nos emborrachamos luego fuimos al partido de fútbol* **[2]** sep ns inf ♦ to cause to become drunk ~ emborrachar || *The barman beered us up at the start of my stag night ~ El camarero se encargó de emborracharnos al comienzo de mi despedida de soltero*

beetle off vi inf ♦ to leave, to go ~ marcharse || *He beetled off before we could discuss the price ~ Se marchó antes de que pudiéramos hablar del precio*

beg for ins & v2obj ♦ to request very humbly ~ pedir, suplicar || *I had to beg (the supervisor) for more hours ~ Tuve que suplicar más horas (a la encargada)*

beg from ins & v2obj ♦ *véase* beg off [2]

beg of ins & v2obj ♦ *véase* ask of

beg off **[1]** vi & ins USA ♦ to ask to be exempted (from a duty) ~ pedir dispensa (de) || *I see he has begged off (his tasks) again ~ Veo que ha vuelto a pedir dispensa (de sus tareas)* **[2]** ins & v2obj ♦ to request (money in the street etc.) from ~ mendigar/pedir a || *He begged (five dollars) off a passer-by ~ Pidió (cinco dólares) a un transeúnte*

begin as ins & v2obj ♦ *véase* start as

begin with ins & v2obj ♦ to begin by using/saying (etc.) ~ empezar por/con || *He began with criticisms and then moved on to insults ~ Empezó por unas críticas y luego pasó a los insultos | The priest began the mass with a hymn ~ El cura empezó la misa con un himno*

beguile into v2obj ♦ *véase* deceive into

beguile out of v2obj ♦ *véase* bluff out of

belch out sep ♦ [factory etc.] to release (smoke etc.) ~ arrojar (humo etc.) || *The factory belched out clouds of black smoke ~ La fábrica arrojaba nubes de humo negro*

believe in [1] ins ♦ to be convinced of the existence of ~ creer en || *My son still believes in Santa Claus ~ Mi hijo todavía cree en Papá Noel* **[2]** ins ♦ to be sure of the effectiveness (etc.) of ~ aprobar el uso (la eficacia etc.) de || *I don't believe in aromatherapy ~ La aromaterapia no me convence* **[3]** ins ♦ to have faith in (a person/their ability) ~ tener fe en || *You must believe in the doctor: he knows what he's doing ~ Tienes que tener fe en el médico: él sabe lo que hace*

believe of v2obj ♦ to believe that (someone) is capable of (something) ~ creer a (alguien) capaz de || *I can't believe that of your sister ~ No me puedo creer que tu hermana sea capaz de eso*

bellow out vi & sep ♦ *véase* belt out

belly out vi USA ♦ *véase* billow out [1]

belly up vi USA inf ♦ to approach, to move close ~ acercarse || *We were drinking in the bar when a strange guy bellied up ~ Estábamos bebiendo en el bar cuando se acercó un tipo raro*

belly up to ins USA inf ♦ to approach, to move close to ~ acercarse a || *He bellied up to my sister and started to talk to her ~ Se acercó a mi hermana y empezó a hablar con ella*

belong in ins ♦ to feel/be suitable in (a context etc.); to correspond to the category of ~ ir (bien) en, ir con, sentirse a gusto en || *This letter belongs in the complaints file ~ Esta carta corresponde a la carpeta de las quejas* | *I feel I belong in Ireland, and that's where I want to live ~ Me siento a gusto en Irlanda, y es allí donde quiero vivir*

belong to [1] ins ♦ to correspond to (a category, club etc.) ~ corresponder a, ser miembro de || *We all belong to the basketball club ~ Todos somos socios del club de baloncesto* | *The task of organising the timetable belongs to the administrator ~ La tarea de organizar el horario corresponde al administrador* **[2]** ins ♦ to be the property of ~ pertenecer a || *This medal belongs to my grandmother ~ Esta medalla pertenece a mi abuela*

belong under ins ♦ *véase* come under [2], [3]

belong with ins ♦ to be appropriate with; to correspond to ~ ir con, corresponder a || *This sock belongs with that one over there ~ Este calcetín va con ése de ahí* | *You belong with me: we were made for each other ~ Vas bien conmigo: estamos hechos el uno para el otro*

belt along vi inf ♦ to travel (work etc.) very quickly ~ ir como una bala || *I've just seen them on the motorway; they were belting along ~ Acabo de verles en la autopista; iban a toda leche*

belt down sep inf ♦ to drink/eat (something) very quickly ~ beberse de un trago / zamparse || *He belted three drinks down in two minutes ~ Se bebió tres copas en tan sólo dos minutos*

belt in sep ♦ to enclose (e.g. a child) in a safety belt ~ abrocharle el cinturón a || *I made sure I had belted the kids in before setting off ~ Me aseguré de haberles abrochado el cinturón a los críos antes de partir*

belt into [1] ins AUS ♦ to hit quickly and forcefully ~ pegar de prisa y con violencia || *He was controlling the fight, then suddenly his opponent belted into him ~ Estaba controlando el combate, y de repente su rival le soltó un ataque violentísimo* **[2]** ins AUS ♦ to begin to do with speed and enthusiasm ~ empezar a toda pastilla y a gusto || *The size of the job doesn't bother her: she just belts into it ~ La magnitud del trabajo no le importa: se lanza y ya está* **[3]** v2obj ♦ [esp. child into special seat in a car] *véase* buckle to

belt out vi & sep ♦ to emit (sing, shout, announce etc.) loudly ~ emitir(se) fuerte || *The radio was belting out (the Top 40) in her bedroom* ~ *La radio estaba a tope (emitía a tope los 40 Principales) en su cuarto* | *He belted the hymn out so we could all hear it* ~ *Cantó el himno a todo pulmón para que lo oyéramos todos*

belt past **[1]** vi inf ♦ to pass very quickly ~ pasar como un rayo || *The train belted past and my son got very excited* ~ *El tren pasó como un rayo y mi hijo se emocionó* **[2]** ins inf ♦ to overtake/pass very quickly ~ adelantar de prisa a || *They belted past us on the road ten minutes ago* ~ *Nos adelantaron muy de prisa en la carretera hace diez minutos*

belt up **[1]** vi ♦ to fasten one's safety belt (in car, plane) ~ abrocharse el cinturón || *We belted up and waited for the driver to start the engine* ~ *Nos abrochamos el cinturón y esperamos a que el chófer arrancara* **[2]** sep ♦ *véase* belt in **[3]** vi GB & AUS inf ♦ to stop talking/doing (something irritating) ~ parar, callarse || *Will you belt up? You've been talking non-stop for 20 minutes* ~ *¿Te quieres callar? Llevas 20 minutos hablando sin parar* **[4]** sep AUS inf ♦ to hit ~ pegar || *My elder brother belted me up for stealing his sweets* ~ *Mi hermano mayor me pegó por robarle los caramelos*

bend back **[1]** vi ♦ to flex backwards ~ doblarse hacia atrás || *The top bends back so that you can see the contents* ~ *La tapa se dobla hacia atrás para que se vea el contenido* **[2]** sep ♦ to flex backwards ~ doblar hacia atrás || *He bent my fingers back until I cried* ~ *Me dobló los dedos hacia atrás hasta que lloré*

bend before ins ♦ *véase* bow to [1]

bend down **[1]** vi ♦ to incline/reach downwards ~ agacharse, inclinarse, doblarse hacia abajo || *The lady bent down to pick up the coin* ~ *La señora se agachó para recoger la moneda* | *The branches of the tree bend down to touch the lawn* ~ *Las ramas del árbol se inclinan hasta tocar el césped* **[2]** sep ♦ to flex downwards ~ doblar hacia abajo || *If you bend the cable down it will stay on the floor* ~ *Si doblas el cable hacia abajo se quedará en el suelo*

bend over vi & sep ♦ *véase* bend down

bend over backwards vi inf ♦ *véase* go to [4]

benefit by ins ♦ to gain an advantage due to ~ sacar provecho de || *Many people are going to benefit by this situation* ~ *Mucha gente va a sacar provecho de esta situación*

benefit from ins ♦ *véase* benefit by

bequeath to v2obj form ♦ to leave (money etc.) to (e.g. a relative) in one's will ~ legar a || *My grandfather bequeathed all his money to the poor* ~ *Mi abuelo legó todo su dinero a los pobres*

bereave of v2obj arc ♦ *véase* deprive of

beset with v2obj ♦ to fill with (difficulties etc.) ~ llenar/erizar de || *Circumstances always seem to beset this process with obstacles* ~ *Las circunstancias siempre parecen erizar este proceso de dificultades*

besiege with v2obj ♦ *véase* deluge with

besmirch with v2obj arc ♦ [reputation etc.] to dirty due to ~ manchar/mancillar de || *That speech served only to besmirch his reputation with arrogance* ~ *Ese discurso no hizo más que mancillar de arrogancia su fama*

bestow on v2obj form ♦ to give/grant to ~ otorgar (etc.) a || *The king bestowed many honours on this great hero* ~ *El rey otorgó muchas condecoraciones a este gran héroe*

bestow upon v2obj form ♦ *véase* bestow on

bet on **[1]** ins & v2obj ♦ [sport etc.] to risk (money) on (a horse etc.) ~ apostar a || *I'm going to bet on that horse you recommended* ~ *Voy a apostar a ese caballo que me recomendaste* | *He wanted to bet 1000 pesetas on a nil-nil draw* ~ *Quiso apostar 1000 pesetas a que empataran a cero* **[2]** ins ♦ *véase* bank on

betroth to v2obj lit ♦ to promise in marriage to ~ prometer en matrimonio a

|| *The duke betrothed his daughter to me ~ El duque me prometió en matrimonio a su hija*

beware of ins ♦ to take care with, to be careful of ~ tener cuidado con || *Children must beware of the trains which pass by here ~ Los niños deberán tener cuidado con los trenes que pasan aquí*

bias against v2obj ♦ to predispose (somebody's opinion etc.) against ~ predisponer a (alguien) en contra de || *My parents biased me against extreme opinions ~ Mis padres me predisponían en contra de las opiniones extremas*

bicker about ins ♦ *véase* face off over

bicker over ins ♦ *véase* face off over

bicker with ins ♦ *véase* argue with

bid against ins ♦ [at an auction etc.] to submit an offer in competition with ~ pujar contra || *She was bidding against a man from the furniture shop ~ Pujaba en competencia con un hombre de la tienda de muebles*

bid down sep ns ♦ to force to decrease the value of a bid ~ bajar el precio presentando una propuesta inferior || *They were bidding the owner down in successive auctions ~ Presentaban al propietario propuestas cada vez inferiores en subastas sucesivas*

bid for ins & v2obj ♦ [at an auction etc.] to submit an offer (of a specific price) for ~ hacer una oferta por, ofrecer (x) por || *I was prepared to bid (100 dollars) for that rug ~ Estaba dispuesta a hacer una oferta (de 100 dólares) por esa alfombra*

bid on ins ♦ to submit a competitive proposal to win (a contract etc.) ~ presentar una propuesta para (etc.) || *The next step was to bid on the cleaning services ~ El siguiente paso consistía en presentar una propuesta para el servicio de la limpieza*

bid up sep ns ♦ to force to increase the value of a bid ~ pujar en/sobre (etc.) || *We are trying to bid the price (our rival) up ~ Estamos intentando pujar en el precio / hacer que nuestro rival siga aumentando su oferta*

bilk out of v2obj USA inf ♦ *véase* bluff out of

bill as v2obj ♦ [in marketing etc.] to describe as ~ calificar de || *The travel agency billed this cruise as 'idyllic' ~ La agencia de viajes calificaba de 'idílico' este crucero*

bill for v2obj ♦ to charge (money) for (goods, service etc.) ~ pasar la factura de || *They billed us for the dinner and the taxis afterwards ~ Nos pasaron la factura de la cena y de los taxis de después*

billet on v2obj ♦ to provide accommodation with ~ alojar en casa de || *The army billeted Núñez on Mrs García ~ El ejército alojó a Núñez con la señora García*

billow out **[1]** vi ♦ to become full (of wind etc.) ~ hincharse (de viento etc.) || *The sheets on the line billowed out in the autumn wind ~ Las sábanas tendidas se hincharon del viento otoñal* **[2]** vi ♦ [smoke etc.] to emerge in waves ~ salir en oleadas || *The smoke billowed out and disappeared behind the factory ~ El humo salió en oleadas y desapareció por detrás de la fábrica*

bind down sep ♦ *véase* lash down [2]

bind on sep ♦ to fasten, to tie ~ prender, atar || *We bound the splint on with string ~ Atamos la tablilla con cuerda*

bind over sep form jur ♦ to order not to cause trouble ~ imponer el deber legal de portarse bien || *The magistrates bound Daniel over, but let him go home ~ Los jueces impusieron a Daniel el deber legal de portarse bien, pero le dejaron volver a casa*

bind to **[1]** v2obj ♦ to fasten to, to tie to ~ liar a || *He bound the rope ladder to the tree ~ Lió la escala de cuerda al árbol* **[2]** v2obj form ♦ to force to obey (an agreement etc.) ~ obligar a cumplir (etc.) || *The insurance company has bound me to these conditions ~ La compañía de seguros me ha obligado a cumplir estas condiciones*

bind together sep ♦ to tie together, to bind ~ atar/liar/vincular || *Before the* *move, I want to bind these books together with string* ~ *Antes de la mudanza, quiero liar estos libros con cuerda*

bind up sep ♦ to fasten; to make secure (with a bandage/string etc.) ~ liar; vendar || *The doctor bound the boy's leg up and sent him home* ~ *El médico vendó la pierna al chico y le mandó a casa*

bind up in v2obj ♦ to fasten with ~ liar/vendar con || *The nurse bound the two bones up in a bandage* ~ *La enfermera lió los dos huesos con una venda*

bind up with v2obj ♦ *véase* bind up in

binge on ins inf ♦ to eat/drink (something) to excess ~ comer/beber un exceso de || *After the exams we binged on hot dogs and cakes* ~ *Después de los exámenes comimos un exceso de perritos calientes y pasteles*

binge out vi inf ♦ *véase* chow down

binge out on ins inf ♦ *véase* binge on

bitch about **[1]** ins inf ♦ to gossip maliciously about ~ poner verde; denigrar || *The girls were in the toilets bitching about their boyfriends* ~ *Las chicas estaban en el servicio poniendo verdes a sus novios* **[2]** ins inf ♦ *véase* complain about

bitch up sep USA arg ♦ to ruin by making mistakes ~ estropear, joder || *I think I bitched up the exam yesterday* ~ *Creo que jodí el examen de ayer*

bite back **[1]** vi ♦ to act in revenge/reply ~ contraatacar (etc.) || *The lawyer bit back with a description of my character* ~ *El abogado contraatacó con una descripción de mi carácter* | *He's a dog who always bites back* ~ *Es un perro que siempre muerde a su vez* **[2]** sep ♦ not to say/show (one's genuine feelings etc.) ~ tragar, no soltar || *She bit back a stream of abuse so as not to embarrass the judge* ~ *Pasó de soltar un torrente de injurias para no turbar al juez*

bite into **[1]** ins ♦ to take a bite of ~ morder || *We bit into the sandwiches and realised that the ham was off* ~ *Mordimos los bocadillos y nos dimos cuenta de que el jamón estaba pasado* **[2]** ins ♦ to remove part of (salary etc.) ~ dejar temblando || *The hire purchase of the car bites into my salary* ~ *Los plazos del coche dejan temblando mi salario* **[3]** ins ♦ [zip, strap etc.] to press painfully onto ~ apretar || *The zip bites into my chest every time I fasten it* ~ *La cremallera me aprieta el pecho cada vez que la abrocho*

bite off sep ♦ to remove with one's teeth ~ arrancar con los dientes || *He's revolting: he bites rats' tails off* ~ *Es asqueroso: les arranca la cola a las ratas con los dientes*

bite on ins ♦ *véase* bite into [1]

bite through ins ♦ [string etc.] to cut fully with one's teeth ~ cortar con los dientes || *I didn't have any scissors, so I bit through the thread* ~ *No tenía tijeras, así que corté el hilo con los dientes*

blab about ins inf ♦ to talk loudly and publicly about (something one shouldn't) ~ chismear y soltar (cosas no debidas) || *You shouldn't have blabbed about my inheritance* ~ *No deberías haber hecho pública la noticia de mi herencia*

blab around sep inf ♦ [unduly] *véase* blaze abroad

blab out sep inf ♦ [unduly] *véase* blaze abroad

blabber on vi inf ♦ *véase* chatter away

black out **[1]** vi ♦ to become unconscious suddenly ~ desmayarse || *It was very hot, and he blacked out during the first speech* ~ *Hacía mucho calor, y se desmayó durante el primer discurso* **[2]** sep ♦ to make dark (by turning off lights etc.) ~ apagar las luces de || *During the war we had to black the house out every night* ~ *Durante la guerra tuvimos que apagar las luces de la casa cada noche* **[3]** sep ♦ to cover/conceal (writing/news/information) ~ retener/ocultar (etc.) || *The director blacked the figures out in the report with his pen* ~ *El director utilizó su bolígrafo para tapar las cifras en el informe* | *The strike blacked out the news for three days* ~ *La huelga* *hizo que no hubiera noticias durante tres días*

blackmail into v2obj ♦ to oblige (someone) by blackmail to do (a specific activity) ~ chantajear a (alguien) para que haga (algo) || *The union blackmailed the director into immediate resignation ~ El sindicato chantajeó al director para que dimitiera en el acto*

blame for v2obj ♦ to blame (a person) for (having committed a crime etc.) ~ echar a (alguien) la culpa de || *I blame the parents for these social problems ~ De estos problemas sociales yo les echo la culpa a los padres*

blame on v2obj ♦ to attribute (crime/problem) to (a person/circumstance) ~ atribuir (la culpa) a || *Many people blame our recent form on excessive alcohol ~ Mucha gente echa la culpa de nuestra forma reciente a un exceso de alcohol*

blanch at ins ♦ to turn pale due to (sight etc.) ~ palidecer debido a || *Laura blanched at the sight of the dead body ~ Laura palideció al contemplar el cadáver*

blanch with ins ♦ to turn pale due to (emotion etc.) ~ palidecer de || *Daniel blanched with fear when he realised what had happened ~ Daniel palideció de miedo al enterarse de lo que había pasado*

blank off sep USA inf ♦ to cover/block (a road, an entrance etc.) ~ cortar || *The police had blanked off the main avenue ~ La policía había cortado la avenida principal*

blank out [1] vi USA inf ♦ to lose one's memory/control of reality ~ perder la memoria || *Three months after the accident he suddenly blanked out ~ Tres meses después del accidente perdió la memoria de repente* **[2]** sep USA inf ♦ to defeat without conceding a goal (etc.) ~ derrotar sin que le metan un gol (etc.) || *The Tigers blanked the Lions out tennil ~ Los Tigres derrotaron a los Leones por diez a cero* **[3]** sep ♦ *véase* black out [3] **[4]** sep ♦ to avoid thinking about ~ suprimir el recuerdo de || *He survives by blanking out the whole incident ~ Sobrevive suprimiendo el incidente entero* **[5]** sep ♦ to destroy (communications equipment) ~ destrozar, inutilizar || *The hurricane blanked out all the information services ~ El huracán inutilizó todos los servicios de información*

blanket in v2obj ♦ *véase* blanket with [1]

blanket with [1] v2obj ♦ to cover with (as if with a blanket) ~ cubrir de (etc.) || *The storm blanketed the fields with a metre of snow ~ La nevada cubrió los campos de un metro de nieve* **[2]** v2obj USA ♦ to advertise/supply on a large scale ~ anunciar/suministrar a gran escala || *That company blankets its clients with special offers ~ Esa empresa colma a sus clientes de ofertas especiales*

blare out vi & sep ♦ *véase* belt out

blast away [1] vi ♦ *véase* bang away [1] **[2]** sep ♦ to remove with explosives (etc.) ~ quitar con explosivos || *The technician blasted the rock away with dynamite ~ El técnico quitó las rocas con dinamita* **[3]** sep fút ♦ to clear (the ball) powerfully ~ despejar con fuerza || *Madrid were threatening, but Daniel blasted the ball away ~ El Madrid amenazaba, pero Daniel despejó con fuerza*

blast off vi ♦ [of a rocket] to leave the ground ~ despegar || *The rocket blasted off just before midday ~ El cohete despegó poco antes de mediodía*

blast out vi & sep ♦ *véase* belt out

blaze abroad sep lit ♦ to broadcast/spread, to make public ~ difundir || *The media blazed the news abroad before daybreak ~ Los medios de comunicación difundieron la noticia antes del amanecer*

blaze away vi ♦ *véase* bang away [1]

blaze down vi ♦ *véase* beat down [2]

blaze forth vi lit ♦ [of the sun; of anger] to appear suddenly ~ aparecer súbitamente, estallar || *Her anger blazed forth without any warning ~ Su ira estalló sin previo aviso*

blaze out vi ♦ [sun] *véase* beat down [2]; [anger] *véase* blaze forth

blaze up vi ♦ [flames; anger] to rise suddenly and powerfully ~ encenderse vivamente, estallar || *The flames blazed up as the firefighters drew close ~ Las llamas se encendieron vivamente cuando los bomberos se acercaban*

blaze with ins ♦ [anger, emotion etc.] to show a lot of ~ consumirse de (etc.) || *The demonstrators were blazing with anger ~ Los manifestantes se consumían de ira*

bleach out sep ♦ [stain/colour] to remove with bleach ~ quitar con lejía || *It's a heavy stain - I'll have to bleach it out ~ Es una mancha fuerte - tendré que quitarla con lejía*

bleat about ins ♦ to complain because of ~ quejarse de || *The workers are bleating about the management's decision ~ Los trabajadores se están quejando de la decisión de la dirección*

bleed for ins ♦ to emit blood due to (a cause etc.) ~ sangrar de dolor por || *My heart bled for the families of the hundreds of victims ~ Compadecía mucho a las familias de los centenares de víctimas*

bleed from ins ♦ to emit blood from (a part of the body) ~ sangrar de || *The soldier was bleeding from a stomach wound ~ El soldado sangraba de una herida en el estómago*

bleed to ins ♦ [+ death] to die due to excessive bleeding ~ morir desangrado || *I nearly bled to death before the doctor arrived ~ Casi morí desangrado antes de que llegara el médico*

bleep out sep ♦ to cover (a rude word) with a 'bleep' noise ~ tapar con un 'bip' || *The technical team had to bleep out all your swearwords ~ El equipo técnico tuvo que tapar todos tus tacos con un 'bip'*

blend in [1] vi ♦ to harmonise well ~ armonizarse (etc.) || *We were worried about his social skills, but he soon blended in ~ Nos preocupaba su capacidad social, pero pronto se integró* **[2]** sep ♦ to combine, to mix (in) ~ combinar/mezclar || *I blended the two colours (ingredients) in and it turned out well ~ Mezclé los dos colores (ingredientes) y todo me salió bien*

blend in with [1] ins ♦ to harmonise well with ~ armonizarse con || *Wherever he is, he will always blend in with his surroundings ~ Dondequiera que esté, siempre se armonizará con el ambiente* **[2]** v2obj ♦ to mix/combine with ~ combinar/mezclar con || *First you must blend the flour in with the butter ~ Primero hay que mezclar la harina con la mantequilla*

blend into [1] v2obj ♦ *véase* blend in with [2] **[2]** ins ♦ to become (slowly, through blending) ~ transformarse poco a poco en || *The mixture gradually blended into the form of a cake ~ La mezcla fue adquiriendo poco a poco la forma de un pastel*

blend together sep ♦ *véase* blend in [2]

bless with v2obj ♦ *véase* endow with

blimp out vi USA inf ♦ to feel ill/fat after too much food ~ sentirse mal/gordo tras comer demasiado || *We both blimped out after the three-course dinner ~ Los dos nos sentíamos mal después de la cena de tres platos*

blimp up vi USA inf ♦ *véase* blimp out

blind to v2obj ♦ to cause (someone) not to see or appreciate (something bad) ~ hacer que (alguien) no vea/no se dé cuenta de (algo malo) || *The president blinded the people to all sorts of injustice ~ El presidente logró que la gente no se diera cuenta de todo tipo de injusticias*

blink at ins ♦ to look at and blink ~ mirar parpadeando || *He blinked at the exam paper and didn't know what to do ~ Miró la hoja de examen parpadeando y no sabía qué hacer*

blink back sep ♦ [+ tears] *véase* choke back; fight back [2]

bliss out [1] vi inf ♦ to be extremely happy ~ estar la mar de contento || *After the exams we spent three days blissing* *out* ~ *Después de los exámenes estuvimos tres días con una felicidad total* **[2]** sep inf ♦ to make (someone) very happy ~ poner contento/hacer feliz || *This music blisses me out* ~ *Esta música me pone muy contenta*

blitz out sep USA arg ♦ *véase* cut up [3]; freak out [2]

block in [1] sep ♦ to obstruct the exit of (a car etc.) ~ obstruirle la salida a || *He was angry because my car was blocking him in* ~ *Estaba enfadado porque mi coche le obstruía la salida* **[2]** sep USA ♦ to draw/sketch roughly/approximately ~ esbozar || *The architect has blocked in a few buildings* ~ *El arquitecto ha esbozado unos cuantos edificios* **[3]** sep USA ♦ to fill/cover (a space on a calendar etc.) ~ llenar, indicar en un bloque || *She blocked in her holidays on the office calendar* ~ *Indicó sus vacaciones con un bloque en el calendario de la oficina*

block off sep ♦ *véase* blank off

block out [1] sep ♦ to prevent the entry of (light etc.) ~ impedir la entrada a/de || *The new curtains blocked out the light from the garden* ~ *Las nuevas cortinas impedían que entrara la luz del jardín* **[2]** sep ♦ *véase* blank out [4] **[3]** sep USA ♦ *véase* block in [2]

block up sep ♦ to congest/confine/infill (etc.) ~ tapar/congestionar/obstruir || *They blocked up the space where the door had been* ~ *Taparon el espacio donde había estado la puerta* | *That cold blocked my nose up and gave me a headache* ~ *Ese catarro me congestionó la nariz y me dio un dolor de cabeza*

blossom forth vi form ♦ *véase* come out [8]

blossom into ins ♦ *véase* grow into [2]

blossom out vi form ♦ *véase* come out [8]

blot out [1] sep ♦ to hide/cover, to remove from view ~ oscurecer, hacer desaparecer || *A large cloud blotted out the sun during our picnic* ~ *Una gran nube oscureció el sol durante nuestra jira* **[2]** sep ♦ *véase* blank out [4]

blot up sep ♦ [of ink etc.] to absorb, to dry ~ secar, absorber || *The absorbent paper blotted up the juice I had spilled* ~ *El papel absorbente secó el zumo que había derramado*

blow about [1] sep ♦ [wind to leaves etc.] to blow in various directions ~ llevar de acá para allá || *The streets were deserted and the wind blew the leaves about* ~ *Las calles estaban desiertas y el viento llevaba las hojas de acá para allá* **[2]** vi ♦ to be blown in various directions (by the wind) ~ ser llevado en varias direcciones por el viento || *There was a lot of wind and the leaves were blowing about* ~ *Había mucho viento y las hojas corrían por ahí*

blow away [1] vi ♦ to disappear (due to the wind) ~ ser llevado (por el viento) || *The leaves blew away and left the streets clean* ~ *Las hojas fueron llevadas por el viento y las calles quedaban limpias* **[2]** sep ♦ [of the wind] to make (leaves) disappear ~ llevarse || *The hurricane blew the leaves away overnight* ~ *El huracán se llevó las hojas de la noche a la mañana* **[3]** sep USA arg ♦ to kill by shooting ~ matar a tiros || *He went into his girlfriend's house and blew her lover away* ~ *Entró en casa de su novia y mató a tiros a su amante* **[4]** sep USA inf ♦ to defeat convincingly ~ derrotar convincentemente || *The Lions blew the Tigers away in yesterday's game* ~ *Los Leones destrozaron a los Tigres en el partido de ayer* **[5]** sep ♦ to please/impress unexpectedly ~ impresionar inesperadamente || *The group's first LP blew my brother away* ~ *El primer elepé del grupo dejó realmente impresionado a mi hermano*

blow down [1] vi ♦ to fall (due to the wind) ~ caerse/ser derribado por el viento || *All the oaks in the garden blew down in the wind* ~ *Todos los robles del jardín fueron derribados por el viento* **[2]** sep ♦ [of the wind to a tree etc.] to cause to fall ~ derribar || *The wind blew the ash trees down last night* ~ *El viento de anoche derribó los fresnos*

blow for ins fút ♦ [referee] to sound the whistle to indicate ~ pitar para señalar || *The referee blew for a foul outside the area* ~ *El árbitro pitó para señalar falta fuera del área*

blow in **[1]** vi ♦ [wind, leaves etc.] to enter ~ entrar de sopetón || *We left the door open and all these leaves blew in* ~ *Dejamos la puerta abierta y todas estas hojas entraron de sopetón* **[2]** vi USA & AUS inf ♦ to arrive unexpectedly ~ llegar inesperadamente || *At the end of the party my cousin from New Zealand blew in* ~ *Al final de la fiesta llegó inesperadamente mi prima de Nueva Zelanda* **[3]** sep ♦ [wind to leaves etc.] to force to enter ~ hacer entrar (etc.) || *The strong wind blew the rubbish in through the window* ~ *El fuerte viento hizo que la basura entrara por la ventana*

blow into ins & v2obj ♦ to blow (air etc.) into (e.g. a balloon) ~ inflar (de); soplar en || *I blew (helium) into the children's balloons* ~ *Inflé (de helio) los globos de los niños*

blow off **[1]** vi GB arg ♦ to fart ~ tirarse un pedo || *The director blew off while he was listening to the speech* ~ *El director se tiró un pedo mientras escuchaba el discurso* **[2]** vi & ins ♦ to be removed by the wind (etc.) ~ ser arrebatado (de) por el viento || *We woke up and the roof had blown off (the house)* ~ *Nos despertamos y el viento había arrebatado el tejado (de la casa)* **[3]** sep & v2obj ♦ [wind to roof etc.] to remove (from) ~ arrebatar (de) || *The wind blew the chimney-pot off (the roof)* ~ *El viento arrebató el cañón de chimenea (del tejado)* **[4]** sep ♦ [bomb to leg etc.] to remove ~ arrebatar || *The bomb blew the soldier's left leg off* ~ *La bomba le arrebató la pierna izquierda al soldado* **[5]** sep USA arg ♦ to decide against and abandon (something planned) ~ decidir abandonar; pasar de || *In the end we blew off the meeting and went to the cinema* ~ *Al final pasamos de la reunión y fuimos al cine* **[6]** sep ♦ to treat as unimportant ~ despreciar (etc.) || *He blew off all the help we'd offered him* ~ *Despreció toda la ayuda que le habíamos ofrecido*

blow on ins ♦ to make less hot by blowing ~ enfriar soplando || *He blew on his soup, which made the other diners look at him* ~ *Enfrió la sopa soplando, lo cual hizo que los comensales le miraran*

blow out **[1]** vi ♦ [of candles etc.] to extinguish ~ apagarse || *When we went into the lounge the candles had blown out* ~ *Cuando entramos en el salón las velas ya se habían apagado* **[2]** vi ♦ [of a tyre] to explode ~ reventar || *Two tyres blew out simultaneously on the motorway* ~ *Dos neumáticos reventaron simultáneamente en la autopista* **[3]** vi ♦ [window etc.] to break (due to the wind) ~ romperse (con la fuerza del viento) || *The back window blew out in the wind last night* ~ *La ventana trasera se rompió en el viento de anoche* **[4]** sep ♦ [of candles etc.] to extinguish ~ apagar || *Please blow the candles out before you go to bed* ~ *Por favor, apagad las velas antes de acostaros* **[5]** sep ♦ [wind to window etc.] to break ~ romper || *The wind blew the windows out during the night* ~ *El viento rompió las ventanas durante la noche* **[6]** sep GB inf ♦ to disappoint by not doing something planned/promised ~ dar plantón a || *I didn't want to see him so I blew him out* ~ *No quería verle así que le dejé plantado* **[7]** sep USA arg ♦ *véase* blow away [4]

blow itself out vi ♦ [storm etc.] to weaken and stop ~ calmarse || *By the morning the storm had blown itself out* ~ *Para la mañana la tormenta ya se había calmado*

blow over **[1]** vi ♦ *véase* blow itself out **[2]** vi ♦ [argument etc.] to weaken and end ~ pasar al olvido || *We had a long argument, but it eventually blew over* ~ *Tuvimos una larga discusión, pero al final pasó al olvido* **[3]** vi ♦ to fall (due to the wind) ~ ser volcado por el viento (etc.) || *All the statues had blown over by dawn* ~ *Para el amanecer todas las estatuas las había volcado el viento* **[4]** sep ♦ [of the wind] to cause to fall ~ derribar, volcar || *Suddenly a strong gust blew the table over* ~ *De repente una racha volcó la mesa*

blow to **[1]** v2obj ♦ [+ bits/pieces] to kill/destroy (person/place) by an explosion ~ hacer (algo/a alguien) añicos || *The bomb blew the workers to pieces ~ La bomba hizo añicos a los obreros* **[2]** v2obj ♦ [+ kiss] to blow an imaginary kiss to (someone) ~ dar un beso volado a || *She blew a kiss to Daniel through the window ~ Le dio un beso volado a Daniel por la ventana*

blow up **[1]** vi ♦ [problem, storm] to arise/begin to exist ~ surgir || *I'm afraid I can't go with you: another problem has blown up ~ Me temo que no podré ir contigo: ha surgido otro problema* **[2]** vi ♦ to become very angry/explode with anger ~ enfadarse || *She was quiet for a long time, then she suddenly blew up ~ Estuvo un buen rato callada y de repente reventó de ira* **[3]** vi ♦ to explode ~ estallar || *The bus blew up but nobody knew where the bomb had been ~ El autobús estalló, pero nadie sabía dónde había estado la bomba* **[4]** sep AUS inf ♦ to scold, to shout angrily at ~ reñir, chillar a || *My father always blew me up when I got home late ~ Mi padre siempre me reñía cuando llegaba tarde a casa* **[5]** sep ♦ to cause to explode ~ volar, explotar || *A group of terrorists has just blown the palace up ~ Un grupo de terroristas acaba de volar el palacio* **[6]** sep ♦ to inflate (a balloon, tyre etc.) ~ inflar || *We blew up two hundred balloons for the party ~ Inflamos doscientos globos para la fiesta* **[7]** sep ♦ to make an enlarged copy of ~ sacar una copia ampliada de || *I got hold of his photo and blew it up on the photocopier ~ Obtuve su foto y le saqué una copia ampliada en la fotocopiadora* **[8]** sep ♦ to exaggerate ~ exagerar || *At the interview he blew up his experience in the sector ~ En la entrevista exageró su experiencia en el sector*

bluff into v2obj ♦ *véase* deceive into

bluff out sep USA inf ♦ to deceive/cheat by lying ~ engañar mintiendo || *He managed to bluff the receptionist out and speak to the boss ~ Consiguió engañar a la recepcionista y hablar con el jefe*

bluff out of v2obj ♦ to deprive of (by cheating) ~ estafar (algo) a || *Daniel bluffed his sister out of her inheritance ~ Daniel le estafó la herencia a su hermana*

blunder about vi ♦ to move awkwardly/blindly ~ andar a ciegas || *He blundered about in the darkness until he found the door ~ Anduvo a ciegas en la oscuridad hasta encontrar la puerta*

blunder around vi ♦ *véase* blunder about

blunder into ins ♦ to hit/enter/arrive at (etc.) by mistake ~ chocar con || *You blundered distractedly into the table and broke the vase ~ Chocaste como un loco con la mesa y rompiste el florero*

blunder out sep ♦ to produce (a word, idea etc.) suddenly ~ descolgarse con || *Then he blundered out a whole load of nonsense ~ Luego se descolgó con toda una serie de tonterías*

blunder upon ins form ♦ *véase* blunder into

blurt out sep ♦ *véase* blunder out

blush at ins ♦ to go red on seeing/hearing (etc.) ~ ponerse colorado por (al ver/oír etc.) || *I blushed at the sight of the naked women ~ Me puse colorado al ver a las mujeres desnudas*

blush with ins ♦ to go red because of (an emotion etc.) ~ ponerse colorado de || *He blushed with embarrassment ~ Se puso colorado de vergüenza*

bluster it out vi ♦ to defend oneself by boasting (etc.) ~ defenderse echando bravatas (etc.) || *Although his rival was arguing strongly, he was able to bluster it out ~ Aunque su rival razonaba muy bien, pudo defenderse echando bravatas*

board in sep ♦ to cover/seal (door, window) with boards ~ entablar || *The builders boarded the windows in after the fire ~ Los constructores entablaron las ventanas después del incendio*

board out sep ♦ to arrange accommodation for ~ organizar alojamiento a/para || *We were obliged to board them out with Mrs García ~ Nos vimos obliga-*

dos a buscarles alojamiento con la señora García

board up sep ♦ *véase* board in

board with ins ♦ to pay for accommodation in the house of ~ hospedarse en casa de || *When I was a student I boarded with a very nice family ~ Cuando era estudiante me hospedaba en casa de una familia muy maja*

boast about ins ♦ to talk arrogantly about (achievements etc.) ~ jactarse de || *In the circumstances, I couldn't help boasting about my medals ~ En las circunstancias, no pude sino jactarme de mis medallas*

boast of ins ♦ *véase* boast about

bob about vi ♦ to move quickly up and down ~ bailar, fluctuar || *The little boats were bobbing about in the port ~ Las barquitas bailaban en el puerto*

bob down vi ♦ to incline downwards quickly ~ agacharse de prisa || *The children bobbed down behind the car when I passed by ~ Los niños se agacharon detrás del coche cuando pasé*

bob for ins ♦ to reach for (something hanging/floating) with the mouth ~ intentar alcanzar con la boca || *They showed us a game where we bobbed for apples in water ~ Nos enseñaron un juego en el que intentábamos pescar manzanas del agua con la boca*

bob to ins ♦ to curtsy to (the royal family etc.) ~ hacer una reverencia a || *We had to bob to the princess when she visited our school ~ Tuvimos que hacerle una reverencia a la princesa cuando visitó nuestro colegio*

bob up **[1]** vi ♦ to appear unexpectedly ~ aparecer inesperadamente || *She suddenly bobbed up in the middle of the celebrations ~ Apareció de repente en medio de las celebraciones* **[2]** vi ♦ to float to the surface ~ salir a la superficie || *The buoy disappeared under the water then bobbed up ~ La boya desapareció debajo del agua y luego salió a la superficie*

bode for v2obj ♦ [+ well/badly] to offer good/bad possibilities for (the future etc.) ~ ser de buen/mal agüero para || *The team's current form bodes well for the tournament ~ La forma actual del equipo es de buen agüero para el torneo*

bodge up sep inf ♦ *véase* botch up

bog down **[1]** vi USA ♦ to become impeded ~ atrancarse || *The meeting bogged down after you left ~ La reunión se atrancó después de que te fueras tú* **[2]** sep ♦ to impede ~ atrancar || *The debate about the new campaign bogged the conference down ~ El debate sobre la nueva campaña atrancó el congreso*

bog in vi AUS inf ♦ to (start to) eat enthusiastically ~ (empezar a) comer vorazmente || *We hadn't eaten for ten hours, so we all bogged in ~ Llevábamos diez horas sin comer, así que comimos con apetito*

bog into ins AUS inf ♦ to (start to) eat enthusiastically ~ (empezar a) comer (algo) vorazmente || *They bogged into the food and ignored my complaints ~ Empezaron a devorar la comida sin hacer caso a mis quejas*

bog off vi GB AUS inf ♦ [as command] to go away, to disappear ~ irse a la porra || *Bog off! We're trying to study here! ~ ¡Vete a la porra, que estamos intentando estudiar!*

boggle at ins ♦ to be amazed by ~ titubear ante || *The class boggled at the teacher's words ~ La clase titubeaba ante lo que les decía la profesora*

boil away **[1]** vi ♦ [water etc.] to evaporate completely ~ evaporarse || *I left the pan unattended and the water boiled away ~ Dejé la cacerola sin vigilar y el agua se evaporó* **[2]** sep ♦ [water/impurities etc.] to remove (cause to evaporate) by boiling ~ quitar hirviendo || *Before adding the meat, boil the water away ~ Antes de añadir la carne, quita el agua hirviéndola*

boil down **[1]** vi ♦ [liquid] to be reduced by boiling ~ reducirse por cocción || *The sauce boiled down and I turned the heat off ~ La salsa se redujo y apagué el fuego* **[2]** sep ♦ [liquid] to reduce by boiling ~ reducir por cocción || *You'll have to boil this sauce down before you* *add the meat ~ Tendrás que reducir esta salsa antes de añadir la carne* **[3]** sep ♦ [writing] to reduce by editing ~ reducir || *We'll have to boil this report down if it's to be a short meeting ~ Si la reunión va a ser corta tendremos que reducir este informe*

boil down to ins ♦ [debate etc.] to reduce essentially to ~ reducirse a || *Essentially it boils down to a lack of money ~ Se reduce en su esencia a una falta de dinero*

boil out sep ♦ *véase* boil away [2]

boil over vi ♦ to boil (become heated) excessively ~ rebosar, desbordarse || *The water (the argument) boiled over when I wasn't paying attention ~ El agua (la discusión) se desbordó cuando no le prestaba atención*

boil up **[1]** vi GB AUS ♦ [liquid] to boil ~ hervir || *This amount of milk boils up in about four minutes ~ Esta cantidad de leche hierve en unos cuatro minutos* **[2]** vi lit ♦ to (begin to) become very angry ~ (empezar a) enfurecerse || *I could see that my mother was boiling up ~ Vi que mi madre empezaba a enfurecerse* **[3]** sep GB AUS ♦ [liquid] to (cause to) boil ~ (hacer) hervir || *I'm boiling up a little milk for my daughter ~ Estoy hirviendo un poco de leche para mi hija*

bollix up sep USA arg ♦ to make difficult, to confuse (etc.) ~ dificultar (etc.) || *His uselessness has bollixed up the progress of the project ~ Su incompetencia ha dificultado el progreso del proyecto*

bollock for v2obj GB arg ♦ *véase* get down on for

bolster up sep ♦ *véase* beef up

bolt down sep inf ♦ to eat very quickly ~ engullir || *I bolted my food down as I was in a hurry ~ Engullí la comida porque tenía prisa*

bolt in **[1]** vi inf ♦ to enter quickly and unexpectedly ~ entrar precipitadamente || *She bolted in and started to criticise the secretary ~ Entró precipitadamente y empezó a criticar al secretario* **[2]** sep ♦ to enclose using a bolt ~ encerrar bajo cerrojo || *The horse was so frisky that we had to bolt it in ~ El caballo estaba tan fogoso que tuvimos que encerrarlo bajo cerrojo*

bolt on sep téc ♦ to fasten with a bolt ~ asegurar con perno || *They bolted the sheet on and then the machine was complete ~ Aseguraron la lámina con perno y la máquina ya quedaba completa*

bolt out **[1]** vi ♦ to leave quickly and unexpectedly ~ salir de golpe || *There were tears in his eyes as he got up and bolted out ~ Tenía lágrimas en los ojos cuando se levantó y salió de golpe* **[2]** sep ♦ to leave outside (by bolting a door) ~ dejar fuera echando el cerrojo || *He was clearly drunk so his wife bolted him out ~ Estaba evidentemente borracho así que su mujer echó el cerrojo y le dejó fuera*

bomb along vi inf ♦ *véase* belt along

bomb out **[1]** sep ♦ to destroy (the house of) with a bomb ~ volar (la casa de) || *The terrorists bombed her house out during the campaign ~ Los terroristas le volaron la casa durante la campaña* **[2]** vi USA & AUS inf ♦ [exam, competition] to fail/be eliminated ~ suspender/quedar eliminado || *I bombed out in my September resits ~ Me suspendieron en las recuperaciones de septiembre* | *I had hoped to get to the final, but I bombed out in the semis ~ Había esperado llegar a la final, pero quedé eliminada en las semifinales*

bombard with v2obj ♦ to direct a lot of (questions, information etc.) at ~ llenar de; acribillar a || *They bombarded the MP with difficult questions ~ Acribillaron al diputado a preguntas difíciles*

bond together **[1]** vi ♦ to form a mutual bond ~ vincularse, pegarse || *The two men bonded together as soon as they met ~ Los dos hombres se vincularon nada más conocerse* **[2]** sep ♦ to affix (two pieces) ~ pegar, unir con cola || *I see you've bonded the two pieces of wood together with glue ~ Veo que has pegado los dos trozos de madera con cola*

bone up vi inf ♦ to study very hard/ very much ~ empollar || *She has to bone up for the English exam ~ Tiene que quemarse las cejas estudiando para el examen de inglés*

bone up on ins inf ♦ to study (subject, information) very much ~ empollar (sobre) || *I've been boning up on art history for two weeks now ~ Llevo dos semanas empollando sobre la historia del arte*

bong out vi ♦ [bells] to sound loudly ~ doblar/tañer || *The bells bonged out to celebrate the wedding ~ Las campanas doblaban para celebrar la boda*

bonk aside sep ♦ *véase* elbow aside

boo off sep ♦ to cause (an actor) to leave the stage by booing ~ hacer que (un actor) abandone la escena a fuerza de pateo || *The actress was terrible so the audience booed her off ~ La actriz era malísima así que el público pateó hasta que se fue*

boogie down **[1]** vi inf ♦ *véase* bop along **[2]** vi inf ♦ *véase* get along [5]

boogie down to **[1]** ins inf ♦ *véase* dance to **[2]** ins inf ♦ *véase* get along to

boogie on down **[1]** vi inf ♦ *véase* bop along **[2]** vi inf ♦ *véase* get along [5]

boogie on down to **[1]** ins inf ♦ *véase* dance to **[2]** ins inf ♦ *véase* get along to

book in **[1]** vi GB AUS ♦ to complete a reservation at a hotel; to take a room ~ firmar el registro; tomar habitación || *They arrived at the hotel at 11.00 and booked in immediately ~ Llegaron al hotel a las 11.00 y firmaron el registro en seguida* **[2]** sep GB AUS ♦ to make a reservation for (someone else) ~ hacerle una reserva a || *I've telephoned the Hotel Carlton and booked the visitor in ~ He llamado al Hotel Carlton y le he hecho una reserva allí al visitante*

book into **[1]** ins GB AUS ♦ to take a room at (a hotel) ~ tomar habitación en || *I'll book into the hotel as soon as I arrive ~ Tomaré una habitación en un hotel en cuanto llegue* **[2]** v2obj ♦ to make a reservation (somewhere) for (someone/ something else) ~ hacer una reserva a (en un sitio) || *I've booked you into the Hotel Grande ~ Le he reservado una habitación en el Hotel Grande | Can I book my car into your garage for a service next week? ~ Quisiera que me revisaran el coche en su taller: ¿qué tal la semana que viene?*

book on v2obj ♦ [on a flight] *véase* book into [2]

book onto v2obj ♦ [on a flight] *véase* book into [2]

book through to ins ♦ to reserve a ticket directly as far as ~ sacar un billete hasta || *I'll be stopping in New York for a few days, but I've booked through to San Francisco ~ Me quedaré unos días en Nueva York, pero he sacado el billete hasta San Francisco*

book up sep ♦ to reserve fully (leaving nothing free) ~ reservarlo todo || *My company booked the entire hotel up for the conference ~ Mi compañía reservó el hotel entero para el congreso | The boarding-house was completely booked up when I rang ~ La pensión estaba completa cuando llamé*

boom out vi & sep ♦ *véase* belt out

boomerang on ins ♦ to have an undesired effect on (the performer, not the intended victim) ~ salirle el tiro por la culata || *Laura's plan seemed good, but it boomeranged on her ~ El plan de Laura parecía bueno, pero le salió el tiro por la culata*

boost up sep ♦ *véase* beef up

boot out sep inf ♦ to remove (person, pet etc.) physically ~ poner de patitas en la calle; despedir a || *The director booted three employees out for theft ~ La directora despidió a tres empleados por hurto*

boot up **[1]** vi IT ♦ to begin to work ~ arrancar, cebar || *I had to wait a few minutes for the computer to boot up ~ Tuve que esperar unos minutos a que el orderador arrancara* **[2]** sep IT ♦ to (cause to) start ~ arrancar, cebar || *Have you booted up the computer? Then it should work! ~ ¿Has cebado el ordenador? ¡Entonces debería funcionar!*

booze up vi inf ♦ *véase* beer up [1]

booze it up vi inf ♦ *véase* beer up [1]

bop along vi inf ♦ to dance in accompaniment (to music) ~ bailar || *The group played 'La bamba' and everybody bopped along ~ El grupo tocó 'La bamba' y todos bailaron*

border on **[1]** ins ♦ *véase* abut on [1] **[2]** ins ♦ [of emotions etc.] to be almost ~ rayar en || *Your explanation borders on the surreal ~ Tu explicación raya en lo surreal*

bore in v2obj ♦ to drill (a hole) in ~ taladrar (etc.) || *Daniel is going to bore a hole in this shelf ~ Daniel va a practicar un agujero en esta balda*

bore into ins ♦ [drill, stare] to penetrate, to make holes in ~ penetrar (en/por) || *His stare bores into my eyes and makes me nervous ~ Su mirada me penetra los ojos y me pone nervioso*

bore off v2obj ♦ [+ the pants] to bore extremely ~ aburrir || *Listening to him bores the pants off me ~ Escuchándole me aburro como una ostra*

bore through ins ♦ to drill through, to make a hole in ~ taladrar (etc.) || *I hope you can bore through the wood with this drill ~ Espero que puedas perforar la madera con este taladro*

bore to v2obj ♦ [to bore somebody to death] *véase* bore off

borrow from v2obj ♦ to take (something) as a loan from (the owner) ~ pedir prestado a || *I've borrowed this money from my sister ~ He tomado este dinero prestado a mi hermana*

borrow off v2obj inf ♦ *véase* borrow from

boss about sep ♦ to act dominantly towards/give orders to ~ mandonear a || *She is famous for bossing her secretaries about ~ Tiene fama de mandonear a sus secretarias*

boss around sep ♦ *véase* boss about

botch up **[1]** sep inf ♦ to ruin by doing badly ~ estropear || *They botched the plumbing up with their incompetence ~ Estropearon los aparatos sanitarios con su incompetencia* **[2]** sep inf ♦ to repair clumsily ~ remendar chapuceramente || *The plumber botched up the pipes, but they soon broke again ~ El fontanero remendó de forma chapucera las cañerías, pero volvieron a romperse pronto*

bother about **[1]** ins ♦ *véase* care about **[2]** v2obj inf ♦ *véase* hassle about

bother with **[1]** ins ♦ *véase* care about **[2]** v2obj ♦ to irritate/distract (someone) with (questions/problems etc.) ~ darle la lata a (alguien) con || *Don't bother me with your stupid questions this morning ~ No me vengas con esas preguntas estúpidas esta mañana*

bottle out vi GB inf ♦ to lose one's nerve and not do (something) ~ rajarse || *He was going to hit the bully but in the end he bottled out ~ Iba a pegar al matón pero al final se rajó*

bottle out of ins GB inf ♦ to lose one's nerve and not do (something) ~ rajarse de || *I bottled out of the meal with my ex-boyfriend ~ Me rajé de la cena con mi ex novio*

bottle up **[1]** sep ♦ to put in bottles ~ embotellar || *We must bottle up all this home-made wine before the party ~ Debemos embotellar todo este vino casero antes de la fiesta* **[2]** sep inf ♦ [emotions] to retain/contain; not to release ~ reprimir/contener || *He had bottled up all his feelings, which didn't help him ~ Había reprimido todas las emociones, lo cual no le ayudó* **[3]** sep AUS & USA inf ♦ to maintain deliberately (in one place) ~ retener/mantener || *She bottled her money up in Andorra for fiscal reasons ~ Guardaba todo su dinero en Andorra por razones fiscales*

bottom out vi ♦ to touch the lowest point ~ tocar fondo || *I hear the economic crisis has bottomed out ~ Me dicen que la crisis económica ha tocado fondo*

bounce along vi ♦ [ball etc.] to move by bouncing ~ ir botando || *The ball bounced along (the floor) and hit the door ~ El balón fue botando (por el suelo) y dio con la puerta*

bounce around sep inf ♦ to discuss (ideas etc., with other people) ~ discutir/comentar || *I want you to bounce a few ideas around and reach a decision ~ Quiero que comentéis unas ideas y que lleguéis a una decisión*

bounce back [1] vi ♦ to return to one's origin by bouncing ~ volver rebotando al origen || *I threw the ball at the wall and it bounced back ~ Tiré la pelota a la pared y regresó rebotando* **[2]** vi ♦ to return to success (after failure) ~ recuperarse, volver a brillar (etc.) || *Her company has gone down, but she'll bounce back next year ~ Su empresa se ha hundido, pero el año que viene estará de vuelta* **[3]** sep ♦ to return (a ball etc.) by bouncing ~ devolver rebotando || *She caught the ball and bounced it back to me ~ Cogió la pelota y me la devolvió rebotándola*

bounce back from ins ♦ [*véase* bounce back [1], [2]] to return from (wall/ failure) ~ volver rebotando de; recuperarse de || *Daniel has bounced back from a series of failures ~ Daniel se ha recuperado de una serie de fracasos*

bounce for ins ♦ *véase* cough up for

bounce in vi ♦ to enter cheerfully and quickly ~ irrumpir alegremente || *Laura saw there was a party in the room and bounced in ~ Laura vio que había una fiesta en la sala e irrumpió sonriendo*

bounce into v2obj ♦ to force (someone) into (a particular action etc.) ~ exigir (algo) a (alguien) bajo presión || *He's trying to bounce his secretary into a quick decision ~ Está intentando presionar a su secretaria para que le conteste de prisa*

bounce off [1] v2obj inf ♦ to offer (an idea) and seek an opinion from (someone) ~ proponer (algo) y buscar la opinión de (alguien) || *Bounce your plans off the boss and see what he reckons ~ Explícale tus planes al jefe - a ver qué le parecen* **[2]** ins ♦ *véase* cannon off

bow before ins form ♦ *véase* bow to [1]

bow beneath ins ♦ to be overwhelmed by ~ estar agobiado por || *Every December I bow beneath a mountain of work ~ Cada diciembre me agobia un montón de trabajo*

bow down [1] vi ♦ to kneel or incline oneself in respect ~ inclinarse, hacer una reverencia || *When the king comes in, you must all bow down ~ Cuando entre el rey, todos deberéis hacer una reverencia* **[2]** sep ♦ to crush, to cause to bend/yield ~ doblegar || *The weight of the responsibility bowed him down ~ El peso de la responsabilidad le doblegaba*

bow out [1] vi ♦ to retire/withdraw (gracefully) ~ retirarse (con garbo) || *After ruling for forty years, she bowed out in March ~ Tras un mando de cuarenta años, se retiró con garbo en marzo* **[2]** sep ♦ to bow to respect the exit of ~ despedir con una reverencia a || *The maids bowed the queen out ~ Las criadas despidieron a la reina con una reverencia*

bow to [1] ins ♦ to bow in respect in front of ~ hacer una reverencia a || *Please bow to the emperor when he passes you by ~ Por favor háganle una reverencia al emperador cuando pase* **[2]** ins ♦ to yield to/accept, to resign oneself to ~ resignarse a || *We had to bow to the pressure and accept the new terms ~ Ante tanta presión tuvimos que resignarnos a las nuevas condiciones*

bowl along vi inf ♦ *véase* belt along

bowl at ins & v2obj ♦ [in cricket] to throw (a specific type of delivery) to (batsman) ~ lanzar/arrojar a || *The bowler bowled (the ball) at the batsman ~ El boleador lanzó (la pelota) al bateador*

bowl out sep ♦ [in cricket] to eliminate ~ eliminar || *Australia bowled England out before lunch ~ Australia eliminó a todos los bateadores ingleses antes de comer*

bowl over [1] sep ♦ to cause to fall ~ derribar, tumbar || *He ran through the supermarket and bowled a lady over ~ Corrió por el supermarcado y derribó a* *una señora* **[2]** sep ♦ to amaze/confuse; to impress/overwhelm ~ desconcertar (etc.) || *Her beauty bowled me over ~ Su belleza me desconcertó/me dejó patidifuso (etc.)*

bowl to ins & v2obj ♦ *véase* bowl at

bowl up vi USA ♦ to fill a pipe in order to smoke it ~ cargar la pipa || *The gentleman bowled up and began to read the paper ~ El señor cargó la pipa y se puso a leer el diario*

box in [1] sep ♦ *véase* block in [1] **[2]** sep ♦ to restrict the ambitions of ~ cortar los vuelos a || *Working in the factory really boxes us in: we want to travel! ~ Trabar en la fábrica realmente nos limita las ambiciones: ¡queremos viajar!*

box off sep ♦ to compartmentalise ~ compartimentar || *My job involves boxing these components off in the factory ~ Mi trabajo consiste en compartimentar estos componentes en la fábrica*

box up [1] sep ♦ *véase* block in [1] **[2]** sep ♦ to put in a box/boxes ~ poner/meter en una caja/en cajas || *They have to box all these books up before they finish ~ Tienen que meter todos estos libros en cajas antes de terminar*

brace oneself for ins ♦ to prepare to receive (bad news etc.) ~ prepararse para aguantar (etc.) || *He was bracing himself for a possible dismissal ~ Se iba preparando para aguantar un posible despido*

brace up vi USA inf ♦ to become optimistic/more cheerful ~ (re)animarse || *She told her daughter to brace up: it wouldn't last long ~ Dijo a su hija que se reanimara: que no duraría mucho*

bracket off sep ♦ to isolate; to put brackets around ~ aislar, separar; poner entre paréntesis || *She bracketed off all the verbs in the passage ~ Puso entre paréntesis todos los verbos del texto | You can easily bracket off the destinations which don't suit you ~ No te costará aislar los destinos que no te convengan*

bracket together sep ♦ to form a group of, to place together ~ agrupar, poner juntos || *I am going to bracket together all the best people on my list ~ Voy a poner juntas en mi lista a todas las personas más aptas*

bracket with v2obj ♦ to categorise with ~ agrupar con || *The easiest thing is to bracket the jockeys with their horses ~ Lo más fácil es agrupar a los jinetes con sus caballos*

brag about ins ♦ *véase* boast about

brainwash with v2obj ♦ to fill (someone's brain) with (specific beliefs etc.) ~ lavar el cerebro con || *They brainwashed us with their ideology ~ Nos lavaron el cerebro con su ideología*

branch off [1] vi ♦ [road etc.; traveller] to abandon one direction and go in a different one ~ desviarse; salir de la carretera (etc.) || *When you reach Avila, you'll see that the road branches off ~ Cuando llegues a Avila, verás que la carretera se desvía | We branched off shortly after the village ~ Salimos de la carretera poco después de la aldea* **[2]** vi ♦ [of conversation or people conversing] to change theme ~ desviarse (etc.) || *The debate then branched off into a discussion of modern ethics ~ El debate luego se convirtió en una discusión sobre la ética moderna*

branch out vi ♦ to expand (business possibilities etc.) ~ extenderse; ensanchar las actividades || *The company has branched out considerably since your last visit: we also sell furniture these days ~ La empresa se ha extendido considerablemente desde su última visita: hoy en día vendemos muebles también*

branch out into ins ♦ to expand (business etc.) to include ~ ensanchar las actividades para abarcar || *We've just branched out into the world of telecommunications ~ Acabamos de extendernos para abarcar el mundo de las telecomunicaciones*

brass off sep inf ♦ to irritate; to make angry (etc.) ~ fastidiar || *This job really brasses me off: I want to leave ~ Este trabajo me fastidia de verdad: quiero dejarlo*

brave out sep GB AUS ♦ to deal bravely with (something difficult) ~ aguantar (etc.) || *She braved out the criticisms of the world's press* ~ *No se desanimó ante las críticas de la prensa mundial*

brazen out sep ♦ to act confidently/without embarrassment (despite having done something bad) ~ defenderse descaradamente (ante) || *He was so arrogant that he brazened out every tricky situation* ~ *Era tan arrogante que se defendía descaradamente en cada situación difícil*

break against ins ♦ [waves] to hit (the shore/rocks etc.) violently ~ romperse en/contra || *The waves were breaking against the rocks when I woke up* ~ *Las olas se rompían contra las rocas cuando me desperté*

break away **[1]** vi ♦ to escape (from a physical restraint) ~ escaparse/soltarse || *He distracted the policeman and managed to break away* ~ *Distrajo al policía y consiguió soltarse* **[2]** vi ♦ to separate oneself (from a group, idea etc.) ~ salir del pelotón, despegarse (etc.) || *She broke away 100m from the end and won the race* ~ *Salió del pelotón a 100m del final y ganó la carrera* **[3]** vi ♦ to separate (from something more solid) ~ desprenderse || *After the rain, some pieces of the wall began to break away* ~ *Después de la lluvia, algunos trozos del muro empezaron a desprenderse* **[4]** sep ♦ *véase* break off [5]

break away from **[1]** ins ♦ to escape from (a physical restraint) ~ soltarse de || *He broke away from the two guards who were holding him* ~ *Se soltó de los dos guardas que le sujetaban* **[2]** ins ♦ to be different from (something habitual) ~ diferir de || *These paintings break away from the tradition* ~ *Estos cuadros difieren de (rompen con) la tradición* **[3]** v2obj ♦ to separate (from something more solid) ~ desgajar de || *She broke the peg away from the wall* ~ *Desgajó el gancho de la pared*

break down **[1]** vi ♦ [machine etc.] to stop functioning ~ averiarse || *My car broke down yesterday on the motorway* ~ *Mi coche se averió ayer en la autopista* **[2]** vi ♦ [marriage, negotiation etc.] to fail ~ fracasar/romperse || *After 2 years of debate, the talks suddenly broke down* ~ *Tras 2 años de debate, el diálogo fracasó de repente* **[3]** vi méd ♦ to suffer a (physical/mental) collapse ~ sufrir un colapso || *She broke down shortly after her husband's death* ~ *Sufrió un colapso poco después de la muerte de su marido* **[4]** vi ♦ to begin to cry suddenly and forcefully ~ romper a llorar || *When I told him the news he broke down uncontrollably* ~ *Cuando le di la noticia perdió el control y rompió a llorar* **[5]** vi ♦ [chemicals] to reduce (to a simple form) ~ reducirse || *The chemicals broke down very easily* ~ *Los productos químicos se redujeron muy fácilmente* **[6]** sep ♦ *véase* batter down **[7]** sep ♦ to divide (into smaller parts) ~ dividir/separar || *We broke the information down so that they could understand it* ~ *Dividimos la información en trocitos manejables para que la entendieran* **[8]** sep ♦ to decrease/remove (something negative) ~ vencer, acabar con || *We are managing to break down the racist traditions here* ~ *Estamos logrando acabar con las tradiciones racistas aquí* **[9]** sep ♦ [of chemicals] to reduce (to a simple form) ~ reducir || *I broke the substances down and found they were harmless* ~ *Reduje las sustancias y vi que eran inocuas*

break it down vi AUS inf ♦ to calm oneself (from excitement/anger) ~ calmarse || *Break it down, the boss is coming!* ~ *¡Cálmate, que viene el jefe!*

break for ins USA inf ♦ to move quickly towards ~ correr hacia || *Daniel saw the danger and broke for the door* ~ *Daniel se dio cuenta del peligro y corrió hacia la puerta*

break forth vi ♦ to emerge/begin forcefully ~ surgir/estallar; abrirse paso || *We unblocked the fountain and the water broke forth* ~ *Desatascamos la fuente y el agua surgió a chorros*

break from v2obj ♦ *véase* break away from [3]

break in **[1]** vi ♦ [of burglar; hacker (IT)] to force an entry ~ forzar una entrada || *The thieves broke in while we were* *asleep* ~ *Los ladrones forzaron la entrada mientras dormíamos* **[2]** vi ♦ [into conversation] to interrupt ~ interrumpir || *We were talking about the weather when he broke in and began to tell us about his dog* ~ *Estábamos comentando el tiempo cuando interrumpió y empezó a hablarnos de su perro* **[3]** sep ♦ [of animals] to domesticate, tame; accustom to equipment ~ domar/domesticar || *It took us two months to break that horse in* ~ *Tardamos dos meses en domar a ese caballo* **[4]** sep ♦ [shoes etc.] to make comfortable by use ~ llevar para eliminar incomodidad inicial || *I'm wearing these shoes because I want to break them in before the wedding* ~ *Llevo puestos estos zapatos porque quiero que me sean cómodos para la boda* **[5]** sep USA ♦ [of a car] to drive carefully (when new) ~ rodar || *You shouldn't drive fast while you're breaking the new car in* ~ *No deberías correr mientras ruedas el nuevo coche* **[6]** sep ♦ to accustom (to a task, lifestyle etc.) ~ desbastar, acostumbrar a || *The sergeant is breaking in the new recruits* ~ *El sargento está desbastando a los nuevos reclutas* **[7]** sep ♦ *véase* batter down

break in on ins ♦ [conversation, meeting etc.] to interrupt ~ irrumpir en (etc.) || *They broke in on our meeting and ruined our chances* ~ *Irrumpieron en nuestra reunión y nos fastidiaron las posibilidades*

break into **[1]** ins ♦ [house; computer] to enter by force ~ allanar; entrar forzadamente en || *They broke into my car and stole the radio-cassette* ~ *Entraron forzadamente en mi coche y robaron el radiocasete* **[2]** ins ♦ to begin to use (savings; reserved money) ~ recurrir a || *The phone bill was enormous and we had to break into our savings in order to pay it* ~ *La cuenta del teléfono era astronómica y tuvimos que recurrir a nuestros ahorros para pagarla* **[3]** ins ♦ to open (a container of food, drink etc.) ~ abrir || *We saw fit to break into an eighth bottle of wine* ~ *Estimamos conveniente abrir una octava botella de vino* **[4]** ins GB AUS ♦ to have to use (a note) due to lack of coins ~ tener que pagar con || *No, I only have 40 pence: I'll have to break into a fiver* ~ *No, sólo me quedan 40 peniques: tendré que pagar con un billete de cinco pavos* **[5]** ins ♦ [new market etc.] to introduce oneself into ~ introducirse en || *I see they've broken into the jewellery market* ~ *Veo que se han establecido en el mercado de las joyas* **[6]** ins ♦ to begin suddenly ~ romper a/estallar en (etc.) || *They broke into tears when they heard the news* ~ *Rompieron a llorar cuando oyeron la noticia* **[7]** v2obj ♦ [by breaking] *véase* cut into [6]

break of v2obj ♦ to cause (someone) to abandon (a bad habit etc.) ~ lograr que (alguien) deje (un vicio etc.) || *We'd like to break Laura of her drug problem* ~ *Nos gustaría lograr que Laura supere el problema que tiene con las drogas*

break off **[1]** vi ♦ to stop (speaking etc.) suddenly ~ pararse de repente || *While she was explaining it to us she suddenly broke off* ~ *Cuando nos lo explicaba, se paró de repente* **[2]** vi ♦ *véase* break down [2] **[3]** sep ♦ [dialogue, programme etc.] to stop early ~ acortar || *The Japanese broke off the talks, which had been useless* ~ *Los japoneses acortaron el diálogo, que había sido inútil* **[4]** sep ♦ [relationship/engagement] to end ~ cortar/romper (etc.) || *Daniel and Laura have broken off their relationship* ~ *Daniel y Laura han cortado su relación / se han separado* **[5]** sep ♦ to separate (from something more solid) ~ desgajar (etc.) || *He took the block of cheese and broke a small piece off* ~ *Cogió el bloque de queso y desgajó un trocito* **[6]** vi ♦ *véase* break away [3]

break off with ins & v2obj ♦ to end a relationship with ~ cortar con || *Laura has broken off (the relationship) with her boyfriend* ~ *Laura ha cortado (la relación) con su novio*

break on v2obj ♦ to break (an item) by making it collide with ~ romper (algo) en || *I broke the plate on the corner of the table* ~ *Rompí el plato en el ángulo de la mesa*

break out **[1]** vi ♦ to escape (from prison etc.) ~ escaparse || *He broke out during a game of football against the officers* ~ *Se escapó durante un partido de fútbol contra los carceleros* **[2]** vi ♦ [war/peace/disease/fire/noise etc.] to emerge/begin ~ estallar (etc.) || *The illness (war) broke out in 1994* ~ *La enfermedad (guerra) estalló en 1994* **[3]** vi ♦ to appear (on the skin etc.) ~ salir || *A rash broke out on her arm* ~ *Le salió una erupción cutánea en el brazo* **[4]** vi ♦ to abandon what is habitual ~ dejar lo habitual || *We want to break out and travel round the world* ~ *Queremos dejar la rutina diaria y dar la vuelta al mundo* **[5]** ins ♦ to say (something angry or excited) ~ decir/soltar || *The teacher broke out a long, detailed criticism* ~ *La profesora soltó una crítica larga y detallada* **[6]** sep ♦ to isolate; to produce ~ aislar/sacar || *Please break out the minutes from last Thursday's meeting* ~ *Por favor, saque el acta de la reunión del jueves pasado*

break out in ins ♦ to suffer a sudden attack of (spots etc.) ~ salirle granos (etc.) || *I broke out in red spots overnight* ~ *De la noche a la mañana me salieron granos rojos*

break out into ins ♦ *véase* break out in

break out of ins ♦ to escape from (prison etc.) ~ escaparse de || *They managed to break out of the largest prison in the country* ~ *Lograron escaparse de la cárcel más grande del país*

break through **[1]** vi ♦ [sun, after clouds] to begin to appear ~ empezar a brillar || *It had been a very grey day until the sun broke through* ~ *Había sido un día muy gris hasta que empezó a brillar el sol* **[2]** vi ♦ *véase* break forth **[3]** vi ♦ to begin to be successful ~ empezar a tener éxito || *All the scientists deserve this praise, but it was Martínez who finally broke through and discovered the substance* ~ *Todos los científicos se merecen estas alabanzas, pero fue Martínez quien de verdad hizo el descubrimiento de la sustancia* **[4]** ins ♦ to penetrate/pierce ~ penetrar/atravesar || *You must break through these mental barriers* ~ *Debes atravesar estas barreras mentales* **[5]** ins ♦ to exceed; to reach/surpass the level of ~ exceder de (etc.) || *Our sales have broken through the magic one million figure* ~ *Nuestras ventas han pasado de la cifra mágica de un millón* **[6]** ins ♦ *véase* break down [8]

break through to ins ♦ to reach (something trapped) ~ abrirse paso hasta || *After digging for an hour, they finally broke through to the miner* ~ *Tras cavar durante una hora, por fin llegaron al minero*

break to v2obj ♦ [news etc.] to relate to (someone) ~ comunicar (noticias etc.) a || *The policeman broke the news to the mother of the victim* ~ *El policía comunicó la noticia a la madre de la víctima*

break up **[1]** vi ♦ *véase* break down [2] **[2]** vi GB AUS ♦ [of school term/student] to finish ~ terminar (el curso) || *When do we break up for the holidays?* ~ *¿Cuándo termina este trimestre?* **[3]** vi ♦ [meeting/party/fight etc.] to finish ~ acabarse || *The party broke up shortly after midnight* ~ *La fiesta se acabó poco después de medianoche* **[4]** vi ♦ [crowd/partnership/group of friends etc.] to separate ~ separarse/disgregarse; romperse || *The crowd broke up after the speeches* ~ *La multitud se dispersó después de los discursos* | *The group of friends broke up because each one had different plans* ~ *El grupo de amigos se separó porque cada uno tenía planes diferentes* **[5]** vi ♦ to break into many pieces ~ romperse (etc.) || *The ice broke up when the boy threw a rock at it* ~ *El hielo se hizo pedazos cuando el niño le lanzó una roca* **[6]** vi ♦ to separate (into smaller groups) ~ separarse || *After the plenary session, we broke up into small groups* ~ *Después de la sesión plenaria nos separamos en grupitos* **[7]** vi USA & AUS inf ♦ to laugh a lot ~ reírse mucho || *She broke up when she saw what* *her son had done* ~ *Rió a carcajadas cuando vio lo que había hecho su hijo* **[8]** sep ♦ to break into many pieces ~ romper (etc.) || *We broke the bread up so that everybody could eat* ~ *Rompimos el pan para que comieran todos* **[9]** sep ♦ to separate (into smaller groups) ~ separar || *The director broke the team up into small groups* ~ *La directora dividió al equipo en grupitos* **[10]** sep ♦ [crowd/partnership/group of friends etc.] to separate ~ separar/disgregar/romper || *The police broke the crowd up after the incident* ~ *La policía dispersó a la multitud después del incidente* | *My partner broke up our contract* ~ *Mi socio disolvió nuestro contrato* **[11]** sep ♦ to make more interesting by varying or interrupting ~ interrumpir/variar (para mejorar) || *The commercials help to break up the tedium of a long film* ~ *Los anuncios ayudan a aliviar el tedio de una película larga* | *I'm going to wear a red shirt to break up the black of my suit* ~ *Voy a ponerme una camisa roja para variar el negro del traje*

break up with ins & v2obj ♦ *véase* break off with

break with ins ♦ to abandon (an organisation, a tradition) ~ romper con || *Her last work broke with socialist tradition* ~ *Su última obra rompió con la tradición socialista*

breathe down ins ♦ [+ someone's neck] to be very close to (someone) ~ estar sobre los talones de; estar encima de || *I don't like having my parents breathing down my neck* ~ *No me gusta tener a mis padres sobre los talones*

breathe in **[1]** vi ♦ to inhale ~ aspirar/inhalar || *Breathe in three times then try shouting again* ~ *Aspira tres veces y luego intenta gritar de nuevo* **[2]** sep ♦ to inhale (air etc.) ~ respirar || *We always enjoy breathing in the pure mountain air* ~ *Siempre nos gusta respirar el aire puro de las montañas*

breathe into **[1]** ins & v2obj ♦ *véase* blow into **[2]** v2obj ♦ to inject (life/spirit etc.) into ~ darle vitalidad (etc.) a || *The new company has breathed new life into the village* ~ *La nueva empresa ha animado muchísimo al pueblo*

breathe of v2obj ♦ [+ a word; usually negative] not to say (a word) of (something) ~ no decir ni palabra de || *Please don't breathe a word of this secret* ~ *Por favor no sueltes ni una palabra de este secreto*

breathe out **[1]** vi ♦ to exhale ~ espirar || *Please breathe out while you do this exercise* ~ *Por favor, espire al hacer este ejercicio* **[2]** sep ♦ to exhale (air etc.) ~ exhalar || *You should breathe the smoke out immediately* ~ *Deberías exhalar el humo inmediatamente*

breeze along vi ♦ *véase* belt along

breeze in vi ♦ to enter quickly/confidently ~ entrar como Pedro por su casa || *He breezed in this morning; you would think he owned the place!* ~ *Ha entrado esta mañana como Pedro por su casa; ¡cualquiera diría que el sitio era suyo!*

breeze into **[1]** ins ♦ to enter quickly/confidently ~ entrar en (un sitio) como Pedro por su casa || *I breezed into the bank yesterday and nobody stopped me* ~ *Entré en el banco ayer como Pedro por su casa y nadie me paró* **[2]** ins ♦ [job etc.] to obtain easily ~ obtener fácilmente || *Interviews are not a problem for her: she breezed into her last job* ~ *Las entrevistas no le suponen ni la menor dificultad: el último trabajo se lo ofrecieron sin problemas*

breeze off vi ♦ *véase* dash away

breeze out vi ♦ *véase* dash out

breeze through vi & ins inf ♦ to succeed in/pass (an exam etc.) easily ~ aprobar (etc.) con los ojos cerrados || *She breezed through (her final exams) and got a job straight away* ~ *Aprobó (los exámenes finales) con los ojos cerrados y encontró trabajo en seguida*

brew up **[1]** vi ♦ [something negative] to begin to develop ~ empezar a desarrollarse; amenazar || *There is a huge problem which is brewing up in the office* ~ *Hay un problema inmenso a punto de estallar en la oficina* **[2]** vi GB & AUS inf ♦ to prepare the tea ~ preparar el té || *Laura brewed up and Daniel cut the* *sandwiches ~ Laura preparó el té y Daniel cortó los bocadillos* **[3]** ins GB AUS USA inf ♦ to prepare (a pot of tea) ~ preparar (el té) || *I'm brewing up some tea if you want a cup ~ Estoy preparando el té si quieres una taza* **[4]** sep ♦ to plan/prepare/do (something negative) ~ urdir/tramar || *I can see you're brewing something up for when the boss returns ~ Veo que estáis tramando algo para cuando vuelva el jefe*

bribe into v2obj ♦ to bribe (someone) so that they do (something) ~ sobornar (a alguien) para que haga (algo) || *I had to bribe the customs officer into letting me in ~ Tuve que sobornar al aduanero para que me dejara entrar*

brick in sep ♦ *véase* brick up

brick up sep ♦ to fill (a space) with bricks ~ cerrar/tapar con ladrillos || *We bricked up the space where the door had been ~ Tapamos con ladrillos el espacio donde había estado la puerta*

bridge over ins ♦ to make a bridge across (a river etc.) ~ tender un puente sobre || *The engineers bridged over the stream to make things easier ~ Los ingenieros tendieron un puente sobre el arroyo para facilitar las cosas*

bridle at ins ♦ to be offended by ~ ofenderse por/picarse por || *The readers bridled at the reference to racism ~ Los lectores se ofendieron por la referencia al racismo*

brief about v2obj form ♦ *véase* catch up on [3]

brief on v2obj form ♦ *véase* catch up on [3]

brighten up [1] vi ♦ [weather/mood] to become brighter/lighter ~ despejarse/animarse || *The day brightened up and we went out into the street ~ El día se despejó y salimos a la calle* **[2]** sep ♦ to make (a room etc.) brighter/lighter ~ alegrar/abrillantar || *Those cushions brighten up the grey sofa no end ~ Esos cojines alegran muchísimo el sofá gris*

brim over vi ♦ to overflow/to be too full ~ desbordarse || *I filled the glass until it was just about brimming over ~ Llené el vaso hasta que estaba a punto de desbordarse*

brim over with ins ♦ *véase* brim with

brim with ins ♦ to be full of (liquid; confidence/emotion) ~ rebosar de || *You could see that he was brimming with enthusiasm ~ Se notaba que rebosaba de entusiasmo*

bring about sep ♦ to cause/provoke ~ ocasionar (etc.) || *The accident brought about a lot of changes in my life ~ El accidente ocasionó muchos cambios en mi vida*

bring against v2obj jur ♦ [+ charges] to formulate (a charge) against (someone) ~ formular (una acusación) contra || *The police brought two charges against me ~ La policía entabló dos acusaciones contra mí*

bring along [1] sep ♦ to bring (to an event etc.) ~ traer (consigo) || *I've brought a friend along: do you mind? ~ He traído a una amiga: ¿os importa?* **[2]** sep USA ♦ to improve/encourage the skills of ~ estimular (etc.) las capacidades de/a || *The coach has brought the young players along ~ El entrenador ha estimulado progresos entre los promesas*

bring around [1] sep os ♦ to make (somebody) conscious again ~ hacer volver en sí || *She brought him around by slapping him on the face ~ Le hizo volver en sí dándole palmadas en la cara* **[2]** sep os ♦ to persuade (somebody to do something) ~ convencer (etc.) || *They didn't want to do it, but I gradually brought them around ~ No querían hacerlo, pero poco a poco les fui convenciendo* **[3]** sep GB AUS ♦ to bring (to a house etc.) ~ traer (a casa etc.) || *My daughter brought her boyfriend around yesterday ~ Mi hija trajo a su novio a casa ayer*

bring around to v2obj ♦ to cause (e.g. a conversation or person) to focus on ~ hacer enfocarse en || *The director and I began by talking about the weather, but I soon brought him around to my salary ~ El director y yo empezamos ha-*

blando del tiempo, pero pronto conseguí que se concentrara en mi salario

bring away sep ♦ to leave with/carrying ~ llevarse || *We went to the market and I brought away an old lamp ~ Fuimos al mercado y me llevé una lámpara antigua*

bring back [1] sep ♦ to cause the return of (memories etc.) ~ recordar/traer a la memoria || *The old film brought back so many marvellous memories ~ La vieja película nos trajo tantos recuerdos maravillosos* **[2]** sep ♦ to return (something borrowed/previous) ~ devolver/restaurar || *I must bring back the pen I borrowed from you ~ Deberé devolverte el bolígrafo que me prestaste | I see they've brought back trams in Sheffield ~ Veo que han devuelto los tranvías a las calles de Sheffield* **[3]** sep ♦ to cause to be alive again (after death) ~ devolver la vida a || *She had been dead for 5 minutes when the doctor brought her back ~ Llevaba 5 minutos muerta cuando el médico le devolvió la vida* **[4]** sep ♦ to bring/welcome again (to a former job) ~ volver a emplear a || *They brought Daniel back to deal with the financial problems ~ Volvieron a emplear a Daniel para que se encargara de los problemas financieros*

bring back to v2obj ♦ to make (a person, thing or memory) return to (a person, topic or place) ~ hacer volver a (etc.) || *After two hours I brought him back to Madrid / to money ~ Después de dos horas le traje de vuelta a Madrid / le dirigí hacia una nueva discusión del dinero*

bring before v2obj jur ♦ *véase* haul before

bring down [1] sep ♦ [government/building; footballer etc.] to cause to fall ~ derribar/derrocar || *This scandal is sure to bring the government down ~ Este escándalo seguramente acabará derrocando al gobierno* **[2]** sep ♦ to carry downstairs (etc.) ~ bajar || *When you've brought the cases down you can rest ~ Cuando hayas bajado las maletas podrás descansar* **[3]** sep ♦ to reduce ~ reducir/bajar || *The crisis has brought interest rates down ~ La crisis ha reducido los tipos de interés* **[4]** sep ♦ [hunting/war] to shoot and cause to fall ~ abatir (etc.) || *He brought down four pheasants (planes) this morning ~ Ha abatido a cuatro faisanes (aviones) esta mañana* **[5]** sep ♦ *véase* put down [14]

bring down on v2obj form ♦ to cause a negative feeling in others about oneself ~ hacer que otro le tenga manía (etc.) || *They have brought the director's anger down on them / They have brought down the director's anger on them ~ Han hecho que el director les suelte su ira*

bring down upon v2obj form ♦ *véase* bring down on

bring forth [1] ins arc ♦ to give birth to (a baby) ~ dar a luz/parir || *My wife brought forth the son we had always wanted ~ Mi mujer dio a luz al hijo que siempre habíamos deseado* **[2]** ins form ♦ *véase* bring about **[3]** ins arc ♦ to take/produce (from its habitual place) ~ sacar || *She opened her handbag and brought forth a handkerchief ~ Abrió la bolsa y sacó un pañuelo*

bring forward [1] sep ♦ to make earlier the date/time of ~ adelantar || *We had to bring the congress forward to 11th May ~ Tuvimos que adelantar el congreso al 11 de mayo* **[2]** sep ♦ to propose/suggest ~ proponer (etc.) || *During the meeting I brought forward several proposals ~ Durante la reunión hice varias propuestas* **[3]** sep com ♦ to pass to another account ~ pasar a otra cuenta || *I think we should bring this figure forward ~ Creo que deberíamos pasar esta cifra a la otra cuenta*

bring in [1] sep com ♦ to earn (a specific sum of money) ~ dar/recaudar || *The film brought a million dollars in ~ La película produjo un millón de dólares* **[2]** sep ♦ to bring/carry (into a room etc.) ~ introducir (etc.) || *Shall I bring the recruits in, sergeant? ~ ¿Hago entrar a los reclutas, mi sargento?* **[3]** sep ♦ [law etc.] to introduce ~ presentar || *The new government brought in a law to do with abortion ~ El nuevo gobierno pre-*

sentó una ley relacionada con el aborto **[4]** sep ♦ [in writing] to include ~ incluir || *You should bring in a few quotations ~ Deberías incluir unas cuantas citas* **[5]** sep ♦ to involve (an expert in a specific task) ~ pedir la intervención de || *We've brought my uncle in, as he knows about cats ~ Hemos pedido la ayuda de mi tío, pues él sabe de los gatos* **[6]** sep ♦ to attract (people, business etc.) ~ atraer || *Tonight's match should bring in a large number of spectators ~ El partido de esta noche deberá atraer a un gran número de espectadores* **[7]** sep jur ♦ to pronounce (a verdict etc.) ~ pronunciar/dar || *The judge brought in a very severe verdict ~ El juez pronunció un veredicto muy severo*

bring into **[1]** v2obj ♦ to carry/bring (into a room etc.) ~ introducir (etc.) || *Bring the clothes into the lounge to dry ~ Trae la ropa al salón para que se seque* **[2]** v2obj ♦ to introduce/include (in conversation etc.) ~ introducir (etc.) || *I still don't know how she managed to bring the subject of death into the after-dinner chat ~ Sigo sin saber cómo logró sacar el tema de la muerte durante la charla de sobremesa*

bring off **[1]** sep inf ♦ to succeed; to achieve (something difficult) ~ conseguir (etc.) || *He brought off the best deal in the history of deals ~ Logró hacer el mejor trato de la historia de los tratos* **[2]** sep arg ♦ to masturbate/cause to ejaculate ~ hacer que uno/a eyacule || *She brought him off in the back of his car ~ Le hizo una paja en el asiento trasero de su coche* **[3]** sep dep ♦ [sport] to substitute (a player) ~ sustituir || *He was limping a little, so the coach brought him off ~ Cojeaba un poco, así que el entrenador le sustituyó*

bring on **[1]** sep ♦ *véase* bring about **[2]** sep ♦ [of a woman] to cause the period to begin ~ traer la regla a || *I drank a litre of stout and that brought me on ~ Bebí un litro de cerveza negra y eso me trajo la regla* **[3]** sep GB AUS ♦ *véase* bring along [2] **[4]** sep ♦ [theatre/sport] to introduce ~ introducir/hacer salir a la escena (etc.) || *Daniel was injured, so the coach brought his brother on ~ Daniel se lesionó, así que el entrenador hizo salir a su hermano* **[5]** v2obj ♦ to cause (problems etc.) for ~ causar (problemas etc.) a || *He has brought a lot of worry on his parents ~ Ha causado mucha preocupación por parte de sus padres*

bring out **[1]** sep ♦ [product] to launch/produce/introduce ~ lanzar/sacar || *They brought the game out just before Christmas ~ Lanzaron el juego al mercado justo antes de Navidades* **[2]** sep ♦ to carry/bring (out of a room etc.) ~ sacar || *We're in the garden - bring the glasses out, please ~ Estamos en el jardín - saca los vasos, por favor* **[3]** sep ♦ to emphasise; to cause to emerge ~ subrayar; hacer aparecer || *The cushions bring out the colour in the sofa ~ Los cojines hacen resaltar el color del sofá* | *Alcohol brings out the singer in him ~ El alcohol hace aparecer lo que hay de cantante en él* **[4]** sep ♦ to cause to be more confident/extrovert ~ hacer menos reservado (etc.) || *Three months in America soon brought him out ~ Los tres meses que pasó en EEUU le ayudaron pronto a adquirir confianza*

bring out in v2obj ♦ to cause the appearance of (spots etc.) in ~ hacer que le salga/n (granos etc.) || *Tripe always brings me out in a rash ~ Los callos siempre hacen que me salga una erupción cutánea*

bring over **[1]** sep ♦ *véase* bring along [1] **[2]** sep os ♦ *véase* bring around [2]

bring over to v2obj ♦ to persuade (someone) to adopt (an opinion etc.) ~ convencer/convertir a (alguien) a || *He soon brought me over to his way of thinking ~ Pronto me convirtió a su modo de ver las cosas*

bring round sep ♦ *véase* bring around

bring round to v2obj ♦ *véase* bring around to

bring to **[1]** sep os ♦ *véase* bring around [1] **[2]** sep os náut ♦ to check the motion of ~ poner al pairo || *The captain brought the ship to ~ El capitán puso el barco al pairo* **[3]** v2obj ♦ to bring (someone) to (a place) ~ traer a || *Are you going to bring your boyfriend to the party? ~ ¿Vas a traer a tu novio a la fiesta?*

bring together sep ♦ to cause (people) to unite/become friends (etc.) ~ reunir/reconciliar || *It was my French teacher who brought us together ~ Fue mi profesora de francés quien nos presentó el uno al otro*

bring under sep ns form ♦ to subdue ~ someter/hacer ceder || *After a long struggle, the general finally brought them under ~ Tras una larga lucha, el general por fin les hizo ceder*

bring up [1] vi ♦ to vomit ~ vomitar/devolver || *It looks like the dog has brought up in the kitchen ~ Parece que el perro ha devuelto en la cocina* **[2]** sep ♦ to care for and educate (a child) ~ criar/educar || *She brought seven children up in that small house ~ Crió a siete hijos en esa casita* **[3]** sep ♦ to mention (a topic etc.) ~ mencionar/sacar || *Daniel didn't take long to bring up the matter of money ~ Daniel no tardó mucho en sacar el tema del dinero* **[4]** sep ♦ to vomit ~ vomitar/devolver || *I brought up my dinner yesterday straight after eating it ~ Ayer vomité la cena nada más comerla* **[5]** sep ♦ to bring (something) upstairs/to a higher place ~ subir || *Will you bring the blankets up, please? ~ ¿Te importa subirme las mantas, por favor?*

bring up on [1] ins & v2obj ♦ to vomit (food) on (a person or surface) ~ vomitar (algo) en/sobre || *I brought (my dinner) up on my girlfriend's arm ~ Devolví (la cena) en el brazo de mi novia* **[2]** v2obj ♦ to care for/educate (a child) using (specific food/music) ~ criar/educar con || *They've brought their son up on jazz ~ Han educado a su hijo con el jazz*

bring up with v2obj ♦ to mention (a matter) to ~ sacar (tal tema) con || *I'll bring it up with the landlord this weekend ~ Lo comentaré con el propietario este fin de semana*

bring upon v2obj ♦ *véase* bring on [5]

bring with [1] sep os USA ♦ *véase* bring along [1] **[2]** v2obj ♦ to bring (a person/thing) with oneself ~ traer (consigo)/llevar encima || *Have you brought any money with you? ~ ¿Has traído dinero?*

bristle at ins ♦ *véase* bridle at

bristle with ins ♦ *véase* brim with

broach with v2obj ♦ *véase* bring up with

broaden out [1] vi ♦ to become wider/more comprehensive ~ ensancharse || *The road broadens out after the bridge ~ La carretera se ensancha después del puente* **[2]** sep ♦ to make wider/more comprehensive ~ ensanchar (etc.) || *A bit of history would broaden your paper out considerably ~ Un poco de historia edificaría considerablemente su ponencia*

brood about ins ♦ *véase* brood on [2]

brood on [1] ins ♦ [of a hen] to sit on (eggs) ~ empollar || *Don't bother the hen: she's brooding on her eggs ~ No molestes a la gallina: está empollando sus huevos* **[2]** ins ♦ to meditate deeply/sadly on ~ meditar tristemente || *You mustn't brood over your recent failures ~ No deberías dejarte obsesionar con tus fracasos recientes*

brood over ins ♦ *véase* brood on [2]

browbeat into v2obj ♦ *véase* bounce into

brown off sep inf ♦ *véase* brass off

brown out vi USA téc ♦ [electricity] to decrease greatly in power ~ [luces] perder mucha intensidad || *The lights browned out across the city ~ Por toda la ciudad las luces perdieron casi toda su intensidad*

browse on ins ♦ [of animals] to eat/feed on ~ pacer || *All the cows were browsing on grass and leaves ~ Todas las vacas estaban paciendo hierba y hojas*

browse over ins ♦ *véase* flick through [1]; glance over [3]

browse through ins ♦ *véase* flick through [1]; glance over [3]

bruit about sep lit arc ♦ [rumour etc.] to spread ~ rumorear/propagar || *He heard the rumour and bruited it about immediately ~ Oyó el rumor y lo hizo público en seguida*

brush against ins & v2obj ♦ to touch lightly (while passing etc.) ~ rozar (al pasar) || *She brushed (her hand) against my arm as she passed by ~ Me rozó el brazo (con la mano) al pasar*

brush aside sep ♦ to reject/ignore (without considering) ~ rechazar (etc.) || *They brushed all our suggestions aside in the first hour ~ Rechazaron todas nuestras sugerencias en la primera hora*

brush away sep ♦ to remove (crumbs etc.) with a brush/hand ~ quitar con un cepillo/con la mano || *Finishing his sandwich he brushed the crumbs away with his hand ~ Al acabar el bocadillo quitó las migas con la mano*

brush by vi & ins ♦ *véase* brush past

brush down sep ♦ to remove dirt etc. from (a coat/horse) with a brush/hand ~ cepillar/almohazar || *She brushed her coat down carefully before going out ~ Cepilló el abrigo con mucho cuidado antes de salir*

brush off [1] sep ♦ *véase* brush down **[2]** sep ♦ *véase* brush aside **[3]** sep ♦ to rebuff/to dismiss abruptly ~ mandar a paseo || *She managed to brush her boyfriend off after four years ~ Por fin, después de cuatro años, logró deshacerse del novio* **[4]** sep & v2obj ♦ [with a brush/hand] *véase* clean off

brush on sep ♦ to apply with a brush ~ aplicar con cepillo || *You have to brush this varnish on and wait for it to dry ~ Hay que aplicar este barniz con cepillo y esperar a que se seque*

brush over sep ♦ to cover by painting (etc.) ~ tapar pintando (etc.) || *They were able to brush over the painting's imperfections ~ Pudieron tapar los desperfectos del cuadro pintándolos*

brush past vi & ins ♦ to pass very closely/to touch lightly ~ pasar muy cerca (de) / rozar al pasar || *I caught a whiff of her perfume as she brushed past (me) ~ Olí brevemente su perfume cuando pasó cerca de mí / cuando me rozó al pasar*

brush up ins ♦ to refamiliarise oneself with ~ volver a familiarizarse con /empollar || *I'll have to brush up my Portuguese for the trip to Brazil ~ Tendré que familiarizarme de nuevo con el portugués para el viaje a Brasil*

brush up on ins ♦ *véase* brush up

bubble over vi ♦ *véase* brim over

bubble over with ins ♦ *véase* brim over with

bubble up [1] vi ♦ [liquid] to produce/emit bubbles ~ burbujear || *The soup was bubbling up over the flame ~ La sopa estaba burbujeando sobre el fuego* **[2]** vi ♦ [emotion etc.] to be exuberant ~ rebosar || *The passion was bubbling up throughout the city ~ La pasión rebosaba por todas partes de la ciudad*

buck for ins USA inf ♦ to seek/to look for ~ buscar || *He was bucking for his shoes in the closet ~ Buscaba sus zapatos en el armario*

buck off sep ns USA ♦ [of a bronco/horse etc.] to throw (the rider) from the saddle (etc.) ~ desarzonar || *The bronco bucked the boy off after only ten seconds ~ El potro cerril desarzonó al chico tras tan sólo diez segundos*

buck up [1] vi ♦ to hurry ~ darse prisa || *Buck up! We're going to be late! ~ ¡Espabílate! ¡Vamos a llegar tarde!* **[2]** sep ♦ to (cause somebody to) hurry ~ dar prisa a || *He's so slow - it's impossible to buck him up ~ Es tan lento - es imposible meterle prisa* **[3]** sep ♦ to make livelier/more vigorous ~ espabilar || *She'll have to buck her ideas up if she wants to pass ~ Deberá espabilarse/ menearse si quiere aprobar*

bucket down vi ♦ *véase* beat down [1]

buckle down [1] vi ♦ to begin to work/study hard ~ ponerse a trabajar/ estudiar en serio || *If I go out tonight I'll buckle down tomorrow ~ Si salgo esta noche me pondré a estudiar de verdad* *mañana* **[2]** sep ♦ to fasten with a buckle ~ abrochar con hebilla || *She buckled the straps down and the luggage was ready ~ Abrochó las hebillas de las correas y el equipaje estaba listo*

buckle down to ins ♦ to devote oneself seriously to ~ dedicarse con empeño a || *You'll have to buckle down to reading these books ~ Tendrás que dedicarte con empeño a la lectura de estos libros*

buckle in sep ♦ *véase* belt in

buckle on sep ns ♦ to attach with a buckle ~ prender con hebilla || *He buckled the handle on and picked the rucksack up ~ Prendió el asa con la hebilla y recogió la mochila*

buckle to v2obj ♦ to attach with a buckle to ~ prender con hebilla a || *She buckled the strap to the bag and threw it towards the door ~ Prendió la correa a la bolsa con la hebilla y la tiró hacia la puerta*

buckle under ins ♦ *véase* crack under

buckle up vi USA inf ♦ *véase* belt up [1]

bud out vi ♦ *véase* come out [8]

buddy up to ins USA inf ♦ to try to be friends with ~ intentar hacerse amigo/a de || *Look at him! He's trying to buddy up to the millionaire's son! ~ ¡Mírale! ¡Está intentando hacerse amigo del hijo del millonario!*

budge along **[1]** vi GB inf ♦ to move slightly (to create more space) ~ moverse/correrse || *Ask the girl next to you to budge along a bit, please ~ Pídele a la chica que tienes al lado que se mueva un poco* **[2]** sep os GB inf ♦ to move (something, to create more space) ~ mover/correr || *Budge those books along so I can see the telly ~ Corre un poco esos libros para que vea la tele*

budge up vi & sep os GB inf ♦ *véase* budge along

budget for **[1]** ins ♦ to make an allowance for (something) in a budget ~ presupuestar || *The accountant had budgeted for three new cars ~ El contable había presupuestado tres nuevos coches* **[2]** ins ♦ *véase* bargain for [1]

buff down sep ♦ to shine with a cloth and polish ~ pulir; sacar brillo a || *I've spent the morning buffing the tables down ~ He pasado la mañana sacando brillo a las mesas*

buff up sep ♦ *véase* buff down

bug off vi USA inf ♦ *véase* bog off

bug out **[1]** vi USA inf ♦ to leave/go/disappear quickly ~ irse de prisa || *She bugged out just as the problems were starting ~ Se largó de repente justo cuando empezaban los problemas* **[2]** vi USA inf ♦ [of eyes] to become very large ~ ponerse muy grande(s) || *She was so surprised that her eyes bugged out ~ Estaba tan sorprendida que los ojos se le pusieron como platos*

bugger about **[1]** vi GB & AUS arg ♦ *véase* arse about **[2]** sep os GB AUS arg ♦ to treat very badly ~ tratarle mal a / fastidiar a || *You shouldn't bugger him about: he could be useful to you ~ No deberías tratarle mal: podría serte útil*

bugger about with ins GB AUS arg ♦ *véase* fool about with [1]

bugger around vi & sep os GB AUS arg ♦ *véase* bugger about

bugger around with ins GB AUS arg ♦ *véase* fool about with [1]

bugger off **[1]** vi GB & AUS arg ♦ to leave quickly/suddenly ~ largarse || *He buggered off when the hard work was about to begin ~ Se largó cuando el trabajo duro estaba a punto de empezar* **[2]** vi GB & AUS arg ♦ [as command] *véase* bog off

bugger up sep GB AUS arg ♦ *véase* balls up

build around v2obj ♦ to base on ~ basar en || *We built this company around García's skills ~ Basamos esta empresa en las capacidades de García*

build down vi USA ♦ [volume of traffic] to decrease ~ reducirse || *We'll leave the office when the traffic builds down ~ Saldremos de la oficina cuando haya menos circulación*

build in sep ♦ [activity; shelves etc.] to incorporate ~ incorporar/incluir || *My daily routine (kitchen) is boring: I want to build some exercise (new cupboards) in*

~ *Mi rutina diaria (cocina) es aburrida: quiero incorporar un poco de ejercicio físico (unos nuevos armarios)*

build into v2obj ♦ [activity; shelves etc.] to incorporate into ~ incorporar en/a || *I'm thinking of building some shelves into this space* ~ *Estoy pensando en incorporar unas baldas en este espacio*

build on **[1]** sep ♦ to construct (as an annexe) ~ construir/añadir || *With the birth of the baby, we've had to build a new room on* ~ *Con el nacimiento del bebé, hemos tenido que añadir una habitación más* **[2]** ins ♦ to use as a base for further success (etc.) / to use as a site for building ~ construir/edificar sobre/en || *We can build on this success (land)* ~ *Podemos construir sobre este éxito (terreno)*

build up **[1]** vi ♦ to increase; to accumulate ~ aumentarse (etc.) || *The agency has built up considerably since 1990* ~ *La agencia se ha aumentado considerablemente desde 1990* **[2]** sep ♦ to construct/develop (etc.) little by little ~ construir/aumentar (etc.) poco a poco || *She has built up her company in only two years* ~ *Ha fomentado su empresa en tan sólo dos años* | *It has taken 200 people to build this machine up* ~ *Han hecho falta 200 personas para montar esta máquina* | *The property developers have built up this area* ~ *Los promotores inmobiliarios han urbanizado esta zona* **[3]** sep méd ♦ to strengthen (after an illness etc.) ~ fortalecer || *I need to build my daughter up: she's very thin* ~ *Tengo que fortalecer a mi hija: está muy delgada* **[4]** sep ♦ to promote/praise (etc.) excessively ~ alabar/promover excesivamente || *The media had really built this programme up* ~ *Los medios de comunicación habían promovido este programa de verdad*

build up to ins ♦ to prepare oneself gradually for ~ irse preparando para || *The team is building up to the cup final on Sunday* ~ *El equipo se está preparando para la final de la copa el domingo*

bulge out vi ♦ to extend outwards ~ saltársele; sobresalir || *Laura's eyes bulged out when she saw what had happened* ~ *A Laura se le saltaron los ojos cuando vio lo que había pasado*

bulge with ins ♦ *véase* brim with

bulk out sep inf ♦ to make heavier/larger (etc.) (by adding something) ~ hacer/poner más grande/pesado (etc.) || *Laura bulked her essay out by adding some tables* ~ *Laura hizo más gordo su trabajo añadiéndole unas tablas*

bulk up **[1]** sep inf ♦ *véase* bulk out **[2]** vi USA ♦ to gain weight ~ engordar (etc.) || *If he wants to be a football player, he'll have to bulk up a little* ~ *Si quiere llegar a ser futbolista, tendrá que engordar un poco* **[3]** sep USA ♦ to cause to gain weight ~ dar más peso a || *He wants to bulk up his sons so that they won't have problems with the bullies at school* ~ *Quiere que sus hijos sean fortachones para que no tengan problemas con los matones del colegio*

bulldoze into ins ♦ *véase* barge into

bulldoze through vi & ins ♦ *véase* burst through

bully about sep ♦ to tyrannise; to act like a bully towards ~ tiranizar/intimidar || *The biggest boy in the class always bullies me about* ~ *El chico más grande de la clase siempre me tiraniza*

bully around sep ♦ *véase* bully about

bully into v2obj ♦ *véase* bounce into

bully off vi ♦ [in hockey] to begin the game ~ [en hockey] sacar || *Terrassa bullied off in the first half* ~ *El Terrassa sacó en el primer tiempo*

bum about **[1]** vi inf ♦ to spend time lazily/doing nothing ~ holgazanear || *He spent the entire summer bumming about* ~ *Pasó el verano entero holgazaneando* **[2]** ins inf ♦ to travel around with no fixed plans ~ vagabundear por || *Whenever they're out of work they bum about Cornwall* ~ *Siempre que están sin trabajo vagabundean por Cornualles*

bum around vi inf & ins inf ♦ *véase* bum about

bum off v2obj inf ♦ to obtain/borrow by asking/begging ~ gorronear (algo) a || *I managed to bum a cigarette off the* *guitarist ~ Logré gorronearle un cigarro al guitarrista*

bum out sep USA inf ♦ to irritate/annoy/upset ~ sacar de quicio a || *Their behavior is really beginning to bum me out ~ Su conducta está empezando a sacarme de quicio de verdad*

bum round vi inf & ins inf ♦ *véase* bum about

bumble through vi & ins ♦ to finish (something) with a great struggle/without skill ~ acabar (algo) a duras penas || *She bumbled through (the speech) but you could tell she hadn't prepared it ~ Logró acabar (el discurso) pero se le notaba que no lo había preparado*

bump against ins & v2obj ♦ to touch/hit accidentally ~ chocar contra || *She bumped (her knee) against the table ~ Chocó contra la mesa (con la rodilla)*

bump along vi ♦ to move/function shakily/bouncing ~ avanzar dando sacudidas (etc.) || *Despite the problems, the system bumped along until the technician arrived ~ A pesar de los problemas, el sistema fue tirandillo hasta que llegó el técnico | The old car bumped along with seven people inside ~ El viejo coche avanzaba dando sacudidas con siete pasajeros*

bump into **[1]** ins & v2obj ♦ *véase* bump against **[2]** ins ♦ to meet (a friend etc.) unexpectedly ~ topar a || *I bumped into them by chance in the tourist office ~ Les topé por casualidad en la oficina de turismo*

bump off sep inf ♦ to kill/murder ~ matar/cargarse a || *He bumped his mother-in-law off shortly after the wedding ~ Asesinó a su suegra poco después de la boda*

bump up **[1]** sep inf ♦ to increase by a large amount ~ subir mucho || *The boss has bumped our wages up by 12% ~ El jefe nos ha subido el sueldo en un 12%* **[2]** sep USA inf ♦ to raise the position or responsibility of ~ ascender a || *The director bumped him up to head of sales ~ La directora le ascendió a jefe de ventas*

bump up against ins & v2obj ♦ *véase* bump against

bunch up **[1]** vi ♦ [people/cars etc.] to form a close group ~ apretujarse || *We bunched up and sat quietly until the priest finished ~ Nos apretujamos y quedamos callados hasta que el cura terminó* **[2]** sep ♦ [people/flowers etc.] to make into a group ~ hacer ramos/grupos (etc.) de || *I asked him to bunch those flowers up before five o'clock ~ Le pedí que dividiera esas flores en ramos antes de las cinco* **[3]** sep ♦ [of a dress/skirt] to give tight folds to ~ arremangar || *He bunched up the skirt to make it more attractive ~ Arremangó la falda para que quedara más atractiva*

bundle into v2obj ♦ to insert (something) quickly or carelessly in (a car/case etc.) ~ meter de prisa o descuidadamente en || *The men bundled the hostage into the car ~ Los hombres introdujeron al rehén de un empujón en el coche*

bundle off sep ♦ to send quickly ~ despachar de prisa || *He got up late and bundled his son off to school at 9.30 ~ Se levantó tarde y despachó a su hijo para el colegio a las 9.30*

bundle out sep inf ♦ *véase* boot out

bundle up **[1]** vi ♦ to clothe oneself warmly ~ abrigarse (mucho) || *It's freezing: bundle up well before you go out ~ Hace mucho frío: abrigaos mucho antes de salir* **[2]** sep ♦ to clothe (someone else) warmly ~ abrigar a || *She always bundles her son up before he goes to the park ~ Siempre abriga a su hijo antes de ir éste al parque* **[3]** sep ♦ to make a bundle of; to wrap ~ liar; envolver || *Would you mind bundling up this firewood for me? ~ ¿Te importa liarme esta leña, por favor?*

bung in sep inf ♦ [ingredients etc.] to include/add ~ incluir/añadir || *Bung some chillis in - I like it hot! ~ Añade unos cuantos chiles - ¡me gusta picante!*

bung out sep inf ♦ to eject/discharge/throw away ~ tirar || *I'm going to bung this shirt out - unless you want it ~ Voy a tirar esta camisa - a no ser que la quieras tú*

bung up sep ♦ [nose; machine] to block ~ tapar/obturar (etc.) || *I'm sorry: I've bunged up the pipe again ~ Ya lo siento: he vuelto a bloquear la tubería*

bungle up sep inf ♦ *véase* botch up [1]

bunk down vi ♦ *véase* bed down [1]

bunk off vi & ins GB inf ♦ to avoid attending (school etc.) ~ escabullirse/hacer campana (etc.) || *He tends to bunk off (Latin class) on Fridays ~ Suele hacer campana (durante la clase de latín) los viernes*

bunk together vi ♦ *véase* double up [1]

buoy up **[1]** sep náut ♦ to maintain afloat ~ mantener a flote || *He was nearly drowning but his mother buoyed him up ~ Casi se ahogaba pero su madre le mantuvo a flote* **[2]** sep ♦ to support/help to survive ~ apoyar (etc.) || *His million dollars helped to buoy up the company ~ Su millón de dólares ayudó a mantener viva la compañía* **[3]** sep ♦ to make happier/more confident ~ animar (etc.) || *They were a bit depressed but the present buoyed them up ~ Estaban un poco deprimidos pero el regalo les animó*

burden with v2obj ♦ to encumber (a person/thing) with (weight/responsibility) ~ cargar de || *Daniel's boss has burdened him with too much responsibility ~ El jefe de Daniel le ha cargado de demasiada responsabilidad*

burgeon out vi arc ♦ *véase* burst forth; come out [8]

burn at v2obj ♦ [+ the stake] to kill by burning ~ quemar (a alguien) en el poste || *The authorities burned the thief at the stake ~ Las autoridades quemaron al ladrón en el poste*

burn away **[1]** vi ♦ to consume oneself by burning ~ consumirse || *All the wood has burned away: only the ashes are left ~ Toda la madera se ha consumido: sólo quedan las cenizas* **[2]** vi ♦ [candle/flame] to continue to burn ~ seguir ardiendo || *We came back into the lounge and the candles were burning away ~ Volvimos al salón y las velas seguían ardiendo* **[3]** sep ♦ to burn (something, until it disappears) ~ quemar/consumir || *We burned all the exam papers away at the party ~ Durante la fiesta quemamos todas las hojas de examen*

burn down **[1]** vi ♦ [building etc.] to be destroyed by fire ~ quemarse hasta los cimientos || *After the fire we saw that the church had burned down ~ Después del incendio vimos que la iglesia se había quemado hasta los cimientos* **[2]** sep ♦ [building etc.] to cause to be destroyed by fire ~ destruir por incendio || *He says he is going to burn his school down ~ Dice que va a destruir su colegio por incendio* **[3]** vi ♦ [candle etc.] to reduce in size due to burning ~ consumirse (algo) || *It's normal for the candles to burn down a few centimetres ~ Es normal que las velas se consuman unos centímetros*

burn for ins ♦ *véase* ache for

burn in sep USA ♦ to use (electrical equipment etc.) for a while to ensure there are no problems ~ usar durante un rato para asegurar que todo está bien; 'rodar' || *The guy told me to burn the TV in for two hours ~ El tío me dijo que 'rodara' el televisor durante dos horas*

burn off **[1]** sep ♦ *véase* burn away [3] **[2]** sep ♦ to use/remove (calories etc.) by exercise ~ quemar (etc.) || *During the session in the gym she burned off 400 calories ~ Durante la sesión en el gimnasio quemó 400 calorías*

burn out **[1]** vi ♦ to stop burning (because nothing remains) ~ apagarse (etc.) || *The bonfire burned out just after midnight ~ La hoguera se consumió poco después de medianoche* **[2]** vi ♦ [war/problem/illness/emotion] to cease ~ cesar/consumirse || *The hatred lasted for two years but it eventually burned out ~ El odio duró dos años pero al final ya se consumió* **[3]** vi eléc ♦ [cable/fuse etc.] to be destroyed due to heat ~ fundirse || *It looks as if the wires have all burned out ~ Parece que todos los cables se han fundido* **[4]** vi inf ♦ to become too tired/stressed to work ~ quemarse || *If she carries on like this she'll burn out by Christmas* ~ *Si sigue así se habrá quemado para Navidades* **[5]** vi ♦ to lose one's creative ability ~ quemarse || *The experts say his latest book is poor: he's burned out* ~ *Los expertos dicen que su último libro es malo: se ha quemado* **[6]** sep ♦ to burn the house of ~ incendiar la casa de || *The arsonists burned my cousin out: she had to leave* ~ *Los pirómanos incendiaron la casa de mi prima y tuvo que irse* **[7]** sep ♦ [cable/fuse etc.] to destroy due to heat ~ fundir || *Look what you've done! You've burned out the fuse!* ~ *¡Mira lo que has hecho! ¡Has fundido el fusible!*

burn to [1] v2obj ♦ to burn (something) until it attains the state of (cinders etc.) ~ reducir a (cenizas etc.) || *Daniel burnt the meat to ashes* ~ *Daniel quemó la carne y la redujo a cenizas* **[2]** ins ♦ [+ death] to die by burning ~ morir abrasado || *She burned to death before the firemen arrived* ~ *Murió abrasada antes de que llegasen los bomberos*

burn up [1] sep ♦ *véase* burn off [2] **[2]** sep ♦ *véase* burn away [3] **[3]** vi ♦ *véase* burn away [1] **[4]** sep ♦ [fuel etc.] to consume ~ consumir || *This car burns up a lot of petrol* ~ *Este coche consume muchísima gasolina* **[5]** sep os USA inf ♦ to make very angry ~ enojar de verdad || *These meetings really burn me up* ~ *Estas reuniones realmente me sacan de quicio*

burn with ins ♦ [passion/anger etc.] *véase* brim with; [eyes] gleam with

burrow into [1] ins ♦ [animal] to make a burrow/hole in ~ hacer madrigueras en || *The rabbit burrowed into the hill as quickly as it could* ~ *El conejo hizo una madriguera en la colina lo más rápido que pudo* **[2]** ins ♦ [police etc.] to investigate closely ~ investigar minuciosamente || *The fiscal experts burrowed into the company's accounts* ~ *Los expertos fiscales examinaron minuciosamente las cuentas de la empresa*

burst at ins ♦ [+ the seams] to be full to capacity ~ estar lleno a reventar || *The theatre was bursting at the seams* ~ *El teatro estaba abarrotado*

burst forth vi ♦ *véase* break forth

burst in vi ♦ *véase* barge in

burst in on ins ♦ *véase* barge in on

burst into [1] ins ♦ *véase* barge into [1] & [2] **[2]** ins ♦ *véase* break into [6]

burst on [1] ins ♦ *véase* come up with [1] **[2]** ins ♦ [+ the scene] to become famous ~ llegar a ser famoso || *She burst on the scene fifteen years ago* ~ *Hizo su gran entrada hace quince años*

burst onto ins ♦ *véase* burst on [2]

burst out [1] vi ♦ [of something fat] to emerge/be visible ~ salirse/no caber || *That jumper is too small for him: his stomach is bursting out* ~ *Ese jersey le queda pequeño: se le sale la tripa* **[2]** ins ♦ to say/sing/shout (etc.) suddenly ~ soltar (etc.) repentinamente || *She burst out 'I love you' in the middle of the restaurant* ~ *Le salió 'te quiero' en medio del restaurante* | *He burst out crying when he heard the news* ~ *Rompió a llorar cuando oyó la noticia* **[3]** vi ♦ to leave (a room etc.) quickly/suddenly ~ salir de repente || *Daniel burst out during the national anthem* ~ *Daniel salió de repente durante el himno nacional*

burst out of [1] ins ♦ [of something fat] to emerge from ~ salirse de || *Her breasts were bursting out of her bra* ~ *Sus pechos se le salían del sujetador* **[2]** ins ♦ to leave (a room etc.) quickly/suddenly ~ salir de repente de || *She burst out of the meeting and went home* ~ *Abandonó la reunión corriendo y se fue a casa*

burst through vi & ins ♦ [barrier etc.] to force one's way through ~ penetrar (etc.) || *The lorry burst through (the barrier) and everybody cheered* ~ *El camión se abrió camino (rompió la barrera) y todos aplaudieron* | *The sun burst through the clouds* ~ *El sol se vio de repente por entre las nubes*

burst upon ins form ♦ *véase* come up with [1]

burst with ins ♦ *véase* brim with

bury away sep ♦ to hide (something) very carefully ~ esconder (algo) con mucho cuidado || *The queen had buried her jewels away somewhere in the library* ~ *La reina había escondido sus joyas en algún rincón de la biblioteca*

bury oneself in ins ♦ to devote all one's attention to ~ dedicarse con empeño a || *I buried myself in my books to forget about her* ~ *Me metí con empeño en mis libros para olvidarme de ella*

bury under v2obj ♦ to bury (body/item) under (the ground/a pile of papers etc.) ~ enterrar debajo de || *They buried the treasure under the oak tree* ~ *Enterraron el tesoro debajo del roble*

bus in sep ♦ to bring/take (people) in a bus/buses ~ llevar/traer en autobús/autobuses || *The club bussed 4,000 fans in for the presentation in the stadium* ~ *El club llevó a 4.000 aficionados al estadio en autobuses para la presentación*

bus out sep ♦ to take (people away from a place) in a bus/buses ~ llevar en autobús / autobuses || *After the tragedy, the local government bussed the survivors out and took them to the capital* ~ *Después de la tragedia, el gobierno local sacó a los superviventes en autobuses que les llevaron a la capital*

bush out vi ♦ [hair etc.] to emerge/grow thick ~ crecer de forma espesa || *He had hair bushing out on his fingers* ~ *El vello le salía espeso en los dedos*

bust out [1] vi USA inf ♦ *véase* break out [1] **[2]** vi USA inf ♦ to lose all one's money (by gambling) ~ quebrar (etc.) || *He went to the casino and took only 30 minutes to bust out* ~ *Fue al casino y a los 30 minutos ya se quedaba sin un céntimo* **[3]** vi USA inf ♦ *véase* break out [4]

bust out of [1] ins USA inf ♦ *véase* break out of **[2]** ins USA inf ♦ to lose all one's money in (card game etc.) ~ quebrar (etc.) en || *We busted out of the card game and went to the bar* ~ *Perdimos todo el dinero en la partida de cartas y fuimos al bar* **[3]** ins USA inf ♦ to abandon (something habitual/boring) ~ abandonar/dejar || *She busted out of the family house and went abroad* ~ *Se escapó de la casa familiar y se fue al extranjero*

bust up [1] vi USA inf ♦ [2 people in a relationship] to separate ~ separarse || *His parents have busted up, so be careful with him* ~ *Sus padres se han separado, así que ten cuidado con él* **[2]** sep ♦ to prevent the continuation of ~ irrumpir en/parar || *The police are going to bust up the meeting in the warehouse* ~ *La policía va a irrumpir en la reunión en el almacén* **[3]** sep USA inf ♦ to cause a lot of damage to ~ dañar seriamente || *They busted up his car while he was in the bar* ~ *Pegaron una paliza a su coche cuando estaba en el bar* **[4]** sep USA ♦ to divide (large organisation) into smaller sections ~ dividir en secciones más pequeñas || *The directors busted up the corporation and created six small companies* ~ *Los directores dividieron la sociedad y crearon seis empresas pequeñas*

bust up with ins USA inf ♦ *véase* break off with

bustle about [1] vi ♦ to move quickly and busily ~ menearse; ir y venir || *My mother spent the whole morning bustling about in the kitchen* ~ *Mi madre estuvo toda la mañana meneándose en la cocina* **[2]** ins ♦ to move quickly and busily about (a place) ~ menearse por/en || *We bustled about the house until nearly midnight* ~ *Nos meneamos por la casa hasta casi medianoche*

bustle around vi & ins ♦ *véase* bustle about

bustle off vi ♦ *véase* dash away

busy oneself with ins ♦ *véase* attend to [1]; deal with [2]

butt against ins ♦ *véase* abut against

butt in [1] vi ♦ *véase* break in [2] **[2]** vi USA AUS inf ♦ to interfere when one's help is not wanted ~ entrometerse, meter su cuchara || *I wanted to finish the project on my own but she kept butting in* ~ *Quería acabar el proyecto yo solo pero insistía en meter su cuchara*

butt in on ins ♦ *véase* break in on

butt into ins ♦ *véase* break in on

butt out vi USA AUS inf ♦ to stop being involved with other people's business ~ no meterse || *This is a family matter - butt out!* ~ *Este es un asunto familiar - ¡no te metas!*

butt up against ins ♦ *véase* abut against

butter up sep inf ♦ to treat (a person) very well in order to earn their favour ~ dar coba a || *He's buttering up his girlfriend's father so that he'll lend him the car* ~ *Está dándole coba al padre de su novia para que le deje el coche*

button down sep USA inf ♦ to state very precisely ~ especificar / nombrar con exactitud || *We must button down the demands before the meeting* ~ *Tenemos que estar bien seguros de las demandas antes de la reunión*

button up [1] vi ♦ to fasten with buttons ~ abrocharse/abotonarse || *This jacket buttons up at the front* ~ *Esta chaqueta se abotona por delante* **[2]** sep ♦ to fasten the buttons of ~ abrochar/abotonar || *Button the girl's coat up: she's cold!* ~ *Abróchale el abrigo a la niña: ¡tiene frío!*

buttress up sep ♦ [building etc.] *véase* beef up

buy back sep ♦ to buy again ~ volver a comprar || *We sold the house, but we weren't happy so we bought it back* ~ *Vendimos la casa, pero no estábamos contentos, así que la volvimos a comprar*

buy for v2obj ♦ *véase* get for [1]

buy forward vi ♦ to buy in advance ~ comprar con antelación || *My husband feared a freeze-up and bought forward* ~ *Mi marido temía una gran helada e hizo la compra con antelación*

buy from v2obj ♦ to buy at/from (a source/seller) ~ comprar a/en || *I bought this bike from my friend (from the market)* ~ *Compré esta bici a mi amigo (en el mercado)*

buy in sep GB & AUS ♦ to buy a lot of (food, drink etc.) for a special occasion ~ comprar/aprovisionarse de || *We had bought in fourteen crates of beer and there was nobody to drink it* ~ *Nos habíamos aprovisionado de catorce cajas de cerveza y no había quien la bebiera*

buy into [1] ins ♦ to buy part of (a company etc.) ~ comprar acciones de || *When he won the lottery he bought into his ex-wife's firm* ~ *Cuando le tocó la lotería compró acciones de la empresa de su ex esposa* **[2]** ins ♦ to support (idea, philosophy etc.) unconditionally ~ apoyar incondicionalmente || *Personally, I don't buy into the idea of aromatherapy* ~ *Personalmente no apoyo la idea de la aromaterapia*

buy off [1] sep ♦ to bribe; to buy the benevolence of ~ sobornar; comprar la benevolencia de || *The director bought the workers off with a payment of $1,000* ~ *El director compró la benevolencia de los trabajadores con una paga de $1.000* **[2]** v2obj inf ♦ [from a person] *véase* buy from

buy on v2obj ♦ [+ credit/hire purchase etc.] to buy subject to (conditions) ~ comprar a plazos (etc.) || *We had to buy the car on hire purchase* ~ *Tuvimos que comprar el coche a plazos*

buy out sep ♦ [of a company etc.] to buy the part/shares of ~ comprar la parte de || *Having bought Hernández out, we now had control of the firm* ~ *Habiendo comprado la parte de Hernández, ya controlábamos la empresa*

buy out of v2obj ♦ to pay money to release (somebody) from (the armed forces) ~ pagar la baja de || *He was so unhappy that his parents bought him out of the army* ~ *Estaba tan triste que sus padres le pagaron la baja del ejército*

buy up sep ♦ to buy the entirety of ~ comprar todas las existencias de; acaparar || *When we saw that the shop was selling tickets for the concert, we bought them all up* ~ *Cuando vimos que en la tienda se vendían entradas para el concierto, las compramos todas*

buzz about vi & ins ♦ to move quickly/energetically (around) ~ ir zumbando (por) || *That car buzzes about (the town) every day* ~ *Ese coche va zumbando (por la ciudad) cada día*

buzz around vi & ins ♦ *véase* buzz about

buzz for ins ♦ to summon by buzzing (a bell in a hotel etc.) ~ llamar (usando un timbre en un hotel etc.) || *If you like I can buzz for the concierge* ~ *Si quieren puedo llamar al conserje*

buzz off vi inf ♦ to leave/go ~ irse, largarse || *I'd like you to buzz off now: I have to make a phone call* ~ *Quiero que te vayas ahora: tengo que llamar por teléfono*

buzz round vi & ins ♦ *véase* buzz about

buzz with ins ♦ to experience special excitement (etc.) due to ~ rebosar de (etc.) || *They were all buzzing with excitement when they saw her* ~ *Todos rebosaban de emoción cuando la vieron*

C

cadge from v2obj inf ♦ *véase* bum off

cadge off v2obj inf ♦ *véase* bum off

cage in sep ns ♦ to enclose in a cage; to confine ~ enjaular; limitar (etc.) || *We had to cage the lion in so that we could treat it* ~ *Tuvimos que enjaular al león para poder tratarlo*

cage up sep ns ♦ *véase* cage in

cajole into v2obj ♦ *véase* entice into

cajole out of v2obj ♦ *véase* entice away from

cake in v2obj ♦ [mud etc.] *véase* cover in [1]

cake with v2obj ♦ [mud etc.] *véase* cover in [1]

calculate in sep ♦ *véase* factor in

calculate on ins ♦ *véase* bank on

call about ins & v2obj ♦ to visit/telephone (someone) regarding (a matter) ~ llamar/visitar sobre || *I'm calling (you) about the furniture you've ordered* ~ *(Les) llamo acerca de los muebles que han encargado*

call around vi USA ♦ to telephone several people (in search of information etc.) ~ llamar a varias personas (buscando información etc.) || *I don't know, I'm sorry: I'll call around and see if I can find out* ~ *No lo sé, lo siento: haré unas llamadas, a ver si me entero*

call as v2obj jur ♦ [+ witness] to cite (someone) as (a witness in court) ~ citar como testigo || *The lawyer called Daniel as a witness* ~ *El abogado citó a Daniel como testigo*

call after **[1]** v2obj GB AUS ♦ *véase* name after **[2]** ins ♦ to shout in the direction of (a person who is leaving etc.) ~ gritar para llamar la atención de/a (alguien que se aleja) || *I was leaving the market when the manager called after me* ~ *Salía del mercado cuando el encargado gritó para llamarme la atención*

call aside sep ns ♦ to ask (somebody) to separate from a group (in order to talk) ~ llamar aparte || *The coach called the goalkeeper aside and gave him a bollocking* ~ *El entrenador llamó aparte al portero y le puso como un trapo*

call at **[1]** ins ♦ [house etc.] to visit ~ visitar, pasar por || *I have to call at my mother's house before lunch* ~ *Tengo que pasar por casa de mi madre antes de comer* **[2]** ins ♦ [station/airport/port] to make an intermediate stop in ~ hacer escala en/efectuar parada en || *This train calls at El Escorial and Avila before it gets to my village* ~ *Este tren tiene parada en El Escorial y Avila antes de llegar a mi pueblo*

call away sep ♦ to oblige to abandon an activity and go elsewhere ~ obligar a abandonar una actividad e ir a otra parte || *The doctor was called away by phone during the preliminary meeting* ~ *El médico tuvo que abandonar la reunión inicial a raíz de una llamada telefónica*

call back **[1]** vi & sep os ♦ to telephone for the second time; to return a phone call ~ volver a llamar (a); devolver la llamada (de) || *I must call (the theatre) back: they should have our tickets by now* ~ *Debo volver a llamar (al teatro): ya deberían tener nuestras* *entradas* **[2]** sep ♦ to oblige to return ~ hacer volver || *The athletes began but the starter called them back ~ Los atletas empezaron pero el juez de salida les hizo volver* **[3]** vi GB AUS ♦ to visit again ~ volver (a visitar) || *Your lawyer is in a meeting at the moment: why don't you have a walk around the park and call back in half an hour? ~ Su abogado está en una reunión en este momento: ¿por qué no dan un paseo por el parque y vuelven dentro de media hora?*

call by vi GB AUS inf ♦ to visit (briefly, on the way to somewhere else) ~ hacer una visita rápida || *My sister called by this morning on her way to the shops ~ Mi hermana ha venido a verme esta mañana camino a las tiendas*

call down **[1]** sep lit ♦ to pray for/cause something bad to happen (to someone) ~ causar/pedir que ocurra algo malo || *He's acting like that to try and call down the anger of the councillors ~ Se está portando así para intentar provocar la cólera de los concejales* **[2]** sep USA ♦ *véase* blow up [4] **[3]** vi ♦ to shout (etc.) from a higher position ~ gritar (etc.) hacia abajo/desde arriba || *I didn't hear the phone until my father called down ~ No oí el teléfono hasta que mi padre chilló desde arriba*

call for **[1]** ins GB AUS ♦ to visit (esp. in order to collect) ~ visitar; ir/venir a recoger || *How about if I call for you at about seven o'clock? ~ ¿Qué tal si paso a recogerte sobre las siete?* **[2]** ins ♦ to require/demand (etc.) ~ requerir/exigir/pedir || *This matter calls for a government investigation! ~ ¡Este asunto exige una investigación gubernamental!* **[3]** ins ♦ to order/request by telephone ~ llamar a pedir/encargar || *If you don't want to cook we can call for a pizza ~ Si no quieres cocinar podemos encargar una pizza por teléfono*

call forth **[1]** ins form ♦ *véase* bring about **[2]** ins form ♦ *véase* bring forward [2]

call forward sep ns ♦ to invite to move to the front (of a class/parade etc.) ~ sacar; invitar a venir al estrado (etc.) || *The sergeant called me forward to receive the medal ~ El sargento me llamó al estrado a recibir la medalla*

call in **[1]** vi GB AUS ♦ *véase* call by **[2]** vi ♦ to telephone (one's work etc., esp. when ill at home) ~ llamar (a la oficina etc. desde casa) || *The secretary has called in to say that she is ill ~ La secretaria ha llamado para decirnos que está enferma* **[3]** vi ♦ to telephone (a radio station etc. to participate in a debate) ~ llamar (para participar en un debate en la radio etc.) || *Please call in and tell us about your experiences ~ Por favor, llamen y cuéntennos sus experiencias* **[4]** sep GB ♦ to request the return of (a problematic product or something loaned etc.) ~ pedir que se devuelva (a la tienda/biblioteca etc.) || *There is a problem with this machine: we've had to call in 3,000 units ~ Hay un problema con esta máquina: hemos tenido que pedir la devolución de 3.000 unidades* **[5]** sep ♦ *véase* bring in [5]

call in on ins ♦ *véase* call on [1]

call into v2obj ♦ to invite (someone) to enter ~ decir (a alguien) que pase por || *The headmaster called us into his office ~ El director nos dijo que pasáramos por su oficina*

call off **[1]** sep ♦ to cancel (before the scheduled time) ~ cancelar || *They have called off tomorrow's match because of the snow ~ Debido a la nieve se ha cancelado el partido de mañana* **[2]** sep ♦ to abandon (an activity already in process) ~ abandonar/desconvocar (etc.) || *The unions have called off the strike ~ Los sindicatos han desconvocado la huelga* **[3]** sep form ♦ to order (a dog etc.) to stop attacking ~ llamar || *If you will call your dog off we'll be able to reach the child ~ Si usted llama a su perro podremos alcanzar al niño*

call on **[1]** ins ♦ to visit (a person) ~ visitar a || *She wants to call on her uncle in Edinburgh next week ~ Quiere visitar a su tío en Edimburgo la semana que viene* **[2]** ins USA ♦ to choose (one of several people) to give an opinion ~ escoger/designar || *While Laura was look-*

ing out of the window, the teacher called on her to offer an opinion on the book ~ *Cuando Laura miraba por la ventana, el profesor la escogió para ofrecer una opinión sobre el libro* **[3]** ins form ♦ [+ to do something] to ask/depend on (somebody) ~ contar con (para hacer algo) || *I must call on my men to work as diligently as possible* ~ *Debo contar con mis hombres para trabajar lo más diligentemente posible* **[4]** ins ♦ to depend on (physical/mental capacities etc.) ~ contar con/armarse de (etc.) || *You had to call on all your strength to overcome the problems* ~ *Tuviste que reunir toda tu fuerza para superar los problemas*

call out **[1]** vi ♦ to shout ~ gritar || *She called out just as we were about to complete the deal* ~ *Chilló de repente cuando estábamos a punto de cerrar el trato* **[2]** sep ♦ to shout (something) ~ gritar (algo) || *Call out your names so that we know how many of you there are* ~ *Gritad vuestros nombres para que sepamos cuántos sois* **[3]** sep ♦ to summon (rescue services, doctor, tradesman etc.) ~ llamar a (para que acuda) || *They had to call the plumber out to fix the tap* ~ *Tuvieron que llamar al fontanero para que arreglara el grifo* **[4]** sep ♦ to oblige to strike ~ llamar a la huelga || *The unions called the workers out at the end of January* ~ *Los sindicatos llamaron a la huelga a los trabajadores a finales de enero*

call out for **[1]** ins USA ♦ *véase* call for [3] **[2]** ins ♦ to demand very strongly ~ exigir a gritos || *The team's bad run calls out for a new centre-forward* ~ *La mala racha del equipo exige a gritos un nuevo ariete*

call over **[1]** sep GB AUS ♦ to ask (someone) to come to where the speaker is ~ llamar / decir que se acerque || *When the teacher called me over I started to panic* ~ *Cuando la profesora me dijo que me acercara me entró un pánico* **[2]** vi ♦ *véase* call by

call round vi GB AUS ♦ *véase* call by

call to v2obj ♦ *véase* call into

call together sep ♦ to ask/order to assemble/meet ~ convocar/reunir || *He called everyone together to discuss the new project* ~ *Convocó a todos para comentar el nuevo proyecto*

call up **[1]** vi USA ♦ to telephone ~ llamar || *You have to call up if you want to win!* ~ *¡Tienes que llamar si quieres ganar!* **[2]** sep USA ♦ to telephone (somebody) ~ llamar a || *Call your brother up and ask him how he is* ~ *Llama a tu hermano y pregúntale qué tal está* **[3]** sep ♦ to summon to military duty ~ llamar a filas || *The army called up three of my uncles during the war* ~ *El ejército llamó a filas a tres tíos míos durante la guerra* **[4]** sep ♦ [sport] to select (a player) ~ convocar || *The national coach has called up three goalkeepers* ~ *El seleccionador ha convocado a tres porteros* **[5]** sep ♦ [data etc.] to cause to appear/to produce ~ hacer aparecer; sacar || *Please call up the data relating to this matter on your screen* ~ *Haga el favor de sacar en la pantalla los datos relativos a este asunto* **[6]** sep ♦ to bring to the memory ~ traer a la memoria || *This film always calls up images of our childhood* ~ *Esta película siempre evoca recuerdos de nuestra niñez* **[7]** sep ♦ to summon from a higher position ~ hacer subir || *My mother called me up to see the mess in the bathroom* ~ *Mi madre me hizo subir para que viera el lío en el baño*

call upon ins & ins form ♦ *véase* call on [3] & [4]

calm down **[1]** vi ♦ [person/situation] to become calm ~ calmarse/tranquilizarse || *They were very angry at first, but then they calmed down* ~ *Al principio estaban muy enfadados, pero luego se calmaron* **[2]** sep ♦ [person/situation] to make calm ~ calmar/tranquilizar || *It took us two hours to calm Laura down after the argument* ~ *Tardamos dos horas en tranquilizar a Laura después de la pelea*

camp out **[1]** vi ♦ to sleep out of doors in a tent ~ acampar(se) || *The weather was nice so the kids camped out in the garden* ~ *Hacía buen tiempo así que los niños acamparon en el jar-*

dín **[2]** vi ♦ to live temporarily ~ alojarse temporalmente || *We camped out at my brother's house while ours was being renovated ~ Nos alojamos temporalmente en casa de mi hermano mientras la nuestra se renovaba*

camp it up vi inf ♦ to behave in an exaggerated theatrical manner ~ parodiarse a sí mismo; guasearse || *The funniest thing was watching my cousin camping it up on stage ~ Lo más divertido fue ver a mi primo hacer el tonto en la escena*

campaign against ins ♦ to undertake a campaign in opposition to ~ hacer campaña en contra de || *She has always campaigned against nuclear weapons ~ Siempre ha hecho campaña en contra de las armas nucleares*

campaign for ins ♦ to undertake a campaign in support of ~ hacer campaña a favor de || *We are campaigning for the socialist candidate ~ Estamos haciendo campaña a favor del candidato socialista*

cancel out sep ♦ to annul by having the opposite effect ~ anular || *These two numbers cancel each other out ~ Estos dos números se anulan mutuamente*

cannon into ins ♦ [esp. in snooker etc.] to strike violently ~ chocar violentamente con || *The last red cannoned into the black and potted it ~ La última roja chocó violentamente con la negra y la metió*

cannon off ins ♦ [esp. in snooker etc.] to bounce after hitting ~ rebotar contra || *The white cannoned off the black and almost went into the pocket ~ La blanca rebotó contra la negra y casi se metió*

cant over **[1]** vi ♦ to overturn (etc.) ~ volcarse || *The vase canted over and the flowers fell out ~ El florero se volcó y se le cayeron las flores* **[2]** sep ♦ to overturn (etc.) ~ volcar || *The cat canted the glass over and the wine stained the carpet ~ El gato volcó la copa y el vino manchó la alfombra*

canter about vi ♦ *véase* canter around

canter around vi ♦ [horse] to move at a half-gallop ~ ir por ahí a medio galope || *The horse cantered around and we saw how beautiful it was ~ El caballo iba a medio galope y vimos lo hermoso que era*

canter round vi ♦ *véase* canter around

canvass for ins ♦ *véase* campaign for

caper about vi ♦ to play/move like a child ~ brincar/juguetear || *I love to see the children capering about in the park ~ Me encanta ver a los niños juguetear en el parque*

capitalise on ins GB AUS ♦ to use for personal advantage ~ aprovechar; sacar partido de || *Her book capitalised on the recent death of the president ~ Su libro sacó partido de la muerte reciente del presidente*

capitalize on ins ♦ *véase* capitalise on

capitulate to ins form ♦ *véase* give in to [1]

care about ins ♦ to have/show interest/concern for ~ preocuparse de/por; tener interés en || *I can see you don't care about the success of this show ~ Veo que no te interesa que este espectáculo sea un éxito*

care for **[1]** ins ♦ to look after/attend to (somebody old/young/ill) ~ cuidar a (alguien) || *She cared for her grandparents until they died ~ Cuidó a sus abuelos hasta la muerte de éstos* **[2]** ins arc ♦ to feel affection towards ~ sentir cariño por || *I don't love her, but I do care for her ~ No la quiero, pero sí le siento cierto cariño* **[3]** ins form ♦ [always in questions] to want ~ querer; apetecerle || *Would you care for a bit of cake with your coffee? ~ ¿Le apetece tomar un trozo de pastel con el café?* **[4]** ins form ♦ [always in negative] not to like ~ no querer/no hacerle gracia || *My father doesn't care for Japanese food ~ A mi padre la comida japonesa no le hace mucha gracia*

career along vi & ins ♦ to move quickly (along) ~ correr a toda velocidad (por) || *The car was careering along (the road) at 200 kph* ~ *El coche corría (por la carretera) a 200 kph*

career down vi & ins ♦ to move quickly (down) ~ correr a toda velocidad (por/hacia abajo etc.) || *The bus careered down (the hill) to the surprise of us all* ~ *Para la sorpresa de todos, el autobús pasó corriendo (cuesta abajo)*

career into ins ♦ *véase* cannon into

career off ins ♦ [car from road etc.] to leave abruptly ~ salir precipitadamente de || *The car careered off the road and hit a tree* ~ *El coche salió precipitadamente de la carretera y se estrelló contra un árbol*

carp about ins ♦ to complain about (without a motive) ~ quejarse (sin motivo) de || *He spent the whole evening carping about the quality of the wine* ~ *Estuvo toda la velada quejándose de la calidad del vino*

carp at ins ♦ *véase* carp about

carpet with v2obj ♦ to lay a carpet of (flowers, rugs) in (a room etc.) ~ alfombrar/revestir de || *They decided to carpet the room with flowers* ~ *Decidieron alfombrar el cuarto de flores*

carry about sep ♦ to carry (habitually) on one's person ~ llevar consigo || *I always carry this list about so as not to forget my duties* ~ *Siempre llevo conmigo esta lista para no olvidarme de mis deberes*

carry along sep ♦ [floodwater to articles etc.] to drag/carry ~ arrastrar/llevar || *The floodwater carried the trees along as if they were matches* ~ *La riada arrastraba los árboles como si fueran cerillas*

carry around sep ♦ *véase* carry about

carry away [1] sep ♦ [physically; patient/prize/prey etc.] to take ~ llevarse || *My sister carried away the buckets (the first prize)* ~ *Mi hermana se llevó los cubos (el primer premio)* **[2]** sep ♦ [usually passive] to enthuse excessively ~ entusiasmar excesivamente || *We were carried away by the atmosphere at the party* ~ *El ambiente de la fiesta hizo que nos extralimitáramos*

carry back [1] sep ♦ to return (something) by carrying ~ devolver (manualmente) || *You brought these boxes; now I want you to carry them back* ~ *Tú trajiste estas cajas; ahora quiero que las devuelvas* **[2]** sep com ♦ [finance] to charge to an earlier account ~ cargar (sobre cuentas anteriores) || *If there's a problem I'll simply carry these figures back* ~ *Si hay un problema, simplemente cargaré estas cifras sobre la cuenta anterior* **[3]** sep ♦ to transport back in time ~ hacerle recordar (etc.) || *This music carries me back to my childhood* ~ *Esta música me hace recordar mi niñez*

carry down sep ♦ *véase* bring down [2]

carry forward [1] sep com ♦ *véase* bring forward [3] **[2]** sep ♦ to help to make progress ~ ayudar a progresar || *She is the ideal person to carry the department forward* ~ *Ella es la persona idónea para hacer que el departamento progrese*

carry in sep ♦ [in hands] *véase* bring in [2]

carry into v2obj ♦ [in hands] *véase* bring into [1]

carry off [1] sep ♦ [disease etc.] to kill ~ matar; llevar a la tumba || *The virus carried off its victims in terrible circumstances* ~ *El virus mató a sus víctimas en unas circunstancias horrendas* **[2]** sep ♦ *véase* carry away [1] **[3]** sep ♦ to succeed in (something difficult etc.) ~ salir muy airoso de (algo difícil etc.) || *I know you don't like lying, but you carried it off very well* ~ *Sé que no te gusta mentir, pero te las arreglaste muy bien*

carry on [1] vi GB AUS ♦ to continue [all senses] ~ continuar [todos los sentidos] || *I'm going to have a rest for a while; you carry on* ~ *Yo voy a descansar un ratito; tú sigue* **[2]** vi GB AUS ♦ to misbehave ~ alborotarse || *The children have been carrying on all morning* ~ *Los niños llevan toda la mañana alborotándose* **[3]** vi GB AUS arc ♦ to have an extramarital sexual relationship ~ tener una relación extramarital/un plan || *Yes, he was carrying on through-*

out their married years ~ *Sí, mantuvo esa relación durante todos los años de su matrimonio* **[4]** sep GB AUS ♦ to continue ~ continuar || *Daniel began the job and I carried it on* ~ *Daniel empezó la tarea y yo seguí con ella* **[5]** ins GB AUS arc ♦ [business/activity] to continue/perform ~ llevar/realizar (etc.) || *They carried on their jewellery business in that house* ~ *Llevaban su negocio de joyería en esa casa*

carry on with **[1]** ins GB AUS ♦ to continue with ~ continuar con || *After dinner, we carried on with our homework* ~ *Después de cenar, seguimos con los deberes* **[2]** ins GB AUS arc ♦ to have an extramarital sexual relationship with ~ tener una relación extramarital/un plan con || *Within a year of the wedding he was carrying on with that woman* ~ *Tan sólo un año después de su boda ya tenía un plan con esa mujer*

carry out **[1]** sep ♦ *véase* bring out [2] **[2]** sep ♦ to do/perform/complete (etc.) ~ hacer/realizar/efectuar (etc.) || *The town council wants to carry out a series of surveys* ~ *El ayuntamiento quiere realizar una serie de encuestas* **[3]** sep ♦ [instructions etc.] to fulfil ~ cumplir con (etc.) || *I have to carry out my sergeant's orders* ~ *Tengo que cumplir con las órdenes de mi sargento*

carry over **[1]** sep ♦ to postpone ~ posponer/aplazar || *As the actress is ill, we've had to carry the play over* ~ *Como la actriz está enferma, hemos tenido que posponer la obra* **[2]** sep ♦ to use (etc.) at a later date ~ guardar para luego || *I'm trying to carry my holidays over into the new fiscal year* ~ *Estoy intentando guardar mis vacaciones para el nuevo año fiscal* **[3]** sep com ♦ *véase* bring forward [3] **[4]** sep & v2obj ♦ to carry (from A to B, or above a surface etc.) ~ llevar/traer (a un sitio, o por encima de una superficie etc.) || *The chef carried the plates over (the tables) to the guests* ~ *El cocinero llevó los platos (por encima de las mesas) a los invitados*

carry over into ins & v2obj ♦ to have/allow to have a subsequent/secondary effect ~ (dejar) afectar posteriormente /tener un efecto secundario || *His work problems often carry over into his personal life* ~ *Sus problemas laborales afectan muchas veces su vida personal* | *She usually carries her worries over into her social life* ~ *Suele dejar que sus preocupaciones afecten su vida social*

carry through **[1]** sep & v2obj ♦ to carry (from A to B, through a door/forest/obstacle etc.) ~ llevar/traer (a un sitio, a través de algo) || *Please carry the glasses through (the door into the garden)* ~ *Por favor, lleva los vasos (al jardín, pasando por la puerta)* **[2]** sep ♦ to complete successfully ~ llevar a cabo || *It will take us three years to carry this project through* ~ *Tardaremos tres años en llevar a cabo este proyecto* **[3]** sep os & v2obj ♦ to help (during difficult times) ~ ayudar/apoyar (etc.) || *Their energy carried them through (the earthquake)* ~ *Su energía les ayudó a sobrevivir (al terremoto)*

carry up sep ♦ to carry in an upward direction (e.g. upstairs) ~ subir (algo) || *Would you mind carrying the blankets up for me?* ~ *¿Te importaría subirme las mantas?*

carry with v2obj ♦ [money etc.] *véase* bring with [2]

cart about sep ♦ *véase* carry about

cart around sep ♦ *véase* carry about

cart away sep ♦ *véase* carry away [1]

cart off sep ♦ *véase* carry away [1]

carve from v2obj ♦ *véase* hew out of

carve in v2obj ♦ to carve (letters etc.) in/on (a surface/tree etc.) ~ grabar en || *We all carved our names in the same piece of wood* ~ *Grabamos todos el nombre en el mismo trozo de madera*

carve into **[1]** v2obj ♦ *véase* carve in **[2]** v2obj ♦ to carve (wood/stone etc.) so that it takes the shape of ~ esculpir/tallar (una estatua etc.) de/en || *Daniel carved the piece of wood into a beautiful statue* ~ *Daniel tomó el trozo de madera y talló una hermosa estatua*

carve out sep ♦ to obtain/create successfully ~ obtener/lograr || *She carved out a niche in the advertising world ~ Logró labrarse un porvenir en el mundo de la publicidad*

carve out of v2obj ♦ *véase* hew out of

carve up **[1]** sep ♦ to cut (meat) into small pieces ~ trinchar/cortar || *While my father was serving the potatoes, I carved up the meat ~ Mientras mi padre servía las patatas, yo trinché la carne* **[2]** sep ♦ to divide (land etc.) ~ dividir/repartir || *The king carved up the land among his sons ~ El rey repartió el terreno entre sus hijos* **[3]** sep ♦ to stab repeatedly ~ coser a puñaladas || *The murderer carved up his victim and horrified the police ~ El asesino cosió a puñaladas a su víctima y horrorizó a la policía* **[4]** sep GB inf ♦ [of driver] to overtake (someone) then move in front of them dangerously ~ meterse delante (de modo peligroso) || *That sales rep carved us up on the motorway yesterday ~ Ese representante se nos metió delante como un loco ayer en la autopista*

case out sep inf ♦ *véase* check out [7]

cash in sep ♦ to exchange (shares etc.) for their value in money ~ vender || *When the triplets were born I had to cash in my shares ~ Cuando nacieron los trillizos tuve que vender mis acciones*

cash in on ins ♦ *véase* capitalise on

cash up vi GB AUS ♦ [in a shop etc.] to count the day's takings ~ contar el dinero recaudado || *She likes to close the shop and cash up at six o'clock every day ~ Le gusta cerrar la tienda y contar el dinero recaudado cada día a las seis*

cast about vi form ♦ to search widely ~ buscar/andar buscando || *We haven't found the document yet but Daniel is casting about ~ Todavía no hemos encontrado el documento pero Daniel anda buscando*

cast about for ins form ♦ to search widely for ~ buscar/andar buscando || *I'll have to cast about for a new rug ~ Tendré que ir buscando una nueva alfombra*

cast around vi form ♦ *véase* cast about

cast around for ins form ♦ *véase* cast about for

cast as v2obj ♦ [in theatre/film etc.] to give (an actor) the part of ~ dar el papel de (x) a (alguien) || *The producer cast Laura as the grandmother ~ La productora dio a Laura el papel de la abuela*

cast aside sep form ♦ to abandon/ignore/rid oneself of; to throw to the side ~ deshacerse de/tirar/desechar; tirar (algo) hacia el lado || *The committee cast my ideas aside ~ El consejo desechó mis ideas*

cast away **[1]** sep form ♦ *véase* cast aside **[2]** sep náut ♦ [as passive] to be abandoned (e.g. on a desert island) ~ [como pasiva] naufragar || *He was cast away but managed to swim to an island ~ Naufragó pero consiguió nadar hasta una isla*

cast back sep ♦ [thoughts etc.] to recall ~ rememorar || *I want you to cast your thoughts back to your childhood ~ Quiero que intenten recordar su niñez*

cast down sep lit ♦ [usually eyes] to lower ~ bajar || *The maiden was embarrassed and cast her eyes down ~ La doncella estaba avergonzada, y bajó la vista*

cast in with ins & v2obj ♦ to share somebody's destiny ~ compartir el destino de || *He cast in (his lot) with his new friend ~ Compartió el destino de su nuevo amigo*

cast off **[1]** sep lit ♦ *véase* cast aside **[2]** sep form ♦ to remove (clothing) very quickly ~ quitarse de prisa || *He cast off his trousers and looked at his wife ~ Se quitó de prisa el pantalón y miró a su esposa* **[3]** vi náut ♦ to untie a boat and begin to sail ~ desamarrar || *They cast off at midnight and yelled us a quick goodbye ~ Soltaron las amarras a medianoche y nos gritaron un rápido adiós* **[4]** vi ♦ [knitting] to finish ~ rematar || *He* *was satisfied with the knitting, so he cast off* ~ *Estaba satisfecho de los puntos, así que remató* **[5]** sep ♦ [knitting] to finish ~ cerrar los puntos de || *She cast off the jersey she had been making* ~ *Cerró los puntos del jersey que había estado haciendo*

cast on sep ♦ [knitting] to begin ~ echar los puntos de || *We cast the scarf on and made quick progress* ~ *Echamos los puntos de la bufanda y progresamos de prisa*

cast out sep form ♦ *véase* cast aside

cast round vi form ♦ *véase* cast about

cast round for ins form ♦ *véase* cast about for

cast up **[1]** sep ♦ [sea to wood etc.] to deposit ~ echar/arrojar || *The sea cast lots of wood up on the beach this morning* ~ *El mar ha arrojado mucha madera en la playa esta mañana* **[2]** sep com ♦ *véase* add together

cat around vi USA arg ♦ to have many sexual partners ~ acostarse con todo el mundo || *She likes to cat around when she's in San Francisco* ~ *Le gusta acostarse con cualquiera cuando está en San Francisco*

catapult into v2obj ♦ to cause (someone) to achieve (fame etc.) very suddenly ~ hacer que (la fama etc.) le llegue a (alguien) de repente || *That first interview catapulted her into stardom overnight* ~ *Esa primera entrevista hizo que alcanzara el estrellato de la noche a la mañana*

catch at **[1]** ins ♦ to try to grasp quickly ~ tratar de coger || *My mother caught at my hand to stop me crossing the road* ~ *Mi madre me cogió repentinamente de la mano para que no cruzara la calle* **[2]** v2obj ♦ [+ it] to catch (a person) in the middle of a (sexual/criminal) act ~ sorprenderle a (uno) en el acto || *They came home and caught their daughter at it with the postman* ~ *Volvieron a casa y pillaron a su hija en flagrante con el cartero*

catch from v2obj ♦ to become infected with (disease etc.) from/by (another person) ~ contagiarse de (enfermedad etc.) de (otra persona) || *I caught the flu from my mother* ~ *Me contagié de la gripe de mi madre*

catch in v2obj ♦ to entrap (animal/leg etc.) in (e.g. a snare) ~ coger (cogerse la pierna etc.) en (una trampa) || *She caught three hares in the snare this morning* ~ *Ha cogido a tres liebres en la trampa esta mañana*

catch on **[1]** vi ♦ to become popular ~ ponerse de moda || *The idea of an afternoon nap will never catch on in England* ~ *La idea de la siesta nunca llegará a ponerse de moda en Inglaterra* **[2]** vi inf ♦ to understand/realise late ~ darse cuenta por fin || *He was cheating us for two months, then we caught on* ~ *Estuvo dos meses engañándonos, luego nos dimos cuenta* **[3]** ins ♦ *véase* snag on [1] **[4]** v2obj ♦ *véase* snag on [2]

catch oneself on vi IRL inf ♦ *véase* get oneself together

catch on to ins inf ♦ to understand/realise late ~ darse cuenta por fin de || *I caught on to his sarcasm during the party* ~ *Me di cuenta durante la fiesta de lo sarcástico que era*

catch on to oneself vi IRL inf ♦ *véase* get oneself together

catch on with ins ♦ to become popular with/among ~ ponerse de moda entre || *This dance never caught on with the nation's youth* ~ *Este baile nunca estuvo de moda entre la juventud de la nación*

catch out **[1]** sep ♦ to trick; to expose ignorance ~ engañar/pillar (etc.) || *In the quiz, seven questions caught me out* ~ *En el concurso, siete preguntas me cogieron de sorpresa* **[2]** sep ♦ to discover (somebody doing something wrong etc.) ~ pillar/descubrir; coger en una falta || *The police caught us out because we left the letter on the table* ~ *La policía nos pilló porque dejamos la carta sobre la mesa* **[3]** sep GB AUS ♦ [sudden rain etc.] to take (somebody) by surprise ~ coger desprevenido || *The rain caught them out while they were swimming in the sea* ~ *La lluvia les co-*

gió desprevenidos mientras se bañaban en el mar

catch out on v2obj ♦ to expose ignorance in the field of ~ pillar en el campo de || *Nobody can catch me out on Italian grammar ~ En la gramática italiana, no hay quien me pille*

catch up **[1]** vi GB AUS USA ♦ to reach (somebody who is ahead, in space/ability etc.) ~ alcanzar || *The race began ten minutes before we arrived, but we soon caught up ~ La carrera empezó diez minutos antes de que llegáramos, pero pronto alcanzamos a los demás* **[2]** sep GB AUS ♦ to reach somebody who is ahead (in space/ability etc.) ~ alcanzar || *He caught the other athletes up on the third lap ~ Alcanzó a los demás atletas en la tercera vuelta* **[3]** sep USA ♦ to inform (somebody of something new) ~ poner al día || *It's difficult to explain: I'll catch you up later ~ Es difícil explicarlo: luego te pondré al día* **[4]** vi GB AUS USA ♦ to learn the latest information ~ ponerse al día || *I've missed a lot of the technological revolution; I must catch up ~ He perdido gran parte de la revolución tecnológica; tengo que ponerme al día*

catch up in **[1]** v2obj ♦ [as passive] to become involved in (involuntarily) ~ verse involucrado en || *I'm caught up in a legal problem at the moment ~ En este momento estoy involucrado en un problema jurídico* **[2]** v2obj ♦ [as passive] to have one's progress impeded due to ~ verse bloqueado por || *He got caught up in a bottle-neck in the city centre ~ Se quedó atrapado en un embotellamiento en el centro de la ciudad*

catch up on **[1]** ins GB AUS USA ♦ to learn the latest information about ~ ponerse al tanto de || *They want to catch up on the latest techniques from New York ~ Quieren ponerse al día de las últimas técnicas de Nueva York* **[2]** ins GB AUS USA ♦ to recover (lost sleep/work etc.) ~ recuperar los atrasos de || *You should catch up on your paperwork this weekend ~ Este fin de semana deberías recuperar los atrasos del papeleo* **[3]** v2obj USA ♦ to inform (somebody) about (something new) ~ poner al día de || *Tomorrow I'll catch you up on what we've been doing ~ Mañana te pondré al tanto de lo que hemos estado haciendo* **[4]** ins ♦ *véase* gain on

catch up with **[1]** ins ♦ *véase* catch up on [1] & [2] **[2]** ins ♦ to speak to (a friend etc.) after a long time ~ alcanzar || *I caught up with Daniel yesterday and he told me all the gossip ~ Ayer vi por fin a Daniel y me contó todo el cotilleo* **[3]** ins ♦ [stress etc.] to accumulate and begin to affect ~ empezar a surtir efecto en || *The stress finally caught up with me and I had a breakdown ~ El estrés por fin me alcanzó y sufrí un colapso* **[4]** ins ♦ [police to a criminal etc.] to find after a long time ~ encontrar/descubrir por fin || *He had been dealing for a long time when the police finally caught up with him ~ Llevaba mucho tiempo de camello cuando por fin la policía le alcanzó*

catch with **[1]** v2obj ♦ to surprise (someone) in the company of ~ sorprender/pillar a (alguien) en compañía de || *My boyfriend caught me with the mechanic in the workshop ~ Mi novio me sorprendió con el mecánico en el taller* **[2]** v2obj ♦ to surprise (boxer etc.) with/by (a specific, unexpected punch) ~ sorprender con (un gancho etc.) || *The boxer caught his opponent with a fast hook ~ El boxeador sorprendió a su rival con un gancho rápido*

cater for ins ♦ to provide (food/equipment/services etc.) for ~ abastecer/atender/ofrecer servicios a || *We try to cater for the needs of the student ~ Procuramos atender a las necesidades del estudiante*

cater to ins ♦ to provide/offer something for a specific target, esp. with concessions ~ transigir con || *That company caters to any demand, however unethical ~ Esa empresa transige con cualquier demanda, por muy poco honrada que sea*

caution about v2obj ♦ to warn (someone) about (a danger/bad person etc.) ~ amonestar contra || *The teacher* *cautioned us about the dangers of drugs* ~ *La profesora nos amonestó contra los peligros de la droga*

caution against v2obj ♦ *véase* caution about

cave in [1] vi ♦ [ceiling etc.] to collapse inwards ~ hundirse (etc.) || *Our ceiling caved in last year during the storms* ~ *El año pasado durante las tormentas se nos vino abajo el techo* **[2]** sep ♦ [ceiling etc.] to cause to collapse inwards ~ derrumbar (etc.) || *His DIY caved the ceiling in* ~ *Su bricolage hizo que el techo se nos viniera abajo* **[3]** vi ♦ to be persuaded to change one's mind ~ rendirse/ceder (etc.) || *She tried over and over again to convince him, and in the end he caved in* ~ *Intentó una y otra vez convencerle, y al final se rindió*

cavil at ins USA ♦ *véase* complain about

cede to v2obj form ♦ [land etc.] *véase* deliver over to

celebrate for v2obj ♦ *véase* congratulate for

cement on sep & v2obj ♦ [with cement] *véase* glue on

cement onto v2obj ♦ [with cement] *véase* glue onto

cement to v2obj ♦ [with cement] *véase* glue onto

cement together vi & sep ♦ [with cement] *véase* glue together

censure for v2obj form ♦ *véase* get down on for

center around ins & v2obj USA ♦ *véase* centre around

center in ins & v2obj USA ♦ *véase* centre around

center on ins & v2obj USA ♦ *véase* centre around

center round ins & v2obj USA ♦ *véase* centre around

centre around [1] ins GB AUS ♦ to have as a principal theme ~ concentrarse en || *The discussion centred around the director's resignation* ~ *La discusión se concentró en la dimisión del director* **[2]** v2obj GB AUS ♦ to focus (a discussion etc.) on ~ concentrar en || *My hope is that we'll centre the meeting around the new project* ~ *Mi esperanza es que el nuevo proyecto vaya a ser el enfoque de la reunión*

centre in ins & v2obj GB AUS ♦ *véase* centre around

centre on ins & v2obj GB AUS ♦ *véase* centre around

centre round ins & v2obj GB AUS ♦ *véase* centre around

chafe at ins ♦ to become impatient due to ~ impacientarse por || *He chafed at the number of days he had to wait* ~ *Se irritó debido al número de días que tenía que esperar*

chafe under ins ♦ *véase* chafe at

chain down sep ♦ [furniture in garden etc.] *véase* chain up

chain to v2obj ♦ to secure (dog/bicycle) to (a post etc.) with a chain ~ encadenar a || *I usually chain my bike to a post when I'm shopping* ~ *Cuando voy de compras suelo atar la bici a un poste con una cadena*

chain up sep ♦ [dog/bicycle] to fasten with a chain or chains ~ encadenar || *They had to chain the dog up because it was bothering us* ~ *Tuvieron que encadenar al perro porque nos estaba molestando*

chalk off sep ♦ [goal in sport] to disallow ~ anular || *The referee chalked off the equaliser for offside* ~ *El árbitro anuló el gol del empate por fuera de juego*

chalk out [1] sep ♦ to mark/draw (etc.) with chalk ~ dibujar (etc.) con tiza || *Laura chalked out the lines for the tennis court* ~ *Laura marcó con tiza las líneas de la pista de tenis* **[2]** sep ♦ to sketch (plans etc.) roughly ~ trazar (aproximadamente) || *The architect chalked out a few ideas for the building* ~ *El arquitecto trazó unas ideas para el edificio*

chalk up [1] sep ♦ [on blackboard] to write with chalk ~ escribir con tiza || *The teacher chalked the answers up on the blackboard* ~ *La profesora escribió las soluciones en la pizarra con tiza* **[2]** sep ♦ to achieve (a victory etc.) ~ apuntar/conseguir || *Real Sociedad chalked up their ninth consecutive win* ~ *La Real*

Sociedad apuntó su novena victoria consecutiva

chalk up to v2obj AUS USA ♦ to attribute to ~ atribuir a || *The members chalked the deficit up to bad administration ~ Los socios atribuyeron el déficit a mala administración*

challenge on v2obj ♦ to dispute (an opinion/point) expressed by (another person) ~ disputar (una opinión etc.) expresada por || *The lawyers challenged the witness on his statement ~ Los abogados le dijeron al testigo que tenían dudas sobre lo que había dicho en su declaración*

challenge to v2obj ♦ to invite (somebody) aggressively to compete in ~ ponerle (algo a alguien) como desafío || *The man challenged us to a game of cards ~ El hombre nos desafió a que echáramos una partida de cartas con él*

champ at ins ♦ [+ the bit] to be very eager or impatient ~ estar impaciente || *The players were champing at the bit before the game ~ Los jugadores estaban muy impacientes antes del partido*

chance on ins ♦ to meet/discover unexpectedly ~ encontrar por casualidad || *She chanced on this book in a second-hand shop ~ Encontró este libro por casualidad en una tienda de segunda mano*

chance upon ins form ♦ *véase* chance on

change around sep ♦ to rearrange (room/furniture /positions etc.) ~ cambiar; arreglar de otro modo || *We want to change the furniture around to let more light in ~ Queremos disponer los muebles de otra forma para que entre más luz*

change back **[1]** vi ♦ to change oneself to one's original form/state ~ cambiarse al estado (a la forma etc.) original || *He went through a vegetarian phase, then he changed back ~ Fue vegetariano durante un tiempo, luego volvió a lo de antes* **[2]** sep ns ♦ to change (something) to its original form/state ~ cambiar al estado (a la forma etc.) original || *I used this money to buy German marks, then I changed it back ~ Usé este dinero para comprar marcos alemanes, luego lo volví a cambiar*

change down vi GB AUS ♦ [in vehicle] to put into a lower gear ~ cambiar a una velocidad inferior || *The slope was very steep so I changed down ~ La pendiente era muy fuerte, así que cambié a una velocidad más baja*

change for **[1]** v2obj ♦ *véase* exchange for **[2]** ins ♦ [change one's clothes for dinner etc.] *véase* dress for

change into **[1]** ins ♦ to remove (clothes) and replace (them) with ~ ponerse (ropa) de reemplazo || *These shoes are tight; I want to change into my trainers ~ Estos zapatos me aprietan; quiero ponerme las zapatillas* **[2]** ins ♦ to become ~ convertirse en || *When he was drunk he changed into a monster ~ Cuando estaba borracho se convertía en monstruo* **[3]** v2obj ♦ to cause to become ~ convertir en || *The coach changed him into a midfield player ~ El entrenador le convirtió en centrocampista*

change off vi USA ♦ [of two people] to alternate ~ alternar || *Laura and Daniel changed off until they finished the job ~ Laura y Daniel iban alternando hasta acabar el trabajo*

change out of ins ♦ *véase* divest oneself of

change over **[1]** vi ♦ [system etc.] to change ~ cambiar || *We now use solar energy; we've just changed over ~ Ahora utilizamos energía solar; acabamos de cambiar* **[2]** vi ♦ [two people etc.] to change places ~ cambiar/trocar || *Daniel began on the right with me on the left, and then we changed over ~ Daniel empezó a la derecha y yo a la izquierda, y luego trocamos* **[3]** vi ♦ *véase* flick over [2]

change over to ins ♦ [+ new system/TV channel etc.] *véase* change to

change round **[1]** vi ♦ *véase* change over [2] **[2]** sep ♦ *véase* change around

change to ins ♦ to begin to use (a new system etc.) ~ cambiar a || *We changed to a digital system three months* *ago ~ Cambiamos a un sistema digital hace tres meses*

change up vi GB AUS ♦ [in vehicle] to put into a higher gear ~ cambiar a una velocidad superior || *You're still in second gear: why don't you change up? ~ Sigues en segunda marcha: ¿por qué no cambias a tercera?*

change with v2obj ♦ *véase* exchange with

channel into v2obj ♦ to direct (money etc.) to (a specific use) ~ dirigir a || *After she retired, she channelled her money into several charities ~ Después de jubilarse dirigía su dinero a varias caridades*

channel off sep ♦ [water/energy/resources] to guide/direct through a channel ~ canalizar (etc.) || *They channelled the profits off and put them into research ~ Canalizaron los beneficios y los invirtieron en investigación*

charge against v2obj ♦ *véase* charge to

charge at ins ♦ *véase* bear down on

charge down sep ♦ [an attack etc.] to repel ~ rechazar || *The Picts charged down the first attack ~ Los pictos rechazaron el primer ataque*

charge down upon ins ♦ *véase* bear down on

charge for ins & v2obj ♦ to require money in exchange for ~ cobrar (por) || *In this bar we charge for tapas ~ En este bar cobramos las tapas ~ He charged (me) fifty dollars for the dress ~ (Me) cobró cincuenta dólares por el vestido*

charge in vi ♦ *véase* dash in

charge into ins ♦ *véase* barge into

charge off vi ♦ to leave abruptly ~ irse repentinamente || *You charged off before I could say sorry ~ Te fuiste antes de que pudiera pedirte perdón*

charge out vi ♦ *véase* dash out

charge to v2obj ♦ to record as debt to ~ cargar en cuenta a || *Please charge this meal to my credit card ~ Por favor, carguen esta cena a mi tarjeta de crédito*

charge up [1] sep ♦ [batteries etc.] to put power into ~ cargar || *Laura had to charge up the batteries for the machine to work ~ Para que la máquina funcionara, Laura tuvo que cargar las pilas* **[2]** sep ♦ to record as debt ~ cargar || *I asked the manager to charge up the room ~ Pedí al director que cargara la habitación*

charge up to v2obj ♦ *véase* charge to

charge with [1] v2obj ♦ [machines etc.] to store (power etc.) in ~ cargar de || *I see you've charged the toys with plenty of power ~ Veo que has cargado los juguetes de muchísima potencia* **[2]** v2obj ♦ to fill (a glass etc.) with ~ cargar de || *My father charged everybody's glasses with champagne ~ Mi padre cargó las copas de todos de cava* **[3]** v2obj jur ♦ to accuse (someone) formally of (a crime) ~ acusar de || *I hear they have charged him with rape ~ Se dice que le han acusado de violación*

charm away sep ♦ to make disappear by magic ~ hacer desaparecer por magia || *The illusionist charmed the dove away before our very eyes ~ El ilusionista hizo desaparecer a la paloma ante nuestros propios ojos*

charm into v2obj ♦ to persuade (someone) to act or enter a place (etc.) by charming ~ engatusar a alguien a base de finuras para que haga algo || *The woman charmed him into her bedroom ~ La mujer se deshizo en finuras para que él entrara en la habitación*

charm with v2obj ♦ to use (a characteristic) in order to appear charming to (someone) ~ encantar con || *The Spaniards charmed us with their jokes ~ Los españoles nos encantaron con sus chistes*

chart out sep ♦ *véase* chalk out

chase after ins ♦ to pursue quickly ~ ir tras/correr tras || *I opened the curtains and saw you chase after the robber ~ Abrí las cortinas y te vi correr tras el ladrón*

chase around sep os & v2obj ♦ to pursue (someone) in various directions (around a place) ~ ir tras (una persona) por (un sitio) || *The dog was chasing the cat around (the park) ~ El perro corría* *tras el gato por todas partes (del parque)*

chase away sep ♦ to pursue quickly in order to make leave ~ ahuyentar || *My mother chased the dog away with her broom ~ Mi madre ahuyentó al perro con la escoba*

chase down sep USA inf ♦ to try hard to find (something for a specific purpose) ~ ir a la busca de || *I'll need to spend all of today chasing down those addresses ~ Hoy tendré que pasar todo el día buscando esas direcciones*

chase in sep ♦ to enter while chasing (a person) ~ entrar persiguiendo || *He opened the door and I chased him in ~ Abrió la puerta y entré dándole caza*

chase into v2obj ♦ to cause (a person) to enter (a building etc.) by chasing ~ obligar a entrar en (un edificio etc.) al darle caza || *The cat chased the mouse into its hole ~ El gato corrió tras el ratón hasta que éste se metió en su ratonera*

chase off sep ♦ *véase* chase away

chase out sep ♦ to cause to leave quickly ~ echar fuera || *When he suggested kissing, I chased him out ~ Cuando sugirió que nos besáramos, le eché fuera*

chase up [1] sep GB AUS inf ♦ *véase* chase down **[2]** sep GB AUS inf ♦ to remind about a promise/duty not yet fulfilled ~ recordar (etc.) || *We must pay the rent: the landlord chased me up yesterday ~ Tenemos que pagar el alquiler: el dueño me lo recordó ayer*

chat about ins ♦ to talk informally about ~ charlar sobre || *They spent the evening chatting about the weather ~ Pasaron la tarde charlando sobre el tiempo*

chat away vi ♦ *véase* chatter away

chat to ins ♦ to talk to/with ~ charlar con || *When I saw her she was chatting to him on the corner ~ Cuando la vi estaba charlando con él en la esquina*

chat up [1] sep GB AUS inf ♦ to talk to (a potential sexual partner) and try to win their favour ~ (intentar) enrollarse con/ligar || *He chatted her up with a series of irresistible compliments ~ La ligó con toda una serie de piropos irresistibles* **[2]** sep USA inf ♦ to talk to (somebody influential) and try to win their favour ~ dar jabón a || *I'm going to chat that man up: he's the manager's brother ~ Voy a darle jabón a ese hombre: es hermano del encargado*

chat with ins ♦ *véase* chat to

chatter about ins ♦ *véase* chat about

chatter away vi ♦ to talk/gossip (etc.) without stopping ~ parlotear (sin parar) || *They were chattering away and did not see the robber come in ~ Estaban parloteando y no vieron entrar al ladrón*

chatter with [1] ins ♦ [teeth] to collide repeatedly due to (the cold/fear etc.) ~ castañetear de || *Laura's teeth were chattering with the cold ~ A Laura le castañeteaban los dientes del frío* **[2]** ins ♦ *véase* chat to

cheat at ins ♦ to cheat while playing (a game) ~ hacer trampas en || *He always cheats at cards when he plays with us ~ Siempre hace trampas cuando juega a las cartas con nosotros*

cheat into v2obj ♦ *véase* deceive into

cheat on ins inf ♦ to be unfaithful to (a wife etc.) ~ engañar/poner los cuernos a || *He started cheating on her after the baby was born ~ Empezó a ponerle los cuernos después del nacimiento del bebé*

cheat out of v2obj ♦ *véase* defraud of

check for ins & v2obj ♦ to examine (something) to check the existence of (insect/problem) ~ registrar (etc.) en busca de || *Take these suitcases and check (them) for bombs ~ Tome estas maletas y averigüe si contienen bombas*

check in [1] vi ♦ to arrive at an airport and present one's ticket/luggage ~ presentarse a facturar el equipaje || *We checked in two hours before the flight ~ Nos presentamos dos horas antes del vuelo* **[2]** sep ♦ to process (person/luggage) at an airport ~ facturar || *Shall we check these bags in before we have a coffee? ~ ¿Facturamos estas bolsas antes de tomar un café?* **[3]** vi & sep ♦ *véase* book in

check into **[1]** ins ♦ [police etc.] to investigate ~ investigar || *The police are checking into his past ~ La policía está investigando sus antecedentes* **[2]** ins ♦ *véase* book into

check off sep ♦ to confirm the existence (etc.) of (from a list etc.) ~ marcar/contar/comprobar || *I have to check off these names on the list before we leave ~ Tengo que marcar estos nombres en la lista antes de que salgamos*

check on ins ♦ to ascertain the state of / establish information about ~ verificar/comprobar || *Why don't we switch on the TV and check on the weather? ~ ¿Por qué no ponemos la tele y verificamos el tiempo?*

check out **[1]** vi ♦ to sign a form and pay in order to leave a hotel (etc.) ~ pagar y marcharse || *I want us to check out before 9.00 tomorrow ~ Quiero que paguemos y nos larguemos mañana antes de las 9.00* **[2]** sep ♦ to sign a form and pay a hotel bill on behalf of someone else ~ pagarle la cuenta a alguien || *I'll check the client out then I'll take him to the bank ~ Voy a pagarle la cuenta al cliente y luego le llevaré al banco* **[3]** sep ♦ to investigate (in order to verify information) ~ examinar/investigar/verificar || *Would you mind checking out these receipts? ~ ¿Le importaría examinar y verificar estos recibos?* **[4]** vi ♦ *véase* add up [2] & [4] **[5]** vi USA inf ♦ to abandon a place or stop taking part in an activity ~ abandonar un sitio; rajarse || *The company was in a bad state so we checked out ~ La empresa estaba en malas condiciones así que nos rajamos* **[6]** vi USA inf ♦ to die ~ estirar la pata || *The old guy checked out during the robbery ~ El viejo estiró la pata durante el robo* **[7]** sep inf ♦ to observe/visit due to interest ~ mirar/controlar/visitar || *Check out the new boy - he's very handsome, isn't he? ~ Mira al novato - es muy guapo ¿verdad?* | *Do you fancy checking out the new bar in the square? ~ ¿Te apetece chequear el nuevo bar en la plaza?* **[8]** sep USA ♦ [of sales assistant] to tell a customer how much they owe ~ sumarle la factura a || *The girl checked us out and we ran to the car ~ La cajera nos sumó la factura y corrimos hacia el coche* **[9]** vi USA ♦ to pay for purchases ~ pagar en caja || *We bought bread and milk and checked out quickly ~ Compramos pan y leche y pasamos rápidamente por caja* **[10]** sep USA ♦ to pay for (purchases) ~ pagar || *I checked out the shirt and saw that it carried a discount ~ Pagué la camisa y vi que llevaba descuento* **[11]** sep USA ♦ to borrow (from a library etc.) ~ sacar (de una biblioteca etc.) || *You can check out these three videos for five dollars ~ Pueden sacar estos tres vídeos por cinco dólares*

check out of **[1]** ins ♦ to sign a form, pay and leave (a hotel etc.) ~ pagar y abandonar (un hotel etc.) || *She checked out of the hotel at midday ~ Pagó su cuenta y abandonó el hotel a mediodía* **[2]** v2obj ♦ to sign a form and pay the (hotel) bill of ~ pagarle la cuenta a || *The club has checked the striker out of the private clinic ~ El club ha sacado al delantero de la clínica privada, habiéndole pagado la cuenta*

check out on ins USA inf ♦ to abandon (a business partner etc.) ~ abandonar || *The other partner checked out on her last week ~ El otro socio la abandonó la semana pasada*

check over sep ♦ to examine (and verify the correctness etc. of) ~ revisar/escudriñar || *The editor wants me to check over this manuscript ~ El editor quiere que revise este manuscrito*

check through sep ♦ *véase* check over

check up vi ♦ to ascertain that one is correct ~ comprobar/informarse || *I didn't know what time the train arrived so I rang the station to check up ~ No sabía a qué hora tenía que llegar el tren, así que llamé a la estación para informarme*

check up on ins ♦ to control the activities of/verify information about ~ controlar/vigilar/comprobar || *When I'm in the park with my friends, my mother comes* *to check up on me every half-hour ~ Cuando estoy en el parque con mis amigos, mi madre viene a vigilarme cada media hora*

check with ins & v2obj ♦ to verify (information) with ~ comprobar (algo) con || *She has gone to check (the date) with the secretary ~ Ha ido a comprobarlo (/a verificar la fecha) con la secretaria*

cheer for ins ♦ to encourage with applause (etc.) ~ animar con aplausos (etc.) || *I'm not a fan of either team, but I'm going to cheer for Sevilla ~ No soy de ninguno de los dos equipos, pero voy a animar al Sevilla*

cheer on sep ♦ *véase* cheer for

cheer up [1] vi ♦ to begin to feel happier ~ animarse || *I hope you're going to cheer up before the guests arrive ~ Espero que vayas a animarte antes de que lleguen los invitados* **[2]** sep ♦ to make (someone) feel happier ~ animar a (alguien) || *He bought me some flowers to cheer me up after the accident ~ Me regaló unas flores para animarme después del accidente*

cheese off sep inf ♦ *véase* brass off

chew at ins ♦ *véase* chew on [1]

chew away sep ♦ *véase* bite off

chew off sep ♦ *véase* bite off

chew on [1] ins ♦ to chew/masticate ~ masticar || *The child spent the whole evening chewing on a banana ~ El niño estuvo toda la tarde masticando un plátano* **[2]** ins inf ♦ to consider carefully ~ rumiar || *We have two weeks to chew on the options before deciding ~ Tenemos dos semanas para rumiar las opciones antes de decidirnos*

chew out sep USA AUS inf ♦ to criticise angrily (after a failure etc.) ~ echar una bronca a || *After the defeat in San Diego, the coach chewed us out ~ Tras la derrota en San Diego, el entrenador nos echó la bronca*

chew over sep inf ♦ *véase* chew on [2]

chew up [1] sep USA AUS inf ♦ *véase* chew out **[2]** sep ♦ [machine to fabric etc.] to damage/ruin ~ estropear || *The machine chewed up ten of the new skirts ~ La máquina estropeó diez de las nuevas faldas* **[3]** sep ♦ to turn into smaller pieces by chewing ~ dividir en trocitos masticando || *The dog stole the meat and chewed it up, then ate each bit ~ El perro robó la carne, la masticó para dividirla, y luego se comió cada trozo*

chicken out vi inf ♦ to refrain from doing something due to fear ~ amedrentarse/rajarse por miedo || *He was going to swim naked, but then he chickened out ~ Iba a bañarse desnudo, pero luego se acobardó y no lo hizo*

chicken out of ins inf ♦ to refrain from (doing something) due to fear ~ retirarse miedoso de || *In the end we chickened out of the bungee jumping weekend ~ Al final nos retiramos miedosos del fin de semana de puenting*

chide for v2obj form ♦ to scold/punish (someone) because of (a bad action etc.) ~ reprender (algo) a (alguien) || *You shouldn't chide your children for these actions ~ Usted no debería reprender estas acciones a sus hijos*

chill out vi inf ♦ to relax (physically/mentally) ~ relajarse/descansar || *We have nothing planned for tonight: we're just going to chill out ~ No tenemos nada pensado para esta noche: vamos a relajarnos simplemente*

chime in vi ♦ to speak suddenly/unexpectedly ~ hablar inesperadamente || *There were no suggestions until Laura suddenly chimed in ~ No hubo sugerencias hasta que Laura habló de repente*

chime in with [1] ins ♦ to contribute (opinion etc.) unexpectedly ~ decir inesperadamente || *She chimed in with a perfect solution right at the end ~ Muy al final soltó de repente una solución perfecta* **[2]** ins ♦ to be in harmony with ~ estar en armonía con || *These plans chime in with our general philosophy ~ Estos planes están en armonía con nuestra filosofía general*

chip at ins ♦ *véase* chip away at

chip away [1] vi ♦ [paint etc.] to fall (from a wall etc.) ~ desconcharse; caer a pedazos || *The paint began to chip* *away after only six months* ~ *La pintura empezó a desconcharse tras tan sólo seis meses* **[2]** sep ♦ to remove (paint etc.) gradually ~ ir desconchando || *We spent four days chipping the paint away* ~ *Pasamos cuatro días desconchando la pintura*

chip away at ins ♦ to reduce gradually; to make less effective gradually ~ ir reduciendo el alcance de; ir usurpando || *The revolutionaries gradually chipped away at the leader's authority* ~ *Los revolucionarios iban usurpando la autoridad del líder*

chip in **[1]** vi inf ♦ to contribute money (etc.) as part of a communal collection ~ contribuir || *Laura is organising a collection and I want us all to chip in* ~ *Laura está organizando una colecta y quiero que contribuyamos todos* **[2]** sep inf ♦ to contribute (money etc. as part of a communal collection) ~ contribuir/poner || *We all chipped in 3,000 pesetas for Daniel* ~ *Todos pusimos 3.000 pesetas a beneficio de Daniel* **[3]** vi GB AUS inf ♦ *véase* break in [2]

chip in with ins GB AUS inf ♦ to contribute (comment etc. to a conversation) ~ contribuir; interrumpir diciendo || *I chipped in with an opinion about the project* ~ *Interrumpí la discusión ofreciendo una opinión acerca del proyecto*

chip off vi & sep ♦ *véase* chip away

chippy around vi USA inf ♦ *véase* fuck about [2]

chisel away sep ♦ to remove by chiselling ~ quitar cincelando o escopleando || *He chiselled away the rotten door frame* ~ *Quitó con un formón el marco carcomido de la puerta*

chisel away at ins ♦ to work on (something) with a chisel for a period of time ~ trabajar (algo) con escoplo o cincel || *She chiselled away at the stone until it took on the desired shape* ~ *Trabajó la piedra con cincel hasta que adquirió la forma deseada*

chisel in vi USA inf ♦ to become involved against other people's wishes ~ entrometerse (en algo) sin que los demás quieran || *He's a member now, but I still don't know how he chiselled in* ~ *Ya es socio, pero sigo sin saber cómo consiguió entrometerse*

chisel in on ins USA inf ♦ to become involed with against other people's wishes ~ entrometerse en (algo) sin que los demás quieran || *They chiselled in on the plaudits despite having had nothing to do with the planning* ~ *Lograron una parte de los aplausos a pesar de no haber tenido nada que ver con la planificación*

chisel out of v2obj USA inf ♦ *véase* defraud of

chivvy along sep inf ♦ *véase* chivvy up

chivvy up sep inf ♦ to encourage (a person) to act more quickly ~ espabilar || *The plumber was working too slowly so I had to chivvy him up* ~ *El fontanero trabajaba demasiado despacio así que tuve que espabilarle*

choke back sep ♦ to restrain (an emotion etc.) ~ contener/ahogar || *You should try and choke back your tears if this happens again* ~ *Si esto vuelve a ocurrir deberás intentar contener las lágrimas*

choke down **[1]** sep ♦ *véase* choke back **[2]** sep ♦ to swallow with difficulty or against one's will ~ tragar con dificultad/sin querer || *She hadn't eaten for 3 days, but she choked down a glass of water* ~ *Llevaba 3 días sin comer, pero consiguió tragar un vaso de agua*

choke off sep ♦ [supply/breathing/discussion etc.] to stop ~ cortar (etc.) || *The strike choked off the supply of raw materials* ~ *La huelga cortó el suministro de materias primas*

choke on ins ♦ to choke while trying to swallow (something) ~ atragantarse con || *I could see that the dog was choking on the bone* ~ *Vi que el perro se atragantaba con el hueso*

choke to ins ♦ [+ death] to die by choking ~ morir sofocado; atragantarse || *Daniel choked to death after several hours of suffering* ~ *Daniel murió sofocado tras sufrir durante varias horas*

choke up **[1]** vi ♦ to be unable to speak (due to emotions) ~ quedarse sin habla || *After her victory she choked up in front of the microphone* ~ *Después de su victoria se quedó sin habla ante el micrófono* **[2]** vi USA ♦ to perform badly (due to nerves) ~ jugar mal (por los nervios) || *He played well all season then choked up in the final* ~ *Jugó bien toda la temporada y luego perdió el valor en la final* **[3]** sep ♦ *véase* block up **[4]** vi ♦ to become blocked/obstructed ~ atascarse || *The pipes choked up during that week of rain* ~ *Las tuberías se atascaron durante aquella semana de lluvia*

choose among ins ♦ *véase* choose between

choose as v2obj ♦ to select (a person) to act as ~ elegir como || *The committee chose Laura as the representative* ~ *El consejo eligió a Laura como representante*

choose between ins ♦ to select (from a number of options) ~ elegir entre || *I had to choose between a good wage and the chance to travel* ~ *Tuve que elegir entre un buen sueldo y la oportunidad de viajar*

choose for **[1]** v2obj ♦ *véase* choose as **[2]** v2obj ♦ to select (gift etc.) for (a person) ~ escoger (algo) para || *We chose some beautiful flowers for my parents* ~ *Escogimos unas flores preciosas para mis padres*

choose from **[1]** ins ♦ *véase* choose between **[2]** v2obj ♦ *véase* select from [2]

choose up **[1]** vi USA ♦ [of a group] to divide into teams ~ dividir(se) en equipos || *The two captains chose up and we began the match* ~ *Los dos capitanes eligieron a sus jugadores y empezamos el partido* **[2]** ins USA ♦ to choose (members of a team) ~ elegir/coger || *The coach chose up two teams of six and we practised a little* ~ *El entrenador nos dividió en dos equipos de seis y practicamos un poco*

chop at ins ♦ to try repeatedly to cut (e.g. meat with a knife) ~ tratar de tajar || *The butcher chopped at the meat but it was very tough* ~ *El carnicero intentó cortar la carne pero estaba muy dura*

chop back sep ♦ *véase* cut back [2]

chop down sep ♦ [trees etc.] to cut and cause to fall ~ talar || *If you chop that tree down, you must plant another one* ~ *Si talas ese árbol, deberás plantar otro*

chop into v2obj ♦ *véase* cut into [6]

chop off sep ♦ to separate by cutting ~ tronchar/separar cortando || *First, I want you to chop off those dead branches* ~ *Primero, quiero que cortes esas ramas muertas*

chop through ins ♦ to penetrate by cutting ~ penetrar a tajadas || *We chopped through the bushes and found the path* ~ *Penetramos a tajadas por los arbustos y encontramos el camino*

chop up sep ♦ to chop/cut into small pieces ~ desmenuzar/picar || *Please chop the meat up so that we can begin to fry it* ~ *Por favor pica la carne para que podamos empezar a freírla*

chop up into v2obj ♦ *véase* cut into [6]

chortle about ins ♦ *véase* chortle over

chortle over ins ♦ to laugh in a satisfied manner about ~ reírse satisfecho por/de || *She chortled over how easy the process had been* ~ *Se rió satisfecha de lo fácil que había sido el proceso*

chow down vi USA arg ♦ to eat a lot ~ comer abundantemente || *Every Friday we meet in the same restaurant and chow down* ~ *Cada viernes quedamos en el mismo restaurante y comemos muchísimo*

chuck about sep os ♦ *véase* fling around [2]

chuck around sep os ♦ *véase* fling around [2]

chuck away sep inf ♦ to discard (something unwanted) ~ tirar || *You should chuck those shoes away: they're too small for you* ~ *Deberías tirar esos zapatos: se te quedan pequeños*

chuck down sep inf ♦ *véase* belt down

chuck in **[1]** sep GB AUS inf ♦ *véase* chip in with **[2]** sep ♦ [job/activity] to leave/abandon ~ dejar/abandonar

|| *I'm going to chuck in my job and travel a bit* ~ *Voy a dejar mi trabajo y viajar un poco* **[3]** sep ♦ *véase* bung in

chuck out **[1]** sep inf ♦ *véase* chuck away **[2]** sep inf ♦ to eject (a person) from a place/job ~ echar/despedir || *They were starting to fight so the bouncers chucked them out* ~ *Estaban empezando a pelearse así que los gorilas les echaron*

chuck out of v2obj ♦ *véase* clear out of [2]

chuck over sep inf ♦ to pass (something to someone) by throwing ~ pasar (algo) tirándolo || *Will you chuck the remote control over, please?* ~ *¿Me tiras el mando, por favor?*

chuck up **[1]** sep ♦ *véase* chuck in [2] **[2]** vi & sep inf ♦ *véase* bring up [1] & [4]

chuckle about ins ♦ [story/joke/situation] *véase* chuckle at

chuckle at ins ♦ to laugh because of (a comedian, story or situation) ~ reírse con || *We always used to chuckle at her caricatures in the paper* ~ *Siempre nos reíamos con sus caricaturas en el periódico*

chuckle over ins ♦ [story/joke/situation] *véase* chuckle at

chug along vi ♦ [car/train etc.] to move making a 'chuff-chuff' sound ~ avanzar haciendo chuf-chuf || *We enjoyed watching the locomotive chugging along* ~ *Nos lo pasamos bien viendo la locomotora pasar emitiendo un chuf-chuf*

chum around vi USA arc ♦ to spend time together as friends ~ pasar tiempo juntos como amigos || *They always chummed around at school* ~ *En el colegio estaban siempre juntos*

chum around with ins USA arc ♦ to spend time with (a person as his/her friend) ~ pasar tiempo con (como amigo/a) || *He liked to chum around with the older boys* ~ *Le gustaba pasar el tiempo con los chicos mayores*

chum up vi GB AUS arc inf ♦ to become friends ~ hacerse amigos || *They chummed up the day they started university* ~ *Se hicieron amigos el día que empezaron en la universidad*

chum up with ins GB AUS arc inf ♦ to become friends with ~ hacerse amigo/a de || *She chummed up with the mayor's daughter straight away* ~ *Se hizo amiga en seguida de la hija del alcalde*

churn out sep ♦ to produce large quantities of ~ producir en masa/serie || *That factory churns out a million units per week* ~ *Esa fábrica produce un millón de unidades por semana*

churn up **[1]** sep ♦ to make (a surface, e.g. mud/a road) rough ~ agitar/revolver || *The wheels churned up the mud in the field* ~ *Las ruedas revolvieron el barro en el campo* **[2]** sep ♦ to provoke (reaction/problem) ~ provocar || *The article churned up an extremely negative reaction* ~ *El artículo provocó una reacción extremadamente negativa* **[3]** sep ♦ to make angry/upset ~ enfadar/entristecer || *It churns me up to see those children in the factory* ~ *Ver a esos niños en la fábrica me entristece*

circle around **[1]** vi & ins ♦ *véase* crowd around **[2]** ins ♦ [aeroplane/bird] to hover in a circle over ~ dar vueltas sobre || *The vulture circled around the rabbit running in the field* ~ *El buitre daba vueltas sobre el conejo que corría en el campo*

circle over ins ♦ *véase* circle around [2]

circulate among **[1]** ins ♦ *véase* come around [2], [6] **[2]** v2obj ♦ to cause (rumour/letter) to circulate among (people) ~ divulgar; hacer correr/circular || *All she did was circulate rumours among her colleagues* ~ *Lo único que hacía era divulgar rumores entre sus compañeros*

cite for v2obj form ♦ *véase* charge with [3]

claim back sep ♦ to recuperate (money paid for expenses) from a fund/budget ~ presentar una demanda de (gastos etc.) || *If you pay for this meal you can claim the money back* ~ *Si pagas esta cena podrás recuperar el dinero*

claim for ins & v2obj ♦ to claim (an amount of money) on account of ~ presentar una demanda (de una cantidad de dinero) por || *He claimed (a million dollars) for damages* ~ *Presentó una demanda (de un millón de dólares) por daños y perjuicios*

clam up vi ♦ *véase* choke up [1]

clamber into ins ♦ [with difficulty] *véase* climb into

clamber onto ins ♦ [with difficulty] *véase* climb onto

clamber over ins ♦ to climb with difficulty over ~ trepar/gatear sobre || *We clambered over the wall and fell to the ground* ~ *Gateamos por encima del muro y nos caímos al suelo*

clamber up vi & ins ♦ to climb with difficulty up (a tree/hill etc.) ~ trepar (a); subir (algo) con dificultad || *She clambered up the tree and eventually reached the cat* ~ *Trepó al árbol y por fin alcanzó al gato*

clamor for ins USA ♦ *véase* clamour for

clamour for ins GB AUS ♦ to request loudly ~ pedir a voces; clamar por || *The audience clamoured for another hour of music* ~ *El público clamó por otra hora de música*

clamp down vi ♦ to exert authority (to control a specific problem) ~ apretar los tornillos/ejercer autoridad || *Drugs are a real problem here: the town council must clamp down soon* ~ *Las drogas son un problema serio aquí: el ayuntamiento debe apretar los tornillos pronto*

clamp down on ins ♦ to act severely in order to control (a social problem etc.) ~ apretar los tornillos a || *The government is trying to clamp down on violent crime* ~ *El gobierno está intentando acabar con el crimen violento*

clamp on sep ♦ to attach with a clamp ~ sujetar con abrazadera || *We'll have to clamp this plate on until the glue dries* ~ *Tendremos que sujetar esta lámina con abrazadera hasta que se seque la goma*

clap out [1] sep ♦ [a rhythm etc.] to produce by clapping one's hands ~ producir (etc.) dando palmadas || *She clapped out the rhythm as she listened to the group* ~ *Palmeó el ritmo al escuchar al grupo* **[2]** sep ♦ to applaud the entry/exit of ~ aplaudir la salida/el mutis de || *The director appeared and the audience clapped him out* ~ *Apareció el director y el público aplaudió su salida*

clash against [1] ins ♦ [in fight/argument] *véase* fight against; argue with **[2]** ins USA ♦ [colours] not to complement ~ desentonar/no hacer juego con || *This shirt clashes against my jacket* ~ *Esta camisa no hace juego con la chaqueta*

clash over ins ♦ *véase* face off over

clash with ins ♦ *véase* clash against

clasp to v2obj ♦ to hold (person/thing) tightly to (oneself/one's chest etc.) ~ estrechar (algo/a alguien) contra (el pecho etc.) || *She clasped her son to her bosom* ~ *Estrechó a su hijo contra el pecho*

class with v2obj ♦ *véase* associate with [2]

clatter around vi ♦ *véase* bang about

claw at ins ♦ to touch violently with (or as if with) claws ~ arañar/desgarrar || *The cat was clawing at the cushion when I came in* ~ *Cuando he entrado el gato estaba arañando el cojín*

claw back sep GB AUS ♦ to recover (something lost/paid) with a lot of effort ~ tomar otra vez para sí (tras mucho esfuerzo) || *We finally managed to claw back a small percentage of the taxes we had paid* ~ *Por fin logramos recuperar un pequeño porcentaje de los impuestos que habíamos pagado*

claw off sep ♦ to remove/separate by clawing ~ separar/quitar con las garras || *The vulture seized the rabbit and clawed its legs off* ~ *El buitre agarró al conejo y le arrancó las patas con las garras*

clean down sep GB AUS ♦ to clean completely ~ limpiar (totalmente) || *We'll have to clean down the surfaces before the chef arrives* ~ *Tendremos que limpiar las superficies antes de que llegue el cocinero*

clean off sep & v2obj ♦ to remove by cleaning ~ quitar limpiando || *Here's a cloth: clean that chocolate off (your brother's face) ~ Aquí tienes un trapo: quita ese chocolate (de la cara de tu hermano)*

clean out **[1]** sep ♦ to clean the interior of ~ limpiar el interior de || *I don't like cleaning out the parrot's cage ~ No me gusta limpiar la jaula del loro* **[2]** sep ♦ [thieves etc.] to steal everything from (a house etc.) ~ limpiar || *She returned and saw that the burglars had cleaned her flat out ~ Volvió y vio que los ladrones le habían limpiado el piso* **[3]** sep inf ♦ [transaction/purchase/divorce etc.] to use all a person's money ~ dejar a (uno) sin blanca || *The deposit for the car cleaned us out ~ La entrada del coche nos dejó sin blanca*

clean up **[1]** vi & sep ♦ to clean/tidy ~ limpiar/asear || *You can't go out until you've cleaned up (the kitchen) ~ No puedes salir hasta que no hayas limpiado (la cocina)* **[2]** sep ♦ [morally etc.] to make more decent/acceptable ~ hacer más decente/aceptable || *The authorities are trying to clean up teenage television ~ Las autoridades están intentando hacer menos polémica la televisión destinada a los adolescentes* **[3]** vi & sep ♦ to win/earn a lot of money (in a casino/deal etc.) ~ ganar mucho dinero; ponerse las botas || *They went to the casino and cleaned up (a fortune) ~ Fueron al casino y ganaron (una fortuna)*

clean up after ins & v2obj ♦ to clean what has been dirtied by (another person) ~ limpiar lo ensuciado por || *I had to clean up (the kitchen) after my brother ~ Tuve que limpiar lo que mi hermano había ensuciado (en la cocina)*

clean up on ins ♦ to make a lot of money via (a deal etc.) ~ hacer una pingüe ganancia de || *Daniel cleaned up on that series of deals ~ Daniel sacó una ganancia fantástica de esa serie de tratos*

clear away **[1]** vi & sep ♦ to tidy/remove (esp. plates etc. after a meal) ~ quitar (los platos etc. de) la mesa || *Would you mind clearing (the glasses) away? ~ ¿Te importa quitar (los vasos de) la mesa?* **[2]** vi ♦ [mist etc.] to disperse ~ disiparse || *When we turned inland, the fog cleared away ~ Cuando nos dirigimos hacia el interior, la niebla se disipó* **[3]** sep ♦ [mist etc.] to disperse ~ disipar || *The wind quickly cleared the mist away ~ El viento disipó pronto la neblina* **[4]** vi USA ♦ to leave (a place) ~ largarse || *The campers cleared away soon after the long weekend ~ Los campistas se largaron poco después del puente* **[5]** sep USA ♦ to cause to leave (a place) ~ echar/apartar || *The police cleared the busybodies away so that the ambulance could reach the victim ~ La policía apartó a los curiosos para que la ambulancia pudiera acercarse a la víctima* **[6]** sep fút ♦ *véase* blast away [3]

clear for v2obj ♦ to approve (a document etc.) for (publication) ~ aprobar para || *The censors have cleared the manuscript for publication ~ Los censores han abrobado el manuscrito para su publicación*

clear from v2obj ♦ *véase* clear off [1]

clear of **[1]** v2obj ♦ to empty/tidy (a place) by removing (something) ~ quitar (algo) de (un sitio) || *Will you clear the stage of instruments, please? ~ ¿Les importa quitar los instrumentos del escenario?* **[2]** v2obj jur ♦ *véase* acquit of

clear off **[1]** v2obj ♦ to remove from the surface of ~ quitar de encima || *Please clear the snow off the car ~ Por favor quitad la nieve del coche* **[2]** vi GB inf ♦ to leave quickly ~ irse de prisa || *Clear off and leave us alone! ~ ¡Vete de aquí y déjanos en paz!* **[3]** sep ♦ [debt etc.] to pay completely ~ pagar/liquidar || *My father had to help me clear off my debt ~ Mi padre tuvo que ayudarme a liquidar la deuda* **[4]** ins & v2obj dep ♦ [with head or foot] *véase* head off [4]

clear out **[1]** sep ♦ to remove the contents of (in order to clean/tidy etc.) ~ quitar el contenido de/vaciar || *I want you to clear out the cellar this afternoon*

~ *Quiero que vacíes el sótano esta tarde* **[2]** vi inf ♦ *véase* clear off [2]

clear out of [1] ins ♦ to leave (a place) ~ abandonar; largarse de || *The squatters cleared out of the flat last week* ~ *Los okupas abandonaron el piso la semana pasada* **[2]** v2obj ♦ to remove from ~ quitar/echar de || *The town council has cleared the squatters out of that house* ~ *El ayuntamiento ha echado a los okupas de esa casa*

clear up [1] vi ♦ [weather] to improve ~ despejarse || *I hope the weather clears up before the weekend* ~ *Espero que el tiempo se aclare antes del fin de semana* **[2]** vi ♦ [illness/problem] to cure itself; to be resolved ~ curarse/terminar/resolverse || *When your flu clears up, you can go out and play* ~ *Cuando se te pase la gripe, ya podrás salir a jugar* **[3]** sep ♦ [illness] to cause to be cured ~ curar || *These tablets should clear your spots up* ~ *Estas pastillas deberían quitarte los granos* **[4]** vi ♦ to tidy (in a room etc.) ~ ordenar las cosas || *Would you mind going into the garden so that I can clear up?* ~ *¿Os importa salir al jardín para que pueda ordenar las cosas?* **[5]** sep ♦ to tidy (what is messy) ~ limpiar/arreglar/ordenar (etc.) || *I need to clear up the cat's vomit* ~ *Necesito limpiar el vómito del gato* **[6]** sep ♦ [mystery/crime/doubt etc.] to solve/clarify etc. ~ solucionar/resolver/esclarecer/aclarar etc. || *The detectives want to clear this matter up as soon as possible* ~ *Los detectives quieren resolver este asunto cuanto antes*

clear with v2obj ♦ to approve (an issue/request) by consulting (a person) ~ obtener el visto bueno de || *I had to clear the matter with the sergeant* ~ *Tuve que comentar el asunto con el sargento para que le diera el visto bueno*

cleave to ins lit ♦ to stick to/to be inseparable from ~ adherirse a || *The girl would always cleave to her mother's skirt* ~ *La niña siempre se adhería a las faldas de su madre*

click off vi ♦ to disconnect (etc.) with a 'click' ~ apagarse con un 'clic' || *The TV clicked off and we sat in silence* ~ *La tele se apagó con un clic y nos quedamos en silencio*

click on [1] vi ♦ to connect (etc.) with a 'click' ~ encenderse con un 'clic' || *The radio clicked on and we waited for the news* ~ *La radio se encendió con un clic y esperamos las noticias* **[2]** ins IT ♦ to make a 'click' on (an icon etc.) with the mouse ~ hacer 'clic' con el ratón en || *Click on that symbol to see the photos* ~ *Haz clic en ese símbolo para ver las fotos* **[3]** vi inf ♦ *véase* catch on [2]

click on to ins IT ♦ *véase* click on [2]

click onto ins IT ♦ *véase* click on [2]

click with [1] ins inf ♦ *véase* catch on with **[2]** ins inf ♦ to be understood by ~ ser entendido por || *Our explanation suddenly clicked with Daniel* ~ *De repente Daniel cayó en la cuenta de nuestra explicación*

climb down [1] vi & ins ♦ to descend using one's hands and feet ~ bajar (de/por) || *Come on, climb down (the tree) now* ~ *Venga, baja ya (del árbol)* **[2]** vi GB AUS ♦ to admit defeat/that one is wrong ~ darse por vencido/rajarse (etc.) || *Even when the Prime Minister is wrong, he never climbs down* ~ *Incluso cuando el Primer Ministro está equivocado, nunca se raja*

climb down from ins ♦ *véase* come down from

climb down on ins GB AUS ♦ to admit defeat/that one is wrong on the matter of ~ darse por vencido/rajarse (etc.) en el asunto de || *The Conservatives will never climb down on abortion* ~ *Los conservadores no se rajarán nunca en el asunto del aborto*

climb into ins ♦ to enter (a vehicle etc. above ground level) ~ subir a || *I climbed into the helicopter and began to feel nervous* ~ *Subí al helicóptero y empecé a sentir los nervios*

climb onto ins ♦ to mount the surface of by climbing ~ subir a || *He's only two, but he already climbs onto the tall table* ~ *Sólo tiene dos años, pero ya trepa a la mesa alta*

climb out vi ♦ to leave a place by climbing ~ salir (trepando) || *That tree-*

house is unsafe: climb out immediately! ~ *Esa cabaña sobre el árbol no está segura: ¡salid inmediatamente!*

climb out of ins ♦ to leave (a place) by climbing ~ salir de (trepando) || *We had to climb out of the car through the window* ~ *Tuvimos que salir del coche trepando por la ventanilla*

climb over ins ♦ [wall etc.] to surmount or overcome by climbing ~ franquear (etc.) || *They climbed over the wall and dived into the pool* ~ *Franquearon la tapia y se tiraron a la piscina*

climb up vi & ins ♦ to ascend (using one's hands and feet) ~ subir/trepar (por/a) || *Come on, climb up (the rope) quickly* ~ *Venga, trepa de prisa (por la cuerda)*

cling to ins ♦ to hold very tightly (physically or emotionally) ~ aferrarse a/agarrarse a/adherirse a (etc.) || *The politician clung to his principles (to the table)* ~ *El político se aferraba a sus principios (se agarraba a la mesa)*

cling together vi ♦ [2 people etc.] to hold each other very tightly ~ quedar abrazados/agarrados || *They clung together and waited to be rescued* ~ *Quedaron abrazados y esperaron a que se les rescatara*

clip from v2obj ♦ [cut from newspaper etc.] *véase* cut out of

clip off sep & v2obj ♦ to separate by cutting ~ separar/quitar cortando || *She took the scissors and clipped the edge off (the card)* ~ *Cogió las tijeras y quitó el borde (de la tarjeta)*

clip on **[1]** vi ♦ to be fixed with a clip (etc.) ~ fijarse (etc.) con clip || *This sheet clips on, then you close the lid* ~ *Esta lámina se fija con clip, luego se cierra la tapa* **[2]** sep ♦ to fix with a clip (etc.) ~ sujetar/fijar (etc.) con clip || *Clip this badge on and give the uniform to that man* ~ *Sujeta esta chapa y pasa el uniforme a ese hombre*

clip out sep ♦ [newspaper article etc.] to remove by cutting ~ recortar || *They clip out every article relating to climbing* ~ *Recortan todos los artículos relacionados con el alpinismo*

clip together **[1]** vi ♦ to unite with a clip ~ unirse con clip || *These two components clip together easily* ~ *Estos dos componentes se unen fácilmente con clip* **[2]** sep ♦ to unite with a clip ~ unir con clip || *Do you mind clipping these two documents together, please?* ~ *¿Te importa unir estos dos documentos con clip, por favor?*

cloak in v2obj ♦ *véase* enshroud in

clock at v2obj inf ♦ to register (a driver's speed) at (a specific level) ~ registrar (la velocidad de un coche) a || *The radar clocked us at 200 k.p.h.* ~ *El radar registró que corríamos a 200 k.p.h.*

clock in **[1]** vi ♦ to record the time of arrival at work; to begin work ~ fichar la entrada/picar; empezar el trabajo || *I have to clock in every morning at 8.00* ~ *Tengo que picar (empezar) cada mañana a las 8.00* **[2]** sep ♦ to record somebody else's time of arrival at work ~ fichar la entrada de || *He wants me to clock him in while he stays in bed* ~ *Quiere que le fiche la entrada mientras él se queda en la cama*

clock off **[1]** vi ♦ to record the time of leaving work; to finish work ~ fichar la salida; terminar el trabajo || *We want to clock off an hour early today, if that's possible* ~ *Queremos terminar una hora antes hoy, si es posible* **[2]** sep ♦ to record somebody else's time of leaving work ~ fichar la salida de || *My friend left early, so I clocked him off at 5.00* ~ *Mi amigo se ha ido temprano hoy, así que yo le he fichado la salida a las 17.00*

clock on vi & sep ♦ *véase* clock in

clock out vi & sep ♦ *véase* clock off

clock up sep GB AUS inf ♦ to win/achieve (something large/impressive/plentiful) ~ acumular || *She clocked up twenty wins before she was 18 years old* ~ *Acumuló veinte victorias antes de cumplir los 18 años*

clog up **[1]** vi ♦ *véase* choke up [4] **[2]** sep ♦ *véase* block up

close around ins ♦ [encircle a person etc.] *véase* close in on

close down **[1]** vi ♦ [business etc.] to close definitively ~ cerrarse (definitivamente) || *The factory closed down in 1984 ~ La fábrica se cerró definitivamente en 1984* **[2]** vi ♦ [TV channel etc.] to cease broadcasting for the day ~ cerrar la emisión || *Radio 6 closes down every night at 11.00 ~ Radio 6 cierra la emisión cada noche a las 23.00* **[3]** sep ♦ [business, bank account etc.] to close definitively ~ cerrar (definitivamente) / clausurar || *The new manager closed the disco down and opened a casino ~ El nuevo gerente cerró la discoteca y montó un casino*

close in **[1]** vi ♦ [weather/night] to become darker (etc.) ~ cerrarse || *Night was closing in when we reached the hotel ~ La noche ya se cerraba cuando llegamos al hotel* **[2]** vi ♦ to approach and surround a victim (etc.) ~ acercarse y rodear/cercar || *The police heard the screams and closed in quickly ~ La policía oyó los gritos y se acercó de prisa* **[3]** sep ♦ to surround (criminal/victim etc.) ~ rodear/cercar || *We closed him in behind the police station ~ Le cercamos detrás de la comisaría de policía*

close in on ins ♦ to get closer to (a target etc.) ~ ir acercándose a || *Espanyol are closing in on Barcelona in the league ~ El Espanyol va acercándose al Barcelona en la liga*

close off sep ♦ [road/supply/access] to block ~ bloquear/cortar/cerrar || *We have had to close off the road (the supply) ~ Hemos tenido que cerrar la carretera (cortar el suministro)*

close on ins ♦ *véase* close in on

close out **[1]** sep USA com ♦ to sell cheaply and quickly ~ liquidar || *At this rate they'll have to close those pants out ~ A este paso van a tener que liquidar esos pantalones* **[2]** sep USA ♦ [bank account etc.] to close ~ cerrar/liquidar || *I asked the bank manager to close out my account ~ Pedí al director del banco que me cerrara la cuenta* **[3]** sep inf ♦ to finish (quickly) ~ acabar (rápidamente) || *He closed out the match with an elegant basket ~ Acabó el partido con una canasta elegante* **[4]** sep USA ♦ to ignore; to exclude ~ no hacer caso de; excluir || *When she won the lottery she closed out all her friends ~ Cuando le tocó la lotería abandonó a todos sus amigos* **[5]** vi USA com ♦ [business etc.] to close ~ liquidarse || *At this rate the firm will have to close out ~ A este paso la empresa tendrá que liquidarse*

close to sep os ♦ *véase* draw to

close up **[1]** vi ♦ [flower bud] to close completely ~ cerrarse del todo || *During the snow the tulips closed up ~ Durante la nieve los tulipanes se cerraron del todo* **[2]** vi & sep ♦ *véase* close down [1] & [3] **[3]** vi ♦ [pub etc.] to close (at the end of the day) ~ cerrarse (al final de la jornada) || *We're going to close up an hour early tonight ~ Esta noche vamos a cerrar una hora más temprano* **[4]** sep ♦ [pub etc.] to close (at the end of the day) ~ cerrar (al final de la jornada) || *If there's any more trouble I'm going to close the bar up ~ Si hay más problemas voy a cerrar el bar* **[5]** vi ♦ [audience etc.] to move closer ~ acercarse más || *The busybodies closed up to hear what the men were saying ~ Los curiosos se acercaron más para oír lo que decían los hombres* **[6]** vi ♦ [wound] to heal ~ cicatrizarse || *Her wound is beginning to close up now ~ Su herida ya está empezando a cicatrizarse*

close with **[1]** ins ♦ to fight/argue with ~ cerrar con || *The soldiers closed with the enemy near the river ~ Los soldados cerraron con los enemigos cerca del río* **[2]** ins & v2obj ♦ *véase* end with

closet with v2obj form ♦ to enclose (someone) with ~ encerrar con || *The abbot liked to closet the monks with their studies ~ Al abad le gustaba encerrar a los monjes con sus estudios*

clothe in v2obj ♦ *véase* dress in [2]

cloud over vi ♦ [weather] to become cloudy ~ nublarse || *It was sunny this morning but now it's clouded over ~ Esta mañana hacía sol pero ya se ha nublado*

cloud up vi ♦ *véase* cloud over

clown about vi ♦ to behave in a silly way ~ hacer el payaso || *They've clowned* *about since you left ~ Han hecho el payaso desde que te fuiste*

clown around vi ♦ *véase* clown about

club together vi ♦ *véase* chip in [1]

cluck over ins ♦ to act like a mother hen towards ~ tratar como la gallina a sus polluelos || *She clucks over those children all day ~ Con esos niños está todo el día como la gallina con sus polluelos*

clue in sep USA inf ♦ to inform ~ informar; poner al tanto || *What's been happening? You must clue me in ~ ¿Qué ha pasado? Tienes que ponerme al loro*

clue in on v2obj USA inf ♦ to inform (someone) about (something) ~ informar de; poner al tanto de || *I want you to clue me in on the latest developments ~ Quiero que me pongas al tanto de los últimos desarrollos*

clue up sep GB inf ♦ *véase* clue in

clue up on v2obj GB inf ♦ *véase* clue in on

clunk down sep ♦ *véase* fling down

cluster round ins ♦ to encircle (person/object) in a small crowd ~ reunirse alrededor de || *They all clustered round the drunkard to hear him sing ~ Todos rodearon al borracho para oírle cantar*

cluster together vi ♦ *véase* crowd together [1]

clutch at ins ♦ to seize/try to seize quickly ~ (intentar) agarrarse a || *As I fell I clutched at the rope, but in vain ~ Al caerme intenté agarrarme a la cuerda, pero en vano*

clutch to v2obj ♦ *véase* clasp to

clutch up vi USA inf ♦ *véase* choke up [1], [2]

clutter up sep ♦ to fill (a room etc.) untidily ~ atestar || *All these shoes do nothing but clutter the room up ~ Todos estos zapatos no hacen más que atestar la habitación*

clutter with v2obj ♦ to fill (a room etc.) untidily with ~ atestar de || *My sister clutters her room with teddy bears ~ Mi hermana atesta su cuarto de ositos de peluche*

coach for v2obj ♦ *véase* gear up for [2]

coach in v2obj ♦ *véase* drill in [2]

coalesce into ins form ♦ *véase* blend into [2]

coast along vi ♦ [car/company/student] to do the minimum necessary to maintain momentum ~ llanear/avanzar sin esfuerzo/ir tirando || *My sister (the firm) is coasting along this year ~ Mi hermana (la empresa) va tirando sin esforzarse demasiado este año*

coat with v2obj ♦ to apply (paint etc.) to ~ bañar en/revestir de || *They were coating the shelves with a very bright varnish ~ Revestían las baldas de un barniz muy chillón*

coax along sep ns ♦ to encourage ~ mimar/animar || *It was a difficult winter, but my wife coaxed me along ~ Fue un invierno difícil, pero mi mujer iba dándome ánimos*

coax in sep ns ♦ to encourage to enter/do ~ animar a entrar || *I finally managed to coax the cat in ~ Por fin conseguí que entrara el gato*

coax into v2obj ♦ to encourage to enter ~ animar a entrar/participar en || *My teacher coaxed me into studying chemistry at university ~ Mi profesora me animó a estudiar química en la universidad*

coax out sep ns ♦ to encourage to leave/exit ~ animar a salir; sonsacar || *We coaxed the mouse out with a piece of cheese ~ Utilizamos un trozo de queso para animar al ratón a salir*

coax out of v2obj ♦ to encourage to leave/exit ~ animar a salir de; sonsacar a || *The smell of roast beef coaxed my brother out of his room ~ El olor de la carne asada animó a mi hermano a salir de su cuarto*

cobble together sep ♦ to make carelessly ~ hacer (etc.) de modo poco satisfactorio; chapucear || *Daniel cobbled his thesis together just before the deadline ~ Daniel chapuceó la tesis justo antes de la fecha tope*

cobble up sep ♦ *véase* cobble together

cock up [1] vi GB AUS arg ♦ to ruin; to do badly ~ joderlo; hacerlo mal || *I* *think I've cocked up: can you see the space between the bricks?* ~ *Creo que lo he jodido: ¿ves el espacio entre los ladrillos?* **[2]** sep GB AUS arg ♦ to ruin; to do badly ~ joder/estropear || *It looks as if you've cocked up the plans again* ~ *Parece que has vuelto a estropear los planes*

coerce into v2obj ♦ to force (someone) to do (something) ~ obligar a hacer || *She's coerced her daughter into lying to the landlord* ~ *Ha obligado a su hija a mentir al propietario*

coexist with ins ♦ to exist with/in the company of ~ coexistir con; convivir con || *This snake cannot coexist with other species* ~ *Esta serpiente no puede coexistir con otras especies*

cogitate on ins form ♦ *véase* deliberate on

cohabit with ins ♦ [as a couple] *véase* live with

coil around ins ♦ [snake etc.] to form a spiral around (a victim/tree etc.) ~ enroscarse alrededor de || *The boa coiled around the man's neck* ~ *La boa se enroscó por el cuello del hombre*

coil up [1] vi ♦ [snake etc.] to curl into a spiral ~ enroscarse || *The cobra coiled up when it saw the men in the tree* ~ *La cobra se enroscó cuando vio a los hombres en el árbol* **[2]** vi ♦ [smoke etc.] to rise in a spiral ~ subir en espiral || *The smoke coiled up over the factories* ~ *El humo subía en espiral por encima de las fábricas* **[3]** sep ♦ to make into a spiral shape ~ arrollar/enrollar || *Let's coil up the cable so that nobody falls over* ~ *Vamos a arrollar el cable para que nadie se caiga*

coin it in vi inf ♦ to make a lot of money (through business etc.) ~ estar acuñando dinero; forrarse || *Since she opened the club she's coining it in* ~ *Desde que montó la discoteca se está forrando*

coincide with ins ♦ to happen at the same time as ~ coincidir con || *Your birthday coincides with the cup final* ~ *Tu cumpleaños coincide con la final de la copa*

collaborate in ins ♦ to take part in ~ colaborar en || *We're collaborating in a number of projects this year* ~ *Estamos colaborando en varios proyectos este año*

collaborate on ins ♦ *véase* collaborate in

collaborate with ins ♦ to work together with ~ colaborar con || *They are collaborating with the French and the Germans* ~ *Están colaborando con los franceses y los alemanes*

collapse into ins ♦ *véase* flop into

collapse under ins ♦ to collapse because of (weight or pressure on top) ~ desplomarse bajo || *The building collapsed under the weight of the snow* ~ *El edificio se desplomó bajo el peso de la nieve*

collapse with ins ♦ to collapse because of (laughter etc.) ~ morirse de (risa etc.) || *The audience were collapsing with laughter after five minutes* ~ *Después de cinco minutos el público se moría de risa*

collect around vi & ins ♦ *véase* crowd around

collect for ins & v2obj ♦ to have a collection destined for ~ hacer una colecta para || *We're collecting (money and books) for poor children* ~ *Estamos haciendo una colecta (de dinero y libros) para los niños pobres*

collect from v2obj ♦ to collect (person/thing) from (a person or place) ~ recoger de/en || *We have to collect the director (the parcel) from the airport* ~ *Tenemos que recoger a la directora (el paquete) en el aeropuerto*

collect in sep ♦ *véase* collect up

collect on ins ♦ to collect the money (etc.) which is owed from/due to (a debt etc.) ~ recaudar || *His job involves collecting on people's debts* ~ *Su trabajo consiste en recaudar la deuda de la gente*

collect up sep ♦ [books handed out etc.] to collect again ~ [libros repartidos etc.] recoger || *Daniel: collect the missals up, please* ~ *Daniel: recoge los misales, por favor*

collide with ins ♦ to make violent contact with ~ chocar con/colisionar con || *That car is going to collide with the bus ~ Ese coche va a chocar con el autobús*

collude with ins ♦ *véase* conspire with

color in sep USA AUS ♦ *véase* colour in

color in in v2obj USA AUS ♦ *véase* colour in in

color up vi USA AUS ♦ *véase* colour up

colour in sep GB AUS ♦ to fill with colour/paint (etc.) ~ color(e)ar/pintar (etc.) || *I want you to colour the cartoons in and add a caption ~ Quiero que coloreéis los dibujos y añadáis una leyenda*

colour in in v2obj GB AUS ♦ to colour (something) in (a specific colour) ~ pintar de || *You can colour in the stars in yellow ~ Puedes pintar de amarillo las estrellas*

colour up vi GB AUS ♦ to turn red (with anger, embarrassment etc.) ~ sonrojarse || *Ask him where he works and see if he colours up ~ Pregúntale dónde trabaja, a ver si se sonroja*

comb back sep ♦ [hair] to push backwards with a comb ~ peinar hacia atrás || *In the fifties we used to comb our hair back ~ En los años cincuenta nos peinábamos el pelo hacia atrás*

comb for v2obj ♦ to search (an area etc.) very carefully to try to find ~ peinar en busca de || *The police will be combing the fields for weapons ~ La policía estará peinando los campos en busca de armas*

comb forward sep ♦ [hair] to push forwards with a comb ~ peinar hacia adelante || *He combs his fringe forward so that they think he's younger ~ Se peina el flequillo hacia adelante para que se le crea más joven*

comb out sep ♦ [hair] to tidy/remove knots from ~ desenmarañar || *She washed her hair and combed all the tangles out ~ Se lavó el pelo y lo desenmarañó*

comb through ins ♦ *véase* burrow into [2]

combine against ins ♦ to become united in a campaign (etc.) against ~ combinarse/unirse (en) contra (de) || *The people have combined against the recent wave of violence ~ La gente se ha unido en contra de la ola reciente de violencia*

combine with [1] ins ♦ to act in combination with ~ combinarse con; actuar en combinación con (etc.) || *Figo combined with Rui Costa to score the first goal ~ Figo hizo una combinación con Rui Costa para marcar el primer gol* **[2]** v2obj ♦ to mix (one thing) with (another) ~ mezclar con/reunir con || *The candidate will have to combine intelligence with sincerity ~ El candidato deberá reunir inteligencia con sinceridad*

come about vi ♦ to happen (unexpectedly) ~ ocurrir (inesperadamente) || *I have no idea how the accident might have come about ~ No tengo ni idea de cómo pudiera haber ocurrido el accidente*

come across [1] ins ♦ to find/discover unexpectedly ~ descubrir, dar con || *I came across these photos while I was cleaning the cupboard ~ Di con estas fotos cuando limpiaba el armario* **[2]** vi ♦ [point/intention/emotion etc.] to be understood/seen clearly ~ ser entendido, llegar al público || *The pathos in that scene cannot help but come across well ~ El patetismo de esa escena no puede sino surtir efecto* **[3]** vi & ins ♦ to cross (bridge etc.) in this direction ~ cruzar (puente etc.) hacia aquí || *He left that house and came across (the street) to speak to me ~ Salió de esa casa y cruzó (la calle) para hablar conmigo* **[4]** vi USA ♦ to keep a promise ~ cumplir la palabra || *Despite the financial difficulties, the manager came across ~ A pesar de las dificultades económicas, el jefe cumplió la palabra* **[5]** vi ♦ to come and visit ~ venir a visitar || *Why don't you come across on Thursday? ~ ¿Por qué no venís a mi casa el jueves?* **[6]** vi ♦ to create an impression with one's behaviour ~ dar una impresión/imagen a base de la conducta || *She came across* *well in the interview* ~ *Nos dio una buena impresión en la entrevista*

come across as ins ♦ to create the impression of being ~ dar la impresión de ser || *I usually come across as somewhat arrogant at first* ~ *Suelo dar la impresión de ser bastante arrogante al principio*

come across with ins ♦ to give/produce ~ dar/apoquinar || *At last the man came across with the information* ~ *Por fin el hombre soltó prenda*

come after [1] ins ♦ [letter of alphabet etc.] to follow ~ seguir/ir después de || *Three comes after two* ~ *El tres sigue al dos* **[2]** ins ♦ to follow/seek threateningly ~ ir/venir detrás de/en busca de || *He got out of prison and came after me straight away* ~ *Salió de la cárcel y vino a buscarme en seguida*

come along [1] vi ♦ to come too ~ venir/ir también || *Do you mind if my sister comes along?* ~ *¿Os importa que vaya también mi hermana?* **[2]** vi ♦ to progress ~ ir progresando || *How is your Italian course coming along?* ~ *¿Qué tal te va el curso de italiano?* **[3]** vi ♦ [opportunity/person etc.] to come/arrive; [baby] to be born ~ presentarse/llegar/venir; nacer || *If the chance came along, I'd have to take it* ~ *Si se presentara la oportunidad, tendría que tomarla* | *When the baby comes along we'll tighten our belts* ~ *Cuando nazca el bebé nos apretaremos el cinturón* **[4]** vi arc ♦ [as command] hurry up! ~ ¡Venga! ¡Date prisa! (etc.) || *Come along! We've been waiting for you since nine o'clock!* ~ *¡Venga ya! ¡Llevamos esperándote desde las nueve!* **[5]** ins ♦ to advance on (a road etc.) ~ ir/venir por || *He's coming along the track - prepare his surprise!* ~ *Ya viene por el camino - ¡preparadle la sorpresa!*

come apart vi ♦ to separate in pieces ~ romperse/deshacerse || *I touched the cardboard box and it came apart* ~ *Toqué la caja de cartón y se deshizo*

come around [1] vi ♦ *véase* come across [5] **[2]** vi & ins ♦ to move among (people) to speak to them (etc.) ~ moverse entre (la gente) || *After the meeting the speaker come around (us) to offer some advice* ~ *Después de la reunión el orador bajó (entre nosotros) y nos ofreció unos consejos* **[3]** vi ♦ to regain consciousness ~ volver en sí || *Just as we were losing hope, she came around* ~ *Justamente cuando perdíamos la esperanza, volvió en sí* **[4]** vi ♦ to be persuaded ~ dejarse convencer || *I had to talk to him for three hours before he came around* ~ *Tuve que hablarle durante tres horas para que se dejara convencer* **[5]** vi ♦ [anniversary etc.] to come again ~ llegar de nuevo || *Christmas has come around already - I can't believe it!* ~ *Ya estamos con Navidades - ¡no me lo puedo creer!* **[6]** vi & ins ♦ to circulate (among) ~ circular (entre) || *The letter came around (the workers) and everybody laughed* ~ *La carta circulaba (entre los trabajadores) y todos se reían*

come around for ins & v2obj ♦ to move around/visit (people) to collect/look for/receive ~ moverse (entre la gente)/visitar en busca de/para recibir || *He came around (the houses) for the money we owed him* ~ *Vino (de casa en casa) buscando el dinero que le debíamos* | *You must come around for lunch on Sunday* ~ *Tendrás que venir a mi casa a comer el domingo*

come around to [1] ins ♦ to be persuaded by (a new opinion etc.) ~ dejarse convencer por; adoptar (otra opinión etc.) || *They soon came around to her new methodology* ~ *Pronto adoptaron la metodología de la que les había convencido ella* **[2]** ins ♦ to visit in order to receive (a meal etc.) ~ venir (a) por || *He came around to dinner last week* ~ *Vino a cenar la semana pasada*

come around with ins & v2obj ♦ to visit (people/houses etc.) carrying ~ visitar/venir con || *The waiter came around (the tables) with sandwiches for all the delegates* ~ *El camarero vino (a las mesas) con bocatas para todos los delegados*

come at [1] ins ♦ [problem/solution etc.] to try to solve/reach ~ intentar solucionar/llegar a una solución || *Let's come at the problem from a different angle* ~ *Vamos a intentar solucionar el problema desde otro ángulo* **[2]** ins ♦ to attack ~ precipitarse sobre/atacar || *They came at me while I was reading a magazine quietly* ~ *Se abalanzaron sobre mí cuando leía una revista tranquilamente* **[3]** ins ♦ [questions etc.] to be directed (rapidly/repeatedly) at ~ dispararse repetidamente a || *The questions came at me before I could think properly* ~ *Se me dispararon las preguntas antes de que pudiera pensar bien*

come at with v2obj ♦ to attack (someone) with ~ atacar a (alguien) con || *He came at me with a rusty knife* ~ *Se precipitó sobre mí con una navaja oxidada*

come away [1] vi ♦ *véase* break away [3] **[2]** vi ♦ to leave (a concert etc.) ~ irse (de un concierto etc.) || *The concert was very good but we came away before the end* ~ *El concierto estaba muy bien pero nos fuimos antes del final*

come away from [1] ins ♦ to abandon/move away from ~ abandonar/alejarse de || *They came away from the stadium during the second half* ~ *Abandonaron el estadio durante el segundo tiempo* | *Come away from the water, dear - it's very cold!* ~ *Aléjate del agua, cariño - ¡está muy fría!* **[2]** ins ♦ to separate (from something more solid) ~ desprenderse de || *The handle came away from the jug* ~ *El asa se desprendió de la jarra*

come back [1] vi ♦ to return ~ volver/regresar || *My son has come back: he's been doing his military service* ~ *Ha vuelto mi hijo: ha estado en la mili* | *The original problems (beautiful memories) have come back* ~ *Han vuelto los problemas originales (los recuerdos preciosos)* **[2]** vi ♦ to become fashionable again ~ volver a ponerse de moda || *I see large collars are coming back* ~ *Veo que los cuellos grandes están de moda otra vez*

come back for ins ♦ to return to collect ~ volver (a) por || *I've come back for my umbrella* ~ *He vuelto a por mi paraguas*

come back from ins ♦ to return from ~ volver de || *They've just come back from Los Angeles* ~ *Acaban de regresar de Los Angeles*

come back in [1] vi ♦ *véase* come back [2] **[2]** vi ♦ to enter again ~ volver a entrar || *Come back in and close the door* ~ *Vuelve a entrar y cierra la puerta*

come back into ins ♦ to enter (building/fashion) again ~ volver a entrar en (un edificio); volver a ponerse (de moda) || *You came back into the office too late* ~ *Regresaste a la oficina demasiado tarde* | *These boots are coming back into fashion* ~ *Estas botas se están poniendo de moda otra vez*

come back to [1] ins ♦ to return to (an earlier topic/home etc.) ~ volver a || *They can come back to the party (this debate) when they want* ~ *Podrán volver a la fiesta (a este debate) cuando quieran* **[2]** ins ♦ [memory] to return to ~ volver a (la memoria) || *Yes, it's all coming back to me now that I'm sober* ~ *Ahora sí que me vuelve todo a la memoria ya que estoy sereno*

come back with [1] ins ♦ to return with/accompanied by ~ volver con || *She's come back with a new boyfriend* ~ *Ha vuelto a casa con un nuevo novio* **[2]** ins ♦ to reply with/saying ~ replicar con || *She always comes back with an offensive remark* ~ *Siempre replica con alguna observación ofensiva*

come before [1] ins ♦ to precede ~ preceder || *M comes before N in the alphabet* ~ *La eme va antes de la ene en el abecedario* **[2]** ins ♦ to appear in front of ~ comparecer ante || *He came before the judge to justify his activities* ~ *Compareció ante el juez para justificar sus actividades*

come between [1] ins ♦ to feature in the middle of ~ ir entre || *That film came between the director's marriage and divorce* ~ *Esa película se hizo entre la boda y el divorcio del director* **[2]** ins ♦

to be an obstacle between ~ separar; interponerse entre || *We mustn't let this disagreement come between us* ~ *No debemos dejar que esta riña nos afecte seriamente*

come by [1] vi USA AUS ♦ *véase* come across [5] **[2]** vi ♦ to pass/overtake ~ pasar || *Move to the side and let the lady come by* ~ *Muévete hacia el lado y deja pasar a la señora* **[3]** ins ♦ to find/obtain ~ encontrar/obtener/conseguir || *I don't know where he comes by such fabrics* ~ *No sé de dónde saca semejantes telas*

come down [1] vi ♦ [trees/shelves etc.] to collapse ~ venirse abajo/caerse || *Lots of trees came down during the storm* ~ *Muchos árboles se cayeron durante la tormenta* **[2]** vi ♦ [aeroplane] to crash and fall ~ estrellarse || *The plane came down and all the passengers died* ~ *El avión se estrelló y murieron todos los pasajeros* **[3]** vi ♦ [aeroplane] to land ~ aterrizar || *The plane came down and we all cheered the pilot* ~ *El avión aterrizó y todos aplaudimos al piloto* **[4]** vi ♦ [tradition/heirloom] to be passed (to the next generation) ~ pasar/ser transmitido || *This tradition has come down over the centuries* ~ *Esta tradición ha sido transmitida por los siglos* **[5]** vi ♦ [taxes/price/temperature etc.] to be reduced ~ bajar || *Taxes have come down twice this year* ~ *Los impuestos han bajado dos veces este año* **[6]** vi ♦ to descend ~ bajar/descender || *He cycled up the hill and came down very fast* ~ *Subió la cuesta en bicicleta y bajó a toda pastilla* **[7]** vi ♦ to require a cheaper price ~ bajar el precio exigido || *We began to haggle and in the end she came down* ~ *Empezamos a regatear y al final bajó el precio original* **[8]** vi ♦ to be ordered by authority ~ ser transmitido || *A series of orders came down after the board meeting* ~ *Una serie de órdenes fue transmitida tras la reunión de la dirección* **[9]** vi inf ♦ to experience a reduction in excitement/drug effect (etc.) ~ bajar al nivel habitual || *I tend to take a while to come down after taking drugs* ~ *Después de drogarme, suelo tardar en que se me pase el efecto* **[10]** vi GB form ♦ to leave university (esp. Oxford or Cambridge) ~ terminar los estudios universitarios/licenciarse || *She came down in 1988 and got a job in London* ~ *Se licenció en 1988 y consiguió un puesto de trabajo en Londres*

come down against ins ♦ to declare oneself to be against ~ declararse en contra de || *They came down against the war in a public debate* ~ *Se declararon en contra de la guerra en un debate público*

come down from ins ♦ to descend from (a high place/emotion etc.) ~ bajar(se) de || *Come down from the tree: your friends are waiting for you* ~ *Bájate del árbol: te están esperando tus amigos*

come down on ins ♦ to punish severely ~ castigar severamente a || *The authorities are going to come down on those who don't pay their taxes* ~ *Las autoridades van a castigar severamente a los que no paguen los impuestos*

come down on for v2obj ♦ *véase* admonish for; get down on for

come down to [1] ins ♦ to be reduced essentially to/to depend primarily on ~ reducirse a || *Basically, it comes down to a question of commitment* ~ *Se reduce básicamente a una cuestión de compromiso* **[2]** ins ♦ to decrease/descend to ~ bajar(se) a || *I don't want to have to come down to your level* ~ *No quiero tener que bajar a tu nivel*

come down with ins inf ♦ [illness etc.] to begin to suffer ~ caer enfermo de || *I think you're coming down with the flu* ~ *Creo que estás cogiendo la gripe*

come for ins ♦ to arrive to collect ~ venir (a) por || *They've come for the money we owe them* ~ *Han venido por el dinero que les debemos*

come forth vi form ♦ to emerge/appear/be provided ~ aparecer/presentarse || *After a three-hour debate, a logical conclusion came forth* ~ *Tras un debate de tres horas, se presentó una conclusión lógica*

come forth with ins USA form ♦ [suggestion etc.] to offer ~ ofrecer || *The president came forth with the obvious solution ~ El presidente ofreció la solución obvia*

come forward [1] vi ♦ to progress/move in a forward direction ~ moverse hacia adelante || *Come forward so that we can see you under the light ~ Muévete hacia adelante para que te veamos bajo la luz* **[2]** vi ♦ *véase* come forth **[3]** vi ♦ [as witness etc.] to offer oneself ~ presentarse (como testigo etc.) || *After the appeal, three witnesses came forward ~ Después del llamamiento se presentaron tres testigos*

come forward with ins ♦ *véase* come forth with

come from [1] ins ♦ to originate in ~ ser de/tener su origen en/venir de || *This man (wine) comes from Bordeaux ~ Este hombre (vino) es de Burdeos | That verb comes from the Latin ~ Ese verbo viene del latín* **[2]** ins ♦ to have travelled from ~ venir de || *They're coming from Seville to see us ~ Vienen de Sevilla a vernos* **[3]** ins inf ♦ to mean/have as an opinion ~ opinar/querer decir || *Yes, I can see more or less where you're coming from here ~ Sí, veo más o menos lo que quieres decir aquí*

come in [1] vi ♦ to enter ~ entrar || *Come in, please: we're just about to begin ~ Pasen, por favor: estamos a punto de empezar* **[2]** vi ♦ [train etc.] to arrive ~ llegar || *Her train comes in at four o'clock ~ Su tren llega a las cuatro* **[3]** vi ♦ [tide] to rise ~ [marea] subir || *The tide has come in this morning ~ Ha subido la marea esta mañana* **[4]** vi ♦ [new government] to gain power ~ acceder al poder || *The Labour Party came in two years ago ~ El Partido Laborista accedió al poder hace dos años* **[5]** vi ♦ to become fashionable ~ ponerse de moda || *I see striped shirts have come in this year ~ Veo que las camisas rayadas se han puesto de moda este año* **[6]** vi ♦ to participate ~ tomar parte/participar || *So this is where I come in, then? ~ ¿Así que es aquí donde participo yo?* **[7]** vi ♦ to go to/arrive at work ~ ir a la oficina (etc.) || *I won't be coming in today. Can you tell the boss, please? ~ No voy a ir hoy. ¿Te importa decírselo al jefe?* **[8]** vi ♦ [news/reports/stock/work etc.] to arrive ~ llegar || *Further details (goods) are coming in every hour ~ Recibimos más información (bienes) cada hora* **[9]** vi ♦ [race] to finish (first/last etc.) ~ llegar/acabar (primero/último etc.) || *She came in third and won a medal ~ Llegó tercera y ganó una medalla* **[10]** ins ♦ to prove to be ~ resultar || *This manual has come in very handy ~ Este manual ha resultado ser muy útil* **[11]** vi ♦ to speak during a discussion ~ tomar la palabra (etc.) || *Now Daniel wants to come in and explain the project ~ Ahora quiere intervenir Daniel para explicarnos el proyecto*

come in for ins ♦ [criticism etc.] to be a target for ~ ser blanco de || *They'll come in for a lot of criticism if they carry on like that ~ Serán blanco de muchas críticas si siguen así*

come in on ins ♦ [deal etc.] to be included in ~ tomar parte en || *If you want to come in on the deal, we'll need a million ~ Si quieres tomar parte en el trato, necesitaremos un millón*

come into [1] ins ♦ to enter (in) ~ entrar en || *The princess has just come into the hall ~ La princesa acaba de entrar en el vestíbulo* **[2]** ins ♦ [+ effect/force] to acquire the character of ~ entrar en (vigor etc.) || *These laws will come into force next year ~ Estas leyes entrarán en vigor el año que viene* **[3]** ins ♦ to inherit ~ heredar || *He came into a fortune when his grandmother died ~ Heredó una fortuna cuando se le murió la abuela* **[4]** ins ♦ to be relevant to (etc.) ~ tener que ver con || *Skill doesn't come into it: it's a matter of sheer luck ~ La habilidad no tiene que ver: se trata de pura suerte*

come of [1] ins form ♦ to originate from ~ ser de || *This lady clearly comes of a good family ~ Esta señora evidentemente es de buena familia* **[2]** ins ♦ to happen as a result of ~ ocurrir como resultado de || *What came of that meeting last week? ~ ¿Qué pasó como re-*

sultado de esa reunión la semana pasada?

come off **[1]** vi ♦ to separate from something ~ separarse/desprenderse || *It looks as if the label is going to come off ~ Parece que la etiqueta va a desprenderse* **[2]** ins ♦ [car from road etc.] to leave ~ salirse de || *The bus came off the road on the bend ~ El autobús se salió de la carretera en la curva* **[3]** vi & ins ♦ to fall (from) ~ caerse (de) || *I came off (my bike) this morning ~ Me he caído (de la bici) esta mañana* **[4]** vi ♦ to happen (successfully) ~ salir (bien) || *The surprise party came off very well ~ La fiesta de sorpresa nos salió muy bien* **[5]** vi ♦ to result ~ salir/quedar || *He came off worst of all in that massive fight ~ Salió el peor de todos en esa pelea masiva* **[6]** ins ♦ [drugs/medicine] to stop using ~ dejar || *My wife has come off the pill ~ Mi mujer ha dejado de tomar la píldora* **[7]** vi inf ♦ [woman] to finish the period ~ acabar la regla || *She seems happier now that she's come off ~ Parece más contenta ahora que ya no tiene la regla* **[8]** ins USA ♦ to have just survived (a difficult experience etc.) ~ acabar de sobrevivir; salir de || *The firm has just come off a period of transition ~ La empresa acaba de salir de un período de transición* **[9]** vi arg ♦ to have an orgasm ~ correrse || *He came off on the blanket ~ Se corrió en la manta* **[10]** vi dep ♦ to be substituted ~ ser sustituido || *She came off injured in the 71st minute ~ Salió lesionada del campo en el minuto 71*

come off as ins USA inf ♦ to give the impression of being ~ dar la impresión de ser || *He came off as an idiot in the interview ~ Dio la impresión de ser idiota en la entrevista*

come off it vi inf ♦ [expression of disbelief] I don't believe you! (etc.) ~ ¡No te creo! (etc.) || *Come off it - that's impossible! ~ ¡Venga ya - eso es imposible!*

come on **[1]** vi ♦ [expressing encouragement] hurry up! try harder! (etc.) ~ ¡venga! ¡date prisa! ¡esfuérzate! (etc.) || *Come on - we'll be late! ~ ¡Venga, que vamos a llegar tarde!* **[2]** vi inf ♦ *véase* come off it **[3]** vi inf ♦ [woman] to begin the period ~ venirle la regla || *She came on two days before me ~ Le vino la regla a ella dos días antes que a mí* **[4]** vi ♦ [machine etc.] to begin to function ~ encenderse || *The central heating comes on automatically at six o'clock ~ La calefacción central se enciende automáticamente a las seis* **[5]** vi ♦ [TV programme etc.] to begin ~ empezar || *The soap opera comes on after the football ~ El culebrón empieza después del fútbol* **[6]** vi ♦ [season/illness/mood] to be approaching ~ ir acercándose/empezando; entrar || *Daniel could feel the flu coming on ~ Daniel sentía que iba cogiendo la gripe* **[7]** vi ♦ *véase* come along [2] **[8]** vi ♦ [actor etc.] to appear on stage ~ salir a la escena || *The actress came on and the audience applauded ~ Salió la actriz y el público aplaudió* **[9]** vi GB AUS lit ♦ [rain] to begin ~ empezar || *The heavy rain came on shortly after supper ~ Empezó a llover a cántaros poco después de la cena* **[10]** vi & ins ♦ [telephone etc.] to begin to speak ~ ponerse || *If Laura comes on (the phone), please hang up ~ Si se pone Laura (al teléfono), cuelga por favor* **[11]** ins USA AUS inf ♦ to pretend to be ~ fingir ser || *She comes on innocent but that's not the case ~ Finge ser inocente pero no es así*

come on to **[1]** ins ♦ to reach/progress to ~ llegar a/pasar a || *I'll come on to such matters in a few minutes ~ Pasaré a comentar tales asuntos dentro de unos minutos* **[2]** ins inf ♦ to make a sexual advance towards ~ tirar los tejos a/insinuarse a || *Three men at the office have come on to me this week ~ Esta semana en la oficina se me han insinuado tres hombres*

come out **[1]** vi ♦ [from a building, room, prison, hospital etc.] to leave ~ salir/abandonar || *You shouldn't be in that room: come out immediately! ~ No deberías estar en esa sala: ¡sal inmediatamente!* **[2]** vi ♦ to go on a date ~ salir (en una cita) || *I don't want to come out tonight - sorry* ~ *No quiero salir esta noche - lo siento* **[3]** vi ♦ [stain etc.] to disappear/be removed easily ~ quitarse/salir || *I hope this stain will come out before my parents get back* ~ *Espero que esta mancha se quite antes de que vuelvan mis padres* **[4]** vi ♦ [book/record/news/results etc.] to be published/become available ~ salir (a luz)/publicarse (etc.) || *When the book comes out I'll send you a copy* ~ *Cuando se publique el libro te mandaré un ejemplar* **[5]** vi ♦ [truth/characteristic etc.] to emerge ~ salir || *The true version will come out in the end* ~ *La versión verdadera saldrá al final* **[6]** vi ♦ *véase* come off [5] **[7]** vi ♦ [sun/moon/star] to appear ~ salir/aparecer || *The moon came out and lit up the path* ~ *La luna salió e iluminó el camino* **[8]** vi ♦ [flower etc.] to appear/begin to grow ~ florecer || *I see that the roses have come out in the garden* ~ *Veo que han florecido las rosas en el jardín* **[9]** vi ♦ [photo] to be developed; to be clearly visible ~ salir (bien) || *Most of the photos have come out, but you aren't in any of them* ~ *Han salido la mayoría de las fotos, pero tú no estás en ninguna* **[10]** vi ♦ [words etc.] to emerge ~ salir || *I didn't mean that - it came out wrong* ~ *No quería decir eso - me ha salido mal* **[11]** vi ♦ to declare oneself homosexual in public ~ declararse homosexual en público || *My son came out last year, and he looks a lot happier* ~ *Mi hijo se declaró homosexual el año pasado, y se le ve mucho más feliz* **[12]** vi GB ♦ to begin a strike ~ ponerse en huelga || *When they heard the news the workers came out straight away* ~ *Al oír las noticias los obreros se pusieron en huelga en seguida* **[13]** vi arc ♦ [young lady] to be presented in society ~ ser presentada en la sociedad || *She came out at the mayor's dance* ~ *Fue presentada en el baile del alcalde*

come out against ins ♦ to declare oneself publicly against ~ declararse en contra de || *They came out against racism in the factory* ~ *Se declararon en contra del racismo en la fábrica*

come out at ins ♦ [price] to be in total/on average ~ ser en total/salir a || *The meal comes out at a thousand pesetas per head* ~ *La comida sale a mil pesetas por barba*

come out for **[1]** ins ♦ to declare oneself publicly in favour of ~ declararse a favor de || *She came out for human rights in the case* ~ *Se declaró a favor de los derechos humanos en el caso* **[2]** ins ♦ to go and experience (etc.) ~ salir a (por) || *Would you like to come out for a drink?* ~ *¿Quieres salir a tomar algo?*

come out in **[1]** ins ♦ to appear/be published in ~ ser publicado en || *Her article came out in the national press* ~ *Su artículo fue publicado en la prensa nacional* **[2]** ins ♦ *véase* break out in

come out of **[1]** ins ♦ to emerge from/originate in/leave ~ salir de/abandonar || *When he comes out of the army we'll have a party* ~ *Cuando deje el ejército haremos una fiesta* | *This is the best poetry to have come out of Andalusia in the last ten years* ~ *Esta es la mejor poesía andaluza de los diez últimos años* **[2]** ins ♦ *véase* come of [2]

come out with **[1]** ins ♦ to go on a date with ~ salir (en una cita) con || *Yes, he's coming out with me tonight* ~ *Sí, va a salir conmigo esta noche* **[2]** ins ♦ to say suddenly ~ decir/soltar de repente || *During the nightmare you came out with all sorts of rubbish* ~ *Durante la pesadilla soltaste todo tipo de tonterías*

come over **[1]** vi ♦ to move/travel in the direction of the speaker ~ venir/acercarse || *Be quiet now - the boss is coming over* ~ *Calla ya - que se acerca la jefa* **[2]** vi ♦ *véase* come across [5] **[3]** vi ♦ *véase* come across [2] **[4]** vi ♦ *véase* come across [6] **[5]** ins ♦ [emotion etc.] to cover/invade ~ invadir/apoderarse de || *A feeling of happiness came over me suddenly* ~ *Una sensación de alegría me invadió de repente* **[6]** ins GB AUS inf ♦ to begin to feel ~ empezar a sentirse || *She came over nervous when the priest walked in* ~ *Se puso nerviosa cuando entró el cura* **[7]**

vi ♦ to abandon an organisation and join a different one ~ dejar una organización y hacerse socio de otra || *He came over after ten years in the Conservative Party ~ Se juntó con nosotros tras diez años en el Partido Conservador*

come over as ins ♦ *véase* come across as

come over from ins ♦ [*véase* come over [7]] to have abandoned ~ haber abandonado || *She came over from the communists ~ Vino de los comunistas*

come over to [1] ins ♦ [house etc.] to visit ~ venir a visitar || *You'll have to come over to our house one of these days ~ Tendréis que venir a nuestra casa un día de éstos* **[2]** ins ♦ [*véase* come over [7]] to join (having abandoned) ~ pasar a/juntarse con (etc.) || *You came over to us at the best possible time ~ Te juntaste con nosotros en el mejor momento posible*

come round vi & ins ♦ *véase* come around

come through [1] ins ♦ to move/ burst through (a wall/door etc.) ~ pasar por (etc.) || *The bullet came through the wall and hit the cupboard ~ La bala pasó por la pared y dio con el armario* **[2]** vi ♦ to pass from one room to another ~ pasar de un cuarto a otro || *Lunch is ready: you can come through when you like ~ La comida está preparada: podéis pasar cuando queráis* **[3]** vi ♦ [message/document/phone call etc.] to arrive/be received ~ llegar al destino/ser recibido || *The fax came through within two minutes ~ El fax llegó dentro de dos minutos* **[4]** vi & ins ♦ to survive (an illness/difficult period/exam etc.) ~ sobrevivir/superar || *She came through (the illness/the exam) ~ Se recuperó (de la enfermedad/superó el examen)* **[5]** vi ♦ *véase* come across [2]

come through with [1] ins ♦ [money/information etc.] to provide ~ ofrecer/ proporcionar || *The bank came through with the money at the last minute ~ El banco nos facilitó el dinero en el último momento* **[2]** ins ♦ to bring from one room to another ~ traer de un cuarto a otro || *Come through with your beer if you like ~ Pasa y trae la cerveza si quieres*

come to [1] vi ♦ *véase* come around [3] **[2]** ins ♦ [destination/solution etc.] to arrive at/reach ~ llegar a || *We came to that conclusion a long time ago ~ Llegamos a esa conclusión hace mucho tiempo* **[3]** ins ♦ *véase* add up to [1] **[4]** ins ♦ to occur to ~ ocurrírsele a || *The plan came to me while I was in the shower ~ Se me ocurrió el plan cuando me duchaba* **[5]** ins ♦ *véase* appear to [1]

come together [1] vi ♦ to unite ~ juntarse/unirse || *They've come together again after settling their differences ~ Se han vuelto a juntar después de arreglar las diferencias* **[2]** vi arg ♦ to have simultaneous orgasms ~ correrse a la vez || *They always come together - how lucky they are! ~ Siempre se corren al mismo tiempo - ¡qué suerte tienen!*

come under [1] ins ♦ [criticism/pressure etc.] to be the object of ~ sufrir (etc.) || *He came under severe criticism after the losses ~ Después de las pérdidas, sufrió unas críticas severas* **[2]** ins ♦ to correspond to/be incumbent on ~ ser de la competencia de/corresponder a || *These matters come under the authorities' jurisdiction ~ Estos asuntos están bajo la jurisdicción de las autoridades* **[3]** ins ♦ to be in the category of ~ pertenecer a (etc.) || *If you can't find it, it must come under D for Defence ~ Si no lo encuentras, debe de venir bajo la D de Defensa*

come unto ins form ♦ *véase* appear to [1]

come up [1] vi ♦ *véase* come over [1] **[2]** vi ♦ [topic in conversation etc.] to be mentioned ~ surgir || *I was very nervous, but luckily the subject didn't come up ~ Estaba muy nerviosa, pero afortunadamente el tema no surgió* **[3]** vi ♦ [job/opportunity etc.] to become available ~ salir || *Apparently a job has come up in the Town Hall ~ Se ve que ha salido un trabajo en el Ayuntamiento* **[4]** vi ♦ [problem etc.] to arise ~ surgir || *I couldn't go* *yesterday because a delicate matter came up* ~ *No pude ir ayer porque surgió un asunto delicado* **[5]** vi ♦ [exam question etc.] to be asked ~ venir (etc.) || *Human rights didn't come up in the exam* ~ *En el examen no hubo preguntas sobre los derechos humanos* **[6]** vi ♦ [legal case in court etc.] to be considered ~ verse/presentarse || *Her case comes up next week* ~ *Su proceso se va a ver la semana que viene* **[7]** vi ♦ [information on a screen etc.] to appear ~ aparecer || *The headline came up in red on the screen* ~ *El titular apareció en rojo en la pantalla* **[8]** vi ♦ [number in the lottery etc.] to be chosen ~ salir || *Three of my numbers came up last week* ~ *La semana pasada salieron tres de mis números* **[9]** vi ♦ to rise/progress ~ subir (por etc.) || *She's coming up in the firm's hierarchy* ~ *Está subiendo por la jerarquía de la empresa* **[10]** vi ♦ [sun/moon] to appear ~ salir || *The sun came up at 5.12 this morning* ~ *El sol ha salido esta mañana a las 5.12* **[11]** vi ♦ [lights in theatre etc.] to become bright ~ (volver a) encenderse || *The lights came up and the audience applauded the actors* ~ *Se encendieron las luces y el público aplaudió a los actores* **[12]** vi ♦ [plant/flower] to grow/appear ~ aparecer || *Now we're in spring - the daffodils have come up* ~ *Ahora sí que estamos en primavera - han aparecido los narcisos* **[13]** ins ♦ to result/appear (at the end of a process) ~ quedar/resultar || *This shirt has come up perfectly white - thank you!* ~ *Esta camisa ha quedado perfectamente blanca - ¡gracias!* **[14]** vi ♦ to be nearly ready/to be on the way ~ estar en camino/ya estar || *Your pizza is coming up, sir* ~ *Su pizza ya viene, señor* **[15]** vi ♦ [date etc.] to be approaching ~ acercarse || *The big match is coming up after the commercials* ~ *El gran partido viene después de los anuncios* **[16]** vi ♦ to begin university ~ matricularse en la universidad || *She came up last year, and her work is first-rate* ~ *Se matriculó el año pasado, y sus trabajos son de primera* **[17]** vi ♦ to rise/ascend ~ ascender/subir || *Are you coming up? It's two o'clock!* ~ *¿Vas a subir? ¡Son las dos!*

come up against ins ♦ [problem/rival etc.] to have to face ~ tener que enfrentarse a/chocar con || *He came up against the current champion in the first round* ~ *Chocó con el actual campeón en la primera eliminatoria*

come up for [1] ins ♦ to become available for (rent/sale etc.) ~ ponerse a || *I see that flat has come up for sale* ~ *Veo que ese piso se ha puesto a la venta* **[2]** ins ♦ to ascend in order to obtain ~ subir (a) por || *She came up for air after three minutes under water* ~ *Después de tres minutos bajo el agua, subió a respirar* **[3]** ins ♦ to be due for (discussion, confirmation etc.) ~ acercársele el momento adecuado para || *This matter comes up for discussion at the next meeting* ~ *Este asunto va a debatirse en la próxima reunión*

come up on ins USA ♦ to be approaching ~ acercarse a || *We're coming up on the vacation - thank God!* ~ *Ya vienen las vacaciones - ¡menos mal!*

come up to [1] ins ♦ [standard/height] to reach ~ llegar a || *This essay doesn't come up to the necessary standard* ~ *Esta redacción no llega al nivel necesario* | *He comes up to his sister's shoulders now* ~ *Ya llega a los hombros de su hermana* **[2]** ins ♦ *véase* come up on **[3]** ins ♦ to approach ~ acercarse a || *She came up to me in the street and gave me a kiss* ~ *Se me acercó en la calle y me dio un beso*

come up with [1] ins ♦ [idea etc.] to think of/suggest ~ proponer/sugerir (etc.) || *Who came up with this fabulous idea?* ~ *¿Quién sugirió esta fabulosa idea?* **[2]** ins ♦ *véase* come through with [1]

come upon [1] ins form ♦ *véase* come across [1] **[2]** ins form ♦ [punishment etc.] to happen to ~ dar/imponer (etc.) || *I knew that a severe punishment would come upon me* ~ *Sabía que me correspondería un castigo severo*

come with [1] ins ♦ to arrive in the company of ~ llegar/venir con || *I came with my sister (with a suitcase)* ~ *Vine* *con mi hermana (con una maleta)* **[2]** ins ♦ to be an inevitable part of ~ ser una parte inevitable de || *All this press interest comes with the job ~ Todo este interés por parte de la prensa es inevitable en este trabajo*

come within ins ♦ *véase* come under [2]

commence with ins & v2obj ♦ *véase* begin with

commend for v2obj ♦ to praise (someone) for (an action/quality etc.) ~ alabar (la valentía etc.) de || *The general commended the soldiers for their bravery ~ El general alabó la valentía de los soldados*

commend to [1] v2obj ♦ *véase* entrust to **[2]** v2obj ♦ to recommend (someone) to ~ recomendar a (alguien) a || *I commended the last candidate to the committee ~ Recomendé a la última candidata al comité*

comment about ins ♦ *véase* comment on

comment on ins ♦ to make comments about ~ comentar; hacer comentarios sobre || *I don't want to comment on that matter today ~ No quiero ofrecer comentarios acerca de ese asunto hoy*

commiserate with ins ♦ to express one's sympathy to ~ compadecerse de || *We commiserated with the girl who had lost the final ~ Nos compadecimos de la chica que había perdido la final*

commit for v2obj ♦ *véase* earmark for

commit on ins ♦ to give a firm promise or decision regarding ~ declararse/comprometerse (etc.) con respecto a || *The Town Council has refused to commit on the Metro extension ~ El Ayuntamiento se ha negado a comprometerse en lo de la expansión del Metro*

commit oneself on ins ♦ *véase* commit on

commit to v2obj ♦ to place (etc.) something somewhere ~ poner/meter (etc.) algo en algún sitio; entregar || *I want to commit these ideas to paper ~ Quiero poner estas ideas por escrito* | *They should commit him to prison/to an asylum ~ Deberían meterle en la cárcel/en un manicomio*

commune with ins form ♦ to converse with ~ conversar/comunicarse con || *She likes to commune with the spirits when she's depressed ~ Le gusta conversar con los espíritus cuando está deprimida*

communicate to v2obj ♦ *véase* get across to [3]

communicate with ins ♦ to talk to/make contact with ~ comunicarse con || *The boss communicates with us by e-mail ~ La jefa se comunica con nosotros por correo electrónico*

commute between ins GB ♦ to travel daily between (one's home town and one's work) ~ viajar a diario entre (la ciudad de residencia y la del trabajo) || *It's very difficult commuting between Bristol and London ~ Es muy duro ir y venir cada día entre Bristol y Londres*

commute from ins GB ♦ to travel daily from (one's home in order to work elsewhere) ~ viajar a diario desde || *I work in Madrid but I commute from El Escorial ~ Trabajo en Madrid pero vivo en El Escorial y viajo cada día*

commute into v2obj ♦ *véase* change into [3]

compact into v2obj ♦ to convert (material/text) into (something smaller/shorter or more condensed) ~ comprimir en || *The machine compacted the mixture into bricks ~ La máquina comprimía la mezcla en ladrillos*

compare to ins & v2obj ♦ *véase* compare with

compare with [1] ins ♦ to be comparable to/with ~ poderse comparar con || *This product compares with the last one ~ Este producto puede compararse con el último* **[2]** v2obj ♦ to make a comparison between (X and Y) ~ comparar (X) con (Y) || *Don't compare Daniel with my father ~ No compares a Daniel con mi padre*

compartmentalise into v2obj GB AUS ♦ *véase* divide off into

compartmentalize into v2obj ♦ *véase* divide off into

compensate for **[1]** v2obj ♦ to serve as compensation (to somebody) for (loss etc.) ~ indemnizar de/compensar || *This policy will compensate my parents for the loss suffered ~ Esta póliza indemnizará a mis padres de la pérdida sufrida* **[2]** ins ♦ to serve as compensation for (disappointment etc.) ~ compensar || *I hope this present will compensate for your disappointment ~ Espero que este regalo compense vuestra decepción*

compete against ins ♦ to be the rival of ~ competir con || *Next year we'll have to compete against that team/company ~ El año que viene tendremos que competir con ese equipo/esa empresa*

compete for ins ♦ to compete in order to achieve ~ competir por || *The firms are competing for the Chamber of Commerce prize ~ Las empresas compiten por el premio de la Cámara de Comercio*

compete in ins ♦ [competition/market etc.] to take a competitive part en ~ competir en/concurrir a/presentarse a || *Nowadays we all compete in the European market ~ Hoy en día todos concurrimos al mercado europeo*

compete with ins ♦ *véase* compete against

complain about ins ♦ to make a complaint relating to ~ quejarse de/reclamar contra || *They always complain about the quality of the food here ~ Siempre se quejan de la calidad de la comida aquí*

complain at ins ♦ *véase* complain about

complain of **[1]** ins ♦ *véase* complain about **[2]** ins ♦ [illness etc.] to suffer from (etc.) ~ sufrir de/presentar síntomas de || *She was complaining of pains in the left leg ~ Sufría de unos dolores en la pierna izquierda*

complain to ins ♦ to issue a complaint to ~ reclamar ante/quejarse a || *We were forced to complain to the Town Council ~ Nos vimos obligados a reclamar ante el Ayuntamiento*

compliment on v2obj ♦ *véase* congratulate for

comply with ins ♦ to obey; to conform to ~ obedecer; conformarse con || *You'll have to comply with the new rules ~ Tendrás que conformarte con las nuevas normas*

comport with ins ♦ to be in agreement with ~ concordar con || *These facts comport with our suspicions ~ Estos hechos concuerdan con nuestras sospechas*

compound with **[1]** ins ♦ to make an agreement with ~ capitular con || *They compounded with the other companies involved ~ Capitularon con las otras compañías implicadas* **[2]** v2obj ♦ to worsen (something) with ~ agravar (etc.) con || *He compounded his injury with a sprain the following day ~ Agravó la lesión con un esguince al día siguiente*

compress into v2obj ♦ *véase* compact into

compromise on ins ♦ to agree to (a mutually acceptable solution) ~ convenir en (una solución mutuamente aceptable) || *We couldn't decide between 50 and 70, so in the end we compromised on 60 ~ No podíamos decidir entre 50 y 70, así que al final convinimos en 60*

compromise with **[1]** v2obj ♦ to endanger with/due to ~ poner en peligro con/a causa de || *You almost compromised your job with that demonstration ~ Casi pusiste en peligro tu trabajo con esa manifestación* **[2]** ins ♦ to tolerate (etc.) ~ transigir con (etc.) || *I can't compromise with this type of behaviour ~ No puedo transigir con este tipo de comportamiento*

con into v2obj ♦ to deceive (a victim) into (doing something) ~ lograr con engaños que (alguien) haga (algo) || *The rep conned them into an additional purchase ~ El representante logró con mañas que hicieran una compra adicional*

con out of v2obj ♦ *véase* defraud of

con over ins inf ♦ to revise/study ~ repasar/estudiar || *We have to con over these problems before the exam ~ Tenemos que estudiar estos problemas antes del examen*

conceal from v2obj ♦ *véase* hide from [2]

concede to v2obj ♦ to yield (game/election etc.) to (the winner) ~ (con)ceder a || *It looks as if they're going to concede the match to the French ~ Parece que van a ceder el partido a los franceses*

conceive of ins ♦ to imagine/form a concept of ~ imaginarse/formarse un concepto de || *I can't conceive of her going out with such an ugly boy ~ No me puedo imaginar que ella salga con un chico tan feo*

concentrate on **[1]** ins ♦ to focus on ~ concentrarse en || *We'll need to concentrate on our weaknesses ~ Tendremos que fijarnos en nuestras debilidades* **[2]** v2obj ♦ to focus (the mind/attention etc.) on ~ enfocar/cifrar en || *I want to concentrate your vision on this evening's fight ~ Quiero enfocar tu visión en el combate de esta noche*

concentrate upon ins & v2obj form ♦ *véase* concentrate on

concern in v2obj ♦ *véase* embroil in

concern with v2obj ♦ *véase* bother with [2]

concern oneself about ins ♦ *véase* concern oneself with

concern oneself over ins ♦ *véase* concern oneself with

concern oneself with ins ♦ to be concerned with/worried about ~ preocuparse de || *I don't want you to concern yourselves with this problem ~ No quiero que os preocupéis de este problema*

concur in ins ♦ to reach agreement regarding ~ convenir en || *They concur in what the correct solution will be ~ Convienen en cuál será la solución adecuada*

concur on ins ♦ *véase* concur in

concur with ins ♦ *véase* agree with [1]

condemn as v2obj ♦ to criticise (someone) severely as being ~ censurar de || *The judge condemned Daniel as a «bad influence» ~ El juez censuró a Daniel de «mala influencia»*

condemn for v2obj ♦ *véase* get down on for

condemn to v2obj ♦ *véase* doom to

condense into v2obj ♦ *véase* compact into

condition to v2obj ♦ *véase* harden to

condole with ins arc ♦ to offer condolences to ~ dar el pésame a || *I condoled with the lady after her husband's death ~ Di el pésame a la señora después de la muerte de su marido*

conduct away sep ♦ *véase* lead away

conduct into v2obj ♦ *véase* bring into [1]

conduct out sep ♦ *véase* bring out [2]

cone off sep ♦ [road etc.] to block/close with cones ~ cerrar/cortar con conos || *The police coned the avenue off after the accident ~ La policía cortó la avenida con conos después del accidente*

confederate with ins ♦ *véase* ally oneself to

confer about ins ♦ *véase* confer on [1]

confer on **[1]** ins ♦ to have a discussion about ~ conferenciar sobre || *The delegates wanted to confer on the second matter ~ Los delegados quisieron conferenciar sobre el segundo asunto* **[2]** v2obj ♦ to present (a degree/honour etc.) to ~ otorgar (etc.) a || *The university conferred an honorary doctorate on my brother ~ A mi hermano la universidad le hizo doctor honoris causa*

confer with ins ♦ to have a discussion with ~ conferenciar con || *I'll need to confer with the accountant before replying ~ Tendré que conferenciar con el contable antes de contestar*

confess to ins ♦ [crime/embarrassing secret etc.] to admit (to) ~ confesar; confesarse culpable de || *The man confessed to stealing the car ~ El hombre se confesó culpable de haber robado el coche* | *I'll confess to being in love with your sister ~ Confieso estar enamorado de tu hermana*

confide in ins ♦ to tell one's secrets to; to trust ~ confiar en/fiarse de || *I know I can confide in you - you're my best friend ~ Sé que puedo confiar en ti - eres mi mejor amiga*

confide to **[1]** v2obj ♦ to entrust (a secret etc.) to ~ decir en confianza a || *She confided her plans to her sister ~ Explicó sus planes en confianza a su hermana* **[2]** ins ♦ to tell secrets to ~ hacer confidencias a || *He's always confiding to the teacher - I wish he'd stop ~ Siempre le hace confidencias al profesor - ojalá dejara de hacerlo*

confine to v2obj ♦ to limit to/enclose in ~ limitar a/encerrar en || *They have confined the lion to its cage ~ Han encerrado al león en su jaula* | *I'd like us to confine the discussion to these three points ~ Me gustaría que limitáramos el debate a estos tres puntos*

confine within v2obj ♦ [encerrar en] *véase* confine to

confiscate from v2obj ♦ to confiscate (something) which belongs to (someone) ~ confiscar (algo) de/a || *The teacher confiscated the magazines from the girls ~ La profesora confiscó las revistas de las chicas*

conflict with ins ♦ to disagree with/ be in opposition to ~ estar en pugna con (etc.) || *This statement conflicts with what you told me yesterday ~ Esta afirmación contradice lo que me contaste ayer*

conform to ins ♦ *véase* comply with

conform with ins ♦ *véase* comply with

confront with v2obj ♦ to make (somebody) come face-to-face with ~ enfrentar a (uno) con || *When we confronted him with the truth, he blushed ~ Cuando le enfrentamos con la verdad, se sonrojó*

confuse with **[1]** v2obj ♦ to confuse (someone) with (another person) ~ confundir con || *I always confuse Laura with her sister ~ Siempre confundo a Laura con su hermana* **[2]** v2obj ♦ to confuse (someone) using (complicated words etc.) ~ confundir con || *You're confusing us with so much jargon ~ Nos estás confundiendo con tanta jerga*

congratulate for v2obj ♦ to felicitate (a person) because of (an achievement etc.) ~ felicitar por || *The president congratulated the team for the year's achievements ~ El presidente felicitó al equipo por los logros del año*

congratulate on v2obj ♦ *véase* congratulate for

congratulate upon v2obj form ♦ *véase* congratulate for

conjecture from v2obj ♦ to deduce (something) from (incomplete evidence etc.) ~ conjeturar de/por || *I think I can conjecture a conclusion from what I've heard ~ Creo que puedo conjeturar una conclusión de lo que he oído*

conjecture on ins ♦ *véase* guess at

conjure away sep ♦ to cause to disappear ~ conjurar/hacer desaparecer || *He conjured the handkerchief away and produced a watch ~ Conjuró el pañuelo y sacó un reloj*

conjure up sep ♦ to evoke/produce/ cause to appear ~ evocar/hacer aparecer || *She was conjuring up images of life after death ~ Evocaba imágenes de la vida después de la muerte*

conjure with ins ♦ to perform tricks of magic with ~ hacer trucos con || *She conjures with rabbits and doves ~ Hace trucos con conejos y palomas*

conk off vi USA inf ♦ *véase* conk out [1]

conk out **[1]** vi inf ♦ to go to sleep/ become unconscious very quickly ~ quedarse dormido o inconsciente de repente || *I was talking about politics when I suddenly conked out ~ Hablaba de política cuando de repente me quedé dormido* **[2]** vi inf ♦ [machine/vehicle] to stop working ~ averiarse/escoñarse || *The machine's conked out - we'll have to sew it by hand ~ La máquina se ha estropeado - tendremos que coserlo a mano* **[3]** vi USA AUS inf ♦ to die ~ morirse/estirar la pata || *The old dear conked out during the ceremony ~ La vieja estiró la pata durante la ceremonia*

connect to ins & v2obj ♦ to join (something) to (something else) ~ unir/ conectar(se) a || *This wire is going to* *connect to (connect us to) the network ~ Este cable va a conectarse (conectarnos) a la red*

connect up **[1]** vi ♦ [wires etc.] to connect ~ conectarse || *These two pipes connect up behind the bath ~ Estos dos tubos se conectan detrás de la bañera* **[2]** sep ♦ [wires/clients etc.] to connect ~ conectar || *The company wants to connect up these wires/clients ~ La compañía quiere conectar estos cables/a estos clientes*

connect with ins & v2obj ♦ to make a connection with ~ conectar con || *This cable connects with that one ~ Este cable se conecta con ése* | *This cable connects us with the neighbours ~ Este cable nos conecta con los vecinos*

connive at ins ♦ to allow to happen (even though one disagrees etc.) ~ hacer la vista gorda a || *You shouldn't connive at this mistreatment ~ No deberíais hacer la vista gorda a estos malos tratos*

connive in ins ♦ *véase* connive at

connive with ins ♦ to conspire (etc.) with ~ confabularse con || *He connives with his brother whenever they're together ~ Se confabula con su hermano siempre que están juntos*

conscript into v2obj mil ♦ to recruit obligatorily into (the army etc.) ~ llamar a (alguien) a (la mili etc.) || *The general conscripted them into the army when they were 18 ~ El general les llamó al ejército cuando tenían 18 años*

consecrate to v2obj ♦ to consecrate (a statue etc.) to the memory/worship of ~ consagrar (algo) a || *The church consecrated the new altar to the memory of the deceased priest ~ La iglesia consagró el nuevo altar a la memoria del difunto cura*

consent to ins ♦ to agree to/allow ~ consentir en || *My parents have consented to the wedding ~ Mis padres han consentido en que nos casemos*

consider as v2obj ♦ *véase* have down as

consider for v2obj ♦ to consider (a candidate etc.) for (a job/responsibility) ~ considerar para || *They're considering Daniel for the new sales position ~ Están considerando a Daniel para el nuevo puesto en la sección de ventas*

consign to **[1]** v2obj form ♦ to entrust something to ~ confiar a || *Daniel consigned this information to the lawyer ~ Daniel confió esta información al abogado* **[2]** v2obj form ♦ to abandon something to ~ sepultar (etc.) en || *Critics will consign this book to the dustbin ~ Los críticos mandarán este libro al basurero*

consist of ins ♦ to constitute/be composed of ~ consistir en/constar de || *The community consists of four provinces ~ La comunidad consta de cuatro provincias*

console on v2obj ♦ to offer sympathy to (person) because of (death/misfortune) ~ consolar con motivo de || *The neighbours consoled the lady on the loss of her husband ~ Los vecinos dieron el pésame a la señora al perder ésta a su marido*

console oneself with ins form ♦ *véase* solace oneself with

consort with ins form ♦ to accompany/to spend time with ~ ir con/asociarse con || *The prince used to consort with many beautiful maidens ~ El príncipe iba con muchas bellas doncellas*

conspire against ins ♦ to make a scheme against ~ conspirar contra || *They were conspiring against the current management ~ Conspiraban contra la dirección actual*

conspire with ins ♦ to make a scheme with ~ conspirar con || *He conspired with eight other men to plan the robbery ~ Conspiró con otros ocho hombres para planear el robo*

construe as v2obj ♦ to interpret (something) as ~ interpretar como || *I construed his words as indirect criticism ~ Interpreté sus palabras como una crítica indirecta*

consult about v2obj ♦ to consult (with an expert etc.) regarding (a matter) ~ consultar con (un experto etc.) respecto a || *Laura wants to consult her lawyer about this accusation ~ Laura quiere consultar con su abogado acerca de esta acusación*

consult together vi USA ♦ to consult mutually ~ consultar entre sí || *The delegates needed 30 minutes to consult together ~ Los delegados necesitaban 30 minutos para consultar entre sí*

consult with ins USA ♦ to consult/speak with ~ consultar con || *I'll have to consult with my attorney ~ Tendré que aconsejarme con mi abogado*

contaminate with v2obj ♦ to contaminate (person/thing) with (poison etc.) ~ contaminar de/con || *The insects contaminated the meat with germs ~ Los insectos contaminaron la carne de microbios*

contend against ins ♦ *véase* contend with

contend for ins ♦ *véase* fight for

contend with ins ♦ to fight against ~ luchar contra/contender con || *My son has to contend with a whole host of difficulties ~ Mi hijo tiene que contender con la mar de dificultades*

content oneself with ins ♦ to be satisfied with ~ contentarse con || *We learned to content ourselves with water instead of beer ~ Aprendimos a contentarnos con agua en vez de cerveza*

contest against ins ♦ *véase* contend with

contest for ins ♦ *véase* compete for

continue with ins ♦ *véase* carry on with [1]

contract for ins ♦ to offer a contract for ~ contratar || *They're contracting for the construction of the new bridge ~ Están contratando la construcción del nuevo puente*

contract in [1] vi ♦ to agree to participate (in a contract) ~ optar por participar (en un contrato) || *The conditions look okay, so we'll contract in ~ Las condiciones parecen bien, así que participaremos* **[2]** sep ♦ to include (in a contract) ~ incluir (en un contrato) || *I want to contract in those two plumbers ~ Quiero incluir en el contrato a esos dos fontaneros*

contract into ins & v2obj ♦ to include (oneself/others) in ~ incluir(se) en un contrato || *I want to contract (my brother) into the deal ~ Quiero participar (incluir a mi hermano) en el trato*

contract out [1] sep ♦ to offer (work etc.) under an external contract ~ ofrecer (algo) bajo contrato fuera de la empresa || *I can't manage the plumbing - we'll have to contract it out ~ No puedo con la instalación de las cañerías - tendremos que ofrecerla bajo subcontrato* **[2]** vi ♦ to choose not to participate (in a contract) ~ optar por no tomar parte (en un contrato) || *If this illness carries on I'll have to contract out ~ Si sigo con esta enfermedad tendré que cancelar mi participación*

contract out of ins ♦ to choose not to participate in ~ optar por no participar en || *I'm not satisfied: I want to contract out of the arrangement ~ No estoy satisfecha: ya no quiero tomar parte en el acuerdo*

contract with ins ♦ [business deal etc.] *véase* covenant with

contrast to v2obj ♦ *véase* contrast with [2]

contrast with [1] ins ♦ to produce a contrast with ~ contrastar con || *This fabric contrasts with the other one ~ Esta tela contrasta con la otra* **[2]** v2obj ♦ to compare/distinguish (one thing and another) ~ comparar/poner en contraste con || *It's not fair to contrast my work with my father's ~ No es justo poner en contraste mi trabajo con el de mi padre*

contribute for ins & v2obj ♦ *véase* contribute to

contribute to ins & v2obj ♦ to participate in/offer as a contribution to ~ contribuir a/intervenir en/colaborar en || *I'd like to contribute (this cheque) to the collection ~ Quisiera contribuir (este cheque) a la colecta*

convalesce from ins ♦ to recover after (an illness etc.) ~ convalecer de/tras || *I am currently convalescing from a long period of illness ~ Actualmente estoy convaleciendo de un largo período de enfermedad*

converge on ins ♦ [lots of people etc.] all to walk (etc.) towards ~ dirigirse todos a || *After the party everybody con-*

verged on the fritter stand ~ *Después de la fiesta nos dirigimos todos a la churrería*

converge upon ins form ♦ *véase* converge on

converse about ins form ♦ [formally] *véase* chat about

converse with ins form ♦ to talk with ~ conversar con || *He was conversing with a tree when the doctor arrived* ~ *Conversaba con un árbol cuando llegó el médico*

convert into v2obj ♦ *véase* change into [3]

convert to **[1]** ins ♦ [religion etc.] to change to ~ convertirse a || *My wife converted to catholicism when we got married* ~ *Mi mujer se convirtió al catolicismo cuando nos casamos* **[2]** v2obj ♦ [religion etc.] to convert (a person) to (a specific religion) ~ convertir a || *She converted her husband to catholicism* ~ *Convirtió a su marido al catolicismo*

convey to **[1]** v2obj ♦ [message etc.] *véase* give to **[2]** v2obj ♦ *véase* lead to

convict of v2obj ♦ to declare guilty of ~ declarar culpable de || *The judge convicted me of the crime* ~ *El juez me declaró culpable del crimen*

convince of v2obj ♦ to persuade (somebody) of ~ convencer de || *You must convince the judge of your innocence* ~ *Tienes que convencer al juez de que eres inocente*

cook out vi USA ♦ to cook outdoors ~ cocinar al aire libre || *If the sun keeps shining we'll cook out this evening* ~ *Si sigue haciendo sol cocinaremos al aire libre esta tarde*

cook up **[1]** sep ♦ [meal etc.] to prepare/cook ~ cocinar/preparar || *I'm cooking up something special for tonight* ~ *Estoy cocinando algo especial para esta noche* **[2]** sep ♦ [lie/false story etc.] to invent ~ inventar || *She cooked up some story about the car breaking down* ~ *Inventó no sé qué historia de una avería del coche* **[3]** sep ♦ to scheme/plan (etc.) ~ tramar || *The boys are cooking something up in the shed* ~ *Los muchachos están tramando algo en el cobertizo*

cool down **[1]** vi ♦ to become cool ~ enfriarse/refrescarse || *The meat has cooled down, so you can eat it now* ~ *La carne se ha enfriado, así que ya la puedes comer* **[2]** sep ♦ to make cool ~ enfriar/refrescar/refrigerar || *I'll cool the coffee down with a bit of milk* ~ *Enfriaré el café con un poco de leche* **[3]** vi ♦ to become calm ~ calmarse || *It takes me two hours to cool down after a meeting* ~ *Tardo dos horas en calmarme después de una reunión* **[4]** sep ♦ to make calm ~ calmar || *Try and cool him down before the performance begins* ~ *Intenta calmarle antes de que comience la actuación* **[5]** vi ♦ to stop increasing/ developing ~ dejar de desarrollarse (etc.) || *Sales have cooled down after the first month* ~ *Las ventas han dejado de aumentar después del primer mes* **[6]** sep ♦ to stop increasing; to brake ~ dejar de desarrollar; frenar || *It's important for you to cool their enthusiasm down* ~ *Es importante que les frenes el entusiasmo*

cool off vi & sep ♦ *véase* cool down

coop up sep ♦ [animal etc.] to keep in a small area ~ encerrar/enjaular || *They used to coop that poor dog up in a cupboard* ~ *Encerraban a ese pobre perro en un armario*

cooperate in ins ♦ to collaborate/ participate in ~ colaborar en || *She always likes to cooperate in such investigations* ~ *Siempre le gusta colaborar en tales investigaciones*

cooperate on ins ♦ *véase* cooperate in

cooperate with ins ♦ to collaborate/ participate with ~ colaborar con || *I've decided to cooperate with the police* ~ *He decidido colaborar con la policía*

coopt into v2obj USA ♦ *véase* bounce into

coopt on to v2obj form ♦ [committee etc.] to elect (someone) as a member of ~ cooptar a (alguien) a || *They coopted my wife on to the board of directors* ~ *Cooptaron a mi mujer al consejo de administración*

coopt onto v2obj form ♦ *véase* coopt on to

coordinate with v2obj ♦ to harmonise (colours, details, times etc.) with ~ coordinar con || *I want to coordinate my activities with those of my colleagues ~ Quiero coordinar mis actividades con las de mis compañeros*

cop for ins GB inf ♦ to be forced to receive/tolerate (etc.) ~ tener que aguantar; recibir (etc.) algo no deseado || *My sister copped for the washing-up (the ugly boy) ~ A mi hermana le tocó fregar (el chico feo)*

cop from v2obj USA inf ♦ to steal (something) from (a person/shop etc.) ~ robar de/a || *She copped a computer from the office ~ Robó un ordenador de la oficina*

cop off vi GB inf ♦ to begin a sexual relationship ~ ligar || *She (they) copped off last night at the party ~ Ligó (ligaron) anoche en la fiesta*

cop off with ins GB inf ♦ to begin a sexual relationship with ~ ligar con || *I'd really love to cop off with your brother ~ Me encantaría de verdad ligar con tu hermano*

cop oneself on vi IRL inf ♦ *véase* get oneself together

cop on to oneself vi IRL inf ♦ *véase* get oneself together

cop out vi inf ♦ to avoid (doing something) ~ rajarse/resbalarse || *They wanted me to take part, but I managed to cop out ~ Querían que participara, pero logré rajarme*

cope with ins ♦ to manage; to face successfully ~ poder con (etc.) || *I can't cope with all these difficulties ~ No puedo con todas estas dificultades*

cope without ins ♦ *véase* get along without

copulate with ins form ♦ *véase* get it off with

copy down sep ♦ to write/copy ~ escribir/apuntar/copiar || *Copy down the following titles, please ~ Apunten los siguientes títulos, por favor*

copy from ins & v2obj ♦ to copy/imitate (something) from (a source) ~ copiar (algo) de || *Laura has copied (the first paragraph of her essay) from this book ~ Laura ha copiado (el primer párrafo de su ensayo) de este libro*

copy off ins & v2obj inf ♦ *véase* copy from

copy out sep ♦ to copy/write again ~ copiar/volver a escribir || *My essay had some mistakes, so I copied it out ~ Mi redacción tenía algunos errores, así que la volví a escribir*

copy up sep ♦ *véase* write up [1]

cordon off sep ♦ to block (etc.) with a cordon ~ acordonar || *The police cordoned the area off after the incident ~ La policía acordonó la zona después del incidente*

cork up sep ♦ [bottle] to put a cork in ~ tapar con corcho || *We'll have to cork up all these bottles of wine before the party ~ Tendremos que taponar todas estas botellas de vino antes de la fiesta*

correlate to [1] ins ♦ *véase* correspond to; accord with **[2]** v2obj ♦ to relate (one thing) to (another) ~ correlacionar a || *The important thing is to correlate this information to the previous data ~ Lo importante es correlacionar esta información con los datos anteriores*

correspond to ins ♦ to agree with/ be appropriate to ~ corresponder a || *These stories correspond to the writer's years of depression ~ Estos cuentos corresponden a los años de depresión del autor*

correspond with [1] ins ♦ *véase* correspond to **[2]** ins ♦ to exchange letters (etc.) with ~ cartearse con || *She corresponds with various Latin American poets ~ Está en correspondencia con varios poetas latinoamericanos*

cost out sep ♦ to establish a budget for ~ presupuestar || *Cost the project out and let me know the results ~ Presupuesten el proyecto y pásenme los resultados*

co-star in ins ♦ to act as a co-star in (a film etc.) ~ hacer de coestrella en || *He co-starred in several films before the war ~ Hizo de coestrella en varias películas antes de la guerra*

co-star with ins ♦ to act as a co-star with ~ hacer de coestrella con || *He'd love to have co-starred with Joan Crawford ~ He habría encantado hacer de coestrella con Joan Crawford*

cosy up to ins GB AUS inf ♦ *véase* cozy up to

cotton on vi inf ♦ to begin to understand ~ empezar a endender; caer en la cuenta || *She dropped hints for three days, and in the end we cottoned on ~ Soltó indirectas durante tres días y al final caímos en la cuenta*

cotton on to ins inf ♦ to begin to understand ~ caer en la cuenta de || *It took us four years to cotton on to the real reason ~ Tardamos cuatro años en llegar a comprender la razón verdadera*

cotton to [1] ins ♦ to like/approve of (after the first meeting/experience) ~ coger cariño a/entusiasmarse con || *I cottoned to your cousin as soon as I met her ~ Empecé a cogerle cariño a tu prima nada más conocerla* **[2]** ins USA inf ♦ *véase* cotton on to

cotton up to ins USA inf ♦ *véase* buddy up to

couch in v2obj lit ♦ to express (something) in a covering of (irony/emotion etc.) ~ expresar (algo) con/en (etc.) || *He always couched his sentiments in a river of pathos ~ Siempre expresaba sus sentimientos en un río de patetismo*

cough out [1] sep ♦ *véase* force out [2] **[2]** sep ♦ *véase* cough up [1]

cough up [1] sep ♦ to produce (phlegm etc.) by coughing ~ arrojar tosiendo || *When she began to cough up blood, we got worried ~ Cuando empezó a arrojar sangre, nos preocupamos* **[2]** vi inf ♦ to pay ~ apoquinar/pagar || *Come on, cough up - you still owe me ten dollars ~ Venga, apoquina - me sigues debiendo diez dólares* **[3]** sep inf ♦ to pay ~ apoqunìar/pagar || *We coughed up nearly a million in three months ~ Apoquinamos casi un millón en tres meses*

cough up for ins & v2obj ♦ to pay (an amount of money) for ~ pagar (una cantidad de dinero) por || *I coughed up (900 pesetas) for the cakes ~ Pagué (900 pesetas por) los pasteles*

counsel about [1] v2obj ♦ *véase* advise on [2] **[2]** ins & v2obj ♦ *véase* advise against

count against ins ♦ to contribute to the failure (etc.) of/be disadvantageous to ~ ser desfavorable a || *That bad decision will count against your brother in the long run ~ A largo plazo esa mala decisión será desfavorable a tu hermano*

count among [1] v2obj ♦ to consider (a person) to be a member of (a group etc.) ~ considerar como || *I count Daniel and Laura among my friends ~ Considero a Daniel y Laura como amigos* **[2]** ins ♦ to feature among ~ figurar entre || *This book will surely count among the classics ~ Este libro seguramente figurará entre los clásicos*

count as ins ♦ to be considered as ~ contar por/como || *This exam counts as two evaluations ~ Este examen cuenta por dos evaluaciones*

count down vi ♦ to count backwards; to wait expectantly/impatiently ~ esperar con ilusión (etc.); contar atrás || *The anniversary is approaching and the press are counting down ~ Se acerca el aniversario, y la prensa ya está contando atrás*

count down to ins ♦ to wait expectantly for; to count backwards in anticipation of ~ esperar con ilusión (etc.); contar atrás hacia la llegada de || *We're counting down to our son's birth ~ Estamos contando los días para que nazca nuestro hijo*

count for ins ♦ to constitute a valuable contribution to ~ servir para/valer por (etc.) || *I hope all this effort will count for something ~ Espero que todo este esfuerzo sirva para algo*

count in sep inf ♦ to include ~ incluir/contar con || *If it's not too dangerous you can count me in ~ Si no es demasiado peligroso podéis incluirme a mí*

count off [1] vi USA ♦ [in register etc.] to answer one's name ~ [al pasar lista] contestar a su nombre || *The chil-*

dren counted off in a loud voice ~ *Los niños contestaron a sus nombres en voz alta* **[2]** sep USA ♦ to call (names etc.) on a register/list ~ pasar lista || *The teacher counted the students off before the class* ~ *La profesora pasó lista antes de la clase*

count on **[1]** ins & v2obj ♦ to count using (fingers/abacus etc.) ~ contar con/en || *He counted (the possibilities) on his fingers* ~ *Contaba (las posibilidades) con los dedos* **[2]** ins ♦ to trust (etc.) ~ confiar en/fiarse de/contar con || *You can count on her if you want the job to be done well* ~ *Si quieres que el trabajo se haga bien puedes contar con ella* **[3]** ins ♦ to plan on the basis of ~ planear a base de/contar con || *We are counting on good weather for the success of the games* ~ *Estamos contando con que haga buen tiempo para el éxito de los juegos*

count on for v2obj ♦ *véase* depend on for

count out **[1]** sep inf ♦ to exclude ~ excluir || *I'm afraid you'll have to count me out - I'm ill* ~ *Me temo que tendréis que excluirme - estoy enfermo* **[2]** sep ♦ to count (money etc.) carefully ~ ir contando con cuidado || *Count out the notes and we'll see if they're all here* ~ *Ve contando los billetes y veremos si están todos aquí* **[3]** sep ♦ [boxing] to declare as the loser (after the count) ~ declarar vencido (después de la cuenta) || *The referee reached ten and counted the champion out* ~ *El árbitro llegó a diez y declaró vencido al campeón*

count towards ins ♦ to be valid as a constituent of ~ contar para/ser válido para || *This essay counts towards the final mark* ~ *Esta redacción cuenta para la nota final*

count up sep ♦ *véase* add together

count upon ins ♦ *véase* count on [2] & [3]

counter with ins & v2obj ♦ to reply to (a statement) with (an answer) ~ contestar con || *We countered (their accusation) with a denial* ~ *Contestamos (a su acusación) con un desmentimiento*

couple to v2obj ♦ *véase* attach to [1]; dock with [1]

couple together sep ♦ to form a couple of (two people, items etc.) ~ unir/juntar en pareja || *The teacher coupled Daniel and Laura together for that dance* ~ *Para ese baile el profesor juntó a Daniel y Laura*

couple with **[1]** v2obj ♦ to make a couple of (X and Y) ~ unir a (X) e (Y) en pareja || *I want to couple you with my sister for this exercise* ~ *Para este ejercicio quiero juntarte con mi hermana* **[2]** ins USA ♦ *véase* get it off with **[3]** ins ♦ [component etc.] *véase* dock with [2]

course through ins ♦ [blood in veins etc.] to flow through ~ correr/fluir por || *The water coursed through the hole in the wall* ~ *El agua corría por el agujero en el muro*

covenant with ins ♦ to make a pact with ~ pactar con || *I think he's covenanting with that accountant* ~ *Creo que está pactando con ese contable*

cover against v2obj ♦ *véase* insure against [2]

cover for **[1]** ins ♦ *véase* cover up for **[2]** v2obj ♦ [sum; consequences etc.] *véase* assure for; insure against [2] **[3]** ins ♦ [informally, during a short absence] *véase* act for

cover in **[1]** v2obj ♦ to cover (a surface/person) in/with (paint/glory etc.) ~ cubrir de/revestir de (etc.) || *We covered the winner in flowers* ~ *Revestimos de flores a la ganadora* **[2]** sep ♦ to cover; to put a roof on ~ cubrir/techar || *They covered the shed in before the rainy season* ~ *Techaron el cobertizo antes de la estación de las lluvias*

cover over sep ♦ to apply a cover to ~ cubrir/tapar || *You should cover over that food, or the cat will get it* ~ *Deberías tapar esa comida, o la va a alcanzar el gato*

cover over with v2obj ♦ to use (something) to cover ~ cubrir/tapar de/con || *Please cover the milk over with that towel* ~ *Por favor tapa la leche con esa toalla*

cover up **[1]** sep ♦ *véase* cover over **[2]** sep ♦ [truth/emotion etc.] to hide ~ correr en velo sobre; ocultar/disimular || *They tried to cover the murder up, but in vain ~ Intentaron correr un velo sobre el asesinato, pero en vano* **[3]** vi ♦ to dress in warm clothes ~ abrigarse bien || *You'll have to cover up if you're going out ~ Tendrás que abrigarte si vas a salir a la calle*

cover up for ins ♦ to protect (a criminal etc.) by hiding the truth/information ~ encubrir || *I can tell you're covering up for the man we saw in the bank ~ Se nota que estás encubriendo al hombre que vimos en el banco*

cover up in v2obj ♦ *véase* cover in [1]

cover up with v2obj ♦ *véase* cover in [1]; cover over with

cover with v2obj ♦ *véase* cover in [1]; cover over with

cow into v2obj ♦ *véase* bounce into

cower away from ins inf ♦ *véase* flinch at

cower down from ins inf ♦ *véase* flinch at

cower from ins inf ♦ *véase* flinch at

cozy up to ins USA inf ♦ to become friendly with (in order to use to one's advantage) ~ hacerse amigo de (con vistas a aprovecharse de) || *I cozied up to the boss and all, but he saw through my plan ~ Me hice amigo del jefe y todo, pero me caló el plan*

crab about ins ♦ *véase* complain about

crack down vi ♦ to take severe action ~ tomar medidas severas || *We're losing control of this problem: we'll have to crack down ~ Estamos perdiendo el control de este problema: tendremos que tomar medidas severas*

crack down on ins ♦ to take severe action against ~ tomar medidas severas contra || *I want us to crack down on drug consumption ~ Quiero que tomemos medidas severas contra el consumo de drogas*

crack on **[1]** vi GB inf ♦ to make (energetic) progress ~ hacer progreso (enérgico) || *We cracked on and finished before lunch ~ Seguimos con energía y acabamos antes de comer* **[2]** vi GB inf ♦ to chat ~ charlar || *They were cracking on in the bar when I saw them ~ Estaban charlando en el bar cuando las vi*

crack on about ins GB inf ♦ *véase* chat about

crack on with **[1]** ins GB inf ♦ to make (energetic) progress with/on ~ hacer progreso (enérgico) con/en || *This afternoon I'm going to crack on with the shelves ~ Esta tarde voy a continuar montando las baldas* **[2]** ins GB inf ♦ *véase* chat to

crack under ins ♦ [+ strain etc.] to collapse due to ~ sufrir un colapso bajo/romperse bajo || *It looks as if the director is going to crack under the strain ~ Parece que el director va a sufrir un colapso bajo la presión*

crack up **[1]** vi inf ♦ to begin to laugh a lot ~ echarse a reír (mucho) || *At the end of the joke we cracked up ~ Al final del chiste nos echamos a reír a carcajadas* **[2]** sep inf ♦ to cause to laugh a lot ~ hacerle reír a (alguien) || *That comedian always cracks me up ~ Ese humorista siempre me hace morir de la risa* **[3]** vi inf ♦ to have a nervous breakdown ~ sufrir un colapso nervioso || *If you carry on like this you'll crack up ~ Si sigues así vas a sufrir un colapso nervioso* **[4]** sep inf ♦ to cause to have a nervous breakdown ~ hacer que (alguien) sufra un colapso nervioso || *It was the stress which finally cracked him up ~ Lo que al final le provocó el colapso nervioso fue el estrés* **[5]** vi USA inf ♦ to disintegrate/crash ~ deshacerse/estrellarse || *The plane cracked up in a field in California ~ El avión se estrelló en un campo de California* **[6]** sep USA inf ♦ to cause to disintegrate/crash ~ estrellar || *I cracked up your car - I'm very sorry ~ Te he estrellado el coche - lo siento mucho* **[7]** sep inf ♦ to praise in an exaggerated way ~ dar bombo a || *The company cracked this car up to be great ~ La empresa dio bomba a este coche, diciendo que era fenomenal* **[8]**

vi USA inf ♦ to become angry ~ enfadarse || *I crack up every time I see his face on the screen* ~ *Me enfado cada vez que le veo la cara en la pantalla* **[9]** sep USA inf ♦ to make angry ~ enfadar || *Such arrogance cracks me up* ~ *Tal arrogancia me enoja*

cram for ins inf ♦ to spend an intensive period studying for (exams) ~ empollar para || *Laura can't come out: she's cramming for tomorrow's exam* ~ *Laura no puede salir: está empollando para el examen de mañana*

cram in [1] vi ♦ to enter (a small place with insufficient space) ~ entrar; lograr encajarse (etc.) || *There were seventy of them but they all crammed in* ~ *Eran setenta pero todos consiguieron encajarse* **[2]** sep ♦ to cause to enter (a small place with insufficient space) ~ meter apresuradamente (etc.) || *She's cramming the clothes in, but I think the bag is too small* ~ *Está metiendo la ropa apretadamente, pero creo que el bolso es demasiado pequeño*

cram into [1] ins ♦ to enter (a small place with insufficient space) ~ lograr encajarse en || *We all crammed into the smallest room in the school* ~ *Logramos meternos todos en la sala más pequeña de la escuela* **[2]** v2obj ♦ to cause to enter (a small place with insufficient space) ~ meter apresuradamente en || *You'll need to cram this jersey into the suitcase too* ~ *Tendrás que intentar meter también este jersey en la maleta*

cram with v2obj ♦ to fill excessively with ~ llenar/atestar de (etc.) || *She crams our heads with beautiful images* ~ *Nos carga la cabeza de bellas imágenes*

crane forward vi ♦ to lean forward stretching one's neck ~ inclinarse estirando el cuello || *She craned forward to see what was happening downstairs* ~ *Estiró el cuello hacia adelante para ver lo que pasaba abajo*

crane up sep ♦ to lift using a crane ~ levantar con grúa || *I asked him to crane these boxes up, and he hasn't done it* ~ *Le pedí que levantara estas cajas con grúa y no lo ha hecho*

crank out sep USA inf ♦ *véase* churn out

crank up [1] sep ♦ [engine] to cause to work by turning a handle ~ hacer arrancar con la manivela; dar vuelta a || *Crank up the engine and we'll see if we can hear that noise* ~ *Arranca el motor, a ver si podemos oír ese ruido* **[2]** sep ♦ to increase/improve ~ aumentar/mejorar || *I'd like us to crank up our sales campaign* ~ *Me gustaría que mejoráramos la campaña de ventas*

crap out [1] vi USA inf ♦ *véase* back down **[2]** sep inf ♦ *véase* shit out

crash around vi ♦ *véase* bang about

crash down vi ♦ to fall noisily ~ caer con estrépito || *The cupboard crashed down when the lorry went past* ~ *El armario cayó con estrépito cuando pasó en camión*

crash into ins ♦ *véase* collide with

crash out [1] vi inf ♦ to go to bed/sleep suddenly ~ acostarse/dormirse de repente || *He came back from the party and crashed out* ~ *Volvió de la fiesta y cayó redondo* **[2]** vi inf ♦ [sports team] to be eliminated unexpectedly ~ quedar eliminado inesperadamente || *My team crashed out last night* ~ *Mi equipo quedó eliminado anoche*

crash with ins inf ♦ to sleep in the house/bed of ~ dormir en casa (o en la cama) de || *I crashed with a strange guy (with my sister) last night* ~ *Anoche me acosté en casa de un tío raro (en la cama de mi hermana)*

crate up sep ♦ to pack/put in crates ~ embalar (en cajones) || *If you don't mind crating up these books, I'll do the paperwork* ~ *Si no te importa embalar estos libros en cajones, yo me encargaré del papeleo*

crave for ins ♦ to desire strongly ~ ansiar/anhelar || *I crave for Spanish coffee whenever I'm in England* ~ *Anhelo el café español cada vez que estoy en Inglaterra*

crawl along vi ♦ to move very slowly ~ avanzar a paso de tortuga || *Look at the road - the lorries are crawling along*

~ *Mira la carretera - los camiones avanzan a paso de tortuga*

crawl back to **[1]** ins ♦ to return crawling to ~ volver a gatas a || *After the accident I managed to crawl back to the car ~ Después del accidente logré volver a gatas al coche* **[2]** ins inf ♦ to return apologetically or humbly to (a previous lover) ~ volver humildemente a (un/a ex amante) || *Daniel realised he still loved Laura and crawled back to her ~ Daniel se dio cuenta de que seguía queriendo a Laura y volvió humildemente a pedirle perdón*

crawl in vi ♦ to enter using legs and arms ~ entrar a gatas || *The hole was small so I had to crawl in ~ El agujero era pequeño así que tuve que entrar a gatas*

crawl into ins ♦ to enter using legs and arms ~ entrar a gatas en || *I want you to crawl into the pipe and look for the watch ~ Quiero que te metas a gatas en el tubo y busques el reloj*

crawl out vi ♦ to exit using arms and legs ~ salir a gatas || *The door was blocked so we had to crawl out ~ La puerta estaba bloqueada así que tuvimos que salir a gatas*

crawl to ins ♦ to humiliate oneself in front of; to apologise humbly to ~ humillarse ante; pedir perdón humildemente a || *You shouldn't have to crawl to the manager - it's not right ~ No deberías tener que humillarte ante el encargado - no está bien*

crawl with ins ♦ to be plagued with/ full of ~ estar plagado de; hervir de/en || *The kitchen is crawling with cockroaches ~ La cocina está plagada de cucarachas*

cream off **[1]** sep ♦ [best students etc.] to separate from a group and treat better ~ separar a los mejores (etc.); tomarse lo mejor de || *The teacher decided to cream off the five best pupils and put them in a different room ~ La profesora decidió separar a los cinco mejores alumnos y meterles en un aula diferente* **[2]** sep ♦ [money etc.] to take a percentage (etc.) ~ llevarse un porcentaje (etc.) || *Every year Gutiérrez creams off 10% of the profits ~ Cada año Gutiérrez se lleva el 10% de las ganancias* **[3]** vi arg ♦ to masturbate ~ hacerse una paja || *The man was creaming off while we were in the queue ~ El hombre se hacía una paja mientras hacíamos cola* **[4]** sep arg ♦ *véase* bring off [2]

crease up **[1]** vi inf & sep GB AUS inf ♦ *véase* crack up [1] & [2] **[2]** sep ♦ [paper/dress; nose] to cause to wrinkle ~ arrugar || *She creased the paper up so that we couldn't read it ~ Arrugó el papel para que no lo pudiéramos leer* **[3]** vi ♦ [dress etc.] to become wrinkled ~ arrugarse || *Her dress creased up in the car ~ Se le arrugó el vestido en el coche*

credit for v2obj ♦ *véase* commend for

credit to v2obj ♦ to credit (a sum of money) to the account of ~ abonar/cargar en cuenta de/a || *I'm going to credit 500 dollars to your account ~ Voy a abonar 500 dólares en tu cuenta*

credit with **[1]** v2obj ♦ to credit (an account) with (a sum of money) ~ abonar (una cantidad de dinero) en cuenta de/a || *Please credit my account with 800 pounds ~ Por favor abonen 800 libras en mi cuenta* **[2]** v2obj ♦ to consider (somebody) to have/be (etc.) ~ atribuir a; creer a uno de/con (etc.) || *I would have credited him with more common sense ~ Le habría creído de más sentido común*

creep about vi ♦ to move silently/ furtively ~ andar sigilosamente || *He tends to creep about when the rest of us are asleep ~ Suele andar sigilosamente cuando los demás dormimos*

creep along vi ♦ [esp. traffic] to move slowly ~ avanzar a paso de tortuga || *If the traffic creeps along like this, we'll arrive late ~ Si el tráfico avanza así a paso de tortuga, llegaremos tarde*

creep around vi ♦ *véase* creep about

creep in **[1]** vi ♦ [person/animal] to enter silently ~ entrar sigilosamente || *We crept in at midnight and nobody heard us*

~ *Entramos con cuidado a medianoche sin que nadie nos oyera* **[2]** vi ♦ [doubt/ problem/difficulty etc.] to begin to be noticeable ~ empezar a notarse || *My doubts began to creep in when I saw him in the bar with her* ~ *Empezó a entrarme la duda cuando le vi con ella en el bar*

creep into **[1]** ins ♦ [person/animal] to enter silently ~ entrar sigilosamente en || *The cat crept into the kitchen* ~ *El gato entró sigilosamente en la cocina* **[2]** ins ♦ [doubt/problem/difficulty etc.] to begin to affect (negatively) ~ empezar a afectar (de forma negativa) || *Don't let jealousy creep into your thoughts* ~ *No dejes que los celos afecten tus pensamientos*

creep out vi ♦ to leave silently/ furtively ~ salir sigilosamente || *The burglar crept out without our hearing him* ~ *El ladrón salió sigilosamente sin que le oyéramos*

creep out of ins ♦ to leave silently/ furtively ~ salir sigilosamente de || *We crept out of the house and went to the party* ~ *Abandonamos sigilosamente la casa y fuimos a la fiesta*

creep over ins lit ♦ [emotion etc.] to begin to affect/ dominate (a person) ~ empezar a afectar || *A feeling of disappointment is beginning to creep over us* ~ *Estamos empezando a notar una sensación de decepción*

creep to ins ♦ *véase* crawl to

creep up vi ♦ [person/event] to approach silently/furtively/unexpectedly ~ acercarse sigilosa o inesperadamente || *It's amazing: your birthday is creeping up again!* ~ *Es increíble: ¡se nos está volviendo a acercar tu cumpleaños!*

creep up on ins ♦ [person/event] to approach silently/furtively/unexpectedly ~ acercarse sigilosa o inesperadamente a || *The man crept up on his victim in the alley* ~ *El hombre se acercó a su víctima en el callejón sin que ésta se diera cuenta* | *These things always creep up on me* ~ *Estas cosas siempre me vienen sin que me entere*

crib from ins & v2obj ♦ to plagiarise (something) from (a person/source) ~ plagiar/tomar de || *She tried to crib (the text) from her friend's book* ~ *Intentó plagiar (el texto) del libro de su amiga*

cringe at ins inf ♦ to react with embarrassment to ~ encogerse de desconcierto ante || *I cringed at my father dancing to Julio Iglesias* ~ *Me encogí de desconcierto al ver a mi padre bailar a Julio Iglesias*

cringe away from ins ♦ *véase* flinch at

cringe from ins ♦ *véase* flinch at

cringe with ins ♦ to react physically due to (fear etc.) ~ encogerse de || *When we saw the gun we cringed with fear* ~ *Cuando vimos la pistola nos encogimos de miedo*

crinkle up sep ♦ *véase* crease up [2]

cripple with v2obj ♦ to cause difficulties for (on account of) ~ dificultar la vida a (alguien) con || *The bank has crippled me with a massive mortgage* ~ *El banco me ha dificultado la vida con una hipoteca abrumadora*

criticise for v2obj GB AUS ♦ *véase* get down on for

criticize for v2obj ♦ *véase* get down on for

crock up sep USA inf ♦ *véase* bang up [2]

crop out vi ♦ [moss on rock etc.] to appear ~ aflorar || *All sorts of strange mosses cropped out in the spring* ~ *Todo tipo de musgos raros afloraron en la primavera*

crop up **[1]** vi ♦ [problem/topic] to appear; to happen ~ surgir/aparecer || *The matter (the expression) cropped up in the meeting (book)* ~ *El asunto (la expresión) surgió en la reunión (en el libro)* **[2]** vi ♦ *véase* crop out

cross off sep & v2obj ♦ [name/task from a list etc.] to remove ~ tachar (de) || *I want you to cross off these two people: they don't work here any more* ~ *Quiero que taches a estas dos personas: ya no trabajan aquí* | *Cross me off the list, please: I can't go* ~ *Tachadme de la lista, por favor: no puedo ir*

cross out sep ♦ [mistake etc.] to draw a line through ~ tachar || *You'll* *need to cross out all the mistakes before you hand it in* ~ *Tendrás que tachar todos los errores antes de entregarlo*

cross over **[1]** vi & ins ♦ to cross (a street etc.) ~ cruzar || *When he saw me he crossed over (the road)* ~ *Cuando me vio cruzó a la otra acera* **[2]** vi ♦ [political supporter etc.] to begin to support a different party ~ ir al otro lado (etc.) || *Yes, they crossed over after the general election* ~ *Sí, fueron al otro lado después de las elecciones generales* **[3]** vi ♦ [musician etc.] to change styles ~ cambiar de estilo || *He used to play jazz, then he discovered pop music and crossed over* ~ *Antes tocaba el jazz, pero luego descubrió la música pop y cambió de estilo*

cross over to **[1]** ins & v2obj ♦ to cross (a street etc.) to ~ cruzar a || *Laura crossed over (the river) to the other bank* ~ *Laura cruzó (el río) a la otra ribera* **[2]** ins ♦ [political supporter etc.] to change one's allegiance to ~ ir a (otro partido etc.) || *Daniel wants to cross over to the Labour Party* ~ *Daniel quiere irse al Partido Laborista* **[3]** ins ♦ [musician etc.] to change styles to ~ cambiar a (otro estilo) || *The first song was one of her ballads, then she crossed over to a bit of rock music* ~ *La primera canción fue una de sus baladas, y luego cambió a un poco de rock*

cross up sep USA inf ♦ to confuse/deceive ~ engañar/confundir || *I don't want you to think I'm trying to cross you up* ~ *No quiero que creas que estoy intentando engañarte*

cross with v2obj ♦ to combine (one animal) genetically with (another) ~ cruzar con || *They crossed a horse with a cow and this is the result* ~ *Cruzaron a un caballo con una vaca y éste es el resultado*

crouch down vi ♦ to crouch ~ agacharse || *If you crouch down they won't see you* ~ *Si te agachas no te verán*

crow about ins ♦ *véase* crow over

crow over ins ♦ to express satisfaction regarding (success etc.) ~ jactarse de (etc.) || *He spent the whole day crowing over the results* ~ *Estuvo todo el día jactándose de los resultados*

crowd around vi & ins ♦ to form a group surrounding (a person/thing) ~ agruparse en torno (de) || *The public began to crowd around (the victim)* ~ *El público empezó a agruparse alrededor (de la víctima)*

crowd in vi & sep ♦ *véase* cram in

crowd into ins & v2obj ♦ *véase* cram into

crowd off v2obj ♦ to cause to leave (etc.) due to being crowded ~ obligar a bajar de (etc.) debido a la multitud || *The sudden surge of shoppers crowded us off the pavement* ~ *La oleada repentina de compradores nos obligó a bajar de la acera*

crowd out sep ♦ to exclude/defeat/intimidate (etc.) by outnumbering ~ excluir/vencer/intimidar (etc.) con números superiores || *The youth of the party crowded the old guard out* ~ *La juventud del partido era mucho más numerosa que los viejos*

crowd round vi & ins ♦ *véase* crowd around

crowd together **[1]** vi ♦ to form a crowd/group ~ juntarse/agruparse || *The public crowded together in the square and waited* ~ *El público se agrupó en la plaza y esperó* **[2]** sep ♦ to cause to form a group/crowd ~ agrupar/juntar || *The director crowded lots of extras together in the park* ~ *El director agrupó a muchos extras en el parque*

crowd with v2obj ♦ *véase* cram with

crown with v2obj ♦ to complement (something good) with (something better) ~ coronar con || *The team crowned their championship with a victory on the final day* ~ *El equipo coronó su campeonato con una victoria en la última jornada*

cruise around vi & ins USA ♦ to drive around (the city etc.) in a leisurely way ~ pasear en coche (por la ciudad etc.) || *The guys were cruising around (the city) and whistling at the girls* ~ *Los muchachos paseaban en coche (por la ciudad) y silbaban a las chicas*

crumb up sep USA inf ♦ *véase* bitch up

crumble up [1] vi ♦ to decompose into crumbs (etc.) ~ desmigajarse || *The cake crumbled up and we couldn't eat it ~ El pastel se desmigajó y no pudimos comerlo* **[2]** sep ♦ to break into crumbs (etc.) ~ desmigajar || *You crumble the biscuits up, please, and I'll prepare the sauce ~ Tú desmigaja las galletas, por favor, y yo prepararé la salsa*

crumple up [1] sep ♦ *véase* crease up [2] **[2]** vi ♦ [person/building] to collapse (etc.) ~ derrumbarse/desplomarse || *The building crumpled up during the earthquake ~ El edificio se derrumbó durante el terremoto*

crunch up sep ♦ *véase* break up [8]

crusade against ins ♦ *véase* campaign against

crusade for ins ♦ *véase* campaign for

crush in vi & sep ♦ *véase* cram in

crush into ins & v2obj ♦ *véase* cram into

crush up [1] sep ♦ *véase* break up [8] **[2]** vi inf ♦ *véase* budge along [1]

cry about ins ♦ [a negative thing which has happened] *véase* cry for [2]

cry down sep ♦ to discredit/scorn/slight (etc.) ~ despreciar || *The boxer cried down his rival's ability ~ El boxeador despreció las capacidades de su rival*

cry for [1] ins ♦ to shout in order to seek ~ clamar por/pedir a voces || *The firefighter was crying for help ~ El bombero pedía socorro a voces* **[2]** ins ♦ [death/loss] to lament; to cry because of ~ llorar (a/de); lamentarse de || *The widow cried for her dead husband ~ La viuda lloró a su marido muerto*

cry off vi GB AUS inf ♦ *véase* bottle out

cry out [1] vi & sep ♦ to shout (a word etc.) ~ gritar (una palabra etc.) || *During the speech a demonstrator cried out (an insult) ~ Durante el discurso un manifestante gritó (un insulto)* **[2]** sep ♦ [vendor] to advertise (goods) in a loud voice ~ pregonar || *The man was crying out his wares ~ El hombre pregonaba sus mercancías* **[3]** sep os ♦ [+ one's eyes] *véase* sob out [2]

cry out against ins ♦ to complain loudly on account of ~ quejarse a voces de/poner el grito en el cielo por || *The OAPs cried out against the price of coal ~ Los jubilados se quejaron a voces del precio del carbón*

cry out for ins inf ♦ to require obviously and urgently ~ pedir a gritos; necesitar obvia y urgentemente || *The team is crying out for a new striker ~ El equipo necesita urgentemente a un nuevo ariete*

cry out in ins ♦ to shout because of (pain etc.) ~ gritar de || *I cried out in pain when the iron touched my finger ~ Grité del dolor que produjo la plancha en mi dedo*

cry over ins ♦ *véase* cry for [2]

cry oneself to ins ♦ [+ sleep] to cry until one falls asleep ~ dormirse llorando || *I don't know how many times I've cried myself to sleep since Daniel left me ~ No sé cuántas veces me he dormido llorando desde que me dejó Daniel*

cry with ins ♦ to cry due to (emotion etc.) ~ llorar de || *In fact, I was crying with relief ~ De hecho lloraba de alivio*

cuddle down vi ♦ [child in bed etc.] to adopt a position to sleep ~ acurrucarse (en la cama) || *Her mother sang her a song and she eventually cuddled down ~ Su madre le cantó una nana y por fin se acurrucó*

cuddle up vi ♦ to cuddle/hug ~ abrazarse || *They cuddled up in front of the telly ~ Se abrazaron delante de la tele*

cuddle up to ins ♦ to come close to (in order to cuddle) ~ acercarse a (para abrazar) || *She cuddled up to him on the sofa and kissed him ~ Se le acercó amorosamente en el sofá y le dio un beso*

cue in sep ♦ [in radio/TV etc.] to give (an actor etc.) a cue ~ dar la entrada a || *At exactly six o'clock the producer cued the presenter in ~ A las seis en punto el productor le dio la entrada al presentador*

cue in on v2obj USA ♦ *véase* catch up on [3]

cull from v2obj ♦ to collect (information etc.) from (various sources) ~ ir recogiendo (información etc.) de (diversas fuentes) || *She culled a lot of solid facts from the series of interviews ~ Recogió muchos hechos sólidos de la serie de entrevistas*

culminate in ins ♦ to end with ~ culminar en || *The problems in the firm culminated in the boss resigning ~ Los problemas en la empresa culminaron en la dimisión del jefe*

cup together sep ♦ [hands] to join, forming a round shape ~ ahuecar; formar bocina con (las manos) || *She cupped her hands together and shouted at me ~ Formó bocina con las manos y me chilló*

cure of v2obj ♦ to eliminate (a disease etc.) from (someone) ~ curar a (alguien) de || *The doctors managed to cure me of that illness ~ Los médicos lograron curarme de esa enfermedad*

curl up [1] vi ♦ [person/animal] to adopt a ball position (to sleep/read etc.) ~ hacerse un ovillo; apelotonarse || *What I like best is to curl up with an interesting book ~ Lo que más me gusta es acurrucarme con un libro interesante* **[2]** vi ♦ [leaf/paper etc.] to curl at the edges ~ arrollarse || *Those leaves I collected have curled up in the cupboard ~ Esas hojas que recogí se han arrollado en el armario* **[3]** sep ♦ [leaf/paper etc.] to cause to curl ~ arrollar || *Do you mind curling that red paper up while I paint the baubles? ~ ¿Te importa arrollar ese papel rojo mientras pinto las chucherías?* **[4]** vi ♦ *véase* coil up [2]

curl up into ins & v2obj ♦ to make (oneself/something) into (a round shape) ~ arrollar(se) || *The cat likes to curl up into a ball next to the children ~ Al gato le gusta apelotonarse al lado de los niños* | *I'm going to curl this cardboard up into a wing shape ~ Voy a arrollar este cartón en forma de ala*

curl up with ins ♦ to make oneself comfortable with (partner/a book etc.) ~ acurrucarse con || *Tonight I'm going to curl up with Laura and watch a video ~ Esta noche voy a acurrucarme con Laura y ver un vídeo*

curse at ins ♦ to swear at (a person) ~ echar pestes de; maldecir a || *We were cursing at the people who had got tickets ~ Echábamos pestes de la gente que había conseguido entradas*

curse for v2obj ♦ *véase* get down on for

curse with v2obj ♦ to punish (somebody) with (something negative) ~ castigar a (alguien) con || *My great-grandfather cursed his descendants with his ginger hair ~ Mi bisabuelo castigó a sus descendientes con su pelo rojo*

curtain off sep ♦ to separate with curtains ~ separar con cortinas || *The nurse curtained off the corner where my bed was ~ La enfermera separó con cortinas el rincón donde estaba mi cama*

curtsy to ins ♦ *véase* bob to

cuss out sep USA inf ♦ *véase* chew out

cut across [1] ins ♦ to cross as a short-cut ~ atajar por || *We cut across the field so that the farmer would not see us ~ Atajamos por el campo para que no nos viera el granjero* **[2]** sep os ♦ to cut (wood etc.) completely ~ cortar a través || *My father cut the wood across and I took it to the workshop ~ Mi padre cortó la madera a través y yo la llevé al taller* **[3]** ins ♦ [policy etc.] to embrace or include (various categories) ~ incluir/abarcar || *This policy cuts across all sectors of society ~ Esta política afecta a todos los sectores de la sociedad*

cut along [1] vi ♦ to go/leave quickly ~ irse de prisa || *I'll need to be cutting along - I'll see you tomorrow ~ Tendré que irme corriendo ya - os veo mañana* **[2]** ins & v2obj ♦ [with scissors] *véase* tear along [2]

cut at [1] ins USA inf ♦ *véase* cut up [2] **[2]** ins ♦ *véase* chop at

cut away sep ♦ to separate by cutting ~ cortar; separar cortando || *If you cut away the branches you'll see the bird I referred to ~ Si cortas las ramas* *para quitarlas, verás al pájaro al que me he referido*

cut back **[1]** sep ♦ [spending/alcohol/price etc.] to reduce/economise ~ reducir/recortar/bajar || *The company will have to cut back its research spending this year ~ La empresa tendrá que recortar lo que gaste en investigación este año* **[2]** sep ♦ [plant etc.] to prune/cut in order to encourage growth ~ podar (etc.) || *We cut back that bush last week ~ Podamos ese arbusto la semana pasada* **[3]** vi ♦ [spending/alcohol etc.] to spend/consume (etc.) less ~ consumir/gastar (etc.) menos || *We're skint - we'll have to cut back ~ Estamos sin un duro - tendremos que gastar menos*

cut back on ins ♦ [spending/alcohol etc.] to reduce (spend/consume less of) ~ reducir el consumo de (etc.) || *If I want to be fit I must cut back on chocolate and cakes ~ Si quiero estar en forma deberé comer menos chocolate y pasteles*

cut back to ins ♦ [in filming] to return to (a previous scene etc.) ~ volver a || *After the kiss, the camera cut back to the images of the fire ~ Después del beso, la cámara volvió a las imágenes del incendio*

cut down **[1]** sep ♦ [tree etc.] to remove by cutting ~ talar/derribar || *It only took us an hour to cut the trees down ~ Sólo tardamos una hora en talar los árboles* **[2]** sep ♦ *véase* cut back [1] **[3]** vi ♦ *véase* cut back [3] **[4]** sep lit ♦ to kill (with a weapon) ~ matar || *The soldier cut forty of the enemy down with his sword ~ El soldado mató a cuarenta enemigos con su espada*

cut down on ins ♦ *véase* cut back on

cut in **[1]** sep inf ♦ to allow to participate (in a deal) ~ permitir que (alguien) participe || *I can cut you in if you like ~ Te puedo dejar participar si quieres* **[2]** vi ♦ to drive dangerously in front of another car after overtaking ~ meterse delante (de una manera peligrosa) || *That idiot just cut in! ~ ¡Ese idiota acaba de meterse de modo peligroso!* **[3]** vi ♦ [machine] to begin working automatically ~ empezar a funcionar automáticamente || *The fan cuts in if the room gets too hot ~ El ventilador se enciende automáticamente si hace demasiado calor en la sala* **[4]** vi ♦ *véase* break in [2] **[5]** sep USA ♦ [cooking ingredient] to add/mix by cutting ~ añadir cortando || *When you've cooked the sauce, cut the carrots in ~ Cuando hayas cocinado la salsa, añádele las zanahorias cortándolas*

cut in on **[1]** ins ♦ *véase* break in on **[2]** v2obj ♦ to include (somebody) in (a deal) ~ dejar participar en || *She's going to cut me in on the deal ~ Va a permitir que yo participe en el trato*

cut into **[1]** ins ♦ to make a cut in ~ cortar; hacer una incisión en || *Cut into the meat and tell me if it's cold ~ Corta la carne y dime si está fría* **[2]** v2obj ♦ *véase* cut in on [2] **[3]** ins ♦ *véase* break in on **[4]** ins ♦ [holidays/savings etc.] to use or remove part of ~ quitar una parte de || *Buying this machine will cut into our savings ~ La compra de esta máquina quitará parte de nuestros ahorros* **[5]** v2obj USA ♦ [cooking ingredients] to add (one to another by cutting) ~ añadir (algo) a (otra cosa) cortando || *We cut the onions into the sauce and they began to cook ~ Añadimos las cebollas a la salsa cortándolas y empezaron a cocinarse* **[6]** v2obj ♦ to cut (something) until it takes the form of ~ cortar (algo) en (trozos etc.) || *Cut the meat into strips and fry it ~ Corta la carne en tiras y fríela*

cut off **[1]** sep & v2obj ♦ [branch/limb etc.] to remove by cutting (from); to amputate ~ quitar (de) cortando; amputar || *I want you to cut that branch off (the tree) this afternoon ~ Quiero que cortes esa rama (del árbol) esta tarde* **[2]** sep ♦ [electricity etc.] to sever or terminate ~ cortar || *The company cut off the electricity supply yesterday ~ La compañía cortó el suministro de la electricidad ayer* **[3]** sep ♦ to sever/terminate the electricity (etc.) supply of ~ cortarle la electricidad (etc.) a || *The gas company* *has cut us off* ~ *La compañía de gas nos ha cortado el suministro* **[4]** sep ♦ [of snow etc.] to isolate (a community etc.) ~ cortar/aislar || *The heavy snow cut the village off last year* ~ *Las fuertes nieves cortaron el pueblo el año pasado* **[5]** sep USA ♦ to drive dangerously in front of (person) after overtaking ~ meterse (de una manera peligrosa) delante de || *That guy cut me off yesterday and nearly killed me* ~ *Ese tipo se me metió delante ayer y casi me mató* **[6]** sep ♦ to terminate a friendship with ~ dejar de ser amigo/a de || *Since my divorce my friends have cut me off* ~ *Desde que me divorcié mis amigos han dejado de hablarme* **[7]** sep ♦ to interrupt in mid-sentence ~ interrumpir/cortar || *I was starting to speak more confidently when he cut me off* ~ *Empezaba a hablar con más soltura cuando me cortó de repente* **[8]** sep USA inf ♦ [in a bar etc.] to stop serving alcohol to ~ negarse a servir más alcohol a || *He was drunk so I cut him off* ~ *Estaba borracho así que dejé de servirle* **[9]** sep ♦ to break the telephone connection of ~ cortarle la conexión telefónica a || *The operator cut us off by accident* ~ *La operadora nos desconectó sin querer* **[10]** sep ♦ to remove from one's will ~ desheredar || *After the scandal his father cut him off* ~ *Después del escándalo su padre le desheredó*

cut oneself on ins ♦ to suffer a cut caused by (glass; a sharp material etc.) ~ cortarse en || *I've cut myself on this nail* ~ *Me he cortado en este clavo*

cut out **[1]** sep ♦ to remove/separate by cutting ~ quitar/separar cortando || *Take this newspaper and cut the crossword out* ~ *Coge este periódico y córtale el crucigrama* **[2]** sep ♦ [a paragraph etc.] to remove ~ quitar/cortar/borrar || *My lawyer advised me to cut those two paragraphs out* ~ *Mi abogado me aconsejó quitar esos dos párrafos* **[3]** sep ♦ [alcohol/fat etc.] to stop consuming ~ dejar de consumir || *You should cut the cigarettes out* ~ *Deberías dejar de fumar cigarrillos* **[4]** sep inf ♦ [annoying activity etc.] to stop ~ dejar (de) || *Cut out the rude jokes, please* ~ *Deje de contar chistes verdes, por favor* **[5]** sep ♦ [light etc.] to hinder the progress of ~ cortar || *That new wall cuts out the sunlight* ~ *Ese nuevo muro corta la luz del sol* **[6]** vi ♦ [engine etc.] to stop working suddenly ~ pararse/apagarse || *The engine cut out before we reached the petrol station* ~ *El motor se paró antes de que llegáramos a la gasolinera* **[7]** vi USA ♦ [car] to move suddenly out of a queue ~ salir de repente de una cola de coches || *He became bored and cut out in front of a policeman* ~ *Se aburrió y salió de la línea justo delante de un policía* **[8]** vi USA inf ♦ to leave suddenly ~ pirarla/irse || *Why do you have to cut out so soon?* ~ *¿Por qué tienes que marcharte tan pronto?* **[9]** sep ♦ to exclude ~ excluir || *I want to deal directly with the clients and cut my agent out* ~ *Quiero tratar directamente con los clientes y excluir a mi agente* **[10]** ins ♦ [always passive] to have a talent or vocation (to do something) ~ tener talento/madera de || *I'm not cut out to be an accountant* ~ *No tengo madera de contable*

cut out for ins ♦ [always passive] to have a talent or vocation for ~ tener talento/madera de || *She's not cut out for this sort of work* ~ *No tiene talento de este tipo de trabajo*

cut out of v2obj ♦ to remove/exclude (thing) from (somewhere) ~ quitar/excluir de || *They cut the photo out of the magazine* ~ *Cortaron la foto de la revista*

cut through **[1]** ins ♦ to cut completely ~ cortar por completo || *The policeman cut through the cordon* ~ *El policía cortó el cordón* **[2]** ins ♦ to move easily through (something difficult etc.) ~ abrirse camino por || *The plane (lawyer) cut through the clouds (paperwork)* ~ *El avión (abogado) se abrió camino por las nubes (el papeleo)*

cut to **[1]** ins ♦ [in filming] to change to (a different scene) ~ ir/pasar a || *Cut to the demonstration in the square!* ~ *¡Pasen a la manifestación en la plaza!* **[2]** v2obj ♦ [+ bits/pieces] *véase* rend into

cut up [1] sep ♦ to divide/cut into small pieces ~ dividir/cortar (en trocitos) || *I usually cut my son's food up for him ~ A mi hijo suelo cortarle la comida en trocitos* **[2]** sep ♦ to wound with a knife ~ cortar/herir con navaja || *The hooligans cut him up for no reason ~ Los gamberros le acuchillaron sin justificación alguna* **[3]** sep inf ♦ to sadden/affect emotionally ~ deshinchar/entristecer || *Her father's death really cut her up ~ La muerte de su padre la afectó de verdad* **[4]** vi USA inf ♦ to act in a silly manner ~ hacer el bobo || *The guy was cutting up during the meal ~ El tío hacía el bobo durante la cena* **[5]** sep USA inf ♦ to criticise nastily ~ criticar de modo duro || *All she does is cut up her family ~ Lo único que hace es criticar a su familia* **[6]** sep GB ♦ *véase* cut off [5]

cut up into v2obj ♦ *véase* cut into [6]

cut with [1] v2obj ♦ [drugs] *véase* adulterate with **[2]** v2obj ♦ to cut (something) using (a knife etc.) ~ cortar con || *It's difficult to cut this cardboard with scissors ~ Es difícil cortar este cartón con tijeras*

D

dab at ins ♦ to touch lightly and repeatedly ~ tocar ligeramente repetidas veces || *The nurse dabbed at the boy's wound with a handkerchief ~ La enfermera llevó repetidas veces un pañuelo a la herida del chico*

dab off sep os & v2obj ♦ to remove (blood etc.) (from a place) by dabbing ~ quitar (de un sitio) tocando ligeramente repetidas veces || *I dabbed the blood off (his leg) with a scarf ~ Le quité la sangre (de la pierna) tocándola con una bufanda*

dab on sep & v2obj ♦ to apply (paint etc.) in a brusque manner (to a wall etc.) ~ aplicar (pintura etc.) de forma brusca (a una pared etc.) || *I'm going to dab this paint on (the wall) before lunch ~ Voy a aplicar esta pintura rápidamente (a la pared) antes de comer*

dab with v2obj ♦ to touch/cover (a wall etc.) forcibly with (paint etc.) ~ tocar/manchar de || *They dabbed half of the wall with blue paint ~ Mancharon la mitad de la pared de pintura azul*

dabble at ins ♦ *véase* dabble in

dabble in ins ♦ to participate in as a hobby (etc.)/be slightly interested in ~ jugar a; participar en (algo) como pasatiempo || *He only dabbles in electronics - he's an accountant really ~ Sólo juega a la electrónica - de hecho es contable*

dabble with ins ♦ *véase* dabble in

dally over ins ♦ *véase* hesitate over

dally with [1] ins ♦ to consider (an idea etc.) in a non-serious way ~ entretenerse con || *I hear you're dallying with opening a shop ~ Dicen que estás entreteniéndote con la idea de montar una tienda* **[2]** ins arc ♦ to have a non-serious relationship with ~ coquetear con || *He was dallying with the mayor's daughter before the war ~ Coqueteaba con la hija del alcalde antes de la guerra*

dam up sep ♦ to contain with a dam; to block ~ contener con un dique; tapar || *They dammed up the stream to protect the house ~ Contuvieron el arroyo con un dique para proteger la casa*

damp down [1] sep ♦ [fire] to cover and reduce the strength of ~ cubrir || *If you damp the fire down you'll not be so hot ~ Si cubres un poco el fuego no tendrás tanto calor* **[2]** sep ♦ [emotion/anger etc.] to reduce/calm ~ amortiguar || *She managed to damp down our anger before the director came ~ Logró amortiguarnos la cólera antes de que viniera la directora* **[3]** sep ♦ [hot/swollen surface] to cool by applying water ~ enfriar aplicando agua || *Shall we damp down the car doors so as not to burn our hands? ~ ¿Echamos un poco de agua a las puertas del coche para no quemarnos las manos?*

damp off vi ♦ [plant, due to excess of water] *véase* die off

dampen down sep ♦ *véase* damp down

dance about vi ♦ [dancing/jumping happily] *véase* caper about

dance around [1] vi ♦ [dancing/jumping happily] *véase* caper about **[2]** vi & ins ♦ [doing any dance] *véase* waltz around [1]

dance away [1] vi ♦ to continue dancing ~ seguir bailando || *They* *danced away until dawn* ~ *Siguieron bailando hasta el amanecer* **[2]** sep ♦ [worries etc.] to remove by dancing ~ quitar bailando || *I don't drink to forget my problems: I prefer to dance them away* ~ *No bebo para olvidar mis problemas: prefiero quitármelos bailando*

dance for [1] ins ♦ [slave etc.] to dance for the benefit of (e.g. a master) ~ bailar para || *These children are going to dance for the king and queen* ~ *Estos niños van a bailar para los reyes* **[2]** ins ♦ to dance/jump because of (happiness etc.) ~ brincar de || *I danced for joy when the results arrived* ~ *Brinqué de alegría cuando llegaron los resultados*

dance to ins ♦ to dance to the music of (a song/rhythm/group etc.) ~ bailar; bailar al ritmo de || *I only danced to three songs all night* ~ *En toda la noche sólo bailé tres canciones*

dance with [1] ins ♦ to accompany in a dance ~ bailar con || *I'd love to dance with your sister* ~ *Me encantaría bailar con tu hermana* **[2]** ins ♦ *véase* dance for [2]

dangle after ins ♦ [objective] to pursue ~ ir detrás de || *He dangled after that woman for two years* ~ *Fue detrás de esa mujer durante dos años*

dangle before v2obj ♦ to offer (something) as a temptation to (somebody) ~ ofrecer (algo) como tentación o zanahoria a || *The firm dangled the move before me as an inducement* ~ *La empresa me ofreció el traspaso como aliciente*

dangle from v2obj & ins ♦ *véase* hang from

dart about vi & ins ♦ *véase* buzz about

dart away vi ♦ to leave quickly/suddenly ~ salir disparado || *The actor darted away and avoided the journalist* ~ *El actor salió disparado y esquivó al periodista*

dart for ins ♦ to move quickly towards ~ precipitarse hacia || *When the policeman wasn't looking I darted for the door* ~ *Cuando el policía no miraba me precipité hacia la puerta*

dart off vi ♦ *véase* dart away

dart out vi ♦ *véase* dash out

dart to ins ♦ *véase* dart for

dash about vi & vi inf ♦ *véase* run about

dash against v2obj ♦ to cause (car etc.) to collide with ~ estrellar (un coche etc.) contra || *He dashed his father's car against the garage door* ~ *Estrelló el coche de su padre contra la puerta del garaje*

dash around vi & vi inf ♦ *véase* run about

dash away vi ♦ to leave quickly ~ salir precipitadamente || *I must dash away - I'll speak to you tomorrow* ~ *Tengo que irme corriendo - hablaré con usted mañana*

dash in vi ♦ to enter quickly ~ entrar precipitadamente || *The secretary dashed in just as the meeting was starting* ~ *El secretario entró corriendo justo cuando empezaba la reunión*

dash off [1] sep ♦ [letter/sketch etc.] to write/draw quickly without much thought ~ escribir/dibujar de prisa || *Daniel dashed the report off in bed last night* ~ *Daniel escribió el informe de prisa anoche en la cama* **[2]** vi inf ♦ *véase* dash away

dash out vi ♦ to leave quickly ~ salir precipitadamente || *The lawyer dashed out without offering any comments* ~ *El abogado salió precipitadamente sin ofrecer comentario alguno*

dash past vi & ins ♦ to pass very quickly ~ pasar como un rayo || *He dashed past (us) - you could tell he was going to be late* ~ *(Nos) pasó como un rayo - se le notaba que iba a llegar tarde*

dash to [1] ins ♦ to move/go very quickly to ~ ir de prisa a || *Sorry - I had to dash to the bank* ~ *Lo siento - tuve que ir corriendo al banco* **[2]** v2obj ♦ to break (something) by throwing it at (ground etc.) ~ romper (algo) tirándolo a || *I was so angry that I dashed the plate to the floor* ~ *Estaba tan cabreada que tiré el plato al suelo*

dash up vi ♦ to arrive very quickly ~ llegar a toda prisa || *She dashed up and* *told me the good news ~ Llegó corriendo y me contó las buenas noticias*

dash up to ins ♦ [running] *véase* come up to [3]

date back ins ♦ to have existed for ~ remontarse a; existir desde hace || *This plate dates back six thousand years ~ Este plato tiene seis mil años*

date back to ins ♦ to originate in/to have existed since ~ remontarse a; existir desde || *These remains date back to the Roman era ~ Estos restos se remontan a la época romana*

date from ins ♦ to have existed since ~ datar de || *This book dates from the sixteenth century ~ Este libro data del siglo dieciséis*

date to v2obj ♦ to assign a date to ~ fechar || *The auditors have dated this purchase to 10th May ~ Los interventores han fechado esta compra en el 10 de mayo*

daub on sep & v2obj ♦ *véase* dab on

daub with v2obj ♦ *véase* dab with

dawdle about vi ♦ *véase* bum about [1]

dawdle along vi ♦ *véase* creep along

dawdle away sep ♦ [time] to waste due to inactivity ~ malgastar || *I can dawdle away three hours in a bookshop ~ Soy capaz de malgastar tres horas en una librería*

dawdle over ins ♦ *véase* hesitate over

dawn on ins ♦ to realise (at last) ~ ocurrírsele (por fin) || *In the end it dawned on me that they were lying ~ Al final me di cuenta de que estaban mintiendo*

dawn upon ins form ♦ *véase* dawn on

daydream about ins ♦ [during the day] *véase* dream about

dazzle with v2obj ♦ to amaze (somebody) with (skill etc.) ~ deslumbrar con || *She dazzled everyone with her impeccable memory ~ Deslumbró a todos con su memoria impecable*

deal in [1] ins ♦ [in commerce] to buy/sell (specific goods) ~ comerciar en || *In the seventies we used to deal in sugar ~ En los años setenta comerciábamos en el azúcar* **[2]** ins inf ♦ to be involved with/used to ~ tratar; estar acostumbrado a || *As lawyers we deal in truth, not lies ~ Como abogados trabajamos con la verdad, no con las mentiras* **[3]** sep os ♦ [in cards] to include when dealing ~ incluir al dar las cartas || *Shall I deal you in too, or are you giving up? ~ ¿Te doy a ti también, o ya te rindes?* **[4]** sep USA inf ♦ *véase* count in

deal into v2obj ♦ [in cards] to include (in a game) when dealing ~ incluir (en una partida) al dar las cartas || *Watch us first, then I'll deal you into the second game ~ Míranos primero, luego te daré las cartas en la segunda partida*

deal out [1] sep ♦ [cards/punishment etc.] to distribute ~ repartir/dar || *Deal three cards out and we'll see how it looks ~ Reparte tres cartas y a ver qué tal* **[2]** sep USA inf ♦ to exclude (from plans etc.) ~ excluir || *Her friends are going to deal her out - she's too arrogant ~ Sus amigas la van a excluir - es demasiado arrogante*

deal out of v2obj USA inf ♦ to exclude from ~ excluir de || *I wanted to deal García out of the plan ~ Yo quería excluir a García del plan*

deal with [1] ins ♦ to have a business relationship with ~ tratar con || *We've been dealing with Aplicasa for forty years ~ Tratamos con Aplicasa desde hace cuarenta años* **[2]** ins ♦ to act in order to achieve or resolve ~ ocuparse de/hacer frente a || *If you prepare the meat I'll deal with the sweet ~ Si tú preparas la carne yo me ocuparé del postre* **[3]** ins ♦ [book etc.] to concern; to have as a theme ~ tratar de/tener como tema || *This chapter deals with my childhood during the war ~ Este capítulo trata de mi infancia durante la guerra* **[4]** ins inf ♦ to punish ~ castigar || *Go to your bedroom: I'll deal with you later ~ Ve a tu habitación: ya te castigaré luego* **[5]** ins ♦ to be involved with/come into contact with (as part of job etc.) ~ tratar || *We deal with about 300 clients per day ~ Tratamos a unos 300 clientes por día*

debar from v2obj ♦ to exclude from ~ excluir de || *The committee is thinking of debarring us from the cup ~ El comité tiene pensado excluirnos de la copa*

debate about ins ♦ *véase* argue out

debate on ins ♦ *véase* argue out

debate over ins ♦ *véase* argue out

debate with ins & v2obj ♦ to have a debate (about a topic) with (somebody) ~ discutir (algo) con || *They were debating (the matter) with the king ~ Estaban discutiendo (el asunto) con el rey*

debit against v2obj ♦ *véase* charge to

debit to v2obj ♦ *véase* credit to

debit with v2obj ♦ to charge (a bank account etc.) with (an amount) ~ cargar (algo) en cuenta de || *The restaurateur debited my firm's account with the whole cost ~ El restaurador cargó el coste entero en cuenta de mi empresa*

debouch into ins ♦ [river] to flow into/join ~ desembocar en || *That stream debouches into the Tagus ~ Ese arroyo desemboca en el Tajo*

deceive into v2obj ♦ to deceive (somebody) so that he/she does (something) ~ engañar a (alguien) para que haga (algo) || *They deceived me into paying cash for it ~ Me engañaron para que lo pagara al contado*

deceive out of v2obj ♦ *véase* defraud of

deceive with v2obj ♦ to deceive by using (skill etc.) ~ engañar con || *Laura deceived us all with her sleight of hand ~ Laura nos engañó a todos con su escamoteo*

decide against ins ♦ to decide not to opt for ~ decidir no optar por || *The government decided against that policy ~ El gobierno decidió no optar por esa política*

decide among ins ♦ *véase* choose between

decide between ins ♦ *véase* choose between

decide on ins ♦ to opt for ~ optar por/quedar en || *We've decided on blue - we reckon it suits her best ~ Hemos optado por el azul - creemos que le va mejor*

decide upon ins form ♦ *véase* decide on

deck out sep ♦ [room etc.] to adorn ~ adornar/engalanar || *We're going to deck the house out at the start of December ~ Vamos a engalanar la casa a comienzos de diciembre*

deck out with v2obj ♦ [room etc.] to adorn with ~ adornar de || *They're going the deck the room out with posters ~ Van a adornar el salón de carteles*

deck with v2obj ♦ *véase* deck out with

declare against ins form ♦ *véase* come out against

declare for ins form ♦ *véase* come out for [1]

decline in ins ♦ [+ importance etc.] to lose ~ ir perdiendo || *Discipline is declining in importance these days ~ La disciplina va perdiendo su importancia hoy en día*

decorate for v2obj ♦ [with medal etc.] *véase* commend for

decorate with v2obj ♦ *véase* deck out with

decoy away sep ns ♦ to cause (somebody) to leave via a decoy strategy ~ hacer mediante un señuelo que (alguien) se vaya || *They decoyed the police away and completed the job ~ Lograron mediante un señuelo que la policía se apartara y completaron el trabajo*

decrease in ins ♦ *véase* decline in

dedicate to v2obj ♦ to devote (energy/time/one's life etc.) to ~ dedicar(se) a || *He dedicated a lot of energy to the church ~ Dedicaba mucha energía a la iglesia*

deduce from v2obj ♦ to take (a conclusion etc.) from ~ deducir/sacar (algo) de || *I have deduced the following conclusions from all of this ~ He sacado las siguientes conclusiones de todo esto*

deduct from v2obj ♦ [number/tax etc.] to subtract or remove from ~ restar de/deducir de || *I'm going to deduct 200 from the total ~ Voy a restar 200 del total*

deed over to v2obj USA jur ♦ to pass (something) legally to ~ transferir por acto notarial a || *Daniel deeded his house over to us before he died* ~ *Daniel nos transfirió su casa por acto notarial antes de morirse*

deed to v2obj USA jur ♦ *véase* deed over to

default on ins ♦ [payments etc.] not to pay ~ [plazos etc.] no pagar || *She defaulted on the final instalment* ~ *No pagó el último plazo*

defect from ins ♦ [country/army etc.] to abandon ~ desertar de || *She defected from Russia many years ago* ~ *Desertó de Rusia hace muchos años*

defect to ins ♦ [country/army etc.] to escape to ~ desertar a || *He decided to defect to Poland and continue his investigations* ~ *Decidió desertar a Polonia para continuar sus investigaciones*

defend against v2obj ♦ to defend (person/country etc.) against (attacker etc.) ~ defender contra/de || *They defended their children against the soldiers* ~ *Defendieron a sus hijos contra los soldados*

defend from v2obj ♦ *véase* defend against

defer to ins form ♦ to accept (more qualified opinion etc.) ~ someterse al punto de vista de || *I know you're the expert here, so I'll defer to your opinion* ~ *Sé que tú eres el experto aquí, así que aceptaré tu opinión*

define as v2obj ♦ to classify (something) by giving it the definition of ~ definir como || *The dictionary defines «too much» as «an excess of»* ~ *El diccionario define «demasiado» como «un exceso de»*

deflect away from v2obj ♦ *véase* deflect from

deflect from v2obj ♦ to cause to divert away from ~ desviar de || *The agent tends to deflect questions (attention) from his client* ~ *El agente suele desviar las preguntas (la atención) de su cliente*

defraud of v2obj ♦ to steal (money etc.) from (someone) by fraud/cheating ~ defraudar de/estafar a || *He defrauded the bank of a million* ~ *Estafó un millón al banco*

defraud out of v2obj ♦ *véase* defraud of

degenerate into ins ♦ to end being/ to turn into ~ degenerar en/terminar siendo || *The party degenerated into little more than an orgy* ~ *La fiesta terminó siendo poco más que una orgía*

delegate to v2obj ♦ to allot (a task etc.) to ~ delegar (algo) a || *They always delegate the worst tasks to me* ~ *Siempre me delegan las peores tareas*

delete from v2obj ♦ *véase* cross off

deliberate about ins ♦ *véase* deliberate on

deliberate on ins ♦ to think about ~ deliberar sobre; pensar en || *I deliberated on the possibilities before choosing* ~ *Deliberé sobre las posibilidades antes de elegir*

deliberate over ins ♦ *véase* deliberate on

delight by v2obj ♦ *véase* charm with

delight in ins ♦ to derive a lot of pleasure from ~ deleitarse con || *We delighted in the tories' defeat* ~ *Nos deleitamos con la derrota de los conservadores*

delight with v2obj ♦ *véase* charm with

deliver from v2obj form ♦ to remove (something) from (somebody) ~ librar de || *God deliver me from that man!* ~ *¡Dios me libre de ese hombre!*

deliver of v2obj form ♦ [at childbirth] to deliver a woman's baby ~ asistir (a una mujer) en el nacimiento de || *The nurse delivered my sister of triplets* ~ *La enfermera asistió a mi hermana en el nacimiento de trillizos*

deliver oneself of ins form ♦ [speech etc.] to pronounce ~ pronunciar/expresar || *I delivered myself of a speech full of irony* ~ *Pronuncié un discurso lleno de ironía*

deliver on ins ♦ to produce (what was promised) ~ cumplir lo prometido || *The minister has not delivered on taxes* ~ *El ministro no ha cumplido lo prometido en cuanto a impuestos*

deliver over sep form ♦ [document/ criminal etc.] to surrender ~ entregar ||

She delivered over her driving licence ~ Entregó el carnet de conducir

deliver over to v2obj form ♦ [document etc.] to surrender to ~ entregar a || *I must deliver these documents over to the judge ~ Debo entregar estos documentos al juez*

deliver to v2obj ♦ [letter/pizza etc.] to take to ~ llevar a casa de (etc.) || *Would you mind delivering this pizza to the Pérez family? ~ ¿Te importa llevar esta pizza a la familia Pérez?*

deliver up sep form ♦ *véase* deliver over

deliver oneself up vi form ♦ [to police etc.] to surrender ~ entregarse || *When he saw the situation he delivered himself up ~ Cuando vio la situación se entregó*

deliver up to v2obj form ♦ *véase* deliver over to

deliver oneself up to ins form ♦ [to police etc.] to surrender to ~ entregarse a || *When I saw the gun I delivered myself up to the police ~ Cuando vi la pistola me entregué a la policía*

delude into v2obj ♦ *véase* deceive into

deluge with v2obj ♦ to flood with ~ inundar de || *The guests deluged the house with flowers ~ Los invitados inundaron la casa de flores*

delve into ins & v2obj ♦ to investigate; to put (hand etc.) deeply into (pocket etc.) ~ investigar; ahondar en; meter (la mano) en || *The police are delving into the matter ~ La policía está ahondando en el asunto* | *Delve your hand into the bag and see what you can find ~ Mete la mano en la bolsa, a ver qué encuentras*

demand from v2obj ♦ to require (effort etc.) from ~ exigir a (etc.) || *I demand a lot of effort from my players ~ Exijo mucho esfuerzo a mis jugadores*

demand of v2obj ♦ *véase* demand from

demonstrate against ins ♦ to take part in a demonstration against ~ manifestarse para protestar contra || *They were demonstrating against the Town Council's decision ~ Hacían una manifestación de protesta contra la decisión del Ayuntamiento*

demonstrate for ins ♦ to take part in a demonstration in favour of ~ manifestarse a favor de || *I think they're demonstrating for peace ~ Creo que se están manifestando por la paz*

demonstrate to v2obj ♦ to show the function of (a machine etc.) to (someone) ~ demostrar a || *I want you to demonstrate the system to the candidates ~ Quiero que demuestres el sistema a los candidatos*

demote from v2obj ♦ to relegate (someone) from (a specific rank etc.) ~ degradar de || *They're going to demote you from your current rank ~ Te van a degradar de tu grado actual*

demote to v2obj ♦ to relegate (e.g. someone's rank) to that of ~ degradar a || *The army demoted the sergeant to corporal ~ El ejército degradó al sargento al grado de cabo*

demur at ins form ♦ *véase* balk at; beef about

denounce as v2obj form ♦ *véase* condemn as

denounce for v2obj form ♦ *véase* get down on for

dent up sep USA inf ♦ *véase* bang up [2]

denude of v2obj ♦ to strip (a person/place) of (assets etc.) ~ despojar de || *They are going to denude my father of his dignity ~ Van a despojar a mi padre de su dignidad*

deny to v2obj ♦ [help etc.] *véase* hold back from [2]

depart for ins ♦ to leave in the direction of ~ salir para || *The train departs for London at six o'clock ~ El tren sale para Londres a las seis*

depart from ins ♦ to leave; to deviate from ~ salir de/desviarse de || *The train departs from platform five ~ El tren sale del andén número cinco* | *It seems to me that your explanation departs from the truth ~ Me parece que su explicación se desvía de la verdad*

depend on [1] ins ♦ to rely (financially etc.) on ~ depender de || *Even* *though he's 28 he still depends on his father* ~ *Aunque tiene 28 años todavía depende de su padre* **[2]** ins ♦ *véase* bank on **[3]** ins ♦ *véase* be up to [1] **[4]** ins ♦ to be influenced/affected by; to be unable to change without ~ depender de || *The success of the mission depends on the people's kindness* ~ *El éxito de la misión depende de la amabilidad de la gente*

depend on for v2obj ♦ to rely on (a person etc.) for (money/advice etc.) ~ contar con (alguien) para || *I'll have to depend on my wife for a whole series of cheques* ~ *Tendré que contar con mi mujer para toda una serie de cheques*

depend upon ins form ♦ *véase* depend on

depend upon for v2obj form ♦ *véase* depend on for

depict as v2obj ♦ *véase* describe as

deplete of v2obj ♦ *véase* deprive of

deport from v2obj ♦ to remove (a person) from (a country) for legal reasons ~ deportar de || *The government has deported the five men from Spain* ~ *El gobierno ha deportado de España a los cinco hombres*

deport to v2obj ♦ to remove (someone) to (their place of origin) for legal reasons ~ deportar a || *The authorities are going to deport us to Spain* ~ *Las autoridades nos van a deportar a España*

deposit in v2obj ♦ to place (something) in (a place) ~ depositar en || *I have deposited your jewels in the safe, madam* ~ *He depositado sus joyas en la caja fuerte, señora*

deposit on v2obj ♦ to deposit (a sum of money) in order to buy ~ dar una entrada de (tal cantidad) para comprar || *They have deposited a million pesetas on the house of their dreams* ~ *Han dado una entrada de un millón de pesetas para la casa de sus sueños*

deposit with v2obj ♦ to leave in the possession of ~ dejar con || *You could deposit your suitcase with the doorman* ~ *Podrías dejar la maleta con el portero*

deprive of v2obj ♦ to remove (something) from (a person) ~ privar de || *This punishment will deprive us of the chance to work* ~ *Este castigo nos privará de la posibilidad de trabajar*

deputise as ins GB AUS ♦ *véase* act for; deputise for

deputise for ins GB AUS ♦ [boss etc.] to substitute ~ sustituir a || *The boss is ill so I'm going to deputise for her* ~ *La jefa está enferma así que voy a sustituirla*

deputize as ins ♦ *véase* act for; deputise for

deputize for ins ♦ *véase* deputise for

derive from **[1]** ins ♦ to have as an origin ~ derivarse de || *This word derives from the Latin* ~ *Esta palabra se deriva del latín* **[2]** v2obj ♦ to take (pleasure etc.) from ~ derivar (algo) de || *He managed to derive a lot of humour from the tragedy* ~ *Logró sacar mucho humor de la tragedia*

descant on ins form ♦ to talk for a long time about ~ disertar largamente sobre || *She descanted on the advantages of her product* ~ *Disertó largamente sobre las ventajas de su producto*

descend from **[1]** ins ♦ to have as one's ancestor(s) or origin ~ descender de || *My friend descends from the Hungarian royal family* ~ *Mi amiga desciende de la familia real húngara* **[2]** ins ♦ *véase* come down from

descend into ins ♦ *véase* descend to

descend on ins ♦ [emotion/visiotrs] to invade/visit unexpectedly ~ visitar inesperadamente/caer sobre || *A feeling of disappointment descended on us* ~ *Una sensación de desilusión cayó sobre nosotros* | *Last Sunday the whole family descended on us* ~ *El domingo pasado vino toda la familia a visitarnos inesperadamente*

descend to **[1]** ins ♦ to reduce oneself to (bad behaviour etc.) ~ rebajarse a || *I didn't think you were capable of descending to sarcasm* ~ *No te creía capaz de rebajarte al sarcasmo* **[2]** ins form ♦ to reach as an inheritance ~ pasar a || *The money descended to her* *sons when she died* ~ *El dinero pasó a sus hijos cuando se murió*

descend upon ins form ♦ *véase* descend on

describe as v2obj ♦ to assign (somebody) the quality (etc.) of ~ calificar de (etc.) || *The teacher described me as «exemplary»* ~ *La profesora me calificó de «ejemplar»*

describe to v2obj ♦ to make a description of (a thing or person) to (the listener) ~ describir (algo/a alguien) a || *Describe your experience to the policeman* ~ *Describe al policía lo que experimentaste*

desensitise to v2obj GB AUS ♦ to make (someone) less sensitive to (sun/ pollen etc.) ~ desensibilizar a (alguien) a || *These tablets should desensitise you to pollen* ~ *Estas pastillas deberán desensibilizarte al polen*

desensitize to v2obj ♦ *véase* desensitise to

desert for v2obj form ♦ to leave (a person/place) in favour of (another) ~ abandonar (X) e irse con/a (Y) || *He deserted his wife for his secretary* ~ *Abandonó a su mujer y se fue con la secretaria*

desert from ins ♦ *véase* defect from

desert to ins ♦ *véase* defect to

designate as v2obj ♦ [+ title of job etc.] *véase* appoint to

desist from ins form ♦ to stop doing (etc.) ~ desistir de || *I see you desisted from such irony* ~ *Veo que usted desistió de semejante ironía*

despair of ins form ♦ to lose hope regarding ~ desesperarse de || *She began to despair of her son's chances* ~ *Empezó a desesperarse de las posibilidades de su hijo*

despise for v2obj ♦ to hate (someone) due to ~ odiar por || *He despises me for my arrogance* ~ *Me odia por mi arrogancia*

despoil of v2obj ♦ *véase* denude of

destine for v2obj ♦ to intend (something) to go to ~ destinar para || *They want to destine 300 blankets for the poor* ~ *Quieren destinar 300 mantas para los pobres*

destine to v2obj ♦ *véase* destine for

detach from v2obj ♦ to unfasten (something) from ~ desvincular de (etc.) || *Will you detach the medal from the chain, please?* ~ *¿Me separas la medalla de la cadena, por favor?*

detail for v2obj mil ♦ to select (someone) for (a specific task/responsibility) ~ destacar para || *The sergeant detailed Daniel for the post in the store* ~ *El sargento destacó a Daniel para el puesto en el almacén*

detail to v2obj mil ♦ *véase* detail for

detain for v2obj jur ♦ *véase* impeach for [1]

deter from v2obj ♦ *véase* discourage from

determine on ins ♦ *véase* decide on

detract from ins ♦ to reduce the good reputation of ~ quitar mérito a || *His description detracted from the splendour of the palace* ~ *Su descripción quitó mérito al esplendor del palacio*

develop into [1] ins ♦ to transform oneself into ~ transformarse en || *He developed slowly into a great footballer* ~ *Se fue transformando poco a poco en un futbolista de primera* **[2]** v2obj ♦ to transform (a person/thing) into ~ transformar en || *The manager developed his reps into real professionals* ~ *El jefe transformó a sus representantes en profesionales de verdad*

deviate from ins ♦ [of topic/norm etc.] to leave ~ desviarse de || *On this record they deviate from normal recording methods* ~ *En este disco se desvían de los métodos de grabación normales*

devil for ins jur ♦ to work as an apprentice for ~ trabajar de aprendiz para || *He devils for the great lawyer Pérez* ~ *Trabaja de aprendiz para el gran abogado Pérez*

devolve on [1] v2obj ♦ to pass (power etc.) to (a body or person at a lower level) ~ delegar (etc.) a || *The president devolved some powers on his Home Secretary* ~ *El presidente delegó ciertos poderes a su Ministro del Interior* **[2]** ins form ♦ *véase* descend to [2]

devolve to v2obj ♦ *véase* devolve on [1]

devolve upon v2obj & ins form ♦ *véase* devolve on

devote to v2obj ♦ to dedicate (time etc.) to ~ dedicar a || *She devotes three days a week to writing ~ Dedica tres días por semana a la escritura*

dial in vi IT ♦ to connect (to another computer via modem) ~ conectarse || *Dial in and we'll examine the document together ~ Conéctate y examinaremos el documento juntas*

dial into ins IT ♦ to connect to (system etc.) ~ conectarse a || *I can't dial into the system - what's happening? ~ No puedo conectarme al sistema - ¿qué pasa?*

dial out vi ♦ to make an external telephone call ~ hacer una llamada externa || *I don't know if you can dial out using that phone ~ No sé si se puede hacer llamadas externas desde ese teléfono*

dibber in sep ♦ [plant] to plant using a dibber/dibble ~ plantar con plantador || *She dibbered the flowers in because the ground was hard ~ Plantó las flores con plantador porque la tierra estaba dura*

dibble in sep ♦ *véase* dibber in

dice with ins ♦ [+ death] to risk; to play with ~ jugar con || *They are dicing with death on the cliff ~ Están jugando con la muerte en el acantilado*

dick about vi arg ♦ *véase* arse about

dick around vi arg ♦ *véase* arse about

dicker for ins USA inf ♦ *véase* bargain for [2]

dicker over ins USA inf ♦ *véase* bargain for [2]

dicker with ins USA inf ♦ *véase* bargain with

dictate to **[1]** ins ♦ to give orders to ~ dar órdenes a || *The new guy does nothing but dictate to us ~ El nuevo no hace más que darnos órdenes* **[2]** v2obj ♦ to recite (a letter etc.) to ~ dictar (una carta etc.) a || *Laura dictated a long letter to her secretary ~ Laura dictó una carta larga a su secretario*

diddle around vi USA AUS inf ♦ *véase* arse about

diddle out of v2obj inf ♦ *véase* defraud of

diddle with ins USA inf ♦ to play with (machine etc.) to try and make it work ~ jugar con (para hacer que funcione) || *He spent the morning diddling with the television, but in vain ~ Pasó la mañana jugando con la televisión, pero en vano*

die away vi ♦ [sound/fire/interest etc.] to disappear gradually ~ desaparecer/apagarse (etc.) poco a poco || *We heard a shout, but then it died away ~ Oímos un grito pero luego se alejó hasta perderse*

die back vi ♦ [plant] to dry above the ground ~ secarse || *Although its roots were still alive, the plant had died back ~ Aunque sus raíces seguían vivas, la planta se había secado*

die by ins ♦ to die by means of (a specific form of execution) ~ morir ejecutado de (cierta manera: ahorcado etc.) || *The authorities condemned him to die by hanging ~ Las autoridades le condenaron a morir ahorcado*

die down vi ♦ [noise/excitement etc.] to reduce its strength (etc.) ~ reducirse/calmarse/perder su fuerza (etc.) || *The headmaster asked for silence and the noise died down ~ El director pidió silencio y el ruido se calmó*

die for **[1]** ins ♦ to die in honour of (country etc.) ~ morir por || *She was ready to die for her country ~ Estaba dispuesta a morir por su patria* **[2]** ins inf ♦ to desire greatly ~ morirse por/desear mucho || *I could die for a beer (a house like yours) ~ Me moriría por una cerveza (una casa como la tuya)*

die from ins ♦ to die due to (disease/cold etc.) ~ morir de || *My uncle died from a heart attack last year ~ Mi tío murió de un ataque cardíaco el año pasado*

die of ins ♦ *véase* die from

die off vi ♦ [plants/family/race] to die (gradually but completely) ~ morirse/irse extinguiendo || *All the Garcías in this village have died off* ~ *Todos los García de este pueblo ya se han muerto*

die on ins inf ♦ to die while in the company of ~ morir en la presencia de || *We went out for a while and my grandfather died on the poor maid* ~ *Salimos por un rato y el abuelo se murió en brazos de la pobre criada*

die out vi ♦ [storms/race/species/custom] to disappear completely ~ desaparecer || *It's a custom which has died out in our region* ~ *Es una costumbre que ya ha desaparecido en nuestra región*

differ about ins ♦ *véase* disagree about

differ from ins ♦ to be different from ~ ser distinto de/diferenciarse de || *These differ from the previous ones* ~ *Estos se diferencian de los anteriores*

differ in ins ♦ [2 things/persons] to be different in (a certain aspect) ~ diferenciarse en || *They only differ in their opinions on racism* ~ *Sólo se diferencian en sus opiniones sobre el racismo*

differ on ins ♦ *véase* disagree about

differ with [1] ins ♦ *véase* disagree with [1] **[2]** ins USA ♦ *véase* argue with

differentiate between ins ♦ to distinguish (one thing from another) ~ distinguir entre || *I cannot differentiate between this rock and the other one* ~ *No puedo distinguir entre esta roca y la otra*

differentiate from v2obj ♦ *véase* distinguish from

dig at [1] ins ♦ *véase* jab at **[2]** ins inf ♦ *véase* joke about

dig down [1] vi ♦ to dig (deeply) ~ cavar || *The machines dug down but didn't find anything* ~ *Las máquinas cavaron muy profundo pero no encontraron nada* **[2]** vi USA inf ♦ to be generous (during a collection etc.) ~ ser generoso (en una colecta etc.) || *Come on, dig down! We need far more money!* ~ *¡Venga, apoquinad! ¡Necesitamos mucho más dinero!*

dig for ins ♦ to seek by digging ~ cavar en busca de || *We spent the morning digging for worms* ~ *Pasamos la mañana cavando en busca de gusanos*

dig in [1] sep ♦ to mix (manure etc.) by digging ~ añadir al suelo || *The ground was dry so I dug some compost in* ~ *La tierra estaba seca así que le añadí un poco de abono vegetal* **[2]** vi mil ♦ [soldiers] to dig a hole/trench and make onself safe ~ atrincherarse || *We had just dug in when the first plane passed by* ~ *Acabábamos de atrincherarnos cuando pasó el primer avión* **[3]** vi inf ♦ to begin to eat (heartily) ~ hincar el diente/empezar a comer || *Marta's not coming, so we should dig in now* ~ *Marta no viene, así que deberíamos empezar a comer ya* **[4]** vi USA ♦ to start (to do something) in a determined manner ~ lanzarse enérgicamente || *He dug in and finished before lunch* ~ *Se lanzó a la tarea y acabó antes de comer*

dig into [1] ins ♦ to put one's hand into (pocket/bag etc.) ~ meter la mano en/buscar en || *She dug into her pocket and found a 5000 note* ~ *Buscó en su bolsillo y encontró un billete de 5000* **[2]** ins inf ♦ to begin to eat (heartily) ~ empezar a comer/zamparse || *They dug into the biggest dinner of the year* ~ *Empezaron a zamparse la cena más grande del año* **[3]** ins ♦ to penetrate by digging/biting or investigating (etc.) ~ cavar/hincar en/ahondar en || *You won't be able to dig into the lawn with so much frost* ~ *No podrás cavar el césped con tanta escarcha* **[4]** ins USA ♦ to start to do (an activity) in a determined manner ~ lanzarse enérgicamente a || *Dig into your homework and you'll soon be finished* ~ *Apúrate con los deberes y los acabarás pronto* **[5]** ins ♦ *véase* cut into [4]

dig out [1] sep ♦ [hole] to dig/excavate ~ excavar || *They dug out a huge hole to bury the box* ~ *Excavaron un hoyo inmenso para enterrar la caja* **[2]** sep ♦ to look for/find (something hidden for a long time) ~ descubrir/sacar/encontrar || *If you're going to the match I'll dig out my blue and white scarf* ~ *Si vas al partido te busco mi bufanda blan-*

quiazul **[3]** sep ♦ to extract by digging ~ extraer cavando || *He says he dug out a Roman coin ~ Dice que extrajo una moneda romana con la pala*

dig out of v2obj ♦ to extract (an object) from (where it is hidden/buried) ~ extraer/sacar de || *If you're bored why don't you dig your records out of the cupboard? ~ Si te aburres, ¿por qué no sacas tus discos del armario?*

dig over sep ♦ to dig (soil) to improve its condition ~ voltear/recavar || *On 1st March I'm going to dig the garden over ~ El 1 de marzo voy a recavar el jardín*

dig up [1] sep ♦ [road/lawn/flowerbed] to remove or dig the surface of ~ levantar/remover la tierra de (etc.) || *They've dug the road up to repair a cable ~ Han levantado la calle para reparar un cable* **[2]** sep ♦ *véase* dig out [3] **[3]** sep ♦ [plant etc.] to uproot ~ desarraigar || *I had to dig those flowers up because they were exposed ~ Tuve que desarraigar esas flores porque estaban expuestas* **[4]** sep ♦ to discover (information) ~ descubrir || *After three months in the library she dug up some vital evidence ~ Tras tres meses en la biblioteca descubrió unos indicios imprescindibles*

digress from ins ♦ to deviate from (a topic etc.) ~ desviarse de/apartarse de || *If I may digress from this matter for a moment... ~ Si me permiten apartarme un momento de este asunto...*

dilate upon ins form ♦ *véase* descant on

dilly-dally around vi inf ♦ *véase* bum about [1]

dim down sep ♦ [lights] to reduce the intensity of ~ reducir la intensidad de || *Daniel dimmed down the lamps and lit a candle ~ Daniel redujo la intensidad de las lámparas y encendió una vela*

dim out vi ♦ [lights] *véase* fade out [2]

dim up sep téc ♦ *véase* fade in [2]

din into v2obj GB AUS arc ♦ to force (information/beliefs etc.) into (a person's head) ~ meter a la fuerza en la cabeza de || *Our teacher used to din grammar into us every day ~ Nuestra profesora nos metía gramática a la fuerza cada día*

dine in vi ♦ to have dinner at home ~ cenar en casa || *I have no money: shall we dine in, dear? ~ No tengo dinero: ¿cenamos en casa, cariño?*

dine off ins ♦ to eat (esp. expensive food) for dinner ~ cenar (algo) || *Tonight, my love, we shall dine off the best steak ~ Esta noche, mi amor, cenaremos el mejor bistec*

dine on ins ♦ *véase* dine off

dine out vi form ♦ to have dinner in a restaurant (etc.) ~ cenar fuera/por ahí/ en un restaurante || *For our anniversary do you fancy dining out? ~ ¿Te apetece cenar por ahí el día de nuestro aniversario?*

dine out on ins GB AUS ♦ to tell/be famous for telling (an anecdote) during a meal ~ ser invitado a cenar a base de (una anécdota etc.) || *He dines out on the story about playing cards with the king ~ Le invitan a cenar por la historia de su partida de cartas con el rey*

dip in sep os & v2obj ♦ to insert (brush etc.) quickly (into liquid etc.) ~ meter/mojar (algo) rápidamente (en líquido etc.) || *Dip the feather in (the paint) and see what happens ~ Moja la pluma (en la pintura) y a ver qué pasa*

dip into [1] ins ♦ to read (book/magazine etc.) in parts from time to time ~ hojear de vez en cuando || *When I'm bored I dip into the dictionary and learn a new word ~ Cuando estoy aburrida hojeo el diccionario y aprendo una palabra nueva* **[2]** ins ♦ *véase* cut into [4] **[3]** ins & v2obj ♦ *véase* delve into **[4]** v2obj ♦ to insert (brush etc.) quickly into (liquid etc.) ~ meter/mojar (algo) rápidamente en (líquido etc.) || *Dip the coins into the paint and they'll come out red ~ Moja las monedas en la pintura y saldrán rojas*

dip to ins ♦ *véase* go down to [3]

direct against v2obj ♦ *véase* direct at

direct at v2obj ♦ to channel (anger/ blow etc.) towards ~ dirigir a || *She di-*

rected most of the insults at the farmer's wife ~ *Dirigió la mayoría de las injurias a la mujer del granjero*

direct to v2obj ♦ to give (a person) directions to ~ dirigir a; decir a (alguien) dónde está (algo) || *The woman directed me to the museum* ~ *La mujer me dijo dónde estaba el museo*

dirty up sep USA ♦ to make dirty ~ ensuciar || *It looks like the girl has dirtied up her shoes* ~ *Parece que la niña ha ensuciado los zapatos*

disabuse of v2obj form ♦ to remove (a false belief etc.) from ~ desengañar de || *She was kind enough to disabuse me of those stupid opinions* ~ *Tuvo la amabilidad de desengañarme de esas opiniones estúpidas*

disagree about ins ♦ to have a different opinion with regard to ~ no estar de acuerdo sobre || *Daniel and I disagree about the best method* ~ *Daniel y yo no estamos de acuerdo sobre el mejor método*

disagree on ins ♦ *véase* disagree about

disagree with [1] ins ♦ [person/opinion] to have a different opinion from; to disapprove of ~ no estar de acuerdo con || *I disagree with Laura (with her point of view)* ~ *No estoy de acuerdo con Laura (con su punto de vista)* **[2]** ins ♦ [food] not to digest well ~ no sentarle bien a || *That stew we ate last night disagreed with me* ~ *Ese estofado que comimos anoche me sentó muy mal*

disappear from ins ♦ to vanish from (sight/a place) ~ desaparecer de || *One day the boy disappeared from the farm where he had been living* ~ *Un día el chico desapareció de la granja donde había estado viviendo*

disappoint with v2obj ♦ to make (someone) disappointed due to (behaviour etc.) ~ decepcionar con/por || *I disappointed them with my lack of interest* ~ *Les dejé decepcionados con mi falta de interés*

disapprove of ins ♦ to be displeased with; to think badly of ~ desaprobar || *My parents disapproved of my first girlfriend* ~ *A mis padres no les cayó bien mi primera novia*

disassociate from v2obj ♦ to separate from ~ desligar de || *We must disassociate these elements from the first category* ~ *Debemos desligar estos elementos de la primera categoría*

disbar from v2obj jur ♦ to banish (a barrister) from (the legal profession) ~ excluir a (un abogado) del ejercicio de (la abogacía) || *The committee disbarred Daniel from the legal profession* ~ *El consejo excluyó a Daniel del ejercicio de la abogacia*

disbelieve in ins ♦ not to believe in ~ no creer en || *I disbelieve in all these theories of yours* ~ *No creo en todas estas teorías tuyas*

disburden of v2obj ♦ to remove (a burden) from (somebody) ~ descargar a (uno) de || *The director wants to disburden you of all these responsibilities* ~ *La directora quiere quitarte todas estas responsabilidades*

discern between ins ♦ *véase* differentiate between

discern from v2obj ♦ *véase* distinguish from

discharge from [1] v2obj ♦ *véase* disburden of **[2]** v2obj ♦ [soldier from army/patient from hospital etc.] to remove ~ sacar de/licenciar de/dar de alta de || *The major discharged my brother from the army yesterday* ~ *El comandante licenció a mi hermano del ejército ayer*

discharge into ins ♦ *véase* debouch into

discipline for v2obj ♦ to punish (someone) for (a sin or unlawful act etc.) ~ disciplinar por || *The headmaster disciplined me for my absence* ~ *El director me disciplinó por mi ausencia sin permiso*

disclose to v2obj ♦ *véase* confide to [1]

disconnect from [1] ins ♦ *véase* back off from; cut off [6] **[2]** v2obj ♦ to cut the connection of (a machine/person) from (supply) ~ desconectar/desacoplar de || *The electrician disconnect-*

ed the factory from the supply ~ El electricista desconectó la fábrica del suministro

discourage from v2obj ♦ to suggest that (someone) should not do (an activity) ~ disuadir de || *We usually discourage our pupils from such activities ~ Solemos disuadir a nuestros alumnos de tales actividades*

discourse on ins form ♦ *véase* descant on

discourse upon ins form ♦ *véase* descant on

discriminate against ins ♦ to hold discriminating views against ~ discriminar a/contra || *That company discriminates against young workers ~ Esa empresa discrimina contra los obreros jóvenes*

discriminate between ins ♦ *véase* differentiate between

discuss with v2obj ♦ *véase* debate with

disembark from ins ♦ [ship/train/plane] *véase* alight from

disengage from v2obj ♦ *véase* disconnect from [1]; deliver from

disentangle from v2obj ♦ to remove (a person, animal or thing) from (a tangle of wires/problem) ~ desenmarañar de || *The farmer disentangled the kitten from the snare ~ El granjero desenmarañó al gatito de la trampa*

disguise as v2obj ♦ [para no ser reconocido] *véase* dress up as [2]

disguise in v2obj ♦ [para no ser reconocido] *véase* dress in [2]

dish on ins USA inf ♦ [reveal items of malicious gossip] *véase* bitch about [1]

dish out [1] sep ♦ to serve (food etc.)/distribute ~ servir/distribuir/repartir || *The captain will dish out a plate of food to each man ~ El capitán servirá un plato de comida a cada hombre* **[2]** sep ♦ [criticism etc.] to express ~ difundir/expresar || *He dishes out criticism every time he writes that column ~ Difunde críticas cada vez que escribe esa columna*

dish up [1] vi GB AUS ♦ to put food on plates ready to eat ~ poner comida en platos para servir || *Come on - I'm about to dish up! ~ ¡A comer, que estoy a punto de servir!* **[2]** sep ♦ to put (food) onto plates ~ poner (comida) en platos || *Will you dish the soup up, please? ~ ¿Te importa servir la sopa, por favor?* **[3]** sep inf ♦ to produce (without much care) ~ sacar (descuidadamente) || *The programme they dished up was of poor quality ~ El programa que sacaron era de mala calidad*

dislodge from v2obj ♦ *véase* disconnect from [1]; deliver from

dismiss as v2obj ♦ [as something negative] *véase* condemn as

dismiss for v2obj ♦ to remove (employee etc.) from a post due to (incompetence etc.) ~ despedir por/debido a || *The boss dismissed me for excessive absenteeism ~ El jefe me despidió por exceso de ausencia sin permiso*

dismiss from v2obj ♦ to remove (employee etc.) from (a post etc.) ~ despedir/destituir de || *The manager dismissed Laura from her post ~ El jefe despidió a Laura de su puesto*

dismount from ins ♦ to descend from (horse etc.) ~ bajar de || *The soldier dismounted from his horse and greeted the colonel ~ El soldado bajó de su caballo y saludó al coronel*

dispense from v2obj form ♦ to exempt (somebody) from ~ eximir a uno de || *In that case, we should dispense him from that duty ~ En ese caso, deberíamos eximirle de ese deber*

dispense with ins form ♦ to stop using; to remove ~ deshacerse de/prescindir de || *She immediately dispensed with all those silly traditions ~ Se deshizo en seguida de todas esas tradiciones tontas*

dispose of [1] ins form ♦ to have at one's disposal ~ disponer de || *The army disposes of nearly 3,000 men ~ El ejército dispone de casi 3.000 hombres* **[2]** ins form ♦ to throw into the waste bin; to eliminate ~ tirar (a la basura); eliminar || *It would be appropriate for you to dispose of those papers ~ Sería conveniente que tiraras esos papeles*

[3] ins form ♦ to treat; to deal with ~ tratar (etc.) || *If we can dispose of these tasks before one o'clock, I'll buy you lunch ~ Si logramos acabar con estas tareas antes de la una, te invitaré a comer* **[4]** ins form ♦ [assets etc.] to sell ~ vender/traspasar || *The company has disposed of most of its assets ~ La empresa ha vendido la mayoría de sus activos* **[5]** ins ♦ [animal etc.] to kill ~ matar || *The dogs disposed of the fox in thirty seconds ~ Los perros mataron a la zorra en treinta segundos* **[6]** ins ♦ to defeat ~ vencer/ganar || *Athletic Bilbao disposed of Real Sociedad in an easy game ~ El Athletic de Bilbao ganó a la Real Sociedad en un partido fácil*

dispossess of v2obj form ♦ to remove (something) from (a person) ~ privar a (alguien) de || *The illness dispossessed me of my dignity ~ La enfermedad me privó de la dignidad*

dispute about ins ♦ to argue on account of ~ discutir sobre || *The neighbours are disputing about the state of the lawn ~ Los vecinos están discutiendo sobre el estado del césped*

dispute over ins ♦ *véase* dispute about

dispute with ins & v2obj ♦ *véase* argue with; debate with

disqualify for **[1]** v2obj ♦ [problem] to make (someone) unqualified/unavailable for ~ incapacitar para || *This injury will disqualify the athlete for the Olympic Games ~ Esta lesión incapacitará al atleta para los JJOO* **[2]** v2obj ♦ to disqualify (an athlete etc.) due to (an unlawful act etc.) ~ descalificar por || *The referee disqualified Laura for repeated infringements ~ El árbitro descalificó a Laura por repetidas faltas*

disqualify from v2obj ♦ to disqualify (an athlete etc.) from (a race/tournament etc.) ~ descalificar de || *The referee disqualified Daniel from the tournament ~ El árbitro echó a Daniel del torneo*

dissent from ins form ♦ to disagree with; not to conform to ~ disentir de || *It looks as if most of the members are going to dissent from normal practice ~ Parece que la mayoría de los socios van a disentir de la práctica habitual*

dissociate from v2obj ♦ *véase* disassociate from

dissolve into **[1]** ins ♦ to collapse with (tears/laughter etc.) ~ deshacerse en || *The audience dissolved into laughter when they heard the joke ~ El público se murió de risa cuando oyó el chiste* **[2]** v2obj ♦ to cause (sugar etc.) to dissolve in (liquid) ~ disolver en || *Dissolve two sugars into your tea and it'll taste better ~ Disuelve dos cucharaditas de azúcar en el té y sabrá mejor*

dissuade from v2obj ♦ *véase* discourage from

distance from v2obj ♦ to separate (one thing or person) from (another) ~ alejar/separar de || *Her parents are trying to distance her from political circles ~ Sus padres están intentando alejarla de los círculos políticos*

distinguish oneself as ins ♦ to become famous in the capacity of ~ distinguirse como || *He distinguished himself as a general in the French army ~ Se distinguió como general en el ejército francés*

distinguish between ins ♦ *véase* differentiate between

distinguish from v2obj ♦ to differentiate (one thing or person) from (another) ~ distinguir de || *I can't distinguish her from her sister ~ No soy capaz de distinguirla de su hermana*

distract from v2obj ♦ to cause (a person) to be distracted from (work etc.) ~ distraer de || *Don't distract your sister from her homework ~ No distraigas a tu hermana de sus deberes*

distrain upon ins jur ♦ to seize (a person's goods) for legal/financial reasons ~ secuestrar || *The authorities distrained upon the entire contents of my house ~ Las autoridades secuestraron todo el contenido de mi casa*

distribute among v2obj ♦ [repartir entre] *véase* divide up among

distribute around v2obj ♦ [repartir entre] *véase* divide up among

distribute to v2obj ♦ [repartir entre] *véase* divide up among

dive for ins ♦ to throw oneself/dive in order to reach (ball/safety/coin in water) ~ lanzarse/tirarse hacia/para recoger; pescar || *When he took out the gun I dived for safety in the bushes ~ Cuando sacó la pistola me tiré hacia la seguridad de los arbustos* | *The boys were diving for the coins we threw into the river ~ Los chicos se tiraban al río para pescar las monedas que lanzábamos*

dive in [1] vi ♦ *véase* dig in [3] & [4] **[2]** vi ♦ to throw oneself into a swimming-pool (etc.) ~ tirarse al agua || *The water's lovely - dive in! ~ El agua está muy bien - ¡tírate!*

dive into [1] ins ♦ *véase* dig into [1], [2], [4] **[2]** ins ♦ to throw oneself into (water) ~ tirarse a (una piscina etc.) || *I'm going to dive into the water, whatever it takes ~ Cueste lo que cueste me voy a tirar al agua*

dive off ins ♦ to dive from (a diving-board etc.) ~ tirarse de cabeza de || *Laura dived off the cliff and everybody applauded ~ Laura se tiró al agua desde el acantilado y todos aplaudieron*

diverge from ins ♦ to separate from ~ apartarse de || *This process diverges from the traditional method ~ Este proceso se aparta del método tradicional*

divert from v2obj ♦ *véase* deflect from

divert into v2obj ♦ *véase* channel into

divert onto v2obj ♦ [onto a road/surface etc] *véase* channel into

divert to v2obj ♦ to direct (flight/traffic etc.) to (a different destination) ~ desviar a || *The control tower diverted our flight to Madrid ~ La torre de control desvió nuestro vuelo a Madrid*

divest of v2obj form ♦ *véase* denude of

divest oneself of [1] ins form ♦ [item of clothing] to remove ~ quitarse || *She divested herself of her coat as she came in ~ Se quitó el abrigo al entrar* **[2]** ins form ♦ [rights etc.] to remove from oneself ~ renunciar a || *The king divested himself of most of his powers ~ El rey denunció a la mayoría de sus poderes*

divide against v2obj USA ♦ [one group against another] *véase* bias against

divide among v2obj ♦ *véase* divide up among

divide between v2obj ♦ *véase* divide up among

divide by ins & v2obj ♦ to divide (a number) by (a factor) ~ dividir por || *If you divide (10) by 5, you'll solve the problem ~ Si divides (10) por 5, solucionarás el problema*

divide into [1] ins & v2obj ♦ to divide (a factor) into (another number) ~ dividir en || *She divided (2) into 10 and wrote down the answer ~ Dividió (2) en 10 y apuntó la solución* **[2]** v2obj ♦ *véase* divide off into

divide off sep ♦ to separate/divide into sections ~ dividir en secciones || *The room was so large that we divided it off ~ El cuarto era tan grande que lo dividimos en secciones*

divide off into v2obj ♦ to separate/divide (something) into (sections etc.) ~ dividir (algo) en || *Let's divide the field off into squares ~ Vamos a dividir el campo en cuadrados*

divide out sep ♦ to divide and distribute (e.g. slices of a cake) ~ dividir y repartir || *I divided the cake out and everybody ate a bit ~ Repartí el pastel y todos nos comimos un trocito*

divide up [1] sep ♦ *véase* divide out **[2]** sep ♦ to divide into smaller units ~ dividir || *We'll divide up the profits before we leave ~ Dividiremos las ganancias antes de salir*

divide up among v2obj ♦ to divide (something) among or between (groups/people) ~ dividir entre || *You should divide the money up among the seven participants ~ Deberíais dividir el dinero entre los siete participantes*

divide up between v2obj ♦ *véase* divide up among

divide up into v2obj ♦ *véase* divide off into

divide with v2obj USA ♦ to share (something) with (another person) ~ compartir con || *You should divide the candy with your sister ~ Deberías compartir los caramelos con tu hermana*

divorce from v2obj ♦ to keep separate from ~ separar de || *I think it's important to divorce work from leisure ~ Creo que es importante separar el trabajo del ocio*

divulge to v2obj ♦ *véase* confide to [1]

divvy out sep USA inf ♦ *véase* divide out

divvy up sep USA inf ♦ *véase* divide up

do about v2obj ♦ to do (something) in order to rectify/improve (a matter) ~ hacer (algo) para mejorar/rectificar (etc.) || *Have you done anything about the problem with the rubbish? ~ ¿Has hecho algo para solucionar el problema de la basura?*

do as ins ♦ to be acceptable in the capacity of ~ servir de/como || *These cushions will do as a bed ~ Estos cojines servirán de cama*

do away with [1] ins ♦ [rule/tradition etc.] to remove ~ suprimir/abolir/acabar con || *I wish we could do away with these taxes ~ Ojalá pudiéramos suprimir estos impuestos* **[2]** ins ♦ to kill ~ matar || *It looks like the mafia want to do away with me ~ Parece que la mafia quiere matarme*

do down [1] sep GB inf ♦ to criticise/speak badly of ~ hablar mal de/criticar || *The local press is always doing that footballer down ~ La prensa local siempre habla mal de ese futbolista* **[2]** sep GB inf ♦ to cheat ~ estafar || *We worked with them once but they did us down ~ Trabajamos con ellos una vez pero nos estafaron*

do for [1] ins GB arc inf ♦ to damage/hurt seriously ~ dañar/herir gravemente; acabar con || *The snow last month did for my motorbike ~ La nieve del mes pasado destrozó mi moto | My wife will do for me if she finds me here ~ Si me encuentra aquí mi mujer me mata* **[2]** ins GB inf ♦ to be sufficient for ~ ser suficiente para || *A coffee will do for me, thanks ~ Con un café voy bien, gracias* **[3]** ins GB arc ♦ to work as a servant for ~ ser asistente/a de; llevar la casa de (etc.) || *I did for a number of families when I was young ~ Fui asistenta de varias familias cuando era joven* **[4]** v2obj ♦ to do (something) on behalf of/for the benefit of (someone) ~ hacer (algo) por/para (alguien) || *I'm doing this for your mother, not for you ~ Hago esto por tu madre, no por ti* **[5]** v2obj inf ♦ *véase* defraud of **[6]** v2obj inf ♦ *véase* discipline for; fine for

do in [1] sep inf ♦ to tire ~ cansar || *Working in the factory does me in ~ Trabajar en la fábrica me cansa muchísimo* **[2]** sep inf ♦ to attack/kill ~ pegar una paliza a; cargarse a || *Three hooligans did him in last Friday ~ Tres gamberros le pegaron una paliza el viernes pasado*

do into v2obj lit ♦ to translate (book etc.) into (a different language) ~ traducir a || *She did the original manuscript into German ~ Tradujo el manuscrito original al alemán*

do out sep GB AUS ♦ to clean/decorate/renovate (a room etc.) ~ limpiar/decorar/renovar || *When our daughter was born we did out the small bedroom ~ Cuando nació nuestra hija decoramos la habitación pequeña*

do out in v2obj ♦ to paint/decorate in (a colour) ~ pintar de || *They've done the kitchen out in green ~ Han pintado la cocina de verde*

do out of v2obj inf ♦ to deprive (someone) of; to stop (someone) getting (etc.) ~ estafar (algo) a (alguien); hacer que (alguien) no consiga (algo) || *They did me out of the most important moment of my life ~ Me privaron del momento más importante de mi vida | That firm did my brother out of 100 dollars ~ Esa empresa estafó 100 dólares a mi hermano*

do over [1] sep GB AUS arg ♦ *véase* do in [2] **[2]** sep USA AUS ♦ to repeat/do again ~ rehacer || *She was forced to do her homework over ~ Se vio obligada a* *rehacer los deberes* **[3]** sep GB inf ♦ [house] to steal the important contents of ~ saquear (etc.) || *The thieves did our house over while we were on holiday ~ Los ladrones nos saquearon la casa cuando estábamos de vacaciones* **[4]** sep USA ♦ [room] to decorate ~ decorar || *We're going to do over the living-room this weekend ♦ Vamos a pintar el salón este fin de semana*

do up [1] sep ♦ *véase* do over [4] **[2]** sep ♦ [button/zip/laces etc.] to fasten ~ abrochar/atar/liar || *Will you help me do my dress up, please? ~ ¿Me ayudas a abrochar el vestido, por favor?* **[3]** sep ♦ to renovate/improve/repair ~ renovar (etc.) || *In his spare time he does up old cars ~ En su tiempo libre se dedica a renovar coches antiguos* **[4]** sep ♦ [parcel] to wrap ~ envolver || *I'll do the parcel up if you sign the card ~ Yo envolveré el paquete si tú firmas la tarjeta* **[5]** vi ♦ [button/zip/laces etc.] to fasten ~ abrocharse/atarse/liarse || *Don't forget that the jacket also does up ~ No se te olvide que la chaqueta también se abotona*

do oneself up vi inf ♦ to make oneself more attractive ~ ponerse guapo/a || *When she does herself up, you can hardly recognise her ~ Cuando se pone guapa, apenas la reconoces*

do up in v2obj ♦ to wrap/decorate using ~ envolver/decorar de/con/en || *She's done the parcel up in beautiful paper ~ Ha envuelto el paquete en un papel precioso*

do with [1] ins ♦ to place somewhere ~ hacer con/poner en algún sitio || *I don't know what I've done with that letter ~ No sé qué habré hecho con esa carta* **[2]** ins ♦ to need/desire/have an appetite for ~ necesitar/venirle bien a uno || *We could do with some help/a beer ~ Nos vendría bien un poco de ayuda/una cerveza* **[3]** v2obj ♦ to do (something) using ~ hacer con || *You could do a lot with that garden ~ Podrías hacer muchas cosas con ese jardín* **[4]** ins ♦ to concern/to correspond to ~ tener que ver con || *This is nothing to do with you ~ Esto no tiene nada que ver con usted* **[5]** ins GB inf ♦ [in negative: usually continuous] to tolerate/need ~ aguantar (etc.) || *I can't be doing with all this hassle before the exams ~ No aguanto tanto lío antes de los exámenes*

do without [1] vi & ins ♦ not to use/take/eat (etc.) ~ pasarse sin/prescindir de || *I'm not really thirsty: I'll do without (the wine) ~ La verdad es que no tengo mucha sed: pasaré (del vino)* **[2]** ins inf ♦ to prefer there not to be (etc.) ~ preferir que no haya (etc.) || *I could do without the sermons ~ Preferiría que no me sermonearas tanto*

dob in sep GB AUS inf ♦ to report (somebody's bad behaviour) to a teacher (etc.) ~ chivatear contra || *That girl is always dobbing people in ~ Esa chica siempre chivatea contra la gente*

dock at ins ♦ [ship in a port] *véase* arrive at

dock for v2obj ♦ to remove (an amount of one's pay) due to (incompetence etc.) ~ rebajar/reducir el sueldo a (alguien) por || *They docked his wages for the days he was off ~ Le rebajaron el sueldo por los días que no asistió al trabajo*

dock from v2obj ♦ to remove (quantity) from (pay) ~ rebajar (el sueldo) en || *The boss docked 10 dollars from my wages ~ El jefe me rebajó el sueldo en 10 dólares*

dock with [1] v2obj ♦ [spacecraft] to link with ~ acoplar a || *They docked the rocket with the other machine ~ Acoplaron el cohete a la otra máquina* **[2]** ins ♦ [spacecraft] to link with ~ acoplarse a/atracar con || *The first rocket needs to dock with the second ~ El primer cohete tiene que acoplarse al segundo*

doctor up sep ♦ [machine etc.] to repair ~ reparar/remendar || *I'll doctor the motorbike up quickly so that you can use it tonight ~ Repararé la moto de prisa para que puedas usarla esta noche*

dodder along vi ♦ [old person etc.] *véase* crawl along

dodge about vi ♦ to move/walk with no specific direction ~ ir de aquí para allá || *I don't think he's working at the* *moment: he's just dodging about* ~ *No creo que tenga trabajo en este momento: va de aquí para allá*

dodge behind ins ♦ [de un salto] *véase* hide behind

dole out sep ♦ *véase* dish out

doll up sep ♦ to make more attractive ~ poner guapo/a || *They've dolled up the city centre for the queen's visit* ~ *Han adornado el centro de la ciudad para la visita de la reina*

doll oneself up vi ♦ *véase* do oneself up

doom to v2obj ♦ to condemn (something) to (death/failure etc.) ~ condenar a/predestinar a (etc.) || *The decision doomed the company to immediate closure* ~ *La decisión condenó a la empresa al cierre inmediato*

dope out sep USA inf ♦ to discover/understand by thinking ~ descubrir (etc.) a base de pensar || *I managed to dope the answer out after a few hours' thought* ~ *Tras pensar unas cuantas horas logré encontrar la solución*

dope up sep ♦ to fill with drugs ~ drogar/medicinar || *The doctor doped him up so that he wouldn't feel the pain* ~ *El médico le drogó completamente para que no sintiera el dolor*

dope up with v2obj ♦ to fill (someone) with (drugs) ~ drogar/medicinar de || *The nurse doped me up with tablets* ~ *La enfermera me drogó de pastillas*

dose up sep ♦ *véase* dope up

dose up with v2obj ♦ *véase* dope up with

dose with v2obj ♦ *véase* dope up with

doss about vi GB inf & ins GB inf ♦ *véase* bum about

doss around vi GB inf & ins GB inf ♦ *véase* bum about

doss down vi GB AUS inf ♦ *véase* bed down [1]

dot about sep os & v2obj ♦ to place in a scattered manner ~ esparcir || *The company wanted to dot its factories about (the country)* ~ *La empresa quería esparcir sus fábricas por todas partes (del país)*

dot around sep os & v2obj ♦ *véase* dot about

dot with v2obj ♦ to sprinkle (flour etc.) onto (in a scattered manner) ~ salpicar de || *You should dot the cake with sugar on removing it from the oven* ~ *Deberías salpicar el pastel de azúcar al sacarlo del horno*

dote on ins ♦ to adore as something perfect ~ idolatrar/adorar || *My parents dote on their grandchildren* ~ *Mis padres idolatran a sus nietos*

dote upon ins form ♦ *véase* dote on

double as ins ♦ to have the additional function of ~ ser también; hacer las veces de || *On Sundays the gymnasium doubles as a church* ~ *Los domingos el gimnasio hace las veces de iglesia*

double back vi ♦ to return via the same route ~ volver sobre sus pasos || *If we get lost we can try and double back* ~ *Si nos perdemos podemos intentar volver sobre nuestros pasos*

double back on ins ♦ to follow (an original path etc.) on the return journey ~ volver sobre sus pasos por (el sendero original etc.) || *They doubled back on the original track but still got lost* ~ *Volvieron por el sendero original pero aun así se perdieron*

double for ins ♦ to work as a double for (a famous actor etc.) ~ sustituir a/ser el doble de || *When he was young he doubled for Clark Gable* ~ *Cuando era joven trabajaba como doble de Clark Gable*

double over **[1]** vi ♦ to bend one's body forwards ~ doblarse || *She doubled over and touched her feet without any problems* ~ *Se dobló y se tocó los pies sin problemas* **[2]** sep os ♦ to fold ~ doblar || *Can you help me double the sheets over?* ~ *¿Te importa ayudarme a doblar las sábanas?*

double over with ins ♦ to bend one's body forward due to (laughter/pain etc.) ~ doblarse de (dolor/risa etc.) || *I was doubling over with pain when the ambulance arrived* ~ *Me doblaba de dolor cuando llegó la ambulancia*

double up **[1]** vi ♦ to share (bedroom) ~ compartir la misma habitación ||

There are only two bedrooms so you'll have to double up ~ *Sólo hay dos habitaciones así que tendréis que compartir* **[2]** vi & sep os ♦ *véase* double over

double up as ins ♦ *véase* double as

double up with **[1]** ins ♦ *véase* double over with **[2]** ins ♦ to share a bedroom (etc.) with ~ compartir (habitación etc.) con || *As it was a small house I had to double up with my brother* ~ *Como la casa era pequeña tenía que compartir con mi hermano*

douse with v2obj ♦ *véase* drench in

dovetail in with ins ♦ to fit perfectly with; to suit ~ encajar perfectamente con || *This proposal dovetails in with the company's plans* ~ *Esta propuesta encaja perfectamente con los planes de la empresa*

dovetail into v2obj ♦ to cause (X) to fit perfectly with (Y) ~ hacer que (X) encaje perfectamente con (Y) || *We want to dovetail our plans into yours* ~ *Queremos hacer que nuestros planes encajen perfectamente con los de ustedes*

dovetail with ins ♦ *véase* dovetail in with

downgrade to v2obj ♦ *véase* demote to

doze off vi inf ♦ to fall asleep ~ dormirse; quedarse dormido || *It seems I dozed off during the match* ~ *Parece que me quedé dormido durante el partido*

draft into v2obj ♦ [army/domestic task] *véase* conscript into

drag about sep ♦ to drag alongside oneself ~ arrastrar de un lado a otro || *She's been dragging that blanket about for three years* ~ *Lleva tres años arrastrando esa manta por ahí*

drag along **[1]** sep ♦ to force to accompany ~ obligar a acompañar || *I didn't want to come but my brother dragged me along* ~ *No quería venir pero mi hermano me obligó a acompañarle* **[2]** sep ♦ *véase* drag about

drag apart sep ♦ to separate with difficulty ~ separar con dificultad || *The referee had to drag the two boxers apart* ~ *El árbitro tuvo que separar a los dos boxeadores por la fuerza*

drag around sep ♦ *véase* drag about

drag at ins inf ♦ *véase* draw on [1]

drag away sep os inf ♦ to cause forcibly to leave ~ arrancar; obligar a irse (etc.) || *She started to look at the sales but I dragged her away* ~ *Empezó a mirar las rebajas pero la arranqué*

drag away from v2obj inf ♦ to cause forcibly to leave ~ arrancar de || *I don't know if I'll be able to drag my son away from his book* ~ *No sé si podré arrancar a mi hijo de su libro*

drag behind vi & ins ♦ *véase* drop behind

drag down **[1]** sep ♦ to cause to fall/reduce (etc.) ~ hacer bajar; arrastrar hacia abajo || *The crisis will drag prices down* ~ *La crisis hará que los precios bajen* **[2]** sep os ♦ to cause to feel depressed (etc.) ~ deprimir/debilitar (etc.) || *The divorce really dragged them down* ~ *El divorcio les deprimió de verdad*

drag down to v2obj ♦ to cause to fall (etc.) to ~ hacer bajar al nivel de || *I don't wish to drag the conversation down to such a level* ~ *No quiero hacer que la conversación baje a un nivel semejante*

drag in **[1]** sep ♦ to force to enter (by dragging) ~ obligar a entrar (arrastrando) || *The policeman dragged the two boys in by the neck* ~ *El policía obligó a los dos chicos a entrar arrastrándoles por el cuello* **[2]** sep ♦ to include (in conversation or activity) against their wishes ~ involucrar/hacer entrar por la fuerza || *If you're organising a robbery don't drag me in* ~ *Si estáis organizando un robo no me incluyáis a mí* | *Every time we argue you insist on dragging my past in* ~ *Cada vez que nos peleamos insistes en sacar el tema de mi pasado*

drag into **[1]** v2obj ♦ to force to enter (by dragging) ~ obligar a entrar en (arrastrando) || *The men dragged Laura into the building* ~ *Los hombres entraron en el edificio arrastrando a Laura* **[2]** v2obj ♦ to include (in conversation or activity) against their wishes ~ involucrar en/hacer entrar por la fuerza en || *You certainly drag us into some dangerous situations ~ Tú sí que nos involucras en unas situaciones peligrosas*

drag off sep os & v2obj ♦ to separate (e.g. a fighter) (from another fighter) by dragging ~ separar físicamente a (alguien) (de otra persona) || *When the fight began we had to drag Daniel off (the other boy) ~ Cuando empezó la pelea tuvimos que separar a Daniel (del otro chico)*

drag on [1] vi ♦ [event/anecdote etc.] to last an excessive amount of time ~ ser interminable/ir para largo || *The concert was dragging on and I wanted to go to the bar ~ El concierto iba para largo y yo quería ir al bar* **[2]** ins inf ♦ *véase* draw on [1]

drag out [1] sep ♦ [event/anecdote etc.] to cause to last an excessive amount of time ~ hacer interminable || *Whenever he tells a joke he drags it out ~ Cada vez que cuenta un chiste lo va alargando* **[2]** vi ♦ *véase* drag on [1] **[3]** sep ♦ to remove by dragging ~ sacar arrastrando || *The children were trapped in the house but I dragged them out ~ Los niños estaban atrapados en la casa pero logré sacarlos* **[4]** sep ♦ [secret etc.] to manage to extract ~ conseguir extraer || *She won't talk - I'll have to drag the information out ~ No quiere hablar - tendré que ir sacando la información poco a poco*

drag out of v2obj ♦ to remove (information or a person) from (head/place) by force ~ sacar por la fuerza de || *The firemen dragged my grandson out of the lake ~ Los bomberos sacaron a mi nieto del lago arrastrándole*

drag up [1] sep ♦ to mention (something bad, in order to cause embarrassment) ~ sacar (un tema embarazoso) || *Please don't drag up the anecdote about when I fell over ~ Por favor no saques la anécdota de cuando me caí* **[2]** sep ♦ to drag to a higher position ~ arrastrar hacia arriba || *I was in the attic dragging the boxes up ~ Yo estaba en el ático subiendo las cajas con dificultad* **[3]** sep GB inf ♦ [of parents] to educate (a child) badly ~ educar/criar mal || *His parents dragged him up - you can tell by his manners ~ Sus padres le educaron mal - se le nota de los modales*

dragoon into v2obj inf ♦ to force to do (something) ~ obligar a hacer || *They dragooned us into a quick decision ~ Nos forzaron a tomar una decisión rápida*

drain away [1] vi ♦ [water etc.] to disappear gradually ~ irse poco a poco || *It took three days for the water on the street to drain away ~ El agua en la calle tardó tres días en irse* **[2]** sep ♦ [water etc.] to cause to go ~ vaciar || *Before she began the job she had to drain the water away ~ Antes de comenzar la tarea tuvo que vaciar el agua*

drain from ins & v2obj ♦ *véase* drain out of

drain into ins ♦ [river etc.] to flow into ~ desaguar en || *This stream drains into that massive river you can see over there ~ Este arroyo desagua en ese inmenso río que ves por ahí*

drain of v2obj ♦ to remove (resources etc.) from ~ agotar de || *The big companies are draining the world of its resources ~ Las grandes empresas están agotando los recursos del mundo*

drain off sep ♦ to remove the water (etc.) from ~ vaciar/escurrir/drenar || *Can you drain off these carrots, please? ~ ¿Te importa escurrir estas zanahorias, por favor?*

drain out vi & sep ♦ *véase* drain away

drain out of [1] ins ♦ [water etc.] to disappear gradually from ~ irse poco a poco de || *The blood drained out of his face when he heard the news ~ Su cara palideció cuando supo la noticia* **[2]** v2obj ♦ to remove (something) from (a place) by draining ~ drenar (etc.) de || *The farmers had to drain the water out of the fields ~ Los granjeros tuvieron que drenar el agua de los campos*

drape around v2obj ♦ to place (a towel/flag etc.) around (a person/statue etc.) ~ poner (una bandera/toalla etc.) en/sobre/alrededor de || *We draped an Irish flag around the statue in the square ~ Cubrimos la estatua en la plaza con una bandera irlandesa*

drape in v2obj ♦ to cover (furniture etc.) with ~ cubrir de (etc.) || *They are going to drape the armchairs in beautiful fabrics ~ Van a cubrir los sillones de telas preciosas*

drape over v2obj ♦ *véase* drape around

drape with v2obj ♦ *véase* drape in

draw against **[1]** v2obj ♦ [sorteo deportivo] to cause (X) to be the opponent of (Y) ~ oponer (X) a (Y) || *The lottery drew my school against my brother's ~ El sorteo enfrentó mi colegio contra el de mi hermano* **[2]** ins dep ♦ *véase* draw with [2]

draw ahead vi ♦ *véase* draw away [1]

draw ahead of ins ♦ *véase* draw away from

draw apart **[1]** vi ♦ *véase* draw aside [1] **[2]** sep ♦ *véase* draw aside [3]

draw apart from ins ♦ *véase* draw away from

draw aside **[1]** vi ♦ to move oneself to the side ~ apartarse || *The soldier drew aside so that the queen could pass ~ El soldado se apartó para que pasara la reina* **[2]** sep ns ♦ to move (person) to the side ~ apartar || *I drew the secretary aside to talk to her ~ Aparté a la secretaria para hablar con ella* **[3]** sep ♦ [curtain etc.] to move to the side ~ descorrer || *We drew the curtain aside and looked at the plaque ~ Descorrimos la cortina y miramos la placa*

draw away **[1]** vi ♦ to go a long way ahead/away ~ alejarse/adelantarse mucho || *Fermín Cacho is beginning to draw away ~ Fermín Cacho está empezando a dejar atrás a los demás* **[2]** sep ns ♦ *véase* draw aside

draw away from ins ♦ to go a long way ahead of/away from ~ alejarse mucho de || *Barcelona are drawing away from Real Madrid in the league ~ En la liga el Barcelona se está alejando del Real Madrid*

draw back **[1]** vi ♦ to move backwards (due to fear etc.) ~ retroceder (etc.) || *When I saw the gun I drew back and hid behind the pillar ~ Al ver la pistola retrocedí y me escondí detrás de la columna* **[2]** sep ♦ *véase* draw aside [3] **[3]** vi ♦ to decide not to do something ~ rajarse/cejar/volverse atrás || *We drew back when we saw that the champion was taking part ~ Cejamos cuando vimos que iba a participar el campeón*

draw back from **[1]** ins ♦ to move backwards away from ~ apartarse de (retrocediendo) || *He drew back from the window ~ Dio un paso hacia atrás para apartarse de la ventana* **[2]** ins ♦ to decide not to take part in ~ rajarse de || *He always draws back from dangerous situations ~ Siempre se aparta de las situaciones peligrosas*

draw down **[1]** sep ♦ [blind etc.] to lower ~ bajar || *Draw the blind down so that they can't see us ~ Baja la persiana para que no nos vean* **[2]** sep ♦ [ridicule etc.] to attract ~ atraer || *His performances draw down a fair amount of criticism ~ Sus actuaciones atraen bastantes críticas*

draw for ins & v2obj ♦ to cast (lots) in order to decide (something) ~ echar suertes para decidir (algo) || *We drew (lots) for the remaining tasks ~ Echamos la suerte para decidir quién se ocuparía de las tareas restantes*

draw forth sep ♦ [comment etc.] to provoke ~ provocar; dar lugar a || *My speech drew forth many comments among journalists ~ Mi discurso motivó muchos comentarios entre los periodistas*

draw from **[1]** v2obj ♦ *véase* draw out of [2] **[2]** v2obj ♦ to sketch (X) using (Y) as a guide ~ dibujar (X) a base de/guido por (Y) || *Laura drew her grandmother from a photo ~ Laura dibujó a su abuela a base de una foto*

draw in **[1]** vi GB AUS ♦ [day] to become shorter in winter ~ acortarse || *Now we're in October the days are starting to draw in ~ Ahora que estamos en octubre los días empiezan a acor-*

tarse **[2]** sep ♦ *véase* drag in [2] **[3]** sep ♦ to pull towards oneself ~ tirar hacia sí || *I'm drawing the rope in so that it doesn't stay in the water ~ Estoy retirando la cuerda para que no se quede en el agua* **[4]** sep ♦ *véase* breathe in [2] **[5]** sep ♦ *véase* bring in [6] **[6]** vi ♦ [train etc.] to arrive ~ llegar/entrar || *Come on - our train's drawing in ~ Venga - que llega nuestro tren* **[7]** sep ♦ to include by drawing ~ añadir dibujando/dibujar || *That's a nice picture - do you want to draw in some flowers? ~ Es muy bonito el dibujo - ¿quieres añadirle unas flores?*

draw into **[1]** ins ♦ [train etc.] to arrive at ~ llegar a/entrar en || *The train is about to draw into Chamartín Station ~ El tren está a punto de llegar a la Estación de Chamartín* **[2]** v2obj ♦ *véase* drag into [2] **[3]** v2obj ♦ to add (something) to (a sketch etc.) by drawing ~ añadir (algo) a (algo) dibujando || *Why don't we draw some animals into the picture? ~ ¿Por qué no dibujamos unos animales en el cuadro?*

draw off **[1]** sep ♦ [liquid] to remove (from a larger quantity) ~ trasegar || *We'll need to draw off three litres of this liquid ~ Habrá que trasegar tres litros de este líquido* **[2]** sep form ♦ [gloves] to remove ~ quitarse || *She drew off her gloves and showed us her ring ~ Se quitó los guantes y nos enseñó el anillo* **[3]** sep form ♦ [person chasing] to lose ~ desviar/perder || *We managed to draw off the men who were chasing us ~ Logramos desviar a los hombres que nos seguían*

draw on **[1]** ins ♦ [cigar etc.] to inhale the smoke of ~ fumar/chupar; inhalar el humo de || *The millionaire was drawing on a fat cigar ~ El millonario fumaba un puro gordo* **[2]** vi form ♦ [evening etc.] to approach the end ~ acercarse al final || *The evening is drawing on and I must go ~ La velada está a punto de terminar y debo irme* **[3]** vi form ♦ [night etc.] to approach ~ acercarse || *Night is drawing on, and my husband has still not returned ~ Ya se acerca la noche y mi marido todavía no ha vuelto* **[4]** ins & v2obj ♦ to draw (symbol etc.) on (a surface) ~ dibujar (algo) en || *Don't draw (cats) on the tablecloth ~ No dibujes (gatitos) en el mantel* **[5]** ins ♦ to use a supply of (knowledge, information, money etc.) ~ recurrir a/usar || *We drew on our knowledge of Latin to win the competition ~ Recurrimos a nuestros conocimientos del latín para ganar el concurso* **[6]** ins ♦ to use as inspiration ~ inspirarse en || *His first novel drew on the theories of Descartes ~ Su primera novela se inspiraba en las teorías de Descartes* **[7]** sep form ♦ [gloves] to put on ~ ponerse || *The king drew on his gloves and left the castle ~ El rey se puso los guantes y salió del castillo* **[8]** ins ♦ to withdraw money from (bank account) ~ retirar dinero de || *I'll need to draw on your account - is that okay? ~ Tendré que retirar dinero de tu cuenta - ¿te parece bien?* **[9]** sep ♦ to coax/encourage ~ engatusar a || *I didn't want to take part but they drew me on ~ No quería participar pero me engatusaron*

draw out **[1]** vi ♦ [train] to leave ~ salir/arrancar || *When we arrived the train was already drawing out ~ Cuando llegamos el tren ya salía de la estación* **[2]** sep ♦ *véase* drag out [1] **[3]** sep ♦ *véase* drag out [3] **[4]** sep ♦ to make (someone) more confident/talkative ~ hacer menos reservado || *We tried to draw him out, but to no avail ~ Intentamos hacerle menos reservado, pero en vano* **[5]** vi GB AUS ♦ [day] to become longer in summer ~ hacerse más largo || *The days are drawing out so we have more time to play ~ Los días ya se hacen más largos así que tenemos más tiempo para jugar*

draw out of **[1]** ins ♦ [train] to leave ~ salir de || *The train is drawing out of Sants ~ El tren está saliendo de Sants* **[2]** v2obj ♦ to remove/withdraw (something) from (hiding place/account etc.) ~ sacar/retirar (etc.) de || *Yesterday I drew 100 dollars out of my account (the drawer) ~ Ayer saqué 100 dólares de mi cuenta (del cajón)*

draw to sep os ♦ [curtains/door] to close ~ correr/cerrar || *Draw the curtains to and put the lamp on, please ~ Corre las cortinas y enciende la lámpara, por favor*

draw together **[1]** vi ♦ to become united/closer ~ reunirse/hacerse más unidos || *They tend to draw together when there is a problem ~ Suelen estar más unidos cuando hay un problema* **[2]** sep ♦ to cause to unite/become closer ~ hacer más unidos; juntar/reunir || *The death of their father drew the sisters together ~ La muerte de su padre hizo más unidas a las hermanas* **[3]** sep ♦ to pair (e.g. two football teams in a competition) ~ emparejar (en un sorteo etc.) || *The draw drew together Sevilla and Betis ~ El sorteo emparejó al Sevilla con el Betis*

draw up **[1]** sep ♦ [report/plan etc.] to prepare ~ preparar/redactar || *We have drawn up a first draft of the report ~ Hemos redactado un primer borrador del informe* **[2]** sep ♦ [chair etc.] to move closer ~ acercar || *Draw up a chair and look at what I'm doing ~ Acerca una silla y mira lo que estoy haciendo* **[3]** sep ♦ to raise ~ levantar/alzar/sacar || *The guard drew up the barrier (water from the well) ~ El centinela levantó la barrera (sacó agua del pozo)* **[4]** sep ♦ [soldiers] to order into formation ~ formar || *The sergeant drew up his men ~ El sargento formó a sus hombres* **[5]** vi ♦ [car etc.] to arrive and stop ~ acercarse y parar || *The taxi drew up next to the bus stop ~ El taxi paró al lado de la parada de autobús*

draw oneself up vi ♦ to stand up straight ~ erguirse/estirarse al máximo || *He drew himself up and I saw that he was two metres tall ~ Se irguió y vi que medía dos metros*

draw upon ins & v2obj form ♦ *véase* draw on [1], [4], [5], [6], [8]

draw with **[1]** ins & v2obj ♦ to sketch (something) using (a pencil etc.) ~ dibujar (algo) con || *Laura usually draws (faces) with a pencil ~ Laura suele dibujar (caras) con un lápiz* **[2]** ins dep ♦ to draw in a match against ~ empatar con || *Betis drew with Sevilla last night ~ Anoche el Betis empató con el Sevilla*

dream about ins ♦ to have a dream concerning ~ soñar con || *I usually dream about my boss when I'm nervous ~ Cuando estoy nervioso suelo soñar con mi jefe*

dream away sep ♦ to spend/lose (a day etc.) dreaming ~ pasar/perder (un día etc.) soñando || *I'm capable of dreaming away an entire afternoon ~ Soy capaz de pasar una tarde entera soñando*

dream of **[1]** ins ♦ *véase* dream about **[2]** ins ♦ to consider ~ ocurrírsele (etc.) || *I wouldn't dream of spoiling your party ~ No se me ocurriría aguarte la fiesta*

dream on! vi inf ♦ [as command] continue dreaming ~ ¡qué más quisieras tú! (etc.); en tus sueños (etc.) || *What? She wants to go out with you? Dream on! ~ ¿Qué? ¿Quiere salir contigo? ¡Qué más quisieras tú!*

dream up sep ♦ to invent/think of ~ idear/inventar || *It is Daniel who usually dreams up our best commercials ~ Es Daniel el que suele idear nuestros mejores anuncios*

dredge up **[1]** sep ♦ *véase* dig up [4] **[2]** sep ♦ *véase* drag up [1]

drench in v2obj ♦ to wet thoroughly with ~ empapar en/mojar de || *I drenched the material in the liquid we had prepared ~ Empapé la tela en el líquido que habíamos preparado*

drench with v2obj ♦ *véase* drench in

dress as ins & v2obj ♦ *véase* dress up as

dress down **[1]** vi ♦ to dress informally/modestly ~ vestir(se) modestamente || *She didn't want to attract attention so she dressed down ~ No quiso llamar la atención así que se puso ropa modesta* **[2]** sep ♦ *véase* blow up [4]

dress for ins ♦ to dress appropriately for (dinner/a specific event) ~ vestirse para/ponerse traje de || *The ladies dressed for dinner while the men served the drinks ~ Mientras los hombres servían* *las bebidas las mujeres se pusieron traje de noche*

dress in [1] ins ♦ [colour/garment/style] to dress wearing ~ vestir de/ir vestido de || *I normally dress in black ~ Normalmente visto de negro* **[2]** v2obj ♦ to dress (a child etc.) in (colour/garment/style) ~ vestir a (alguien) de || *She normally dresses her son in blue ~ Suele vestir a su hijo de azul*

dress up [1] vi ♦ to wear special/attractive clothes ~ engalanarse (etc.) || *I like to dress up at weekends ~ Me gusta engalanarme los fines de semana* **[2]** sep ♦ to put special/attractive clothes on (a child etc.) ~ engalanar a/vestir a || *I dressed the baby up for his baptism ~ Engalané al bebé para el bautizo* **[3]** vi ♦ to wear unusual clothes as a game ~ disfrazarse/ataviarse || *They found their grandmother's clothes and spent the day dressing up ~ Encontraron la ropa de su abuela y pasaron el día ataviándose* **[4]** sep ♦ to put unusual clothes on (a child etc.) as a game ~ disfrazar/ataviar a || *I came across an old suit of mine and dressed my son up ~ Descubrí un viejo traje mío y atavié a mi hijo*

dress up as [1] ins ♦ to dress/disguise oneself in the style of ~ disfrazarse de || *For the party I dressed up as a priest ~ Para la fiesta me disfracé de cura* **[2]** v2obj ♦ to dress/disguise (somebody) in the style of ~ disfrazar de || *My mother dressed me up as a pirate ~ Mi madre me disfrazó de pirata*

dress up in ins & v2obj ♦ *véase* dress in

dress with v2obj ♦ to adorn (etc.) with ~ adornar (etc.) de || *Would you like me to dress the salad with mayonaise? ~ ¿Quieres que aliñe la ensalada con un poco de mayonesa?*

dribble down vi & ins ♦ [liquid] to fall slowly/in drops (down the surface of) ~ gotear (por) || *The honey was dribbling down (the cupboard door) ~ La miel caía gota a gota (por la puerta del armario)*

dribble on vi ♦ *véase* babble away

dribble past ins ♦ [in football etc.] to pass by dribbling ~ driblar a || *I like to watch forwards dribbling past defenders ~ Me gusta ver a los delanteros driblar a los defensas*

drift along vi & ins ♦ to move aimlessly (along a river etc.) ~ ir a la deriva (por) || *When I saw the boat it was drifting along (the Tagus) ~ Cuando vi la barca iba a la deriva (por el Tajo)*

drift apart vi ♦ to become less friendly/close ~ irse separando poco a poco || *We used to be close, but now we seem to be drifting apart ~ Eramos íntimos, pero ahora parece que nos vamos separando*

drift away [1] vi ♦ to be carried by a current ~ dejarse llevar por la corriente || *Daniel threw the ball into the river and it drifted away ~ Daniel tiró la pelota al río y se dejó llevar por la corriente* **[2]** vi ♦ to allow oneself to fall asleep; to enter a dream world ~ dormirse; dejarse llevar por los sueños || *As we were talking to her I could see her drifting away ~ Cuando le hablábamos noté que se estaba durmiendo*

drift back vi ♦ to return aimlessly/carried by a current ~ volver a la deriva/sin objetivo fijo || *He went off travelling and drifted back six months later ~ Se fue a viajar y volvió desganadamente seis meses más tarde*

drift in vi ♦ to enter without enthusiasm ~ entrar sin entusiasmo || *We drifted in while the teacher was talking about politics ~ Entramos sin ganas mientras la profesora hablaba de política*

drift into ins ♦ to enter involuntarily ~ entrar sin querer en || *He drifted into the world of accountancy ~ Entró sin querer en el mundo de la contabilidad*

drift off vi ♦ *véase* drift away

drift out vi ♦ to exit without enthusiasm ~ salir sin entusiasmo || *The delegates drifted out after the speeches ~ Los delegados salieron desganadamente después de los discursos*

drill down to ins ♦ to drill to the depth of ~ taladrar/perforar hasta || *The joiner drilled down to the lower layer ~ El carpintero perforó hasta la capa inferior*

drill for ins ♦ to seek by drilling ~ perforar en busca de || *The men are in the field drilling for oil ~ Los hombres están en el campo perforando en busca de aceite*

drill in **[1]** v2obj ♦ *véase* bore in **[2]** v2obj ♦ to teach (class/student) information/techniques about ~ dar clases de (algo) a || *The coach drilled the team in a variety of techniques ~ El míster entrenó al equipo en una gama de técnicas*

drill into v2obj ♦ to instil (knowledge) into (a person) forcefully/repetitively ~ hacer que (alguien) aprenda (algo) a la fuerza || *The Latin teacher drilled the irregular verbs into her pupils ~ La profesora de latín hacía a la fuerza que sus alumnos aprendieran los verbos irregulares*

drill through ins ♦ *véase* bore through

drink down sep ♦ to drink quickly/in one mouthful ~ beber de un trago || *They drank their beer down and ran out ~ Se bebieron la cerveza de un trago y salieron corriendo*

drink from ins & v2obj ♦ *véase* drink out of

drink in sep ♦ [experience etc.] to enjoy fully ~ embeberse en || *The tourists drank in the atmosphere in the main square ~ Los turistas se embebieron en el ambiente de la plaza mayor*

drink off sep ♦ *véase* drink down

drink out of ins & v2obj ♦ to use as a container from which to drink (a beverage) ~ beber de || *She usually drinks (wine) out of a vase ~ Suele beber (vino) de un florero*

drink to ins ♦ to drink to celebrate/ wish (etc.) ~ brindar por || *Let's drink to Daniel (to the success of the project) ~ Brindemos por Daniel (por el éxito del proyecto)*

drink up vi & sep ♦ to finish drinking (a drink) ~ terminar de beber (una bebida) || *Come on, drink up (those beers) - we're off ~ Venga, terminad (esas cervezas) - que nos vamos ya*

drip down vi & ins ♦ *véase* dribble down

drip with ins ♦ *véase* abound in

drive along **[1]** vi & ins ♦ to drive (covering a specific road etc.) ~ conducir/circular (por) || *My father was driving along (the high street) when I saw him ~ Mi padre iba en coche (por la calle principal) cuando le vi* **[2]** sep ♦ [of wind etc.] to propel ~ empujar || *The wind drove the little raft along ~ El viento empujaba la balsita*

drive around vi ♦ *véase* cruise around

drive at ins inf ♦ to mean/insinuate ~ querer decir/insinuar || *I can't see what the teacher is driving at in this class ~ No veo lo que quiere decir el profesor en esta clase*

drive away **[1]** vi ♦ to leave in a car ~ irse en coche || *The other driver didn't want to stop, so he drove away ~ El otro conductor no quiso parar, así que arrancó y se fue* **[2]** sep ♦ [person/ animal/worry] to remove/expel/force to leave ~ ahuyentar/alejar || *All this pollution will drive the tourists away ~ Toda esta contaminación ahuyentará a los turistas*

drive back **[1]** vi ♦ to return by car ~ volver en coche || *There were no trains so we drove back ~ No había trenes así que volvimos en coche* **[2]** sep os ♦ to return (a person) by car ~ traer/devolver en coche || *I was tired so my mother drove me back ~ Estaba cansado, entonces me trajo mi madre en el coche* **[3]** sep ♦ to force to move backwards ~ obligar a retroceder (etc.) || *The police drove the crowd back so that the car could pass by ~ La policía obligó a la multitud a retroceder para que pasara el coche*

drive by vi & ins ♦ [vehicle/driver] *véase* go by [2]

drive down **[1]** sep ♦ *véase* drag down [1] **[2]** vi ♦ [by car] *véase* go down [10] **[3]** vi & ins ♦ [car/driver] *véase* go down [2]

drive from v2obj ♦ *véase* drive out of [2]

drive in **[1]** vi ♦ to enter in a car ~ entrar en coche || *The mechanic opened* *the garage door and told me to drive in* ~ *El mecánico abrió la puerta del taller y me dijo que introdujera el coche* **[2]** sep ♦ [nail etc.] to force to enter ~ clavar || *I took a hammer and drove the tacks in* ~ *Cogí un martillo y clavé las tachuelas*

drive into **[1]** ins ♦ [in a car etc.] *véase* go in [2] **[2]** ins ♦ [in a car etc.] *véase* collide with

drive off **[1]** vi ♦ *véase* drive away [1] **[2]** sep ♦ *véase* drive away [2] **[3]** vi ♦ [in golf] to make the initial shot from the tee ~ golpear desde el tee || *García drove off and reached the green* ~ *García golpeó desde el tee y alcanzó el green*

drive on **[1]** vi ♦ to continue driving ~ seguir conduciendo/adelante || *There was nothing of interest in the village so we drove on* ~ *No había nada de interés en el pueblo, entonces seguimos adelante* **[2]** sep ♦ to encourage/force forward ~ empujar/animar || *We were tired, but our families drove us on* ~ *Estábamos cansados pero nuestras familias nos animaban*

drive onto ins & v2obj ♦ to embark on (a ferry etc.) in a car (etc.) ~ embarcar en || *I drove (the car) onto the ferry at 2.00* ~ *Embarqué (el coche) en el ferry a las 2.00*

drive out **[1]** vi & sep ♦ to exit in a car/extract a car ~ salir en coche/sacar el coche || *The door opened and she drove (the car) out* ~ *Se abrió la puerta y sacó el coche* **[2]** vi ♦ to make a leisurely journey by car ~ dar un paseo en coche || *If it's a nice day tomorrow we'll drive out* ~ *Si hace buen tiempo mañana daremos un paseo en coche* **[3]** sep ♦ to expel/force to exit ~ expulsar/obligar a salir || *The soldiers managed to drive the kidnappers out* ~ *Los soldados lograron que los secuestradores salieran*

drive out of **[1]** ins & v2obj ♦ to leave in a car/remove a car from ~ salir en coche de/sacar el coche de || *I drove (the car) out of the estate and looked for the main road* ~ *Salí de la urbanización en el coche y busqué la carretera* **[2]** v2obj ♦ to force (person) to leave (place) ~ obligar a salir de/expulsar a || *The vikings drove the northerners out of their villages* ~ *Los vikingos expulsaron a la gente del norte de sus pueblos*

drive over **[1]** ins ♦ to crush under a car's wheels ~ aplastar || *On the way back from the beach we drove over a hedgehog* ~ *Volviendo de la playa en el coche aplastamos a un erizo* **[2]** vi ♦ to go/come by car ~ ir/venir en coche || *Don't worry if there are no buses - we'll drive over* ~ *No te preocupes si no hay autobuses - iremos en coche* **[3]** sep ♦ to convey by car ~ llevar en coche || *I think my parents are going to drive me over* ~ *Creo que mis padres me van a llevar en coche*

drive past vi & ins ♦ [vehicle/driver] *véase* go by [2]

drive to **[1]** ins & v2obj ♦ to go (take) by car to ~ ir (llevar) en coche a || *Laura drove (us) to the airport and I drove back* ~ *Laura (nos) condujo hasta el aeropuerto y yo lo cogí a la vuelta* **[2]** v2obj ♦ to provoke (a sensation or reaction) in (a person) ~ provocar (tal sensación o reacción) en (alguien) || *Those exams drove me to despair/drink* ~ *Esos exámenes me hicieron desesperar/hicieron que me diera a la bebida*

drive up **[1]** sep ♦ [prices etc.] to cause to rise ~ hacer subir || *The crisis has driven prices up* ~ *La crisis ha hecho subir los precios* **[2]** vi ♦ to arrive by car ~ acercarse/llegar en coche || *We were at the bus stop when a huge car drove up* ~ *Estábamos en la parada de autobús cuando se acercó un coche enorme*

drivel on vi ♦ *véase* babble away

drizzle down vi ♦ [rain] to fall lightly ~ [lluvia] caer ligeramente || *The rain was drizzling down but we weren't bothered* ~ *Llovía ligeramente pero no nos importaba*

drone on vi ♦ *véase* bang on [2]

drone on about ins ♦ *véase* bang on about

drone out sep ♦ to pronounce in a dull/boring voice ~ pronunciar monótonamente || *The spokesman droned out the information about the strike* ~ *El portavoz pronunció en un tono monótono la información sobre la huelga*

drool over ins ♦ to find very attractive (etc.) ~ caérsele la baba por || *I can't decide between the twins: I'm drooling over them both* ~ *No puedo decidir entre las gemelas: se me cae la baba por las dos*

drop across vi ♦ *véase* come across [5]

drop around [1] vi GB AUS inf ♦ *véase* come across [5] **[2]** sep inf ♦ to go to someone's house to deliver ~ ir a casa de alguien a entregar (etc.) || *I'll try and drop the photos around this evening* ~ *Intentaré pasar por tu casa con las fotos esta tarde*

drop away [1] vi GB AUS ♦ [figures etc.] to reduce ~ disminuir/bajar || *Numbers have dropped away since the new chairman came in* ~ *Los números han disminuido desde que entró el nuevo presidente* **[2]** vi GB AUS ♦ [land] to slope downwards ~ estar en declive || *The land drops away behind the farm* ~ *El terreno está en declive detrás de la granja*

drop back [1] vi ♦ to move backwards ~ quedarse atrás/rezagarse || *At 300 metres she was winning, but then she dropped back* ~ *A los 300 metros iba ganando pero luego se quedó atrás* **[2]** vi ♦ *véase* drop away [1] **[3]** sep os ♦ *véase* drive back [2]

drop back to ins ♦ to move backwards/fall to the level/position of ~ disminuir a/bajar a (etc.) || *Our profits have dropped back to 3 million dollars* ~ *Nuestros beneficios han bajado a los 3 millones de dólares*

drop behind [1] vi ♦ *véase* drop back [1] **[2]** ins ♦ to move to an inferior position behind ~ quedarse detrás de || *My team has dropped behind the leader after that defeat* ~ *Tras esa derrota mi equipo se ha quedado detrás del líder*

drop behind in ins ♦ to have become disadvantaged in the category of ~ llevar desventaja en la categoría de || *We've dropped behind in sales this year* ~ *Este año nos hemos quedado atrás en cuanto a ventas*

drop behind with ins ♦ *véase* get behind with

drop below ins ♦ *véase* fall below

drop beneath ins ♦ *véase* fall below

drop by vi inf ♦ *véase* come across [5]

drop down [1] vi ♦ *véase* fall down [1] **[2]** ins ♦ *véase* fall down [2] **[3]** vi ♦ *véase* drop away [1] **[4]** vi dep ♦ [football team] to be relegated ~ bajar/descender || *My team dropped down last season* ~ *La temporada pasada mi equipo descendió*

drop from [1] ins ♦ *véase* fall from **[2]** v2obj ♦ *véase* drop out of [3] **[3]** v2obj dep ♦ to exclude (a habitual player) from (a team) ~ omitir/dejar en el banquillo a || *The coach dropped the striker from the starting eleven* ~ *El míster omitió al delantero del once inicial*

drop in [1] vi inf ♦ *véase* come across [5] **[2]** v2obj ♦ to leave (somebody) in (trouble etc.) ~ dejar en un apuro/en la mierda || *You've dropped us in a right load of hassle here* ~ *Nos has dejado en un buen follón aquí* **[3]** sep GB AUS inf ♦ *véase* drop around [2]

drop in at [1] ins ♦ to make a quick visit to (friend's house/shop etc.) ~ visitar rápidamente || *I have to drop in at the supermarket before I go home* ~ *Tengo que pasar por el supermercado antes de volver a casa* **[2]** v2obj GB AUS inf ♦ to deliver (something) to (a shop etc.) ~ dejar en/entregar a || *Will you drop this parcel in at the baker's, please?* ~ *¿Te importa dejar este paquete en la panadería, por favor?*

drop in on ins inf ♦ *véase* call on [1]

drop into [1] v2obj ♦ to allow to fall into ~ dejar caer en/a || *She was so angry that she dropped my books into the stream* ~ *Estaba tan enfadada que dejó caer mis libros en el arroyo* **[2]** ins ♦ *véase* drop in at [1] **[3]** v2obj GB AUS inf ♦ *véase* drop in at [2]

drop off [1] vi ♦ *véase* come off [1] **[2]** vi ♦ *véase* drop away [1] **[3]** vi inf ♦

véase doze off **[4]** sep ♦ to deliver (passenger/parcel) ~ dejar/entregar (etc.) || *I can drop you off next to the cathedral if you like ~ Puedo dejarte al lado de la catedral si quieres*

drop on **[1]** v2obj ♦ [onto a person/surface] *véase* drop into **[2]** v2obj ♦ *véase* dump on [3] **[3]** ins ♦ *véase* fall on [1]

drop out **[1]** vi ♦ to fall (from an enclosed space) ~ caerse || *The book was in my bag this morning - it must have dropped out ~ El libro estaba en mi bolsa esta mañana - se habrá caído* **[2]** vi ♦ [in studies/race/society] to abandon/stop participating ~ dejar/abandonar || *He dropped out during his second year/on the last lap ~ Abandonó la carrera durante el segundo curso/la última vuelta* | *My uncle and aunt dropped out in the sixties ~ Mis tíos se hicieron reclusos en los años sesenta* **[3]** sep ♦ to allow to fall (from a window etc.) ~ dejar caer (de una ventana etc.) || *She opened the window and dropped my clothes out ~ Abrió la ventana y tiró mi ropa al suelo*

drop out of **[1]** ins ♦ to fall from (an enclosed space) ~ caerse de || *My wallet dropped out of my bag yesterday ~ Se me cayó la cartera de la bolsa ayer* **[2]** ins ♦ [studies/race/society] to abandon/stop participating in ~ dejar/abandonar || *Two candidates dropped out of the campaign last week ~ Dos candidatos abandonaron la campaña la semana pasada* **[3]** v2obj ♦ to allow (something) to fall from (a window etc.) ~ dejar caer de || *The Red Cross dropped food parcels out of the plane ~ La Cruz Roja tiró paquetes de comida del avión*

drop over vi GB AUS inf & sep inf ♦ *véase* drop around

drop round vi GB AUS inf & sep inf ♦ *véase* drop around

drop to ins ♦ *véase* go down to [3]

drown in v2obj ♦ *véase* drench in

drown out sep ♦ to cover (another sound) ~ ahogar || *The music drowned out what the minister was saying ~ La música ahogaba lo que decía el ministro*

drown with v2obj ♦ *véase* drench in

drowse off vi ♦ *véase* doze off

drug up sep ♦ *véase* dope up

drug up with v2obj ♦ *véase* dope up with

drum in sep ♦ to instil (knowledge etc.) by force/repetition ~ enseñar/infundir a la fuerza || *Our new teacher is good: she drums the information in ~ Nuestra nueva profesora es buena: nos hace aprender a la fuerza*

drum into v2obj ♦ *véase* drill into

drum on ins & v2obj ♦ to tap (one's fingers etc.) rhythmically on (a surface) ~ tamborilear (con los dedos etc.) en || *My father was drumming (his fingers) on the table ~ Mi padre tamborileaba (con los dedos) en la mesa*

drum out **[1]** sep ♦ to expel/force to leave ~ expulsar || *It looks as if the club is going to drum my cousin out ~ Parece que el club va a expulsar a mi primo* **[2]** sep ♦ *véase* beat out [1]

drum out of v2obj ♦ to expel from/force to leave ~ expulsar de || *I want you to drum these hooligans out of our institution ~ Quiero que expulséis a estos gamberros de nuestra institución*

drum up ins ♦ [support etc.] to accumulate; to cause to increase ~ fomentar/aumentar/ir acumulando || *We're trying to drum up a wider client base ~ Estamos intentando fomentar una base de clientes más amplia*

dry off **[1]** vi ♦ to dry oneself (either with a towel or naturally) ~ secarse || *I stayed beside the pool to dry off ~ Me quedé al lado de la piscina para secarme* **[2]** sep ♦ to dry ~ secar || *I'm going to dry the children off - I don't want them to catch cold ~ Voy a secar a los niños - no quiero que se resfríen*

dry out **[1]** vi ♦ [food/skin etc.] to dry totally ~ secarse || *If you don't put cream on your skin will dry out ~ Si no te pones crema se te secará la piel* **[2]** sep ♦ [food/skin etc.] to dry totally ~ secar || *I want the sun to dry these bananas out ~ Quiero que el sol seque estos plátanos* **[3]** vi inf ♦ to cure oneself of alcoholism ~ desalcoholizarse || *He's been* *drying out for six months, and he looks better ~ Lleva seis meses desalcoholizándose, y tiene mejor aspecto* **[4]** sep inf ♦ to cure of alcoholism ~ desalcoholizar || *The worst thing was when we had to dry my sister out ~ Lo peor fue cuando tuvimos que desalcoholizar a mi hermana*

dry up **[1]** vi GB AUS ♦ to dry dishes which have been washed ~ secar los platos || *If you wash, I'll dry up ~ Si fregáis vosotros, seco yo* **[2]** sep GB AUS ♦ to dry (e.g. dishes which have been washed) ~ secar (platos etc.) || *When you've dried these three plates up, we'll be finished ~ Cuando hayas secado estos tres platos, habremos terminado* **[3]** vi ♦ [water/supply/spring] to stop, to cease/disappear ~ secarse/agotarse || *It looks like his supply of water/money/humour has dried up ~ Parece que la fuente de su agua/dinero/humor se ha agotado* **[4]** vi ♦ to be unable to continue a speech ~ cortarse/enmudecerse || *His speech began well but then he dried up ~ El discurso empezó bien pero luego se cortó* **[5]** vi ♦ [weather] to become dry/stop raining ~ dejar de llover/secarse || *It looks as if it's drying up ~ Parece que está dejando de llover* **[6]** vi inf ♦ to be quiet ~ callarse || *Will you dry up! I want to listen to this programme! ~ ¡Te quieres callar! ¡Quiero escuchar este programa!*

dub in sep téc ♦ [music/voice] to include by dubbing ~ añadir doblando || *If you want to record your harmonies now I'll dub them in later ~ Si quieres grabar tus armonías ahora, las doblaré luego*

dub over ins téc ♦ [music/voice] to replace with a new, superimposed version ~ doblar || *We need to dub over the original voices in this film ~ Tenemos que doblar las voces originales de esta película*

duck down vi ♦ *véase* crouch down

duck out vi inf ♦ *véase* cop out

duck out of ins inf ♦ to avoid doing ~ escabullirse de || *He always tries to duck out of difficult tasks ~ Siempre intenta escabullirse de las tareas difíciles*

dude oneself up vi USA inf ♦ *véase* do oneself up

duff up sep GB inf ♦ *véase* beat up [1]

duke it out vi USA inf ♦ to fight ~ pelearse || *When I got there they were already duking it out ~ Cuando llegué ya se estaban peleando*

dumb down sep inf ♦ to make much simpler ~ expresar (etc.) de una manera muy fácil de entender || *The newspapers these days are dumbing all the news down ~ Los periódicos hoy en día presentan las noticias de una manera muy sencillona*

dummy up vi USA inf ♦ to be silent and refuse to talk ~ enmudecerse/negarse a hablar || *The dude's dummying up - see if you can get anything out of him ~ El tío se niega a hablar - a ver si le sacas algo tú*

dump down sep ♦ to deposit violently/noisily ~ poner violenta/ruidosamente || *Laura dumped the baby down on the settee ~ Laura puso al niño violentamente sobre el sofá*

dump on **[1]** ins USA inf ♦ to criticise severely ~ criticar de forma severa || *You shouldn't dump on your colleagues like that ~ No deberías criticar así a tus compañeros* **[2]** ins inf ♦ to treat badly/overwork ~ tratar mal/hacer trabajar demasiado || *I get the feeling the boss is going to dump on me ~ Me da la impresión de que el jefe me va a cargar de trabajo* **[3]** v2obj inf ♦ to offload (worries/work etc.) on ~ descargar sobre (etc.) || *I think she wants to dump her problems on someone ~ Creo que quiere a alguien que escuche sus problemas*

dump over ins USA inf ♦ *véase* dump on [1], [2]

dun for v2obj ♦ to pressurise (a person) to pay (a debt etc.) ~ apremiar a (alguien) para que pague (algo) || *The gorillas came and dunned me for the cheque ~ Vinieron los gorilas a apremiarme para que les diera el cheque*

dunk in v2obj ♦ *véase* dip into [4]

dunk into v2obj ♦ *véase* dip into [4]

dust down **[1]** sep GB AUS ♦ to remove dust/dirt from ~ quitar el polvo a || *I'm going to dust that jacket down for the wedding ~ Voy a desempolvar esa chaqueta para la boda* **[2]** sep GB AUS ♦ to produce (something old, hackneyed etc.) and use again ~ sacar (algo viejo/trillado etc.) para volver a usarlo || *This journalist tends to dust down columns from the seventies ~ Este periodista suele reproducir columnas de los años setenta* **[3]** sep GB AUS ♦ to prepare (old machine etc.) to be used again ~ preparar para ser usado de nuevo || *If we're going to get fit I'll dust down my old bicycle ~ Si vamos a ponernos en forma sacaré mi vieja bicicleta*

dust off **[1]** sep ♦ *véase* dust down [1] **[2]** sep ♦ *véase* dust down [2] **[3]** sep ♦ *véase* dust down [3]

dust out sep ♦ [room etc.] to remove the dust from ~ quitar el polvo de || *Daniel is going to dust out that cupboard for me ~ Daniel me va a quitar el polvo de ese armario*

dwell in ins form ♦ to live in (a place) ~ vivir en/morar en || *The king and queen prefer to dwell in a large palace ~ Los reyes prefieren morar en un palacio grande*

dwell on ins ♦ to talk about/think about for a long time ~ explayarse en/meditar largamente || *I don't like to dwell on that experience ~ No me gusta pasar el tiempo hablando de/pensando en esa experiencia*

dwell upon ins form ♦ *véase* dwell on

dwindle away vi ♦ [money etc.] to disappear gradually ~ ir desapareciendo, disminuir (etc.) || *Although we won the lottery, our money is now dwindling away ~ Aunque nos tocó la lotería, el dinero ya va disminuyendo*

dwindle away to ins ♦ *véase* dwindle to

dwindle down vi ♦ *véase* dwindle away

dwindle down to ins ♦ *véase* dwindle to

dwindle to ins ♦ to reduce to the level of ~ quedar reducido a || *Staff numbers have dwindled to 25 ~ El número de trabajadores ha quedado reducido a 25*

E

earmark for v2obj ♦ to reserve for ~ reservar para/destinar a || *The authorities have earmarked 100 million pesetas for transport ~ Las autoridades han destinado 100 millones de pesetas al transporte*

earth up sep ♦ to cover (a plant) with earth for protection ~ acollar || *I'll have to earth those flowers up before the winter ~ Tendré que acollar esas flores antes del invierno*

ease along sep ♦ to move carefully ~ mover/correr con cuidado || *Can you help me to ease this table along? ~ ¿Me ayudas a correr esta mesa un poquito?*

ease away **[1]** vi ♦ *véase* fall away [5] **[2]** sep ♦ *véase* melt away [4]

ease back **[1]** vi ♦ [deliberately] *véase* drop back [1] **[2]** sep ♦ to move slowly backwards; to decrease the intensity of ~ aflojar (algo); mover poco a poco hacia atrás || *I'd like you to ease the scab back so I can see the wound ~ Quiero que levantes un poco la costra para que vea la herida*

ease back on ins ♦ *véase* ease off on [1]

ease down sep ♦ to cause to descend gently ~ bajar con cuidado || *I'm going to ease the box down so that the contents don't break ~ Voy a bajar la caja con cuidado para que no se rompa el contenido*

ease of v2obj ♦ to help (someone) by alleviating (pain/worries) ~ ayudar a (alguien) aliviándole (el dolor/las preocupaciones etc.) || *Those tablets seem to have eased Laura of her headache ~ Parece que esas pastillas le han quitado a Laura el dolor de cabeza*

ease off **[1]** sep ♦ [lid etc.] to remove/lift/raise little by little ~ quitar/levantar poco a poco || *We've been trying to ease the lid off, but it's no good ~ Hemos estado intentando levantar un poco la tapa, pero en vano* **[2]** vi ♦ [pain etc.] to become less ~ aliviarse || *The pain I had in my foot has eased off now ~ El dolor que tenía en el pie ya se ha aliviado* **[3]** vi ♦ to work less hard ~ trabajar menos || *After his nervous breakdown he eased off ~ Después del ataque de nervios empezó a trabajar menos* **[4]** vi ♦ [rain/anger/tension etc.] to diminish ~ disminuir/suavizarse (etc.) || *I think the rain is easing off ~ Creo que está dejando de llover* **[5]** vi ♦ to begin to act less severely ~ actuar (etc.) con menos rigor || *I wish the management would ease off ~ Ojalá la dirección me tratara con menos rigor*

ease off on **[1]** ins ♦ to do less of ~ hacer menos de (etc.) || *The doctor would like me to ease off on the long hours ~ El médico quiere que no trabaje tantas jornadas largas* **[2]** ins ♦ to treat less severely ~ tratar con menos rigor || *They're finally beginning to ease off on the new accountant ~ Por fin empiezan a tratar mejor al nuevo contable*

ease out **[1]** sep ♦ to force to leave (in a gentle way) ~ obligar a salir (de forma suave) || *The firm eased me out by saying I could work from home ~ La empresa se deshizo de mí diciendo que podría trabajar desde mi casa* **[2]** sep

♦ to extract slowly/carefully ~ sacar/extraer con cuidado || *She had a pea in her nose, but we eased it out ~ Tenía un guisante en la nariz, pero se lo sacamos con cuidado*

ease out of [1] v2obj ♦ to oblige to leave (in a gentle way) ~ obligar a salir (de forma suave) de || *After the scandal, the company decided to ease the director out of his post ~ Después del escándalo, la empresa decidió buscar una manera de despedir al director de su puesto* **[2]** v2obj ♦ to extract slowly/carefully from ~ sacar/extraer con cuidado de || *Between us we managed to ease the piano out of the lounge ~ Entre los dos logramos sacar el piano poco a poco del salón*

ease up [1] sep ♦ *véase* ease off [1] **[2]** vi ♦ *véase* ease off [2] **[3]** vi ♦ *véase* ease off [3] **[4]** vi ♦ *véase* ease off [4] **[5]** vi ♦ *véase* ease off [5] **[6]** sep ♦ [weight] to lift/raise carefully ~ levantar/subir con cuidado || *It's very heavy but if we ease it up I can put it on the top shelf ~ Pesa mucho pero si lo levantamos con cuidado lo podré colocar en la balda de arriba*

ease up on ins ♦ *véase* ease off on

eat at ins ♦ *véase* eat away at

eat away sep ♦ to corrode ~ corroer/desgastar || *The sea is going to eat that cliff away ~ El mar va a corroer ese acantilado*

eat away at [1] ins ♦ [emotion/bad memory etc.] to affect/sadden/depress (etc.) ~ atormentar/asaltar (etc.) || *The memory of the murder was eating away at his peace of mind ~ El recuerdo del asesinato le asaltaba la tranquilidad* **[2]** ins ♦ *véase* eat away

eat from ins & v2obj ♦ *véase* eat off

eat in vi ♦ to eat at home ~ comer en casa || *I've got no money: shall we eat in today? ~ No tengo dinero: ¿comemos en casa hoy?*

eat into ins ♦ *véase* break into [2]

eat off ins & v2obj ♦ to eat (food) from (a plate etc.) ~ comer de || *You shouldn't eat (crumbs) off the floor ~ No deberías comer (migas) del suelo*

eat out [1] vi ♦ to eat in a restaurant (etc.) ~ comer por ahí/en un restaurante || *We like to eat out twice a month ~ Nos gusta comer por ahí dos veces al mes* **[2]** sep USA inf ♦ *véase* chew out

eat out of ins & v2obj ♦ to eat (food) from (a container, bowl etc.) ~ comer de || *The children usually eat (rice) out of their bowls ~ Los niños suelen comer (arroz) de sus boles*

eat through ins ♦ [corrode entirely] *véase* eat away

eat up [1] sep ♦ to eat/consume (food/reserves etc.) totally ~ comerlo/gastarlo todo || *They usually eat up everything we give them ~ Suelen comerse todo lo que les damos | These books have eaten up the majority of our budget ~ Estos libros han devorado la mayoría de nuestro presupuesto* **[2]** sep inf ♦ to consume a lot of (fuel etc.) ~ devorar || *I guess that new car of yours must eat up the petrol? ~ Supongo que ese nuevo coche tuyo devorará la gasolina, ¿no?* **[3]** sep ♦ to cover (distance) quickly ~ tragar (kilómetros etc.) || *The train eats up the distance between Madrid and Barcelona ~ El tren traga los kilómetros que hay entre Madrid y Barcelona* **[4]** sep ♦ *véase* eat away at [1] **[5]** sep USA inf ♦ to enjoy (film etc.) very much ~ gustarle mucho a uno || *The kids really ate the play up ~ A los niños les gustó muchísimo la obra*

eavesdrop on ins ♦ to listen secretly to (a conversation) ~ escuchar a escondidas || *I managed to eavesdrop on his conversation with the consultant ~ Logré escuchar a escondidas su conversación con el asesor*

ebb away vi ♦ *véase* die away

echo back to ins ♦ *véase* go back to [3]

echo with ins ♦ to experience echoing noises of ~ resonar de || *The theatre echoed with the audience's applause ~ El teatro resonaba de los aplausos del público*

economise on ins GB AUS ♦ to spend less money on ~ economizar en || *The company is economising on sta-*

tionery ~ *La empresa está economizando en papelería*

economize on ins ♦ *véase* economise on

edge along [1] sep ♦ *véase* ease along **[2]** vi & ins ♦ to move slowly sideways (along) ~ avanzar de lado poco a poco (por) || *When I saw her she was edging along (the ridge)* ~ *Cuando la vi, avanzaba de lado poco a poco (por la cresta)*

edge away vi ♦ to leave slowly ~ alejarse poco a poco || *The speech was so boring that I tried to edge away* ~ *El discurso era tan aburrido que traté de irme despacito*

edge in [1] vi ♦ to manage to find a way to enter ~ colarse/abrirse camino || *The room was full but I managed to edge in* ~ *La sala estaba de bote en bote pero logré abrirme camino y entrar* **[2]** sep ♦ to insert sideways ~ introducir de canto || *If we can edge this block in the construction will be complete* ~ *Si podemos introducir de canto este bloque la construcción estará completa*

edge out [1] vi ♦ to leave/emerge cautiously ~ salir/asomarse con cuidado || *He edged out to see if the men had gone* ~ *Se asomó con precaución para ver si los hombres se habían ido* **[2]** sep ♦ *véase* ease out [2] **[3]** sep ♦ [sport] to defeat by very little ~ derrotar por muy poco || *Sánchez managed to edge Pérez out in the final set* ~ *Sánchez logró por los pelos ganar a Pérez en el último set* **[4]** sep ♦ to ostracise/force to leave ~ apartar/obligar a salir || *When the new secretary arrived, she quickly edged the previous one out* ~ *Cuando llegó la nueva secretaria, apartó de prisa a la anterior*

edge out of [1] ins ♦ to leave/emerge cautiously from ~ salir/asomarse con cuidado de || *We edged out of the house and closed the door* ~ *Salimos silenciosamente de la casa y cerramos la puerta* **[2]** v2obj ♦ *véase* ease out of [2] **[3]** v2obj ♦ to ostracise from/force to leave ~ apartar de/obligar a salir de || *They have edged me out of my position* ~ *Me han hecho abandonar mi posición*

edge up [1] vi ♦ [price etc.] to rise slowly ~ subir poco a poco || *The prices have edged up over the last six months* ~ *Los precios han subido poco a poco en los últimos seis meses* **[2]** vi ♦ to approach slowly/carefully ~ acercarse despacio/con cautela || *Seeing that there was no danger, the people edged up* ~ *Al ver que no había peligro, la gente se acercó con cautela* **[3]** sep ♦ to cause to rise slowly ~ hacer subir poco a poco || *The crisis has edged the price of petrol up* ~ *La crisis ha causado un aumento en el precio de gasolina*

edge up to ins ♦ to approach slowly/carefully ~ acercarse despacio/con cautela a || *I finally edged up to the footballer to ask for his autograph* ~ *Por fin me acerqué tímidamente al futbolista a pedirle un autógrafo*

edit out sep ♦ [words etc.] to exclude from print ~ suprimir/eliminar || *We had to edit that paragraph out for legal reasons* ~ *Por razones jurídicas tuvimos que suprimir ese párrafo*

educate for v2obj ♦ *véase* gear up for [2]

educate in v2obj ♦ *véase* drill in [2]

eff off vi GB AUS tab ♦ *véase* bog off

egg on sep ♦ to encourage ~ animar/incitar || *My cousin said he would steal it and the rest egged him on* ~ *Dijo mi primo que lo robaría y los demás le animaron*

eject from v2obj ♦ *véase* clear out of [2]

eke out [1] sep ♦ to cause to last longer ~ hacer durar (etc.) || *We'll have to eke the bread out until the weekend* ~ *Tendremos que intentar que el pan dure hasta el fin de semana* **[2]** sep ♦ to obtain/achieve with difficulty ~ conseguir a duras penas || *They eke out a living by selling seafood on the beach* ~ *Se ganan una vida mínimamente aceptable vendiendo mariscos el la playa*

elaborate on ins ♦ to explain in greater detail ~ explicar más detalladamente || *Would you like to elaborate on your ambitions?* ~ *¿Quiere hablarnos más de sus ambiciones?*

elaborate upon ins form ♦ *véase* elaborate on

elbow aside sep ♦ to move (someone) to the side with one's elbows ~ apartar a codazos || *The men wouldn't move so I elbowed them aside ~ Los hombres se negaban a moverse así que les aparté a codazos*

elbow out sep ♦ *véase* edge out [4]

elbow past vi & ins ♦ *véase* get past [1]

elbow through ins ♦ to use one's elbows to open a path through (crowds etc.) ~ conseguir a codazos abrirse camino por || *The city centre was heaving: I had to elbow through the crowds ~ El centro de la ciudad estaba abarrotada: tuve que abrirme camino a codazos por la multitud*

elect as v2obj ♦ *véase* choose as

elect onto v2obj ♦ *véase* elect to

elect to v2obj ♦ to elect (someone) to serve on (a council/committee etc.) ~ elegir como || *They elected her to the organising committee ~ La eligieron como miembro del comité organizador*

elevate to v2obj ♦ to raise (person/thing) to the level of ~ subir (algo/a alguien) al nivel de || *They have elevated my sister to general manager ~ Han ascendido a mi hermana al puesto de directora general*

elicit from v2obj ♦ [obtain information/response etc. from] *véase* get out of [4]

eliminate from v2obj ♦ to remove (person/substance) from (mixture/enquiries etc.) ~ eliminar/descartar de || *The police have eliminated Daniel from their list of suspects ~ La policía ha descartado a Daniel de su lista de sospechosos*

elope with ins ♦ to escape with (to get married) ~ fugarse con (para casarse) || *She eloped with her boyfriend and they got married in Gibraltar ~ Se fugó con su novio y se casaron en Gibraltar*

emanate from ins ♦ to emerge/proceed from ~ emanar/proceder de || *Quite a few new matters emanated from the initial meeting ~ Bastantes nuevos asuntos procedieron de la reunión inicial*

emancipate from v2obj form ♦ *véase* deliver from

embark for ins ♦ to enter a form of transport in order to travel to ~ embarcarse con rumbo a || *Passengers wishing to embark for Palma should proceed to Gate 9 ~ Los pasajeros que deseen embarcarse con rumbo a Palma deberán pasar a la Puerta 9*

embark on ins form ♦ to begin (process/journey etc.) ~ emprender/lanzarse a || *They embarked on this ambitious project ten years ago ~ Emprendieron este proyecto ambicioso hace diez años*

embark upon ins form ♦ *véase* embark on

embarrass about v2obj ♦ to make (someone) embarrassed by mentioning (something) ~ desconcertar a (alguien) mencionando || *I love to embarrass him about the incident on the boat ~ Me encanta darle vergüenza mencionando el incidente en la barca*

embarrass into v2obj ♦ [using embarrassment as pressure] *véase* bounce into

embarrass with v2obj ♦ to make (someone) embarrassed due to (behaviour/anecdote etc.) ~ desconcertar con || *She embarrassed us with a whole series of anecdotes ~ Nos azoró con toda una serie de anécdotas*

embed in v2obj ♦ to fix (one thing) inside (another) ~ clavar en/hincar en || *The soldier embedded the weapon in his rival's heart ~ El soldado clavó su arma en el corazón de su rival*

embellish with v2obj ♦ *véase* dress with

embezzle from v2obj ♦ to steal (money etc.) from (a specific fund/account) ~ malversar de || *Daniel embezzled a million pounds from the company's account ~ Daniel malversó un millón de libras de la cuenta de la empresa*

emblazon on v2obj ♦ to place (bright colours etc.) on (a surface) as decoration ~ engalanar (una superficie) con || *Daniel emblazoned his name on his* *shirt* ~ *Daniel engalanó su camisa con su nombre*

emblazon onto v2obj ♦ *véase* emblazon on

emblazon with v2obj ♦ [with bright colours] *véase* deck out with

emboss with v2obj ♦ to stamp (a surface) with (a pattern etc.) in relief ~ estampar con (algo) en relieve || *She embossed her paper with her father's shield* ~ *Estampaba su papel con el escudo de su padre en relieve*

embroider on [1] sep ♦ to add by embroidering ~ bordar/añadir bordando || *Here's the design for the shield: can you embroider it on?* ~ *Aquí tienes el diseño del escudo: ¿puedes bordarlo?* **[2]** ins ♦ [truth/anecdote] to alter with fictitious details ~ cambiar con detalles ficticios || *You can tell she's embroidering on the anecdote* ~ *Se nota que está metiendo elementos ficticios en la anécdota*

embroider with [1] v2obj ♦ to embroider (material) using (thread etc.) ~ bordar con || *We embroidered the cloth with beautiful threads* ~ *Bordamos la tela con unos hilos preciosos* **[2]** v2obj ♦ to adorn (anecdote etc.) with ~ adornar con || *My grandfather embroidered his memoirs with a whole series of fictitious stories* ~ *Mi abuelo adornó sus memorias con toda una serie de historias ficticias*

embroil in v2obj ♦ to involve (a person) in (an activity) ~ enredar en || *I don't want to embroil you in this problem* ~ *No quiero enredaros a vosotros en este problema*

embroil with [1] v2obj ♦ to prejudice (X) against (Y) ~ indisponer a (X) con (Y) || *If you're not careful you'll embroil García with the management* ~ *Como no tengas cuidado indispondrás a García con la dirección* **[2]** v2obj ♦ to mix (M) with (N) ~ mezclar a (M) con (N) || *When we choose the groups we mustn't embroil Fernández with Gómez* ~ *Cuando elijamos los grupos no deberemos mezclar a Fernández con Gómez*

emerge as ins ♦ to emerge having been chosen as/in the capacity of ~ salir (como) || *He went into the director's office and emerged as the director* ~ *Entró en el despacho del director y salió convertido en director*

emerge from ins ♦ *véase* emanate from

emigrate to ins ♦ to move permanently to (a new country) ~ emigrar a || *They emigrated to Australia thirty years ago* ~ *Emigraron a Australia hace treinta años*

emit from v2obj ♦ to emit (e.g. blood/noise) from (a hole/wound/machine etc.) ~ emitir de/por || *The machine was emitting sound from a faulty component* ~ *La máquina emitía sonido de un componente defectuoso*

empanel for v2obj jur ♦ to choose for (jury duty) ~ seleccionar/inscribir para (jurado) || *They've empanelled my father for jury duty this morning* ~ *Han inscrito a mi padre para jurado esta mañana*

empathise with ins GB AUS ♦ to feel/have/show empathy with ~ sentir (etc.) empatía con || *I empathise with their point of view* ~ *Siento empatía con su punto de vista*

empathize with ins ♦ *véase* empathise with

employ as v2obj ♦ to use/employ (a person/thing) in the capacity of ~ usar/emplear (algo/a alguien) como || *We employed Laura as a secretary originally* ~ *Originalmente contratamos a Laura como secretaria* | *You can employ this bag as a wallet if you like* ~ *Puedes emplear esta bolsita como cartera si quieres*

employ for v2obj ♦ to use/employ (a person/thing) for (a specific purpose) ~ usar/emplear para ocuparse de (etc.) || *I employed him for the work in the garden* ~ *Le contraté para hacer las tareas del jardín*

employ in v2obj ♦ to employ (a person) in (a sector/profession) ~ emplear en || *It was a good idea to employ Daniel in sales* ~ *Fue una buena idea la de meter a Daniel en ventas*

empty into [1] v2obj ♦ to empty (container/contents) into (another container) ~ vaciar metiendo en (etc.); verter (algo) en/a || *I want you to empty the milk into this jug* ~ *Quiero que viertas la leche a esta jarra* **[2]** ins ♦ *véase* debouch into

empty out **[1]** vi ♦ [building etc.] to become empty ~ vaciarse; quedar desocupado/ vacío || *That building usually empties out on Friday evenings* ~ *Ese edificio suele quedar desocupado los viernes por la tarde* **[2]** sep ♦ [container/room] to empty; to remove the contents of ~ vaciar || *Would you mind emptying out the cupboards this afternoon?* ~ *¿Te importa vaciar los armarios esta tarde?* **[3]** sep ♦ [contents] to remove ~ vaciar/quitar/sacar || *I'm going to open this box and empty out the contents* ~ *Voy a abrir esta caja y sacar el contenido*

encase in v2obj ♦ *véase* encase with

encase with v2obj ♦ to fix in a case of ~ revestir de || *We're going to encase all the blocks with lead* ~ *Vamos a revestir de plomo todos los bloques*

enchant with v2obj ♦ *véase* charm with

encircle with v2obj ♦ to form a circle of (1 thing) around (another) ~ rodear de || *The authorities are going to encircle the statue with flowers* ~ *Las autoridades van a rodear la estatua de flores*

enclose with **[1]** v2obj ♦ to use (material) to enclose (an area etc.) ~ cercar de || *They were going to enclose the garden with trees* ~ *Iban a cercar el jardín de árboles* **[2]** v2obj ♦ to include (a document etc.) in a letter with (another) ~ adjuntar con || *We enclose your ticket with a cheque for 100 dollars* ~ *Le adjuntamos el billete junto con un cheque de 100 dólares*

encompass with v2obj ♦ *véase* encircle with

encourage in v2obj ♦ to offer encouragement to (a person) in (studies/ hobby etc.) ~ animar en || *I've always tried to encourage Laura in her studies* ~ *Siempre he procurado animar a Laura en sus estudios*

encroach on **[1]** ins form ♦ [rights etc.] to usurp/remove ~ usurpar/quitar || *The management have encroached on all our basic rights* ~ *La dirección ha usurpado todos nuestros derechos básicos* **[2]** ins ♦ [territory etc.] to invade ~ invadir (etc.) || *It looks as if these trees are going to encroach on your neighbours' garden* ~ *Parece que estos árboles van a invadir el jardín de sus vecinos*

encroach upon ins form ♦ *véase* encroach on

encrust with v2obj ♦ to form a crust of (substance) on ~ encrustar de || *The bad weather has encrusted the rails with moss* ~ *El mal tiempo ha incrustado los raíles de musgo*

encumber with v2obj ♦ to place a heavy burden (of debt etc.) on ~ gravar de || *This purchase has encumbered my family with serious problems* ~ *Esta compra ha gravado a mi familia de serios problemas*

end in **[1]** ins ♦ to produce as a result; to finish in a specific manner ~ terminar en || *Their journey will end in problems (in Rome)* ~ *Su viaje terminará en problemas (en Roma)* **[2]** v2obj ♦ to finish (something) in (a specific way/style of dress etc.) ~ terminar en || *He finished the play in his underpants* ~ *Acabó la obra en calzoncillos*

end off sep ♦ to put an end to ~ poner fin a || *I'd like to end off this series of problems as soon as possible* ~ *Quisiera poner fin cuanto antes a esta serie de problemas*

end up vi inf ♦ to finsh (in a specific state, position etc.) ~ acabar/terminar || *We ended up in a disco at three in the morning* ~ *Acabamos en una discoteca a las tres de la madrugada* | *As usual I ended up paying* ~ *Como siempre acabé pagando yo*

end up as ins ♦ to finish in the capacity of ~ acabar como || *Three of her daughters ended up as prostitutes* ~ *Tres de sus hijas acabaron como prostitutas*

end up with ins ♦ to finish in the company of/suffering from (etc.) ~ acabar con || *I ended up with the worst* *group (with the flu)* ~ *Acabé con el peor de los grupos (con la gripe)*

end with ins & v2obj ♦ to finish (concert etc.) with (e.g. a specific song) ~ terminar con/cantando (etc.) || *We'd like to end (the concert) with our favourite ballad* ~ *Quisiéramos terminar (el concierto) con nuestra balada preferida*

endear to v2obj ♦ to gain (somebody) the affection of ~ granjear a (uno) las simpatías de || *Her openness endeared her to the public in Madrid* ~ *Su franqueza le granjeó las simpatías del público madrileño*

endow with v2obj ♦ to give as a gift/talent (etc.) ~ dotar con/de || *It sounds as if God has endowed you with a good pair of lungs* ~ *Parece que Dios te ha dotado de un buen par de pulmones*

endue with v2obj ♦ *véase* endow with

enfold in v2obj form ♦ to wrap/enclose (esp. a person) in (esp. one's arms) ~ envolver en; estrechar en || *My mother enfolded me in her arms* ~ *Mi madre me estrechó en los brazos*

enforce on v2obj ♦ to impose (will etc.) on (a person) ~ imponer a || *The dictator enforced his will on the whole country* ~ *El dictador impuso su voluntad al país entero*

engage as v2obj ♦ [person in job] *véase* employ as

engage in **[1]** ins form ♦ to participate in ~ tomar parte en || *I want to engage in a fitness programme* ~ *Quiero emprender un programa de gimnasia* **[2]** v2obj ♦ to cause (someone) to take part in (conversation etc.) ~ abordar (entablando conversación) con || *Sorry I'm late - the boss engaged me in conversation* ~ *Siento llegar tarde - el jefe empezó una conversación conmigo*

engage on ins form ♦ *véase* engage in [1]

engage to v2obj form arc ♦ *véase* betroth to

engage upon ins form ♦ *véase* engage in [1]

engage with ins ♦ [cog etc.] to fit into (another cog etc.) ~ engranar con || *This cog has to engage with the other one* ~ *Esta rueda dentada tiene que engranar con la otra*

engorge on ins ♦ [insect drinking blood] *véase* binge on

engorge with ins ♦ [insect drinking blood] *véase* binge on

engrave into v2obj ♦ *véase* carve in

engrave on v2obj ♦ *véase* carve in

engrave upon v2obj form ♦ *véase* carve in

engrave with **[1]** v2obj ♦ to engrave (e.g. wood) using (a specific tool) ~ grabar con || *My mother engraved the piece of wood with a chisel* ~ *Mi madre grabó el trozo de madera con un escoplo* **[2]** v2obj ♦ to engrave (e.g. wood) and produce (a name/design etc.) ~ grabar (nombre/dibujo etc.) en || *My girlfriend and I engraved the trunk with our names* ~ *Mi novia y yo grabamos nuestros nombres en el tronco*

engross in v2obj ♦ *véase* immerse in [2]

engulf in v2obj ♦ to cover (person/place) in (esp. flames) ~ sumergir en/bajo || *The fire engulfed the house in flames* ~ *El incendio cubría toda la casa en llamas*

enjoin from v2obj form ♦ *véase* ban from

enjoin on v2obj ♦ *véase* enforce on

enlarge on ins form ♦ *véase* elaborate on

enlarge upon ins form ♦ *véase* elaborate on

enlighten about v2obj ♦ *véase* clue in on

enlighten on v2obj ♦ *véase* clue in on

enlist for ins & v2obj mil ♦ *véase* enlist in

enlist in **[1]** ins mil ♦ to join (army etc.) ~ alistarse en || *I hear he's enlisted in the Hungarian army* ~ *Dicen que se ha alistado en el ejército húngaro* **[2]** v2obj mil ♦ to cause (someone) to join (army etc.) ~ alistar || *The sergeant enlisted twenty men in his section* ~ *El sargento alistó a veinte hombres en su sección*

enmesh in v2obj ♦ *véase* embroil in

enquire about ins form ♦ *véase* ask about

enquire after ins form ♦ *véase* ask after

enquire into ins form ♦ to make investigations about ~ investigar/indagar || *The police are enquiring into the recent robbery ~ La policía está investigando el robo reciente*

enrich with v2obj ♦ to make (something) richer with ~ enriquecer con/de || *Laura enriched the debate with her observations ~ Laura enriqueció el debate con sus observaciones*

enrol for **[1]** ins ♦ to inscribe in order to join ~ matricularse para || *Next year I'm going to enrol for an Italian course ~ El año que viene voy a matricularme para un curso de italiano* **[2]** v2obj ♦ to inscribe (someone else) so that they can join ~ matricular para || *I've enrolled my daughter for extra maths classes ~ He matriculado a mi hija para clases adicionales de mates*

enrol in ins & v2obj ♦ *véase* enrol for

enroll for ins & v2obj USA ♦ *véase* enrol for

enroll in ins & v2obj USA ♦ *véase* enrol for

ensconce oneself in ins ♦ to install oneself comfortably in (a chair etc.) ~ acomodarse en || *The singer ensconced himself in the armchair and the interview began ~ El cantante se acomodó en el sillón y la entrevista empezó*

enshrine in v2obj form ♦ to enclose (something) in/as if in (a shrine or similar place) ~ encerrar/englobar en || *The king enshrined his decision in national law ~ El rey incluyó su decisión permanentemente en la ley del país*

enshroud in v2obj lit ♦ to hide (something) in a covering of (mystery etc.) ~ envolver en || *The disappearance of the girl has enshrouded her family in mystery ~ La desaparición de la chica ha envuelto a su familia en misterio*

ensnare in v2obj ♦ *véase* catch in

ensue from ins ♦ *véase* arise from

entangle in v2obj ♦ *véase* catch in; embroil in

enter by ins & v2obj ♦ to enter (a building etc.) by means of (door/window etc.) ~ entrar por || *I'd like you all to enter (the house) by the back door ~ Quisiera que todos entraran (en la casa) por la puerta de atrás*

enter for v2obj ♦ to inscribe (a person's name) for (a competition/school etc.) ~ apuntar/inscribir para || *My mother always enters my name for strange competitions ~ Mi madre siempre me inscribe para concursos raros*

enter into **[1]** ins ♦ [discussion/spirit/agreement etc.] to enter/become involved in ~ meterse en; firmar; contraer || *The government has entered into a formal agreement with us ~ El gobierno ha firmado un acuerdo formal con nosotros* **[2]** ins ♦ *véase* come into [4]

enter on ins form ♦ *véase* embark on

enter through ins & v2obj ♦ *véase* enter by

enter up sep ♦ [in finance] to record (an entry) ~ asentar || *We must enter up these numbers in the ledger today ~ Debemos asentar estos números en el libro mayor hoy*

enter upon ins form ♦ *véase* embark on

entertain with v2obj ♦ *véase* amuse with

enthral with v2obj USA ♦ [story etc.] *véase* astonish with

enthrall with v2obj ♦ [story etc.] *véase* astonish with

enthuse about ins ♦ to be/become enthusiastic about ~ entusiasmarse por || *My grandmother always enthused about butterflies ~ Mi abuela siempre se entusiasmaba por las mariposas*

enthuse over ins ♦ *véase* enthuse about

entice away from v2obj ♦ to persuade (via clever tactics) to leave (person/place) ~ inducir mañosamente a (uno) a dejar/abandonar || *My mother enticed me away from Laura/Madrid ~ Mi madre me indujo mañosamente a dejar a Laura/Madrid*

entice into v2obj ♦ to persuade (via clever tactics) to enter (room/activity etc.) ~ inducir mañosamente a (uno) a entrar/participar en || *The man managed to entice me into the building (group)* ~ *El hombre logró inducirme a entrar en el edificio (grupo)*

entitle to v2obj ♦ to give (somebody) the right to ~ dar derecho a || *This prize also entitles you to an interview with the president* ~ *Este premio también te da derecho a una entrevista con el presidente*

entomb in v2obj ♦ *véase* enshrine in

entrap in v2obj ♦ *véase* catch in

entrust to v2obj form ♦ to give (something) to (somebody trustworthy who will keep/look after it properly) ~ confiar (algo) a/en (uno) || *I think I can entrust this ring to my granddaughter* ~ *Creo que puedo confiar este anillo a mi nieta*

entrust with v2obj form ♦ to trust (somebody) to keep/look after (something) ~ confiar (algo) a/en (uno) || *Can I entrust you with a secret?* ~ *¿Puedo confiarte un secreto?*

entwine around v2obj ♦ to coil (wire/arms etc.) around (something) ~ arrollar (algo) por/alrededor de || *The girls entwined the string around the tree* ~ *Las chicas arrollaron la cuerda por el árbol*

envelop in v2obj lit ♦ *véase* enshroud in

envisage as v2obj ♦ to imagine (something) as (another thing) ~ imaginar/concebir como || *It is hard to envisage my father as a director* ~ *Es difícil imaginar a mi padre como director*

envision as v2obj USA ♦ *véase* envisage as

envy for v2obj ♦ to be jealous of (someone) due to (success/characteristic etc.) ~ envidiar (algo) a (alguien) || *We used to envy Laura for her millions* ~ *Teníamos envidia a los millones de Laura*

equal in v2obj ♦ to be the same as (person/thing) in terms of ~ ser igual a/que (alguien/algo) en cuanto a || *Our firm equals theirs in units sold* ~ *Nuestra empresa empata con la suya en unidades vendidas*

equate to [1] ins ♦ to be the same as ~ ser igual a/que || *He thinks lust equates to love* ~ *Cree que la lujuria es igual que el amor* **[2]** v2obj ♦ to consider (X) to be equal to (Y) ~ considerar equivalente a; equiparar con/comparar con || *You shouldn't equate effort to talent* ~ *No se debería equiparar el esfuerzo con el talento*

equate with v2obj ♦ *véase* equate to

equip for v2obj ♦ *véase* fit for; gear up for [2]

equip with v2obj ♦ to supply (equipment etc.) to (a person/institution/machine etc.) ~ equipar de/proveer de || *They want to equip the school with new computers* ~ *Quieren equipar el colegio de nuevos ordenadores*

erase from v2obj ♦ *véase* cross off

erupt from ins ♦ [lava from volcano etc.] *véase* burst out of [2]

erupt into ins ♦ *véase* barge into [1] & [2]

escalate into ins ♦ to grow bigger/more intense (etc.) and become ~ ir cobrando intensidad (etc.) y convertirse en || *The argument escalated into a mass brawl* ~ *La discusión se convirtió en un alboroto masivo*

escape from ins ♦ to manage to leave (something dangerous etc.) ~ escaparse de/a; librarse de (etc.) || *They say he escaped from prison last week* ~ *Dicen que se escapó de la cárcel la semana pasada*

escape to ins ♦ to reach as an escape destination ~ huir a; refugiarse en || *We escaped to the USA in a small boat* ~ *Huimos a EEUU en una barquita*

escape with [1] ins ♦ to escape in the company of ~ escaparse con || *She escaped with her brother, but their parents were captured* ~ *Se escapó con su hermano, pero sus padres fueron apresados* **[2]** ins ♦ [slight injuries/punishment etc.] to suffer only ~ escapar sufriendo/recibiendo tan sólo (etc.) || *I escaped with a broken arm and some bruises, nothing more* ~ *Escapé con el brazo roto y algunas contusiones, nada más*

escort away sep ns ♦ to remove under escort ~ acompañar bajo escolta || *The soldiers escorted the gunman away ~ Los soldados se llevaron al pistolero bajo escolta*

establish as v2obj ♦ to cause (someone) to become established in the capacity of ~ establecer a (alguien) como || *Her first LP established her as a star ~ Su primer elepé la estableció como estrella*

establish oneself as ins ♦ to become established in the capacity of ~ establecerse como || *Daniel established himself as an artist at the age of 18 ~ A los 18 años Daniel se estableció como artista*

estimate at v2obj ♦ to estimate (a cost etc.) to be (an amount of money) ~ estimar/calcular (algo) en (tal cantidad) || *The builder estimated the repairs at a thousand pounds ~ El constructor calculó que las obras costarían unas mil libras*

estimate for ins ♦ to make an approximate budget for (building work etc.) ~ hacer un presupuesto aproximado de || *We would like you to estimate for this work in the bathroom ~ Nos gustaría que presupuestaran estas obras en el cuarto de baño*

estrange from v2obj ♦ to cause (somebody) to separate from (somebody else) ~ enajenar/apartar; causar la separación de || *His gambling debts soon estranged him from his wife ~ Sus deudas de juego pronto hicieron que se separara de su mujer*

etch in v2obj ♦ *véase* carve in

etch into v2obj ♦ *véase* carve in

evacuate from v2obj ♦ [evacuate a person] *véase* get out of [3]

even off sep ♦ [surface etc.] *véase* even out [2]

even out **[1]** vi ♦ to become equal ~ igualarse/allanarse (etc.) || *Our problems eventually evened out and we calmed down ~ Nuestros problemas por fin se igualaron y nos calmamos* **[2]** sep ♦ to make equal ~ igualar/allanar; hacer uniforme || *The sales for December evened out our balance-sheet ~ Las ventas de diciembre acabaron igualando el balance*

even up **[1]** vi ♦ *véase* even out [1] **[2]** sep ♦ *véase* even out [2] **[3]** vi ♦ [gangsters etc.] to settle a rivalry and become equal ~ ajustar cuentas || *There was an incident yesterday - it looks like the two gangs have been evening up ~ Hubo un incidente ayer - parece que las dos pandillas han estado ajustando las cuentas* **[4]** sep ♦ to make (a score etc.) equal ~ nivelar (marcador etc.) || *Pérez evened the score up in the second half ~ Pérez niveló el marcador en el segundo tiempo*

even up with ins ♦ [gangsters etc.] to settle a rivalry and become equal with ~ ajustar cuentas con || *He wants to even up with his rival ~ Quiere ajustar cuentas con su rival*

eventuate in ins USA ♦ to result in ~ resultar en || *The decision eventuated in a lot of problems ~ La decisión resultó en muchísimos problemas*

evict from v2obj ♦ to remove (person) from (home) ~ desalojar de (etc.) || *The police have evicted those families from the building ~ La policía ha expulsado a esas familias del edificio*

evolve from ins form ♦ *véase* come of [1]

evolve into ins ♦ *véase* develop into [1]

exact from v2obj ♦ to demand (money/behaviour etc.) from (a person) ~ exigir a/imponer a || *The lawyers exacted a million dollars from the firm ~ Los abogados exigieron un millón de dólares a la empresa*

examine for v2obj ♦ *véase* check for

examine in v2obj ♦ to cause (somebody) to do an exam in (a specific subject) ~ examinar de || *They are going to examine us in geography ~ Nos van a examinar de geografía*

examine on v2obj ♦ *véase* examine in

exceed by v2obj ♦ to exceed (a quota/limit etc.) by (a specific margin) ~ rebasar en || *We exceeded the limit by a factor of ten ~ Rebasamos el límite en un factor de diez*

exceed in v2obj form ♦ to be greater/higher than (a person/thing) in terms of ~ ser superior (etc.) en || *You exceed your brother in uselessness* ~ *Ganas a tu hermano en inutilidad*

excel at ins ♦ to be excellent in (a subject, an activity etc.) ~ sobresalir en || *My daughter excels at drawing and mathematics* ~ *Mi hija sobresale en dibujo y matemáticas*

excel in ins ♦ *véase* excel at

excerpt from v2obj ♦ [section from text etc.] *véase* extract from

exchange for v2obj ♦ to change (one thing/person) for (another) ~ cambiar por/canjear por || *I exchanged my motorbike for a car when I got married* ~ *Cuando me casé cambié mi moto por un coche*

exchange with v2obj ♦ to change (collections etc.) with (another person) ~ canjear con || *When I was young I exchanged stamps with my friends* ~ *De joven canjeaba sellos con mis amigos*

excite about v2obj ♦ to cause (someone) to become excited regarding ~ emocionar a (alguien) por || *I tried to excite my kids about the trip to the beach* ~ *Intenté entusiasmar a mis hijos ante el viaje a la playa*

excite in v2obj ♦ to provoke (an emotion etc.) in (someone) ~ estimular/provocar (tal emoción) en (alguien) || *This film always excites a feeling of anger in my sister* ~ *Esta película siempre provoca una sensación de ira en mi hermana*

exclude from v2obj ♦ not to include in (list/activity) ~ excluir de || *My friends always excluded me from their games* ~ *Mis amigas siempre me excluían de sus juegos*

excuse for v2obj ♦ *véase* forgive for

excuse from v2obj ♦ *véase* exempt from

exempt from v2obj ♦ to free (somebody) from (the requirement to pay/study etc.) ~ exentar/dispensar de || *The tutor has exempted us from this module* ~ *La tutora nos ha exentado de este módulo*

exercise in v2obj ♦ *véase* drill in [2]

exercise over v2obj ♦ to hold (power etc.) over (someone) ~ ejercer (poder etc.) sobre || *The new king exercises a lot of authority over his subjects* ~ *El nuevo rey ejerce mucha autoridad sobre sus súbditos*

exert over v2obj ♦ *véase* exercise over

exile from v2obj ♦ *véase* deport from

exit from ins ♦ *véase* go out of [1]

exonerate from v2obj form ♦ to free from the blame of ~ exculpar/disculpar de || *The judge exonerated my uncle from the crime* ~ *El juez disculpó a mi tío del crimen*

exorcise from v2obj GB AUS ♦ to remove (evil/ghost etc.) from (someone) ~ exorcizar de || *The witch exorcised those feelings from Laura's head* ~ *La bruja exorcizó esas sensaciones de la cabeza de Laura*

exorcize from v2obj ♦ *véase* exorcise from

expand into ins & v2obj ♦ *véase* branch out into

expand on ins ♦ *véase* elaborate on

expand upon ins form ♦ *véase* elaborate on

expatiate on ins form ♦ *véase* descant on

expect for v2obj ♦ to anticipate the arrival of (a person) for (a meal etc.) ~ esperar a (alguien) para (cenar etc.) || *I'm expecting the boss for lunch today* ~ *Hoy viene el jefe a mi casa a comer*

expect from v2obj ♦ to expect (specific behaviour etc.) in (a person) ~ esperar de || *I didn't expect such rudeness from your parents* ~ *No esperaba tanta descortesía de tus padres*

expect of v2obj ♦ *véase* expect from

expel from v2obj ♦ to force to leave ~ expulsar de || *The Romans expelled the people from their village* ~ *Los romanos expulsaron a la gente de su pueblo*

expend for v2obj form ♦ *véase* cough up for

expend on v2obj ♦ to dedicate (effort etc.) to ~ dedicar a || *We've expend-*

ed considerable energy on this project ~ *Hemos dedicado un esfuerzo considerable a este proyecto*

experiment on ins ♦ to do experiments on ~ hacer experimentos en || *We have never wanted to experiment on animals* ~ *No hemos querido nunca hacer experimentos en los animales*

experiment with ins ♦ to sample/try (new drugs, materials etc.) ~ experimentar con || *I don't want my children experimenting with drugs* ~ *No quiero que mis hijos experimenten con las drogas*

explain away sep ♦ to explain/justify (something bad) in a convincing way ~ justificar hábilmente; dar razones convincentes de || *He always managed to explain his absences away* ~ *Siempre lograba justificar sus ausencias*

explain to v2obj ♦ to explain the meaning of (something) to (someone) ~ explicar a || *I think I'll have to explain the theory to the students again* ~ *Creo que tendré que volver a explicarles la teoría a los estudiantes*

explode with ins ♦ to exhibit (anger etc.) strongly ~ reventar de || *The teacher suddenly exploded with anger* ~ *De repente la profesora reventó de ira*

export to v2obj ♦ to sell (product) to (a foreign country) ~ exportar a || *We're now exporting cars to Canada* ~ *Ya exportamos coches a Canadá*

expose to v2obj ♦ to leave (somebody) open to ~ exponer a || *The journey exposed us to ridicule (to many risks)* ~ *El viaje nos expuso al ridículo (a muchos riesgos)*

expose oneself to **[1]** ins ♦ *véase* expose to **[2]** ins ♦ *véase* flash at [1]

expostulate about ins form ♦ *véase* descant on

expostulate on ins form ♦ *véase* descant on

expostulate with ins form ♦ to argue/debate with ~ discutir con (etc.) || *When I saw her she was expostulating with the priest* ~ *Cuando la vi estaba discutiendo con el cura*

expound on ins form ♦ *véase* descant on

expound upon ins form ♦ *véase* descant on

expropriate from v2obj form ♦ [land etc.] *véase* confiscate from

expunge from v2obj form ♦ *véase* cross off

expurgate from v2obj form ♦ [unsuitable section etc.] *véase* cross off; extract from

extend across ins ♦ *véase* extend over

extend over ins ♦ to include ~ abarcar/incluir || *This policy extends over all the possibilities you have mentioned* ~ *Esta póliza abarca todas las posibilidades que han mencionado*

extend to ins ♦ to reach and include ~ extenderse a || *Does the invitation extend to my wife?* ~ *¿La invitación se extiende también a mi mujer?*

extol as v2obj ♦ *véase* hail as

extoll as v2obj USA ♦ *véase* hail as

extort from v2obj ♦ to obtain (money etc.) from (a person) by violence/threats ~ obtener por fuerza de; exigir por amenazas a || *They exorted a lot of money from the director* ~ *Exigieron mucho dinero por amenazas al director*

extract from v2obj ♦ to remove (e.g. mineral/word) from (origin: mine/text etc.) ~ extraer/sacar de || *I have extracted all the verbs from this document* ~ *He sacado todos los verbos de este documento*

extradite from v2obj ♦ *véase* deport from

extrapolate from v2obj ♦ *véase* deduce from

extricate from v2obj form ♦ to remove/free (somebody) from (prison/a tangle etc.) ~ librar/sacar de || *Thank you for extricating me from the clutches of that bore* ~ *Gracias por librarme de las garras de ese pelmazo*

exult at ins form ♦ to be very happy about ~ regocijarse por || *The organisers exulted at the success of the evening* ~ *Los organizadores se regocijaban por el éxito de la velada*

exult in ins form ♦ *véase* exult at

exult over ins form ♦ to triumph over ~ triunfar sobre || *The French army ex-*

ulted over its adversaries ~ *El ejército francés triunfó sobre su rival*

eye up [1] sep GB AUS inf ♦ to observe (someone) in a sexually desirous way ~ comerse con los ojos || *My brother is eyeing up the girl in the blue dress* ~ *Mi hermano se está comiendo con los ojos a la chica del vestido azul* **[2]** sep GB AUS inf ♦ to look at with interest ~ mirar con interés || *I see you're eyeing up the books we have for sale* ~ *Veo que usted mira con interés los libros que tenemos a la venta*

F

face about **[1]** vi mil ♦ to turn through 180 degrees ~ dar media vuelta || *The soldiers faced about and began to march ~ Los soldados dieron media vuelta y empezaron a marchar* **[2]** vi ♦ to change one's opinion ~ cambiar de postura/opinión || *He used to be a republican but now he's faced about ~ Antes era republicano pero ya ha cambiado de actitud*

face away vi USA ♦ to look/turn in the opposite direction ~ desviar los ojos/volver la cara || *Daniel faced away while the doctor was injecting him ~ Daniel volvió la cara mientras el médico le daba la inyección*

face away from ins USA ♦ to look/turn in the opposite direction from ~ apartar la mirada de (etc.) || *I faced away from the screen - the film was awful ~ Aparté la mirada de la pantalla - la película era un asco*

face down sep USA ♦ to intimidate (into conceding) by staring ~ intimidar (hasta la concesión) con la mirada || *He didn't want to hand over the money but the men faced him down ~ No quería entregar el dinero pero los hombres le intimidaron con la mirada*

face forward vi ♦ to point one's body in a forward direction ~ mirar (etc.) hacia enfrente || *I prefer my pupils to face forward while I'm talking to them ~ Prefiero que mis alumnos miren hacia enfrente cuando les hablo*

face forwards vi ♦ *véase* face forward

face off **[1]** vi USA ♦ to begin to argue/fight ~ empezar a discutir/pelearse || *The two women were facing off when I left the bar ~ Las dos mujeres empezaban a pelearse cuando salí del bar* **[2]** vi ♦ [ice-hockey] to begin the game ~ [hockey sobre hielo] hacer el saque inicial || *They are due to face off at 2.30 ~ Está previsto que empezarán a las 2.30*

face off over ins USA ♦ to argue/fight due to/about ~ discutir/pelearse sobre || *The two counties are facing off over border control ~ Los dos condados están discutiendo sobre el control de la frontera*

face onto ins ♦ [building etc.] to face towards ~ mirar hacia; dar a || *The house faced onto some beautiful gardens ~ La casa daba a unos jardines preciosos*

face out sep ♦ to insist shamelessly on ~ insistir descaradamente en || *He knew he was wrong but he faced it out ~ Sabía que se equivocaba pero insistía descaradamente en ello*

face up to ins ♦ to accept the reality/difficulty of ~ reconocer/aceptar la realidad/dificultad de || *Now she has to face up to three years without her son ~ Ahora tiene que hacer frente a tres años sin su hijo*

face with v2obj ♦ to cause (someone) to learn, accept or realise (etc.) ~ exponer (algo) a (alguien); hacer que (alguien) se entere de || *The police faced Laura with the facts of the case ~ La policía expuso a Laura los hechos del caso*

factor in sep ♦ to provide for/include when making calculations ~ incluir/prevenir en los cálculos || *You should factor in some money for an extra night in the* *hotel* ~ *Deberías incluir dinero para una noche adicional en el hotel*

factor into v2obj ♦ to include (a factor) in (plans or calculations) ~ incluir/prevenir en || *I need to factor the enrolment fee into my annual budget* ~ *Tengo que incluir el coste de la matrícula en el presupuesto anual*

factor out sep USA ♦ to exclude when making calculations ~ excluir de los cálculos || *They will be treating us so you can factor the cost of food out* ~ *Ellos nos invitarán a comer así que puedes excluir el coste de la comida cuando hagas los cálculos*

fade away **[1]** vi ♦ to die gradually ~ morir/consumirse poco a poco || *My grandfather began to fade away in April* ~ *Mi abuelo empezó a consumirse en abril* **[2]** vi ♦ [sound/sight] to become gradually less apparent ~ desvanecerse; dejar de oírse poco a poco (etc.) || *The noise of the drums gradually faded away* ~ *El sonido de los tambores dejó de oírse poco a poco*

fade back vi USA dep ♦ [in American football] to move backwards secretly ~ moverse sin ser visto hacia atrás || *The quarterback faded back and took the pass* ~ *El estratega se movió hacia atrás y aceptó el pase*

fade down **[1]** vi USA ♦ *véase* fade away [2]; fade out [2] **[2]** sep USA ♦ *véase* fade out [3]

fade from ins ♦ [view/memory] *véase* disappear from

fade in **[1]** vi téc ♦ [music/light] to appear gradually ~ aparecer gradualmente || *The music faded in and we all relaxed* ~ *La música empezó a oírse y nos relajamos todos* **[2]** sep téc ♦ [music/light] to cause to appear gradually ~ hacer aparecer gradualmente || *The technician faded the lights in and we saw the stage* ~ *El técnico encendió gradualmente las luces y vimos el escenario*

fade into ins ♦ to disappear/fall into a state of ~ desaparecer/caer en estado de || *After their initial success, the group faded into obscurity* ~ *Tras su éxito inicial, el grupo se quedó en la oscuridad*

fade out **[1]** vi ♦ to become less common and disappear ~ pasar de moda y desaparecer || *Short skirts faded out during the autumn* ~ *Las faldas cortas pasaron de moda durante el otoño* **[2]** vi téc ♦ [music/light] to disappear gradually ~ desaparecer gradualmente || *The sound of shouting faded out and the film ended* ~ *El sonido de los gritos desapareció poco a poco y se acabó la película* **[3]** sep téc ♦ [music/light] to cause to disappear gradually ~ hacer desaparecer gradualmente || *Fade the green lights out, please* ~ *Apáguense despacito las luces verdes, por favor*

fade to ins téc ♦ to become (a specific colour) gradually ~ fundir a || *The background faded to grey and the actress began to cry* ~ *El fondo fundió a gris y la actriz empezó a llorar*

fade up vi téc & sep téc ♦ *véase* fade in

faff about vi GB inf ♦ to waste time doing unimportant things ~ ocuparse en bagatelas/perder el tiempo || *They've spent the whole day faffing about instead of studying* ~ *Han pasado todo el día perdiendo el tiempo en vez de estudiar*

faff around vi GB inf ♦ *véase* faff about

fag for ins GB inf ♦ to do the menial tasks of ~ hacer las tareas serviles de || *My little brother used to fag for three older pupils* ~ *Mi hermanito hacía las tareas serviles de tres alumnos mayores*

fag out sep GB inf ♦ to tire/exhaust ~ cansar/fatigar || *All this cleaning really fags me out* ~ *Tanta limpieza me cansa de verdad*

fail as ins ♦ *véase* flop as

fail in **[1]** ins ♦ not to achieve ~ faltar en || *She failed in her ambition to pass all her exams at the first attempt* ~ *Faltó en su ambición de aprobar todos los exámenes en la primera tanda* **[2]** ins ♦ not to pass an exam in (a subject) ~ suspender (en) || *I've failed in three subjects* ~ *Me han suspendido en tres asignaturas* **[3]** v2obj ♦ [teacher] to fail (a student) in (a subject/exam etc.) ~ suspender en || *The teacher failed me in two sections of the exam ~ La profesora me suspendió en dos secciones del examen*

fail on v2obj ♦ *véase* fail in [3]

faint away vi ♦ to faint; to lose consciousness ~ desmayarse || *If she doesn't have any breakfast she tends to faint away ~ Si no desayuna suele desmayarse*

faint from ins ♦ to faint because of ~ desmayarse debido a || *Laura was nearly fainting from the excessive heat ~ Laura casi se desmayaba del calor excesivo que hacía*

fair out sep USA inf ♦ *véase* divide out

fake off to ins USA dep ♦ [in American football] to pass the ball cunningly to ~ pasar el balón de modo taimado a || *The quarterback faked off to the man running to his left ~ El estratega pasó inesperadamente al hombre que corría a su izquierda*

fake out sep USA inf ♦ to deceive ~ engañar || *Her disguise certainly faked us out ~ Su disfraz nos engañó de verdad*

fake up sep ♦ to falsify/improvise ~ falsificar/improvisar || *The man took five minutes to fake up some papers for us ~ El hombre tardó cinco minutos en falsificarnos unos papeles*

fall about vi GB AUS inf ♦ to laugh a lot ~ morirse de risa; desternillarse || *When I told them the joke they fell about ~ Cuando les conté el chiste se desternillaron*

fall about at ins GB AUS inf ♦ to laugh a lot at ~ reírse mucho con/de || *We always fall about at my brother-in-law's stories ~ Siempre nos reímos mucho con las anécdotas de mi cuñado*

fall apart **[1]** vi ♦ [organisation/marriage etc.] to stop working effectively ~ fracasar/desmoronarse || *The marriage (system) fell apart due to a number of factors ~ El matrimonio (sistema) dejó de funcionar debido a varios factores* **[2]** vi ♦ *véase* come apart **[3]** vi ♦ to suffer severe emotional problems ~ sufrir severos problemas emocionales || *I began to fall apart after the divorce ~ Empecé a no poder más después del divorcio*

fall away **[1]** vi ♦ [plaster etc.] to separate from a surface ~ desconcharse || *As the room was damp the plaster was falling away ~ Como era un cuarto húmedo el enlucido se desconchaba* **[2]** vi ♦ *véase* come off [1] **[3]** vi ♦ *véase* drop away [2] **[4]** vi GB AUS ♦ *véase* drop away [1] **[5]** vi ♦ [emotion etc.] to disappear ~ desaparecer || *After a few days our shyness fell away and we began to talk ~ Tras unos días dejamos de ser tímidos y empezamos a hablar*

fall away from ins ♦ [plaster etc.] to separate from (a surface) ~ desconcharse/caerse de || *The plaster was starting to fall away from the wall ~ El enlucido empezaba a caerse de la pared*

fall away to **[1]** ins ♦ [land] to slope downwards to ~ estar en declive hacia || *The field falls away to a wood next to the river ~ El campo está en declive hacia un bosque al lado del río* **[2]** ins ♦ *véase* drop back to

fall back **[1]** vi ♦ *véase* back away **[2]** vi ♦ *véase* drop back [1] **[3]** vi ♦ *véase* drop away [1] **[4]** vi ♦ to fall backwards ~ caer de espaldas/caerse hacia atrás || *He hit me and I fell back ~ Me pegó y me caí hacia atrás*

fall back on ins ♦ to have recourse to (a final option/possibility etc.) ~ recurrir a/echar mano a || *If dialogue doesn't work we can always fall back on violence ~ Si el diálogo no funciona siempre podemos recurrir a la violencia*

fall back upon ins form ♦ *véase* fall back on

fall backwards vi ♦ *véase* fall back [4]

fall behind vi & ins ♦ *véase* drop behind

fall behind in ins ♦ *véase* drop behind in

fall behind with ins ♦ *véase* get behind with

fall below ins ♦ [temperature/price etc.] to fall below the level of ~ caer por debajo de || *The temperature fell below zero last night* ~ *Anoche la temperatura cayó por debajo de cero*

fall beneath ins ♦ *véase* fall below

fall down **[1]** vi ♦ [person/building] to fall to the ground ~ caer(se); venirse abajo || *I fell down while I was crossing the road* ~ *Me caí cuando cruzaba la calle* | *The building fell down during the storm* ~ *El edificio se vino abajo durante la tormenta* **[2]** ins ♦ to fall (following the direction of something heading downwards) ~ caer rodando por || *My sister fell down the stairs yesterday* ~ *Ayer mi hermana cayó rodando por la escalera* **[3]** vi ♦ [person/system/plan] to fail ~ fracasar || *The plan fell down when we introduced the European element* ~ *El plan fracasó cuando introdujimos el elemento europeo*

fall for **[1]** ins ♦ to be deceived by ~ dejarse engañar por || *Daniel fell for his girlfriend's lies* ~ *Daniel se dejó engañar por las mentiras de su novia* **[2]** ins inf ♦ to begin to love ~ enamorarse de || *Laura has fallen for the postman's son* ~ *Laura se ha enamorado del hijo del cartero*

fall from ins ♦ to fall/descend from (a high position/state) ~ caer(se) de || *Daniel looks as if he's going to fall from that tree* ~ *Parece que Daniel va a caerse de ese árbol*

fall in **[1]** vi ♦ to enter (river etc.) by falling ~ entrar cayendo/caerse a || *We were in a canoe on the river when I fell in* ~ *Estábamos en una canoa en el río cuando me caí al agua* **[2]** vi ♦ [roof/ceiling] to collapse inwards ~ desplomarse/hundirse || *The ceiling has fallen in - we'll have to fix it* ~ *Se nos ha desplomado el techo - tendremos que arreglarlo* **[3]** vi mil ♦ [soldiers] to make a formal line ~ formar filas || *They fell in behind the sergeant* ~ *Formaron filas detrás del sargento* **[4]** vi com ♦ [contract etc.] to expire ~ vencer/caducar/expirar || *The lease falls in next month* ~ *El arriendo expira el mes que viene*

fall in alongside ins ♦ to begin to walk next to ~ venir a andar al lado de || *During the rally my cousin fell in alongside me* ~ *Durante la manifestación vino mi prima a caminar al lado mío*

fall in beside ins ♦ *véase* fall in alongside

fall in with **[1]** ins inf ♦ to become friends with ~ hacerse amigo de || *She's fallen in with some dodgy characters* ~ *Se ha hecho amiga de unos tipos sospechosos* **[2]** ins ♦ *véase* accede to [1]

fall into **[1]** ins ♦ to enter (river etc.) by falling ~ entrar cayendo en/caerse a || *The dog fell into the hole when it was running after the ball* ~ *Cuando corría tras la pelota el perro se cayó al hoyo* **[2]** ins ♦ *véase* debouch into **[3]** ins ♦ [misbehaviour/error] to enter ~ incurrir en || *I don't want you to fall into such complications* ~ *No quiero que incurras en tales complicaciones* **[4]** ins ♦ to begin by chance ~ empezar por casualidad || *She fell into this job after meeting the boss in a bar* ~ *Consiguió este puesto por casualidad tras conocer al jefe en un bar* **[5]** ins ♦ [state/coma etc.] to enter ~ entrar en || *He fell into a coma after the accident* ~ *Entró en estado de coma después del accidente* **[6]** ins ♦ to divide into (categories etc.) ~ dividirse en || *The elements fall into five categories* ~ *Los elementos se dividen en cinco categorías*

fall off **[1]** ins ♦ *véase* fall from **[2]** vi ♦ *véase* come off [1] **[3]** vi ♦ *véase* fall away [1] **[4]** ins ♦ *véase* fall away from **[5]** vi ♦ *véase* drop away [1]

fall on **[1]** ins ♦ to fall on top of ~ caerse en/sobre || *I'm afraid I've fallen on the glass and broken it* ~ *Me temo que me he caído sobre el vaso y lo he roto* **[2]** ins ♦ to occur on (a day/date) ~ caer en || *This year your birthday falls on a Tuesday* ~ *Este año tu cumpleaños cae en martes* **[3]** ins com ♦ [tax/duty etc.] to be charged or incumbent on ~ incidir en/incumbir en || *A special tax will fall on all savings* ~ *Un impuesto especial va a incidir en todos los ahorros* **[4]** ins ♦ *véase* come across [1] **[5]** ins ♦ [accent] to correspond to ~ [tilde] caer en || *The accent falls on the third sylla-*

ble ~ *El acento cae en la tercera sílaba* **[6]** ins ♦ to attack suddenly ~ asaltar || *They fell on me in the alley next to the disco* ~ *Me asaltaron en el callejón al lado de la discoteca* **[7]** ins ♦ [food] to begin to eat eagerly ~ caer sobre || *They were so hungry that they fell on their food* ~ *Tenían tanta hambre que cayeron sobre la comida*

fall out **[1]** vi ♦ *véase* drop out [1] **[2]** vi ♦ to argue and stop being friends ~ pelearse/tener una riña || *They're not speaking much - they must have fallen out* ~ *No se hablan mucho - habrán tenido una riña* **[3]** vi mil ♦ [soldiers] to abandon a formal line ~ romper filas || *You can fall out now - that's the end of the exercise* ~ *Ya pueden romper filas - se ha acabado el ejercicio* **[4]** vi ♦ to occur ~ ocurrir/resultar || *It fell out that they were cousins* ~ *Resultó que eran primas*

fall out of ins ♦ *véase* drop out of [1]

fall out over ins ♦ to argue and stop being friends because of ~ tener una riña/pelearse por || *They've fallen out over who is the better cook* ~ *Se han peleado sobre quién cocina mejor*

fall out with ins ♦ to argue and stop being friends with ~ tener una riña/pelearse con || *Have you fallen out with your parents or something?* ~ *¿Te has peleado con tus padres o algo?*

fall outside ins ♦ to be outside the limits of (a person's responsibility etc.) ~ no formar parte de la responsabilidad de (etc.) || *This matter falls outside my area of competence* ~ *Este asunto no es de mi competencia*

fall over **[1]** ins ♦ to fall by hitting (something) with one's foot ~ caer tropezando con || *Daniel fell over the skateboard in the kitchen* ~ *Daniel tropezó con el monopatín en la cocina y se cayó* **[2]** vi ♦ *véase* fall down [1]

fall over oneself vi ♦ to be extremely eager ~ pegarse por (etc.) || *They were falling over themselves to serve the actress* ~ *Se pegaban por atender a la actriz*

fall through **[1]** vi ♦ [plan etc.] to fail/not to happen ~ fracasar || *The plans fell through two months before the launch* ~ *Los planes fracasaron dos meses antes del lanzamiento* **[2]** ins ♦ to penetrate while falling ~ caer por || *My husband has fallen through the ceiling* ~ *Mi marido ha caído por el techo*

fall to **[1]** ins lit ♦ to start ~ empezar; lanzarse a || *Without a word she fell to the tasks I had abandoned* ~ *Sin decir nada se lanzó a las tareas que yo había abandonado* **[2]** ins ♦ *véase* fall on [3] **[3]** ins ♦ to reach by falling ~ caerse a || *The vase fell to the ground and my mother began to cry* ~ *El florero se cayó al suelo y mi madre empezó a llorar* **[4]** ins ♦ *véase* go down to [3]

fall under **[1]** ins ♦ to be influenced by ~ sufrir la influencia de || *She fell under her boyfriend's spell* ~ *Quedó hechizada por su novio* **[2]** ins ♦ to fall and be crushed by ~ caer y ser atropellado por || *My friend fell under a bus when we were two* ~ *Cuando teníamos dos años mi amigo se cayó en la calle y le atropelló un autobús* **[3]** ins ♦ *véase* come under [3]

fall upon ins form ♦ *véase* fall on [1], [3], [4], [5], [6], [7]

fall within ins ♦ *véase* come under [2]

falter in ins ♦ *véase* fail in [1]

familiarise with v2obj GB AUS ♦ *véase* acquaint with

familiarize with v2obj ♦ *véase* acquaint with

fan out **[1]** vi ♦ to move forwards and outwards in a v-shape ~ avanzar en abanico || *The police fanned out to look for the little girl* ~ *La policía avanzó en abanico buscando a la niña* **[2]** sep ♦ [cards] to show in a v-shape ~ exponer en abanico || *Laura took the cards and fanned them out* ~ *Laura cogió las cartas y las expuso en abanico*

fancy as v2obj ♦ *véase* envisage as

fancy up sep USA inf ♦ *véase* doll up

fanny about vi GB AUS arg ♦ *véase* arse about

fanny around vi GB AUS arg ♦ *véase* arse about

fantasise about ins GB AUS ♦ to have fantasies concerning ~ fantasear/ tener fantasías sobre || *I still fantasise about the actor I saw in that film ~ Todavía tengo fantasías sobre el actor que vi en esa película*

fantasize about ins ♦ *véase* fantasise about

farm out sep ♦ [work] to give to somebody else ~ confiar a terceros || *She has a lot of contracts, so she farms some out ~ Tiene muchos contratos, entonces confía algunos a terceros*

fart about vi inf ♦ *véase* arse about

fart around vi inf ♦ *véase* arse about

fashion into v2obj ♦ [material to make product etc.] *véase* change into [3]

fashion out of v2obj ♦ [make a product from a material etc.] *véase* hew out of

fashion on v2obj ♦ to base (something creative) on the style of ~ forjar sobre || *They are fashioning the new product on the original designs ~ Están forjando el nuevo producto sobre los diseños originales*

fasten down sep ♦ [blind/flap etc.] to close and secure ~ cerrar; atar (algo/ a alguien) hacia abajo || *We fastened the blinds down so that the sun couldn't come in ~ Bajamos bien las persianas para que no entrara el sol*

fasten on [1] ins ♦ to focus on/attach importance to ~ fijarse en/dar importancia a || *She fastened on the third clause of her contract ~ Se fijó con interés en la tercera cláusula de su contrato* **[2]** sep ♦ *véase* bind on **[3]** v2obj ♦ *véase* attach to [1]

fasten on to [1] ins ♦ to follow (somebody) all the time against their will ~ pegarse a || *He fastened on to my brother on the first day at school ~ Se pegó a mi hermano el primer día en el colegio* **[2]** ins ♦ *véase* fasten on [1] **[3]** v2obj ♦ *véase* attach to [1]

fasten onto ins & v2obj ♦ *véase* fasten on to

fasten to [1] ins ♦ *véase* fasten on [1] **[2]** v2obj ♦ *véase* attach to [1]

fasten together sep ♦ *véase* bind together

fasten up sep ♦ *véase* do up [2]

fasten upon ins form ♦ *véase* fasten on [1] & [3]

fast-talk into v2obj ♦ [using deceitful talk] *véase* deceive into

fast-talk out of v2obj ♦ [using deceitful talk] *véase* defraud of

father on v2obj form ♦ *véase* attribute to [2]

fathom out sep GB AUS ♦ to understand after careful thought ~ llegar a comprender tras pensarlo bien || *I can't fathom out his behaviour this afternoon ~ No llego a comprender por qué se ha portado así esta tarde*

fatten up sep ♦ [animal/person] to make fat ~ engordar/cebar || *We're fattening these cows up to sell them next month ~ Estas vacas las estamos engordando para venderlas el mes que viene*

fault for v2obj ♦ *véase* blame for; get down on for

fault on v2obj ♦ *véase* get down on for

favor with v2obj USA form ♦ *véase* favour with

favour with v2obj GB AUS form ♦ to honour (somebody) with ~ honrar a (alguien) con || *Eventually she favoured me with a very short visit ~ Por fin me honró con una visita muy corta*

fawn on [1] ins ♦ to praise excessively in order to win favour ~ adular/ congraciarse con (etc.) || *The journalists were fawning on the actors all day ~ Los periodistas estuvieron todo el día congraciándose con los actores* **[2]** ins ♦ [animal] to stroke ~ acariciar || *My daughter fawns on her cat all the time ~ Mi hija acaricia a su gato todo el tiempo*

fawn over ins ♦ *véase* fawn on

fawn upon ins form ♦ *véase* fawn on

fax through sep ♦ to send by fax ~ faxear/enviar por fax || *Please fax the document through this morning ~ Por favor faxéenos el documento esta mañana*

fax to v2obj ♦ to send (something) by fax to ~ faxear a || *I want you to fax this letter to the Barcelona branch ~*

Quiero que envíes esta carta por fax a la sucursal de Barcelona

fear for ins form ♦ to worry about ~ temer por || *In the jungle Daniel feared for his life ~ En la selva Daniel temía por su vida*

feast on **[1]** ins ♦ to eat a lot of (something special) ~ comerse un banquete de || *After the wedding they feasted on roast suckling-pig ~ Después de la boda comieron cochinillo* **[2]** ins ♦ to enjoy very much ~ gozar de/regalarse con || *I spent a week feasting on the books you gave me ~ Pasé una semana gozando de los libros que me regalaste*

feast upon ins form ♦ *véase* feast on

feature as **[1]** v2obj USA ♦ *véase* envisage as **[2]** v2obj ♦ [film etc.] to include (an actor etc.) in the role of ~ presentar a (un actor etc.) en el papel de || *The film features my cousin as the queen ~ La película presenta a mi prima en el papel de la reina* **[3]** ins ♦ [actor in film etc.] to have the role of ~ tener el papel de || *Laura features as the sister of the victim ~ Laura desempeña el papel de la hermana de la víctima*

feature in **[1]** v2obj USA ♦ to imagine (a person) in (a place) ~ imaginarse a (alguien) en || *Can you feature Laura in the White House? ~ ¿Te imaginas a Laura en la Casa Blanca?* **[2]** v2obj USA ♦ to imagine (a person) dressed in (a specific garment etc.) ~ imaginarse a (alguien) vestido de || *I can't feature my mother in trousers ~ No me puedo imaginar a mi madre con un pantalón puesto* **[3]** ins ♦ to have a part in (a film etc.) ~ tener un papel en || *I've featured in three films this year ~ He salido en tres películas este año*

feed back sep ♦ [results/information] to give (after an event etc.) ~ proporcionar/facilitar || *The machine fed the results back ten minutes later ~ La máquina proporcionó los resultados diez minutos más tarde*

feed in sep ♦ [cable/data] to cause to enter ~ introducir/ir metiendo || *Daniel fed the data in and I watched the screen ~ Daniel introducía los datos y yo me fijaba en la pantalla*

feed into v2obj ♦ [cable/data] to cause to enter ~ introducir en/ir metiendo en || *Would you mind feeding the wire into the hole? ~ ¿Te importa ir introduciendo el cable en el agujero?*

feed off **[1]** ins ♦ to use as food ~ alimentarse de || *Those animals feed off grass and small shrubs ~ Esos animales se alimentan de hierba y pequeños arbustos* **[2]** ins ♦ [information etc.] to use for advantage ~ alimentarse de || *Journalists like that always feed off gossip ~ Los periodistas así se aprovechan siempre del cotilleo*

feed on **[1]** ins ♦ *véase* feed off [1] **[2]** v2obj ♦ to give (something) to (an animal) as food ~ dar (algo) de comer a || *He usually feeds his pigs on carrots ~ Suele dar zanahorias de comer a sus cerdos* **[3]** ins ♦ to become stronger due to ~ alimentarse de || *That party feeds on the racism evident in the city ~ Ese partido se alimenta del racismo que existe en la ciudad*

feed to v2obj ♦ [food/lies etc.] *véase* give to

feed up **[1]** sep GB AUS ♦ *véase* fatten up **[2]** sep ♦ *véase* bum out

feed upon ins & v2obj ♦ *véase* feed on

feed with **[1]** v2obj ♦ *véase* feed on [2] **[2]** v2obj ♦ to feed (a baby etc.) using (e.g. a spoon) ~ dar de comer a (alguien) con || *I usually feed my daughter with a plastic spoon ~ Suelo dar de comer a mi hija con una cuchara de plástico*

feel about vi ♦ to search/find one's way by touch (in the dark etc.) ~ buscar/andar (etc.) a tientas || *I was feeling about but I couldn't find the lamp ~ Buscaba a tientas pero no encontraba la lámpara*

feel around vi ♦ *véase* feel about

feel for **[1]** ins ♦ to seek by feeling (in the dark etc.) ~ buscar a tientas || *Laura felt for the chair and bumped into the table ~ Laura buscó la silla a tientas y tropezó con la mesa* **[2]** ins ♦ to feel sympathy for

~ compadecer || *I feel for your sister - what a year she's had!* ~ *Compadezco a tu hermana - ¡menudo año lleva!*

feel like **[1]** ins ♦ to feel the sensation that one is (someone else) ~ sentirse como || *I feel like a judge when you look at me like that* ~ *Me siento como un juez cuando me miras así* **[2]** ins ♦ to have the tactile characteristics of ~ parecer al tacto || *This cloth feels like silk* ~ *Esta tela parece seda al tocarla* **[3]** ins inf ♦ to have a temporary desire for ~ apetecerle || *I feel like a drink/walk* ~ *Me apetece tomar algo/ir a pasear*

feel out **[1]** sep inf ♦ [possibility etc.] to consider ~ considerar/pensar en || *We're feeling out the advantages of buying this car* ~ *Estamos considerando las ventajas de comprar este coche* **[2]** sep inf ♦ [before election etc.] to gauge or discover the opinion of ~ sondear la opinión de || *The MP is bound to want to feel us out this month* ~ *El diputado seguramente querrá sondear nuestra opinión este mes*

feel up sep inf ♦ to touch (someone) sexually without permission ~ meter mano a (alguien) sin permiso || *He used to spend his time feeling girls up in the park* ~ *Pasaba el tiempo metiendo mano a chicas en el parque*

feel up to ins ♦ to feel sufficiently strong for/to ~ sentirse con fuerzas para || *I don't feel up to such a long trip* ~ *No me siento con fuerzas para una excursión tan larga*

feel with v2obj ♦ to touch (something) using ~ tocar con || *I closed my eyes and touched the parcel with my hands* ~ *Cerré los ojos y toqué el paquete con las manos*

fence in sep ♦ [animal/area] to enclose with a fence ~ encerrar con cerca || *It would be better to fence the sheep in* ~ *Sería mejor encerrar a las ovejas con cerca*

fence off sep ♦ [animal/area] to separate with a fence ~ separar con cerca || *The farmer wants to fence this area off* ~ *El granjero quiere separar esta zona con cerca*

fence out sep ♦ [with a fence] *véase* keep out [2]

fence with **[1]** ins dep ♦ to practise fencing against ~ esgrimir con/contra || *He was fencing with his brother in the field when I saw him* ~ *Esgrimía con su hermano en el campo cuando le vi* **[2]** ins ♦ *véase* argue with

fend for oneself vi ♦ to take care of oneself without help ~ arreglárselas solo || *Since her parents' death she's had to fend for herself* ~ *Desde la muerte de sus padres ha tenido que arreglárselas sola*

fend off sep ♦ [attacker/criticism/trouble etc.] to defend oneself from ~ defenderse de/mantener a raya/apartar || *He was able to fend off the blows (the criticism)* ~ *Logró apartar los golpes (las críticas)*

ferret about vi ♦ to cause disorder while searching ~ buscar revolviéndolo todo || *I think she's in her office ferreting about* ~ *Creo que está en su oficina buscando algo como una loca*

ferret out sep ♦ to find after searching ~ encontrar tras buscar || *She looked in the cupboard and eventually ferreted her scarf out* ~ *Buscó en el armario y por fin encontró la bufanda*

ferry across sep os & v2obj ♦ to transport (somebody) to the other side (of a river etc.) ~ llevar a la otra orilla (de) || *The little boat ferried us across (the Tagus)* ~ *La barquita nos llevó a la otra orilla (del Tajo)*

fess up vi USA inf ♦ to confess to (something unpopular/error/sin etc.) ~ confesar (de plano) || *The money is not in the box - I think you should fess up* ~ *El dinero no está en la caja - creo que deberías confesar*

festoon with v2obj ♦ *véase* deck out with

fetch in sep ♦ *véase* bring in [2], [5], [6]

fetch out sep ♦ *véase* bring out [2]

fetch up **[1]** vi GB inf ♦ *véase* bring up [1] **[2]** sep GB inf ♦ *véase* bring up [4] **[3]** sep ♦ *véase* bring up [5] **[4]** vi arc inf ♦ to reach an unplanned place ~

llegar a un sitio imprevisto || *This is where we fetched up last night* ~ *Aquí es donde acabamos anoche*

feud about ins ♦ [repeatedly/over a period of time] *véase* face off over

feud over ins ♦ [repeatedly/over a period of time] *véase* face off over

feud with ins ♦ [repeatedly/over a period of time] *véase* argue with

fiddle about **[1]** vi inf ♦ to use/move/play with one's hands in a nervous way ~ jugar con/mover/utilizar las manos nerviosamente || *Stop fiddling about beneath the table!* ~ *¡Dejad de jugar con las manos debajo de la mesa!* **[2]** vi inf ♦ *véase* arse about

fiddle about with **[1]** ins inf ♦ to play nervously with ~ jugar nerviosamente con || *As we talked he was fiddling about with his ring* ~ *Mientras hablábamos jugaba nerviosamente con su anillo* **[2]** ins inf ♦ *véase* diddle with

fiddle around vi inf ♦ *véase* fiddle about

fiddle around with ins inf ♦ *véase* fiddle about with

fiddle away sep USA AUS inf ♦ *véase* dawdle away

fiddle with ins inf ♦ *véase* fiddle about with

fidget about vi inf ♦ *véase* fiddle about [1]

fidget with ins inf ♦ *véase* fiddle about with [1]

fight about ins ♦ *véase* face off over; fight over

fight against ins ♦ [rival/illness] to struggle to beat ~ luchar/pelearse contra/con || *You'll have to fight against the tall man (against time)* ~ *Tendrás que luchar contra el hombre alto (contra el tiempo)*

fight back **[1]** vi ♦ to defend oneself in an attack ~ defenderse/contraatacar || *The boxer was losing, but then he fought back* ~ *El boxeador iba perdiendo, luego contraatacó* **[2]** sep ♦ [emotion/tears etc.] to restrain ~ andar a puñetazos con/contener || *I tried to fight back my tears, but in vain* ~ *Intenté contener las lágrimas, pero en vano*

fight down sep ♦ [desire etc.] to repress ~ reprimir || *I had to fight down the urge to beat him up* ~ *Tuve que reprimir las ganas de pegarle una paliza*

fight for ins & v2obj ♦ [rights/trophy] to fight (with someone) in order to gain ~ luchar (contra alguien) por || *It's going to be difficult to fight (our rivals) for our rights/for the title* ~ *Va a ser difícil luchar (contra los rivales) por nuestros derechos/por el título*

fight off **[1]** sep ♦ [illness etc.] to struggle in order not to suffer from ~ luchar por no sucumbir ante || *You were fighting off the flu at that time* ~ *En ese momento luchabas por no sucumbir ante la gripe* **[2]** sep ♦ *véase* fend off

fight on vi ♦ to continue fighting ~ seguir luchando || *Even if they defeat us tomorrow we'll fight on* ~ *Aunque nos ganen mañana seguiremos luchando*

fight out sep ♦ to decide (an argument or dispute) by violence ~ decidir luchando || *Neither of them will back down, so they're going to fight it out* ~ *Ninguno de los dos quiere rajarse así que van a decidirlo luchando*

fight over ins ♦ to fight because of/in order to achieve (esp. money/woman) ~ luchar a causa de/por conseguir || *The two farmers are fighting over the mayor's daughter* ~ *Los dos granjeros están luchando por la mano de la hija del alcalde*

fight through ins ♦ [obstacle/bureaucracy] *véase* elbow through

fight with ins ♦ *véase* fight against

figure as v2obj ♦ *véase* have down as

figure in sep USA ♦ *véase* factor in

figure on ins USA AUS ♦ *véase* count on [3]

figure out **[1]** sep ♦ *véase* fathom out **[2]** sep ♦ [sum] to calculate ~ calcular || *Can you figure these numbers out for me, please?* ~ *¿Me calculas estas cifras, por favor?* **[3]** sep ♦ [handwriting etc.] to understand; to be able to read ~ descifrar || *Let's see if you can figure out these two words here* ~ *A ver si puedes descifrar estas dos palabras aquí*

figure out at ins ♦ *véase* add up to [1]

figure up sep USA ♦ *véase* add together

filch from v2obj ♦ *véase* cop from

file against v2obj jur ♦ *véase* bring against

file away **[1]** sep ♦ to store in a file for safety ~ archivar || *Daniel filed the letters away before he left the office ~ Daniel archivó las cartas antes de abandonar la oficina* **[2]** sep ♦ to remove with a file ~ limar; quitar limando || *I have filed the rough parts away ~ He quitado las partes ásperas con la lima*

file down sep ♦ to shorten/smooth with a file ~ limar; reducir/allanar con lima || *She's filed her nails down so that she can write better ~ Se ha limado las uñas para poder escribir mejor*

file for ins jur ♦ to present a claim (etc.) for ~ presentar una demanda/una declaración de || *I think she's planning to file for divorce ~ Creo que tiene pensado presentar una demanda de divorcio*

file in vi ♦ to enter in a line ~ entrar en fila || *The soldiers filed in and listened to the speeches ~ Los soldados entraron en fila y escucharon los discursos*

file off sep ♦ *véase* file away [2]

file out vi ♦ to leave in a line ~ salir en fila || *Having listened to the speeches, the soldiers filed out ~ Habiendo escuchado los discursos, los soldados salieron en fila*

file past vi & ins mil ♦ to march past (general etc.) in a line ~ desfilar (ante) || *The men filed past (the general) at 11.00 ~ Los hombres desfilaron (ante el general) a las 11.00*

file with v2obj ♦ *véase* deliver over to

fill in **[1]** sep ♦ [form etc.] to complete ~ rellenar || *I need you to fill in this form ~ Necesito que ustedes rellenen esta hoja* **[2]** sep ♦ [hole] to fill with tar/earth (etc.) ~ llenar/terraplenar || *My husband is going to fill that hole in when he has time ~ Mi marido va a llenar ese hoyo cuando tenga tiempo* **[3]** vi ♦ to act as a substitute at work (for a sick colleague etc.) ~ suplir/hacer las veces || *Collins is ill: can you fill in? ~ Collins está enfermo: ¿te encargas tú?* **[4]** sep inf ♦ *véase* catch up [3] **[5]** sep inf ♦ *véase* beat up [1]

fill in for ins ♦ *véase* act for

fill in on v2obj ♦ *véase* catch up on [3]

fill out **[1]** sep ♦ *véase* fill in [1] **[2]** vi ♦ [body/face] to become rounder or stronger ~ echar carnes/redondearse || *You look as if you've filled out a bit since last time ~ Parece que has echado carnes desde la última vez*

fill up **[1]** vi ♦ [stadium etc.] to become full ~ llenarse || *The restaurant usually fills up after ten o'clock ~ El restaurante suele llenarse después de las diez* **[2]** vi ♦ to fill a car (etc.) with fuel ~ repostar combustible || *If we're taking the car to Madrid I'd better fill up ~ Si vamos a Madrid en coche debería echarle gasolina* **[3]** sep ♦ to fill (completely) ~ llenar (del todo) || *When you've filled this box up you can go on to the next one ~ Cuando hayas llenado esta caja puedes pasar a la siguiente*

fill up with **[1]** ins ♦ to replenish one's supply of ~ repostar/llenar el suministro de || *I think we need to fill up with petrol ~ Creo que tenemos que echar gasolina* **[2]** ins ♦ [stadium etc.] to become full of ~ llenarse de || *This bar often fills up with delinquents ~ Este bar se llena muchas veces de delincuentes* **[3]** v2obj ♦ to fill (a container) with (something) ~ llenar de || *I want to fill this bag up with old clothes ~ Quiero llenar esta bolsa de ropa vieja*

fill with **[1]** ins ♦ *véase* fill up with [2] **[2]** v2obj ♦ *véase* fill up with [3]

film over vi ♦ to become covered in a film ~ empañarse || *The glass has filmed over, so it's difficult to see the design ~ El cristal se ha empañado, así que es difícil ver el diseño*

film over with ins ♦ to become covered in a film of ~ cubrirse con una película de || *The lawn usually films over with dew ~ El césped suele cubrirse con una película de rocío*

filter down vi ♦ to descend through a filter/through a system ~ bajar filtrándose/por un sistema || *The orders usually filter down from the boss ~ Las órdenes suelen filtrarse desde el jefe hacia abajo*

filter down to ins ♦ to reach via a filtering system ~ filtrarse hasta || *The news quickly filtered down to the workers in the factory ~ La noticia llegó de prisa a los obreros en la fábrica*

filter in **[1]** vi ♦ [in an organisation/in traffic] to join/become part ~ meterse/introducirse; infiltrarse || *I can filter in if the driver of that blue car will let me ~ Podré meterme si el del coche azul me deja* **[2]** sep ♦ to insert using a filter ~ introducir con filtro/filtrando || *I'd prefer you to filter the water in ~ Preferiría que introdujeras el agua con filtro* **[3]** vi ♦ [news etc.] to arrive gradually ~ llegar poco a poco || *The news is filtering in very slowly ~ Las noticias están llegando muy despacito*

filter out **[1]** sep ♦ to remove using a filter ~ quitar filtrando || *Laura was trying to filter the dirt out ~ Laura intentaba quitar la suciedad con el filtro* **[2]** vi ♦ [news etc.] to become known ~ llegar a saberse || *It looks as if the news of her death has filtered out ~ Parece que la noticia de su muerte se ha sabido*

filter through vi ♦ *véase* filter in [3]

find against ins jur ♦ to declare a verdict against ~ fallar en contra de || *The jury found against the defendant ~ El jurado falló en contra del demandado*

find for ins jur ♦ to declare a verdict in favour of ~ fallar a favor de || *The judge found for my father ~ El juez falló a favor de mi padre*

find out **[1]** vi ♦ to become informed/discover ~ enterarse/darse cuenta || *What's happened? I'm going to find out ~ ¿Qué ha pasado? Voy a enterarme* **[2]** sep ♦ *véase* be on to [2]

find out about ins ♦ to become informed about ~ informarse sobre/enterarse de || *I found out about the robbery an hour ago ~ Me he enterado de lo del robo hace una hora*

fine down **[1]** vi ♦ to slim ~ adelgazar || *I'm going to try and fine down before the competition ~ Voy a intentar adelgazar antes del concurso* **[2]** sep ♦ to make slim ~ adelgazar || *That woman wants to fine her daughters down ~ Esa mujer quiere adelgazar a sus hijas*

fine for v2obj jur ♦ to impose a fine on (someone) as a result of (a crime etc.) ~ multar por || *The police fined him for his behaviour ~ La policía le multó por su conducta*

finger as v2obj USA inf ♦ to identify (someone) as (a guilty person etc.) ~ identificar como || *The lady fingered my cousin as the robber ~ La señora identificó a mi primo como autor del robo*

finish off **[1]** vi ♦ to finish (meal/activity etc.) ~ terminar/acabar || *Can you finish off now, please? ~ ¿Les importa ir terminando ya, por favor?* **[2]** sep ♦ to finish (meal/activity etc.); to eat/drink the last of ~ terminar/acabar || *Shall we finish off these strawberries instead of starting the cake? ~ ¿Rematamos estas fresas en vez de empezar el pastel?* **[3]** sep inf ♦ to kill finally ~ matar/despachar || *The cat was already seriously injured so we finished it off ~ El gato ya estaba gravemente herido así que lo matamos* **[4]** sep ♦ [sport] to defeat finally ~ derrotar/acabar la derrota de || *Daniel finished Real Madrid off with a goal in the 89th minute ~ Daniel remató al Real Madrid con un gol en el minuto 89* **[5]** sep ♦ to make totally or excessively tired/sad/weak (etc.) ~ rematar (etc.) || *The third disappointment in two weeks really finished me off ~ El tercer disgusto en dos semanas me destrozó de verdad*

finish off with **[1]** ins & v2obj ♦ *véase* end with **[2]** ins ♦ to end a meal with ~ acabar comiendo (etc.) || *We finished off with whisky tart ~ De postre comimos tarta de whisky*

finish up **[1]** vi GB AUS inf ♦ *véase* end up **[2]** vi ♦ *véase* finish off [1] **[3]** sep ♦ *véase* finish off [2]

finish up as ins ♦ *véase* end up as

finish up with **[1]** ins ♦ *véase* end up with **[2]** ins & v2obj ♦ *véase* finish off with [1] **[3]** ins ♦ *véase* finish off with [2]

finish with [1] ins & v2obj ♦ *véase* end with **[2]** ins & v2obj ♦ *véase* break off with **[3]** ins ♦ to stop dealing with ~ terminar/acabar con || *Where are you going? I haven't finished with you yet!* ~ *¿Adónde vais? ¡Todavía no he terminado con vosotros!* **[4]** ins ♦ to stop using/needing ~ terminar/acabar con || *If you've finished with the newspaper, pass it here* ~ *Si has terminado con el periódico pásamelo*

fink on ins USA inf ♦ to give information about (a person) and so make trouble for ~ chivatear contra || *He finked on his brother - can you believe that?* ~ *Chivateó contra su hermano - ¿te lo puedes creer?*

fink out vi USA inf ♦ *véase* bottle out

fire at [1] ins mil ♦ to shoot in the direction of ~ hacer fuego sobre || *The plane fired at the factory* ~ *El avión hizo fuego sobre la fábrica* **[2]** v2obj ♦ to shoot (shots/a gun etc.) in the direction of ~ tirar a || *He fired three shots at the group of soldiers* ~ *Disparó tres tiros al grupo de soldados* **[3]** v2obj ♦ to aim (a question etc.) at ~ dirigir a || *She fired two questions at each of the contestants* ~ *Disparó dos preguntas rápidas a cada concursante*

fire away vi inf ♦ [as command] = ask me a question ~ hazme una pregunta/adelante || *Are you ready for your questions? Yes, fire away!* ~ *¿Estás preparada para que te haga las preguntas? ¡Sí, adelante!*

fire off [1] sep mil ♦ [shots] to shoot ~ disparar/tirar || *The sergeant fired off four shots and began the exercise* ~ *El sargento disparó cuatro tiros e inició el ejercicio* **[2]** sep ♦ [esp. job application or an angry letter] to write and send quickly ~ escribir y enviar de prisa || *As soon as the programme had finished I fired off a letter of complaint* ~ *Nada más terminar el programa disparé una carta de reclamación*

fire on ins mil ♦ *véase* fire at [1]

fire up [1] vi ♦ to become angry/excited ~ ponerse furioso/animado || *Every time I mention the war he fires up* ~ *Cada vez que menciono la guerra se pone furioso* **[2]** sep ♦ to make angry/excited ~ poner furioso/animado || *I was trying to fire the boys up before the game* ~ *Intentaba animar a los muchachos antes del partido* **[3]** sep USA ♦ [cigarette/fire etc.] to ignite ~ encender || *Why don't you fire up a cigarette and relax a little?* ~ *¿Por qué no enciendes un cigarrillo y te relajas un poco?* **[4]** sep USA ♦ [car engine] to start/ignite ~ arrancar || *If you fire up the engine I'll try and find the problem* ~ *Si arranca usted el motor trataré de localizar el problema*

fire up for v2obj ♦ *véase* gear up for [2]

fire with v2obj ♦ to fill (someone) with (passion, enthusiasm etc.) ~ llenar de || *The coach fired the boys with optimism before the game* ~ *El míster llenó a los muchachos de optimismo antes del partido*

firm up [1] vi ♦ to become firm/solid/definite ~ fortalecerse/redondearse || *My muscles (plans) have firmed up this month* ~ *Mis músculos (planes) se han fortalecido (redondeado) este mes* **[2]** sep ♦ to make firm/solid/definite ~ fortalecer/redondear || *I'd like to firm up this proposal if that's okay with you* ~ *Si a ustedes les parece bien, quisiera redondear esta propuesta*

fish in ins ♦ to search in (pocket etc.) ~ buscar en || *Daniel fished in his pocket and found some sweets* ~ *Daniel buscó en su bolsillo y encontró unos caramelos*

fish for [1] ins & v2obj ♦ to fish (a river etc.) trying to catch (a specific type of fish) ~ pescar (en) || *They are going to fish (the Guadalquivir) for trout* ~ *Van a pescar trucha (en el Guadalquivir)* **[2]** ins ♦ *véase* angle for

fish out sep inf ♦ to remove/produce (from water or an enclosed space) ~ sacar || *I've been to the canal: they've fished a body out* ~ *Vengo del canal: han sacado un cadáver*

fish out of v2obj ♦ to remove/produce from (water or an enclosed space) ~ sacar de || *My father managed to fish* *the coin out of the puddle (his pocket)* ~ *Mi padre logró sacar la moneda del charco (de su bolsillo)*

fish up sep ♦ to catch (a fish) and remove from the water ~ pescar/sacar || *We fished up a massive salmon* ~ *Pescamos un salmón enorme*

fit for v2obj ♦ to make (somebody) appropriate for (a job etc.) ~ capacitar para || *This experience will fit me for my next post* ~ *Esta experiencia me capacitará para mi siguiente puesto*

fit in **[1]** vi ♦ to fit ~ caber || *This is too big - I don't think it will fit in* ~ *Esto es demasiado grande - no creo que quepa* **[2]** vi ♦ to blend successfully (in a new group/school/situation etc.) ~ estar bien/cómodo (etc.) || *He's a funny person and he fits in very well here* ~ *Es una persona muy divertida y está muy bien aquí* **[3]** vi ♦ *véase* come in [6] **[4]** vi ♦ to happen/find a place in a schedule ~ tener lugar/encontrar sitio || *I have a busy schedule but swimming always fits in* ~ *Tengo un horario muy ocupado pero siempre hay sitio para una visita a la piscina* **[5]** sep ♦ to find space/time for ~ encontrar tiempo/sitio para; hacer que quepa || *Can you fit in a game of tennis next week?* ~ *¿Tienes tiempo para jugar al tenis la semana que viene?* **[6]** ins ♦ to fit inside ~ caber en || *My hand won't fit in this glove* ~ *Mi mano no cabe en este guante*

fit in around ins ♦ [in schedule] to take place at a time not occupied by ~ tener lugar en un momento no ocupado por (etc.) || *These piano classes will have to fit in around your homework* ~ *Tendrás que ir a estas clases de piano en momentos cuando no tengas deberes*

fit in with **[1]** ins ♦ to happen in a way which is convenient to ~ compaginarse bien con || *My timetable fits in with my wife's* ~ *Mi horario se compagina bien con el de mi mujer* **[2]** ins ♦ [behaviour patterns etc.] to correspond to ~ corresponder a || *This latest series of bombs fits in with the characteristics of the previous campaign* ~ *Esta última serie de bombas corresponde a las características de la campaña anterior* **[3]** ins ♦ to feel happy/comfortable in the company of (new colleagues) ~ estar/sentirse bien con || *I really fit in with your friends* ~ *La verdad es que me siento muy cómodo con tus amigos*

fit into **[1]** v2obj ♦ to insert (something) in (a place) ~ meter/introducir en || *I want to fit the screw into this hole, but I can't* ~ *Quiero introducir el tornillo en este agujero, pero no puedo* **[2]** ins ♦ *véase* fit in with [3] **[3]** ins ♦ to participate appropriately in ~ participar bien en/encajar en || *The new forward fits into our system perfectly* ~ *El nuevo delantero encaja perfectamente en nuestro sistema*

fit on **[1]** vi ♦ to be the correct size (to be fixed onto something) ~ caber || *This lid won't fit on any more* ~ *Esta tapa ya no cabe bien* **[2]** ins ♦ to be the correct size for ~ caber en || *That hat won't fit on his head* ~ *Ese sombrero no le cabe sobre la cabeza* **[3]** v2obj ♦ to install (something) on ~ montar en/a || *We've just fitted a cupboard on the wall* ~ *Acabamos de montar un armario en la pared*

fit out sep ♦ to equip ~ equipar/armar || *If we had some money we'd fit the kitchen out* ~ *Si tuviéramos dinero equiparíamos bien la cocina*

fit out with v2obj ♦ *véase* equip with

fit to v2obj ♦ *véase* fit on [3]

fit together **[1]** vi ♦ [components etc.] to unite ~ unirse/ir juntos || *These two components fit together like this* ~ *Estos dos componentes se unen así* **[2]** sep ♦ [components etc.] to unite ~ unir || *I want you to fit these two bars together* ~ *Quiero que unas estas dos barras*

fit up **[1]** sep GB AUS ♦ *véase* fit out **[2]** sep GB inf ♦ to cause, via unfair means, to appear guilty ~ incriminar dolosamente || *I think the police have fitted me up* ~ *Creo que la policía me ha incriminado dolosamente*

fit up with v2obj ♦ *véase* equip with

fit with v2obj ♦ *véase* equip with

fix for **[1]** v2obj ♦ to repair (a machine etc.) for (the owner) ~ arreglar/reparar (algo) a/para (alguien) || *I've been fixing some cables for my grandmother* ~ *He estado arreglando unos cables para mi abuela* **[2]** v2obj USA ♦ to prepare/provide (food or drink) for (a person or a meal) ~ preparar/proveer (comida o bebida) para (alguien/la cena) || *Daniel is fixing the pasta for dinner (for his girlfriend)* ~ *Daniel está preparando la pasta para la cena (para su novia)*

fix on **[1]** ins ♦ to choose ~ elegir || *They've fixed on Bermuda for the honeymoon* ~ *Han elegido Bermuda para la luna de miel* **[2]** sep ♦ to join (e.g. component to machine) ~ fijar/sujetar (etc.) || *Can you fix this plate on?* ~ *¿Te importa fijar esta placa?* **[3]** v2obj ♦ *véase* fit on [3] **[4]** v2obj ♦ [eyes/attention etc.] to direct to ~ fijar/clavar (etc.) en || *She fixed her eyes on my father* ~ *Clavó la mirada en mi padre*

fix onto v2obj ♦ *véase* fit on [3]

fix over sep USA ♦ to repair again; to redecorate ~ volver a reparar; redecorar || *I want us to fix the house over before Christmas* ~ *Quiero que redecoremos la casa antes de Navidades*

fix to v2obj ♦ *véase* fit on [3]

fix up **[1]** sep ♦ [meeting etc.] to arrange ~ fijar || *Can we fix up a meeting for next Tuesday?* ~ *¿Podemos fijar una reunión para el martes que viene?* **[2]** sep ♦ *véase* do up [3] **[3]** sep USA AUS inf ♦ [problem etc.] to solve ~ resolver/solucionar || *I've fixed up that matter with the builder* ~ *He solucionado ese asunto con el constructor* **[4]** sep ♦ to provide/arrange/organise something for ~ suministrar, arreglar u organizar algo a/para || *Have you fixed your brother up yet?* ~ *¿Se lo has arreglado ya a tu hermano?* **[5]** sep os AUS inf ♦ to repay a loan to ~ pagar una deuda a || *He owed me 100 dollars but he's fixed me up now* ~ *Me debía 100 dólares pero ya me los ha devuelto* **[6]** sep ♦ to find a date/sexual partner for ~ buscar cita/novio (etc.) a/para || *I know a lot of girls: I can fix you up if you like* ~ *Conozco a muchas chicas: te puedo buscar novia si quieres* **[7]** sep ♦ to supply drugs to ~ suministrar drogas a || *I need cocaine: can you fix me up tonight?* ~ *Necesito cocaína: ¿puedes traérmela esta noche?*

fix oneself up vi USA inf ♦ *véase* do oneself up

fix up with **[1]** ins ♦ to solve a problem/dispute with ~ arreglarlo con || *I see you've fixed up with your husband* ~ *Veo que lo has arreglado con tu marido* **[2]** v2obj ♦ to provide (something) for (a person) ~ suministrar/organizar (algo) a/para || *Can you fix me up with a bed/some dope/a passport?* ~ *¿Puedes conseguirme una cama/un poco de chocolate/un pasaporte?*

fix upon ins form ♦ *véase* fix on [1]

fixate on ins ♦ to have a fixation about/with ~ tener una fijación con || *He's been fixating on that actress ever since he saw the film* ~ *Tiene una fijación con esa actriz desde que vio la película*

fizz up vi ♦ to effervesce ~ entrar/estar en efervescencia || *The drink fizzed up when I opened the can* ~ *La bebida entró en efervescencia cuando abrí el bote*

fizzle out vi inf ♦ *véase* die away; fade out [1]

flack out vi USA inf ♦ *véase* crash out [1]

flag down sep ♦ [vehicle/driver] to cause to stop by waving ~ hacer señales para que se detenga || *We flagged a taxi down and reached the church on time* ~ *Paramos un taxi y llegamos a tiempo a la iglesia*

flag up sep ♦ [problem/reference in text etc.] to mark as being important ~ señalar/marcar como importante || *As you can see I've flagged up three major problems* ~ *Como pueden ver he señalado tres problemas importantes*

flail about vi ♦ [arms] to move wildly ~ debatirse || *His arms were flailing about, so I grabbed hold of him* ~ *Se le debatían los brazos, entonces le agarré*

flake away vi ♦ *véase* flake off [1]

flake down vi USA inf ♦ *véase* crash out [1]

flake off **[1]** vi ♦ [skin etc.] to become separated in flakes ~ desprenderse en escamas || *Her skin was flaking off after only two days ~ Tras tan sólo dos días ya se le desprendía la piel en escamas* **[2]** vi inf ♦ *véase* bog off

flake out vi inf ♦ *véase* crash out [1]

flame up vi ♦ *véase* blow up [2]

flame up at ins ♦ *véase* flare out at

flame with ins ♦ [passion/anger etc.] *véase* brim with; [eyes] gleam with

flank on ins ♦ [house etc.] *véase* be beside

flank upon ins form ♦ [house etc.] *véase* be beside

flannel out sep ♦ to increase the length of (an essay etc.) with nonsense ~ alargar (algo) metiendo paja || *You've tried to flannel it out with three paragraphs of waffle ~ Has intentado ampliarlo con tres párrafos de paja*

flap about **[1]** vi ♦ [sail etc.] to move quickly in the wind (like the wings of a bird) ~ sacudirse || *We couldn't stop the sails from flapping about ~ No podíamos impedir que las velas se sacudieran* **[2]** ins GB inf ♦ to get nervous (etc.) because of ~ ponerse nervioso por || *There's no need to flap about the dinner - it'll all be fine ~ No hace falta que te pongas nervioso por lo de la cena - todo irá bien*

flare out **[1]** vi ♦ [trousers etc.] to become wider at the lowest part ~ acampanarse || *Skirts these days should flare out beneath the knees ~ Las faldas hoy en día deberían acampanarse debajo de las rodillas* **[2]** vi USA inf ♦ *véase* blow up [2]

flare out at ins USA inf ♦ to become angry at ~ enfadarse/ponerse furioso con || *I flared out at the kids yesterday ~ Ayer me enfadé con los niños*

flare up **[1]** vi ♦ [fire, argument, violence, disease etc.] to start ~ encenderse/llamear/estallar || *The car (the violence) flared up as the two men were running away ~ El coche (la violencia) se encendió cuando los dos hombres se iban corriendo* **[2]** vi ♦ *véase* blow up [2] **[3]** vi ♦ [disease] to reappear ~ volver a estallar/aparecer || *I thought I was okay, then the flu flared up again ~ Creí que estaba bien, luego volví a coger la gripe*

flare up at ins ♦ *véase* flare out at

flash about sep ♦ to be ostentatious with (money, jewellery etc.) ~ hacer ostentación de/sacar a relucir || *She was flashing her money about in the casino last night ~ Hacía ostentación de su dinero anoche en el casino*

flash around sep ♦ *véase* flash about

flash at **[1]** ins inf ♦ to expose oneself sexually to ~ exhibirse a/ante || *He flashed at a girl in the park and a policeman saw him ~ Se exhibió a una chica en el parque y le vio un policía* **[2]** v2obj ♦ to show (e.g. an identity card) quickly to ~ enseñar rápidamente a || *Daniel flashed his ID card at the policeman and went in ~ Daniel enseñó su DNI rápidamente al policía y entró* **[3]** ins & v2obj ♦ to flash (a car's lights) at (another driver) ~ hacer «flash» con los faros a || *I saw my brother in his car and flashed (the headlights) at him ~ Vi a mi hermano en su coche y le saludé con un «flash» de los faros*

flash back vi ♦ [in film/mind] to return (to an earlier time etc.) ~ volver atrás || *I got bored when the film flashed back for the third time ~ Me aburrí cuando la película volvió atrás por tercera vez*

flash back to ins ♦ [in film/mind] to go backwards to (an earlier time etc.) ~ volver atrás a || *The film flashed back to the man's childhood ~ La película volvía atrás a la niñez del hombre*

flash by vi ♦ to pass very quickly ~ pasar como un rayo || *The car flashed by but we managed to see her ~ El coche pasó como un rayo pero conseguimos verla*

flash off vi ♦ [light] *véase* go off [4]

flash on **[1]** vi ♦ [lights] to light in a flash ~ encenderse con un destello || *The light flashed on and we knew that she was at home ~ La luz se encendió con un destello y supimos que estaba en casa* **[2]** v2obj ♦ to direct (the light from a torch etc.) at ~ hacer brillar (la luz) en || *Flash the light on this paper, please ~ Proyecta la luz hacia este pa-*

pel, por favor **[3]** ins USA inf ♦ [sudden idea etc.] to experience or have ~ ocurrírsele (etc.) || *Laura suddenly flashed on the perfect idea* ~ *A Laura se le ocurrió de repente la idea perfecta*

flash on and off vi ♦ [lights] to be lit and unlit alternately in quick succession ~ encenderse y apagarse || *The tree was beautiful: the lights flashed on and off all the time* ~ *El árbol era precioso: las luces se encendían y se apagaban todo el tiempo*

flash out sep ♦ [emotion etc.] to emit quickly or strongly ~ emitir de prisa/fuertemente || *Her eyes flashed out an expression of panic* ~ *Sus ojos emitieron una expresión de pánico*

flash past vi ♦ *véase* flash by

flash with ins ♦ [passion/anger etc.] *véase* brim with; [eyes] gleam with

flatten down **[1]** vi ♦ to become flat ~ allanarse/nivelarse || *The land flattens down beyond the mountains* ~ *La tierra se nivela más allá de las montañas* **[2]** sep ♦ to make flat ~ allanar/alisar/aplanar || *They want to flatten these fields down so that the kids can play football* ~ *Quieren allanar estos campos para que los niños puedan jugar al fútbol*

flatten out **[1]** vi ♦ *véase* flatten down [1] **[2]** sep ♦ *véase* flatten down [2] **[3]** vi ♦ [inflation/slope] to stop rising and become constant/flat ~ nivelarse || *Inflation has flattened out at last* ~ *Por fin se ha nivelado la inflación*

flavor with v2obj USA ♦ *véase* flavour with

flavour with v2obj GB AUS ♦ to add (spice etc.) as a flavour to ~ condimentar/sazonar con || *Then we flavour the custard with cinnamon* ~ *Luego sazonamos las natillas con canela*

fleck with v2obj ♦ *véase* dot with

flee from ins ♦ *véase* escape from

flee to ins ♦ *véase* escape to

flesh out sep ♦ to give (an article etc.) greater content ~ desarrollar; dar más detalle/ profundidad a || *I'm looking for some extra data to flesh out my report* ~ *Busco unos datos adicionales que den más profundidad a mi informe*

flick away sep ♦ to remove with a quick movement of the finger ~ quitar/apartar con un movimiento rápido del dedo || *She flicked the fly away* ~ *Apartó a la mosca con el dedo*

flick off **[1]** sep & v2obj ♦ to remove (something) from (a surface) with one's finger ~ quitar/tirar con el dedo || *Can you flick the ash off (my suit), please?* ~ *¿Te importa tirar la ceniza (de mi traje) con el dedo, por favor?* **[2]** sep inf ♦ [light etc.] to cut the connection of (with a quick movement) ~ apagar (con un movimiento rápido) || *Ask your sister to flick the light off* ~ *Pídele a tu hermana que apague la luz*

flick on sep inf ♦ [light etc.] to cause to work (with a quick movement) ~ encender/poner (con un movimiento rápido) || *I think we can flick the lights on now* ~ *Creo que ya podemos encender las luces*

flick out **[1]** sep inf ♦ *véase* flick off [2] **[2]** vi ♦ [snake's tongue] to emerge quickly ~ lengüetear || *The boa's tongue flicked out when it saw us* ~ *La boa lengüeteó cuando nos vio*

flick over **[1]** sep ♦ to invert with a quick movement of the finger/a spatula (etc.) ~ dar la vuelta a (con el dedo/una espátula etc.) || *My brother flicked the frog over so we could see its stomach* ~ *Mi hermano dio la vuelta a la rana con el dedo para que le viéramos el estómago* **[2]** vi GB inf ♦ to change TV channels quickly ~ cambiar rápidamente de canal || *Quick, flick over: I want to see the film* ~ *Venga, cambia de canal: quiero ver la peli*

flick through **[1]** ins ♦ [magazine etc.] to look at the pages of (without interest) ~ hojear || *I always flick through a magazine at the hairdresser's* ~ *Siempre hojeo una revista en la peluquería* **[2]** ins ♦ [TV channels] to move quickly between ~ pasar rápidamente de uno a otro/navegar por || *I like to flick through the different channels after supper* ~ *Me gusta navegar por los diferentes canales después de cenar*

flick with v2obj ♦ to touch (somebody) lightly with (a towel/whip etc.) ~

dar ligeramente con || *Daniel was flicking his little brother with a wet towel* ~ *Daniel daba ligeramente a su hermanito con una toalla mojada*

flicker out vi ♦ [candle etc.] to give a last flicker and extinguish ~ parpadear y apagarse || *While we were having coffee the candle flickered out* ~ *Cuando tomábamos el café la vela parpadeó y se apagó*

flinch at ins ♦ to show fear of (something dangerous etc.) ~ acobardarse ante || *She doesn't usually flinch at such situations* ~ *No suele acobardarse ante tales situaciones*

flinch from ins ♦ *véase* flinch at

fling about sep os ♦ *véase* fling around [2]

fling around [1] v2obj ♦ to throw (one's arms) around (somebody) ~ echar (los brazos) encima a || *Without a word he flung his arms around the stranger* ~ *Sin decir nada echó los brazos encima al forastero* **[2]** sep os ♦ to throw (something) in all directions ~ tirar por ahí || *When she's angry she flings my books around* ~ *Cuando se enfada tira mis libros por todas partes*

fling aside sep ♦ *véase* cast aside

fling away sep ♦ *véase* chuck away

fling down sep ♦ to throw to the floor/a surface; to throw downstairs ~ tirar al suelo/a una superficie; tirar hacia abajo || *He flung his book down and ran out* ~ *Tiró su libro al suelo y salió corriendo*

fling into v2obj ♦ to throw (person/thing) into (a place/container) ~ echar (algo/a alguien) a/en (un sitio etc.) || *The police flung him into gaol* ~ *La policía le echó a la cárcel*

fling oneself into ins ♦ to become totally involved in ~ lanzarse a || *After his wife's death he flung himself into his work* ~ *Tras la muerte de su mujer empezó a dedicarse del todo al trabajo*

fling off [1] sep ♦ to remove (clothes etc.) quickly ~ quitarse de prisa || *She flung her clothes off and dived into the pool* ~ *Se desnudó de prisa y se tiró a la piscina* **[2]** v2obj ♦ to throw (person/thing) from (a cliff/roof/high place) ~ arrojar/despeñar por || *She flung her husband off a cliff* ~ *Despeñó a su marido por un precipio*

fling on sep ♦ [clothes etc.] to dress quickly in ~ ponerse de prisa || *He flung a shirt on and went to the door* ~ *Se puso una camisa y se dirigió a la puerta*

fling out [1] vi ♦ to leave indignantly ~ salir indignado || *He listened to the question and flung out* ~ *Escuchó la pregunta y salió indignado* **[2]** sep ♦ [rubbish/a person] to eject ~ tirar/expulsar/echar || *The bouncer flung my brother (the rubbish) out after the party* ~ *Al final de la fiesta el gorila echó a mi hermano (tiró la basura)*

fling out of [1] ins ♦ to leave indignantly ~ salir indignado de || *Laura flung out of the party and went home* ~ *Laura salió indignada de la fiesta y se fue a casa* **[2]** v2obj ♦ to throw (rubbish/person) out of (a room/party/window etc.) ~ tirar/echar/expulsar de/por || *My wife flung my clothes out of the window* ~ *Mi mujer tiró mi ropa por la ventana*

fling over [1] sep ♦ to throw (e.g. a book to a person) across a space ~ pasar tirando || *Would you fling the yellow pages over, please?* ~ *¿Me tiras las páginas amarillas, por favor?* **[2]** v2obj ♦ *véase* fling off [2]

fling round v2obj & sep os ♦ *véase* fling around

fling up [1] sep ♦ *véase* kick up [2] **[2]** sep ♦ *véase* lay up [3]

flip around vi USA ♦ [animal etc.] *véase* face about [1]; go about [6]

flip off [1] sep USA arg ♦ to insult (someone) by raising one's middle finger ~ hacer un corte de mangas a/dar el dedo a || *They insulted my mother and flipped me off* ~ *Insultaron a mi madre y me dieron el dedo* **[2]** sep & v2obj ♦ *véase* flick off [1]

flip out vi USA inf ♦ to begin to behave in a strange/mad/excited way ~ enloquecer (etc.) || *When I told her the news she flipped out* ~ *Cuando le conté la noticia se puso como una fiera*

flip over [1] sep ♦ *véase* flick over [1] **[2]** vi USA ♦ [car etc.] to become inverted ~ capotar/dar una vuelta de campana || *Their car flipped over on that bend ~ Su coche dio una vuelta de campana en esa curva* **[3]** ins inf ♦ to become very angry (etc.) due to ~ enfadarse a causa de || *My parents flipped over the money I'd spent ~ Mis padres se enfadaron cuando supieron cuánto había gastado*

flip through ins ♦ *véase* flick through

flirt with [1] ins ♦ to act/talk in a sexually provocative manner towards ~ flirtear/coquetear con || *He flirted with at least three girls in the club last night ~ Flirteó por lo menos con tres chicas anoche en la discoteca* **[2]** ins ♦ [idea/plan/dream] to consider ~ considerar/acariciar || *We are flirting with the possibility of opening a bar ~ Estamos considerando la posibilidad de montar un bar* **[3]** ins ♦ [death/danger etc.] to be very close to ~ jugar con || *She flirts with death every time she goes to work ~ Juega con la muerte cada vez que va a trabajar*

flit about vi & ins ♦ *véase* buzz about

flit between ins ♦ *véase* alternate between

flit in vi ♦ to enter nimbly/quietly (etc.) ~ entrar con ligereza || *The thief flitted in and stole our music centre ~ El ladrón entró con ligereza y nos robó el equipo de música*

flit out vi ♦ to leave nimbly/quietly (etc.) ~ salir con ligereza || *She flitted out without our seeing her ~ Salió con ligereza sin que la viéramos*

float about [1] vi ♦ to float in all directions ~ flotar por ahí/ir a la deriva || *My shoe floated about but then it sank ~ Mi zapato iba a la deriva pero luego se hundió* **[2]** vi ♦ [news/rumour] to circulate ~ circular/correr || *There's a rumour floating about, and it concerns you ~ Corre un rumor por ahí, y tiene que ver contigo* **[3]** vi ♦ [in continuous tenses] *véase* be about [1]

float around vi ♦ *véase* float about

float away vi ♦ to leave/disappear floating ~ irse a la deriva || *The box was very close to me, but then it floated away ~ La caja estaba muy cerca de mí, pero luego se fue a la deriva*

float off vi ♦ *véase* float away

float round vi ♦ *véase* float about

float to ins ♦ to reach/approach by floating ~ llegar a flotando/salir a || *The dead fish floated to the surface ~ El pez muerto salió a la superficie*

float up vi ♦ to approach floating ~ acercarse flotando || *We were looking at the river when a hat floated up ~ Estábamos mirando el río cuando se nos acercó un sombrero flotando*

float up to ins ♦ *véase* float to

flock about ins ♦ to gather surrounding ~ reunirse en torno de || *When the writer came in the journalists flocked about her ~ Cuando entró la escritora los periodistas la rodearon*

flock after ins ♦ [in a group] *véase* chase after

flock around ins ♦ *véase* flock about

flock in vi ♦ to enter/arrive in large numbers ~ entrar/llegar en tropel || *The doors opened and the public flocked in ~ Se abrieron las puertas y el público entró en tropel*

flock to ins ♦ to attend in large numbers ~ acudir en tropel a || *The people flocked to the concert being given in the park ~ La gente acudió en tropel al concierto que se daba en el parque*

flock together vi ♦ to congregate in large numbers ~ congregarse || *Stamp-collectors will be flocking together this weekend ~ Los filatelistas se congregarán en masa este fin de semana*

flog off sep inf ♦ to sell (quickly/cheaply/in large quantities) ~ vender || *They had to flog the clothes off when the factory closed ~ Tuvieron que vender la ropa a precio económico cuando se cerró la fábrica*

flood back vi ♦ [memories] to return quickly/in large quantities ~ volver en riadas (etc.) || *When I saw the film the memories flooded back ~ Cuando vi la película me volvieron muchísimos recuerdos*

flood in [1] vi ♦ [water etc.] to enter in a flood ~ entrar en torrente (etc.) ||

I opened the door and the water flooded in ~ *Abrí la puerta y el agua entró en torrente* **[2]** vi ♦ [people/letters] *véase* flock in

flood into **[1]** ins ♦ [water etc.] to enter in a flood ~ entrar en torrente (etc.) en || *The water flooded into the cellar of my grandmother's house* ~ *El agua inundó el sótano de la casa de mi abuela* **[2]** ins ♦ [tourists/letters etc.] to arrive at/enter in large numbers ~ entrar en tropel en/llegar en tropel a || *They opened the border and people began to flood into Spain* ~ *Abrieron la frontera y la gente empezó a entrar en tropel en España*

flood out **[1]** vi ♦ [water etc.] to leave in a flood ~ salir en torrente (etc.) || *In the accident the petrol flooded out* ~ *En el accidente la gasolina salió a chorros* **[2]** vi ♦ [people at a concert etc.] to leave in large numbers ~ salir en tropel || *After the game the crowd flooded out* ~ *Al final del partido el público salió en tropel* **[3]** sep ♦ [of a flood] to cause (a family etc.) to leave home ~ [debido a la inundación] hacer que (uno) abandone su casa || *The rain flooded us out last year* ~ *El año pasado las lluvias nos obligaron a abandonar la casa*

flood with v2obj ♦ *véase* deluge with

floor with v2obj ♦ to lay a floor of (wood etc) in (a room etc.) ~ entarimar de || *We're going to floor the lounge with teak* ~ *Vamos a entarinar el salón de teca*

flop as ins ♦ not to succeed in the capacity or role of ~ fracasar como || *He was a very good governor but he flopped as president* ~ *Era un gobernador muy bueno pero fracasó como presidente*

flop down **[1]** sep ♦ *véase* bang down **[2]** vi ♦ to sit heavily ~ sentarse pesadamente || *She arrived home and flopped down immediately* ~ *Nada más llegar a casa se sentó pesadamente*

flop into ins ♦ to allow oneself to fall heavily into (armchair etc.) ~ dejarse caer pesadamente en || *Daniel flopped into the armchair and turned the TV on* ~ *Daniel se dejó caer pesadamente en el sillón y puso la tele*

flop over sep ♦ *véase* flick over [1]

flounce about vi ♦ to move in a majestic, violent or exaggerated manner ~ moverse de forma majestuosa, violenta o exagerada || *She was flouncing about telling us that she was innocent* ~ *Se movía violentamente al contarnos que era inocente*

flounce around vi ♦ *véase* flounce about

flounce away vi ♦ to leave with exaggerated gestures ~ alejarse exagerando los movimientos || *She said goodbye and flounced away* ~ *Se despidió y se fue con gesto exagerado*

flounce in vi ♦ to enter with exaggerated gestures ~ entrar con gesto exagerado || *The actor flounced in and introduced himself to us* ~ *El actor entró de forma exagerada y se nos presentó*

flounce off vi ♦ *véase* flounce away

flounce out vi ♦ to leave with exaggerated gestures ~ salir con gesto exagerado || *She yelled at my father and flounced out* ~ *Chilló a mi padre y salió exageradamente*

flounder about vi ♦ to move with difficulty/to be indecisive ~ revolcarse/moverse con dificultad/quedar indeciso || *They were floundering about in the river/debate* ~ *Avanzaban con dificultad en el río/debate*

flounder around vi ♦ *véase* flounder about

flounder through ins ♦ [with difficulty] *véase* get through [4]

flow away vi ♦ *véase* drift away [1]

flow back vi ♦ to flow again/flow in the opposite direction ~ refluir || *They changed the shape of the land so that the river would flow back* ~ *Cambiaron la forma del terreno para que el río refluyera*

flow from **[1]** ins ♦ [blood etc.] to emerge in large quantities from ~ salir a chorros de || *The blood was flowing from his wound* ~ *La sangre salía a chorros de su herida* **[2]** ins ♦ to be the result of ~ ser (el) resultado de || *A lot of stress flowed from our original worries* ~ *Muchó estrés procedió de nuestras preocupaciones originales*

flow in vi ♦ *véase* flood in

flow into **[1]** ins ♦ *véase* flood into **[2]** ins ♦ *véase* debouch into

flow over vi ♦ *véase* brim over

flow past ins ♦ [river etc.] to flow in front of ~ pasar/fluir delante de || *The stream flows past my window - it's beautiful ~ El arroyo pasa delante de mi ventana - es precioso*

flow through ins ♦ *véase* course through

flow with ins ♦ *véase* abound in

flub up vi & sep USA inf ♦ *véase* cock up

fluctuate between ins ♦ to vary between (2 points) ~ fluctuar entre || *The temperature fluctuated between 5 and 10 degrees ~ La temperatura fluctuaba entre los 5 y los 10 grados*

fluctuate with ins ♦ to vary in accordance with ~ variar según || *Our yield fluctuates with the weather ~ Nuestro rendimiento varía según el tiempo que haga*

fluff out sep ♦ [feathers etc.] to make bigger by shaking and filling with air ~ encrespar || *The peacock fluffed out its feathers and walked towards us ~ El pavo real se encrespó las plumas y se dirigió hacia nosotros*

fluff up sep ♦ *véase* fluff out

flunk out vi USA AUS inf ♦ [studies] *véase* drop out [2]

flush away sep ♦ to remove by flushing (in a sink, toilet, drain etc.) ~ tirar (por el fregadero/al retrete etc.) || *Put the paper in the toilet and flush it away ~ Mete el papel en el retrete y tira de la cadena*

flush from v2obj ♦ [criminal from hiding etc.] *véase* get out of [3]

flush out **[1]** sep ♦ to clean by passing a lot of water through ~ limpiar con un chorro de agua || *The authorities flushed the drains out ~ Las autoridades limpiaron las alcantarillas con un chorro de agua* **[2]** sep ♦ to cause (a criminal/animal) to emerge from hiding ~ sacar del escondrijo/poner al descubierto || *The police managed to flush out most of the gang ~ La policía logró poner al descubierto a la mayoría de la pandilla*

flush with ins ♦ *véase* blush with

flutter about vi ♦ [bird/insect] to move wings very quickly ~ aletear/revolotear || *The butterflies fluttered about next to the lamp ~ Las mariposas aleteaban al lado de la lámpara*

flutter around vi ♦ *véase* flutter about

flutter down vi ♦ [leaf etc.] to descend slowly, moving from side to side ~ caer balanceándose || *A leaf fluttered down and a child picked it up ~ Una hoja cayó balanceándose y la recogió un niño*

fly about **[1]** vi & ins ♦ [bird etc.] to fly in no specific direction (around an area etc.) ~ ir volando (por) || *The bird was flying about (the town) looking for its nest ~ El pájaro daba vueltas (por la ciudad) buscando su nido* **[2]** vi & ins ♦ [rumour etc.] to circulate (around a society etc.) ~ circular (por) || *There's a rumour flying about (the village) - have you heard it? ~ Circula (por el pueblo) un rumor - ¿lo has oído?*

fly apart vi ♦ [violently] *véase* come apart

fly around vi & ins ♦ *véase* fly about

fly at ins ♦ to attack (physically or verbally) ~ lanzarse sobre/desahogarse criticando a || *Suddenly Daniel flew at his teacher ~ De repente Daniel se lanzó sobre (soltó un ataque de injurias a) su profesor*

fly away vi ♦ to leave by flying ~ irse/alejarse volando || *I was going to kill the bee but it flew away ~ Iba a matar a la abeja pero se fue volando*

fly back vi ♦ to return in a plane ~ regresar (en avión) || *I think they fly back on Saturday ~ Creo que su vuelo de vuelta es el sábado*

fly by **[1]** vi ♦ [plane/insect] *véase* fly past **[2]** vi ♦ *véase* march on [3]

fly from ins ♦ *véase* escape from

fly in vi ♦ to arrive by plane ~ llegar (en avión) || *The president flew in yesterday to attend a meeting here ~ El presidente llegó ayer en avión para asistir a una reunión aquí*

fly into **[1]** ins ♦ to enter/arrive at by plane ~ entrar en/llegar a (en avión) || *I* *flew into Barajas yesterday morning* ~ *Llegué a Barajas ayer por la mañana* **[2]** ins ♦ to enter the state of (anger etc.) ~ ponerse (furioso etc.) || *When she saw me she flew into a rage* ~ *Cuando me vio se encolerizó*

fly off **[1]** vi ♦ *véase* fly away **[2]** vi ♦ *véase* come off [1]

fly out **[1]** vi ♦ to leave in a plane ~ irse en avión || *They're going on holiday - they fly out tomorrow* ~ *Se van de vacaciones - cogen el vuelo mañana* **[2]** vi ♦ [insect etc.] to leave by flying ~ salir volando || *I opened the window and the fly flew out* ~ *Abrí la ventana y la mosca salió* **[3]** sep ♦ to transport/remove by plane ~ transportar/sacar en avión || *The government decided to fly food parcels out* ~ *El gobierno decidió llevar unos paquetes de comestibles en avión* | *The embassy is going to fly the hostages out tonight* ~ *La embajada va a sacar a los rehenes en avión esta noche*

fly out of **[1]** ins ♦ to leave (airport etc.) by plane ~ abandonar (etc.) en avión || *I'd prefer to fly out of Manchester if that's possible* ~ *Preferiría coger el avión desde Manchester si es posible* **[2]** ins ♦ [insect etc.] to fly through (a window etc.) ~ volar/escaparse por || *The bird flew out of its cage when I wasn't paying attention* ~ *El pájaro salió de la jaula cuando no le prestaba atención* **[3]** v2obj ♦ to remove/transport (person or goods) by plane from (place) ~ transportar/sacar en avión de || *The Red Cross wants to fly the victims out of the area* ~ *La Cruz Roja quiere sacar a las víctimas de la zona en avión*

fly over ins ♦ [in plane etc.] to pass above (a city/famous monument etc.) ~ sobrevolar || *We flew over Paris and got to see a couple of the monuments* ~ *Sobrevolamos París y logramos ver un par de los monumentos*

fly past vi & ins ♦ to pass flying; [mil] to pass in a formation in the air ~ pasar volando; [mil - aviones] desfilar ante || *The planes flew past (the commander) in a beautiful formation* ~ *Los aviones pasaron (al comandante) en una formación preciosa*

fly to **[1]** ins ♦ to reach by plane ~ llegar en avión a || *We'll have to fly to New York and change there* ~ *Tendremos que coger un vuelo a Nueva York y hacer escala allí* **[2]** ins ♦ to move quickly to ~ correr hacia/a || *We flew to the church and arrived just on time* ~ *Corrimos a la iglesia y llegamos justo a tiempo* **[3]** ins ♦ *véase* escape to

fly with **[1]** ins ♦ to take a flight in the company of ~ volar con || *I like flying with my sister - she's great fun* ~ *Me gusta volar con mi hermana - es muy divertida* **[2]** ins ♦ to take a flight offered by (an airline/travel company) ~ volar con/ir con || *Last time we flew with Iberia and it was fine* ~ *La última vez fuimos con Iberia y todo estuvo bien*

foam at ins ♦ [+ the mouth] to be very angry ~ espumajear de rabia || *She was foaming at the mouth when I saw her* ~ *Espumajeaba de rabia cuando la vi*

foam up vi ♦ *véase* froth up

fob off **[1]** sep inf ♦ to persuade (customer etc.) to take something of poor quality ~ persuadir a aceptar algo de poca calidad; engañar (etc.) || *Don't go into that shop - they always fob you off* ~ *No entres en esa tienda - siempre te dan gato por liebre* **[2]** sep inf ♦ to persuade (customer etc.) to leave/to stop causing problems ~ persuadir a irse/a dejar de causar problemas || *The boss managed to fob the rep off eventually* ~ *El jefe consiguió por fin hacer que el representante se fuera* **[3]** sep inf ♦ to dispose of (an unwanted item by giving it to someone) ~ dar (una cosa no deseada, para deshacerse de ella) || *I'm trying to fob these biscuits off - I hate them* ~ *Estoy intentando deshacerme de estas galletas - las odio*

fob off on v2obj inf ♦ to give (something unwanted) to ~ dar (algo no deseado) a || *Laura managed to fob those records off on Daniel* ~ *Laura convenció a Daniel para que éste se llevara esos discos*

fob off onto v2obj inf ♦ *véase* fob off on

fob off with [1] v2obj inf ♦ to try to sell (something of poor quality) to (client etc.) ~ intentar vender (algo defectuoso etc.) a || *He fobbed us off with a brass ring - you could tell it wasn't gold ~ Intentó vendernos un anillo de latón - se notaba que no era de oro* **[2]** v2obj inf ♦ to persuade (customer etc.) to leave by using (excuse/lie etc.) ~ persuadir a irse (etc.) mediante (excusas/mentiras etc.) || *The sales assistant fobbed my friend off with a series of excuses ~ La asistenta soltó una serie de excusas para intentar deshacerse de mi amiga*

focus on [1] ins ♦ to concentrate one's attention on ~ enfocar(se) a/concentrar(se) en || *This month I want us to focus on the environment ~ Este mes quiero que nos concentremos en el medio ambiente* **[2]** v2obj ♦ to cause (telescope etc.) to focus on (a star etc.) ~ enfocar a || *We are going to focus the telescope on the moon ~ Vamos a enfocar el telescopio a la luna*

focus upon ins & v2obj form ♦ *véase* focus on

fog over vi & sep ♦ *véase* fog up

fog up [1] vi ♦ [glasses etc.] to become covered with steam ~ empañarse || *It looks like the windscreen has fogged up ~ Parece que se ha empañado el parabrisas* **[2]** sep ♦ [glasses etc.] to cover with steam ~ empañar || *Turn the heating down - you're fogging my glasses up ~ Baja la calefacción - me estás empañando las gafas*

foist off on v2obj ♦ *véase* fob off on

foist on v2obj ♦ *véase* fob off on

foist onto v2obj ♦ *véase* fob off on

fold away [1] sep ♦ to fold (clothes etc.) for storing ~ doblar para guardar || *I want to fold those winter clothes away before Easter ~ Quiero doblar esa ropa de invierno y guardarla antes de Semana Santa* **[2]** vi ♦ [furniture etc.] to be able to be folded for storage ~ plegarse || *It's just as well that table folds away - there's no room here ~ Menos mal que esa mesa puede plegarse - aquí no hay sitio* **[3]** sep ♦ [furniture etc.] to fold for storage ~ plegar || *Can you help me fold these chairs away? ~ ¿Me ayudas a plegar estas sillas?*

fold back [1] vi ♦ to be able to be folded backwards ~ doblarse/plegarse hacia abajo/atrás || *I understand this bench folds back ~ Tengo entendido que este banquillo se dobla hacia atrás* **[2]** sep ♦ to fold backwards ~ doblar/plegar hacia abajo/atrás || *I'm trying to fold this shelf back ~ Estoy intentando doblar esta balda hacia atrás*

fold down vi & sep ♦ *véase* fold back

fold in sep ♦ [in cooking] to add gently in order to allow air in ~ añadir/mezclar con cuidado para que entre algo de aire || *I want you to fold the flour in carefully ~ Quiero que añadas la harina con mucho cuidado*

fold into v2obj ♦ [in cooking] to add (eggs etc.) to (a mixture) carefully ~ mezclar/añadir con cuidado a || *Then we fold the yolks into the mixture ~ Luego añadimos las yemas a la masa con cuidado*

fold over [1] vi ♦ [paper/blanket etc.] to be able to be folded ~ plegarse/doblarse || *These newspapers fold over very easily ~ Estos periódicos se doblan muy fácilmente* **[2]** sep ♦ [paper/blanket etc.] to fold ~ plegar/doblar || *My mother wants us to fold these blankets over ~ Mi madre quiere que hagamos el embozo con estas mantas*

fold up [1] vi ♦ *véase* fold away [2] **[2]** sep ♦ *véase* fold away [3] **[3]** vi ♦ *véase* fold over [1] **[4]** sep ♦ *véase* fold over [2] **[5]** vi ♦ [company etc.] to go bankrupt; to close (etc.) ~ quebrar/fracasar/cerrar || *Three cinemas have folded up here in the last two years ~ Se han cerrado tres cines aquí estos dos años para acá* **[6]** vi ♦ *véase* fall about

fold up with ins ♦ *véase* dissolve into [1]

follow about sep os ♦ to follow (a person) everywhere ~ seguir por todas partes a || *He's spent six months following that actress about ~ Lleva seis meses siguiendo por todas partes a esa actriz*

follow around sep os ♦ *véase* follow about

follow in sep os ♦ to enter after/following ~ entrar después de || *I went to the house and my lover followed me in ~ Fui a la casa y mi amante entró detrás mío*

follow on [1] vi GB AUS ♦ to happen/exist as a sequel to something ~ ocurrir/existir como consecuencia/continuación || *We've completed three episodes and this one follows on ~ Hemos completado tres episodios y éste es el siguiente* **[2]** vi ♦ to leave later (and arrange to see the others at the destination) ~ seguir (más tarde) || *You leave now and we'll follow on ~ Vosotros idos ya, y nosotros seguiremos más tarde* **[3]** vi dep ♦ [in cricket] to be forced by the opponents to bat again ~ verse obligado a batear de nuevo || *England followed on and eventually lost ~ Inglaterra se vio obligada a batear de nuevo y acabó perdiendo*

follow on from ins ♦ to be the logical consequence of ~ ser la consecuencia lógica de || *This workshop follows on from yesterday's class ~ Este taller es la consecuencia lógica de la clase de ayer*

follow out [1] sep os ♦ to leave following/after ~ salir detrás de || *She left at midnight and I followed her out ~ Se fue a medianoche y yo salí detrás de ella* **[2]** sep ♦ *véase* carry out [2], [3]

follow through [1] sep ♦ [plan/investigation etc.] to do the next stage of; to complete ~ llevar hasta el fin; pasar a la siguiente etapa de || *They didn't dare to follow the investigation through ~ No se atrevían a llevar la investigación hasta el fin* **[2]** vi dep ♦ [tennis/golf etc.] to complete a stroke by continuing to move the arm in the same direction ~ rematar/completar el golpe (etc.) || *Daniel follows through like a true professional ~ Daniel completa los golpes como un verdadero profesional* **[3]** vi arg ♦ to defecate by accident whilst farting ~ cagarse sin querer al tirarse un pedo || *Mark followed through during an enormous fart ~ Mark se cagó sin querer durante un pedo enorme*

follow through on ins ♦ to ensure that (a plan etc.) is completed ~ asegurar que se cumpla (etc.) || *The team followed through on the final stage of the plan ~ El equipo aseguró que la última etapa del plan se realizara*

follow up [1] sep ♦ to reinforce (an earlier action) ~ reforzar (etc.) || *It's important that we follow up this early success ~ Es importante que reforcemos este éxito inicial* **[2]** sep ♦ *véase* follow through [1]

follow up with v2obj ♦ to follow (one thing) with (another) ~ seguir (una cosa) con || *They followed the accusations up with a series of insults ~ Después de las acusaciones nos soltaron una serie de insultos*

follow with v2obj ♦ *véase* follow up with

fool about [1] vi ♦ *véase* arse about **[2]** vi ♦ to have a relationship with a person who is not one's partner ~ mantener una relación con otro/otra || *He always gets home late - I think he's fooling about ~ Siempre llega tarde a casa - creo que ha estado con otra*

fool about with [1] ins ♦ [esp. something dangerous] to play with ~ jugar con || *You shouldn't fool about with knives ~ No deberías jugar con los cuchillos* **[2]** ins ♦ to have a relationship with (a person who is not one's partner) ~ mantener una relación con (otro/otra) || *She was fooling about with one of the married directors ~ Salía con uno de los directores casados*

fool around vi ♦ *véase* fool about

fool around with ins ♦ *véase* fool about with

fool away sep ♦ *véase* dawdle away

fool into v2obj ♦ *véase* deceive into

fool with v2obj ♦ *véase* deceive with

footle about vi GB ♦ *véase* arse about

footle about with ins GB ♦ *véase* fool about with

footle around vi GB ♦ *véase* footle about

footle around with ins GB ♦ *véase* footle about with

footle away sep ♦ *véase* dawdle away

forage about vi ♦ *véase* ferret about

forage for ins ♦ *véase* buck for

force back [1] sep ♦ *véase* drive back [3] **[2]** sep GB AUS ♦ *véase* fight back [2]

force down [1] sep ♦ *véase* drag down [1] **[2]** sep ♦ [aeroplane etc.] to oblige to land ~ obligar a aterrizar || *The fog forced the pilot down ~ La niebla obligó al piloto a aterrizar* **[3]** sep ♦ *véase* choke down [2]

force from v2obj ♦ *véase* drive out of [2]

force in [1] sep ♦ to oblige to enter ~ obligar a entrar || *I didn't want to visit the cathedral but my parents forced me in ~ No quería visitar la catedral pero mis padres me obligaron a entrar* **[2]** sep ♦ *véase* cram in [2]

force into [1] v2obj ♦ to oblige to enter ~ obligar a entrar en || *The thieves forced me into the bathroom ~ Los ladrones me obligaron a entrar en el cuarto de baño* **[2]** v2obj ♦ *véase* cram into [2] **[3]** v2obj ♦ *véase* bounce into

force on v2obj ♦ to oblige (someone) to eat/accept/receive (something) ~ obligar a (alguien) a aceptar/comer (etc.) || *The manager forced this task (the dessert) on me ~ El jefe me obligó a aceptar esta tarea (a comer el postre)*

force oneself on ins ♦ to oblige (friends etc.) to give accommodation (etc.) to one ~ obligar a alojar || *He always forces himself on us in December ~ Siempre nos obliga a alojarle en diciembre*

force out [1] sep ♦ *véase* drive out [3] **[2]** sep ♦ [words etc.] to pronounce with difficulty ~ pronunciar con dificultad || *She forced out a faint «thank you» ~ Pronunció con dificultad un ligerísimo «gracias»*

force out of v2obj ♦ *véase* drive out of [2]

force through [1] sep os & v2obj ♦ to force (cable etc.) to penetrate (a wall etc.) ~ hacer que penetre/pase por (una pared etc.) || *We're trying to force the cable through (the wall) ~ Estamos intentando pasar el cable (por la pared)* **[2]** sep os & v2obj jur ♦ [law etc.] to cause to be accepted (by parliament) ~ hacer que el parlamento apruebe || *The minister forced the law through (parliament) in five minutes ~ El ministro hizo que la ley fuera aprobada (por el parlamento) en cinco minutos*

force up sep ♦ *véase* drive up [1]

force upon v2obj form ♦ *véase* force on

force oneself upon ins form ♦ *véase* force oneself on

foreclose on ins USA jur ♦ [a mortgaged house] *véase* distrain upon

forewarn about v2obj form ♦ [in advance] *véase* caution about

forewarn of v2obj form ♦ [in advance] *véase* caution about

forge ahead vi ♦ [in race/project etc.] to make quick or sudden progress ~ avanzar constantemente; adelantarse muchísimo || *The newspaper reckons your firm is forging ahead ~ El periódico dice que tu empresa se está adelantando mucho*

forge ahead of ins ♦ [in race/project etc.] to do better than/reach a point ahead of ~ adelantarse (mucho) a || *On the last lap she forged ahead of the others ~ En la última vuelta se adelantó mucho a las demás*

forge ahead with ins ♦ [project etc.] to make good progress with ~ hacer mucho progreso en/con || *They have forged ahead with the building of the new offices ~ Han hecho mucho progreso en la construcción de las nuevas oficinas*

forget about ins ♦ to forget ~ olvidarse de || *He told me to forget about the money I owed him ~ Me dijo que me olvidara del dinero que le debía*

forgive for v2obj ♦ to pardon (a person) for (a sin) ~ perdonar a/por || *I'd like to forgive him for all his stupidity ~ Me gustaría perdonarle todas sus estupideces*

fork off vi ♦ [road etc.] to divide into two directions ~ bifurcarse || *The road forks off just next to the church ~ La carretera se bifurca al lado de la iglesia*

fork out sep inf ♦ to pay (unwillingly) ~ desembolsar (de mala gana) || *They want me to fork out ten pounds - what a rip-off* ~ *Quieren que pague diez libras - menuda estafa*

fork out for ins & v2obj ♦ to pay (an amount of money) unwillingly for ~ pagar (una cantidad de dinero) para comprar || *I had to fork out (a fortune) for your bike* ~ *Tuve que (gastar un dineral para) comprarte la bici*

fork over **[1]** sep ♦ [earth etc.] to cultivate or prepare with a fork ~ cultivar/preparar con horquilla || *The gardener was forking over the earth when I arrived* ~ *El jardinero preparaba la tierra con la horquilla cuando llegué* **[2]** sep USA AUS inf ♦ *véase* fork out

fork over for ins & v2obj USA AUS inf ♦ *véase* fork out for

fork up **[1]** sep ♦ [plant/soil etc.] to remove/move with a fork ~ quitar/remover con horquilla || *Can you fork up the stones in that patch, please?* ~ *¿Le importa quitar las piedras de esa parcela con la horquilla?* **[2]** sep USA AUS inf ♦ *véase* fork out

fork up for ins & v2obj USA AUS inf ♦ *véase* fork out for

form from v2obj ♦ [make a product from a material etc.] *véase* hew out of

form into v2obj ♦ [material to make product etc.] *véase* change into [3]

form up **[1]** vi mil ♦ *véase* fall in [3] **[2]** sep ♦ [soldiers etc.] to cause to form a formal line ~ alinear/formar || *The sergeant tried to form his troops up* ~ *El sargento intentó formar a sus tropas*

fortify against v2obj ♦ to make (castle etc.) strong to protect it from (invaders etc.) ~ fortificar contra || *The Scots fortified their castles against the Vikings* ~ *Los escoceses fortificaron sus castillos contra los vikingos*

forward to v2obj ♦ [message] to send onwards to ~ enviar a/hacer seguir a || *He received the message and forwarded it to the director* ~ *Recibió el mensaje y lo hizo seguir a la directora*

foul out vi dep ♦ [in basketball] to be eliminated from a game after committing too many fouls ~ quedar eliminado/expulsado del partido por exceso de faltas cometidas || *Three of our players fouled out during the game* ~ *Durante el partido tres de nuestros jugadores fueron expulsados por exceso de faltas*

foul up **[1]** vi ♦ to do something badly ~ hacerlo mal/estropearlo || *The program won't work - someone must have fouled up* ~ *El programa no funciona - alguien lo habrá estropeado* **[2]** sep inf ♦ *véase* balls up **[3]** sep inf ♦ to cause (something) to stop working properly ~ estropear || *I think the damp has fouled the machines up* ~ *Creo que la humedad ha estropeado las máquinas*

found on v2obj ♦ to base (something) on (e.g. a system of beliefs etc.) ~ fundar en/basar en || *They founded their society on solid moral principles* ~ *Fundaron su sociedad en unos principios morales sólidos*

found upon v2obj form ♦ *véase* found on

founder on ins ♦ to fail because of ~ fracasar debido a || *The firm foundered on a series of poor decisions* ~ *La empresa fracasó debido a una serie de malas decisiones*

frame in v2obj ♦ to use (X) to make a frame around (Y) ~ enmarcar con || *The photographer framed the whole family in the image* ~ *El fotógrafo enmarcó a toda la familia en la imagen* ~ *We're going to frame Laura's photo in this wood* ~ *Vamos a enmarcar la foto de Laura en/con esta madera*

frame out sep ♦ to construct the basic wooden frame of ~ construir la estructura básica de || *It only took them three hours to frame the house out* ~ *Tardaron sólo tres horas en montar la estructura de la casa*

frame up sep inf ♦ *véase* fit up [2]

fraternise with ins GB AUS ♦ to be friendly with ~ confraternizar/fraternizar con || *They told me to stop fraternising with hooligans* ~ *Me dijeron que dejara de fraternizar con gamberros*

fraternize with ins ♦ *véase* fraternise with

fray against ins ♦ to rub against the surface of ~ ludir con/contra || *The cushions were fraying against the bricks in the wall ~ Los cojines ludían con los ladrillos de la pared*

fray on ins ♦ *véase* fray against

freak out **[1]** vi inf ♦ to be affected by a sudden attack of fear/emotion/rage (etc.) ~ perder el control (etc.) || *The class were acting up when the teacher suddenly freaked out ~ La clase se alborotaba y de repente el profesor perdió la paciencia* **[2]** sep inf ♦ to cause (a person) to be very surprised/angry/afraid (etc.) ~ dejar frío; afectar de mala manera (etc.) || *The image of the dead body still freaks me out ~ La imagen del cadáver todavía me afecta muchísimo*

free from v2obj ♦ *véase* deliver from

free of v2obj ♦ *véase* deliver from

free up sep ♦ to make available ~ hacer disponible || *The boss has promised to free up at least a million ~ El jefe ha prometido hacer disponible al menos un millón*

freeze into v2obj ♦ to cause (liquid) to freeze and become (ice) ~ convertir en (hielo) helando || *The low temperatures froze the water into blocks of ice ~ Las bajas temperaturas helaron el agua y la convirtieron en bloques de hielo*

freeze off **[1]** sep ♦ [football match etc.] to cause the cancellation of due to the cold ~ causar la suspensión de (debido al frío) || *The ice has frozen off tonight's game ~ El hielo ha hecho que se cancele el partido de esta noche* **[2]** sep inf ♦ [fingers etc.] to cause to be separated due to the cold ~ hacer caerse con el frío || *The low temperatures froze two of his fingers off ~ Las bajísimas temperaturas hicieron que se le cayeran dos dedos*

freeze out sep ♦ to exclude/remove by being unfriendly (etc.) ~ marginar/excluir || *It looks like his little friends are trying to freeze him out ~ Parece que sus amiguitos están intentando marginarle*

freeze over vi ♦ [lake etc.] to freeze ~ helarse/congelarse || *It's incredible: the river has frozen over completely ~ Es increíble: el río está totalmente helado*

freeze to ins ♦ [+ death] to die due to the cold; to feel very cold ~ morir de frío || *We nearly froze to death the last time ~ La última vez casi morimos de frío*

freeze up **[1]** vi ♦ *véase* freeze over **[2]** vi ♦ [pipes etc.] to freeze ~ helarse || *The pipes in my grandmother's house have frozen up ~ Las cañerías en casa de mi abuela están heladas* **[3]** sep ♦ to cause (pipes etc.) to become frozen ~ helar || *The low temperatures have frozen the tank up ~ Las bajas temperaturas han helado la cisterna* **[4]** vi USA AUS ♦ [machine etc.] to become stuck and refuse to work ~ trabarse || *It seems this little wheel has frozen up ~ Parece que esta ruedita se ha trabado* **[5]** vi ♦ to be unable to continue due to fear ~ quedar helado (de miedo) || *When she saw the gun she froze up ~ Cuando vio la pistola quedó helada de miedo*

freshen up **[1]** vi ♦ to wash oneself quickly to feel fresher ~ refrescarse/lavarse/arreglarse || *If you want to freshen up there's a bathroom next door ~ Si quieres arreglarte un poco hay un baño aquí al lado* **[2]** sep ♦ *véase* doll up

fret about ins ♦ to worry about ~ preocuparse/inquietarse por/de || *Are you still fretting about the broken glass? ~ ¿Te sigues inquietando por el vaso roto?*

fret at ins ♦ *véase* fret about

fret away sep ♦ [time] to waste by worrying ~ perder preocupándose || *He fretted away three weeks after finishing with his girlfriend ~ Estuvo tres semanas consumiéndose de inquietud tras cortar con su novia*

fret over ins ♦ *véase* fret about

frig about vi GB AUS arg ♦ *véase* arse about

frig about with ins AUS arg ♦ *véase* fool about with [1]

frig around vi GB AUS arg ♦ *véase* arse about

frig around with ins AUS arg ♦ *véase* fool about with [1]

frig off vi GB AUS arg ♦ *véase* bog off

frig up vi & sep AUS arg ♦ *véase* cock up

frighten away sep ♦ [person/animal] to cause to leave due to fear ~ ahuyentar/espantar || *The noise of the crane frightened the rabbits (tourists) away ~ El ruido de la grúa ahuyentó a los conejos (turistas)*

frighten into v2obj ♦ [using fear] *véase* bounce into

frighten off sep ♦ *véase* frighten away

frighten out sep ns ♦ [using fear] *véase* coax out

frisk about vi ♦ [child/lamb etc.] to jump and play ~ brincar/retozar || *The lambs (children) were frisking about in the field ~ Los corderos (niños) jugueteaban en el campo*

frisk for v2obj ♦ *véase* shake down for [1]

fritter away sep ♦ [money] to waste ~ desperdiciar/malgastar || *He's frittered 800 dollars away since I last saw him ~ Ha despilfarrado 800 dólares desde la última vez que le vi*

fritter away on v2obj ♦ [money] to waste on ~ malgastar (etc.) en || *She frittered her money away on expensive clothes ~ Malgastó todo su dinero en ropa cara*

frivol away sep USA inf ♦ [esp. time] *véase* dawdle away

frizzle up **[1]** vi GB AUS inf ♦ [food] to become dry, burnt or curled ~ rizarse/quemarse || *The lettuce has frizzled up in the fridge ~ La lechuga se ha rizado en la nevera* **[2]** sep GB AUS inf ♦ [food] to cause to become dry/burnt/curled ~ quemar/rizar || *Don't frizzle my bacon up - I like it lightly done ~ No me quemes el tocino - me gusta poco hecho*

frolic about vi ♦ *véase* frisk about

frolic around vi ♦ *véase* frisk about

frolic with ins ♦ to play with ~ juguetear/divertirse con || *He likes to frolic with his friends on Fridays ~ Los viernes le gusta divertirse con sus amigos*

front for ins ♦ to be the public face of ~ servir de tapadera/fachada a || *He fronted for an illegal organisation in the 1970s ~ En los años 70 servía de fachada a una organización ilegal*

front on ins ♦ *véase* face onto

front onto ins ♦ *véase* face onto

front up vi AUS inf ♦ to appear/attend briefly (against one's will) ~ asistir (etc.) de mala gana || *It's unlikely that the minister will front up ~ Es poco probable que la ministra asista*

frost over vi ♦ to become covered with frost ~ escarcharse || *The windows have frosted over during the night ~ Las ventanas se han escarchado durante la noche*

frost up vi ♦ *véase* frost over

froth at ins ♦ *véase* foam at

froth up vi ♦ [liquid] to produce rising foam ~ echar espuma || *The soup was frothing up in the pan ~ La sopa echaba espuma en la cacerola*

frown at ins ♦ to look at with a frown ~ mirar con ceño || *The teacher frowned at the class ~ La profesora miró con ceño a la clase*

frown on ins ♦ *véase* disapprove of

frown upon ins form ♦ *véase* disapprove of

fry up sep ♦ to prepare quickly and informally by frying ~ freír || *I can fry up some sausages and an egg for you if you like ~ Te puedo freír unas salchichas y un huevo si quieres*

fuck about **[1]** vi & sep os tab ♦ *véase* bugger about **[2]** vi tab ♦ to have a lot of sexual partners ~ follar (etc.) con cualquiera || *Be careful with him: he fucks about ~ Ten cuidado con él: se acuesta con todo el mundo*

fuck about with ins tab ♦ *véase* fool about with

fuck around vi & sep os tab ♦ *véase* fuck about

fuck around with ins tab ♦ *véase* fool about with

fuck off **[1]** vi tab ♦ *véase* bugger off [1] **[2]** vi tab ♦ *véase* bog off **[3]** sep tab ♦ *véase* bum out

fuck over sep tab ♦ to treat very nastily/unfairly ~ hacerle la putada a || *That salesman really fucked the com-*

pany over ~ *Ese vendedor nos hizo una gran putada a esta empresa*

fuck up [1] vi & sep tab ♦ *véase* cock up **[2]** sep tab ♦ *véase* cut up [3]

fuck with [1] ins tab ♦ [with dangerous person/thing] *véase* fool about with [1] **[2]** ins tab ♦ *véase* get it off with

fuel up vi ♦ *véase* fill up [2]

fulminate against ins form ♦ [formally] *véase* complain about

fumble about vi ♦ *véase* blunder about

fumble around vi ♦ *véase* blunder about

fumble for ins ♦ *véase* feel for [1]

fumble in ins ♦ *véase* fish in

fumble with ins ♦ to operate (etc.) clumsily ~ manejar torpemente || *Laura was fumbling with the light-switch* ~ *Laura trataba torpemente de encender la luz*

fume about ins ♦ *véase* flare out at

fume at ins ♦ *véase* flare out at

fume over ins ♦ *véase* flare out at

fur up vi ♦ [kettle/pipe] to become covered with fur (= grey chemicals) ~ cubrirse de sarro || *The pipes have furred up; shall we call the plumber?* ~ *Las cañerías se han cubierto de sarro; ¿llamamos al fontanero?*

furbish up sep ♦ *véase* do up [3]

furnish for v2obj ♦ *véase* fix for [2]

furnish with v2obj ♦ *véase* equip with

fuse with ins & v2obj ♦ [two chemical elements etc.] *véase* combine with

fuss about vi ♦ to move/act in an excessively concerned/nervous manner ~ andar preocupándose de menudencias || *My father fusses about, but my mother is the calm one* ~ *Es mi padre quien se preocupa de menudencias, mientras que mi madre es la tranquila*

fuss around vi ♦ *véase* fuss about

fuss at ins USA ♦ to complain at continually ~ no dejar en paz (etc.) || *Will you quit fussing at me? I'm nearly through* ~ *¿Quieres dejarme en paz? Estoy a punto de acabar*

fuss over ins ♦ to be excessively attentive to; to treat with extreme detail ~ mimar excesivamente || *That man never stops fussing over his grandchildren* ~ *Ese hombre no deja nunca de mimar a sus nietos*

fuss with ins USA ♦ *véase* fiddle about with

futz about vi USA arg ♦ *véase* arse about

futz around vi USA arg ♦ *véase* arse about

futz up sep USA arg ♦ *véase* cock up [2]

G

gab away vi inf ♦ *véase* chatter away

gabble away vi inf ♦ to talk in a confused manner ~ hablar atropelladamente || *They were gabbling away and we couldn't understand a word ~ Hablaban atropelladamente y no entendíamos nada*

gad about vi & ins inf arc ♦ *véase* bum about

gad around vi & ins inf arc ♦ *véase* bum about

gag on ins inf ♦ *véase* choke on

gag up sep ♦ to cover the mouth of (a person) with a gag ~ amordazar || *The robbers gagged us up and went off with our money ~ Los ladrones nos amordazaron y se fueron con nuestro dinero*

gain by v2obj ♦ to gain (profit etc.) via (an activity) ~ ganar con || *You won't gain much advantage by such deceit ~ No ganarás mucha ventaja con tal engaño*

gain from v2obj ♦ *véase* gain by; get out of [4]

gain in ins ♦ to increase one's level of (confidence/popularity etc.) ~ adquirir más/mayor || *The conservatives have gained in popularity this year ~ Este año los conservadores han resultado más populares*

gain on ins ♦ to be gradually catching (a person whom one is chasing) ~ ir alcanzando/ir ganando terreno a || *It looks like the red car is gaining on the blue one ~ Parece que el coche rojo va alcanzando el azul*

gain upon ins form ♦ *véase* gain on

gallivant around vi & ins ♦ *véase* bum about

gallop about vi ♦ [horse] to move around at a gallop ~ moverse/ir por ahí a galope || *When the horses gallop about I go to the field to watch them ~ Cuando los caballos galopan voy al campo a mirarlos*

gallop around vi ♦ *véase* gallop about

gallop away vi ♦ *véase* gallop off

gallop off vi ♦ [horse] to leave at a gallop ~ alejarse a galope || *The horse galloped off, leaving us somewhat puzzled ~ El caballo se alejó a galope, dejándonos algo perplejos*

gallop past vi & ins ♦ [horse] to pass (a person/place) at a gallop ~ desfilar a galope (ante) || *The horses galloped past (the commander) and we applauded ~ Los caballos desfilaron a galope (ante el comandante) y aplaudimos*

gallop round vi ♦ *véase* gallop about

gallop up vi ♦ [horse] to arrive at a gallop ~ llegar a galope || *The horse galloped up and the jockey smiled at us ~ El caballo llegó a galope y el jinete nos sonrió*

galumph around vi form ♦ *véase* barge about

galvanise into v2obj GB AUS ♦ [esp. + action] *véase* bounce into

galvanize into v2obj ♦ [esp. + action] *véase* bounce into

gamble away sep ♦ to lose (money) by gambling ~ perder (dinero) en el juego || *Apparently he gambled a fortune away in Las Vegas ~ Dicen que perdió un dineral en el juego en Las Vegas*

gamble on **[1]** ins & v2obj ♦ *véase* bet on [1] **[2]** ins ♦ *véase* bank on

gang together vi ♦ *véase* band together

gang up vi inf ♦ *véase* band together

gang up against ins inf ♦ to form a group in order to attack or be unfair to ~ conspirar contra (etc.) || *All the boys in the class were ganging up against me - it was terrible ~ Todos los chavales de la clase conspiraban contra mí - era horrible*

gang up on ins inf ♦ *véase* gang up against

gang up with ins inf ♦ to form an intimidating group with ~ conspirar con (etc.) || *He seems to have ganged up with those two bullies ~ Parece que se ha hecho amigo de esos dos matones*

gape at ins ♦ to observe with open mouth (in amazement etc.) ~ mirar boquiabierto || *The judges gaped at the Colombian girl ~ Los jueces miraban boquiabiertos a la chica colombiana*

garb in v2obj ♦ *véase* dress in [2]

garbage down sep USA inf ♦ *véase* belt down

garland with v2obj ♦ to decorate (something) with a garland of ~ enguirnaldar de || *We wanted to garland the door with flowers ~ Queríamos enguirnaldar la puerta de flores*

garner in sep USA ♦ [esp. harvest] *véase* gather in

garner up sep USA ♦ [esp. harvest] *véase* gather in

garnish with v2obj ♦ *véase* dress with

gas up vi USA inf ♦ *véase* fill up [2]

gasp at ins ♦ to gasp because of (a sight etc.) ~ dar un grito sofocado ante || *The boys gasped at the beauty of the valley ~ Los chicos dieron un grito de asombro ante la belleza del valle*

gasp for **[1]** ins ♦ to seek to obtain (breath etc.) by gasping ~ luchar por (respirar etc.) || *They were already gasping for breath when they came out ~ Al salir ya luchaban por respirar* **[2]** ins inf ♦ to have a strong desire for ~ tener unas ganas tremendas de || *I'm gasping for a cigarette ~ Me muero de ganas de fumar*

gasp out sep ♦ to pronounce with a gasp ~ decir con voz entrecortada || *He gasped out an apology just before he died ~ Pidió disculpas con voz entrecortada justo antes de morir*

gasp with ins ♦ to gasp because of (emotion) ~ dar un grito sofocado de || *She suddenly gasped with surprise ~ De repente dio un grito sofocado de sorpresa*

gather around vi & ins ♦ *véase* crowd around

gather from **[1]** v2obj ♦ *véase* deduce from **[2]** v2obj ♦ *véase* collect from

gather in sep ♦ [harvest/taxes] to collect ~ recoger/recaudar || *The farmers spent the week gathering in the wheat ~ Los granjeros pasaron la semana recogiendo el trigo*

gather round vi & ins ♦ *véase* crowd around

gather together **[1]** vi ♦ *véase* band together **[2]** sep ♦ to collect/amass ~ reunir/juntar || *We managed to gather thirty people together for the session ~ Logramos reunir a treinta personas para la sesión*

gather up **[1]** sep ♦ to pick up (e.g. a collection of objects from the floor) ~ recoger || *She gathered up her books and left ~ Recogió sus libros y se marchó* **[2]** sep os lit ♦ to hold (a person) in an embrace ~ abrazar tiernamente a || *She gathered her daughter up and told her she loved her ~ Abrazó tiernamente a su hija y le dijo que la quería*

gather oneself up vi lit ♦ to stand up ~ ponerse de pie/levantarse || *She gathered herself up and said farewell to us ~ Se puso de pie y se despidió de nosotros*

gawk at ins ♦ *véase* gape at

gawp at ins ♦ *véase* gape at

gaze at ins ♦ to observe with a fixed stare ~ mirar con fijeza; contemplar || *I can spend hours gazing at the statues in the park ~ Soy capaz de pasar horas contemplando las estatuas en el parque*

gaze on ins form ♦ *véase* gaze at

gaze out of ins ♦ [for a long time] *véase* glance through [2]

gaze out on ins ♦ to observe (something) through a window for a long time ~ contemplar (algo) por la ventana || *The princess gazed out on the meadow and sighed ~ La princesa contempló el prado por la ventana y suspiró*

gaze upon ins form ♦ *véase* gaze at

gear down **[1]** sep téc ♦ to cause to work less efficiently ~ desmultiplicar || *The technician wants to gear these machines down ~ El técnico quiere desmultiplicar estas máquinas* **[2]** sep ♦ *véase* cut back [1]

gear in with **[1]** ins ♦ *véase* dovetail in with **[2]** ins téc ♦ *véase* engage with **[3]** v2obj téc ♦ *véase* gear into

gear into v2obj téc ♦ to cause to engage with ~ engranar con || *The mechanism gears this wheel into the other one ~ El mecanismo engrana esta rueda con la otra*

gear to **[1]** v2obj téc ♦ *véase* gear into **[2]** v2obj ♦ *véase* fit for **[3]** v2obj ♦ to design (etc.) so as to be appropriate for ~ diseñar (etc.) algo para que encaje con || *We'll have to gear our plans to whatever the boss says ~ Tendremos que adaptar nuestros planes a lo que diga el jefe*

gear towards v2obj & v2obj téc ♦ *véase* gear to

gear up **[1]** vi ♦ to prepare oneself ~ prepararse || *He's not ready yet: he's gearing up in the gym ~ Todavía no está listo: se está entrenando en el gimnasio* **[2]** sep ♦ to prepare ~ preparar || *The coach is good at gearing up his players ~ El entrenador prepara muy bien a sus jugadores* **[3]** sep téc ♦ to cause to work more efficiently ~ multiplicar || *We're gearing up the machinery this month ~ Este mes vamos a multiplicar la maquinaria* **[4]** sep ♦ *véase* crank up [2]

gear up for **[1]** ins ♦ to prepare oneself for ~ prepararse/disponerse para || *The whole team is gearing up for the annual conference ~ Todo el equipo se está disponiendo para el congreso anual* **[2]** v2obj ♦ to prepare (person/thing) for ~ preparar para || *It's important that we gear the squad up for the championship ~ Es importante que preparemos a la plantilla para el campeonato*

gear with ins/ins téc/v2obj téc ♦ *véase* gear in with

gee up **[1]** vi GB ♦ [as command to a horse] go more quickly! ~ ¡arre! || *«Gee up», yelled the jockey, and the horse began to gallop ~ «¡Arre!» gritó el jinete, y el caballo empezó a galopar* **[2]** sep GB inf ♦ *véase* buoy up [3]

gen up **[1]** vi GB ♦ *véase* catch up [4] **[2]** sep GB ♦ *véase* catch up [3]

gen up on **[1]** ins GB ♦ *véase* catch up on [1] **[2]** v2obj GB ♦ *véase* catch up on [3]

generalise about ins GB AUS ♦ to make an excessively general statement concerning ~ generalizar sobre || *You shouldn't generalise about people from my country ~ No deberías generalizar cuando hablas de la gente de mi país*

generalize about ins ♦ *véase* generalise about

get about **[1]** vi GB AUS inf ♦ to travel widely ~ viajar mucho || *That guy certainly gets about! ~ ¡Ese tío sí que viaja mucho!* **[2]** vi ♦ to be mobile after an illness ~ ya poder levantarse y salir || *Despite the illness she gets about very well ~ A pesar de la enfermedad ya se las arregla muy bien* **[3]** vi GB ♦ *véase* filter out [2] **[4]** vi inf ♦ *véase* cat around

get above oneself vi ♦ to behave in a superior way ~ engreírse || *After winning the prize she began to get above herself ~ Después de ganar el premio empezó a engreírse*

get across **[1]** vi & ins ♦ to succeed in crossing ~ lograr cruzar || *It was difficult, but we managed to get across (the river) ~ Fue difícil, pero logramos cruzar (el río)* **[2]** sep & v2obj ♦ to succeed in passing (a load etc.) across (a barrier etc.) ~ hacer pasar (por) || *They got the boxes across (the border) ~ Hicieron pasar las cajas (por la frontera)* **[3]** sep ♦ [message etc.] to communicate successfully ~ hacer entender; lograr comunicar || *He's an excellent teacher: he always gets his message across ~ Es un* *profesor excelente: siempre logra comunicar su mensaje*

get across to [1] ins ♦ to succeed in crossing to ~ lograr cruzar hasta || *I hope we can get across to the island this afternoon ~ Espero que podamos cruzar a la isla esta tarde* **[2]** v2obj ♦ to succeed in passing (a load etc.) to ~ hacer pasar a/hasta || *We should try to get the children across to the other side ~ Deberíamos intentar pasar a los niños a la otra orilla* **[3]** ins & v2obj ♦ to succeed in communicating (a message etc.) to/with ~ lograr comunicarse con/ logar comunicar (algo) a || *She really wants to get (the point) across to the students ~ Quiere de verdad comunicarse con (comunicar el punto a) los estudiantes*

get after [1] ins USA ♦ to chase ~ dar caza a/perseguir || *I'm going to get after that chick in the white skirt ~ Voy a perseguir a esa chica de la falda blanca* **[2]** ins USA ♦ to persist in trying to secure the services of (etc.) ~ insistir en el intento de contratar (etc.) || *The wire has snapped: will you get after the electrician? ~ Se ha roto el cable: ¿te importa volver a llamar al electricista?*

get after about v2obj USA ♦ to insist on talking to (a person) about (problem/task etc.) ~ insistir en hablar con (alguien) sobre || *You should get after your brother about that loan ~ Deberías volver a hablar con tu hermano sobre ese préstamo*

get ahead vi ♦ to be successful/ make progress ~ tener éxito/hacer progresos || *My sister has really got ahead this year ~ Este año mi hermana ha adelantado de verdad*

get ahead in ins ♦ to be successful/make progress in ~ adelantar en (etc.) || *The company has got ahead in the manufacture of toys ~ La compañía ha adelantado en la fabricación de los juguetes*

get along [1] sep ♦ *véase* bring along [1] **[2]** vi ♦ to be mutually friendly ~ llevarse bien || *All our workers get along very well ~ Todos nuestros trabajadores se llevan muy bien* **[3]** vi ♦ to be managing/coping ~ seguir tirando || *How are you getting along? Do you like the job? ~ ¿Qué tal va todo? ¿Te gusta el trabajo?* **[4]** vi arc ♦ to leave ~ salir/ irse || *I'll get along now - see you tomorrow ~ Yo me voy ya - nos vemos mañana* **[5]** vi inf ♦ to go (to an event) ~ ir/ asistir || *There's a party tonight - you should get along ~ Esta noche hay una fiesta - deberías ir*

get along to ins inf ♦ to go to (an event) ~ ir a/asistir a || *Do you fancy getting along to the concert tomorrow? ~ ¿Te apetece ir al concierto mañana?*

get along with [1] ins ♦ to be friendly with ~ llevarse bien con || *I get along with most of the people in the office ~ Me llevo bien con la mayoría de la gente de la oficina* **[2]** ins ♦ *véase* cope with

get along without ins ♦ to manage well without (a person, machine etc.) ~ pasarse sin || *Since the fire we've had to get along without the lathe ~ Desde el incendio hemos tenido que pasarnos sin el torno*

get around [1] vi ♦ *véase* get about [1] **[2]** vi ♦ *véase* get about [2] **[3]** vi ♦ *véase* get about [3] **[4]** vi inf ♦ *véase* get about [4] **[5]** ins ♦ to find a solution to (a problem) ~ soslayar || *We managed to get around the problem by hiding the money ~ Logramos soslayar el problema escondiendo el dinero* **[6]** ins ♦ to cause (a person) to submit or agree via kindness (etc.) ~ persuadir/engatusar (etc.) || *A bunch of flowers is the best way to get around her ~ Un ramo de flores es lo mejor para engatusarla* **[7]** ins ♦ to be able to travel to all parts of (a city/country/island etc.) ~ poder moverse por || *The car allows us to get around the province ~ El coche nos permite movernos por la provincia*

get around to ins ♦ to do at last (something which has been postponed etc.) ~ hacer por fin; llegar a tener tiempo para || *It looks like I'm not going to get around to those tasks, dear ~ Parece que no voy a tener tiempo para hacer esas tareas, cariño*

get at **[1]** ins ♦ to threaten/intimidate ~ intimidar/amenazar || *I think some of the gang have been getting at the witness ~ Creo que algunos de la pandilla han estado intimidando al testigo* **[2]** ins GB inf ♦ *véase* cut up [5] **[3]** ins ♦ to be able to reach/access ~ llegar a/alcanzar || *The money is on top of the wardrobe (in the bank): I don't want my son to get at it ~ El dinero está encima del armario (en el banco): no quiero que mi hijo le eche mano* **[4]** ins ♦ to discover (information/truth) ~ descubrir || *She finally got at the truth after months of investigation ~ Por fin descubrió la verdad tras meses de investigaciones* **[5]** ins inf ♦ to refer to ~ referirse a || *The point he's getting at is a complicated one ~ El punto al que se refiere es complicado*

get away **[1]** vi ♦ to manage to leave ~ conseguir salir/irse || *I didn't get away until 10 last night ~ No salí hasta las 10 anoche* **[2]** vi GB inf arc ♦ *véase* come off it **[3]** vi ♦ to escape ~ escaparse || *I tried to arrest the thief but he got away ~ Intenté detener al ladrón pero se escapó* **[4]** sep ♦ to help to escape ~ ayudar a escapar || *Daniel got me away before the police arrived ~ Daniel me ayudó a escapar antes de que llegara la policía* **[5]** vi inf ♦ to have a holiday ~ lograr ir de vacaciones || *It's difficult to get away in this sort of job ~ En este tipo de trabajo es difícil conseguir vacaciones*

get away from **[1]** ins ♦ to escape from [all senses] ~ escaparse de/librarse de || *I'd like to get away from this pressure/my family/such ideas ~ Quisiera escaparme de esta presión/de mi familia/de tales ideas* **[2]** ins ♦ *véase* deviate from/digress from

get away with **[1]** ins ♦ not to be punished/criticised for ~ salir impune; no ser castigado por || *He got away with all sorts of crimes ~ Salió impune después de cometer todo tipo de delitos* **[2]** ins ♦ *véase* escape with [1] **[3]** ins ♦ *véase* escape with [2]

get back **[1]** vi ♦ to return/arrive home ~ llegar (a casa) de vuelta || *What time did you get back yesterday? ~ ¿A qué hora llegasteis ayer?* **[2]** sep ♦ to receive again (something one has lent out etc.) ~ recuperar/recobrar || *I'd like to get the tapes back before she emigrates ~ Me gustaría recuperar las cintas antes de que emigre* **[3]** vi ♦ [command] move backwards! ~ ¡Retrocedan! ¡Hacia atrás! (etc.) || *«Get back!» shouted the firefighter ~ «¡Muévanse hacia atrás!» gritó el bombero* **[4]** sep os inf ♦ to obtain revenge on ~ desquitarse con; vengarse de/en || *I think the bullies will want to get my brother back ~ Creo que los matones querrán desquitarse con mi hermano*

get back at ins inf ♦ *véase* get back [4]

get back for **[1]** v2obj ♦ to obtain revenge on (a person) for (an act) ~ vengarse de (alguien) por || *I want to get them back for this ~ Quiero hacer que me las paguen* **[2]** ins ♦ to arrive (home) in time to watch/experience (etc.) ~ llegar a tiempo para || *Come on! I want to get back for the football! ~ ¡Venga! ¡Quiero estar en casa para ver el fútbol!*

get back from **[1]** ins ♦ to return from (a place or holiday) ~ volver de || *When we got back from Italy (the bank) the window was broken ~ Cuando volvimos de Italia (del banco) la ventana estaba rota* **[2]** v2obj ♦ to recover (an item) from ~ recuperar de || *Let's go and get your passport back from the police ~ Vamos a recuperar tu pasaporte de la policía*

get back into ins ♦ to enter (vehicle/previous activity etc.) again ~ volver a entrar en || *She got back into the car (education) after talking to her son ~ Volvió a meterse en el coche (en la enseñanza) tras hablar con su hijo*

get back to **[1]** ins ♦ to return to (place/topic etc.) ~ volver a || *I have 2 more days of holiday then I have to get back to work ~ Me quedan 2 días de vacaciones, luego tengo que volver al trabajo* **[2]** ins ♦ to communicate with again ~ volver a comunicarse con || *Can you get back to the supplier this morn-*

ing, please? ~ *¿Te importa volver a llamar al proveedor esta mañana?*

get back together with ins ♦ *véase* go back to [6]

get back with ins ♦ *véase* go back to [6]

get behind [1] vi ♦ *véase* drop back [1] **[2]** ins ♦ *véase* drop behind [2] **[3]** ins ♦ to support (team/scheme etc.) strongly ~ apoyar con energía || *The crowd got behind the team in the second half* ~ *El público empezó a animar al equipo en el segundo tiempo*

get behind in ins ♦ *véase* drop behind in

get behind with ins ♦ [payments etc.] not to have paid the due amount of ~ atrasarse en || *We've got behind with a number of bills* ~ *Nos hemos atrasado en varias cuentas*

get between ins ♦ *véase* come between [2]

get by vi ♦ to have just enough money (etc.) to survive ~ ir tirando/arreglárselas || *We aren't very rich/intelligent, but we get by* ~ *No somos muy ricos/inteligentes, pero nos las arreglamos*

get by in ins ♦ to speak a small amount of (a foreign language) ~ defenderse en || *She gets by in about ten languages* ~ *Se defiende en unos diez idiomas*

get by on ins ♦ to manage with (e.g. a modest sum of money per month) ~ apañárselas con || *They get by on 10 pesos a week - I don't know how* ~ *Se las apañan con 10 pesos por semana - no sé cómo*

get by with ins ♦ *véase* get by on

get by without ins ♦ *véase* get along without

get down [1] sep ♦ *véase* copy down **[2]** sep os ♦ *véase* drag down [2] **[3]** ins ♦ *véase* climb down [1] **[4]** sep ♦ *véase* bring down [2] **[5]** vi inf ♦ *véase* bop along **[6]** sep ♦ *véase* choke down [2] **[7]** vi ♦ to lie down quickly (to avoid danger/being shot etc.) ~ bajar(se)/tirarse al suelo || *The sergeant told us to get down* ~ *El sargento nos dijo que nos tiráramos al suelo* **[8]** vi GB inf ♦ to leave the table after a meal ~ bajarse de la mesa || *Mam, can I get down, please?* ~ *Mamá, ¿puedo bajarme de la mesa?* **[9]** vi inf ♦ *véase* get along [5]

get down from [1] ins ♦ *véase* come down from **[2]** v2obj ♦ to bring (an item) downwards from (a shelf etc.) ~ bajar de || *Get the dictionary down from the shelf for me* ~ *Bájame el diccionario de la balda*

get down on ins USA inf ♦ *véase* beat up on [2]

get down on for v2obj USA inf ♦ to criticise (a person) for (an action etc.) ~ criticar por || *My folks always get down on me for my lack of energy* ~ *Mis padres siempre me riñen por mi falta de energía*

get down to [1] ins ♦ to descend as far as ~ bajar hasta || *We managed to get down to the bottom of the cliff* ~ *Logramos bajar al pie del acantilado* **[2]** ins inf ♦ *véase* get along to **[3]** ins ♦ *véase* buckle down to **[4]** ins ♦ [in competition] to reach (e.g. the last 4 competitors) ~ llegar a (e.g. figurar entre los 4 últimos) || *I got down to the last 32, but then I lost the next match* ~ *Fui uno de los últimos 32, pero luego perdí el siguiente partido* **[5]** v2obj ♦ [temperature/rate/inflation etc.] *véase* drag down to

get for [1] v2obj ♦ to buy/acquire (a present) for ~ regalar (algo) a || *I've got an expensive dictionary for my sister's birthday* ~ *He comprado un diccionario caro para el cumpleaños de mi hermana* **[2]** v2obj ♦ to receive (a price) in exchange for (something sold) ~ cobrar (tal precio) por (algo vendido) || *I sold the car: I got 1000 dollars for it* ~ *Vendí el coche: me pagaron mil dólares*

get from v2obj ♦ [disease etc.; hereditary characteristic] *véase* catch from

get in [1] vi ♦ to arrive home/at work (etc.) ~ llegar a casa/al trabajo || *I got in very late last night* ~ *Anoche llegué muy tarde a casa* **[2]** vi ♦ *véase* come in [2] **[3]** vi ♦ *véase* come in [4] **[4]** vi ♦ *véase* come in [9] **[5]** vi ♦ to manage to enter ~ conseguir entrar || *It looks as if they got in through the window* ~ *Parece que* *entraron por la ventana* **[6]** vi GB ♦ to succeed in becoming a member of a team/school (etc.) ~ lograr hacerse socio/miembro /alumno (etc.) de algo || *She wanted to study at Yale but she didn't get in ~ Quería ir a Yale pero no la aceptaron* **[7]** sep ♦ to contract the services of (at one's house) ~ hacer venir || *We'll have to get the electrician in ~ Tendremos que llamar al electricista* **[8]** sep ♦ *véase* buy in **[9]** sep inf ♦ *véase* fit in [5] **[10]** sep & v2obj ♦ to manage to insert (in) ~ logar meter (en) || *I can't get this screw in (the hole): will you help me? ~ No consigo que se meta este tornillo (en el agujero): ¿me ayudas?* **[11]** sep ♦ to manage to say (word etc. during another's monologue) ~ lograr decir/meter || *He talked so much that I couldn't get a word in ~ Hablaba tanto que no logré decir ni una palabra* **[12]** sep inf ♦ to buy (beer etc.) at a bar ~ pedir en la barra || *Get some beers in - we're thirsty here! ~ Pide unas cervezas - ¡aquí tenemos sed!*

get in on ins inf ♦ *véase* come in on

get in with ins inf ♦ *véase* fall in with [1]

get into **[1]** ins ♦ to manage to gain access to ~ lograr entrar en || *We got into the room by breaking the lock ~ Entramos en la habitación rompiendo la cerradura* **[2]** ins ♦ to enter (a car/taxi) ~ subir a/entrar en || *They got into a taxi and disappeared ~ Subieron a un taxi y se largaron* **[3]** ins ♦ to become interested in ~ empezar a interesarse por || *He's started getting into technology ~ Ha empezado a interesarle la tecnología* **[4]** ins ♦ [habit etc.] to acquire ~ adquirir || *She's got into some bad habits this year ~ Este año ha adquirido unos vicios* **[5]** ins GB ♦ to succeed in becoming a member of ~ lograr hacerse miembro de || *She didn't get into the school of her preference ~ Su colegio de preferencia no la aceptó* **[6]** ins & v2obj inf ♦ to manage to fit (oneself or a leg etc.) into (a garment) ~ lograr encajarse (encajar una pierna etc.) en || *I can't get (my feet) into these shoes ~ No puedo encajarme (encajar los pies) en estos zapatos* **[7]** v2obj ♦ *véase* embroil in **[8]** ins ♦ *véase* back into [1] **[9]** ins AUS inf ♦ *véase* beat up on [2] **[10]** v2obj ♦ [hobby] *véase* interest in

get off **[1]** vi & ins ♦ to leave (bus/plane/train/ship) ~ bajar (de) || *When we reached Bilbao we got off (the ferry) ~ Cuando llegamos a Bilbao bajamos (del ferry)* **[2]** vi & ins ♦ to finish (work etc.) for the day ~ terminar (en la oficina etc.) || *Can you get off (work) an hour early tomorrow? ~ ¿Puedes terminar (el trabajo) una hora antes mañana?* **[3]** vi & ins jur ♦ not to be punished (despite the charge of etc.) ~ salir impune (de una acusación etc.) || *Despite his worries, he got off (the charges) ~ A pesar de sus inquietudes, le absolvieron (de las acusaciones)* **[4]** sep os & v2obj jur ♦ to achieve freedom (from a charge) for ~ lograr que se absuelva a (alguien) (de una acusación) || *The lawyer was good: he got me off (the charge) ~ El abogado era bueno: logró que se me absolviera (del cargo)* **[5]** vi & ins ♦ *véase* climb down [1] **[6]** vi & ins GB inf ♦ [command] stop touching (e.g. me)! ~ ¡quita la mano (de)! (etc.) || *Get off (my arm)! You're hurting me! ~ ¡No me toques (el brazo), que me haces daño!* **[7]** vi ♦ to start a journey ~ ponerse en camino || *We should get off now - it's nearly eight ~ Deberíamos partir ya - son las ocho casi* **[8]** vi USA arg ♦ to achieve a happy effect from drugs (etc.) ~ ponerse/estar colocado (etc.) || *I just saw your sister: she was getting off in the park ~ Acabo de ver a tu hermana: estaba en el parque colocándose* **[9]** vi USA arg ♦ *véase* come off [9] **[10]** sep USA arg ♦ *véase* bring off [2] **[11]** vi inf ♦ *véase* doze off **[12]** sep os inf ♦ to succeed in making (a baby etc.) fall asleep ~ lograr que (un bebé) concilie el sueño || *We finally got Daniel off at about 11.00 ~ Logramos sobre las 11.00 que Daniel se durmiera* **[13]** ins ♦ [phone etc.] to stop using ~ dejar de usar; colgar || *Will you get off the phone? I need to call the office ~ ¿Quieres col-*

gar el teléfono? Tengo que llamar a la oficina **[14]** ins USA ♦ [joke etc.] to say/ write ~ pronunciar/escribir || *He got off a number of jokes and the audience began to laugh ~ Contó varios chistes y el público empezó a reír* **[15]** sep os inf ♦ [letter/parcel etc.] to send ~ mandar/ despachar || *Did you get the letter off when you were in the village? ~ ¿Echaste la carta cuando estabas en el pueblo?* **[16]** sep os ♦ [clothes etc.] to remove ~ quitarse || *Get that jacket off - it belongs to your father! ~ ¡Quítate esa chaqueta - es de tu padre!* **[17]** sep & v2obj ♦ [stain etc.] *véase* clean off **[18]** ins ♦ *véase* deviate from **[19]** vi GB AUS arg ♦ *véase* cop off

get off it vi USA inf ♦ *véase* come off it

get it off vi USA arg ♦ *véase* come off [9]

get off on [1] ins USA arg ♦ to achieve a happy effect from (a specific drug) ~ colocarse de || *They got off on pot in my father's garage ~ Se colocaron de chocolate en el garaje de mi padre* **[2]** ins inf ♦ to be excited/satisfied by ~ pirrarse por (etc.) || *They get off on canoeing ~ Se pirran por el piragüismo*

get off to [1] ins ♦ to leave in the direction of ~ partir con rumbo a || *I have to get off to London now ~ Ahora tengo que irme a Londres* **[2]** v2obj ♦ to send (letter/parcel) to ~ mandar a/despachar a || *I want to get this parcel off to my grandmother today ~ Quiero mandar este paquete a mi abuela hoy* **[3]** ins ♦ [+ a good start/a flier] to achieve (a successful start) ~ empezar muy bien || *Betis got off to a great start on Sunday ~ El Betis empezó de maravilla el domingo*

get off with [1] ins ♦ *véase* escape with [2] **[2]** ins GB AUS arg ♦ *véase* cop off with

get it off with ins USA arg ♦ to have sex with ~ hacer el amor con || *She got it off with her brother-in-law last night ~ Anoche se acostó con su cuñado*

get on [1] vi GB AUS ♦ *véase* get along [2] **[2]** vi & ins ♦ to enter (bus/ train/ship/plane) ~ subir (a) || *There's the bus - get on (it)! ~ Ahí está el autobús - ¡sube (a él)!* **[3]** vi ♦ *véase* get along [3] **[4]** vi ♦ to continue/make progress ~ continuar/hacer progreso || *If you don't mind, I'd like to get on ~ Si no le importa, me gustaría seguir con mi trabajo* **[5]** vi GB AUS ♦ [person] to be/prove successful ~ ir adelante/tener éxito || *If you want to get on, you'll have to study hard ~ Si quieres ir adelante, tendrás que estudiar mucho* **[6]** sep os ♦ [clothes] to put on/don ~ ponerse || *Get your coat on - we're going out ~ Ponte el abrigo - vamos a salir* **[7]** vi inf ♦ [in continuous tenses] to be getting old ~ ir para viejo || *She was getting on when she died ~ Ya iba para vieja cuando se murió* **[8]** vi inf GB AUS ♦ [time] to be getting late ~ estarse haciendo tarde || *Time's getting on - I must leave now ~ Se está haciendo tarde - debo irme ya* **[9]** sep os & v2obj ♦ to cause (a person) to enter (a bus/ train/ship/plane) ~ hacer que (alguien) suba a || *There are two trains - get my grandmother on (either of them) ~ Hay dos trenes - haz que mi abuela suba (a cualquiera de los dos)*

get it on vi USA arg ♦ to have sex ~ hacer el amor || *He says they got it on last week ~ Dice que lo hicieron la semana pasada*

get on at ins ♦ *véase* cut up [5]

get on for ins GB AUS ♦ [in continuous tenses] to be almost (age/time/ number etc.) ~ ser (etc.) casi || *My grandfather is getting on for ninety ~ Mi abuelo anda cerca de los noventa años* | *It was getting on for ten o'clock ~ Eran casi las diez*

get on in ins GB AUS ♦ [person] to be/prove successful in (e.g. a specific profession) ~ tener éxito en || *He got on in teaching and then suddenly left the profession ~ Hizo mucho progreso en la enseñanza y luego de repente abandonó la profesión*

get on to [1] ins ♦ to progress to the topic of ~ pasar al tema de || *After a couple of hours we got on to political matters ~ Después de un par de horas pasamos a discutir temas políticos* **[2]** v2obj ♦ to cause (somebody) to begin to talk about ~ hacer que (alguien) empiece a hablar de || *It was very easy to get the teacher on to pop music ~ Era facilísimo hacer que la profesora hablara de la música pop* **[3]** ins ♦ *véase* get on [2] **[4]** v2obj ♦ *véase* get on [9] **[5]** ins ♦ to be elected as a member of ~ ser elegido (como) miembro de || *He got on to the committee last year ~ Fue elegido miembro del comité el año pasado* **[6]** ins ♦ *véase* climb onto **[7]** ins ♦ [TV/radio etc.] to appear on ~ salir en || *She got onto regional television after the incident ~ Después del incidente salió en la televisión regional* **[8]** ins ♦ to contact (with a query/request) ~ contactar con || *Get on to the hospital and find out what's going on ~ Llama al hospital y entérate de lo que pasa* **[9]** ins ♦ [authorities etc.] to (try to) discover the secrets/crimes of ~ ponerse sobre la pista de || *I'd like three of you to get on to this gang ~ Quiero que tres de ustedes se pongan sobre la pista de esta pandilla* **[10]** ins ♦ *véase* cut up [5]

get onto ins & v2obj ♦ *véase* get on to

get on toward ins USA ♦ *véase* get on for

get on with **[1]** ins ♦ *véase* get along with [1] **[2]** ins ♦ *véase* cope with **[3]** ins ♦ *véase* carry on with [1]

get it on with ins USA arg ♦ *véase* get it off with

get out **[1]** vi ♦ [car/taxi] *véase* get off [1] **[2]** vi ♦ to go out and visit places (in spite of difficulties etc.) ~ salir por ahí || *She went through a paranoid phase but now she gets out a bit ~ Pasó por una etapa de paranoia pero ya sale un poco* **[3]** vi ♦ *véase* filter out [2] **[4]** vi ♦ *véase* break out [1] **[5]** sep os ♦ to help to escape ~ sacar; ayudar a salir (etc.) || *He spent two weeks in prison but his friends got him out ~ Estuvo dos semanas en la cárcel pero sus amigos le sacaron* **[6]** vi ♦ [command] leave the room (etc.) ~ salir || *Get out! I don't want to see you! ~ ¡Fuera de aquí! ¡No quiero verte!* **[7]** sep ♦ *véase* clean off **[8]** sep ♦ to achieve the publication (etc.) of ~ lograr que se publique (etc.) || *The company wants to get the book out in December ~ La compañía quiere sacar el libro en diciembre* **[9]** sep ♦ *véase* force out [2] **[10]** sep ♦ *véase* check out [11]

get out of **[1]** ins ♦ [car/taxi] *véase* get off [1] **[2]** ins ♦ to leave (car/room/building) ~ salir de || *I want everyone to get out of the building, please ~ Quiero que salgan todos del edificio, por favor* **[3]** v2obj ♦ to remove (person/thing) from ~ sacar de || *She got the child out of the house before the fire ~ Logró sacar al niño de la casa antes del incendio* **[4]** v2obj ♦ to achieve/obtain (something) from (something/someone) ~ sacar (provecho/dinero etc.) de (algo/alguien) || *We got a lot out of that course ~ Sacamos mucho provecho de ese cursillo* **[5]** ins ♦ *véase* duck out of **[6]** ins ♦ [habit etc.] to stop/abandon ~ perder/dejar || *These last few weeks I've got out of my routine ~ Estas últimas semanas he ido perdiendo la rutina* **[7]** v2obj ♦ *véase* drag out of

get over **[1]** ins ♦ to begin to feel better after (bad experience/lover/illness etc.) ~ reponerse de/vencer/olvidar; ya no dejarse afectar por || *I think I've finally got over Laura/that experience ~ Creo por fin he logrado olvidar a Laura/esa experiencia* **[2]** ins ♦ *véase* climb over **[3]** v2obj ♦ to pass (item/person) over (a wall/barrier etc.) ~ hacer pasar por encima de || *We'll need to get the baby over the fence ~ Habrá que hacer pasar al bebé por encima de la valla* **[4]** sep ♦ *véase* get across [3] **[5]** ins ♦ *véase* get around [5] **[6]** ins inf ♦ [always negative] not to be able to believe ~ no poderse creer || *I can't get over how much you've grown ~ No me puedo creer cuánto has crecido* **[7]** sep os ♦ to finish ~ terminar || *I'd like to get this matter over today ~ Quisiera acabar con este asunto hoy*

get one over on ins inf ♦ to avenge; to achieve some advantage over (rival etc.) ~ vengarse de; conseguir un punto de ventaja a || *He's only interested in* *getting one over on his ex-wife* ~ *Lo único que le interesa es marcarle puntos de ventaja a su ex mujer*

get over with sep os ♦ *véase* get over [7]

get past [1] vi & ins ♦ to manage to pass (an obstacle etc.) ~ conseguir pasar (dejando algo a un lado) || *Can you get past (the box)? If not, I'll move it* ~ *¿Puedes pasar (al lado de la caja)? Si no, la muevo* **[2]** v2obj ♦ to take (an illegal person or item) past (customs/a guard etc.) ~ pasar (algo/a alguien) por (la aduana etc.) || *I hope we can get these bottles past the customs officers* ~ *Espero que podamos pasar estas botellas sin que nos pillen los aduaneros*

get round [1] vi GB AUS ♦ *véase* filter out [2] **[2]** ins GB AUS ♦ *véase* get around [5] **[3]** ins GB AUS ♦ *véase* get around [6]

get round to ins ♦ *véase* get around to

get through [1] vi ♦ to achieve telephone contact ~ lograr conectarse || *The phone was very old but I eventually got through* ~ *El teléfono era muy antiguo pero al fin logré conectarme* **[2]** vi & ins ♦ *véase* break through [4] **[3]** ins GB AUS ♦ to spend/consume (e.g. a large amount of money/food) ~ gastar/consumir || *We got through nearly a thousand dollars/biscuits last week* ~ *La semana pasada gastamos casi mil dólares/nos comimos casi mil galletas* **[4]** ins GB AUS ♦ to reach the end of (e.g. a large amount of work) ~ llegar al final de || *I got through all that paperwork last night* ~ *Anoche rematé todo ese papeleo* **[5]** vi & ins ♦ [exam etc.] to pass ~ aprobar || *The exams were difficult but I got through (them)* ~ *Los exámenes fueron difíciles pero (los) aprobé* **[6]** sep os & v2obj ♦ to cause (a person) to pass or survive (exam/illness etc.) ~ hacer que apruebe/sobreviva || *It was my mother's help that got me through (the exam)* ~ *Lo que hizo que aprobara (el examen) fue la ayuda de mi madre* **[7]** sep ♦ *véase* get across [3] **[8]** vi & ins ♦ *véase* come through [4] **[9]** vi & ins jur ♦ [law etc.] to be accepted (by parliament) ~ ser aceptado (por el parlamento) || *The law got through (parliament) easily* ~ *La ley fue aprobada sin problemas (por el parlamento)* **[10]** sep os & v2obj jur ♦ *véase* force through [2]

get through to [1] ins ♦ to make telephone contact with ~ lograr hablar por teléfono con || *I'm trying to get through to a friend in Uruguay* ~ *Estoy intentando conectarme con una amiga en Uruguay* **[2]** ins ♦ to progress to (e.g. the next stage of a competition) ~ pasar a || *Sabadell have got through to the third round* ~ *El Sabadell ha pasado a la tercera eliminatoria* **[3]** ins & v2obj ♦ *véase* get across to [3]

get to [1] ins inf ♦ to affect/upset/anger ~ afectar/enojar/entristecer || *I think my job is starting to get to me* ~ *Creo que mi trabajo está empezando a fastidiarme* **[2]** ins ♦ *véase* arrive at **[3]** ins ♦ *véase* buckle down to **[4]** ins inf ♦ to have disappeared to ~ haberse metido en || *I don't know where my passport can have got to* ~ *No sé dónde puede haberse metido mi pasaporte*

get together [1] vi ♦ [meeting/relationship] *véase* come together [1]; band together **[2]** sep ♦ *véase* bring together **[3]** sep ♦ *véase* gather together [2] **[4]** sep ♦ *véase* draw up [1]

get oneself together vi ♦ to take control of one's emotions ~ tranquilizarse (etc.) || *I want to get myself together before the guests arrive* ~ *Quiero calmarme un poco antes de que lleguen los invitados*

get it together [1] vi inf ♦ *véase* cop off **[2]** vi inf ♦ to control/organise one's life efficiently/satisfactorily ~ tenerlo todo organizado/bien montado || *I think she's finally got it together - she looks well* ~ *Creo que por fin su vida va por buen camino - tiene buen aspecto*

get together for ins ♦ *véase* unite for

get together with [1] ins ♦ *véase* cop off with **[2]** ins ♦ to meet/collaborate with ~ juntarse con/colaborar con || *We're getting together with an architect* *on this project ~ Para este proyecto vamos a colaborar con un arquitecto* **[3]** v2obj ♦ *véase* couple with [1]

get it together with ins inf ♦ *véase* cop off with

get under **[1]** vi & ins ♦ to be able to pass oneself under (an obstacle etc.) ~ poder pasar por debajo (de) || *There isn't much space - can your torch get under (the door)? ~ No hay mucho espacio - ¿tu linterna pasa por debajo (de la puerta)?* **[2]** sep os & v2obj ♦ to pass (an item) under (an obstacle etc.) ~ pasar por debajo (de) || *Can you try and get your foot under (the plank)? ~ ¿Te importa intentar poner tu pie debajo (de la tabla)?*

get up **[1]** vi ♦ to rise from bed ~ levantarse (de la cama) || *I got up late this morning - I'm very sorry ~ Me he levantado tarde esta mañana - lo siento mucho* **[2]** sep ♦ to cause to rise from bed ~ hacer levantarse || *Your dad's still in bed - will you get him up, please? ~ Tu padre sigue en la cama - ¿le llamas, por favor?* **[3]** vi ♦ to rise (from a chair/the floor) ~ ponerse de pie || *The girl fell over but got up immediately ~ La chica se cayó pero se volvió a levantar enseguida* **[4]** sep ♦ to cause to rise (from a chair/the floor) ~ levantar || *Can you help me get Mrs García up? ~ ¿Me ayudas a levantar a la señora García?* **[5]** vi GB AUS ♦ [wind/fire/sea] to increase in strength/intensity/size (etc.) ~ ir cobrando fuerza (etc.) || *The wind is getting up - I'm going to close the windows ~ El viento ya sopla más fuerte - voy a cerrar las ventanas* **[6]** ins ♦ to increase in/acquire a greater amount of (speed etc.) ~ ir aumentando || *The cyclist was getting up speed when he hit the tree ~ El ciclista aumentaba su velocidad cuando dio con el árbol* **[7]** sep USA ♦ *véase* brush up **[8]** sep ♦ to organise/prepare ~ organizar/preparar || *They're getting up a formal complaint ~ Están preparando una reclamación oficial* **[9]** sep inf ♦ *véase* dress up [2] **[10]** sep USA inf ♦ *véase* gear up [2] **[11]** vi USA ♦ [command to horse] *véase* gee up [1]

get it up vi inf ♦ [penis] to become hard ~ ponérsele dura || *He was very nervous and couldn't get it up ~ Estaba muy nervioso y no se le ponía dura*

get up as v2obj ♦ *véase* dress up as [2]

get oneself up as ins ♦ *véase* dress up as [1]

get up for **[1]** ins ♦ to rise in order to experience (etc.) ~ levantarse para || *I think we should get up for the film ~ Creo que deberíamos levantarnos para ver la película* **[2]** v2obj ♦ *véase* gear up for [2]

get up in v2obj ♦ *véase* dress in [2]

get one up on ins inf ♦ *véase* get one over on

get up to **[1]** ins ♦ to reach (a point/stage etc.) ~ llegar a/hasta || *I think we got up to chapter 7 last week ~ Creo que la semana pasada llegamos al capítulo 7* **[2]** v2obj ♦ to raise (person) to (a standard) ~ hacer llegar a || *I'd like to get my team up to an appropriate standard ~ Me gustaría hacer que mi equipo alcance un nivel adecuado* **[3]** ins GB AUS ♦ to do (something naughty etc.) ~ hacer/meterse en (travesuras etc.) || *When we were students we got up to all sorts of pranks ~ Cuando éramos estudiantes gastábamos todo tipo de bromas*

get with it vi inf ♦ [command] become more modern ~ modernizarse/ponerse al día || *She told her parents to try and get with it ~ Dijo a sus padres que intentaran ser más modernos*

ghost in vi ♦ *véase* creep in

gibe at ins ♦ to make scornful remarks towards ~ mofarse de || *All the comedian did was gibe at the audience ~ El humorista no hizo más que mofarse del público*

giddy up vi ♦ [command to horse] *véase* gee up [1]

giggle at ins ♦ *véase* laugh at

ginger up sep ♦ *véase* buck up [3]

gird on sep arc ♦ to dress oneself in/with ~ ceñirse (la espada) || *He girded on his sword and ran towards the enemy ~ Se ciñó la espada y corrió hacia el enemigo*

gird up sep arc ♦ [+ one's loins] = to prepare oneself for battle ~ aprestarse para la lucha || *They girded up their loins with an air of arrogance ~ Se aprestaron para la lucha con aire de arrogancia*

girdle with v2obj ♦ *véase* encircle with

give away [1] sep ♦ to give free of charge ~ regalar; deshacerse de || *He gave his books away because he had no room for them ~ Regaló sus libros porque no tenía sitio para ellos* **[2]** sep ♦ to disclose (a secret etc.) ~ revelar/descubrir || *If you're not careful you'll give away the secret of our success ~ Como no tengas cuidado vas a revelar el secreto de nuestro éxito* **[3]** sep dep ♦ to present due to carelessness ~ regalar || *Hierro gave the ball away in the area ~ Hierro regaló el balón en el área* **[4]** sep dep ♦ [e.g. boxing] to be (x weight or height) less than one's rival ~ medir/pesar (x) menos que el rival || *González was giving 5 kilos away but he fought well ~ González pesaba 5 kilos menos que su rival pero luchó bien* **[5]** sep ♦ *véase* bargain away **[6]** sep ♦ to betray ~ traicionar || *The robber's fingerprints gave him away ~ Las huellas digitales del ladrón le traicionaron* **[7]** sep ♦ to lead (a bride) to the altar ~ conducir al altar || *My father was delighted to give his daughter away ~ A mi padre le hizo mucha ilusión llevar al altar a su hija* **[8]** sep GB AUS ♦ to surrender (a baby) for adoption ~ entregar para ser adoptado || *After the birth she gave the baby away ~ Después del nacimiento dio al bebé a la adopción*

give oneself away vi ♦ to betray oneself ~ traicionarse || *She gave herself away by being too chatty ~ Se traicionó parloteando excesivamente*

give back sep ♦ to return (loaned item/lost characteristic) ~ devolver || *Her boyfriend gave Laura her book/self-esteem back ~ Su novio devolvió a Laura su libro/autoestima*

give back to v2obj ♦ *véase* hand back to [1]

give for v2obj ♦ *véase* exchange for

give forth ins form ♦ *véase* give off [1]

give forth with ins form ♦ *véase* come out with [2]

give in [1] vi ♦ to succumb in a fight ~ darse por vencido/rendirse || *I could see I was losing so in the end I gave in ~ Vi que iba perdiendo así que al final me di por vencido* **[2]** vi ♦ *véase* cave in [3] **[3]** sep ♦ to submit (essay/document etc.) ~ entregar || *Can you give your essays in before you leave? ~ ¿Me entregáis las redacciones antes de iros?* **[4]** vi ♦ to stop guessing (an answer etc.) ~ rendirse || *Okay, I give in - what's the answer? ~ Vale, me rindo - ¿cuál es la solución?*

give in to [1] ins ♦ [emotion/threat/request etc.] to be defeated by; to succumb to ~ sucumbir ante (etc.) || *In the end I gave in to their threats/my instincts ~ Al final sucumbí ante sus amenazas/ante mis propios instintos* **[2]** v2obj ♦ to submit (essay etc.) to ~ entregar a || *You'll have to give your passport in to the police ~ Tendrás que entregar el pasaporte a la policía*

give of ins form ♦ to give (one's time/money etc.) out of generosity ~ dar (algo) de (etc.) || *She always gave of her time to help others ~ Siempre daba parte de su tiempo libre para ayudar a los demás*

give off [1] ins ♦ [smell/heat/light etc.] to emit ~ emitir/producir || *The body gave off a terrible smell ~ El cadáver emitía un olor horrendo* **[2]** ins ♦ [characteristic etc.] to seem to have ~ rezumarle/emitir || *She gives off a real impression of arrogance ~ Le rezuma una verdadera impresión de arrogancia*

give on to ins ♦ *véase* face onto

give onto ins ♦ *véase* face onto

give out [1] sep ♦ to distribute (books to class etc.) ~ repartir || *Daniel is going to give the pamphlets out ~ Daniel va a repartir los folletos* **[2]** sep ♦ to announce/broadcast ~ anunciar || *We'll give out the results in the next edition ~ Anunciaremos los resultados en la próxima edición* **[3]** vi ♦ *véase* dry up [3]

[4] vi ♦ *véase* break down [1] **[5]** ins lit ♦ [sound] to emit ~ emitir || *The victim gave out a deep groan ~ La víctima emitió un gemido profundo* **[6]** ins ♦ *véase* give off [1]

give out with ins form ♦ *véase* come out with [2]

give over [1] sep ♦ *véase* deliver over **[2]** vi GB inf ♦ [as command] stop (talking; doing annoying thing etc.) ~ ¡cállate! ¡para ya! (etc.) || *Give over! I'm sick of all your questions! ~ ¡Para ya! ¡Estoy harta de tantas preguntas!*

give over to [1] v2obj ♦ *véase* deliver over to **[2]** v2obj ♦ *véase* dedicate to

give oneself over to ins ♦ to devote all one's energy to ~ dedicarse íntegramente a || *Since the divorce she's given herself over to her work ~ Desde el divorcio se ha entregado totalmente a su trabajo*

give to v2obj ♦ to give (item/message) to ~ dar a || *Would you mind giving this money (message) to my mother? ~ ¿Le importaría darle este dinero (mensaje) a mi madre?*

give under ins ♦ *véase* collapse under

give up [1] vi ♦ [e.g. smoking] to stop ~ dejarlo || *I don't like her smoking - I wish she'd give up! ~ No me gusta que fume - ¡ojalá lo dejara!* **[2]** sep ♦ [e.g. smoking] to stop ~ dejar || *I'm going to give up alcohol next month ~ El mes que viene voy a dejar el alcohol* **[3]** vi & sep ♦ [job/activity/race etc.] to abandon ~ dejar(lo)/abandonar(lo); dimitir (de) || *I've heard she's giving up (her post) - do you know why? ~ Dicen que va a dimitir (de su puesto) - ¿sabes por qué?* **[4]** sep ♦ to relinquish (house/seat etc.) ~ ceder; vender || *They've had to give up the house in Ibiza for financial reasons ~ Han tenido que vender la casa en Ibiza por razones económicas | I usually give up my seat to that lady ~ Suelo ceder mi asiento a esa señora* **[5]** sep ♦ to sacrifice (free time etc.) in order to help others (etc.) ~ sacrificar || *He gives up quite a few weekends to work with children ~ Sacrifica bastantes fines de semana para trabajar con los niños* **[6]** vi ♦ *véase* give in [4] **[7]** vi & sep ♦ to lose hope ~ perder la esperanza; desesperarse || *You mustn't give up (hope) - there will be other opportunities ~ No tienes que desesperarte - habrá otras oportunidades* **[8]** sep ♦ *véase* give away [8] **[9]** sep ♦ *véase* cut off [6]

give oneself up vi ♦ *véase* deliver oneself up

give it up for ins GB inf ♦ *véase* clap out [2]; cheer for

give up on [1] ins ♦ to stop functioning and hence cause inconvenience to ~ fallarle || *The motorbike gave up on me last night ~ La moto me falló anoche* **[2]** ins ♦ to lose hope regarding ~ dar por perdido/muerto (etc.) || *We'd given up on my sister, then she recovered ~ Habíamos dado por muerta a mi hermana, luego se recuperó* **[3]** ins ♦ to abandon (an unsatisfactory activity/person etc.) ~ dejar || *I've given up on jogging - it just makes me tired! ~ Ya paso de hacer footing - ¡no hace más que cansarme!*

give oneself up to [1] ins ♦ *véase* deliver oneself up to **[2]** ins lit ♦ *véase* give oneself over to **[3]** ins lit ♦ to allow oneself to be controlled by (an emotion) ~ dejarse controlar por || *He gave himself up to grief after his wife's death ~ Después de la muerte de su mujer se dio a la aflicción*

give with ins USA ♦ *véase* deliver over

glam up sep ♦ *véase* doll up

glance around vi ♦ *véase* glance round

glance at [1] ins ♦ to look at quickly ~ mirar de prisa || *I glanced at my watch and started to panic ~ Miré de prisa el reloj y me entró un pánico* **[2]** ins ♦ *véase* glance over [3]

glance away [1] vi ♦ to move one's gaze away ~ apartar la mirada/los ojos || *She was embarrassed and glanced away quickly ~ Le dio vergüenza y apartó la mirada de prisa* **[2]** sep dep ♦ [in cricket] to hit (the ball) at a fine angle ~ dar en un ángulo agudo || *The batsman glanced the ball away and started* *to run ~ El bateador logró un contacto ligerísimo y echó a correr*

glance back vi ♦ *véase* glance round [2]

glance down vi ♦ to look quickly downwards ~ echar un vistazo hacia abajo || *He glanced down and saw the blood on the floor ~ Echó un vistazo hacia abajo y vio la sangre en el suelo*

glance off vi & ins ♦ to contact (something) slightly and hence change direction ~ chocar ligeramente (contra) || *The light bulb glanced off my head as it fell ~ La bombilla dio ligeramente con mi cabeza al caer* | *The white ball approached the red one and glanced off ~ La bola blanca se acercó a la roja y chocó ligeramente*

glance over **[1]** vi ♦ to look quickly in the direction of the speaker ~ mirar rápidamente hacia aquí (etc.) || *I asked her the question and she glanced over ~ Le hice la pregunta y me miró de prisa* **[2]** ins ♦ to look quickly over the top of ~ echar un vistazo por encima de || *We glanced over the wall and saw her in the garden ~ Echamos un vistazo por encima del muro y la vimos en el jardín* **[3]** ins ♦ to inspect quickly ~ examinar de paso (etc.) || *I'd like you to glance over my notes when you have a minute ~ Quiero que hojees mis apuntes cuando tengas un ratejo*

glance round **[1]** vi ♦ to look quickly in all directions ~ echar un vistazo alrededor || *He glanced round to see if anyone was watching him ~ Echó un vistazo alrededor para ver si alguien le miraba* **[2]** vi ♦ to look quickly behind oneself ~ echar un vistazo atrás || *She glanced round when she heard the noise ~ Al oír el ruido echó un vistazo atrás*

glance through **[1]** ins ♦ *véase* glance over [3] **[2]** ins ♦ to look quickly through (e.g. a window) ~ mirar de prisa por || *She glanced through the open door and saw the victim ~ Miró de prisa por la puerta abierta y vio a la víctima*

glance up **[1]** vi ♦ to raise one's eyes (to the horizontal) ~ elevar la mirada || *He was reading but he glanced up when I came in ~ Estaba leyendo pero elevó la mirada cuando entré yo* **[2]** vi ♦ to raise one's eyes (towards the sky) ~ mirar hacia arriba || *She glanced up and saw that the swallows were flying away ~ Miró hacia arriba y vio que las golondrinas ya se iban*

glare at ins ♦ to look ferociously at ~ mirar ferozmente a || *She listened to his explanation and glared at him ~ Escuchó su explicación y le miró ferozmente*

glare down vi ♦ [sun] *véase* beat down [2]

glass in sep ♦ to enclose (a room) with glass ~ encerrar/cercar vidriando || *I see the neighbours have glassed their porch in ~ Veo que los vecinos han vidriado íntegramente su porche*

glaze over vi ♦ [eyes] to become emotionless (due to boredom etc.) ~ velarse || *Laura's eyes were glazing over so I stopped the explanation ~ A Laura se le empezaban a velar los ojos así que corté la explicacíon*

gleam with ins ♦ to shine with/because of ~ brillar de/rebosar de || *The director was gleaming with satisfaction ~ La directora brillaba de satisfacción*

glean from v2obj ♦ *véase* deduce from

glide away vi ♦ to leave quietly/secretly ~ irse silenciosamente || *He managed to glide away without being seen ~ Logró escurrirse sin ser visto*

glide off vi ♦ *véase* glide away

glint with ins ♦ *véase* gleam with

glisten with ins ♦ *véase* gleam with

glitter with ins ♦ *véase* gleam with

gloat over **[1]** ins ♦ *véase* crow over **[2]** ins ♦ to be maliciously happy about (another's misfortune etc.) ~ sentir satisfacción maligna por || *The winning team gloated over the team they had beaten ~ El equipo ganador se burló del equipo al que había vencido*

glom onto **[1]** ins USA inf ♦ to acquire/take ~ adquirir/tomar/echar mano a || *We glommed onto dozens of cakes before we left ~ Cogimos docenas de pasteles antes de irnos* **[2]** ins USA inf ♦ *véase* get into [3]

glory in ins ♦ to feel pride/satisfaction due to ~ gloriarse de || *He's glorying in this year's achievements ~ Se está gloriando de las hazañas de este año*

gloss over ins ♦ to avoid; to treat only briefly (without attaching importance) ~ restar importancia a; pasar por alto || *The committee glossed over the previous mistakes ~ El comité restó importancia a los errores anteriores*

glow with ins ♦ *véase* gleam with

glower at ins ♦ *véase* frown at

glue down sep ♦ to secure (to a horizontal surface) using glue ~ fijar con cola || *This mat won't stick: I'll have to glue it down ~ Este felpudo no quiere pegarse: tendré que fijarlo al suelo con cola*

glue on sep & v2obj ♦ to attach with glue (to a surface) ~ pegar con cola (a) || *The children glued the star on (the paper) ~ Los niños pegaron la estrella (al papel) con cola*

glue onto v2obj ♦ to attach (an item) with glue to ~ pegar con cola a || *I want to glue this piece of wood onto the wall ~ Quiero fijar este trozo de madera a la pared con cola*

glue to **[1]** v2obj ♦ *véase* glue onto **[2]** v2obj ♦ [always passive] to attach all one's attention to (esp. TV) ~ estar pegado a || *He was glued to the telly all day ~ Estuvo todo el día pegado a la tele*

glue together **[1]** vi ♦ to be able to be bound with glue ~ pegarse con cola || *These two parts should glue together ~ Estas dos partes deberían pegarse con cola* **[2]** sep ♦ to bond with glue ~ unir con cola || *Would you glue these papers together, please? ~ ¿Te importa pegar estos dos papeles con cola?*

glut with v2obj ♦ [excessively] *véase* fill up with [3]

gnaw at **[1]** ins ♦ *véase* chew on [1] **[2]** ins ♦ *véase* eat away at [1] **[3]** ins ♦ to have a gradual negative effect on ~ ir empeorando/arruinando (etc.) || *Various problems are gnawing at our community ~ Varios problemas están arruinando poco a poco nuestra comunidad*

gnaw away sep ♦ to remove (something) by gnawing/chewing ~ roer; quitar royendo || *The mice gnawed the cable away ~ Los ratones quitaron el cable royéndolo*

gnaw away at ins ♦ *véase* gnaw at

gnaw off sep ♦ *véase* gnaw away

gnaw on ins ♦ *véase* chew on [1]

go about **[1]** ins ♦ to begin to deal with/solve (etc.) ~ ponerse a tratar/resolver (etc.) || *I'd like to go about this problem in a scientific way ~ Quiero enfrentarme a este problema de una manera científica* **[2]** ins ♦ *véase* carry on with [1] **[3]** vi ♦ to move around/circulate ~ ir por ahí || *He goes about like a peacock - he thinks he's very important ~ Va como un pavo real - se cree muy importante* **[4]** vi GB ♦ [disease/illness] to circulate ~ circular; afectar a mucha gente || *The flu's been going about this month ~ Ha habido bastante gripe este mes* **[5]** vi ♦ *véase* float about [2] **[6]** vi GB náut ♦ to turn through 180 degrees ~ virar || *The ship seems to be going about ~ Parece que el barco está virando*

go about together vi GB ♦ *véase* chum around

go about with ins GB ♦ *véase* chum around with

go across vi & ins ♦ *véase* cross over [1]

go after **[1]** ins ♦ *véase* chase after **[2]** ins ♦ *véase* come after [1] **[3]** ins ♦ *véase* dangle after

go against **[1]** ins ♦ to disobey ~ desobedecer; oponerse a || *Daniel always goes against what his parents want ~ Daniel siempre se opone a lo que quieren sus padres* **[2]** ins ♦ to be unfavourable to ~ ser desfavorable a || *Luck always seems to go against us in the elections ~ En las elecciones parece que la suerte nunca nos acompaña*

go ahead **[1]** vi ♦ to begin (an activity) ~ empezar || *As soon as the rain stops we can go ahead ~ En cuanto deje de llover podremos empezar* **[2]** vi ♦ [event etc.] to take place ~ tener lugar/celebrarse || *Despite the rain, the game went ahead ~ A pesar de la lluvia, el par-*

tido siguió adelante **[3]** vi ♦ to go first (ahead of the others) ~ ir adelante/primero || *I'll go ahead and see if everything is okay* ~ *Yo iré primero, a ver si todo está bien* **[4]** vi inf ♦ [as command] begin/continue ~ adelante || *Can I see these documents, please? Sure, go ahead!* ~ *¿Puedo ver estos documentos, por favor? ¡Claro, adelante!* **[5]** vi dep ♦ to score a goal (etc.) which gives one's team the advantage ~ adelantarse en el marcador || *Zaragoza went ahead early in the second half* ~ *El Zaragoza se adelantó en los primeros minutos del segundo tiempo*

go ahead with ins ♦ to start/continue (a project etc.) ~ empezar/seguir adelante con || *The client wants us to go ahead with the plans* ~ *El cliente quiere que sigamos adelante con los planes*

go along **[1]** vi ♦ *véase* get along [5] **[2]** vi ♦ *véase* come along [2] **[3]** vi & ins ♦ to progress (along a road etc.) ~ ir (por) || *We were going along (the motorway) when the van broke down* ~ *Ibamos (por la autopista) cuando se nos averió la furgoneta*

go along to ins ♦ *véase* get along to

go along with **[1]** ins ♦ to attend an event (etc.) in the company of ~ ir con || *I'm going along with Laura - I'll see you there* ~ *Voy con Laura - os veré allí* **[2]** ins ♦ *véase* agree with [1]

go around **[1]** vi ♦ *véase* go about [4] **[2]** vi ♦ *véase* float about [2] **[3]** vi ♦ *véase* go about [3] **[4]** vi ♦ to visit somebody's house ~ ir de visita || *I wonder how Daniel is - we should go around and see him* ~ *Me pregunto cómo está Daniel - deberíamos ir a su casa a verle* **[5]** vi ♦ [food/drink etc.] to be sufficient for everyone ~ haber/alcanzar para todos || *I hope this omelette will go around* ~ *Espero que haya bastante tortilla para todos*

go around together vi ♦ *véase* chum around

go around with ins ♦ *véase* chum around with

go as ins ♦ [attending a fancy-dress party] *véase* dress up as [1]

go at **[1]** ins inf ♦ *véase* belt into [2] **[2]** ins inf ♦ *véase* fall on [6]

go away **[1]** vi ♦ to leave ~ irse || *I'd like you to go away now, please* ~ *Quiero que te marches ya, por favor* **[2]** vi ♦ to take a trip/holiday (etc.) ~ ir de viaje (etc.) || *We usually go away in July* ~ *Solemos ir de vacaciones en julio* **[3]** vi ♦ [smell/emotion etc.] to disappear ~ desaparecer; írsele || *The smell of fat won't seem to go away* ~ *Parece que el olor a grasa no se quita*

go back **[1]** vi ♦ to return ~ volver/regresar || *I love that city - I'd like to go back one day* ~ *Me encanta esa ciudad - me gustaría volver un día* **[2]** vi ♦ *véase* back away **[3]** vi ♦ [school/pupil etc.] to begin classes after a holiday ~ empezar las clases || *The schools go back in two weeks' time* ~ *Los colegios empiezan de nuevo dentro de dos semanas* **[4]** vi inf ♦ [deficient/borrowed item] to be returned to its origin ~ volver; ser devuelto || *This dress will have to go back; it doesn't suit me* ~ *Este vestido tendré que devolverlo - no me va* **[5]** ins inf ♦ to have been friends for (a long period of time) ~ llevar (mucho tiempo) como amigos; tener mucha historia || *Daniel and Laura go back nearly ten years* ~ *Daniel y Laura son amigos desde hace casi diez años* **[6]** ins ♦ [something established] to have been in existence for ~ existir desde hace || *Our relationship with them goes back 300 years* ~ *Nuestra relación con ellos tiene 300 años de historia* **[7]** ins ♦ to return in one's thoughts (by a number of years) ~ volver || *If we go back ten years, we discover a city with no hope* ~ *Si volvemos diez años, descubrimos una ciudad sin esperanza*

go back for ins ♦ *véase* return for [1]

go back on ins ♦ not to keep/fulfil (a promise etc.) ~ no cumplir; faltar a || *The director went back on his word* ~ *El director faltó a su palabra*

go back over ins ♦ to examine/consider/explain again ~ mirar/considerar/explicar de nuevo || *We went back over the exercise (the incident) three times* ~

Volvimos a mirar el ejercicio (pensar en el incidente) tres veces

go back to **[1]** ins ♦ *véase* get back to [1] **[2]** ins ♦ [situation etc.] to return to (a previous state) ~ volver a || *I wouldn't like the country to go back to dictatorship ~ No me gustaría que el país volviera a una dictadura* **[3]** ins ♦ to return in one's thoughts to (a point in past time) ~ volver a || *If we go back to the Roman era, we can see the differences ~ Si volvemos a la época romana, podemos ver las diferencias* **[4]** ins ♦ to have existed since ~ remontarse a/existir desde || *This church goes back to the 14th Century ~ Esta iglesia se remonta al siglo catorce* **[5]** ins ♦ to return to (a habit/previous activity/mode) ~ volver a || *I got sick of the computer and went back to my typewriter ~ Me harté del ordenador y volví a la máquina de escribir* **[6]** ins ♦ to restart a relationship with (a previous partner) ~ volver a/con || *She left her husband and went back to her previous lover ~ Dejó a su marido y volvió con su amante anterior*

go before **[1]** vi ♦ to have happened previously ~ haber pasado || *My girlfriend wanted to know what had gone before ~ Mi novia quería saber qué había pasado antes* **[2]** ins ♦ *véase* come before [1] **[3]** ins jur ♦ *véase* appear before

go behind vi dep ♦ to concede a goal (etc.) and begin to lose ~ encajar un gol e ir perdiendo como consecuencia || *We lost 1-0; we went behind in the first minute, so it was a very difficult match ~ Perdimos 1-0; encajamos el gol en el primer minuto, entonces fue un partido muy duro*

go behind to ins dep ♦ to lose the advantage because of (an opponent's goal etc.) ~ ir perdiendo debido a || *Alavés went behind to a Rivaldo penalty ~ El Alavés encajó un penalti de Rivaldo, que abrió el marcador*

go below vi náut ♦ [navy officer etc.] to go downstairs (to one's cabin) ~ bajar || *When it started to rain the officers went below ~ Cuando empezó a llover los oficiales bajaron*

go between ins ♦ *véase* come between [2]

go beyond **[1]** ins ♦ to proceed past ~ ir más allá de || *Don't go beyond the woods ~ No vayáis más allá del bosque* **[2]** ins ♦ to exceed (limits etc.) ~ transcender de || *Her works always went beyond the purely social ~ Sus obras siempre transcendían de lo puramente social*

go by **[1]** vi ♦ [time] to pass ~ pasar || *Four hours had gone by and still she hadn't turned up ~ Habían pasado cuatro horas y todavía no venía* **[2]** vi & ins ♦ [vehicle etc.] to pass ~ pasar (delante etc.) || *The hearse went by (the shops) at eleven o'clock ~ El coche fúnebre pasó (delante de las tiendas) a las once* **[3]** ins ♦ to base one's decision on ~ guiarse por || *All we can do is go by what Laura said ~ Lo único que podemos hacer es guiarnos por lo que dijo Laura* **[4]** ins ♦ *véase* abide by **[5]** ins USA AUS ♦ *véase* drop in at [1] **[6]** ins ♦ [+ bus etc.] *véase* go on [10]

go down **[1]** vi ♦ *véase* come down [5] **[2]** vi & ins ♦ to descend (a hill/mine etc.) ~ bajar (por) || *We climbed the hill, had lunch and went down (the other side) ~ Subimos la colina, comimos y bajamos (por el otro lado)* **[3]** vi ♦ to become worse ~ deteriorarse || *This neighbourhood has gone down recently ~ Este barrio se ha deteriorado últimamente* **[4]** vi ♦ to deflate ~ desinflarse || *I think your tyre's going down ~ Creo que se te está desinflando el neumático* **[5]** vi ♦ [swelling etc.] to reduce in size ~ deshincharse || *My ankle was enormous but it's gone down now ~ Mi tobillo estaba enorme pero ahora se me ha deshinchado* **[6]** vi ♦ [lights in theatre etc.] to become less bright ~ apagarse || *Be quiet: the lights are about to go down ~ Callaos: las luces están a punto de apagarse* **[7]** vi ♦ [sun] to descend ~ ponerse || *We stayed on the beach until the sun went down ~ Nos quedamos en la playa hasta que se puso el sol* **[8]** vi ♦ [ship etc.] to sink ~ hundirse || *The boat went down during the storm ~ La barca se hundió durante la tempestad* **[9]** vi ♦

véase come down [2] **[10]** vi ♦ to go/visit travelling south ~ ir/visitar (yendo hacia el sur) || *If tomorrow's meeting's in London, we'll go down tonight* ~ *Si la reunión mañana es en Londres, bajaremos esta noche* **[11]** vi ♦ to be received/remembered (etc.) ~ ser recibido/recordado (etc.) || *That last joke went down very well among the other diners* ~ *Ese último chiste fue recibido muy bien por los comensales* **[12]** vi ♦ to be digested/enjoyed ~ digerirse/tragarse/entrar || *The soup went down without any bother* ~ *Tragamos la sopa sin problemas* | *A glass of wine would go down great, thanks* ~ *Una copita de vino me vendría muy bien, gracias* **[13]** vi GB dep ♦ to be defeated ~ perder || *My team went down for the third consecutive time* ~ *Mi equipo perdió por tercera vez consecutiva* **[14]** vi IT ♦ [computer] *véase* break down [1] **[15]** vi GB AUS inf ♦ to go to prison ~ ir a la cárcel || *He was surprised when he went down - he was expecting a fine* ~ *Estaba sorprendido cuando le encarcelaron - se esperaba una multa* **[16]** vi USA inf ♦ to happen ~ pasar || *What's going down in the other office?* ~ *¿Qué pasa en la otra oficina?* **[17]** vi GB form ♦ to leave university (esp. Oxford or Cambridge) ~ salir de la universidad; licenciarse || *He went down four years ago* ~ *Se licenció hace cuatro años* **[18]** vi inf ♦ to perform cunnilingus or fellatio ~ chupárselo || *My boyfriend likes it when I go down* ~ *A mi novio le gusta que se la chupe* **[19]** vi ♦ [tide] to fall ~ bajar || *The tide has gone down during the morning* ~ *La marea ha bajado durante la mañana* **[20]** vi dep ♦ *véase* drop down [4]

go down as ins ♦ to be recorded/remembered as ~ ser recordado como || *This performance will go down as a minor miracle* ~ *Esta actuación pasará a la historia como un milagro menor*

go down in **[1]** ins ♦ [+ lift/elevator] *véase* go down on [3] **[2]** ins ♦ [+ history] to be remembered or recorded in ~ pasar a la posteridad || *Your performance today will go down in history* ~ *Tu actuación hoy pasará a la posteridad*

go down on **[1]** ins inf ♦ to perform cunnilingus or fellatio on ~ chupárselo a || *He went down on his girlfriend and she began to moan* ~ *Se lo chupó a su novia y ésta empezó a gemir* **[2]** ins ♦ [+ knees/all fours etc.] to kneel down (etc.) ~ arrodillarse (etc.) || *He went down on his knees and begged her to stay* ~ *Se arrodilló y le suplicó que se quedara* **[3]** ins ♦ [+ escalator] to descend using ~ *I'd prefer to go down on the escalator - I don't like lifts* ~ *Preferiría bajar por la escalera mecánica - no me gustan los ascensores*

go down to **[1]** ins ♦ to travel (downwards or southwards) to ~ bajar a || *I have to go down to the south coast next week* ~ *La semana que viene tengo que bajar a la costa del sur* **[2]** ins dep ♦ to lose against ~ perder frente a || *Sevilla went down to Betis last week* ~ *El Sevilla perdió frente al Betis la semana pasada* **[3]** ins ♦ to descend as far as ~ bajar(se) hasta || *Often the temperatures here go down to 10 below zero* ~ *Las temperaturas aquí bajan a menudo a 10 bajo cero*

go down with ins GB inf ♦ *véase* come down with

go for **[1]** ins ♦ *véase* fix on [1], decide on **[2]** ins ♦ to go and fetch/collect ~ ir a buscar || *I went for some bread and came back with a new car* ~ *Fui a por pan y volví con un coche nuevo* **[3]** ins ♦ to be sold for (a specific price) ~ venderse por || *My car went for 500 dollars at the auction* ~ *En la subasta vendieron mi coche por 500 dólares* **[4]** ins ♦ to try to achieve ~ ir por; intentar conseguir || *I think you should go for a post with more responsibility* ~ *Creo que deberías buscarte un puesto con más responsabilidad* **[5]** ins ♦ to like (generally) ~ soler gustarle/irle || *My sister usually goes for sophisticated men* ~ *A mi hermana suelen irle los hombres sofisticados* **[6]** ins ♦ *véase* apply to [2] **[7]** ins ♦ *véase* fly at

go forth vi lit ♦ to leave ~ salir || *Let us go forth and seek our destiny* ~ *Vayámonos de aquí y busquemos nuestro destino*

go forward [1] vi ♦ *véase* go ahead [2] **[2]** vi ♦ to move in a forward direction ~ moverse hacia adelante || *The car goes forward, but it won't reverse* ~ *El coche se mueve hacia adelante, pero se niega a dar marcha atrás* **[3]** vi ♦ [name etc.] to be suggested ~ ser sugerido/presentado || *Three names have gone forward - we'll see who wins* ~ *Se han presentado tres nombres - a ver quién gana* **[4]** vi ♦ [in competition etc.] to progress ~ progresar/avanzar || *After the first round, only sixteen teams can go forward* ~ *Después de la primera eliminatoria, sólo dieciséis equipos pueden avanzar* **[5]** vi GB ♦ [time] to be advanced one hour ~ adelantarse || *The clocks go forward this weekend* ~ *Este fin de semana se adelanta la hora*

go forward to ins ♦ *véase* get through to [2]

go forward with ins ♦ *véase* go ahead with

go in [1] vi ♦ to enter ~ entrar || *Go in - the doctor will be with you in a minute* ~ *Pase - el médico estará con usted dentro de un minuto* **[2]** ins ♦ to enter (a room etc.) ~ entrar en || *I daren't go in the house if my father's there* ~ *No me atrevo a entrar en casa si está mi padre* **[3]** vi ♦ [police/army etc.] to become involved; to attack ~ atacar; entrar en acción || *If the problem continues the troops will have to go in* ~ *Si continúa el problema tendrán que intervenir las tropas* **[4]** vi ♦ to be admitted (to hospital) ~ ingresar || *I'm having an operation - I have to go in tomorrow* ~ *Me van a operar - tengo que ingresar en el hospital mañana* **[5]** vi ♦ to attend work ~ ir (al trabajo) || *I'm not going in today - I don't feel very well* ~ *No voy a ir hoy - no me siento bien* **[6]** vi ♦ to travel to the city centre (etc.) ~ ir al centro (etc.) || *Shall we go in on the bus?* ~ *¿Vamos al centro en autobús?* **[7]** vi ♦ [sun/moon] to become hidden (due to clouds etc.) ~ esconderse/cubrirse || *I hope the sun goes in - it's too hot here* ~ *Espero que el sol se esconda - hace demasiado calor aquí* **[8]** vi inf ♦ [fact etc.] to be understood ~ entrar en la cabeza || *Grammar has always been a problem for me - it won't go in* ~ *La gramática siempre me ha causado problemas - es que no me entra* **[9]** vi & ins dep ♦ [ball] to enter (the goal/hole etc.) ~ meterse (en) || *Daniel shot and the ball went in (the net)* ~ *Daniel chutó y la pelota se metió (en la red)* **[10]** vi dep ♦ [cricket] to begin batting ~ entrar a batear || *I went in first because the captain was injured* ~ *Yo entré a batear primero porque el capitán estaba lesionado* **[11]** vi ♦ *véase* fit in [1] **[12]** ins ♦ *véase* fit in [6] **[13]** ins ♦ to be correctly positioned in ~ (deber) ponerse en/ir en || *The sugar goes in that cupboard* ~ *El azúcar va en ese armario*

go in for [1] ins ♦ to enter (house/shop/hospital etc.) to buy/get/receive ~ entrar por (etc.) || *I went in for some sweets* ~ *Entré para comprar caramelos* | *My husband's going in for an operation* ~ *Mi marido va a ingresar en el hospital para que le operen* **[2]** ins ♦ to choose to do (an activity) because one likes it ~ dedicarse a; gustarle || *I don't really go in for discos* ~ *La verdad es que no soy muy discotequero* **[3]** ins ♦ [profession] to devote oneself to ~ dedicarse a || *Why don't you go in for sales? You'd be very good* ~ *¿Por qué no te dedicas a vender? Lo harías muy bien* **[4]** ins ♦ [competition/exam etc.] to enter ~ presentarse a/para || *Shall we go in for the karaoke competition?* ~ *¿Nos presentamos al concurso de karaoke?*

go in with ins ♦ to unite/associate with (for business/buying purposes) ~ unirse con/asociarse con; hacer algo entre los dos (etc.) || *I'm going in with Laura if we can find premises* ~ *Si encontramos un local, Laura y yo vamos a hacernos socios*

go into [1] ins ♦ *véase* go in [2] **[2]** ins ♦ to be admitted to (hospital) ~ ser ingresado en || *I have to go into the clinic for them to do some tests* ~ *Tengo que ingresar en la clínica para que me hagan unas pruebas* **[3]** ins ♦ to attend (work) ~ ir a (trabajar) || *Are you going* *into the office today? ~ ¿Vas a ir a la oficina hoy?* **[4]** ins ♦ to enter/travel to (city centre etc.) ~ ir a/entrar en || *I need to go into town this morning ~ Tengo que ir al centro esta mañana* **[5]** ins ♦ *véase* go in [12] **[6]** ins ♦ *véase* go in [13] **[7]** ins ♦ [business/company/activity etc.] to begin to be part of (etc.) ~ entrar en/meterse en || *He's gone into banking ~ Se ha metido en el mundo de la banca* **[8]** ins ♦ *véase* check into [1] **[9]** ins ♦ to begin to discuss in detail ~ empezar a comentar en detalle || *I'd prefer not to go into the matter of my divorce ~ Preferiría no hablar del asunto de mi divorcio* **[10]** ins ♦ *véase* collide with **[11]** ins ♦ to suffer (spontaneous problem or emotion) ~ sufrir (etc.)/caer en || *I suddenly went into a panic ~ De repente me entró un pánico* | *That plane is going to go into a nosedive ~ Ese avión va a caer en picado* **[12]** ins ♦ to be allotted to/invested in ~ ser destinado a/invertido en || *A lot of work went into the preparation of this book ~ La preparación de este libro costó mucho trabajo* **[13]** ins ♦ [in mathematics] to be a factor of ~ ser factor de || *7 goes into 49 ~ 7 es factor de 49*

go off **[1]** vi inf ♦ *véase* go down [16] **[2]** vi ♦ to go/leave ~ irse/salir || *Yes, she went off three days ago ~ Sí, se fue hace tres días* **[3]** vi GB AUS ♦ [food] to become unhealthy due to age (etc.) ~ pasarse || *I think these tomatoes have gone off ~ Creo que estos tomates se han pasado* **[4]** vi ♦ [light/machine] to stop working ~ apagarse/dejar de funcionar || *The lights went off and we had to use candles ~ Se apagaron las luces y tuvimos que usar velas* **[5]** vi ♦ [alarm etc.] to be activated ~ sonar || *The alarm clock went off while I was in the shower ~ Sonó el despertador cuando yo estaba en la ducha* **[6]** vi ♦ [bomb] to explode ~ estallar || *Three bombs have gone off in the city this week ~ Han estallado tres bombas en la ciudad esta semana* **[7]** vi ♦ to happen/result ~ salir/resultar || *The concert went off without any problems ~ El concierto se celebró sin problema alguno* **[8]** vi GB AUS ♦ to deteriorate in quality ~ deteriorarse || *The quality of service has gone off recently ~ La calidad del servicio se ha deteriorado últimamente* **[9]** ins GB AUS ♦ to lose one's affection for; to stop liking/loving ~ perder el gusto por; dejar de querer || *I've gone off Daniel (skiing) ~ Ya no me gusta Daniel (esquiar)* **[10]** vi ♦ *véase* doze off

go off on ins ♦ to embark on (an explanation, rage, journey etc.) ~ emprender/empezar || *She went off on a trip (a diatribe) last week ~ La semana pasada se fue de viaje (soltó una diatriba)*

go off to ins ♦ to go to/take a trip to ~ irse a || *I think they've gone off to India ~ Creo que se han ido a la India*

go off with **[1]** ins inf ♦ to steal ~ robar/chorizar || *The thieves went off with my video ~ Los ladrones me robaron el vídeo* **[2]** ins inf ♦ to leave carrying ~ irse con || *That man has just gone off with my newspaper ~ Ese hombre acaba de salir con mi periódico* **[3]** ins ♦ to begin an affair with (having abandoned one's partner) ~ irse con || *She left her husband and went off with the postman ~ Dejó a su marido y se fue con el cartero*

go on **[1]** vi ♦ *véase* carry on [1] **[2]** vi ♦ *véase* go down [16] **[3]** vi ♦ *véase* drag on [1] **[4]** vi ♦ to talk insistently ~ hablar sin parar || *When he's drunk he tends to go on a bit ~ Cuando está borracho suele hablar en exceso* **[5]** vi ♦ to progress on a journey (etc.) ~ avanzar || *We've taken two hours to have lunch - we should go on ~ Hemos tardado dos horas en comer - deberíamos seguir conduciendo* **[6]** vi ♦ *véase* come on [4] **[7]** vi ♦ *véase* come on [1] **[8]** vi ♦ [expression of conceding] OK ~ ¡vale! ¡pues, venga! (etc.) || *Go on, I'll give you the money, but it's the last time ~ Vale, te doy el dinero, pero es la última vez* **[9]** vi inf ♦ *véase* come off it **[10]** ins ♦ to walk/sit/travel (etc.) on ~ pisar; sentarse sobre/viajar en (etc.) || *Do you want to go on the beach (dodgem cars)? ~ ¿Quieres andar en la playa (ir en los* *coches de choque)?* **[11]** ins ♦ *véase* go by [3] **[12]** ins ♦ to base further investigations on (a piece of information etc.) ~ basar las investigaciones en || *The police are going on very few facts ~ La policía está basando sus investigaciones en muy pocos hechos* **[13]** ins GB ♦ [money] to be spent on ~ gastarse en || *Most of my dosh goes on books ~ La mayoría de mi pasta la gasto en libros* **[14]** ins inf ♦ *véase* get on for **[15]** vi ♦ *véase* fit on [1] **[16]** ins ♦ *véase* fit on [2] **[17]** vi ♦ to behave ~ comportarse || *You should see how he goes on when he's on holiday ~ Hay que ver cómo se comporta cuando está de vacaciones* **[18]** vi ♦ *véase* come on [8]

go on about ins ♦ to talk insistently about ~ hablar sin parar de || *She went on about her husband all day ~ Estuvo todo el día hablando de su marido*

go on at ins ♦ to criticise continuously ~ criticar todo el tiempo || *My husband spends his life going on at us ~ Mi marido pasa su vida entera criticándonos*

go on at about v2obj ♦ to criticise continuously with regard to ~ criticar todo el tiempo a causa de || *Stop going on at the children about what they eat ~ Deja de darles el rollo a los niños sobre lo que comen*

go on for **[1]** ins dep ♦ to substitute ~ sustituir a || *Pérez went on for Gutiérrez a few minutes from the end ~ Pérez sustituyó a Gutiérrez a pocos minutos del final* **[2]** ins ♦ *véase* get on for

go on to **[1]** ins ♦ to proceed to (a subsequent destination) ~ ir luego a || *After the meal we went on to a club ~ Después de la cena fuimos a una discoteca* **[2]** ins ♦ *véase* get on to [1]

go on with ins ♦ *véase* carry on with [1]

go onto ins ♦ *véase* go on to [2]

go out **[1]** vi ♦ to exit/leave ~ salir || *The manager went out during the meeting ~ La jefa salió durante la reunión* **[2]** vi ♦ to leave the house (for social reasons etc.) ~ salir por ahí || *I think we should go out tonight and celebrate ~ Creo que deberíamos salir esta noche a celebrarlo* **[3]** vi ♦ to be having a relationship ~ salir juntos || *Do you think they're going out? They look very happy ~ ¿Crees que salen juntos? Se les ve muy felices* **[4]** vi ♦ to become unfashionable ~ pasar de moda || *Those trousers went out years ago ~ Esos pantalones pasaron de moda hace años* **[5]** vi ♦ [news/message/programme] to be broadcast/made public ~ emitirse/salir; hacerse público || *The programme went out last night after the news ~ El programa se emitió anoche después de las noticias* **[6]** vi ♦ *véase* go off [4] **[7]** vi ♦ [fire/cigarette] to stop burning ~ apagarse || *Will you give me a match? My cigarette's gone out ~ ¿Me das una cerilla? Se me ha apagado el cigarrillo* **[8]** vi ♦ [tide] to recede ~ retirarse || *When the tide went out we looked for shells on the beach ~ Cuando se retiró la marea, buscamos conchas en la playa* **[9]** vi GB dep ♦ [in cup etc.] to be eliminated ~ quedar eliminado || *We went out in the quarter-finals ~ Quedamos eliminados en los cuartos de final* **[10]** vi ♦ *véase* come out [12] **[11]** vi dep ♦ [ball etc.] to leave the field/court ~ salir || *Did the ball go out? I didn't see the incident properly ~ ¿Ha salido la pelota? Yo no he visto bien el incidente*

go out for **[1]** ins ♦ to leave the house in order to get/receive/experience (etc.) ~ salir a/por || *I want to go out for some bread/a drink/a walk ~ Quiero salir a comprar pan/a tomar algo/a dar un paseo* **[2]** ins USA ♦ to aim to be chosen for ~ intentar ser elegido para || *She went out for the part of Juliet ~ Luchó por ser nombrada para el papel de Julieta*

go out of **[1]** ins ♦ to leave (any place/limit) ~ salir de || *She went out of the cinema and began to cry ~ Salió del cine y se puso a llorar* **[2]** ins ♦ [+ fashion] to stop being (fashionable) ~ pasar de (moda) || *It looks like brown has gone out of fashion ~ Parece que el marrón ha pasado de moda*

go out to **[1]** ins ♦ to travel to ~ ir a || *They're going out to China next week ~*

Se van a la China la semana que viene **[2]** ins ♦ [emotions etc.] to accompany (a victim etc.) ~ estar con/acompañar || *Our thoughts go out to the families of the victims ~ Sentimos gran compasión por las familias de las víctimas* **[3]** ins dep ♦ to be eliminated by ~ ser eliminado por || *Avila went out to Rayo Vallecano in the King's Cup ~ El Avila perdió frente al Rayo Vallecano en la Copa del Rey* **[4]** ins ♦ [message etc.] to be transmitted/sent to ~ enviarse a || *Letters have gone out to all the shareholders ~ Se han enviado cartas a todos los accionistas*

go out together vi ♦ *véase* go out [3]

go out with **[1]** ins ♦ to go out in the company of ~ salir con || *I usually go out with my sisters on Fridays ~ Los viernes suelo salir por ahí con mis hermanas* **[2]** ins ♦ to have/be having a relationship with ~ salir con || *She's been going out with my brother for three months ~ Lleva tres meses saliendo con mi hermano* **[3]** ins ♦ [+ a bang etc.] to produce/do (something shocking etc.) to end ~ terminar con/produciendo (etc.) || *It's your last game - you'll have to go out with a bang ~ Es tu último partido - tendrás que hacer algo sensacional para despedirte*

go over **[1]** ins ♦ to examine thoroughly (esp. for a second time) ~ escudriñar/examinar || *The police are going over his house/statement/file ~ La policía está examinando su casa/declaración/expediente* **[2]** vi ♦ to visit (somebody's house/a place abroad/a distance away) ~ ir a (casa de alguien/un sitio en el extranjero/a cierta distancia) || *My mother (French friend) has called - I'm going over tomorrow ~ Ha llamado mi madre (mi amiga de Francia) - voy a ir a verla mañana* **[3]** ins ♦ to think about (again) ~ pensar (de nuevo) en || *I can't help going over what I said to them ~ No puedo sino pensar en lo que les dije* **[4]** ins ♦ [surface] to clean quickly ~ limpiar de prisa || *Would you mind going over the surfaces before she arrives? ~ ¿Te importa limpiar las superficies un poco antes de que llegue?* **[5]** vi ♦ *véase* go down [11] **[6]** vi ♦ *véase* flip over [2] **[7]** ins ♦ [paintwork/make-up] to correct ~ retocar || *She went over her make-up before leaving the house ~ Retocó su maquillaje antes de salir de casa* **[8]** ins ♦ to cross (etc.) ~ cruzar; pasar por (encima de) || *Daniel went over the bridge/field/border and entered the next province ~ Daniel cruzó el puente/el campo/la frontera y entró en la provincia de al lado*

go over to **[1]** ins ♦ *véase* come over to [2] **[2]** ins ♦ to approach ~ acercarse a || *She went over to her boyfriend and hit him ~ Fue a donde estaba su novio y le pegó*

go round **[1]** vi ♦ *véase* go about [3] **[2]** vi GB ♦ *véase* go about [4] **[3]** vi GB ♦ *véase* float about [2] **[4]** vi GB ♦ *véase* go around [4] **[5]** vi GB ♦ *véase* go around [5] **[6]** ins ♦ [obstacle etc.] to move in order to avoid ~ hacer un rodeo para evitar || *There's a dead cat - you'll have to go round it ~ Hay un gato muerto - tendréis que hacer un rodeo para evitarlo* **[7]** ins ♦ [corner/block of buildings etc.] to do an external circuit of ~ dar la vuelta a || *If you go round the block you'll feel better ~ Si das la vuelta a la manzana te sentirás mejor* **[8]** vi ♦ [wheel etc.] to revolve ~ girar || *The wheel's not going round - there must be a problem ~ La rueda no gira - debe de haber algún problema*

go round together vi GB ♦ *véase* chum around

go round with ins GB ♦ *véase* chum around with

go through **[1]** ins ♦ to experience/suffer (something unpleasant) ~ experimentar/sufrir || *She went through a whole series of disasters last year ~ El año pasado tuvo que aguantar toda una serie de desastres* **[2]** vi & ins ♦ to penetrate (something) ~ penetrar; pasar (por) || *Let's see if this wire is solid enough to go through (the hole) ~ A ver si este cable es lo bastante sólido como para pasar (por el agujero)* **[3]** vi dep ♦ to progress to the next round ~ pasar a la siguiente eliminatoria || *Laura scored the penalty and we went through* ~ *Laura metió el penalti y pasamos a la siguiente fase* **[4]** ins ♦ *véase* burrow into [2] **[5]** ins ♦ *véase* get through [3] **[6]** ins ♦ to act with the collaboration or authority of ~ actuar con la colaboración o la autoridad de || *I think we'll have to go through the committee* ~ *Creo que tendremos que referirlo al comité* **[7]** vi jur ♦ *véase* get through [9]

go through to ins ♦ *véase* get through to [2]

go through with ins ♦ to do (something unpleasant or difficult) as planned or promised ~ seguir con/llevar a cabo (algo desagradable/difícil) || *She went through with the wedding so as not to offend anyone* ~ *Siguió con la boda para no ofender a nadie*

go to **[1]** ins ♦ to travel to; to visit ~ ir a || *They go to Torremolinos every year* ~ *Cada año van a Torremolinos* **[2]** ins ♦ to start to be in (a specific state or condition) ~ ir a/emprender (etc.) || *The two countries went to war last year* ~ *Los dos países emprendieron la guerra el año pasado* **[3]** ins ♦ to be awarded to/destined for ~ ir destinado a/ser ganado por || *The trophy (the prize) went to my cousin* ~ *El trofeo (el premio) lo ganó mi prima* **[4]** ins ♦ [+ a lot of trouble etc.] to make (a great effort) ~ esforzarse mucho/darse la molestia (etc.) || *I can see you've gone to a lot of bother here* ~ *Veo que aquí se han molestado mucho*

go to it vi USA inf ♦ *véase* come on [1]

go together **[1]** vi ♦ to attend in mutual company ~ ir juntos || *I'm going to the concert too - we could go together* ~ *Yo también voy al concierto - podemos ir juntos* **[2]** vi ♦ *véase* go out [3] **[3]** vi ♦ [ideas/concepts] to complement each other ~ complementarse || *In our curriculum physics and chemistry go together* ~ *En nuestro plan de estudios física y química se complementan* **[4]** vi ♦ [clothes etc.] to match ~ ir bien juntos/hacer juego || *Do these colours go together?* ~ *¿Estos colores hacen juego?*

go towards **[1]** ins ♦ *véase* go over to [2] **[2]** ins ♦ to be a partial contribution to ~ cubrir parte del coste de || *This donation will go towards the cost of the new hospital* ~ *Este donativo contribuirá al coste del nuevo hospital*

go under **[1]** vi ♦ *véase* go down [8] **[2]** vi ♦ [company etc.] to collapse financially ~ hundirse || *As the pound is so strong, many companies are going under* ~ *Como la libra está tan fuerte, muchas empresas se están hundiendo* **[3]** ins ♦ [name] to be known by ~ conocerse por || *Daniel goes under the name Dani* ~ *Daniel se conoce por Dani* **[4]** ins ♦ *véase* come under [3] **[5]** vi & ins ♦ to be able to be passed under (something) ~ poder pasarse por debajo (de) || *Will that envelope go under (the door), do you think?* ~ *¿Crees que ese sobre irá por debajo (de la puerta)?* **[6]** ins ♦ to move/travel under (bridge) ~ ir debajo de || *When the train went under the bridge we all shouted* ~ *Cuando el tren pasó debajo del puente, gritamos todos*

go up **[1]** vi & ins ♦ to ascend (a hill etc.) ~ subir (una colina etc.) || *We went up (the hill) at dawn yesterday* ~ *Subimos (la colina) ayer al amanecer* **[2]** vi ♦ [price/temperature etc.] to rise ~ subir || *Inflation has gone up twice this year* ~ *La inflación ha subido dos veces este año* **[3]** vi ♦ to be built ~ construirse || *Two new factories have gone up this month* ~ *Se han construido dos nuevas fábricas este mes* **[4]** vi ♦ [poster etc.] to be posted ~ fijarse || *I see a lot of those yellow posters have gone up today* ~ *Veo que muchos de esos carteles amarillos se han fijado hoy* **[5]** vi ♦ [building/vehicle] to explode suddenly ~ estallar || *The building went up as the workers were running out* ~ *El edificio estalló cuando los trabajadores salían corriendo* **[6]** vi GB ♦ *véase* come up [16] **[7]** vi ♦ [shout etc.] to be heard ~ oírse || *A shout went up as the teams came out* ~ *Se oyó un grito cuando salieron los equipos* **[8]** vi ♦ to go/visit travelling north ~ ir/visitar (yendo hacia el norte) || *My parents live in Newcastle -*

I'm going up next week ~ Mis padres viven en Newcastle - voy a visitarles la semana que viene

go up against ins USA inf ♦ *véase* come up against

go up by ins ♦ *véase* increase by [1]

go up in ins ♦ [+ smoke/flames] to burn totally; (plan etc.) to be ruined ~ quemarse totalmente; fastidiarse || *The gymnasium (the plans) went up in smoke ~ El gimnasio se quemó por completo / Se fastidiaron los planes*

go up to **[1]** ins ♦ *véase* go over to [2] **[2]** ins ♦ *véase* come up to [1] **[3]** ins ♦ to have as a maximum ~ llegar/ir hasta || *The scale goes up to 100 ~ La escala llega hasta 100* **[4]** ins ♦ to rise/increase as far as ~ subir a || *Inflation went up to 10 per cent last month ~ La inflación subió al 10 por ciento el mes pasado* **[5]** ins ♦ to travel (upwards or northwards) to ~ subir a || *I'd like to go up to Scotland this weekend ~ Quisiera subir a Escocia este fin de semana*

go with **[1]** ins ♦ to go/travel in the company of ~ ir con || *If you don't have a ticket I'll go with my sister ~ Si no tienes entrada iré con mi hermana* **[2]** ins ♦ to match; to complement ~ ir con/hacer juego con || *Do you think this skirt goes with the blouse? ~ ¿Crees que esta falta hace juego con la blusa?* **[3]** ins ♦ to be caused by ~ ser consecuencia de || *Some people say crime goes with poverty ~ Hay gente que dice que el crimen y la pobreza van juntos* **[4]** ins ♦ [food etc.] to accompany ~ ir con/acompañar || *I'd like a glass of wine to go with the fish ~ Quiero una copa de vino para acompañar el pescado* **[5]** ins inf ♦ *véase* agree with [1] **[6]** ins inf ♦ *véase* cop off with **[7]** ins ♦ *véase* go out with [2] **[8]** ins ♦ *véase* fly with [2]

go without vi & ins ♦ *véase* do without [1]

goad into v2obj ♦ *véase* bounce into

goad on sep ♦ *véase* drive on [2]

gob at ins & v2obj inf ♦ *véase* spit at

gob in ins & v2obj inf ♦ [esp. + someone's face] *véase* spit at

gob off vi GB inf ♦ to talk rudely/violently and loudly ~ hablar alto con tono grosero o violento || *When she started gobbing off we decided to leave ~ Cuando empezó a soltar groserías decidimos irnos*

gob on ins & v2obj inf ♦ [+ road/surface] *véase* spit at

gob out sep GB inf ♦ to eject by spitting ~ escupir || *Daniel gobbed the chewing-gum out and crossed the road ~ Daniel escupió el chicle y cruzó la calle*

gobble down sep inf ♦ *véase* bolt down

gobble off sep os arg ♦ *véase* go down on [1]

gobble up **[1]** sep inf ♦ *véase* bolt down **[2]** sep inf ♦ *véase* eat up [2] **[3]** sep ♦ *véase* eat up [3] **[4]** sep inf ♦ [company] to buy; to take control of ~ tomar el control de; comprar || *That multinational firm has gobbled up six chains of shops ~ Esa compañía multinacional ha tomado el control de seis cadenas de tiendas*

goggle at ins inf ♦ to observe in awe/confusion ~ mirar con ojos desorbitados || *We all goggled at the new secretary when she walked in ~ Cuando entró la nueva secretaria la miramos todos con ojos desorbitados*

goo up vi inf ♦ to become very sticky ~ ponerse muy pegajoso || *Do you have a tissue? My pen's gooed up ~ ¿Tienes un pañuelo de papel? Mi pluma se ha puesto pegajosa*

goof around vi USA AUS inf ♦ *véase* arse about

goof off vi & ins USA inf ♦ *véase* bunk off

goof up vi & sep USA AUS inf ♦ *véase* cock up

goof up on ins USA AUS inf ♦ *véase* cock up [2]

goose up sep USA inf ♦ *véase* hot up [3]

gorge on ins ♦ *véase* feast on [1]

gorge oneself on ins ♦ *véase* feast on [1]

gorge oneself with ins ♦ *véase* feast on [1]

gossip about ins ♦ *véase* bitch about [1]; chat about

gouge out sep ♦ to remove with a gouge/with one's nails (etc.) ~ sacar con gubia/con las uñas (etc.) || *When I see him I'm going to gouge his eyes out ~ Cuando le vea le voy a sacar los ojos con las uñas*

grab at ins ♦ *véase* clutch at

grab away sep ns ♦ to seize (an item from someone) ~ arrebatar || *Laura picked up the match but her mother grabbed it away ~ Laura recogió la cerilla pero se la arrebató su madre*

grab away from v2obj ♦ *véase* jerk away from

grab for ins ♦ *véase* clutch at

grab from v2obj ♦ *véase* jerk away from

grab onto ins ♦ [physically] *véase* cling to; clutch at

grace with v2obj form ♦ *véase* favour with

grade down sep ♦ to lower the category of ~ degradar de categoría || *The latest survey has graded our director down ~ El último sondeo ha bajado de categoría a nuestro director*

grade up sep ♦ to raise the category of ~ subir de categoría || *The firm graded me up when I passed the exams ~ Cuando aprobé los exámenes la empresa me subió de categoría*

graduate as ins ♦ to become qualified as (e.g. a doctor) ~ recibirse de || *Daniel graduated as a nuclear physicist last year ~ Daniel se recibió de físico nuclear el año pasado*

graduate from ins ♦ to complete a degree at (a specific university) ~ ser licenciado por/de (tal universidad) || *I graduated from Sheffield University 12 years ago ~ Acabé la carrera en la Universidad de Sheffield hace 12 años*

graduate in ins ♦ to gain a university degree in (a subject) ~ licenciarse en || *Laura graduated in Law two years ago ~ Laura se licenció en Derecho hace dos años*

graft on sep ♦ to attach by grafting ~ injertar || *The doctor is going to graft a piece of skin on ~ El médico va a injertar un trozo de piel*

graft on to v2obj ♦ to attach to by grafting ~ injertar en || *They grafted some skin on to my face ~ Me injertaron un poco de piel en la cara*

graft onto v2obj ♦ *véase* graft on to

grant to v2obj ♦ *véase* award to

graph out sep téc ♦ *véase* chalk out [2]

grapple for ins ♦ *véase* fight for

grapple with ins ♦ *véase* contend with; fight against

grasp at ins ♦ *véase* clutch at

grass on ins GB AUS ♦ *véase* fink on

grass over sep GB AUS ♦ to plant grass on (an area of land etc.) ~ cubrir de hierba; plantar hierba en || *They've grassed over the yard so the children can play there ~ Han cubierto el patio de hierba para que jueguen allí los niños*

grass up sep GB AUS ♦ *véase* fink on

grate on ins ♦ *véase* bum out

grate upon ins form ♦ *véase* bum out

gravitate to ins ♦ to be attracted to; to tend to approach ~ tender hacia; dejarse atraer por || *If she's at a club Laura always gravitates to slim men ~ Si está en una discoteca Laura siempre se deja atraer por los hombres delgados*

gravitate towards ins ♦ *véase* gravitate to

graze against ins & v2obj ♦ *véase* brush against

graze on [1] ins ♦ *véase* browse on **[2]** v2obj ♦ [one's hand etc.] *véase* cut oneself on

greet with v2obj ♦ to receive (person/statement) with (specific emotion etc.) ~ recibir con || *They greeted her confession with warm applause ~ Recibieron su confesión con un aplauso efusivo*

grieve about ins ♦ to be/become sad because of ~ acongojarse de/por || *They are still grieving about the way they were treated ~ Todavía se acongojan de cómo se les trató*

grieve at ins ♦ *véase* grieve about

grieve for ins ♦ *véase* cry for [2]

grin at ins ♦ *véase* beam at

grind away vi inf ♦ to work hard for a long time ~ trabajar como un esclavo (durante mucho tiempo) || *He spent the whole winter grinding away in the office ~ Pasó el invierno entero en la oficina trabajando como un esclavo*

grind away at ins inf ♦ to work hard for a long time at/on (a project etc.) ~ trabajar como un esclavo en (un proyecto etc.) || *I'll have to grind away at this book if I want to finish it ~ Tendré que trabajar como un esclavo en este libro si quiero terminarlo*

grind down [1] sep ns ♦ to reduce to powder; to pulverise ~ pulverizar; reducir a polvo || *This machine grinds rocks down ~ Esta máquina pulveriza las rocas* **[2]** sep ns ♦ to oppress ~ oprimir/agobiar || *This job really grinds me down ~ Este trabajo me agobia de verdad*

grind down to v2obj ♦ to reduce (rock etc.) to (powder or smaller pieces) ~ reducir a || *My job was to grind the rocks down to sand ~ Mi trabajo consistía en reducir las rocas a arena*

grind into v2obj ♦ *véase* grind down to

grind on vi ♦ *véase* drag on [1]

grind out sep ♦ *véase* churn out

grind to v2obj ♦ *véase* grind down to

grind up sep ♦ *véase* grind down [1]

gripe about ins ♦ *véase* beef about

gripe at ins ♦ *véase* beef about

gripe to ins ♦ *véase* complain to

groan about ins ♦ *véase* beef about

groan out sep ♦ [with a groan] *véase* force out [2]

groan under ins ♦ [weight etc.] to suffer/groan due to the effect of ~ sufrir bajo/crujir bajo || *The cart was groaning under the weight of the boxes ~ La carretilla crujía bajo el peso de las cajas*

groan with ins ♦ to groan because of ~ gemir de/con || *We were groaning with boredom the whole afternoon ~ Estuvimos toda la tarde gimiendo de aburrimiento*

groom as v2obj ♦ [president etc.] *véase* fit for; gear up for [2]

groom for v2obj ♦ [president etc.; specific post] *véase* fit for; gear up for [2]

groove on ins USA inf ♦ *véase* go in for [2]; go for [5]

grope about vi ♦ *véase* feel about

grope about for ins ♦ *véase* feel for [1]

grope around vi ♦ *véase* feel about

grope around for ins ♦ *véase* feel for [1]

grope at ins ♦ *véase* feel for [1]

grope for [1] ins ♦ *véase* feel for [1] **[2]** ins ♦ to try to remember/find (a word etc.) ~ buscar; intentar recordar (etc.) || *I was groping for the translation of 'hermitage' ~ Luchaba por acordarme de la traducción de 'ermita'*

gross out sep USA inf ♦ to disgust ~ dar asco a || *That smell always used to gross me out ~ Ese olor siempre me daba asco*

gross up sep USA ♦ to earn/make (an amount of money) before deductions ~ recaudar en bruto || *That film grossed up three million ~ Esa película recaudó tres millones brutos*

ground in [1] v2obj ♦ *véase* base on; found on **[2]** v2obj ♦ to teach (somebody) the rudiments of (maths etc.) ~ enseñar a (alguien) los rudimentos de || *My father wants to ground us in trigonometry ~ Mi padre quiere enseñarnos trigonometría básica*

ground on [1] v2obj ♦ *véase* base on; found on **[2]** ins náut ♦ [bottom of ship] to touch lightly ~ tocar en || *The ship grounded on a sandbank ~ El barco tocó en un banco de arena*

group around vi & ins ♦ *véase* crowd around

group together vi & sep ♦ *véase* crowd together

group under v2obj ♦ to place (something) in the category of ~ agrupar en la categoría de || *I want you to group these attacks under «major incidents» ~ Quiero que agrupes estas agresiones en la categoría de «incidentes importantes»*

grouse about ins inf ♦ *véase* beef about

grouse at ins inf ♦ *véase* beef about

grovel before ins form ♦ *véase* crawl to

grovel to ins ♦ *véase* crawl to

grow apart vi ♦ *véase* drift apart

grow away from ins ♦ to become less friendly with; to lose contact with ~ ir perdiendo el contacto con; irse separando de || *Laura has grown away from most of her friends ~ Laura se ha ido separando de la mayoría de sus amigos*

grow back vi ♦ [hair, after cut/operation] *véase* grow in [2]

grow down vi ♦ [roots of a plant] to grow in a downward direction ~ [raíces] crecer/cultivarse hacia abajo || *The roots grew down and reached a level of stone ~ Las raíces se extendieron hacia abajo y dieron con una capa de piedra*

grow from [1] vi ♦ [plant] to grow, having begun as (a seed etc.) ~ cultivarse desde || *This tree grew from a tiny seed ~ Este árbol se cultivó de una semilla pequeñísima* **[2]** v2obj ♦ to cultivate (a plant) from (an initial seed etc.) ~ cultivar desde || *He grows large plants from small cuttings ~ Cultiva plantas grandes a partir de esquejes pequeños* **[3]** ins ♦ *véase* arise from

grow in [1] vi ♦ [toenail] to grow inwards ~ crecer hacia adentro || *When her nail began to grow in she had to go to the clinic ~ Cuando su uña empezó a crecer hacia adentro tuvo que ir a la clínica* **[2]** vi ♦ [hair] to grow again (after a change to a short style) ~ volver a crecer || *Don't worry - your hair will soon grow in! ~ No te preocupes - ¡tu pelo volverá a crecer pronto!* **[3]** ins ♦ *véase* gain in

grow into [1] ins ♦ [toenail] to begin to pierce ~ empezar a penetrar en || *My nail had grown into my big toe ~ La uña se me había empezado a meter en el dedo gordo del pie* **[2]** ins ♦ to become ~ llegar a ser; hacerse || *The little boy grew into a brilliant footballer ~ El chiquito llegó a ser un futbolista maravilloso* **[3]** ins ♦ to become gradually more confident (etc.) in (a job etc.) ~ ir acostumbrándose a || *You'll take a while to grow into this new position ~ Tardarás un rato en acostumbrarte a este nuevo puesto* **[4]** ins ♦ to become sufficiently big to wear (clothes/shoes etc.) ~ crecer lo suficiente para que (ropa etc.) entalle || *My son has grown into his elder brother's trousers ~ Mi hijo ya es bastante grande para que le vayan bien los pantalones de su hermano mayor*

grow on ins inf ♦ to become more attractive to ~ ir gustando cada vez más || *I didn't like skiing at first, but now it's growing on me ~ Al principio no me gustaba el esquí, pero ya le voy cobrando afición*

grow out [1] vi ♦ to disappear by growing ~ irse quitando al crecer || *It looks like her highlights are growing out ~ Como ya tiene el pelo más largo parece que se le van quitando las vetas* **[2]** sep ♦ to remove by growing ~ quitar creciendo || *I'm trying to grow my curls out ~ Estoy dejando crecer el pelo para intentar deshacerme de los rizos*

grow out of [1] ins ♦ *véase* arise from **[2]** ins ♦ [child etc.] to be too big for (clothes/shoes) ~ hacérsele pequeño || *My daughter has grown out of her shoes ~ A mi hija se le han hecho pequeños los zapatos* **[3]** ins ♦ to become too old/mature for ~ abandonar al ser ya demasiado mayor (etc.) || *I think she's grown out of such childish games ~ Creo que ya es demasiado mayor para un juego tan infantil* **[4]** ins ♦ to lose (a habit etc.) over time ~ ir perdiendo con el tiempo || *We've grown out of formal dinners recently ~ Ultimamente hemos perdido la costumbre de dar cenas formales*

grow over ins ♦ [plants] to cover (path etc.) while growing ~ cubrir al cultivarse || *These plants have grown over the path ~ Estas plantas se han extendido hasta cubrir el sendero*

grow up [1] vi ♦ to grow physically or emotionally and become an adult ~ hacerse adulto || *I would prefer my children to grow up in the countryside ~ Preferiría que mis hijos se criaran en el campo* | *When I grow up I want to be a priest ~*

Cuando sea mayor quiero ser cura **[2]** vi ♦ to become more important ~ ir cobrando importancia || *The problem grew up due to lack of communication* ~ *El problema fue cobrando importancia debido a una falta de comunicación* **[3]** vi inf ♦ [command] don't be so childish! ~ ¡no seas niño! (etc.) || *Grow up! I'm not impressed by your childish behaviour!* ~ *¡No seas niño! ¡Tu conducta infantil no me hace ninguna gracia!*

grow up into ins ♦ *véase* grow into [2]

grow up on ins ♦ to experience/do/have habitually as a child ~ tener/hacer/experimentar (etc.) de niño || *I grew up on roast chicken (black and white films)* ~ *De niño siempre comía pollo asado (veía películas en blanco y negro)*

grow upon ins form ♦ *véase* grow on

growl at ins ♦ [animal/human] to address with a growl ~ gruñir a || *The man growled at the waitress and left the restaurant* ~ *El hombre se dirigió gruñón a la camarera y salió del restaurante*

growl out sep ♦ *véase* bark out

grub about vi ♦ [dog etc.] to move quickly or busily in search of something ~ moverse enérgicamente buscando algo (en la tierra etc.) || *The dog was grubbing about on the grass in the park* ~ *El perro iba por el parque buscando algo en el césped*

grub about for ins ♦ [dog etc.] to seek (busily in the earth etc.) ~ buscar (enérgicamente en la tierra etc.) || *I think that dog is grubbing about for a bone* ~ *Creo que ese perro está buscando un hueso*

grub around vi ♦ *véase* grub about

grub around for ins ♦ *véase* grub about for

grub out sep ♦ *véase* dig out [3]; dig up [3]

grub up sep ♦ *véase* dig out [3]; dig up [3]

grumble about ins ♦ *véase* beef about

grumble at ins ♦ *véase* beef about

grunt out sep ♦ [with a grunt] *véase* force out [2]

guarantee against v2obj ♦ to guarantee (a product etc.) against (disaster etc.) ~ garantizar contra || *My company guarantees this product against breakage* ~ *Mi empresa garantiza este producto contra la rotura*

guard against ins ♦ to take measures to avoid ~ precaverse de/contra || *You should guard against electrical problems* ~ *Deberías precaverte contra problemas eléctricos*

guard from v2obj ♦ [protect] *véase* defend against

guess at ins ♦ to (try to) estimate ~ (intentar) estimar || *We can only guess at the number of victims* ~ *Sólo podemos estimar aproximadamente el número de víctimas*

guffaw at ins ♦ [loudly] *véase* laugh at

guide in sep ♦ [general guidance] *véase* pilot in

guide out sep ♦ [general guidance] *véase* pilot out

gulp back **[1]** sep ♦ *véase* drink down **[2]** sep ♦ *véase* bite back [2]

gulp down sep ♦ *véase* drink down

gum up **[1]** sep inf ♦ to cover in glue (and cause to stop working) ~ estropear engomando || *I think the liquid has gummed the funnel up* ~ *Creo que el líquido ha engomado el embudo y así lo ha fastidiado* **[2]** sep ♦ *véase* foul up [3]

gun down sep ♦ to kill/injure/cause to fall by shooting ~ matar/herir/abatir a tiros || *The policeman gunned the robber down in the car-park* ~ *El policía mató a tiros al ladrón en el parking*

gun for ins inf ♦ [in continuous tenses] to want to hurt/cause trouble for ~ ir a la caza de; querer causar problemas para || *Be careful - the Carvajal brothers are gunning for you* ~ *Ten cuidado - los hermanos Carvajal andan buscándote*

gunge up sep ♦ [machine etc.] *véase* block up

gush forth vi form ♦ *véase* break forth

gush from ins ♦ *véase* flow from [1]

gush out vi ♦ *véase* break forth

gush over ins ♦ *véase* go on about; enthuse about

gussy up sep USA inf ♦ *véase* doll up

gutter out [1] vi ♦ *véase* flicker out **[2]** vi USA ♦ [career/effect etc.] to become less active and finally stop ~ reducirse y parar || *Their initial enthusiasm finally guttered out* ~ *Su entusiasmo inicial disminuyó y luego desapareció del todo*

guzzle down sep ♦ *véase* drink down

gyp out of v2obj USA inf ♦ *véase* defraud of

H

habituate to v2obj form ♦ *véase* harden to

hack apart [1] sep ♦ to separate (something) violently into pieces ~ separar violentamente en trocitos || *The farmer took the lamb and hacked it apart* ~ *El granjero tomó al cordero y lo cortó despiadadamente en trozos* **[2]** sep ♦ *véase* chew out

hack around vi USA inf ♦ *véase* arse about

hack at ins ♦ to cut violently and repeatedly with an axe ~ tirar tajos a || *I saw him in the garage hacking at your car* ~ *Le vi en el garaje tirando tajos a tu coche*

hack away sep ♦ *véase* hack off [2]

hack down sep ♦ to cause to fall by cutting with an axe ~ derribar a hachazos || *I had to hack the trees down so we could get into the garden* ~ *Tuve que talar los árboles a hachazos para que pudiéramos entrar en el jardín*

hack into ins IT ♦ to manage to enter (a system) illegally ~ conseguir entrar en; piratear || *Laura hacked into the system and read the data* ~ *Laura consiguió entrar en el sistema y leyó los datos*

hack off [1] sep GB inf ♦ *véase* bum out **[2]** sep ♦ to separate with an axe ~ separar/quitar a hachazos || *The murderer hacked their heads off with his axe* ~ *El asesino les cortó la cabeza con su hacha*

hack out of v2obj ♦ [roughly] *véase* hew out of

hack through ins ♦ *véase* chop through

hack up sep ♦ [violently] *véase* chop up

haggle about ins ♦ to argue in order to try and lower (a price) ~ regatear || *We thought it was a good idea to haggle about the original price* ~ *Nos pareció buena idea regatear el precio original*

haggle for ins ♦ *véase* bargain for [2]

haggle over ins ♦ *véase* haggle about

haggle with ins ♦ *véase* bargain with

hail as v2obj ♦ to praise (someone) for being ~ aclamar || *The people hailed Daniel as leader* ~ *La gente aclamó líder a Daniel*

hail down vi ♦ to rain very hard ~ llover a cántaros || *It was hailing down when we came out of the cinema* ~ *Cuando salimos del cine llovía a cántaros*

hail from ins form ♦ to originate from; to have been born in ~ ser de; haber nacido en || *My grandfather hails from a little village on the coast* ~ *Mi abuelo es de un pueblecito en la costa*

ham it up vi inf ♦ *véase* camp it up

hammer at ins ♦ *véase* bang on [1]

hammer away at ins ♦ *véase* bang away at

hammer down sep ♦ to secure with nails ~ asegurar con clavos || *I'm going to hammer the lid down so they can't see the contents* ~ *Voy a asegurar la tapa con clavos para que no vean el contenido*

hammer in sep ♦ *véase* drive in [2]

hammer into [1] v2obj ♦ to cause (nail etc.) to enter (wood etc.) using a hammer ~ clavar con martillo || *I want you to hammer the screws into the wood ~ Quiero que claves los tornillos en la madera con el martillo* **[2]** v2obj ♦ *véase* drill into

hammer on ins ♦ *véase* bang on [1]

hammer out **[1]** sep ♦ to remove (dent/nail) with a hammer ~ quitar a martillo || *If that dent bothers you I'll hammer it out ~ Si te molesta esa abolladura te la quito con el martillo* **[2]** sep ♦ [contract etc.] to negotiate and finally agree ~ elaborar trabajosamente || *The two directors hammered out a plan before lunch ~ Las dos directoras lucharon por elaborar un plan antes de comer*

hammer together sep ♦ to unite with nails ~ clavar || *It's just a matter of hammering these two blocks together ~ Se trata sólo de clavar estos dos bloques*

hand around sep ♦ to pass/distribute (food etc.) from person to person ~ pasar de mano en mano; repartir/ofrecer || *Would you mind handing the biscuits around? ~ ¿Te importa ir repartiendo las galletas?*

hand back sep ♦ [loaned item] *véase* give back

hand back to **[1]** v2obj ♦ to return (item) to (owner) ~ devolver a || *Hand the money back to the gentleman, son ~ Devuélvele el dinero al señor, hijo* **[2]** v2obj ♦ to allow (e.g. TV programme) to return to the studio (after report) ~ volver al estudio (etc.) || *And now I'll hand you back to Laura in the studio ~ Y ahora volvemos con Laura en el estudio*

hand down **[1]** sep ♦ to pass (custom/jewellery) to the next generation ~ pasar/transmitir; dejar en herencia || *My grandmother handed down all sorts of gems ~ Mi abuela dejó en herencia todo tipo de joyas* **[2]** sep ♦ to pass in a downward direction ~ bajar || *Daniel opened the top cupboard and handed the boxes down ~ Daniel abrió el armario de arriba y bajó las cajas* **[3]** sep jur ♦ *véase* bring in [7]

hand in sep ♦ *véase* give in [3]

hand in to v2obj ♦ *véase* give in to [2]

hand off sep dep ♦ [in rugby] to repel a challenge with one's hand ~ rechazar || *If the fly-half tackles you, hand him off ~ Si el apertura te placa, recházale*

hand on **[1]** sep ♦ *véase* hand down [1] **[2]** sep ♦ to pass to another person ~ pasar/transmitir || *If you sign these papers I'll be able to hand them on today ~ Si firmas estos papeles podré transmitirlos hoy*

hand out sep ♦ *véase* give out [1]; deal out [1]

hand over sep ♦ *véase* deliver over

hand over to **[1]** ins ♦ to give control/responsibility (etc.) to ~ entregar las funciones (etc.) a || *The boss is handing over to Laura when he retires in May ~ El jefe va a ceder su puesto a Laura cuando se jubile en mayo* **[2]** v2obj ♦ *véase* deliver over to

hand round sep ♦ *véase* hand around

hand to v2obj ♦ *véase* deliver over to

hand it to ins ♦ to recognise and praise the work, ability (etc.) of ~ reconocer y aplaudir el trabajo, las habilidades (etc.) de || *You've got to hand it to Laura - she won the cup on her own ~ Hay que reconocer lo que logró Laura - ganó la copa ella sola*

hand up sep ♦ to pass in an upward direction ~ subir || *Hand the plates up so I can put them in the top cupboard ~ Súbeme los platos para que los guarde en el armario de arriba*

hang about **[1]** vi & ins inf ♦ *véase* bat around [2] **[2]** vi GB AUS inf ♦ to wait ~ esperar(se) || *Can you hang about for a minute while I wash my hands? ~ ¿Te importa esperarte un minuto mientras me lavo las manos?* **[3]** vi GB AUS inf ♦ to act slowly ~ actuar sin prisa || *Have you finished already? You didn't hang about! ~ ¿Has terminado ya? ¡Sí que lo has hecho de prisa!* **[4]** vi GB AUS inf ♦ [command] stop/wait ~ para/espera || *Hang about! I think this calculation is wrong ~ ¡Espérate! Creo que este cálculo está mal*

hang about together vi inf ♦ *véase* chum around

hang about with ins inf ♦ *véase* chum around with

hang around **[1]** vi & ins inf ♦ *véase* bat around [2] **[2]** vi GB AUS inf ♦ *véase* hang about [2] **[3]** vi GB AUS inf ♦ *véase* hang about [3]

hang around together vi inf ♦ *véase* chum around

hang around with ins inf ♦ *véase* chum around with

hang back **[1]** vi ♦ to hesitate; to be reluctant ~ vacilar; no comprometerse || *Daniel signed the agreement, but his partner hung back ~ Daniel firmó el acuerdo, pero su socio vaciló* **[2]** vi ♦ not to move forwards ~ resistirse a pasar adelante || *The situation looked dangerous, so I decided to hang back ~ La situación parecía peligrosa, así que opté por no seguir*

hang back from ins ♦ to be reluctant to participate in ~ no querer meterse en || *I usually hang back from such decisions ~ Suelo preferir no tomar tales decisiones*

hang behind vi ♦ *véase* hang back

hang by ins ♦ [+ thread etc] *véase* hang down from

hang down **[1]** vi ♦ to hang/dangle ~ colgar/pender || *All the windows had flags hanging down ~ De todas las ventanas colgaban banderas* **[2]** ins ♦ to hang and cover ~ caerle por || *His hair hung down his back ~ El pelo le caía por la espalda*

hang down from ins ♦ to hang from (flagpole etc.) ~ colgar de || *The houses had bunting hanging down from the roofs ~ Las casas tenían empavesado que colgaba de los tejados*

hang for **[1]** ins jur ♦ to be hanged as punishment for ~ ser/morir ahorcado por || *It looks like he's going to hang for this murder ~ Parece que le van a ahorcar por este asesinato* **[2]** v2obj jur ♦ to hang (a criminal) as punishment for (a crime) ~ ahorcar por || *The authorities hanged him for arson ~ Las autoridades le ahorcaron por incendio doloso*

hang from **[1]** v2obj ♦ to hang (thing/person) from (a nail/gallows etc.) ~ colgar de/ahorcar de || *I'd like to hang this picture from the ceiling ~ Me gustaría colgar este cuadro del techo* **[2]** ins ♦ *véase* hang down from

hang in vi USA inf ♦ to be strong/brave and continue ~ mantenerse firme (etc.) || *He's hanging in, but I think he's getting tired ~ Todavía sigue, pero creo que se está cansando*

hang in there vi inf ♦ *véase* hang in

hang off **[1]** ins ♦ *véase* hang down from **[2]** vi ♦ [garment etc.] to be in the process of becoming separated ~ irse cayendo || *The sole of my shoe is hanging off ~ Se me cae la suela del zapato* **[3]** vi USA ♦ *véase* hang back [2]

hang on **[1]** vi inf ♦ *véase* hang about [2] **[2]** vi ♦ to grip tightly ~ agarrarse bien || *You'll need to hang on - my motorbike is very fast ~ Tendrás que agarrarte bien - mi moto es muy rápida* **[3]** vi ♦ *véase* hang in **[4]** vi inf ♦ *véase* hang about [4] **[5]** v2obj USA inf ♦ *véase* blame on **[6]** ins inf ♦ [+ every word someone says] *véase* listen to **[7]** v2obj ♦ *véase* hang from **[8]** ins ♦ *véase* hang down from

hang one on vi inf ♦ *véase* beer up [1]

hang on to **[1]** ins ♦ *véase* cling to **[2]** ins ♦ to keep (esp. something useful or valuable) ~ quedarse con/guardar || *I think I'm going to hang on to these books ~ Creo que voy a quedarme con estos libros*

hang onto ins ♦ *véase* hang on to

hang out **[1]** vi inf ♦ *véase* bat around [2] **[2]** sep ♦ [washing etc.] to hang in the open air ~ tender al aire libre || *I want to hang these shirts out so they'll dry before the party ~ Quiero tender estas camisas para que se sequen antes de la fiesta* **[3]** vi ♦ [tongue/shirt etc.] to have come out ~ haberse salido; colgar || *His shirt tail was hanging out during the dinner ~ Se le había salido el faldón durante la cena*

hang out for ins AUS ♦ to remain firm in demanding (an original offer) and not take less ~ seguir firme en pedir || *The men are hanging out for the maxi-*

mum increase ~ *Los hombres siguen firmes en pedir el aumento máximo*

hang out of **[1]** ins ♦ to put one's head and shoulders through (an open window etc.) ~ asomarse por || *All his fans were hanging out of their windows when he went by* ~ *Todas sus fans se asomaban por las ventanas cuando pasó* **[2]** v2obj ♦ to hang (a flag etc.) downwards through (a window etc.) ~ colgar de || *All the students hung flags out of their windows* ~ *Todos los estudiantes colgaban banderas de sus ventanas* **[3]** ins ♦ [tongue/shirt etc.] to have come out of ~ haberse salido de; colgar de || *His shirt was hanging out of his trousers* ~ *La camisa se le había salido de los pantalones*

hang out with ins inf ♦ *véase* chum around with

hang over **[1]** ins ♦ [problem etc.] to threaten ~ cernerse sobre || *I don't want this accusation hanging over us* ~ *No quiero que esta acusación se cierna sobre nosotros* **[2]** ins ♦ to incline oneself over the top of ~ inclinarse sobre/por encima de || *The people were hanging over the wall to see him* ~ *La gente se inclinaba por encima del muro para verle* **[3]** v2obj ♦ to hang (something) above ~ colgar sobre/encima de || *Why don't you hang the lantern over the fireplace?* ~ *¿Por qué no cuelgas la linterna sobre la chimenea?*

hang round **[1]** vi & ins inf ♦ *véase* bat around [2] **[2]** vi GB AUS inf ♦ *véase* hang about [2] **[3]** vi GB AUS inf ♦ *véase* hang about [3]

hang round together vi inf ♦ *véase* chum around

hang round with ins inf ♦ *véase* chum around with

hang together **[1]** vi ♦ to remain united/firm together ~ mantenerse firmes || *If we want to survive we'll have to hang together* ~ *Si queremos sobrevivir tendremos que mantenernos firmes* **[2]** vi inf ♦ *véase* chum around **[3]** vi ♦ [argument/essay etc.] to be coherent as a whole ~ ser consistente (etc.) || *I don't think your essay hangs together very well* ~ *No me parece que tu redacción tenga buena estructura*

hang up **[1]** sep ♦ to hang (clothes/picture etc.) from a hook (etc.) ~ colgar || *Why don't you hang your suit up?* ~ *¿Por qué no cuelgas tu traje?* **[2]** vi & sep ♦ [telephone] to replace (the handset) and stop using ~ colgar || *I got sick of listening to him so I hung (the phone) up* ~ *Me harté de escucharle y colgué (el teléfono)* **[3]** sep os inf ♦ *véase* drag down [2] **[4]** sep USA ♦ to delay ~ retrasar; causar un retraso a || *The bad weather has hung up our plans* ~ *El mal tiempo ha causado un retraso a nuestros planes* **[5]** sep USA inf ♦ *véase* chuck in [2]

hang up on **[1]** ins ♦ to replace the phone in order to end a conversation with ~ colgar para terminar una conversación con || *My mother hung up on me because I said she was mad* ~ *Mi madre colgó el teléfono porque le dije que estaba loca* **[2]** v2obj ♦ *véase* hang from [1] **[3]** ins ♦ *véase* hang down from

hang with ins USA inf ♦ *véase* chum around with

hanker after ins ♦ *véase* ache for

hanker for ins ♦ *véase* ache for

happen along vi USA ♦ [arrive] *véase* happen by

happen by vi & ins USA ♦ to arrive by chance (and find) ~ llegar por casualidad (y encontrar) || *I happened by (the accident) and was able to help* ~ *Llegué por casualidad (al lugar del accidente) y pude ayudar*

happen on ins ♦ *véase* chance on

happen past vi & ins USA ♦ *véase* happen by

happen to ins ♦ [incident] to occur to (someone) ~ ocurrir a || *What's happened to you? You look very worried* ~ *¿Qué te ha pasado? Pareces muy preocupada*

happen upon ins form ♦ *véase* chance upon

harbor against v2obj USA ♦ *véase* hold against [1]

harbour against v2obj GB AUS ♦ *véase* hold against [1]

harden off sep ♦ [plant] to accustom to external conditions ~ [planta] acostumbrar al clima exterior || *We hardened those plants off and planted them in the garden ~ Fuimos acostumbrando esas plantas al clima exterior y las plantamos en el jardín*

harden to v2obj ♦ to accustom (somebody) to (an unpleasant activity) ~ acostumbrar a (alguien) a || *His years in the army have hardened him to most things ~ Los años que pasó en el ejército le han acostumbrado a la mayoría de las cosas*

hare away vi GB AUS inf ♦ *véase* dash away

hare in vi GB AUS inf ♦ *véase* dash in

hare off vi GB AUS inf ♦ *véase* dash away

hare out vi GB AUS inf ♦ *véase* dash out

hark at ins GB arc ♦ to listen to; to hear ~ escuchar/oír || *Hark at the hypocrisy of that man! ~ ¡Escuchad la hipocresía de ese hombre!*

hark back to ins ♦ *véase* go back to [3]

harmonise with **[1]** ins GB AUS ♦ to sing a harmony in accompaniment to ~ armonizar con || *I want you to harmonise with Laura in the chorus ~ Quiero que armonices con Laura en el estribillo* **[2]** ins GB AUS ♦ *véase* chime in with [2]

harmonize with ins ♦ *véase* harmonise with

harness to v2obj ♦ [harness to an animal] *véase* attach to [1]

harness up sep ♦ to attach a harness to (a horse) ~ enjaezar; poner guarniciones a || *If you want to harness the horse up I'll make the sandwiches ~ Si quieres enjaezar al caballo yo prepararé los bocadillos*

harp on vi ♦ *véase* go on [4]

harp on about ins ♦ *véase* go on about

hash out sep USA inf ♦ *véase* argue out

hash over sep USA inf ♦ to discuss for a long time or repeatedly ~ discutir durante mucho tiempo o repetidas veces || *I think we'll need to hash over the matter of advertising again ~ Creo que tendremos que volver a debatir el asunto de la publicidad*

hash up vi & sep USA AUS inf ♦ *véase* cock up

hassle about v2obj inf ♦ to pester (someone) regarding ~ dar la lata a (alguien) acerca de || *Stop hassling your father about the party ~ Deja de molestar a tu padre con lo de la fiesta*

hassle for v2obj inf ♦ to pester (someone) in search of (money etc.) ~ dar la lata a (alguien) pidiendo || *I don't like people hassling me for money in the street ~ No me gusta que la gente me moleste pidiendo dinero en la calle*

hassle with v2obj inf ♦ *véase* bother with [2]

hasten away vi form ♦ *véase* dash away

hasten off vi form ♦ *véase* dash away

hasten on vi form ♦ to proceed quickly ~ seguir adelante con toda prisa || *We must hasten on if we are to reach Madrid by nightfall ~ Debemos continuar de prisa si queremos llegar a Madrid antes del anochecer*

hasten up vi form ♦ *véase* dash up

hatch out **[1]** sep ♦ *véase* dream up; cook up [3] **[2]** vi ♦ [bird] to leave the egg at birth ~ salir del huevo || *These chicks have hatched out this morning ~ Estos pollitos han salido del huevo esta mañana* **[3]** sep ♦ to cause (a chick) to leave the egg at birth ~ sacar del cascarón || *We're about to hatch out some chicks if you want to help ~ Estamos a punto de sacar del cascarón a unos pollitos si quieres ayudar*

hatch up sep ♦ *véase* dream up; cook up [3]

hate for v2obj ♦ *véase* despise for

haul at ins ♦ to pull (something heavy) ~ tirar de || *We hauled at the rope but the crate would not move ~ Tiramos de la cuerda pero el cajón no quería moverse*

haul before v2obj inf ♦ to force (a person) to appear before (court etc.) ~

obligar a presentarse a / comparecer ante || *The policemen hauled the burglar before the judge* ~ *Los policías obligaron al ladrón a comparecer ante el juez*

haul down sep ♦ [flag/sail etc.] to lower ~ arriar || *The sailors hauled the flag down* ~ *Los marineros arriaron la bandera*

haul in **[1]** sep ♦ [fishing nets etc.] to pull towards oneself ~ ir recogiendo || *Daniel hauled in the net and saw that he had a salmon* ~ *Daniel fue recogiendo la red y vio que tenía un salmón* **[2]** sep ♦ to arrest (a suspect etc.) ~ detener a (un sospechoso etc.) || *The police hauled me in while we were eating in a bar* ~ *La policía me detuvo cuando comíamos en un bar*

haul in for v2obj ♦ to arrest in order to perform (interrogation etc.) ~ detener para realizar (etc.) || *They hauled me in for a series of interviews* ~ *Me detuvieron para someterme a una serie de entrevistas*

haul off **[1]** sep & v2obj ♦ to remove by pulling hard ~ quitar tirando fuerte || *We hauled the cover off (the machine) and looked at the contents* ~ *Tiramos fuerte para quitar la tapa (de la máquina) y observamos el contenido* **[2]** sep ♦ *véase* haul in [2]

haul on ins ♦ *véase* haul at

haul up **[1]** sep inf ♦ to oblige to face the legal system ~ obligar a comparecer || *I think the police have hauled him up again* ~ *Creo que la policía le ha vuelto a llevar ante el tribunal* **[2]** sep ♦ *véase* draw up [3]

haul up before v2obj inf ♦ *véase* haul before

haul up for v2obj inf ♦ to oblige to face the legal system due to (a specific crime) ~ llevar al juicio acusado de || *The police hauled him up for homicide* ~ *La policía le llevaron al juicio acusado de homicidio*

have against v2obj ♦ to have (a dislike etc.) regarding (another person/thing) ~ tener en contra || *I really have nothing against your sister* ~ *La verdad es que no tengo nada en contra de tu hermana*

have around **[1]** sep os & v2obj ♦ to have (a person) close to oneself as company ~ tener cerca || *I like to have my sisters around (me) when I'm ill* ~ *Cuando estoy enferma me gusta tener cerca a mis hermanas* **[2]** sep os GB AUS ♦ to invite to visit one's house ~ invitar a casa || *We're having my parents around on Saturday* ~ *Hemos invitado a mis padres a casa el sábado*

have at **[1]** ins USA inf ♦ *véase* belt into [1] **[2]** ins USA inf ♦ *véase* belt into [2]

have it away vi GB arg ♦ *véase* get it on

have it away with **[1]** ins GB arg ♦ *véase* get it off with **[2]** ins GB ins ♦ *véase* go off with [1]

have back sep os ♦ *véase* take back [6]

have by **[1]** sep os ♦ *véase* hoard away **[2]** v2obj ♦ to hold (someone) by clutching (a part of their body) ~ tener a (alguien) sujetado de || *The teacher had me by the arm* ~ *El profesor me tenía agarrado del brazo*

have down **[1]** sep ♦ to have written ~ tener escrito/apuntado || *Yes, I have their addresses down* ~ *Sí, tengo apuntadas sus direcciones* **[2]** sep os GB AUS ♦ *véase* have around [2]

have down as v2obj ♦ to consider (a person) to be (of a specific type) ~ considerar como || *I didn't have you down as such a glutton* ~ *No creía que fueras tan glotón*

have for **[1]** v2obj ♦ to eat (specific food) as (dinner etc.) ~ comer/cenar (etc.) || *Last night we had lamb for dinner* ~ *Anoche cenamos cordero* **[2]** v2obj arg ♦ *véase* chide for; discipline for

have in **[1]** sep ♦ *véase* get in [7] **[2]** sep ♦ to have (food etc.) in the house ~ tener (almacenado) en casa || *We had some cheese in, so Laura made a sandwich* ~ *Teníamos algo de queso, entonces Laura se preparó un bocadillo* **[3]** sep os USA AUS ♦ *véase* have around [2]

have it in for ins inf ♦ [not continuous tenses] *véase* gun for

have off [1] sep os ♦ to have (hair etc.) removed ~ hacer que se quite || *I'm having my fringe off tomorrow ~ Mañana voy a la peluquería a que me corten el flequillo* **[2]** sep os ♦ to have (a specific day/period) as holiday ~ librar; tener libre (como vacaciones) || *I usually have Wednesdays off ~ Suelo librar los miércoles*

have it off vi GB AUS arg ♦ *véase* get it on

have it off with ins GB AUS arg ♦ *véase* get it off with

have on [1] sep ♦ [clothes/shoes] to be wearing ~ llevar puesto || *I had my red shoes on that day ~ Ese día llevaba los zapatos rojos* **[2]** sep ♦ to have (an electrical device) working ~ tener puesto/encendido || *He likes to have the radio on when he's in the garage ~ Le gusta tener la radio puesta cuando está en el garaje* **[3]** sep os ♦ to have (a fixed appointment etc.) ~ tener (un compromiso etc.) || *I can't see you tomorrow - I have something on ~ No puedo verte mañana - tengo un compromiso* **[4]** sep os GB AUS inf ♦ to play a joke on ~ tomar el pelo a || *I didn't realise he was having me on ~ No me di cuenta de que me estaba tomando el pelo* **[5]** v2obj ♦ to be carrying ~ llevar encima || *Do you have any money on you? ~ ¿Llevas dinero encima?* **[6]** v2obj inf ♦ to have (information) about (a suspect etc.) ~ tener (información) sobre || *We'll have something on him by the end of the month ~ Para finales del mes tendremos algo sobre él* **[7]** sep os GB inf ♦ [physical fight] *véase* fight against

have out [1] sep ns ♦ to have (tooth etc.) extracted ~ hacer sacar || *Daniel is going to have that tooth out this afternoon ~ Daniel va a hacer sacar esa muela esta tarde* **[2]** sep ns inf ♦ to discuss/resolve (a matter) by forceful dialogue ~ resolver hablando claro || *The two families have decided to have the matter out ~ Las dos familias han decidido resolver el asunto poniendo las cosas en claro* **[3]** sep os GB inf ♦ [physical fight] *véase* fight against

have it out vi inf ♦ *véase* have out [2]

have out with v2obj inf ♦ to discuss/resolve (a matter) by forceful dialogue with ~ resolver hablando claro con || *I'm going to have this problem out with the neighbours ~ Voy a resolver este problema hablando con los vecinos*

have it out with ins inf ♦ *véase* have out with

have over sep os ♦ *véase* have around [2]

have round sep os GB AUS ♦ *véase* have around [2]

have up sep os GB AUS inf ♦ *véase* haul up [1]

have up for v2obj GB AUS inf ♦ *véase* haul up for

hawk about sep & v2obj ♦ to travel around trying to sell (one's wares) in various places ~ pregonar/vender (en diversas tiendas etc.) || *He used to hawk his books about (the local shops) ~ Pregonaba sus libros (por las tiendas de la zona)*

hawk around sep & v2obj ♦ *véase* hawk about

hawk round sep & v2obj ♦ *véase* hawk about

hawk up sep ♦ *véase* cough up [1]

haze over vi ♦ [day etc.] to become less clear due to a heat haze (etc.) ~ ponerse calinoso; venirle una neblina de calor || *When we got up it was sunny but then it hazed over ~ Cuando nos levantamos hacía sol pero luego hubo una neblina de calor*

head away sep dep ♦ [with the head] *véase* blast away [3]

head back vi ♦ *véase* go back [1]

head for ins ♦ to move towards ~ dirigirse a/hacia; ir con rumbo a || *We're heading for the church (for disaster) ~ Vamos hacia la iglesia (camino del desastre)*

head in [1] vi ♦ *véase* go in [1] **[2]** vi & sep os dep ♦ to head (the ball) into the goal ~ marcar de un cabezazo || *Figo crossed and Daniel headed (the ball) in ~ Cruzó Figo y Daniel mandó el balón a la red de un cabezazo*

head off **[1]** sep ♦ to change the direction of ~ desviar || *My agent did all he could to head off the criticism ~ Mi agente hizo todo lo que pudo para desviar las críticas* **[2]** sep ♦ to avoid (the occurrence of something unpleasant) ~ evitar (la posibilidad de) || *I want to head off any chance of problems among the workers ~ Quiero evitar cualquier posibilidad de problemas entre los obreros* **[3]** vi ♦ *véase* go off [2] **[4]** ins & v2obj dep ♦ to remove (a ball) from (e.g. the goal-line) by heading ~ despejar (de la línea etc.) de un cabezazo || *Daniel headed (the ball) off the line in the last minute ~ Daniel despejó (el balón) de la línea de portería de un cabezazo en el último minuto*

head out **[1]** vi USA ♦ *véase* go off [2] **[2]** vi ♦ *véase* go out [1], [2] **[3]** sep os dep ♦ [with the head] *véase* blast away [3]

head towards ins ♦ *véase* head for

head up sep ♦ to be in charge of ~ dirigir; estar a la cabeza de || *I want you to head up this new section ~ Quiero que dirijas esta nueva sección*

heal of v2obj ♦ *véase* cure of

heal over vi ♦ *véase* close up [6]

heal up vi ♦ *véase* close up [6]

heap on v2obj ♦ to direct (excessive praise or criticism; attention; money) at ~ colmar a (alguien) de || *The critics heaped praise on the young singer ~ Los críticos colmaron de elogios a la joven cantante*

heap together sep ♦ to place together in a pile ~ juntar en un montón || *Can you heap the old clothes together in the corner? ~ ¿Te importa ir amontonando la ropa vieja en el rincón?*

heap up sep ♦ *véase* heap together

heap upon v2obj form ♦ *véase* heap on

heap with v2obj ♦ to fill (e.g. a spoon) with a lot of (e.g. sugar) ~ colmar de || *Laura heaped her spoon with sugar then dropped it ~ Laura colmó la cuchara de azúcar y luego se le cayó*

hear about ins ♦ to learn/be informed about (news etc.) ~ oír hablar de/enterarse de || *We've heard about your recent problems ~ Hemos oído hablar de tus problemas recientes*

hear from **[1]** ins ♦ to receive news from (friend etc.) ~ recibir noticias de/saber de || *I haven't heard from Daniel for ages ~ Hace siglos que no sé nada de Daniel* **[2]** ins ♦ to receive formal communication from (police etc.) ~ recibir una comunicación formal de || *You should hear from the authorities within three weeks ~ Deberá recibir una comunicación de las autoridades dentro de tres semanas* **[3]** v2obj ♦ to learn (news etc.) from ~ enterarse de (algo) por || *I heard the news from the baker ~ Me enteré de la noticia por el panadero*

hear of **[1]** ins ♦ *véase* hear about **[2]** ins ♦ [always negative] not to allow ~ ni hablar de (etc.) || *I won't hear of any more parties in this house ~ Ni hablar de más fiestas en esta casa*

hear out sep os ♦ to listen to (someone until they have finished speaking) ~ escuchar hasta el fin || *I'm sure I won't agree, but I'll hear you out ~ Seguro que no voy a estar de acuerdo, pero escucharé todo lo que usted tenga que decirme*

hear through v2obj ♦ [via channel of communication; grapevine] *véase* hear from [3]

hearken to ins lit ♦ *véase* hark at

heat up **[1]** vi ♦ [weather/conflict/wire etc.] to become hot (or agitated) ~ calentarse || *The days (disputes) are heating up ~ Los días (las disputas) se están calentando* **[2]** sep ♦ [food/earth/passion etc.] to heat ~ calentar || *The sun heated up the grass/passion/paella ~ El sol calentó la hierba/pasión/paella*

heave at ins ♦ *véase* haul at

heave in sep ♦ *véase* haul in [1]

heave into ins arc ♦ [+ sight/view] to appear ~ aparecer || *The ship should heave into sight very soon now ~ El barco deberá aparecer ya dentro de muy poco*

heave on ins ♦ *véase* haul at

heave to **[1]** vi náut ♦ [ship] to stop ~ ponerse al pairo || *The ship hove to close to the coast ~ El barco se puso al* *pairo cerca de la costa* **[2]** sep os náut ♦ *véase* bring to [2]

heave up [1] sep ♦ *véase* drag up [2] **[2]** vi & sep inf ♦ *véase* bring up [1], [4]

hedge about sep ♦ to enclose/surround with (or as if with) a hedge ~ encerrar/rodear (con un seto) || *The gardener thinks we should hedge the plot about ~ El jardinero cree que deberíamos encerrar la parcela con un seto*

hedge about with v2obj ♦ *véase* beset with

hedge against ins ♦ to cover oneself (financially etc.) against ~ cubrirse contra || *We had to hedge against the possibility of failure ~ Tuvimos que cubrirnos contra la posibilidad del fracaso*

hedge around sep ♦ *véase* hedge about

hedge around with v2obj ♦ *véase* beset with

hedge in [1] sep ♦ to limit/restrict the freedom of ~ restringir/limitar la libertad de || *My new partner hedges me in ~ Mi nueva pareja me limita la libertad* **[2]** sep ♦ *véase* hedge about

hedge off sep ♦ to separate with a hedge ~ separar con un seto || *I'd like to hedge the lawn off so that it's more private ~ Me gustaría separar el césped con un seto para que quede más privado*

hedge round sep ♦ *véase* hedge about

hedge round with v2obj ♦ *véase* beset with

hedge with [1] v2obj ♦ *véase* beset with **[2]** ins ♦ to talk deceptively to ~ hablar engañosamente con || *The rep was trying to hedge with the manager ~ El representante intentaba engañar al encargado*

heel over vi & vi náut ♦ to lean heavily to one side ~ ladearse; zozobrar/escorar || *It was very windy and Daniel (the boat) heeled over ~ Hacía mucho viento y Daniel se ladeó (la barca zozobró)*

helicopter in sep ♦ to bring/transport by helicopter ~ traer/transportar por/en helicóptero || *The army helicoptered a hundred soldiers in ~ El ejército trajo a cien soldados en helicópteros*

helicopter out sep ♦ to remove/transport by helicopter ~ sacar/transportar por/en helicóptero || *The government is going to helicopter the victims out ~ El gobierno va a sacar a las víctimas en helicóptero*

hell around vi & ins USA arg ♦ to behave noisily and inconsiderately (somewhere) ~ comportarse de modo ruidoso y desconsiderado (en/por) || *The kids were helling around (the mall) ~ Los niños armaban la gorda (en el centro comercial)*

help across sep os & v2obj ♦ *véase* see across [2]

help along sep os ♦ to help/encourage ~ ayudar/fomentar || *Daniel is here to help us along ~ Daniel está aquí para ayudarnos ~ The publicity in the newspapers helped our campaign along ~ La publicidad en los periódicos fomentó nuestra campaña*

help back to v2obj ♦ to help (someone) to return to ~ ayudar a (alguien) a volver a || *I'll help you back to your table if you like ~ Le ayudo a regresar a su mesa si quiere*

help down sep ns ♦ to help to descend ~ ayudar a bajar || *My grandfather doesn't like the stairs - I have to help him down ~ A mi abuelo no le gusta la escalera - tengo que ayudarle a bajar*

help in sep os ♦ to help (somebody) to enter (a car/taxi/building/bed etc.) ~ ayudar a entrar/meterse || *I couldn't open the door so my neighbour helped me in ~ No podía abrir la puerta, entonces me ayudó a entrar mi vecina*

help into [1] v2obj ♦ to help (somebody) to enter (a car/taxi/building/bed etc.) ~ ayudar a entrar en/meterse en || *The driver helped the lady into the car ~ El chófer ayudó a la señora a meterse en el coche* **[2]** v2obj ♦ *véase* help on with

help off sep os & v2obj ♦ to help (somebody) to leave (a plane/bus/ship) ~ ayudar a bajar (de) || *My mother helped us off (the bus) ~ Mi madre nos ayudó a bajar (del autobús)*

help off with v2obj ♦ to help (a person) to remove (a coat etc.) ~ ayudar a quitarse || *Can I help you off with your overcoat, sir? ~ ¿Puedo ayudarle a quitarse el abrigo, señor?*

help on sep ns ♦ to help to enter (bus/plane/ship) ~ ayudar a subir || *The driver is very nice - he always helps us on ~ El conductor es muy majo - siempre nos ayuda a subir*

help on with v2obj ♦ to help (somebody) to don (a coat etc.) ~ ayudar a ponerse || *The waiter helped me on with my jacket ~ El camarero me ayudó a ponerme la chaqueta*

help onto v2obj ♦ to help (somebody) to enter (a plane/bus/ship) ~ ayudar a entrar en/subir a || *The flight attendant helped the children onto the plane ~ La azafata ayudó a los niños a subir al avión*

help out [1] vi & sep ♦ to help (somebody) ~ ayudar (a) || *I like to help (my son) out at weekends ~ Me gusta ayudar (a mi hijo) los fines de semana* **[2]** sep os ♦ to help (somebody) to leave (a car/taxi/building/bed etc.) ~ ayudar a salir/bajar || *I asked the taxi driver to help me out ~ Pedí al taxista que me ayudara a bajar*

help out of v2obj ♦ *véase* help off with

help out with ins & v2obj ♦ to help (a person) with (a task) ~ ayudar con || *Would you mind helping (us) out with the cleaning? ~ ¿Te importa ayudar(nos) con la limpieza?*

help over sep os & v2obj ♦ *véase* get over [3]

help through sep os & v2obj ♦ *véase* get through [6]

help to v2obj ♦ to serve (food/drink) to ~ servir (algo) a (alguien) || *I'm going to help the guests to a bit of cheese ~ Voy a servirles un poco de queso a los invitados*

help oneself to ins ♦ [servirse a sí mismo] *véase* help to

help up sep ns ♦ to help to ascend ~ ayudar a subir || *I need to change the bulb - can you help me up? ~ Tengo que cambiar la bombilla - ¿me ayudas a subir?*

help with ins & v2obj ♦ *véase* assist in

hem in sep ♦ *véase* hedge in

herd in sep ns ♦ [esp. lots of people/sheep] *véase* bring in [2]

herd together vi ♦ *véase* flock together

hesitate about ins ♦ *véase* hesitate over

hesitate over ins ♦ to take a long time to do/decide (etc.) ~ tardar en dar (etc.) || *She hesitated over her decision ~ Tardó en tomar la decisión*

hew down sep ♦ *véase* cut down [1]

hew from v2obj ♦ *véase* hew out of

hew out [1] sep ♦ *véase* carve out **[2]** sep ♦ *véase* dig out [1]

hew out of v2obj ♦ to carve (a figure etc.) from (a source/material) ~ tallar en/de || *The sculptor has hewn beautiful shapes out of the wood ~ El escultor ha tallado unas formas preciosas en la madera*

hew to ins USA ♦ *véase* adhere to [2]

hide away [1] vi ♦ to hide oneself ~ esconderse || *I'm going to hide away so that my parents can't catch me ~ Voy a esconderme para que no me pillen mis padres* **[2]** sep ♦ *véase* bury away

hide behind ins ♦ to use (e.g. a wall; a rule) as protection/an excuse ~ buscar la protección de; usar como defensa || *He always hides behind a barrier of jargon ~ Siempre se esconde detrás de una barrera de jerga*

hide from [1] ins ♦ to hide so that (somebody) does not see one ~ ocultarse de || *I think he's hiding from the police ~ Creo que se está ocultando de la policía* **[2]** v2obj ♦ to remove (something) from the sight of ~ ocultar a/esconder de || *We should hide the sweets from the children ~ Deberíamos esconder los caramelos de los niños*

hide out vi ♦ [criminal etc.] to hide (for a long time while being pursued) ~ ocultarse || *While they were hiding out they listened to the radio every day ~*

Cuando se ocultaban escuchaban la radio todos los días

hide up vi ♦ *véase* hide out

high-pressure into v2obj USA ♦ [using pressure] *véase* bounce into

hike up [1] sep USA ♦ [garment] to lift quickly ~ levantar/subir de prisa || *He hiked up his shirt and showed me his tattoo ~ Se subió la camisa y me enseñó el tatuaje* **[2]** sep inf ♦ to increase (price etc.) suddenly and drastically ~ subir de golpe || *The supermarket hiked its prices up in January ~ En enero el supermercado subió de golpe los precios* **[3]** sep USA ♦ *véase* drag up [2]

hinder from v2obj ♦ *véase* keep from [2]

hinge on ins ♦ *véase* depend on [4]

hinge upon ins form ♦ *véase* depend on [4]

hint at ins ♦ *véase* allude to

hint for ins ♦ *véase* angle for

hire away from v2obj USA ♦ to cause (worker) to leave (firm) by making a better offer ~ cazar a (alguien) de (otra empresa) || *We hired him away from one of the biggest banks in New York ~ Le cazamos de uno de los bancos más grandes de Nueva York*

hire from v2obj GB AUS ♦ to hire (house/car) owned by ~ alquilar de || *We've hired a motorbike from that shop down there ~ Hemos alquilado una moto de esa tienda allí abajo*

hire out sep GB AUS ♦ to hire (to another person) ~ alquilar || *I'd love to offer you my house, but I've hired it out ~ Me encantaría ofreceros mi casa, pero la tengo alquilada*

hire out to v2obj GB AUS ♦ to hire (house/car) to (someone) ~ alquilar (algo) a || *He hires out sunloungers to tourists every summer ~ Alquila tumbonas a los turistas cada verano*

hire to v2obj GB AUS ♦ *véase* hire out to

hiss at ins ♦ to make a «snake» noise at ~ silbar/sisear como una serpiente a (alguien) || *The snake/girl hissed at the group of bystanders ~ La serpiente/niña siseó al grupo de curiosos*

hiss off sep ♦ *véase* boo off

hiss out sep ♦ *véase* boo off

hit against ins & v2obj ♦ *véase* bump against

hit at ins ♦ to strike; to aim a blow at ~ asestar un golpe a || *He hit at the men who were attacking him ~ Asestó golpes a los hombres que le agredían*

hit back [1] vi ♦ *véase* fight back [1] **[2]** sep os ♦ to return a blow/shot ~ devolver un golpe || *My father hit me a lot but I didn't hit him back ~ Mi padre me pegaba mucho pero no le devolvía los golpes*

hit back at ins ♦ to retaliate against ~ defenderse ante || *Laura hit back at the harsh criticism she had suffered ~ Laura se defendió ante las duras críticas que había sufrido*

hit for v2obj USA inf ♦ to ask (somebody) for (a sum of money etc.) ~ dar un sablazo de (tal cantidad etc.) a || *The guy hit me for 100 bucks ~ El tío me dio un sablazo de 100 pavos*

hit in v2obj ♦ *véase* sock in [1]

hit off sep ♦ to imitate ~ imitar/remedar || *I was hitting the boss off when he suddenly walked in ~ Remedaba al jefe cuando éste entró de repente*

hit it off vi inf ♦ *véase* get along [2]

hit it off with ins inf ♦ *véase* get along with [1]

hit on [1] ins ♦ *véase* come up with [1] **[2]** ins USA arg ♦ *véase* chat up [1] **[3]** v2obj ♦ *véase* sock in [1]

hit on for v2obj USA inf ♦ *véase* hit for

hit out [1] vi ♦ to react violently/critically ~ lanzar un ataque (físico/verbal) || *She stayed silent for ages then finally hit out ~ Estuvo mucho tiempo callada y por fin soltó un ataque* **[2]** vi dep ♦ *véase* slog out

hit out against ins ♦ to attack (physically/verbally) ~ atacar (a) || *She hit out against the proposed changes ~ Lanzó un ataque en contra de los cambios propuestos*

hit out at ins ♦ *véase* hit out against

hit up vi USA AUS inf ♦ to inject oneself with drugs ~ pincharse || *The drug* *addicts were hitting up in the park* ~ *Los drogadictos se pinchaban en el parque*

hit up for v2obj USA inf ♦ *véase* hit for

hit up on ins USA AUS inf ♦ to inject oneself with (heroin etc.) ~ pincharse de/con || *The worst thing you can do is hit up on heroin* ~ *Lo peor que puedes hacer es darte un pinchazo de heroína*

hit upon ins form ♦ *véase* come up with [1]

hit with [1] v2obj inf ♦ to surprise (somebody) with (e.g. a large bill/bad news) ~ dar/pegar de sorpresa (etc.) || *Then they hit us with a bill for a thousand dollars* ~ *Luego para postre nos pasaron una factura de mil dólares* **[2]** v2obj ♦ *véase* jab with

hitch to v2obj ♦ *véase* attach to [1]; dock with [1]

hitch up sep ♦ *véase* hike up [1]

hive off sep ♦ [company etc.] to separate and sell ~ vender por separado || *The new managers want to hive off the three smallest firms* ~ *Los nuevos dirigentes quieren vender por separado las tres compañías más pequeñas*

hoard away sep ♦ to build and keep a large supply of ~ amontonar y almacenar || *They hoarded food away just in case* ~ *Iban acumulando comida por si acaso*

hoard up sep ♦ *véase* hoard away

hobble along vi ♦ to move with a limp ~ ir cojeando || *I saw her hobbling along with the other victims* ~ *La vi cojeando por la calle con las demás víctimas*

hobnob with ins ♦ to spend time with (socially superior people) ~ codearse con || *We spent the evening hobnobbing with the mayor and his wife* ~ *Pasamos la velada codeándonos con el alcalde y su mujer*

hoe in [1] vi AUS inf ♦ *véase* dig in [4] **[2]** vi AUS inf ♦ *véase* bog in

hoe into [1] ins AUS inf ♦ *véase* belt into [2] **[2]** ins AUS inf ♦ *véase* bog into **[3]** ins AUS inf ♦ *véase* chew out

hoist up [1] sep ♦ *véase* drag up [2] **[2]** sep ♦ [flag] to raise ~ enarbolar/izar || *The captain hoisted up the flag and the sailors cheered* ~ *El capitán izó la bandera y los marineros aplaudieron*

hoke up sep USA inf ♦ to (try to) improve (something of poor quality) ~ intentar mejorar || *They were desperately trying to hoke up the presentation* ~ *Intentaban desesperadamente mejorar la presentación*

hold against [1] v2obj ♦ to retain (characteristic/event) as a reason not to like ~ guardar (rencor etc.) contra || *I hope you won't hold this failure against us* ~ *Espero que este fracaso no te haga pensar peor de nosotros* **[2]** v2obj ♦ to hold (an item) next to (another item) ~ mantener/poner (etc.) al lado de || *If you hold this mirror against your ear you'll see the scar* ~ *Si pones este espejo al lado de tu oreja verás la cicatriz*

hold back [1] sep ♦ to stop the progress of (people, economy/water etc.) ~ retener || *The people wanted to continue but the police held them back* ~ *La gente quería seguir pero la policía le frenó el progreso* **[2]** sep ♦ [information/money owed etc.] not to release/give ~ retener; no dar || *I held back that money (data) until the end of the investigation* ~ *Retuve ese dinero (esos datos) hasta el final de la investigación* **[3]** sep ♦ *véase* bite back [2] **[4]** vi ♦ not to launch oneself into doing something ~ no lanzarse (a algo) || *I was going to jump but I held back* ~ *Iba a tirarme pero me detuve*

hold back from [1] ins ♦ not to participate in (etc.) ~ no meterse en || *I think she's held back from a definite decision* ~ *Creo que se ha abstenido de tomar una decisión definitiva* **[2]** v2obj ♦ to retain (money/data etc.) from (the final recipient) ~ no dar (etc.) a || *The company is holding 50% back from its clients* ~ *La compañía está reteniendo el 50% a sus clientes*

hold by ins USA ♦ [promise] *véase* adhere to [2]

hold down [1] sep ♦ to hold (person/thing) still ~ sujetar; mantener quieto || *He's so strong that it's difficult to* *hold him down* ~ *Es tan fuerte que resulta difícil sujetarle* **[2]** sep ♦ [+ a job] to retain ~ mantenerse en || *She's held this post down for three years now* ~ *Ya lleva tres años en este puesto* **[3]** sep ♦ [prices etc.] to stop from rising ~ mantener al mismo nivel || *The government managed to hold inflation down last year* ~ *El gobierno logró que la inflación no subiera el año pasado* **[4]** sep USA inf ♦ [+ noise] to lower the level of ~ bajar || *The guy upstairs told us to hold the noise down* ~ *El tío de arriba nos dijo que hiciéramos menos ruido* **[5]** sep ♦ to digest and not vomit ~ digerir y no vomitar (algo) || *It's the first meal I've held down for four days* ~ *Es la primera comida que no vomito estos cuatro días para acá* **[6]** sep ♦ to limit the freedom of (a race) ~ subyugar/oprimir || *The dictator held the people down for twenty years* ~ *El dictador subyugó a la gente durante veinte años*

hold for v2obj ♦ to keep (an item) in reserve for (a future client etc.) ~ guardar (algo) para || *If you like we can hold this skirt for you, madam* ~ *Si quiere, podemos guardarle esta falda, señora*

hold forth vi ♦ to talk boringly for a long time ~ disertar largamente || *He usually holds forth when he's had a few glasses of wine* ~ *Suele hablar sin parar después de unas copas de vino*

hold forth about ins ♦ *véase* descant on

hold forth on ins ♦ *véase* descant on

hold in sep ♦ [emotion etc.] to contain ~ contener || *After ten minutes I was unable to hold my laughter in* ~ *Después de diez minutos ya no podía contener la risa*

hold off **[1]** sep ♦ *véase* beat off [1] **[2]** vi & sep ♦ to pause before acting/deciding (etc.) ~ vacilar antes de actuar/tomar (una decisión etc.) || *The committee will try to hold off (the decision) until next week* ~ *El comité buscará evasivas para no decidirse hasta la semana que viene* **[3]** vi ♦ [rain/snow] not to start ~ no empezar || *If the snow holds off we'll be able to go out* ~ *Si no nieva podremos salir*

hold on **[1]** vi inf ♦ *véase* hang about [2] **[2]** vi ♦ *véase* hang on [2] **[3]** vi ♦ *véase* hang in **[4]** vi inf ♦ *véase* hang about [4]

hold on to **[1]** ins ♦ *véase* cling to **[2]** ins ♦ *véase* hang on to [2] **[3]** ins ♦ *véase* adhere to [2]

hold onto ins ♦ *véase* hold on to

hold out **[1]** sep ♦ [hand etc.] to offer ~ tender/extender || *Hold out your hand and I'll give you the cup* ~ *Tiende la mano y te pasaré la taza* **[2]** sep ♦ [item] to offer ~ alargar/ofrecer || *I held the money out and my daughter took it* ~ *Alargué el dinero y mi hija lo cogió* **[3]** sep ♦ [+ hope] still to have ~ dar; quedarle || *We don't hold out much hope of seeing her again* ~ *Ya no queda mucha posibilidad de que la volvamos a ver* **[4]** vi ♦ [supplies/food etc.] to last ~ durar || *I hope the bread holds out until the weekend* ~ *Espero que el pan dure hasta el fin de semana* **[5]** vi ♦ to continue to defend oneself or offer resistance ~ seguir resistiendo || *The rebels are still holding out in the castle* ~ *Los rebeldes siguen resistiendo en el castillo*

hold out against ins ♦ to resist (an attacking force/an unwelcome decision etc.) ~ resistir (a) || *The Greeks held out against the Turks for nearly a year* ~ *Los griegos resistieron a los turcos durante casi un año*

hold out for ins ♦ *véase* hang out for

hold out on **[1]** ins inf ♦ not to give information (etc.) to (a person) ~ no dar información (etc.) a || *I hope they're not holding out on us* ~ *Espero que no nos estén ocultando la información* **[2]** ins USA inf ♦ not to pay (money owed) ~ no pagar (lo debido) || *I don't like her holding out on me* ~ *No me gusta que no me pague lo que me debe*

hold over **[1]** sep ♦ *véase* carry over [1] **[2]** sep ♦ *véase* carry over [2] **[3]** sep USA ♦ to extend the number of performances of (film/play) ~ extender la temporada/serie de representaciones (etc.) de || *The theater is going to hold* *the play over* ~ *El teatro va a poner más representaciones de la obra* **[4]** v2obj ♦ to hold (item) in the air above ~ (man)tener sobre/encima de || *He held the envelope over the boiling water to open it* ~ *Mantuvo el sobre encima del agua hirviendo para abrirlo* **[5]** v2obj ♦ to use (secret information) to worry/threaten (a person) ~ usar para amenazar || *The manager used to hold that incident over his secretary* ~ *El jefe utilizaba ese incidente para amenazar a su secretaria*

hold to **[1]** ins ♦ *véase* adhere to, abide by **[2]** v2obj ♦ to insist that (a person) do (what was promised) ~ obligar a cumplir (etc.) || *If you're not careful I'll hold you to that promise* ~ *Como no tengas cuidado te obligaré a cumplir esa promesa* **[3]** v2obj dep ♦ [+ a draw] to draw unexpectedly with (a better team) ~ empatar inesperadamente con (un equipo mejor) || *Avila held Real Madrid to a one-all draw* ~ *El Avila sorprendió a todos empatando a uno con el Real Madrid*

hold together **[1]** vi ♦ [group/construction/company] to remain united/strong ~ [grupo etc.] mantenerse unido(s)/fuerte(s) (etc.) || *The bosses have managed to hold together despite the problems* ~ *Los jefes han logrado mantenerse unidos pese a los problemas* **[2]** sep os ♦ to maintain united/the unity of ~ mantener unido(s)/la unidad de || *The coach wants to hold his team together for next year* ~ *El entrenador quiere mantener unido a su equipo para el año que viene* **[3]** vi ♦ *véase* hang together [3]

hold up **[1]** sep ♦ to support (a roof/structure etc.) ~ apoyar/sostener || *These beams hold the ceiling up very well* ~ *Estas vigas sostienen muy bien el techo* **[2]** sep ♦ to maintain (hand/paper etc.) in a high/visible position ~ levantar; mantener erguido || *If you hold your papers up we'll be able to count the votes* ~ *Si mantenéis los papeles bien altos podremos contar los votos* **[3]** sep ♦ to delay ~ atrasar || *The roadworks held us up this morning* ~ *Las obras en la carretera nos han atrasado esta mañana* **[4]** sep ♦ to steal money from (bank etc.) in a violent/threatening manner ~ robar/atracar/asaltar || *They held up a jeweller's in the city centre* ~ *Robaron una joyería en el centro de la ciudad* **[5]** vi ♦ [business/human health etc.] to remain healthy/strong (etc.) ~ aguantar/seguir en pie (etc.) || *In the circumstances, I don't know if the firm will hold up* ~ *En las circunstancias, no sé si la empresa va a durar* **[6]** vi ♦ [weather] to continue to be fine ~ seguir bueno || *I f the weather holds up we'll go out tomorrow* ~ *Si sigue haciendo buen tiempo mañana, saldremos*

hold up as v2obj ♦ to use as (e.g. an example of) ~ presentar como || *The teacher held my work up as a model* ~ *La profesora presentó mi trabajo como modelo*

hold up to v2obj ♦ to move (something) closer to (esp. light) ~ acercar a (la luz etc.) || *I can't read this letter - I'll have to hold it up to the lamp* ~ *No puedo leer esta carta - tendré que acercarla a la lámpara*

hold up under ins ♦ to remain healthy/strong (etc.) despite (pressure etc.) ~ seguir tirando a pesar de || *My parents held up under the pressure of the scandal* ~ *Mis padres soportaron bien la presión del escándalo*

hold with ins ♦ [approval of activity/view] *véase* agree with [1]

hole out vi dep ♦ [golf] to hit the ball into the hole ~ embocar || *As soon as he holes out we'll go to the bar* ~ *En cuanto emboque iremos al bar*

hole out in ins dep ♦ [golf] to hit the ball into the hole in (a number of strokes) ~ terminar/embocar en (tal número de golpes) || *She holed out in 3 and won the championship* ~ *Terminó en 3 golpes y ganó el campeonato*

hole up vi inf ♦ *véase* hide out

holler out vi & sep ♦ *véase* cry out [1]

hollow out sep ♦ to make hollow by removing the inside of ~ ahuecar || *They* *were hollowing out peppers to fill with cheese* ~ *Ahuecaban pimientos para rellenarlos de queso*

home in on **[1]** ins ♦ *véase* focus on [1] **[2]** ins ♦ [weapon/person] to move directly to (target/destination) ~ ir directamente a/hacia || *The missiles homed in on the factories* ~ *Los misiles se dirigieron directamente al blanco de las fábricas* | *All the boys homed in on the pretty girl by the bar* ~ *Todos los chicos fueron disparados hacia la chica guapa al lado de la barra*

honk at ins & v2obj ♦ to cause a car horn to sound in the direction of ~ tocar la bocina a || *The driver honked (the horn) at his girlfriend* ~ *El conductor tocó la bocina para llamar a su novia*

honk up vi & sep GB arg ♦ *véase* bring up [1] & [4]

honor as v2obj USA form ♦ *véase* hail as

honor for v2obj USA form ♦ *véase* commend for

honor with v2obj USA form ♦ *véase* favour with

honour as v2obj GB AUS form ♦ *véase* hail as

honour for v2obj GB AUS form ♦ *véase* commend for

honour with v2obj GB AUS form ♦ *véase* favour with

hoodwink into v2obj ♦ *véase* deceive into

hoodwink out of v2obj ♦ *véase* defraud of

hook down **[1]** sep ♦ [with a hook] *véase* fasten down **[2]** sep USA inf ♦ to throw (something) in a downward direction ~ tirar hacia abajo || *Will you hook the screwdriver down, please?* ~ *¿Me bajas el destornillador, por favor?* **[3]** sep USA inf ♦ *véase* belt down

hook into v2obj USA inf ♦ to persuade (somebody unwilling) to get involved in ~ enganchar a (alguien para) || *I managed to hook my father into the preparations* ~ *Logré enganchar a mi padre para ayudarnos con los preparativos*

hook on **[1]** sep os ♦ to attach using a hook ~ enganchar || *Pull the cable towards the aerial and hook it on* ~ *Tira del cable hacia la antena y engánchalo* **[2]** v2obj ♦ to attach (one thing) to (another) using a hook ~ enganchar a || *Hook the curved part on the peg* ~ *Engancha la parte encorvada a la clavija* **[3]** vi ♦ to be attached by a hook ~ engancharse || *I think this component should hook on* ~ *Creo que este componente debe fijarse con gancho* **[4]** ins ♦ to be attached by a hook to ~ engancharse a || *These decorations hook on the side* ~ *Estos adornos se enganchan al costado*

hook on to **[1]** v2obj ♦ *véase* hook on [2] **[2]** ins ♦ *véase* hook on [4]

hook onto **[1]** v2obj ♦ *véase* hook on [2] **[2]** ins ♦ *véase* hook on [4]

hook to v2obj ♦ *véase* hook on [2]

hook up **[1]** sep ♦ to connect (mechanically or electrically) ~ conectar || *Today we're going to hook these seven computers up* ~ *Hoy vamos a conectar estos siete ordenadores* **[2]** vi USA inf ♦ *véase* chum up **[3]** vi USA inf ♦ to meet together ~ juntarse/reunirse || *We usually hook up when we're both in New York* ~ *Cuando los dos estamos en Nueva York solemos reunirnos* **[4]** vi inf ♦ to become business partners ~ hacerse socios || *My firm and a Bolivian one have hooked up* ~ *Mi empresa se ha asociado con una compañía boliviana* **[5]** vi ♦ [dress etc.] to fasten with a hook ~ abrocharse con un gancho || *This dress hooks up at the back* ~ *Este vestido se abrocha por detrás con un ganchito* **[6]** sep ♦ [dress etc.] to fasten with a hook ~ abrochar el gancho de || *Could you hook my dress up, please?* ~ *¿Me abrochas el ganchito del vestido, por favor?*

hook up to ins & v2obj ♦ *véase* connect to

hook up with **[1]** ins inf ♦ to become the business partner of ~ hacerse socio de || *This group has hooked up with a multinational* ~ *Este grupo se ha hecho socio de una multinacional* **[2]** ins USA inf ♦ *véase* chum up with **[3]** ins USA inf ♦ to meet with ~ reunirse con || *I'm going to try and hook up with the Canadians in*

Las Vegas ~ Voy a intentar reunirme con los canadienses en Las Vegas

hoot at **[1]** ins ♦ [owl] to make its noise at ~ ulular a || *The owl hooted at the moon at midnight ~ El búho ululó a la luna a medianoche* **[2]** ins inf ♦ *véase* honk at **[3]** ins ♦ *véase* laugh at

hoot down sep os inf ♦ [silly proposal etc.] *véase* laugh at

hoot off sep ♦ *véase* boo off

hoot with ins ♦ [laughter] *véase* collapse with

hop along vi ♦ to advance hopping ~ ir saltando a la pata coja || *She'd hurt her left foot but she managed to hop along ~ Se había hecho mal al pie izquierdo pero lograba avanzar a la pata coja*

hop in **[1]** vi ♦ to enter jumping on one leg ~ entrar saltando a la pata coja || *Daniel walked in laughing and Laura hopped in after him ~ Daniel entró riéndose y Laura le siguió saltando a la pata coja* **[2]** vi ♦ *véase* jump in [1]

hop off **[1]** vi & ins ♦ to alight (from a bus etc.) with a jump ~ bajar (de) con/de un salto || *She saw her boyfriend on the pavement and hopped off (the bus) ~ Vio a su novio en la acera y bajó (del autobús)* **[2]** vi ♦ *véase* buzz off

hop on vi & ins ♦ to enter (bus etc.) with a jump ~ subir (a) con/de un salto || *The driver opened the doors and we hopped on (the bus) ~ El conductor abrió las puertas y subimos (al autobús)*

hop onto ins ♦ *véase* hop on

hop out vi ♦ to leave (etc.) with a hop/jump ~ salir de un salto || *I opened the box and the frogs hopped out ~ Abrí la caja y las ranas salieron de un salto*

hop out of ins ♦ to leave (etc.) with a hop/jump ~ salir de un salto de || *She hopped out of bed to answer the phone ~ Saltó de la cama para coger el teléfono*

hop to it vi inf ♦ *véase* come along [4]

hope for ins ♦ to have hopes for/of ~ esperar || *We are hoping for good weather next week ~ Esperamos que haga buen tiempo la semana que viene*

horn in vi USA AUS inf ♦ *véase* break in [2]

horn in on ins USA AUS inf ♦ *véase* break in on

horse about vi inf ♦ *véase* arse about

horse around vi inf ♦ *véase* arse about

hose down sep ♦ to wash (something) with water from a hose ~ lavar/regar con manguera || *When we arrived the boy was hosing the car down ~ Cuando llegamos el niño lavaba el coche con la manguera*

hose out sep ♦ to remove using the water from a hose ~ quitar con el agua de una manguera || *We cleaned the stable and hosed the mud out ~ Limpiamos la cuadra y quitamos el lodo con la manguera*

hot up **[1]** vi GB AUS inf ♦ to become more exciting, passionate (etc.) ~ intensificarse/acalorarse (etc.) || *The debate was starting to hot up when you arrived ~ Cuando llegaste el debate empezaba a acalorarse* **[2]** sep ♦ *véase* heat up [2] **[3]** sep ♦ [car engine etc.] to increase the power of ~ aumentar la potencia de || *The mechanic hotted the car up for the big race ~ El mecánico aumentó la potencia del coche para la gran carrera*

hound down sep ♦ to pursue/seek (someone) until they are found ~ perseguir hasta encontrar || *He tried to escape to Ireland but the police hounded him down ~ Intentó huir a Irlanda pero la policía le localizó por fin*

hound from v2obj ♦ *véase* hound out of

hound on sep ♦ *véase* egg on

hound out sep ♦ to oblige to leave (esp. a job) by making life difficult ~ obligar a abandonar (esp. un trabajo) dando guerra || *For six months the workers tried to hound the boss out ~ Durante seis meses los trabajadores intentaron que el jefe abandonara su puesto*

hound out of v2obj ♦ to oblige to leave (esp. a job) by making life difficult

~ obligar a abandonar (esp. un trabajo) dando guerra || *They want to hound me out of my office* ~ *Quieren obligarme a abandonar mi oficina*

hoover ® around vi ♦ to clean a room with a hoover ® ~ pasar la aspiradora || *Daniel wanted to hoover ® around before the people arrived* ~ *Daniel quería pasar la aspiradora antes de que llegara la gente*

hoover ® round vi ♦ *véase* hoover ® around

hoover ® up **[1]** vi ♦ *véase* hoover ® around **[2]** sep ♦ [with a hoover ®] *véase* clean up [1]

hover around **[1]** ins ♦ *véase* circle around [2] **[2]** vi & ins ♦ *véase* bat around [2]

hover over ins ♦ *véase* circle around [2]

howl at ins & v2obj ♦ *véase* bawl at

howl down sep ns ♦ to make quiet by shouting ~ hacer callar a gritos || *I started to speak but my husband howled me down* ~ *Empecé a hablar pero mi marido me hizo callar a gritos*

howl with ins ♦ *véase* cry with

hoy up vi & sep GB inf ♦ *véase* bring up [1] & [4]

huddle around vi & ins ♦ *véase* crowd around

huddle down vi ♦ *véase* cuddle down

huddle round vi & ins ♦ *véase* crowd around

huddle together vi ♦ [acucurrarse/abrazarse] *véase* cuddle up

huddle up vi ♦ [acucurrarse/abrazarse] *véase* cuddle up

hum with ins ♦ [factory/scene etc.] to be active with a lot of (activity etc.) ~ bullir de || *The dressing-room was humming with enthusiasm* ~ *El vestuario bullía de entusiasmo*

hunch over **[1]** vi ♦ *véase* double over [1] **[2]** ins ♦ *véase* lean over [2]

hunch up sep ♦ to curve ~ encorvar || *She tends to hunch her back up when she is writing* ~ *Suele encorvarse la espalda cuando escribe*

hunger after ins ♦ *véase* crave for

hunger for ins ♦ *véase* crave for

hunker down **[1]** vi USA ♦ *véase* crouch down **[2]** vi USA ♦ to sit in a comfortable position (in order to watch a film etc.) ~ sentarse cómodamente || *The children hunkered down and waited for the game to begin* ~ *Los niños se pusieron cómodos y esperaron el comienzo del partido*

hunt about vi ♦ [e.g. in a room or over a wide area] *véase* ferret about

hunt about for ins ♦ *véase* buck for

hunt after ins ♦ *véase* hound down

hunt around vi ♦ [e.g. in a room or over a wide area] *véase* ferret about

hunt around for ins ♦ *véase* buck for

hunt down sep ♦ *véase* hound down

hunt for ins ♦ *véase* buck for

hunt out sep ♦ *véase* dig out [2]; ferret out

hunt through ins ♦ [esp. drawers/documents] *véase* fish in

hunt up sep ♦ *véase* dig out [2]; ferret out

hurl about sep os ♦ *véase* fling around [2]

hurl around v2obj & sep os ♦ *véase* fling around

hurl at v2obj ♦ to throw (item/insult) at ~ tirar/lanzar (algo) a || *He hurled a brick (an insult) at his neighbour* ~ *Lanzó un ladrillo (un insulto) a su vecino*

hurl away sep inf ♦ *véase* chuck away

hurl back **[1]** sep ♦ *véase* beat back; beat off [1] **[2]** sep ♦ to return by throwing ~ devolver tirando || *The man picked up the child's ball and hurled it back* ~ *El hombre recogió la pelota del niño y se la tiró de vuelta*

hurl in **[1]** sep inf ♦ *véase* bung in **[2]** ins inf ♦ to vomit in (container/room) ~ vomitar en || *I think someone's hurled in the bathroom* ~ *Creo que alguien ha devuelto en el cuarto de baño*

hurl out sep inf ♦ *véase* chuck away

hurry along **[1]** vi ♦ *véase* buck up [1] **[2]** sep ns ♦ *véase* buck up [2]

hurry away vi ♦ *véase* cut along [1]

hurry back vi ♦ to return quickly/soon ~ volver de prisa/pronto || *It's been very nice - I hope you'll hurry back* ~ *Ha* *estado muy bien - espero que volváis pronto*

hurry into v2obj ♦ [insisting on speed] *véase* bounce into

hurry off vi ♦ *véase* cut along [1]

hurry on vi ♦ to proceed quickly ~ seguir de prisa || *She saw her ex-husband in the doorway and hurried on ~ Vio a su ex marido en la puerta y pasó corriendo*

hurry up [1] vi ♦ *véase* buck up [1] **[2]** sep ns ♦ *véase* buck up [2]

hurry up with ins ♦ to be quick with ~ darse prisa con || *Hurry up with the dinner, dad - I'm starving ~ Date prisa con la cena, papá - tengo mucha hambre*

hurt for ins ♦ *véase* ache for

hurtle along vi & ins ♦ *véase* career along

hurtle down vi & ins ♦ *véase* career down

hurtle past vi & ins ♦ *véase* dash past

hurtle through ins ♦ to complete/pass through (a task/place) very quickly ~ acabar corriendo; pasar de prisa por || *We hurtled through the cleaning ~ Acabamos la limpieza a toda pastilla*

hurtle up vi ♦ *véase* dash up

hurtle up to ins ♦ [running] *véase* come up to [3]

hush up [1] sep ♦ to make quiet/stop from talking ~ callar; tapar la boca a || *When Daniel starts talking it's difficult to hush him up ~ Cuando Daniel empieza a hablar es difícil hacerle callar* **[2]** sep ♦ to keep (a crime etc.) secret ~ encubrir; echar tierra a || *The government will want to hush this matter up ~ El gobierno querrá encubrir este asunto*

hustle in sep ns ♦ to cause (someone) to enter by pushing them quickly ~ hacer entrar a empellones || *The bodyguards hustled the singer in and closed the door ~ Los guardaespaldas hicieron entrar al cantante a empellones y cerraron la puerta*

hustle out sep ns ♦ to cause (someone) to exit by pushing them quickly ~ hacer salir a empellones || *The policeman hustled us out and told us to go away ~ El policía nos hizo salir a empellones y nos dijo que nos fuéramos*

hustle up vi USA inf ♦ *véase* buck up [1]

hype up sep inf ♦ *véase* crack up [7]

hypothesise about ins GB AUS form ♦ [reasons/the future etc.] *véase* guess at

hypothesise on ins GB AUS form ♦ [reasons/the future etc.] *véase* guess at

hypothesize about ins form ♦ [reasons/the future etc.] *véase* guess at

hypothesize on ins form ♦ [reasons/the future etc.] *véase* guess at

I

ice down sep USA inf ♦ to apply ice to (a swollen ankle etc.) ~ aplicar cubitos de hielo a || *The coach iced Laura's foot down to stop it swelling* ~ *El entrenador puso cubitos de hielo en el pie de Laura para impedir que se le hinchara*

ice over vi ♦ *véase* freeze over

ice up **[1]** vi ♦ *véase* freeze over **[2]** vi ♦ *véase* freeze up [2] **[3]** sep ♦ *véase* freeze up [3]

identify as v2obj ♦ *véase* finger as

identify by v2obj ♦ to identify/recognise (person) because of (e.g. a scar) ~ identificar a (alguien) por/a raíz de (una cicatriz etc.) || *You'll identify him by the hat he always wears* ~ *Le identificarás por el sombrero que siempre lleva puesto*

identify with **[1]** ins ♦ to feel an allegiance (etc.) to ~ identificarse con || *It's not easy to identify with such evil people* ~ *No es fácil identificarse con gente tan mala* **[2]** v2obj ♦ *véase* associate with [2]

idle about vi ♦ *véase* bum about [1]

idle away sep ♦ *véase* dawdle away

idolise as v2obj GB AUS ♦ [hero etc.] *véase* hail as

idolize as v2obj ♦ [hero etc.] *véase* hail as

illuminate with v2obj ♦ to light (a room etc.) with (a type of light/colour/effect) ~ iluminar con/de || *The designer illuminated the lounge with green lamps* ~ *El diseñador utilizó lámparas verdes para iluminar el salón*

imagine as v2obj ♦ *véase* envisage as

imbue with v2obj form ♦ to instil (feeling/idea) in (a person/thing) ~ imbuir de/en; infundir a || *The teacher tried to imbue us with a sense of responsibility* ~ *La profesora intentaba infundirnos una sensación de responsabilidad*

immerse in **[1]** v2obj ♦ *véase* drench in **[2]** v2obj ♦ to involve (a person) totally in ~ involucrar en; absorber en || *The company immersed Laura in the world of accounting* ~ *La compañía introdujo a Laura en el mundillo de la contabilidad*

immunise against v2obj GB AUS ♦ to make (someone) immune to (a disease etc.) ~ inmunizar contra || *The doctor immunised us against German measles* ~ *El médico nos inmunizó contra la rubéola*

immunize against v2obj ♦ *véase* immunise against

impact on ins form ♦ *véase* bear on

impact upon ins form ♦ *véase* bear on

impale on v2obj ♦ to pierce (someone) totally using (a sharp/pointed item) ~ atravesar a (alguien) en || *The knight impaled the victim on his sword* ~ *El caballero atravesó a la víctima en su espada*

impart to **[1]** v2obj form ♦ *véase* bestow on **[2]** v2obj form ♦ to give/tell (knowledge etc.) to ~ dar/decir a || *The king imparted all his wisdom to his children* ~ *El rey impartía toda su sabiduría a sus hijos*

impeach for **[1]** v2obj USA form ♦ to cause (someone) to be arrested and charged for (crime) ~ acusar de || *The* *people tried to impeach me for robbery ~ La gente quería acusarme formalmente de robo* **[2]** v2obj USA form ♦ *véase* get down on for

impel into v2obj form ♦ *véase* bounce into

impinge on ins form ♦ to restrict; to have a negative or limiting effect on ~ afectar negativamente; limitar || *This new law is likely to impinge on our rights ~ Es probable que esta nueva ley limite nuestros derechos*

impinge upon ins form ♦ *véase* impinge on

implant into v2obj ♦ [microchip/organ etc.] *véase* fit into [1]

implicate in v2obj ♦ [crime/something negative] *véase* embroil in

import from v2obj ♦ to import (goods) from (a foreign country) ~ importar de || *We import these olives from Spain ~ Importamos estas aceitunas de España*

impose on [1] ins ♦ to abuse the hospitality, kindness (etc.) of ~ abusar de la hospitalidad, amabilidad (etc.) de || *I don't want to impose on the director if he's busy ~ No quiero molestar al director si está ocupado* **[2]** v2obj form ♦ to force (somebody) to accept (e.g. a decision/fine/ban) ~ imponer a; hacer aceptar || *The committee imposed a new series of rules on the workers ~ El consejo impuso una nueva serie de normas a los obreros*

impose upon ins form & v2obj form ♦ *véase* impose on

impregnate with v2obj ♦ *véase* imbue with; deluge with

impress by v2obj ♦ to cause a good impression to (someone) with (behaviour etc.) ~ impresionar con/por || *She impressed the committee by her ease of expression ~ Impresionó al comité con su don de palabras*

impress into v2obj ♦ to press (something hard) into (something soft, e.g. wax) ~ estampar/grabar (algo) en || *Laura impressed the shape of the cross into the hot wax ~ Laura metió la forma de la cruz en la cera caliente*

impress on v2obj ♦ to make (a person) understand the importance of ~ convencer a (alguien) de la importancia de || *We will try to impress the seriousness of the situation on them ~ Intentaremos convencerles de la gravedad de la situación*

impress upon v2obj form ♦ *véase* impress on

impress with v2obj ♦ *véase* impress by

imprint on v2obj ♦ to print the image of (something) on (a surface) ~ imprimir/estampar/grabar en || *She imprinted the star shape on the paper ~ Estampó la estrella en el papel | The teacher imprinted the image on our memory ~ La profesora nos dejó la imagen grabada en la memoria*

imprint onto v2obj ♦ *véase* imprint on

imprint with v2obj ♦ to decorate (a surface) with the printed image of ~ estampar (algo) en || *Daniel imprinted 100 tee-shirts with that design ~ Daniel estampó ese dibujo en 100 camisetas*

imprison for v2obj jur ♦ to put (a criminal) in prison for (a crime/a period of time) ~ encarcelar por; condenar a (x años etc.) de prisión || *The judge imprisoned Daniel for robbery (for five years) ~ El juez condenó a Daniel a (cinco años de) prisión por robo*

improve on ins ♦ to improve the quality of (an earlier standard/product etc.) ~ mejorar || *I'd like us to improve on last year's yield ~ Me gustaría que mejoráramos el rendimiento del año pasado*

improve upon ins form ♦ *véase* improve on

improvise on ins ♦ [in music] to make a new, spontaneous version of (song) ~ improvisar a base de || *The pianist improvised on a traditional waltz ~ El pianista improvisó una nueva versión de un vals tradicional*

impute to v2obj form ♦ *véase* ascribe to [1], [2]

inaugurate as v2obj form ♦ to introduce (person/thing) as (having a specific role etc.) ~ inaugurar como || *Tonight we shall inaugurate Laura as director ~ Esta noche inauguraremos a Laura como directora*

incapacitate for v2obj ♦ *véase* disqualify for [1]

inch along vi & ins ♦ [forwards/sideways] *véase* edge along [2]

inch forward **[1]** vi ♦ to move forward little by little ~ avanzar palmo a palmo || *We inched forward and tried to look through the window ~ Avanzamos poquito a poco e intentamos mirar por la ventana* **[2]** sep os ♦ to move (something) forward little by little ~ mover (algo) poco a poco hacia adelante || *He tried to inch the table forward but it was very heavy ~ Trató de mover la mesa hacia adelante pero pesaba muchísimo*

inch out **[1]** vi ♦ *véase* edge out [1] **[2]** sep ♦ *véase* edge out [3]

incite to v2obj ♦ to encourage (someone) to adopt (specific behaviour) ~ animar a (alguien) a portarse (de tal manera) || *The union incited the workers to violence ~ El sindicato incitó a los obreros a lanzarse a la violencia*

incline away vi ♦ *véase* drop away [2]

incline toward ins USA ♦ *véase* lean to

incline towards ins GB AUS ♦ *véase* lean to

include among v2obj ♦ *véase* count among [1]

include in v2obj ♦ to make (person/thing) part of ~ incluir en || *Why don't you include your brother in the game? ~ ¿Por qué no incluyes a tu hermano en el juego?*

include out sep inf ♦ *véase* count out [1]

incorporate in v2obj ♦ to include (person/thing) in ~ incorporar a/incluir en || *She wants to incorporate some new techniques in our plan ~ Quiere incluir unas nuevas técnicas en nuestro plan*

incorporate into v2obj ♦ *véase* incorporate in

increase by **[1]** ins ♦ to enjoy/suffer an increase of (x % etc.) ~ subir en || *The profits have increased by 10% ~ Los beneficios han subido en un 10%* **[2]** v2obj ♦ to cause (figure) to enjoy/suffer an increase of (x % etc.) ~ hacer subir en || *The new system has increased our output by 15% ~ El nuevo sistema ha mejorado el rendimiento en un 15%*

increase in ins ♦ *véase* gain in

increase to **[1]** ins ♦ *véase* go up to [4] **[2]** v2obj ♦ to cause (something) to enjoy an increase to (a new level) ~ hacer subir a || *The government has increased interest rates to 10% ~ El gobierno ha elevado el tipo de interés al 10%*

increment by v2obj ♦ *véase* increase by [2]

inculcate in v2obj form ♦ *véase* infuse into

inculcate into v2obj form ♦ *véase* infuse into

inculcate with v2obj form ♦ *véase* imbue with

indemnify against v2obj ♦ *véase* insure against [2]

indemnify oneself against ins ♦ *véase* insure against [1]

indent for ins & v2obj form ♦ *véase* ask for [1]

indent on for v2obj GB form ♦ *véase* ask for [1]

indict for v2obj jur ♦ *véase* impeach for [1]

indoctrinate into v2obj ♦ to teach (someone) the basic ways of (a group/sect etc.) ~ adoctrinar en || *The boss indoctrinated Laura into the company's philosophy ~ La jefa adoctrinó a Laura en la filosofía de la empresa*

indoctrinate with v2obj ♦ *véase* indoctrinate into

induct into v2obj ♦ [call and install] *véase* conscript into

indulge in ins ♦ to allow oneself the luxury of (a favourite item/activity) ~ darse el lujo de || *After such a long day I indulged in a sauna ~ Tras una jornada tan larga me di el lujo de una sauna*

indulge with v2obj ♦ *véase* favour with

infect with v2obj ♦ to affect (somebody) with (a disease/sense of humour etc.) ~ infectar de/contagiar con || *She infected everyone with a sense of well-being ~ Contagió a todos con un sentido de bienestar*

infer from v2obj ♦ *véase* deduce from

infest with v2obj ♦ to plague/fill (a place) with (something bad/excessive) ~ plagar de/infestar de || *The tourist invasion has infested the town with neon signs ~ La invasión turística ha traído una plaga de letreros de neón al pueblo*

infiltrate into ins ♦ to join (an organisation etc.) as a spy (etc.) ~ infiltrarse en || *She managed to infiltrate into the Russian army during the war ~ Logró infiltrarse en el ejército ruso durante la guerra*

inflate with v2obj ♦ to fill (balloon/person) with (air; pride etc.) ~ inflar de/hinchar de || *I have inflated the balloons with helium so that they don't fall ~ He inflado los globos de helio para que no se caigan*

inflict on v2obj ♦ to cause (somebody) to suffer (defeat/punishment/law etc.) ~ infligir a/imponer a (etc.) || *The authorities inflicted a considerable fine on my parents ~ Las autoridades impusieron una multa considerable a mis padres*

inflict upon v2obj form ♦ *véase* inflict on

inform about v2obj ♦ *véase* clue in on

inform against ins ♦ *véase* fink on

inform of v2obj ♦ *véase* clue in on

inform on ins ♦ *véase* fink on

infringe on ins form ♦ *véase* encroach on; impinge on

infringe upon ins form ♦ *véase* encroach on; impinge on

infuse into v2obj ♦ to instil (spirit etc.) into (someone) ~ infundir a || *They were trying to infuse a sense of national pride into us ~ Intentaban infundirnos un sentido de orgullo nacional*

infuse with v2obj ♦ *véase* imbue with

ingratiate oneself into ins ♦ [+ someone's favour etc.] *véase* fawn on [1]; cozy up to

ingratiate oneself with ins ♦ *véase* fawn on [1]; cozy up to

inhere in ins form ♦ to be inherent in (a person) ~ ser inherente a || *Industriousness inheres in people from my country ~ La diligencia es inherente en la gente de mi país*

inherit from v2obj ♦ to receive (item/characteristic) from (parent etc.) ~ heredar de || *She inherited that money (her temper) from her father ~ Heredó ese dinero (el mal genio) de su padre*

inhibit from v2obj ♦ *véase* keep from [2]

initiate into **[1]** v2obj ♦ *véase* admit to [3] **[2]** v2obj ♦ to admit (person) to knowledge of (a secret etc.) ~ iniciar a (alguien) en (un secreto etc.) || *The director initiated me into the secret of the firm's success ~ La directora me inició en el secreto del éxito de la empresa*

inject into **[1]** v2obj ♦ to inject (drug etc.) into (vein etc.) ~ inyectar en || *The nurse injected the drug into our arms ~ La enfermera nos inyectó la droga en el brazo* **[2]** v2obj ♦ *véase* infuse into

inject with **[1]** v2obj ♦ to inject (drug etc.) into (oneself or another person) ~ inyectar en; inyectarse de || *It looks as if he's injected his girlfriend with heroin ~ Parece que ha inyectado heroína en su novia* **[2]** v2obj ♦ *véase* imbue with

ink in **[1]** sep ♦ to colour/complete (sketch etc.) with ink ~ entintar, completar con tinta || *I spent the afternoon inking in my sketches ~ Pasé la tarde coloreando de tinta mis dibujos* **[2]** sep inf ♦ to reserve/nominate (a date etc.) provisionally ~ apuntar con carácter provisional || *I've inked in your parents' visit for next month ~ He dicho provisionalmente que tus padres nos visitarán el mes que viene*

ink out sep ♦ to remove by covering with ink ~ tachar con tinta || *You can tell that they've inked out these three lines ~ Se nota que han tachado con tinta estas tres líneas*

ink over sep ♦ *véase* ink out

inlay with v2obj ♦ [the centre/interior] *véase* deck out with

inoculate against v2obj ♦ *véase* immunise against

inoculate with v2obj ♦ to protect/immunise (someone) by administering (vaccine etc.) ~ inocular de || *The nurse inoculated us with a very strong vaccine ~ La enfermera nos inoculó de una vacuna muy fuerte*

inquire about ins form ♦ *véase* ask about

inquire after ins form ♦ *véase* ask after

inquire for ins form ♦ *véase* ask about, ask after

inquire into ins form ♦ *véase* enquire into

inquire of v2obj form ♦ *véase* ask of

inscribe into v2obj form ♦ *véase* carve in

inscribe on v2obj form ♦ *véase* carve in

inscribe with v2obj form ♦ *véase* engrave with

insert in v2obj ♦ *véase* fit into [1]

insert into v2obj ♦ *véase* fit into [1]

insinuate oneself into ins form ♦ to work hard to become a member of or be accepted by ~ insinuarse en/introducirse en || *He always used to insinuate himself into our gang ~ Siempre se insinuaba en nuestra pandilla*

insist on ins ♦ not to accept anything other than ~ insistir en || *She insists on total silence when she's studying ~ Insiste en que haya silencio absoluto cuando está estudiando*

insist upon ins form ♦ *véase* insist on

inspire in v2obj ♦ *véase* infuse into

inspire with v2obj ♦ *véase* imbue with

install as v2obj ♦ *véase* inaugurate as

install in v2obj ♦ [cupboard/machine etc.] *véase* fit into [1]

instil in v2obj GB AUS ♦ *véase* infuse into

instil into v2obj GB AUS ♦ *véase* infuse into

instil with v2obj GB AUS ♦ *véase* imbue with

instill in v2obj USA ♦ *véase* infuse into

instill into v2obj USA ♦ *véase* infuse into

instill with v2obj USA ♦ *véase* imbue with

institute against v2obj jur ♦ *véase* bring against

instruct in v2obj ♦ *véase* drill in [2]

insulate against v2obj ♦ to protect (person/cable) from (cold etc.) ~ aislar/proteger de || *This blanket should insulate you against the wind ~ Esta manta deberá protegerte del viento*

insulate from v2obj ♦ *véase* insulate against

insure against **[1]** ins ♦ to insure oneself against (a specific occurrence) ~ asegurarse contra || *I have insured against the possibility of rain on my wedding day ~ Me he asegurado contra la posibilidad de que llueva el día de mi boda* **[2]** v2obj ♦ to insure (car/house/another person) against ~ asegurar contra || *Daniel has insured his car against theft ~ Daniel ha asegurado su coche contra el robo*

insure for v2obj ♦ [coche etc.] *véase* assure for

integrate into **[1]** ins ♦ *véase* fit into [3] **[2]** v2obj ♦ *véase* incorporate in

integrate with v2obj ♦ *véase* combine with [2]

intend as v2obj ♦ to intend to offer (an item or comment) in the capacity of ~ ofrecer/dar/decir (algo) como || *I intended the remark as a joke, nothing more ~ Quería que la observación fuera un chiste, nada más*

intend for v2obj ♦ to make (something) destined for ~ destinar (algo) a || *We intended this post for you, but it wasn't to be ~ Este puesto iba a ser para usted, pero no pudo ser*

interact on ins ♦ [project etc.] to work in a reciprocal arrangement on ~ obrar recíprocamente en || *The two universities are going to interact on the project ~ Las dos universidades van a obrar recíprocamente en el proyecto*

interact with ins ♦ to act in conjunction with ~ interactuar/interaccionar con || *This chip interacts with the keyboard ~ Este chip interacciona con el teclado*

intercede for ins form ♦ to act as a mediator on behalf of ~ interceder por || *The union will intercede for the workers ~ El sindicato intercederá por los obreros*

intercede with ins form ♦ to mediate with ~ interceder con || *We had to intercede with the management to stop the plans ~ Tuvimos que interceder con la dirección para frenar los planes*

interchange with v2obj ♦ *véase* exchange for

intercut with v2obj téc ♦ [in films] to alternate (one shot, technique etc.) with (another) ~ alternar/interrumpir (algo) con (algo más) || *The director has intercut the dialogue with images of the war ~ La directora ha interrumpido el diálogo con imágenes de la guerra*

interest in v2obj ♦ to cause (a person) to become interested in (product/topic) ~ interesar a (alguien) en || *The man was trying to interest me in some encyclopaedias ~ El hombre intentaba convencerme para que le comprara unas enciclopedias*

interface with ins ♦ to connect with ~ conectar con || *It has been easy to interface with him in the meetings we've had ~ Ha sido fácil conectar con él en las reuniones que hemos mantenido*

interfere in ins ♦ to involve oneself in (other people's affairs) ~ entrometerse en || *I wish he'd stop interfering in these matters ~ Ojalá dejara de entrometerse en estos asuntos*

interfere with [1] ins ♦ to impede the success (etc.) of ~ estorbar (etc.) || *My parents don't want the rehearsals to interfere with my studies ~ Mis padres no quieren que los ensayos estorben mis estudios* **[2]** ins téc ♦ [radio reception etc.] to reduce the clarity of ~ interferir || *I think the hair-dryer is interfering with the radio signal ~ Creo que el secador está interfiriendo la señal radiofónica* **[3]** ins GB AUS ♦ *véase* feel up

interject into v2obj ♦ *véase* bring into [2]

interlace with v2obj ♦ [threads etc.] *véase* combine with [2]

interlard with v2obj ♦ *véase* dot with

intermarry with ins ♦ to marry (someone of a different religion/race etc.) ~ casarse con (alguien de otra religión/raza etc.) || *Several of my friends have intermarried with Muslims ~ Varias de mis amigas se han casado con musulmanes*

intermingle with [1] ins ♦ [in a party/crowd] to become part of (a large group) ~ entremezclarse con || *Laura suddenly intermingled with the group in the corner ~ Laura se entremezcló de repente con el grupo del rincón* **[2]** v2obj ♦ [unintentionally] *véase* blend in with [2]

interpose between v2obj ♦ to place (person/thing) between (2 other people or things) ~ interponer entre || *He interposed his remarks between two major complaints ~ Interpuso sus observaciones entre dos quejas importantes*

interpose in v2obj ♦ *véase* bring into [2]

interpose into v2obj ♦ *véase* bring into [2]

interpret as v2obj ♦ *véase* construe as

interpret for [1] ins ♦ to act as an interpreter for ~ servir de intérprete para || *I usually interpret for the club when they sign a foreign player ~ Suelo servir de intérprete para el club cuando ficha a un jugador extranjero* **[2]** v2obj ♦ to interpret (a dialogue etc.) for (a listener) ~ interpretar (algo) a/para || *Would you mind interpreting the visitor's words for me? ~ ¿Le importaría interpretarme lo que diga el visitante?* **[3]** v2obj ♦ *véase* explain to

intersperse with v2obj ♦ *véase* dot with

intertwine with v2obj ♦ [flowers/cables] *véase* combine with [2]

intervene in ins ♦ to take part in ~ tomar parte en/intervenir en || *The president himself intervened in the dispute ~ El presidente mismo intervino en la disputa*

intervene with ins ♦ *véase* intervene in; intercede with

interview for [1] v2obj ♦ [general job interview] *véase* audition for [2] **[2]** ins ♦ [general job interview] *véase* audition for [1]

interview with ins ♦ to be interviewed for a job by (a company etc.) ~ entrevistarse con || *I interviewed with four firms, but had no luck ~ Me entrevisté con cuatro empresas, pero no hubo suerte*

intimate to v2obj ♦ *véase* impart to [2]

intimidate into v2obj ♦ [using threats etc.] *véase* bounce into

intimidate with v2obj ♦ to make (someone) afraid by using (threats etc.) ~ intimidar con || *The bully intimidated the children with his language ~ El matón intimidó a los niños con su lenguaje*

intoxicate with v2obj ♦ to cause to feel drunk due to (alcohol/romance etc.) ~ intoxicar de/embriagar de || *The poet intoxicated the public with emotion ~ El poeta embriagó al público de emoción*

intrigue with [1] v2obj ♦ *véase* astonish with **[2]** ins ♦ *véase* conspire with

introduce as v2obj ♦ [name/role] *véase* inaugurate as

introduce oneself as ins ♦ to present oneself to someone using the name of ~ presentarse como || *Laura introduced herself as Angela, which confused us ~ Laura se presentó como Angela, lo cual nos confundió*

introduce into v2obj ♦ *véase* bring into [2]

introduce to v2obj ♦ to present (someone) to (another person/activity etc.) ~ presentar a || *I'd like to introduce you to my partner ~ Quisiera presentarle a mi socio*

intrude into ins ♦ [territory/others' affairs] *véase* encroach on [2]; break in on

intrude on ins ♦ *véase* encroach on [2]

intrude upon ins form ♦ *véase* encroach on [2]

inundate with v2obj ♦ *véase* deluge with

inure to v2obj form ♦ *véase* harden to

invalid out sep GB AUS ♦ to cause (a soldier etc.) to stop working due to illness/injury ~ licenciar por invalidez || *It seems the army is going to invalid him out ~ Parece que el ejército le va a licenciar por invalidez*

invalid out of v2obj GB AUS ♦ to cause (a soldier etc.) to leave (army etc.) due to illness/injury ~ licenciar a (alguien) de (una institución) por invalidez || *They're going to have to invalid him out of the police force ~ Van a tener que licenciarle de la policía por invalidez*

inveigh against ins form ♦ *véase* cut up [5]

inveigle into v2obj ♦ *véase* deceive into

inveigle out of [1] v2obj ♦ *véase* defraud of **[2]** v2obj ♦ [money etc.] *véase* get out of [4]

invest in [1] ins & v2obj ♦ to invest/spend (time/money/ energy etc.) in (project/shares) ~ invertir en (etc.); dedicar a || *We have invested a lot of money (energy) in this project ~ Hemos invertido mucho dinero en (dedicado mucha energía a) este proyecto* **[2]** v2obj ♦ to award (power etc.) to (person) ~ invertir a (uno) de/con || *I have invested a lot of responsibility in my daughter ~ He invertido a mi hija de mucha responsabilidad*

invest with v2obj ♦ to award (power etc.) to (person) ~ invertir a (uno) de/con || *The firm is going to invest Laura with more importance ~ La empresa va a invertir a Laura de más importancia*

invite along sep ns ♦ *véase* ask along

invite around sep os ♦ *véase* ask over

invite around for v2obj ♦ *véase* ask over for

invite back [1] sep os ♦ *véase* ask back [1] **[2]** sep os ♦ *véase* ask back [2] **[3]** sep os ♦ to invite (someone) to go to one's house after a date ~ invitar a (alguien) a volver a casa al final de una cita || *Instead of saying goodbye at ten o'clock he invited me back ~ En vez de* *despedirse de mí a las diez me invitó a su casa*

invite back for v2obj ♦ to invite (person) to go to one's house after a date for (coffee etc.) ~ invitar a (alguien) a volver a casa al final de una cita a por/tomar (café etc.) || *She invited me back for coffee and winked at me ~ Me invitó a volver a su casa a tomar un café, y me guiñó el ojo*

invite in sep ns ♦ *véase* ask in

invite in for v2obj ♦ *véase* ask in for

invite out sep os ♦ *véase* ask out

invite out for v2obj ♦ *véase* ask out for

invite over sep os ♦ *véase* ask over

invite over for v2obj ♦ *véase* ask over for

invite round sep os ♦ *véase* ask over

invite round for v2obj ♦ *véase* ask over for

invoke on v2obj form ♦ [anger etc. on another person] *véase* bring down on

invoke upon v2obj form ♦ [anger etc. on another person] *véase* bring down on

involve in v2obj ♦ *véase* embroil in

involve with v2obj ♦ *véase* embroil with

iron out **[1]** sep ♦ [crease etc.] to remove by ironing ~ quitar planchando || *This shirt has a lot of creases: I'm going to iron them out ~ Esta camisa tiene muchas arrugas: voy a quitarlas con la plancha* **[2]** sep ♦ [difficulties] to solve/ remove ~ nivelar/allanar/suprimir || *The committee will have to iron these problems out ~ El comité tendrá que allanar estos problemas*

isolate from v2obj ♦ *véase* insulate against; keep away from [2]

issue forth vi form ♦ *véase* break forth; come forth

issue from ins form ♦ *véase* emanate from

issue in ins form ♦ *véase* eventuate in

issue to v2obj ♦ [order/document/ uniform etc.] *véase* assign to; give to

issue with v2obj ♦ *véase* equip with

itch for ins ♦ *véase* crave for

J

jab at ins ♦ to tap aggressively/repeatedly with one's finger ~ dar con el dedo a || *He jabbed at my arm while he told me the story ~ Al contarme la historia me dio repetidas veces en el brazo con el dedo*

jab into v2obj ♦ to prod (finger/weapon) into (e.g. a person's arm) ~ dar en (el brazo de alguien etc.) con (dedo/navaja etc.) || *Daniel jabbed his finger into my chest as he spoke ~ Daniel me dio en el pecho con el dedo al hablarme*

jab out sep ♦ [fist etc.] to move forward very quickly ~ [puño etc.] sacar de prisa || *He jabbed his fist out and just missed me ~ Sacó de repente el puño y por poco me dio*

jab with v2obj ♦ to hit (person/thing) using ~ dar/golpear con || *Laura jabbed the paper with her pen ~ Laura dio con el bolígrafo en el papel*

jabber about ins inf ♦ *véase* chat about; go on about

jabber away ins inf ♦ *véase* gabble away

jack around sep os USA arg ♦ *véase* bugger about [2]

jack in sep GB inf ♦ *véase* chuck in [2]

jack off vi & sep USA tab ♦ *véase* beat off [2]

jack up **[1]** sep ♦ to lift (car etc.) using a jack ~ alzar con gato || *The mechanic jacked the car up and looked at the exhaust pipe ~ El mecánico alzó el coche con gato y miró el tubo de escape* **[2]** sep inf ♦ *véase* hike up [2] **[3]** vi USA inf ♦ *véase* get off [8] **[4]** vi AUS inf ♦ to refuse (to do an activity etc.) ~ negarse || *We wanted them to help us, but they jacked up ~ Queríamos que nos ayudaran, pero se negaron*

jack up on **[1]** ins AUS inf ♦ to refuse to do something requested by ~ negarse a hacer algo propuesto (etc.) por || *That boy jacks up on his parents whenever they ask him a favour ~ Cada vez que sus padres le piden un favor, ese chico se niega* **[2]** ins USA inf ♦ *véase* get off on [1]

jam in **[1]** vi & sep ♦ *véase* cram in **[2]** sep ♦ *véase* hedge in

jam on **[1]** v2obj ♦ to fit (e.g. a hat) onto (head etc.) forcefully ~ encasquetar(se) (un sombrero etc.) || *The mother jammed a hat on her son's head ~ La madre encasquetó un sombrero en la cabeza de su hijo* **[2]** sep ♦ [brakes] to apply forcefully ~ frenar de repente/con violencia || *I had to jam on the brakes to avoid the lorry ~ Tuve que frenar de repente para esquivar el camión*

jam up **[1]** vi ♦ *véase* choke up [4] **[2]** sep ♦ *véase* block up

jam with **[1]** ins ♦ to play improvised music in the company of ~ improvisar con || *After the concert I jammed with the guitarist ~ Después del concierto improvisé con el guitarrista* **[2]** v2obj ♦ to block (a pipe etc.) with ~ tapar/bloquear con || *Daniel tried to jam the pipe with a piece of wood ~ Daniel intentó tapar el tubo con un trozo de madera*

jar against ins ♦ *véase* bang into

jar on ins ♦ [esp. noise] to irritate ~ ponerle los nervios de punta || *That mu-*

sic jars on us ~ *Esa música nos crispa los nervios*

jar with ins ♦ *véase* clash against [2]

jaw about ins USA inf ♦ *véase* chat about; go on about

jaw at ins USA inf ♦ *véase* go on at

jaw down sep USA inf ♦ [by talking] *véase* bear down [3]

jazz up sep inf ♦ *véase* doll up

jeer at ins ♦ *véase* gibe at

jerk along vi ♦ *véase* bump along

jerk around vi & sep os USA arg ♦ *véase* bugger about

jerk away from v2obj ♦ to remove (something) from (someone) with a quick action ~ quitar (algo) a (alguien) de un tirón || *Laura jerked the matches away from her daughter* ~ *Laura quitó las cerillas a su hija de un tirón*

jerk forward vi ♦ *véase* pitch forward

jerk off **[1]** vi & sep tab ♦ *véase* beat off [2] **[2]** vi USA arg ♦ *véase* arse about

jerk out sep ♦ *véase* gasp out

jerk up sep ♦ to raise/lift with a quick action ~ subir de un tirón || *I jerked the shoe up so the dog wouldn't bite it* ~ *Recogí el zapato de un tirón para que no lo mordiera el perro*

jest about ins ♦ *véase* joke about

jest at ins ♦ *véase* joke about

jest with ins ♦ *véase* have on [4]

jet off vi ♦ *véase* fly out [1]

jib at ins GB arc ♦ *véase* balk at

jibe at ins ♦ *véase* gibe at

jibe with ins USA AUS inf ♦ *véase* accord with

jimmy up sep USA ♦ [window with a lever etc.] *véase* ease up [6]

jink past vi & ins ♦ to pass by zigzagging quickly to the side ~ pasar dando un bandazo (etc.) || *He jinked past (the defender) and ran towards the goalkeeper* ~ *Pasó (al defensa) con un bandazo y corrió hacia el portero*

jockey for ins ♦ to manoeuvre/strive in order to achieve (position etc.) ~ maniobrar para (luchar por) conseguir || *The assistants were jockeying for the permanent post* ~ *Los asistentes maniobraban para conseguir el puesto permanente*

jockey into v2obj USA ♦ *véase* entice into

jog along **[1]** vi ♦ *véase* come along [2] **[2]** vi & ins ♦ to jog (along a road etc.) ~ hacer footing (por una calle etc.) || *When I saw her she was jogging along (the main road)* ~ *Cuando la vi hacía footing (por la carretera principal)*

join in **[1]** vi ♦ to begin to participate (in a game, song etc.) ~ empezar a participar || *She's a very shy girl: she doesn't really join in* ~ *Es una niña muy tímida: no participa mucho* **[2]** ins ♦ to begin to participate in (a game, song etc.) ~ empezar a participar en || *I'd like you all to join in our activities* ~ *Me gustaría que todos tomarais parte en nuestras actividades* **[3]** ins ♦ *véase* unite in [1] **[4]** v2obj ♦ *véase* unite in [2]

join in with ins ♦ *véase* join in [2]

join on **[1]** vi ♦ to fasten/connect (to something else) ~ colocarse (etc.) || *This last component should join on beside the handle* ~ *Este último componente debería colocarse al lado del asa* **[2]** sep ♦ *véase* bind on

join to v2obj ♦ *véase* connect with

join together **[1]** sep ♦ *véase* bind together **[2]** vi ♦ *véase* band together

join up **[1]** vi mil ♦ to become a member of the army ~ alistarse || *She joined up a few years after the war* ~ *Se alistó unos cuantos años después de la guerra* **[2]** vi ♦ *véase* band together **[3]** sep ♦ *véase* connect up [2]

join up with ins & v2obj ♦ *véase* connect with

join with ins & v2obj form ♦ *véase* connect with

join with in v2obj form ♦ to participate in (an activity) with (other people) ~ participar en (una actividad) con || *I want everyone to join with the choir in one last chorus* ~ *Quiero que todos se junten con el coro y canten un último estribillo*

joke about ins ♦ to make a joke concerning ~ tomar en chunga; bromear acerca de (etc.) || *You shouldn't joke* *about poor people ~ No deberías contar chistes sobre la gente pobre*

joke with ins ♦ *véase* have on [4]

jolly along sep inf ♦ *véase* draw on [9]

jolly into v2obj ♦ *véase* coax into

jolt into v2obj ♦ *véase* bounce into

jolt out of v2obj ♦ [violently, from sleep/stupor etc.] *véase* arouse from

jostle around sep os ♦ *véase* bash about

jostle aside sep ♦ *véase* elbow aside

jostle for ins ♦ *véase* jockey for

jostle with ins ♦ [in queue etc.] *véase* fight against

jot down sep ♦ *véase* copy down

judge by ins ♦ to base one's judgement on ~ juzgar por || *Judging by her recent grades, she's going to pass her exams ~ A juzgar por sus notas recientes, va a aprobar los exámenes*

judge for oneself vi & sep os ♦ to form one's own opinion (of) ~ formar su propia opinión (de) || *You can judge (the evidence) for yourselves ~ Ya pueden formar su propia opinión (de los indicios)*

judge from ins ♦ *véase* judge by

judge of ins form ♦ to have an opinion about ~ opinar sobre || *Are you able to judge of her personality? ~ ¿Ya puedes opinar sobre su personalidad?*

juggle around sep inf ♦ *véase* juggle with [2]

juggle with [1] ins ♦ to perform a juggling act using ~ hacer juegos malabares con || *Daniel juggled with three bottles of wine ~ Daniel hizo juegos malabares con tres botellas de vino* **[2]** ins inf ♦ [accounts etc.] to falsify ~ falsificar; hacer trampa con || *The accountant juggled with the figures to hide the problems ~ El contable hizo trampa con las cifras para ocultar los problemas* **[3]** v2obj ♦ to combine (one activity) with (another) ~ compaginar/combinar || *She has to juggle her job with the problems of bringing up the children ~ Tiene que compaginar el trabajo con los problemas de criar a sus hijos*

juice back sep USA inf ♦ *véase* drink down

juice up [1] vi USA inf ♦ *véase* fill up [2] **[2]** sep USA inf ♦ to add sensational interest to ~ dar picante a || *The newspapers are trying to juice the story up ~ Los periódicos están intentando dar picante a la historia*

jumble together sep ♦ to mix in an untidy manner ~ mezclar/emburujar || *Laura jumbled her clothes together in a bag and left ~ Laura emburujó su ropa en un bolso y se fue*

jumble up sep ♦ *véase* jumble together

jump about vi ♦ *véase* caper about; frisk about

jump across vi & ins ♦ to cross (something) by jumping ~ cruzar (algo) de un salto || *Daniel approached the stream and jumped across (it) ~ Daniel se acercó al arroyo y (lo) cruzó de un salto*

jump around vi ♦ *véase* caper about; frisk about

jump at ins ♦ to accept eagerly ~ aceptar con entusiasmo || *Laura jumped at the chance to play in the national team ~ Laura aceptó con entusiasmo la oportunidad de jugar en la selección nacional*

jump back vi ♦ *véase* spring back [1]

jump down vi ♦ to descend with a jump ~ bajar de un salto || *I don't like you being up there: jump down ~ No me gusta que estés allí arriba: baja de un salto*

jump for ins ♦ [+ joy etc.] to jump because of ~ saltar de (alegría etc.) || *My parents jumped for joy when I told them the news ~ Mis padres saltaron de alegría cuando les conté la noticia*

jump in [1] vi ♦ to enter (car etc.) quickly ~ entrar/subir de prisa || *The taxi-driver told me to jump in ~ El taxista me dijo que subiera de prisa* **[2]** vi ♦ *véase* break in [2] **[3]** vi ♦ [situation/fight] to become involved quickly or spontaneously ~ meterse rápida o espontáneamente || *The fight (the auction) was almost finished when I jumped in ~ La* *pelea (la subasta) estaba casi terminada cuando me metí yo*

jump into ins ♦ [vehicle/water/fight] *véase* dive into [2]

jump off **[1]** vi & ins ♦ *véase* hop off [1] **[2]** vi GB arg ♦ to practise coitus interruptus ~ dar marcha atrás || *She'd forgotten to take the pill so her boyfriend jumped off ~ Se le había olvidado tomar la píldora, así que su novio dio marcha atrás* **[3]** vi dep ♦ [in showjumping] to participate in a final competition to decide the winner ~ [en un concurso de saltos] participar en un desempate || *Laura had to jump off against the Swiss rider ~ Laura tuvo que participar en un desempate contra la participante suiza*

jump on **[1]** vi & ins ♦ *véase* hop on **[2]** ins inf ♦ to begin to criticise at once ~ poner verde en seguida || *She jumped on me before I could finish my explanation ~ Me puso verde antes de que pudiera acabar la explicación* **[3]** ins inf ♦ to begin a fight with ~ empezar una pelea con(tra) || *They jumped on us for no reason whatsoever ~ Nos asaltaron sin justificación alguna*

jump onto ins ♦ *véase* hop on

jump out **[1]** vi ♦ *véase* hop out **[2]** vi ♦ to emerge quickly (from a hiding-place etc.) ~ salir de repente (de un escondrijo etc.) || *When I was passing the alley-way Daniel jumped out ~ Cuando pasaba el callejón salió Daniel de repente*

jump out at **[1]** ins ♦ to be extremely obvious to ~ saltarle a la vista || *The spelling mistake on the poster jumped out at me ~ La falta de ortografía en el póster me saltó a la vista* **[2]** ins ♦ to emerge quickly from a hiding-place and attack ~ salir de repente de un escondrijo y asaltar a || *The men jumped out at Daniel near the cinema ~ Los hombres aparecieron de repente y asaltaron a Daniel cerca del cine*

jump out of ins ♦ *véase* hop out of

jump over vi & ins ♦ to jump over the top of (a gate etc.) ~ saltar (por encima de) || *She jumped over (the fence) and ran towards me ~ Saltó por encima (de la valla) y corrió hacia mí*

jump through ins ♦ [+ hoops] to take necessary action to obey someone ~ cumplir con todo lo necesario para obedecer a alguien || *The director always insists we jump through hoops for him ~ El director siempre insiste en que hagamos lo que sea para complacerle*

jump to ins ♦ [+ a conclusion (quickly)] *véase* arrive at; come to [2]

jump to it vi inf ♦ *véase* come along [4]

jump up vi ♦ to stand quickly ~ levantarse de prisa/de un salto || *He jumped up and ran towards the phone ~ Se puso de pie de un salto y corrió hacia el teléfono*

jump with **[1]** ins ♦ *véase* jump for **[2]** ins inf ♦ [bar full of people etc.] *véase* brim with

justify by v2obj ♦ to justify (something) by using (specific action etc.) ~ justificar con || *He tried to justify his actions by a series of excuses ~ Intentó justificar sus acciones con una serie de excusas*

justify to v2obj ♦ to justify (something) to (a person in authority etc.) ~ justificar a/ante || *You'll have to justify your behaviour to the judge ~ Tendrás que justificar tu conducta ante el juez*

jut out vi ♦ to protrude (above/beyond a surface) ~ sobresalir || *The modern bricks are the ones that jut out slightly - can you see? ~ Los ladrillos modernos son los que sobresalen un poco - ¿los ves?*

jut out from ins ♦ to protrude above/beyond (esp. a solid surface) ~ sobresalir de/encima de (etc.) || *The window juts out from the wall of the house ~ La ventana sobresale del muro de la casa*

jut out of ins ♦ [esp. water] *véase* jut out from

juxtapose to v2obj form ♦ to place (one thing/person) next to (another) ~ yuxtaponer; colocar al lado de || *The witch juxtaposed the cross to the bat ~ La bruja colocó la cruz al lado del murciélago*

K

keel over **[1]** vi náut ♦ [capsize totally] *véase* heel over **[2]** vi ♦ *véase* fall down [1]

keep about sep os ♦ *véase* hoard away; have around [1]

keep after ins USA ♦ *véase* be on at; go on at

keep ahead vi ♦ to remain in an advantageous position ~ mantener la ventaja || *We'll have to work hard if we want to keep ahead ~ Tendremos que trabajar duro si queremos mantener la ventaja*

keep ahead of ins ♦ to remain in an advantageous position with regard to (rival) ~ mantener la ventaja a || *I'll do everything I can to keep ahead of that firm ~ Haré todo lo posible para mantener la ventaja a esa empresa*

keep apart sep os ♦ to keep (2 people/things) separate from each other ~ mantener separados || *It was difficult to keep Daniel and Laura apart during the trip ~ Fue difícil mantener separados a Daniel y Laura durante el viaje*

keep around sep os ♦ *véase* hoard away; have around [1]

keep at **[1]** ins USA ♦ *véase* keep after **[2]** ins ♦ to continue to work hard at ~ no cejar en || *I find Russian difficult but I'm going to keep at it ~ El ruso me resulta muy difícil pero voy a perseverar*

keep away **[1]** vi ♦ not to approach ~ no acercarse || *If there are lions there I'm going to keep away ~ Si hay leones por ahí no me voy a acercar* **[2]** sep ♦ to prevent from approaching ~ impedir que (uno) se acerque || *Please keep the children away ~ Por favor, impida que se acerquen los niños* **[3]** sep ♦ [illness] to prevent from infecting ~ hacer que no se contagie (etc.) || *Lots of fruit will keep the flu away ~ Mucha fruta hará que no cojas la gripe*

keep away from **[1]** ins ♦ not to approach (a person or place); not to use (drugs etc.) ~ no acercarse a; no meterse en || *I think we should keep away from that bar ~ Creo que deberíamos alejarnos de ese bar* **[2]** v2obj ♦ to prevent (someone) from approaching (a person/place) ~ impedir que (uno) se acerque a || *Try and keep grandma away from the sherry! ~ ¡Intenta que la abuela no se acerque al jerez!*

keep back **[1]** sep ♦ *véase* hold back [1] **[2]** sep GB AUS ♦ *véase* hold back [2] **[3]** vi ♦ to remain at a safe distance ~ mantenerse alejado || *The firemen told the children to keep back ~ Los bomberos dijeron a los niños que se mantuvieran alejados*

keep back from **[1]** ins ♦ *véase* draw back from [1] **[2]** v2obj ♦ *véase* hold back from [2] **[3]** v2obj ♦ *véase* keep away from [2]

keep by sep os ♦ *véase* hoard away

keep down **[1]** sep ♦ *véase* hold down [3] **[2]** sep ♦ *véase* hold down [4] **[3]** sep ♦ *véase* hold down [5] **[4]** sep ♦ *véase* hold down [6] **[5]** vi ♦ [remain prostrate] *véase* get down [7]

keep for v2obj ♦ *véase* hold for

keep from **[1]** v2obj ♦ to retain (secret etc.) from (someone) ~ ocultar (algo) a || *We kept the news from Laura until after the exams ~ Ocultamos la noticia a*

Laura hasta acabados los exámenes **[2]** v2obj ♦ to prevent (someone) from (pursuing an activity etc.) ~ impedir a (uno) hacer (algo) || *I don't want to keep you from your studies/meal* ~ *No quiero distraerte de los estudios/la cena*

keep in **[1]** sep os ♦ to force (esp. a child) to stay at home/school as a punishment ~ no dejar salir; encerrar castigado || *We failed our exams so our parents kept us in* ~ *Suspendimos los exámenes así que como castigo nuestros padres no nos dejaron salir* **[2]** vi GB AUS ♦ to remain near the edge of a road (to avoid cars etc.) ~ mantenerse muy al bordillo || *The road is very narrow so we'll have to keep in* ~ *La carretera es muy estrecha así que tendremos que pegarnos al bordillo* **[3]** sep os ♦ to force to remain in hospital ~ obligar a permanecer ingresado || *The doctors want to keep me in for observation tonight* ~ *Los médicos quieren que me quede en observación esta noche* **[4]** sep os dep ♦ to prevent (the ball) from leaving the field ~ hacer que (la pelota) no salga || *The ball was going towards the line but I kept it in* ~ *La pelota iba hacia la línea pero conseguí que no saliera* **[5]** v2obj ♦ to maintain (someone) supplied with ~ suministrar/pagar (algo) a (alguien) || *I work in order to keep my husband in expensive clothes* ~ *Trabajo para pagarle la ropa cara a mi marido* **[6]** v2obj ♦ to store (an item) in (a place) ~ guardar (algo) en (un sitio) || *I usually keep my clothes in my sister's wardrobe* ~ *Suelo guardar mi ropa en el armario de mi hermana*

keep in with ins GB AUS ♦ to continue to be friendly with (someone useful) ~ mantener buenas relaciones con (alguien útil) || *If she's rich you must keep in with her* ~ *Si es rica deberás cultivar tu amistad con ella*

keep off **[1]** vi & ins ♦ not to tread (on grass etc.) ~ no pisar || *The gardener wants us to keep off (the lawn)* ~ *El jardinero quiere que no pisemos el césped* **[2]** sep os & v2obj ♦ to prevent (someone) from treading (on grass etc.) ~ hacer que (alguien) no pise || *Can you please keep your children off (the lawn)?* ~ *Por favor, no deje que sus niños pisen el césped* **[3]** sep os & v2obj ♦ to stop (sun/insects etc.) from touching (area/one's body) ~ alejar (etc.) || *This cream will keep the flies off (your arms)* ~ *Esta crema alejará a las moscas (de tus brazos)* **[4]** ins ♦ not to consume (something harmful) ~ no comer/beber/fumar (etc.) || *We're trying to keep off the hot dogs this summer* ~ *Estamos intentando no comer perritos calientes este verano* **[5]** v2obj ♦ to prevent (someone) from consuming (something harmful) ~ no dejar comer/beber/fumar (etc.) || *Keep my father off the rum - it's bad for his heart* ~ *No dejes que mi padre beba ron - es malo para el corazón* **[6]** ins ♦ not to mention (a delicate topic) ~ no sacar (un tema delicado etc.) || *I usually try to keep off religion when I'm drunk* ~ *Cuando estoy borracho suelo intentar no hablar de la religión* **[7]** v2obj ♦ to prevent (someone) from mentioning (a delicate topic) ~ no dejar que (uno) hable de || *If we can keep her off politics the meal should go well* ~ *Si conseguimos que no hable de política la cena deberá ir bien* **[8]** vi GB ♦ *véase* hold off [3]

keep on **[1]** sep ♦ [garment] to continue to wear ~ no quitarse || *You can keep your coat on* ~ *Puede seguir con el abrigo puesto* **[2]** vi ♦ *véase* carry on [1] **[3]** sep ♦ to continue to employ ~ seguir empleando || *After the merger we kept three secretaries on* ~ *Después de la fusión seguimos empleando a tres secretarios* **[4]** vi inf ♦ *véase* go on [4] **[5]** sep ♦ [light etc.] to keep illuminated ~ mantener encendido || *My son usually keeps the light on when he's in bed* ~ *Cuando está en la cama mi hijo suele dejar la luz encendida*

keep on about ins ♦ *véase* go on about

keep on at ins ♦ *véase* go on at

keep on at about v2obj ♦ *véase* go on at about

keep on with ins ♦ *véase* carry on with [1]

keep out [1] vi ♦ not to enter ~ no entrar || *That house is private - you should keep out ~ Esa casa es privada - no deberíais entrar* **[2]** sep ♦ not to allow to enter ~ no dejar entrar || *I'd prefer it if you kept the dog out ~ Preferiría que dejaras fuera al perro*

keep out of [1] ins ♦ not to enter/get involved in ~ no entrar en/no meterse en || *As a rule I keep out of such debates ~ Como regla general no me meto en semejantes debates* **[2]** v2obj ♦ not to allow (person/thing) to enter/get involved in ~ no dejar entrar/meterse en || *Let's try and keep personal opinions out of the discussion ~ Procuremos no meter opiniones personales en el diálogo*

keep to [1] ins ♦ to limit oneself to ~ limitarse a || *I think we should keep to an informal chat ~ Creo que deberíamos limitarnos a una charla informal* **[2]** v2obj ♦ to limit (person; costs etc.) to ~ limitar a || *I'd like to keep my grandfather to mineral water ~ Me gustaría limitar a mi abuelo a agua mineral* | *Can we keep costs to 100 dollars? ~ ¿Podemos limitar los costes a 100 dólares?* **[3]** ins ♦ *véase* adhere to [2] **[4]** v2obj ♦ *véase* hold to [2]

keep to oneself sep os ♦ to keep (something) secret ~ guardar en secreto || *Do you mind keeping that information to yourself? ~ ¿Le importa guardar esa información en secreto?*

keep together [1] vi ♦ to remain united ~ quedarse unidos/juntos || *If we keep together we'll not get lost ~ Si nos quedamos juntos no nos perderemos* **[2]** sep os ♦ to keep (people/things) united ~ guardar unidos/juntos || *Here are the files: will you keep them together, please? ~ Aquí tiene las carpetas: ¿las guarda juntas, por favor?*

keep under sep os ♦ to subjugate/subdue ~ mantener subyugado || *The dictator kept us under for several decades ~ El dictador nos mantuvo subyugados durante varias décadas*

keep up [1] vi ♦ to remain/advance at the level/ speed of one's peers/rivals (etc.) ~ no rezagarse || *Since I missed a year of school I find it difficult to keep up ~ Ya que perdí un año del colegio me resulta difícil no rezagarme* **[2]** vi ♦ to succeed in understanding/ coping (with something which happens or changes quickly) ~ mantenerse al día; poder con el ritmo/los cambios de algo || *Things change so quickly these days that it's hard to keep up ~ Las cosas cambian tan de prisa hoy en día que es difícil mantenerse al día* **[3]** ins ♦ *véase* carry on with [1] **[4]** vi ♦ *véase* hold up [6] **[5]** sep ♦ to maintain the high level of ~ conservar/mantener/sostener || *The king's visit kept our spirits up ~ La visita del rey nos animó* **[6]** sep ♦ to continue to practise (a skill/ language etc.) ~ continuar practicando/ estudiando (etc.) || *It's important to travel if you want to keep your oral English up ~ Es importante viajar si quieres mantener tu buen nivel de inglés oral* **[7]** sep ♦ [building etc.] to maintain ~ mantener || *Keeping the cathedral up is very expensive ~ Es muy caro mantener la catedral* **[8]** sep os ♦ to prevent (someone) from going to bed ~ tener en vela/hacer trasnochar || *My daughter kept me up until 3.00 ~ Mi hija me tuvo en vela hasta las 3.00*

keep it up vi ♦ to continue (good work etc.) in the same manner ~ seguir como antes; no cejar || *My only advice to you is to keep it up ~ El único consejo que puedo daros es que no cejéis*

keep up with [1] ins ♦ to remain/advance at the same level/speed as (peer/rival etc.) ~ mantenerse/ir al paso/nivel de || *Keeping up with the competition is proving very hard ~ Está resultando muy difícil ir al paso de la competencia* **[2]** ins ♦ to succeed in understanding/ coping with (something which happens or changes quickly) ~ mantenerse al día de; poder con el ritmo/los cambios de || *I can't keep up with all this new technology ~ No puedo con toda esta nueva tecnología*

keep with v2obj ♦ [habitually] *véase* leave with [2]

key in sep IT ♦ to enter (information) into a computer using the keyboard ~

teclear/picar || *Can you key in this list of figures, please?* ~ *¿Te importa teclear esta lista de cifras, por favor?*

key into v2obj IT ♦ to enter (information) into (a computer, using the keyboard) ~ teclear/picar en || *I need to key this data into the computer* ~ *Tengo que teclear estos datos en el ordenador*

key to v2obj USA ♦ to link (something) to (another thing) according to suitability ~ asociar (una cosa) con (otra) conforme a conveniencia || *The boss has keyed my salary to my level of responsibility* ~ *El jefe ha creado una conexión entre mi salario y mi nivel de responsabilidad*

key up sep ♦ *véase* gear up [2]; fire up [2]

kick about **[1]** vi & sep os GB ♦ to spend time kicking a ball in various directions ~ divertirse/entrenarse jugando con un balón || *The players were kicking (the ball) about before the game* ~ *Los jugadores se entrenaban con el balón antes del partido* **[2]** vi & ins ♦ *véase* bum about **[3]** sep os ♦ [person] *véase* bash about **[4]** sep inf ♦ *véase* bounce around **[5]** vi & ins inf ♦ [continuous tenses] *véase* be about [1]

kick about with ins AUS inf ♦ *véase* chum around with

kick against **[1]** ins ♦ *véase* hit out against **[2]** v2obj ♦ to kick (a ball etc.) against (a wall etc.) ~ golpear (un balón etc.) contra (un muro etc.) || *I kicked the ball against the house wall until the owner came out* ~ *Golpeé el balón contra el muro de la casa hasta que salió el dueño*

kick around vi, sep, ins ♦ *véase* kick about

kick around with ins AUS inf ♦ *véase* kick about with

kick aside sep ♦ *véase* kick away

kick away sep ♦ to remove/clear by kicking ~ apartar/despejar con el pie || *Laura kicked the broken bottle away* ~ *Laura apartó la botella rota con el pie*

kick back **[1]** sep ♦ to return by kicking ~ devolver con un puntapié || *The referee kicked the ball back and gave us the advantage* ~ *El árbitro nos devolvió el balón con un puntapié y así nos dio la ventaja* **[2]** vi ♦ [gun] to recoil ~ recular/dar un culetazo || *While we were loading the rifle it kicked back* ~ *Cuando cargábamos el rifle dio un culetazo* **[3]** sep os ♦ to return a kick (in a fight etc.) ~ devolver la patada || *She kicked me and I kicked her back* ~ *Ella me dio una patada y yo se la devolví* **[4]** vi USA inf ♦ *véase* chill out **[5]** sep USA ♦ to pay (illegal commission to an agent etc.) ~ pagar (comisiones ilegales a un agente etc.) || *After the first concert I kicked back 100 dollars to my agent* ~ *Después del primer concierto pagué 100 dólares ilegalmente a mi agente*

kick down **[1]** sep ♦ [a patadas] *véase* batter down **[2]** vi USA inf ♦ *véase* change down

kick in **[1]** sep ♦ [a patadas] *véase* batter down **[2]** sep ♦ *véase* beat up [1] **[3]** vi inf ♦ *véase* cut in [3] **[4]** vi USA AUS inf ♦ *véase* chip in [1] **[5]** sep USA AUS inf ♦ *véase* chip in [2]

kick off **[1]** vi ♦ [football match etc.] to begin ~ empezar || *The game kicks off at 12.00* ~ *El partido comienza a las 12.00* **[2]** vi ♦ [team/player] to begin a match ~ sacar || *Portugal will kick off in the second half* ~ *En el segundo tiempo sacará Portugal* **[3]** vi inf ♦ [event/performance] to begin ~ empezar || *The meeting will kick off after lunch* ~ *La reunión empezará después de comer* **[4]** sep inf ♦ [event/performance] to begin ~ empezar || *Daniel will kick the festival off this evening* ~ *Daniel dará comienzo al festival esta tarde* **[5]** sep ♦ [shoe] to remove using the other foot ~ quitarse con el otro pie || *I sat down on the sofa and kicked my boots off* ~ *Me senté en el sofá y me quité las botas sin usar las manos* **[6]** vi USA AUS arg ♦ *véase* conk out [3] **[7]** vi GB inf ♦ [person/dispute] to begin to be problematic (etc.) ~ ponerse borde (etc.) || *Things (Daniel) kicked off during the meal* ~ *Las cosas se pusieron feas (Daniel se puso borde) durante la cena* **[8]** v2obj dep ♦ [with the foot] *véase* head off [4]

kick off with ins & v2obj ♦ to begin (a performance etc.) with (e.g. a song) ~ empezar con/por || *I'd like to begin (the evening) with one of my recent poems ~ Quisiera comenzar (la velada) con uno de mis poemas recientes*

kick on vi AUS inf ♦ *véase* carry on [1]

kick out **[1]** vi ♦ to kick (in self-defence) ~ tirar coces || *When the police arrested him he started to kick out ~ Cuando la policía le detuvo empezó a tirar coces* **[2]** sep inf ♦ *véase* chuck out [2]

kick out against ins ♦ *véase* hit out against

kick out of v2obj ♦ *véase* clear out of [2]

kick over **[1]** sep ♦ to cause to fall by kicking ~ hacer que se caiga a patadas || *Laura has just kicked the chair over ~ Laura acaba de derrumbar la silla a patadas* **[2]** vi USA inf ♦ [engine] to begin to work ~ arrancar || *The engine is refusing to kick over ~ El motor se niega a arrancar* **[3]** sep os AUS inf ♦ to complete (a job/task) ~ acabar || *We took twenty minutes to kick the list of tasks over ~ Tardamos veinte minutos en rematar la lista de tareas* **[4]** sep os & v2obj dep ♦ [rugby] to kick (a penalty etc.) over (the crossbar) ~ [rugby] mandar (un penalti) por encima del larguero || *The fullback kicked the penalty over (the posts) ~ El zaguero mandó el penalti por encima del larguero*

kick up **[1]** sep USA inf ♦ *véase* hike up [2] **[2]** sep ♦ to cause (dust etc.) to rise while running ~ hacer que suba (mucho polvo etc.) al correr || *The athletes kicked up a lot of yellow dust as they passed by ~ Los atletas dejaron una nube de polvo amarillo al pasar* **[3]** vi USA inf ♦ [machine/injury] to begin to cause problems/hurt ~ [máquina/lesión] empezar a causar problemas/doler || *The clutch (my ankle) is starting to kick up ~ El embrague (mi tobillo) está empezando a fastidiarse* **[4]** ins ♦ [+ a fuss (etc.)] to cause ~ [+ la gorda (etc.)] armar || *He kicks up a fuss every time he visits us ~ Cada vez que nos visita, arma la gorda*

kid about vi USA inf ♦ *véase* arse about

kid around vi USA inf ♦ *véase* arse about

kid on sep os inf ♦ *véase* have on [4]

kill off **[1]** sep ♦ [species/industry] to exterminate ~ exterminar/rematar || *The low temperatures have killed off all the insects in the area ~ Las bajas temperaturas han exterminado a todos los insectos de la zona* **[2]** sep ♦ [fictional character] to remove from the story by killing ~ matar en el guión para eliminar (al personaje) de la historia || *The writers have killed that character off so that the actor can do other things ~ Los guionistas han eliminado a ese personaje para que el actor pueda hacer otras cosas*

kindle with ins ♦ *véase* gleam with

kink up vi ♦ [fabric/rope] to develop tangles ~ formar cocas || *The rope will kink up if you leave it in the garden ~ La cuerda formará cocas si la dejas en el jardín*

kip down vi GB AUS inf ♦ *véase* bed down [1]

kip with ins inf ♦ to sleep with (sexual partner; non-sexual bedmate; teddy bear) ~ acostarse con || *When you were a student did you kip with many blokes (with a doll)? ~ Cuando eras estudiante ¿te acostabas con muchos tíos (con una muñeca)?*

kiss away sep ♦ [worries etc.] to remove with a kiss ~ curar/eliminar con un beso || *When I was little my mother used to kiss my fears away ~ Cuando era pequeño mi madre me curaba los miedos con un beso*

kiss off **[1]** vi USA arg ♦ [command] *véase* bog off **[2]** sep USA inf ♦ *véase* blow off [6] **[3]** sep USA arg ♦ *véase* blow away [3]

kiss up to ins USA inf ♦ *véase* cozy up to

kit out sep ♦ *véase* fit out

kit out with v2obj ♦ *véase* equip with

kit up sep ♦ *véase* fit out

kit up with v2obj ♦ *véase* equip with

klutz around vi USA arg ♦ *véase* arse about

knacker out sep GB arg ♦ *véase* do in [1]; fag out

kneel down vi ♦ to kneel ~ arrodillarse || *We all knelt down when the bishop came in ~ Nos arrodillamos todos cuando entró el obispo*

kneel to ins ♦ to act subserviently towards ~ hincar la rodilla ante || *They do nothing but kneel to the management ~ No hacen sino hincar la rodilla ante la dirección*

knit together vi & sep ♦ *véase* fit together

knit up vi ♦ *véase* close up [6]

knock about **[1]** vi & ins inf ♦ *véase* bum about **[2]** sep os ♦ [person] *véase* bash about **[3]** sep os AUS inf ♦ *véase* do in [1] **[4]** vi & sep os GB ♦ [with feet or a racquet] *véase* kick about [1] **[5]** sep inf ♦ *véase* bounce around **[6]** vi ♦ [in continuous tenses] *véase* be about [1]

knock about with ins inf ♦ *véase* chum around with

knock against ins & v2obj ♦ *véase* bump against

knock around vi, ins, sep ♦ *véase* knock about

knock around with ins inf ♦ *véase* chum around with

knock at ins ♦ to use one's knuckles to make a noise on (a door etc.) ~ llamar a (la puerta etc.) || *Laura knocked at the door and her mother opened it ~ Laura llamó a la puerta y la abrió su madre*

knock away at ins ♦ *véase* bang away at

knock back **[1]** v2obj ♦ to cost (someone a sum of money) ~ costarle || *The piano knocked me back 1000 dollars ~ El piano me costó 1000 dólares* **[2]** sep os ♦ to surprise/shock ~ dar un susto a/asombrar (etc.) || *The news knocked us all back ~ La noticia nos asombró a todas* **[3]** sep inf ♦ *véase* belt down; drink down **[4]** sep GB AUS inf ♦ [offer/application/potential sexual partner] to reject ~ rechazar || *The boss knocked my application (his secretary) back ~ El jefe rechazó mi solicitud (rechazó a su secretaria)*

knock down **[1]** sep ♦ to hit (a pedestrian) with a car (etc.) ~ atropellar || *The red car knocked her down and sped off ~ El coche rojo la atropelló y se largó a toda velocidad* **[2]** sep USA AUS ♦ *véase* bowl over [1] **[3]** sep ♦ [building etc.] to demolish ~ derrumbar || *I see they've knocked the theatre down ~ Veo que han derrumbado el teatro* **[4]** sep USA ♦ to dismantle ~ desmontar || *We'll need to knock down the closet to get the sofa in ~ Tendremos que desmontar el armario para que quepa el sofá* **[5]** sep USA arg ♦ to earn (a sum of money) ~ ganar/cobrar || *I knocked down a million dollars last year ~ Cobré un millón de dólares el año pasado* **[6]** sep USA AUS inf ♦ *véase* belt down; drink down **[7]** sep ♦ *véase* beat down [4]

knock for ins ♦ [knock on the door of] *véase* call for [1]

knock in **[1]** sep ♦ *véase* drive in [2] **[2]** sep dep ♦ [goal] to score ~ marcar || *Daniel knocked the fifth goal in just before the end ~ Daniel marcó el quinto tanto justo antes del final*

knock into ins & v2obj ♦ *véase* bump against

knock off **[1]** vi & ins inf ♦ to finish (work) at the end of the day ~ terminar (el trabajo) al final de la jornada; salir del trabajo || *What time do you knock off (work) on Fridays? ~ ¿A qué hora terminas (el trabajo) los viernes?* **[2]** sep & v2obj ♦ to deduct (something from a total/price) ~ quitar/restar (de) || *The waiter knocked 1000 pesetas off (the total price) ~ El camarero nos quitó 1000 pesetas del precio total* **[3]** sep inf ♦ *véase* bang out [2]; dash off [1] **[4]** sep inf ♦ *véase* go off with [1] **[5]** sep USA inf ♦ to imitate/copy (expensive brands) and sell more cheaply ~ fabricar y vender a precio económico (bienes de imitación) || *They're knocking off designer jeans in that factory ~ Fabrican imitaciones de vaqueros de marca en esa fá-*

brica **[6]** sep AUS inf ♦ *véase* belt down; drink down **[7]** sep arg ♦ *véase* bump off **[8]** sep USA inf ♦ *véase* blow away [4] **[9]** sep GB AUS arg ♦ *véase* get it off with

knock it off vi inf ♦ *véase* give over [2]

knock on **[1]** vi inf ♦ *véase* get on [7] **[2]** ins inf ♦ *véase* get on for **[3]** ins ♦ *véase* knock at

knock out **[1]** sep ♦ to render unconscious ~ dejar KO/sin sentido || *He knocked his opponent out in the fourth round ~ Dejó KO a su rival en el cuarto asalto* **[2]** sep dep ♦ [in competition] to eliminate ~ eliminar || *Portugal knocked Greece out in the first phase ~ Portugal eliminó a Grecia en la primera fase* **[3]** sep os inf ♦ *véase* blow away [5] **[4]** sep os inf ♦ *véase* knock back [2] **[5]** sep os USA AUS inf ♦ *véase* do in [1] **[6]** sep ♦ [machinery etc.] to render useless ~ dejar fuera de servicio || *The bomb knocked out all the machinery ~ La bomba dejó fuera de servicio toda la maquinaria* **[7]** sep inf ♦ *véase* bang out [2]; dash off [1] **[8]** sep ♦ to remove by hitting ~ quitar/sacar golpeando || *The bully knocked out two of my teeth ~ El matón me hizo perder dos dientes*

knock out of **[1]** v2obj dep ♦ to eliminate (a team/player) from (a competition) ~ eliminar de || *They knocked us out of the cup last year ~ El año pasado nos eliminaron de la copa* **[2]** v2obj ♦ to remove (a characteristic) from (a person) by force (etc.) ~ quitar/eliminar (etc.) || *The years in the army knocked that arrogance out of him ~ Los años que pasó en el ejército le quitaron esa arrogancia*

knock over **[1]** sep ♦ *véase* knock down [1] **[2]** sep ♦ *véase* cant over [2] **[3]** sep USA AUS arg ♦ to rob (a bank etc.) using violence/threats ~ robar a mano armada || *They knocked over the bank last week ~ La semana pasada robaron el banco a mano armada*

knock through sep ♦ [a wall separating 2 rooms] *véase* batter down

knock together **[1]** sep ♦ *véase* cobble together **[2]** vi ♦ [knees] to collide repeatedly (due to cold/fear) ~ entrechocarse || *He was so afraid that his knees were knocking together ~ Tenía tanto miedo que se le entrechocaban las rodillas* **[3]** sep ns ♦ *véase* bang together **[4]** sep GB AUS ♦ [houses] to convert 2 into [1] ~ unir; convertir dos contiguas en una || *My wife wants to buy two cottages and knock them together ~ Mi mujer quiere comprar dos casitas y convertirlas en una grande*

knock up **[1]** sep ♦ *véase* cobble together **[2]** sep ns GB inf ♦ to awaken by knocking on the bedroom door ~ despertar llamando a la puerta || *I usually knock my children up at seven o'clock ~ Suelo ir a despertar a mis hijos a las siete* **[3]** vi GB dep ♦ [racquet sports] to practise before the start of the game ~ pelotear || *The players usually knock up for ten minutes or so ~ Los jugadores normalmente pelotean durante unos diez minutos* **[4]** sep arg ♦ to make pregnant ~ dejar embarazada || *Daniel knocked his girlfriend up when they were both 15 ~ Daniel dejó embarazada a su novia cuando los dos tenían 15 años* **[5]** sep os inf ♦ *véase* do in [1]

knock up against ins & v2obj ♦ *véase* bump against

knot together sep ♦ *véase* bind together

know about ins & v2obj ♦ to have (an amount of) knowledge of (a subject etc.) ~ saber (algo) de || *Do you know (anything) about Spanish history? ~ ¿Sabes (algo) de la historia de España?*

know apart sep os ♦ [2 similar people] *véase* differentiate between

know as **[1]** v2obj ♦ *véase* acknowledge as **[2]** v2obj ♦ to know (someone) by the name of ~ conocer a (alguien) como/por el nombre de || *He's called Daniel, but I know him as Dani ~ Se llama Daniel, pero yo le conozco como Dani*

know by v2obj ♦ *véase* identify by

know from **[1]** v2obj ♦ *véase* distinguish from **[2]** v2obj ♦ to be acquainted with (a person) due to (a previous meeting etc.) ~ conocer a raíz de (etc.) || *Yes, I know him from Laura's party ~ Sí, le conozco de la fiesta de Laura*

know of [1] ins & v2obj ♦ *véase* know about **[2]** ins & v2obj ♦ to know only a small amount about (a person/ thing) ~ saber algo/un poco de; conocer ligeramente || *I know of her, but I don't see her very often ~ Sé quién es, pero no la veo muy a menudo*

knuckle down vi ♦ *véase* buckle down [1]

knuckle down to ins ♦ *véase* buckle down to

knuckle in vi AUS inf ♦ to become involved (in business etc.) against others' will ~ introducirse por fuerza || *The deal was ruined when my cousin knuckled in ~ El trato se fastidió cuando mi primo se introdujo por fuerza*

knuckle in on ins AUS inf ♦ to become involved in (business etc.) against others' will ~ introducirse por fuerza en || *He's always trying to knuckle in on our business ~ Siempre intenta meterse en nuestros negocios*

knuckle under vi ♦ *véase* give in [1]

knuckle under to ins ♦ *véase* give in to [1]

kowtow to ins ♦ *véase* cozy up to; crawl to

L

label as v2obj ♦ *véase* have down as; condemn as

label with v2obj ♦ to identify (person/thing) with (a label, or similar) ~ etiquetar con || *We have labelled all the bottles with adhesive paper ~ Hemos etiquetado todas las botellas con papel adhesivo*

labor at ins USA AUS ♦ *véase* labour at

labor for ins USA AUS ♦ *véase* labour for

labor over ins USA AUS ♦ *véase* labour at

labor under ins USA AUS ♦ *véase* labour under

labour at ins GB AUS ♦ to work hard on (a task) ~ trabajar duro en || *I laboured at the cleaning all morning ~ Estuve toda la mañana trabajando duro en la limpieza*

labour for **[1]** ins GB AUS ♦ to work in the employ of ~ trabajar para || *When I was young I laboured for a ruthless man ~ Cuando era joven trabajaba para un hombre despiadado* **[2]** ins GB AUS ♦ to work hard in order to obtain (money/objective) ~ trabajar duro para ganar/obtener || *I'm labouring for a new car, that's all ~ Trabajo así para poder comprar un coche nuevo, eso es todo*

labour over ins GB AUS ♦ *véase* labour at

labour under **[1]** ins GB AUS ♦ [+ misapprehension etc.] to believe something mistakenly ~ creer algo equivocado || *We are labouring under a delusion here ~ Aquí estamos muy equivocados* **[2]** ins GB AUS ♦ to continue despite (difficulties etc.) ~ continuar a pesar de || *The company is labouring under the threat of closure ~ La empresa está sufriendo la amenaza de un posible cierre*

lace into ins inf ♦ *véase* hit out against

lace up sep ♦ [shoes] *véase* do up [2]

lace with v2obj ♦ to strengthen (a drink/speech etc.) by adding ~ reforzar de/con || *Don't tell him, but I've laced his beer with rum ~ No se lo digas, pero le he echado ron a la cerveza | The minister laced her speech with sarcasm ~ La ministra reforzó su discurso de sarcasmo*

lack for ins ♦ not to have (a quality etc.) ~ carecer de (etc.) || *She is not very clever, but she does not lack for enthusiasm ~ No es muy lista, pero no le falta entusiasmo*

lack in ins ♦ *véase* lack for

lade with v2obj ♦ *véase* burden with; fill up with

ladle out **[1]** sep ♦ to serve (food) with a ladle ~ servir con cucharón || *The chef ladled the beans out for us ~ El cocinero nos servía las alubias con un cucharón* **[2]** sep ♦ *véase* dish out [2]

ladle up sep ♦ *véase* ladle out [1]

lag behind **[1]** vi & ins ♦ to move slowly and remain behind (the rest of the group) ~ rezagarse/quedarse atrás || *Daniel began well but then he began to lag behind (us) ~ Daniel empezó bien, pero luego empezó a quedarse detrás (de nosotros)* **[2]** vi & ins ♦ not to be as successful (as someone else) ~ no tener tanto éxito (como); andar a rastras (detrás de) || *In terms of dedication, she's still lagging behind (the others) ~ En cuanto a dedicación, anda a rastras (detrás de las demás)*

lag with v2obj téc ♦ *véase* encase with

lam into ins ♦ *véase* hit out against; beat up [1]

lamb down vi ♦ [sheep] to give birth ~ [oveja] parir || *Most of our ewes will be lambing down this week ~ La mayoría de nuestras ovejas van a parir esta semana*

lament for ins ♦ *véase* cry for [2]

lament over ins ♦ *véase* cry for [2]

land at ins ♦ to leave a ship in (port/country) ~ desembarcar en || *We landed at Cádiz at midnight ~ Desembarcamos en Cádiz a medianoche*

land in [1] ins ♦ to be in (a difficult situation or debt etc.) as a consequence ~ tener que cargar con; acabar en (un apuro etc.) || *I landed in trouble when my mother found out ~ Acabé en un apuro cuando se enteró mi madre* **[2]** v2obj ♦ to put (somebody) in (a difficult situation/debt etc.) ~ poner en (un apuro etc.) || *The theft of the car landed us in trouble ~ El robo del coche nos puso en un apuro* **[3]** ins ♦ *véase* fly into [1]

land in it sep os inf ♦ *véase* land in [2]

land on [1] ins ♦ *véase* alight on [2] **[2]** ins USA inf ♦ *véase* chew out **[3]** v2obj ♦ to launch (a blow etc.) on ~ asestar (un golpe etc.) en || *The bully landed a punch on Daniel's face ~ El matón asestó un golpe en la cara de Daniel*

land up vi inf ♦ *véase* end up

land with v2obj GB AUS inf ♦ to cause (someone else) to suffer/receive (a problem etc.) ~ hacer que (alguien) cargue con || *My brother has landed me with his irritating son tonight ~ Mi hermano me ha dejado con el pesado del hijo esta noche*

languish for ins arc ♦ *véase* ache for

languish in ins ♦ to suffer hardship in (esp. jail) ~ pudrirse en || *When we received the letter he was languishing in prison ~ Cuando recibimos la carta ya se pudría en la cárcel*

languish over ins arc ♦ *véase* ache for

lap about with v2obj ♦ *véase* do up in

lap against ins ♦ [waves] to touch (a beach etc.) gently ~ besar/lamer/tocar ligeramente || *The waves lapped against the rocks next to the jetty ~ Las olas besaban las rocas al lado del muelle*

lap at ins ♦ *véase* lap against

lap in v2obj ♦ *véase* do up in

lap over vi ♦ *véase* brim over

lap up [1] sep ♦ [cat] to drink (milk etc.) using the tongue ~ tomar a lengüetadas || *The cat was so thirsty that it lapped the milk up in 30 seconds ~ El gato tenía tanta sed que se bebió la leche a lengüetadas en 30 segundos* **[2]** sep ♦ *véase* drink in

lapse from ins ♦ [+ duty etc.] not to fulfil ~ faltar a/no cumplir || *The soldier lapsed from duty due to extreme tiredness ~ El soldado faltó a su deber debido a un cansancio extremo*

lapse into [1] ins ♦ *véase* fall into [3], [5] **[2]** ins ♦ to begin (a period of silence; to speak a native dialect again etc.) ~ callarse; recurrir a (dialecto etc.) || *Laura lapses into the dialect of her village when she's drunk ~ Laura recurre al dialecto de su pueblo cuando está borracha*

lard with v2obj ♦ *véase* dot with

lark about vi inf ♦ *véase* arse about

lark around vi inf ♦ *véase* arse about

lash about vi ♦ *véase* flounce about

lash against ins ♦ [wind/waves etc.] *véase* break against; collide with

lash along sep ♦ to encourage (horse etc.) with a whip/lash ~ dar a (caballo etc.) con el látigo || *The jockey lashed the horse along but still lost the race ~ El jinete dio violentamente al caballo con el látigo pero aun así perdió la carrera*

lash back vi ♦ *véase* fight back [1]

lash down [1] vi ♦ *véase* beat down [1] **[2]** sep ♦ to secure in a flat/horizontal positon by tying/fastening ~ atar firmemente || *They had to lash down the sheets when the wind started ~ Tuvieron que atar las láminas firmemente cuando empezó el viento*

lash into ins ♦ *véase* hit out against; beat up [1]

lash out **[1]** vi ♦ *véase* hit out [1] **[2]** vi & ins AUS inf ♦ to spend needlessly (esp. an excessive amount of money) ~ gastar pródigamente || *I like to lash out (a thousand dollars) from time to time ~ Me gusta gastar (mil dólares) de vez en cuando*

lash out against ins ♦ *véase* hit out against; beat up [1]

lash out at ins ♦ *véase* hit out against; beat up [1]

lash out on ins & v2obj AUS inf ♦ to buy (spending a lot of money) ~ gastar (mucho dinero) comprando || *We lashed out (ten thousand) on a new car last year ~ El año pasado dejamos de economizar y compramos un coche nuevo (gastando diez mil)*

lash to v2obj ♦ *véase* bind to [1]

last for ins ♦ to last/resist for/during (a period of time) ~ durar || *The engine should last for another ten years ~ El motor deberá durar otros diez años*

last out **[1]** vi GB AUS ♦ *véase* hold out [4] **[2]** vi & ins ♦ to last/resist longer than/until the end of ~ durar/resistir más que/hasta el final de || *I hope he's going to last out until the morning / last the night out ~ Espero que vaya a resistir hasta la mañana*

latch on vi ♦ *véase* catch on [2]

latch on to **[1]** ins ♦ *véase* catch on to **[2]** ins ♦ *véase* fasten on to [1] **[3]** ins ♦ to realise the potential of and exploit (e.g. a new market) ~ descubrir y explotar || *They've latched on to the advantages of the automatic office ~ Ya han aceptado con entusiasmo las ventajas de la oficina automática*

latch onto ins ♦ *véase* latch on to

lather up **[1]** vi ♦ *véase* froth up **[2]** vi ♦ [horse etc.] to sweat heavily ~ sudar a chorros || *Towards the end of the race the horse was lathering up ~ Hacia el final de la carrera el caballo ya estaba cubierto de espuma* **[3]** sep ♦ [face etc.] to cover with soap ~ enjabonar || *I lathered up my whole body and jumped into the shower ~ Me enjaboné el cuerpo entero y entré de prisa en la ducha*

laugh about ins ♦ to laugh because of (amusing incident etc.) ~ reírse con || *We were laughing about the confusion all night ~ Pasamos la noche entera riéndonos con la confusión*

laugh at **[1]** ins ♦ to ridicule (an unfortunate victim; silly proposal etc.) ~ reírse de/burlarse de || *When he was at school everyone used to laugh at Daniel ~ Cuando iba al colegio todo el mundo se burlaba de Daniel* **[2]** ins ♦ *véase* laugh about

laugh away sep ♦ *véase* laugh off [1]

laugh down ins ♦ [silly proposal etc.] *véase* laugh at [1]

laugh off **[1]** sep ♦ not to take (a threat/illness etc.) seriously ~ no tomar en serio; tomar a risa || *He laughs off all his problems ~ Se niega a tomar sus problemas en serio* **[2]** v2obj ♦ [with ridicule] *véase* boo off

laugh out of v2obj ♦ [with ridicule] *véase* boo off

laugh over ins ♦ *véase* laugh about

launch forth vi form ♦ *véase* break forth; come forth

launch into ins ♦ *véase* fling oneself into; break into [6]

launch out vi ♦ *véase* branch out

lavish on v2obj form ♦ *véase* heap on

lavish upon v2obj form ♦ *véase* heap on

lay about ins arc ♦ *véase* come at [2]

lay about with v2obj arc ♦ *véase* come at with

lay against v2obj ♦ [ladder against a wall etc.] *véase* lean against [1]

lay aside **[1]** sep ♦ [money etc.] to keep for later use ~ ahorrar/guardar para luego || *We're trying to lay aside 10,000 pesetas per month ~ Estamos intentando ahorrar 10.000 pesetas al mes* **[2]** sep ♦ to put to one side ~ poner aparte/a un lado || *They are going to lay aside the plan we discussed (the weapons) ~ Van a poner a un lado el plan que comentamos (las armas)*

lay away sep ♦ *véase* lay aside [1]

lay before v2obj ♦ to show/express (a plan etc.) to ~ exponer ante || *We laid the plans before the committee ~ Expusimos los planes ante el consejo*

lay by sep ♦ *véase* lay aside [1]

lay down **[1]** sep jur ♦ *véase* bring in [3] **[2]** sep inf ♦ [song/track] to record in a studio ~ grabar en un estudio || *I want to lay down the guitar track before we finish ~ Quiero grabar la guitarra antes de terminar* **[3]** sep ♦ [weapons] *véase* lay aside [2] **[4]** sep ♦ [wine] to store in order to drink at a later date ~ poner en bodega || *We should lay these wines down and drink them next year ~ Deberíamos guardar estos vinos en bodega para beberlos el año que viene* **[5]** sep ♦ to place on a surface ~ dejar; poner a un lado || *Why don't you lay down the book and help your brother? ~ ¿Por qué no dejas el libro y ayudas a tu hermano?*

lay for ins USA inf ♦ to wait for (a person) in order to attack ~ acechar || *They were laying for him behind the garage ~ Le acechaban detrás del garaje*

lay in sep ♦ *véase* buy in; hoard away

lay into ins ♦ *véase* hit out against; beat up [1]

lay off **[1]** ins inf ♦ *véase* keep off [4] **[2]** sep ♦ to dismiss (from a job) due to lack of available work ~ despedir (temporalmente/por falta de trabajo) || *The company has laid 300 people off this year ~ La empresa ha despedido a 300 personas este año por falta de trabajo* **[3]** vi & ins inf ♦ *véase* get off [6] **[4]** sep dep ♦ [football] to pass (the ball) ~ pasar || *He laid the ball off and ran towards the area ~ Pasó el balón y corrió hacia el área*

lay on **[1]** sep ♦ to supply/provide (e.g. food for a group; bus service) ~ suministrar (etc.) || *My grandparents laid on a veritable feast ~ Mis abuelos nos pusieron un verdadero banquete* **[2]** v2obj ♦ to place (something) on (a surface) ~ poner sobre || *Lay the sheets on the table; I'll fold them later ~ Pon las sábanas sobre la mesa; luego las doblaré* **[3]** v2obj ♦ to give (a difficult task etc.) to; to impose (tax etc.) on ~ hacer que (alguien) cargue con; imponer a || *The boss laid the worst responsibilities on Laura ~ La jefa dio a Laura las peores responsabilidades* **[4]** v2obj USA AUS inf ♦ to surprise (someone) with (a piece of news) ~ decir (algo) a (alguien) de sorpresa || *The secretary laid the results of the phone call on her boss ~ La secretaria sorprendió a su jefa con los resultados de la llamada telefónica*

lay it on vi inf ♦ [esp. + a bit thick] to exaggerate in one's praise, complaint (etc.) ~ hacer algo más de la cuenta || *When he's chatting up a girl he always lays it on a bit thick ~ Cuando está ligando siempre se pasa con la labia*

lay out **[1]** sep inf ♦ *véase* knock out [1] **[2]** sep ♦ [contents of a room/city etc.] to distribute/arrange ~ distribuir/arreglar/trazar || *I want to lay all this out in a different way ~ Quiero volver a distribuir todo esto de una manera diferente* **[3]** sep ♦ to arrange (cutlery/map etc.) on a flat surface (esp. a table) ~ tender/disponer/arreglar || *If you lay the map out I'll calculate the distance ~ Si tú tiendes el mapa yo calcularé la distancia* **[4]** sep ♦ [dead body] to lay flat and place in a shroud ~ amortajar || *They laid him out and his family visited him before the funeral ~ Le amortajaron y su familia le visitó antes del funeral* **[5]** sep ♦ to explain (plans etc.) clearly ~ explicar/exponer || *Daniel laid out the plans and waited for a decision ~ Daniel expuso los planes y esperó una decisión* **[6]** sep inf ♦ *véase* lash out [2]

lay out on v2obj inf ♦ *véase* lash out on

lay over vi USA ♦ to stop for a short time at an intermediate point in a journey ~ hacer escala || *They had to lay over in Thailand ~ Tuvieron que hacer escala en Tailandia*

lay up [1] sep ♦ *véase* hoard away **[2]** sep os inf ♦ to make ill and cause to stay in bed ~ obligar a guardar cama || *The flu laid me up throughout the championships ~ Estuve en la cama con la gripe durante el campeonato entero* **[3]** sep ♦ [trouble/problems] to cause ~ crear (para sí) || *If he keeps going out with that crowd he's laying up trouble ~ Si sigue saliendo con esa gente va a crear problemas para sí* **[4]** vi & sep ♦ to be unable to continue sailing ~ tener que amarrar || *They will have to lay up (the boat) until the repairs are done ~ Tendrán que amarrar la barca hasta que las reparaciones estén hechas*

laze about vi ♦ *véase* bum about [1]

laze around vi ♦ *véase* bum about [1]

laze away sep ♦ *véase* dawdle away

leach away vi & sep ♦ *véase* drain away

leach into ins ♦ [substance into soil etc.] *véase* bore into

leach out of [1] ins ♦ [substance out of soil etc.] *véase* come out of [1] **[2]** v2obj ♦ [nutrients from soil etc.] *véase* draw out of [2]

lead along sep os & v2obj ♦ to guide by the hand or by going first (along a path etc.) ~ llevar (por la mano etc.) (por) || *The guide led us along (the track) ~ El guía nos llevó (por el sendero)*

lead away sep ♦ to take (someone) from a place ~ llevar a otra parte; llevarse || *The police led him away after the fight ~ Se le llevó la policía después de la pelea*

lead back sep ♦ to take/return to the original place ~ llevar/devolver al sitio original || *We'll go there by jeep and the guide will lead us back ~ Iremos allí en jeep y el guía nos devolverá al punto de partida*

lead by v2obj ♦ [guiar/llevar] *véase* have by [2]

lead forth [1] vi form ♦ *véase* go ahead [3] **[2]** sep form ♦ [army etc.] *véase* bring forth [3]

lead in sep ♦ *véase* bring in [2]

lead into ins ♦ [discussion etc.] to lead logically to (another topic etc.) ~ llevar a/conducir a || *The complaint led into a debate about higher education ~ La queja condujo a un debate sobre la educación superior*

lead off [1] ins ♦ [room] to be accessible from ~ comunicar con || *The bathroom leads off the lounge ~ El cuarto de baño comunica con el salón* **[2]** sep ♦ *véase* lead away **[3]** sep ♦ *véase* kick off [4]

lead off with ins & v2obj ♦ *véase* kick off with

lead on [1] sep os ♦ *véase* draw on [9] **[2]** vi ♦ *véase* go ahead [3] **[3]** sep os ♦ to cause to believe a lie (esp. that one loves the person) ~ coquetear con; ir dando esperanzas a || *I thought she loved me but she was just leading me on ~ Creí que me quería pero simplemente coqueteaba conmigo*

lead on to ins ♦ *véase* lead to

lead onto ins ♦ *véase* lead to

lead out [1] sep ♦ *véase* bring out [2] **[2]** sep dep ♦ [team captain] to walk onto the pitch ahead of (team-mates) ~ encabezar al salir al campo || *He led the team out with pride ~ Encabezó al equipo con orgullo cuando saltaron al césped*

lead to ins & v2obj ♦ to take (traveller/listener etc.) to (destination/conclusion) ~ llevar a/conducir a || *The meeting led to better conditions for the workers ~ El mitin condujo a mejores condiciones para los obreros* | *This road should lead (us) to the city centre ~ Esta calle deberá conducir(nos) al centro de la ciudad*

lead up to [1] ins ♦ to happen before/until; to go before ~ conducir a; preparar el terreno para; preceder a || *The days leading up to the bombing were very tense ~ Los días que precedieron al bombardeo fueron días muy tensos* **[2]** ins ♦ to prepare oneself for (e.g. a final question) ~ prepararse para || *You could tell she was leading up to a ferocious debate ~ Se notaba que iba preparándose para un debate feroz*

lead with [1] ins & v2obj ♦ [esp. newspaper's main article or theme] *véase* kick off with **[2]** ins dep ♦ [of a boxer] to prefer to hit using (right/left fist) ~ salir con/de || *Although Daniel is left-handed,* *in boxing he leads with his right* ~ *Aunque Daniel es zurdo, cuando boxea sale con la derecha*

leaf through ins ♦ *véase* flick through [1]

leak away vi ♦ [gas etc.] to escape due to a leak ~ agotarse debido a una fuga || *Two hundred litres of petrol leaked away during the night* ~ *Doscientos litros de gasolina se escaparon durante la noche*

leak in vi ♦ [organisation etc.] *véase* filter in

leak out **[1]** vi ♦ *véase* leak away **[2]** vi ♦ *véase* filter out [2]

leak out of ins ♦ [liquid/gas escaping] *véase* emanate from

leak to v2obj ♦ [illegally] *véase* confide to [1]

lean across vi ♦ *véase* lean over [1]

lean against **[1]** ins & v2obj ♦ to lean (e.g. one's arm) on (a support/wall etc.) ~ apoyarse (el brazo etc.) en || *I was leaning (my arm) on the wall when she spoke to me* ~ *Me apoyaba (el brazo) en la pared cuando se me dirigió* **[2]** ins ♦ *véase* abut against

lean back vi ♦ to incline oneself backwards ~ reclinarse || *Laura leant back and listened to what they had to tell her* ~ *Laura se reclinó y escuchó lo que tenían que decirle*

lean forward vi ♦ to incline oneself forwards ~ inclinarse (hacia adelante) || *He leant forward and handed me the cheque* ~ *Se inclinó hacia adelante y me dio el cheque*

lean into ins ♦ [esp. + the wind/one's work] to lean in order to counteract ~ inclinarse para neutralizar los efectos de || *If you lean into the wind it will be easier for you to walk* ~ *Si te inclinas para contrarrestar el viento, andarás más fácilmente*

lean on **[1]** ins & v2obj ♦ *véase* lean against [1] **[2]** ins inf ♦ to apply (moral) pressure in order to persuade (someone) ~ ejercer presión sobre || *I don't want to go but the kids are leaning on me* ~ *No quiero ir pero los críos me están presionando* **[3]** ins ♦ to use (someone) as a help at a difficult time ~ contar con el apoyo de || *You can always lean on your mother when things are going badly* ~ *Siempre puedes contar con el apoyo de tu madre cuando las cosas no van bien*

lean out of ins ♦ *véase* hang out of [1]

lean over **[1]** vi ♦ to incline oneself (to reach something at a short distance) ~ inclinarse; acercarse con la cabeza (etc.) || *She leant over and whispered it to me* ~ *Se me acercó con la cabeza y me lo dijo al oído* **[2]** ins ♦ to incline oneself to study (e.g. a piece of work) from above ~ inclinarse sobre || *She leant over her essay and read it carefully* ~ *Se inclinó sobre su redacción y la leyó con cuidado*

lean to ins ♦ [+ right/left] to incline/tend to ~ inclinarse a (la izquierda/derecha) || *In terms of politics, Laura leans to the left* ~ *En cuanto a política, Laura se inclina a la izquierda*

lean toward ins USA ♦ [in politics etc.] *véase* lean to

lean towards ins ♦ [in politics etc.] *véase* lean to

lean upon ins & v2obj form ♦ *véase* lean on

leap about vi ♦ *véase* caper about; frisk about

leap at ins ♦ *véase* jump at

leap down vi ♦ *véase* jump down

leap for ins ♦ *véase* jump for

leap on **[1]** vi & ins ♦ *véase* hop on **[2]** ins ♦ *véase* latch on to [3]

leap out vi ♦ *véase* jump out

leap out at ins ♦ *véase* jump out at

leap over vi & ins ♦ *véase* jump over

leap to ins ♦ [+ a conclusion (quickly)] *véase* arrive at; come to [2]

leap up vi ♦ *véase* jump up

leap upon ins form ♦ *véase* latch on to [3]

learn about **[1]** ins ♦ *véase* find out about **[2]** v2obj ♦ to learn (an amount) about (a subject/topic) ~ aprender (algo) sobre || *I've learned a lot about Spanish history this year* ~ *He aprendido mucho sobre la historia de España este año*

learn by ins & v2obj ♦ [+ specific technique etc.] *véase* learn from

learn from ins & v2obj ♦ to learn (a lesson etc.) from (a person or an experience) ~ aprender de/por || *He's learned (his lesson) from other people's mistakes ~ Ha escarmentado en cabeza ajena*

learn of ins ♦ *véase* find out about

learn off sep ♦ to memorise; to learn by heart ~ aprender de memoria || *She learned off the names of all the students ~ Aprendió de memoria los nombres de todos los estudiantes*

learn up sep inf ♦ *véase* bone up on

lease back sep ♦ to re-lease (a house/car etc.) ~ subarrendar || *They've been forced to lease the flat back ~ Se han visto obligados a subarrendar el piso*

lease from v2obj ♦ to take (e.g. a house) on a lease from (the current owner) ~ arrendar de || *I've leased a house from an agent ~ He arrendado una casa de un agente*

lease out sep ♦ to give on a lease ~ arrendar/dar en arriendo || *She leases out apartments to retired couples ~ Da apartamentos en arriendo a matrimonios jubilados*

lease out to v2obj ♦ to give on a lease to ~ arrendar a/dar en arriendo a || *Laura has leased her house out to a tennis player ~ Laura ha dado su casa en arriendo a una tenista*

lease to v2obj ♦ *véase* lease out to

leave about sep ns ♦ to leave (an item) carelessly or untidily ~ dejar tirado || *Laura always leaves her purse about and can never find it ~ Laura siempre deja su monedero tirado y nunca lo encuentra*

leave around sep ns ♦ *véase* leave about

leave aside [1] sep ♦ *véase* lay aside [2] **[2]** sep ♦ to leave (a topic) and move on to talk about something else ~ dejar de hablar de; dejar de lado || *Can we leave your problems aside? I'd like to discuss something else ~ ¿Podemos dejar de lado tus problemas? Me gustaría hablar de otra cosa*

leave behind [1] sep ♦ to leave (item/person) in a place (intentionally or by forgetting) ~ no llevar consigo; olvidar || *I think I've left my umbrella behind in the restaurant ~ Creo que se me ha olvidado el paraguas en el restaurante* **[2]** sep & v2obj ♦ not to do/experience any longer ~ dejar a la espalda/atrás || *I've left my womanising days behind (me) ~ La época mujeriega ya queda a mi espalda* **[3]** sep ♦ *véase* draw away from

leave down sep os ♦ [car window etc.] to allow to remain lowered ~ dejar bajada || *Leave the window down so that some air gets in ~ Deja la ventanilla bajada para que entre algo de aire*

leave for [1] ins ♦ *véase* depart for **[2]** v2obj ♦ *véase* desert for

leave in sep os & v2obj ♦ to leave (something) in (a place/container/text/socket etc.) ~ dejar en un sitio/enchufado (etc.) || *The meat is almost golden: I'll leave it in (the oven) for another half-hour ~ La carne está casi dorada: la dejaré (en el horno) media horita más*

leave off [1] vi & ins GB AUS inf ♦ *véase* get off [6] **[2]** ins ♦ *véase* keep off [4] **[3]** ins ♦ *véase* keep off [6] **[4]** sep ♦ [lid etc.] not to replace ~ dejar sin poner || *If you leave the top off, the water will lose its gas ~ Si dejas la tapa sin poner, el agua perderá su gas* **[5]** sep ♦ [garment] not to wear ~ no ponerse || *I think I'll leave my tie off today ~ Creo que hoy no me voy a poner la corbata* **[6]** vi ♦ [story etc.] to finish ~ terminar || *I'm going to continue from where Daniel left off ~ Voy a continuar de donde terminó Daniel* **[7]** sep ♦ [light/gas etc.] not to switch on ~ no encender/poner || *I'd prefer you to leave the light off ~ Preferiría que no pusieras la luz* **[8]** v2obj ♦ [team/list] *véase* drop from [3]

leave on [1] sep ♦ *véase* keep on [1] **[2]** sep ♦ *véase* keep on [5]

leave out sep ♦ [exclude (thing/person)] *véase* count out [1]; cut out [9]; deal out [2]

leave it out [1] vi GB arg ♦ *véase* come off it **[2]** vi GB arg ♦ *véase* cut out [4]

leave out of v2obj dep ♦ *véase* drop from [3]

leave over **[1]** vi ♦ [always passive; of food/money etc.] to remain ~ sobrar/quedar || *Ten bottles were left over at the end of the party ~ Al final de la fiesta sobraban diez botellas* **[2]** sep ♦ *véase* carry over [1]

leave to **[1]** v2obj inf ♦ to leave (a person) to continue with (an activity etc.) ~ dejar con/a; dejar seguir con || *I'm going to leave you to your meeting ~ Voy a dejaros para que sigáis con vuestra reunión* **[2]** v2obj form ♦ *véase* bequeath to

leave up sep os ♦ [car window etc.] to allow to remain closed ~ dejar cerrada || *Leave the window up - it's cold now ~ Deja la ventanilla cerrada - hace frío ya*

leave with **[1]** v2obj ♦ to leave (a person) with (item; problem; alternative etc.) ~ dejar a (alguien) con || *She's left me with a massive debt ~ Me ha dejado con una deuda masiva* **[2]** v2obj ♦ to leave (an item) in the care of ~ dejar (algo) con || *I've left my jewels with the police ~ He dejado mis joyas con la policía* **[3]** v2obj ♦ to abandon (a place) carrying or accompanied by ~ salir de/abandonar con || *Daniel left the club with a group of friends ~ Daniel salió de la discoteca con un grupo de amigos*

lech after ins inf ♦ [sexually] *véase* dangle after

lecture about **[1]** v2obj ♦ *véase* get down on for **[2]** ins & v2obj ♦ *véase* lecture on

lecture at ins ♦ *véase* beat up on [2]; go on at

lecture for ins & v2obj ♦ *véase* get down on for

lecture in ins & v2obj ♦ [at university/college] to teach (a subject) (to students etc.) ~ dar clases de (a) || *He lectures (doctoral students) in biochemistry ~ Da clases de bioquímica (a estudiantes de doctorado)*

lecture on ins & v2obj ♦ to give a lecture/talk (to an audience) on (a specific topic) ~ dar una conferencia/clase sobre (a) || *I'm lecturing (the first years) on grammar tomorrow ~ Mañana me toca dar una conferencia sobre gramática (a los de primero)*

lecture to ins ♦ *véase* beat up on [2]; go on at

leer at ins ♦ to look/smile at in a lewd manner ~ echar una mirada/sonrisa impúdica a || *He leered at the secretary through the office window ~ Sonrió impúdico a la secretaria por la ventana de la oficina*

legislate against ins jur ♦ *véase* legislate for

legislate for ins jur ♦ to make legislation for (a specific offence/occurrence) ~ legislar para || *It's difficult to legislate for electronic crimes ~ Es difícil legislar para los delitos electrónicos*

lend out sep ♦ to lend ~ prestar || *I lent that book out, but I can't remember to whom ~ Presté ese libro a alguien, pero no recuerdo a quién*

lend to v2obj ♦ to lend (an item) to (someone) ~ prestar a || *She's lent her car to her brother ~ Ha dejado el coche a su hermano*

lend oneself to ins form ♦ to be suitable for ~ prestarse a || *This type of humour lends itself to television ~ Este tipo de humor es muy apto para la televisión*

lengthen out vi ♦ [esp. day/distance] *véase* draw out [5]

let at v2obj inf ♦ to allow (X) to attack (Y) ~ dejar que (X) ataque a (Y) || *Don't let my brother at whoever was responsible ~ No dejes que mi hermano se cargue a quien lo haya hecho*

let away with v2obj ♦ to allow (criminal etc.) not to be punished, or to be punished lightly, for (crime etc.) ~ dejar salir con la suya (etc.); sólo castigar con (etc.) || *His parents let him away with whatever he does ~ Haga lo que haga, sus padres le dejan salir con la suya* | *The judge let me away with a small fine ~ El juez me dejó salir con una multa pequeña*

let by sep os ♦ to allow to pass ~ dejar pasar || *I stood aside to let the children by ~ Me aparté para dejar pasar a los niños*

let down [1] sep ♦ to disappoint ~ desilusionar || *I've promised them a present and I don't want to let them down ~ Les he prometido un regalo y no quiero decepcionarles* **[2]** sep ♦ to give bad news to (in a lenient/sensitive way) ~ ser indulgente con; dar malas noticias a (con sensibilidad) || *I hate to let you down, but we haven't accepted your plan ~ Siento tener que comunicarle malas noticias, pero no hemos aceptado su plan* **[3]** sep ♦ to disappoint/spoil due to a poor performance/quality ~ fallar a (etc.) || *He lost the race because the clutch let him down ~ Perdió la carrera porque le falló el embrague* **[4]** sep GB AUS ♦ [tyre] to deflate ~ desinflar || *Those boys let my tyres down when I was in the shop ~ Cuando estaba en la tienda esos chicos me desinflaron los neumáticos* **[5]** sep ♦ [garment] to make longer by lowering the hem ~ alargar/extender bajando el dobladillo || *You've grown again: I'll have to let your jeans down ~ Has vuelto a crecer: tendré que bajar el dobladillo de tus vaqueros*

let in sep ♦ [person/animal/water/air etc.] *véase* allow in

let in for v2obj inf ♦ [trouble etc.] *véase* embroil in

let in on v2obj inf ♦ *véase* initiate into [2]

let in to [1] v2obj GB AUS ♦ *véase* initiate into [2] **[2]** v2obj ♦ *véase* admit to [3]

let into [1] v2obj GB AUS ♦ *véase* initiate into [2] **[2]** v2obj ♦ *véase* admit to [3] **[3]** v2obj GB ♦ to insert (e.g. plaque) into (a flat surface) ~ empotrar en || *The builder let a secret cupboard into the wall ~ El constructor empotró un armario secreto en la pared*

let off [1] sep ♦ [weapon/firework etc.] *véase* fire off [1] **[2]** vi & ins GB AUS arg ♦ *véase* blow off [1] **[3]** sep ♦ not to punish; to free/forgive ~ perdonar; dejar libre || *Despite the evidence, the judge let him off ~ Pese a los indicios, el juez le absolvió* **[4]** v2obj ♦ *véase* exempt from

let off with v2obj ♦ *véase* let away with

let on [1] sep ♦ to allow to enter (bus etc.) ~ dejar subir/entrar || *The driver let three people on ~ El conductor dejó subir a tres personas* **[2]** vi inf ♦ to greet/acknowledge ~ saludar || *I saw her in the supermarket but she didn't let on ~ La vi en el supermercado pero no me saludó* **[3]** vi inf ♦ to tell what one knows (when being questioned etc.) ~ revelar lo sabido; cantar || *She knew the whole story but she refused to let on ~ Sabía la historia entera pero se negó a cantar*

let on to [1] v2obj ♦ to allow to enter (bus etc.) ~ dejar subir a/entrar en || *They wouldn't let me on to the train ~ No me dejaron subir al tren* **[2]** ins inf ♦ to greet/acknowledge ~ saludar a || *I don't let on to my sister these days ~ Hoy día no suelo saludar a mi hermana* **[3]** ins inf ♦ to tell (a person) ~ contárselo a || *You could tell he was keeping a secret, but he wouldn't let on to the lawyer ~ Se le notaba que guardaba un secreto, pero no quiso contárselo al abogado*

let onto v2obj ♦ *véase* let on to [1]

let out [1] sep ♦ [person/animal] to allow to exit ~ dejar salir; poner en libertad || *Will you open the door and let your brother out, please? ~ ¿Abres la puerta y dejas salir a tu hermanito, por favor?* **[2]** sep ♦ [air/water etc.] to allow to escape ~ dejar escapar || *The balloon was too big, so I let some air out ~ El globo era demasiado grande, así que dejé escapar un poco de aire* **[3]** sep ♦ *véase* give out [5] **[4]** sep ♦ [aggression etc.] to release ~ deshacerse de || *He plays squash to let out all his stress ~ Juega al squash para deshacerse de todo el estrés* **[5]** sep ♦ *véase* give away [2] **[6]** sep GB AUS ♦ [house/bedroom] *véase* hire out **[7]** sep ♦ [garment] to widen ~ ensanchar || *I'm going to let this skirt out before the party ~ Voy a ensanchar esta falda antes de la fiesta* **[8]** sep ♦ to liberate (someone) from an unpleasant activity (etc.) ~ dejar libre || *You don't have to go to the meal: having the flu lets you out ~ No tienes que ir a la cena: la gripe te deja libre*

let out of [1] v2obj ♦ to allow (person/animal/air etc.) to leave/escape from ~ dejar salir/escapar de || *Laura let the dog out of its kennel ~ Laura dejó salir al perro de la perrera* **[2]** v2obj ♦ *véase* exempt from

let past sep os ♦ *véase* let by

let through sep os & v2obj ♦ to allow (person/law) to pass through (obstruction/system) ~ dejar pasar (por) || *The guard let us through (the barrier) ~ El guarda nos dejó pasar (por la barrera)*

let up [1] vi inf ♦ *véase* dry up [5] **[2]** vi inf ♦ [bad conditions/pressure etc.] to become less intense/forceful ~ terminar; dejar de presionar tanto || *The amount of work hasn't let up this year ~ La cantidad de trabajo no ha disminuido este año*

let up on ins inf ♦ *véase* ease off on [2]

level against v2obj ♦ [criticism/charge] *véase* hurl at

level at [1] v2obj ♦ [criticism/charge] *véase* hurl at **[2]** v2obj ♦ [gun] *véase* aim at [1]

level down sep ♦ *véase* average down

level off [1] vi ♦ *véase* flatten out [3] **[2]** vi ♦ [aeroplane] to begin to fly at a constant height ~ enderezarse || *After five minutes or so the plane levelled off ~ Después de unos cinco minutos el avión se enderezó* **[3]** sep ♦ *véase* even out [2]; flatten down [2]

level out vi & sep ♦ *véase* level off

level up sep ♦ *véase* average up

level with ins inf ♦ to be frank with ~ ser franco con || *It's better that I level with you from the outset ~ Es mejor que te hable con franqueza desde el principio*

lever off sep ♦ [with a lever] *véase* ease off [1]

lever up sep ♦ [with a lever] *véase* jack up [1]; ease up [6]

levy on v2obj jur ♦ [tax] *véase* lay on [3]

levy upon v2obj jur form ♦ [tax] *véase* lay on [3]

liaise with ins GB ♦ to communicate with in order to achieve an agreement (etc.) ~ enlazar con || *If you liaise with the stadium, I'll print the tickets ~ Si tú enlazas con el estadio, yo me encargaré de imprimir las entradas*

liberate from v2obj ♦ *véase* deliver from

lick at ins ♦ to lick (an ice-cream etc.) repeatedly ~ lamer || *We spent 5 minutes licking at the ice-creams before wolfing them down ~ Pasamos 5 minutos lamiendo los helados antes de zampárnoslos*

lick off sep & v2obj ♦ to remove by licking (from a spoon etc.) ~ quitar de un lametazo (de) || *Laura likes to lick the cream off (her spoon) ~ A Laura le gusta quitar la nata (de su cuchara) de un lametazo*

lick out [1] sep ♦ to remove (from a container) by licking ~ quitar de un lametazo || *I gave him the bowl and he licked the chocolate out ~ Le di el bol y quitó el chocolate de un lametazo* **[2]** sep ♦ to remove the contents of (bowl etc.) by licking ~ quitar el contenido de (algo) con la lengua || *The cat licked the saucer out ~ El gato se comió el contenido del platillo a lengüetadas* **[3]** sep GB ♦ [to a woman] *véase* go down on [1]

lick up sep ♦ *véase* lap up [1]

lie about [1] ins ♦ to tell a lie in respect of ~ mentir sobre || *She often lies about her age ~ Dice a menudo que es menor de lo que es* **[2]** vi inf ♦ *véase* bum about [1] **[3]** vi & ins inf ♦ to have been left untidily or carelessly (in) ~ estar esparcido en desorden (por) || *There were clothes lying about (the whole room) ~ Había ropa tirada (por toda la habitación)*

lie ahead vi ♦ *véase* be ahead [2]

lie around [1] vi inf ♦ *véase* bum about [1] **[2]** vi & ins inf ♦ *véase* lie about [3]

lie back vi ♦ to move one's body backwards and adopt a horizontal position ~ recostarse || *The dentist told me to lie back ~ El dentista me dijo que me recostara*

lie back against ins ♦ to rest one's back against (when lying back) ~ recostarse sobre || *I lay back against the wall and began to cry* ~ *Me recosté sobre la pared y empecé a llorar*

lie back on ins ♦ *véase* lie back against

lie before ins lit ♦ *véase* be ahead of [2]

lie behind **[1]** ins ♦ [building etc.] to be positioned behind ~ estar detrás de || *The city lies behind the mountain range* ~ *La ciudad está detrás de la sierra* **[2]** ins ♦ to be the true reason for ~ ser la razón verdadera (fundamental etc.) de || *It's difficult to say what lies behind the outbreak of violence* ~ *Es difícil decir cuál es la verdadera razón del estallido de violencia*

lie between **[1]** ins ♦ to lie in the middle of (e.g. two other people on the beach) ~ tumbarse entre || *I lay between my brothers and we all fell asleep* ~ *Me eché entre mis hermanos y nos dormimos todos* **[2]** ins ♦ *véase* be between [1]

lie down vi ♦ to lie horizontally (in bed etc.) ~ tumbarse/echarse || *If your head hurts, why don't you lie down for a while?* ~ *Si te duele la cabeza, ¿por qué no te echas un rato?*

lie down under **[1]** ins ♦ to lie horizontally underneath (a table etc.) ~ tumbarse debajo de || *She lay down under a tree and went to sleep* ~ *Se tumbó debajo de un árbol y se durmió* **[2]** ins ♦ [person yielding to pressure etc.] *véase* collapse under

lie in **[1]** vi ♦ to stay in bed later than normal ~ seguir en la cama (más de lo normal) || *As it's Saturday I'm going to lie in* ~ *Como es sábado no voy a levantarme* **[2]** ins ♦ to lie horizontally in (a bed etc.) ~ tumbarse en || *He lay in the bath and began singing* ~ *Se tumbó en la bañera y empezó a cantar* **[3]** ins GB AUS ♦ [skill/importance etc.] to exist in (a specific characteristic etc.) ~ estar en || *The diffficulty lies in the shape of the package* ~ *La dificultad está en la forma que tiene el paquete*

lie on ins ♦ [lie on top of a bed or another flat surface] *véase* lie in [2]

lie out vi ♦ [tool etc.] to be out of its normal place ~ estar echado fuera de sitio || *There's a hammer lying out. Is it yours?* ~ *Hay un martillo aquí fuera. ¿Es tuyo?*

lie to **[1]** ins ♦ to tell a lie to ~ mentir a || *My father lied to my mother before the wedding* ~ *Mi padre mintió a mi madre antes de la boda* **[2]** ins form ♦ to be positioned to (the north etc.) ~ estar al (norte etc.) || *The village you are looking for lies to the north* ~ *La aldea que busca usted está al norte*

lie up vi GB ♦ *véase* hide out

lie with **[1]** ins ♦ [responsibility/duty etc.] *véase* fall on [3] **[2]** ins arc ♦ *véase* get it off with **[3]** ins ♦ [problem] *véase* lie in [3]

lie within ins form ♦ *véase* come under [2]

lift down sep ♦ *véase* bring down [2]; hand down [2]

lift from **[1]** v2obj ♦ *véase* lift off [2] **[2]** v2obj GB inf ♦ *véase* cop from

lift off **[1]** vi téc ♦ *véase* blast off **[2]** v2obj ♦ to lift (a lid/an item) from (a container/surface) ~ levantar (algo) de || *Laura lifted the lid off the jar and ate the contents* ~ *Laura levantó la tapa del tarro y se comió el contenido*

lift out sep ♦ to remove (something from a box etc.) by lifting ~ sacar || *Laura reached her hand into the box and lifted the camera out* ~ *Laura metió la mano en la caja y sacó la cámara*

lift up **[1]** vi ♦ to rise ~ levantarse/subir || *The trapdoor lifted up and we saw an arm* ~ *Se levantó el escotillón y vimos un brazo* **[2]** sep ♦ *véase* draw up [3]

light into ins inf ♦ *véase* hit out against; beat up [1]

light on ins form ♦ *véase* alight on

light out vi USA inf ♦ *véase* dash out

light out for ins USA inf ♦ *véase* head for

light out of ins USA inf ♦ *véase* burst out of [2]

light up **[1]** vi ♦ [eyes/lamp/machine/sky] to begin to shine/be illuminated ~ iluminarse (etc.) || *The mayor pressed the button and the bulbs lit up* ~

El alcalde pulsó el botón y las bombillas se iluminaron **[2]** sep ♦ [eyes/lamp/machine/sky] to illuminate; to make brighter ~ iluminar || *A series of fireworks lit up the Madrid night ~ Una serie de fuegos artificiales iluminó la noche madrileña* **[3]** vi & sep ♦ to light a cigarette ~ encender un cigarrillo || *After the call I lit up (a cigarette) and began to think ~ Después de la llamada encendí un cigarro y me puse a pensar*

light up with **[1]** ins ♦ *véase* gleam with **[2]** v2obj ♦ *véase* illuminate with

light upon ins form ♦ *véase* alight on

light with v2obj ♦ *véase* illuminate with

lighten up **[1]** vi inf ♦ to become less serious/angry; to relax ~ calmarse; relajarse; no tomarlo tan a pecho || *I wish you'd lighten up - we're on holiday ~ Me gustaría que te relajaras un poco - estamos de vacaciones* **[2]** sep ♦ to make (a speech etc.) less serious ~ hacer menos serio; aligerar || *I've included a few anecdotes to lighten up your lecture ~ He incluido unas anécdotas para que tu charla sea menos seria* **[3]** sep ♦ *véase* brighten up [2]

lighten up on ins inf ♦ *véase* ease off on [2]

liken to v2obj ♦ *véase* compare with [2]

limber up vi ♦ [with physical exercises] *véase* gear up [1]

limber up for ins ♦ *véase* gear up for [1]

limit to v2obj ♦ *véase* confine to; keep to [2]

limit oneself to ins ♦ *véase* keep to [1]

limp along vi ♦ *véase* hobble along

limp off vi & ins dep ♦ to leave (a football pitch etc.) limping ~ salir (del campo etc.) cojeando || *The goalkeeper limped off (the pitch) in the 80th minute ~ El portero salió (del césped) cojeando en el minuto 80*

line up **[1]** vi ♦ to form a line/queue ~ hacer cola; alinearse || *We lined up to receive the medals ~ Hicimos cola para recibir las medallas* **[2]** sep ♦ to cause (people/items) to form a line/queue ~ alinear; poner en fila || *The coach lined up his players and said a few words to them ~ El entrenador alineó a sus jugadores y les dirigió unas palabras* **[3]** sep ♦ [prepare/recommend as candidate etc.] *véase* gear up [2] **[4]** sep ♦ to organise/plan (a personal appearance or an event) ~ organizar/planear || *Have you lined anything up for Thursday? ~ ¿Tienes algún plan para el jueves?*

line up for **[1]** ins ♦ to form a line in order to receive ~ hacer cola para recibir || *We lined up for bread every morning ~ Cada mañana hacíamos cola para comprar pan* **[2]** v2obj ♦ [president etc.; specific post] *véase* fit for; gear up for [2]

line up with **[1]** v2obj ♦ *véase* align with **[2]** ins ♦ to form a line alongside ~ hacer cola con || *I had to line up with my friends and wait for the police ~ Tuve que hacer cola con mis amigos y esperar a la policía*

line with **[1]** v2obj ♦ *véase* align with **[2]** v2obj ♦ to place a layer of (X) in (Y) ~ forrar (Y) de (X) || *I want you to line the boxes with thick paper ~ Quiero que forres las cajas de papel grueso*

linger around vi & ins ♦ *véase* bat around [2]

linger on **[1]** vi ♦ to wait/continue for a long time ~ durar/esperar mucho tiempo || *The memory of the accident still lingers on ~ El recuerdo del accidente dura todavía* **[2]** ins ♦ to remain for a long time on (e.g. a problem/musical note) ~ dilatarse en (etc.) || *You shouldn't linger on such matters ~ No deberías dilatarte en semejantes asuntos*

linger over **[1]** ins ♦ *véase* linger on [2] **[2]** ins ♦ *véase* hesitate over **[3]** ins ♦ [+ meal/drink etc.] to take a long time to consume ~ tardar en acabar/tomar || *I like to linger over a beer and talk to my friends ~ Me gusta tomar una cerveza sin prisa y charlar con mis amigos*

link to ins & v2obj ♦ *véase* connect with

link together vi & sep ♦ *véase* connect up

link up [1] vi & sep ♦ *véase* connect up **[2]** vi ♦ *véase* hook up [3]

link up with [1] ins & v2obj ♦ *véase* connect with **[2]** ins ♦ *véase* hook up with [3]

link with ins & v2obj ♦ *véase* connect with

liquor up vi & sep USA inf ♦ *véase* beer up

list among v2obj ♦ *véase* count among [1]

list as v2obj ♦ *véase* have down as

list off sep ♦ [recite list of things] *véase* count off [2]

list to ins náut ♦ *véase* lean to

listen for ins ♦ to try to hear (something which has not sounded yet) ~ estar a la escucha de || *They spent the whole day listening for a cuckoo ~ Pasaron todo el día intentando oír el canto del cuco*

listen in [1] vi ♦ to listen secretly to a conversation (etc.) ~ escuchar a escondidas || *I didn't think my sister would have been listening in ~ No creía que nos estuviera escuchando a escondidas mi hermana* **[2]** vi ♦ to listen to a radio programme ~ escuchar || *Not many people were listening in this week ~ Esta semana ha escuchado poca gente*

listen in on ins ♦ *véase* eavesdrop on

listen in to [1] ins ♦ [radio programme] *véase* listen to **[2]** ins ♦ [conversation etc.] *véase* eavesdrop on

listen out for ins ♦ *véase* listen for

listen to ins ♦ to hear while paying attention ~ escuchar (a) || *If you had listened to your mother, you wouldn't be here now ~ Si hubieras escuchado a tu madre, no estarías aquí ahora*

listen up vi USA inf ♦ [usually command] to listen carefully ~ escuchar bien || *Listen up: I'm not going to repeat this ~ Escuchad bien: esto no lo voy a repetir*

litter about sep os ♦ *véase* fling around [2]; leave about

litter around sep os ♦ *véase* fling around [2]; leave about

litter up sep ♦ to make (a room etc.) untidy ~ desordenar || *You've littered your room up, so you can tidy it ~ El cuarto lo has desordenado tú, así que tú puedes ordenarlo*

litter with [1] v2obj ♦ [errors in a book etc.] *véase* infest with **[2]** v2obj ♦ to fill (a street etc.) untidily with (rubbish/papers etc.) ~ llenar de (basura etc.) || *The children littered the streets with empty cans ~ Los niños llenaron las calles de botes vacíos*

live above ins ♦ to live directly on top of (a shop etc.) ~ vivir en un piso encima de || *When I was a student I lived above a chemist ~ Cuando era estudiante vivía en un piso encima de una farmacia*

live apart vi ♦ [married couple etc.] to live separately ~ vivir/estar separados || *They were happy at the beginning but now they live apart ~ Al principio eran felices pero ahora viven separados*

live by [1] ins ♦ *véase* adhere to [2] **[2]** ins ♦ to live next to ~ vivir al lado de || *Come and visit me - I live by the river ~ Ven a visitarme - vivo al lado del río*

live down sep ♦ no longer to be embarrassed about (an earlier incident etc.) ~ lograr borrar || *I've never been able to live down the incident with the gin ~ Nunca he logrado borrar el incidente con la ginebra*

live for ins ♦ to exist solely to enjoy (work, family, parties etc.) ~ vivir sólo para disfrutar (etc.) || *My mother lives for her garden ~ A mi madre lo único que le interesa es su jardín*

live in [1] ins ♦ *véase* dwell in **[2]** vi form ♦ [maid etc.] to live in the same house where one works ~ ser interno; estar de interno || *She used to help us with the cleaning but now she lives in ~ Antes nos ayudaba con la limpieza pero ahora es interna*

live off [1] ins ♦ to live using money gained from (work/activity etc.) ~ vivir de || *I still live off the money the insurance company gave me ~ Todavía vivo del dinero que me dio la compañía de seguros* **[2]** ins ♦ *véase* batten on **[3]** ins ♦ *véase* live on [2]

live on [1] vi ♦ to be still alive; to continue to live/exist ~ seguir vivo/existiendo || *Our reputation lives on in this province* ~ *Nuestra fama sigue viva en esta provincia* **[2]** ins ♦ to eat only ~ comer sólo; alimentarse de || *In prison I lived on bread and cheese* ~ *En la cárcel me alimentaba únicamente de pan y queso* **[3]** ins ♦ *véase* get by on

live out **[1]** vi GB AUS ♦ not to live where one studies or works ~ vivir fuera || *A lot of students find it's cheaper to live out* ~ *Muchos estudiantes encuentran que es más barato no vivir en el colegio mayor/el campus (etc.)* **[2]** sep ♦ [fantasy etc.] *véase* act out **[3]** sep ♦ [+ final days/years etc.] to live and enjoy ~ pasar el resto de; vivir hasta el final de || *I'd like to live out my final years in Ireland* ~ *Me gustaría pasar los últimos años de mi vida en Irlanda*

live over **[1]** ins ♦ *véase* live above **[2]** sep os USA ♦ to live/experience (a period of one's life) again ~ volver a vivir/experimentar || *Laura would love to live the eighties over* ~ *A Laura le encantaría volver a vivir los años ochenta*

live through ins ♦ to experience and survive ~ (sobre)vivir || *We lived through some difficult times during the war* ~ *Vivimos unos momentos difíciles durante la guerra*

live together vi ♦ [two/several people] to live in the same house ~ vivir juntos || *We're not married but we live together* ~ *No estamos casados pero vivimos juntos*

live it up vi inf ♦ to enjoy oneself a lot ~ divertirse; echar una cana al aire || *I spent the summer studying while my friends were living it up on the coast* ~ *Pasé el verano estudiando mientras mis amigos se lo pasaban genial en la costa*

live up to **[1]** ins ♦ [+ reputation etc.] to act/fulfil in a way which was expected ~ estar a la altura de; corresponder a || *It will be difficult for you to live up to your father's reputation* ~ *Para ti será difícil estar a la altura de la fama de tu padre* **[2]** ins ♦ [+ promise etc.] *véase* adhere to; abide by

live with **[1]** ins ♦ to live in the same house as (partner/friend) ~ vivir con || *I'd prefer to live with my boyfriend instead of getting married* ~ *Preferiría vivir con mi novio en vez de casarnos* **[2]** ins ♦ [+ problem etc.] to accept and continue one's life despite ~ aceptar y seguir con la vida a pesar de (un problema etc.) || *My husband has various difficulties but we're learned to live with them* ~ *Mi marido tiene varias dificultades pero hemos aprendido a aceptarlas*

live without ins ♦ to survive without (a person, possession, activity) ~ vivir sin || *I couldn't live without my partner/computer* ~ *No podría vivir sin mi pareja/ordenador*

liven up **[1]** sep ♦ *véase* brighten up [2] **[2]** vi & sep ♦ [person/party etc.] *véase* cheer up

load down sep ♦ to overload (a person/car etc.) (with luggage/responsibility) ~ sobrecargar || *I try not to load my van/secretary down* ~ *Procuro no sobrecargar mi furgoneta/a mi secretaria*

load down with v2obj ♦ *véase* burden with

load into **[1]** ins ♦ [lots of people etc.] to enter (a room/car etc.) en masse ~ entrar en/subir a (un sitio) en masa || *We all loaded into the van and set off* ~ *Subimos todos al furgón y nos largamos* **[2]** v2obj ♦ to place (people, washing, heavy objects) in (a vehicle, machine etc.) ~ cargar (sitio, máquina, vehículo etc.) de || *Daniel loaded his dirty clothes into the washing machine* ~ *Daniel cargó la lavadora de ropa sucia*

load onto v2obj ♦ [onto a surface/shelf/high place] *véase* load into [2]

load up sep ♦ [vehicle/machine] *véase* fill up [3]

load up with v2obj ♦ *véase* burden with; fill up with [3]

load with v2obj ♦ *véase* burden with; fill up with [3]

loaf about vi inf ♦ *véase* bum about [1]

loaf around vi inf ♦ *véase* bum about [1]

loaf away sep inf ♦ *véase* dawdle away

loan out sep ♦ *véase* lend out

loan to v2obj ♦ *véase* lend to

lob at v2obj ♦ *véase* hurl at

lob out **[1]** sep ♦ *véase* chuck away **[2]** sep inf ♦ *véase* bring forth [3]

lob over v2obj ♦ [by throwing] *véase* get over [3]

lob up sep inf ♦ [by throwing] *véase* hand up

lobby against ins ♦ *véase* campaign against

lobby for ins ♦ *véase* campaign for

lock away **[1]** sep ♦ to keep (valuables etc.) safe behind a locked door ~ guardar bajo llave || *I usually lock my jewels away when I go on holiday* ~ *Suelo guardar mis joyas bajo llave cuando voy de vacaciones* **[2]** sep ♦ *véase* bang up [1]

lock oneself away vi ♦ to go to a quiet, private place (in order to study etc.) ~ encerrarse (para estudiar etc.) || *Daniel locked himself away to finish his doctorate* ~ *Daniel se encerró para acabar el doctorado*

lock in **[1]** sep os ♦ to enclose (someone) in a room (etc.) by locking the door ~ encerrar a || *I put Daniel in the garage and locked him in* ~ *Metí a Daniel en el garaje y le encerré bajo llave* **[2]** v2obj ♦ to enclose (someone) in (a room etc.) by locking the door ~ encerrar en || *I've locked my son in the bathroom* ~ *He encerrado a mi hijo bajo llave en el baño* **[3]** sep USA ♦ to fix (a price etc.) ~ fijar || *The salesman said he would lock the price in* ~ *El vendedor dijo que fijaría el precio*

lock oneself in **[1]** vi ♦ *véase* lock in [1] **[2]** ins ♦ *véase* lock in [2]

lock in on ins & v2obj ♦ *véase* focus on

lock on to **[1]** v2obj ♦ [by locking] *véase* attach to [1]; chain to **[2]** ins & v2obj ♦ *véase* focus on **[3]** ins ♦ *véase* home in on [2]

lock onto ins & v2obj ♦ *véase* lock on to

lock out **[1]** sep ♦ [by locking a door] *véase* bolt out [2] **[2]** sep ♦ [company] to lock the factory and deny work to (workers) ~ cerrar la fábrica y negarles trabajo a (los obreros) || *The boss locked 300 men out last week* ~ *La semana pasada el jefe dejó sin trabajo a 300 obreros*

lock oneself out vi ♦ *véase* lock out [1]

lock out of v2obj ♦ to deny (someone) access to (a place) by locking the door ~ cerrar la puerta de (un sitio) a (alguien) || *Laura has locked her husband out of the house* ~ *Laura ha cerrado la puerta y dejado a su marido en la calle*

lock oneself out of ins ♦ *véase* lock out of

lock up **[1]** vi & sep ♦ to lock all the doors (of a house etc.) before leaving ~ echar la llave || *Would you mind locking up (the house) when you leave?* ~ *¿Te importa echar la llave cuando te vayas?* **[2]** sep ♦ *véase* lock away [1] **[3]** sep ♦ *véase* bang up [1] **[4]** sep com ♦ to commit (money etc.) to a specific fund/account ~ inmovilizar || *She's locked all her money up, so she can't buy anything* ~ *Tiene todo su dinero inmovilizado, así que no puede comprar nada*

lock up for v2obj ♦ *véase* imprison for

lock up in **[1]** v2obj ♦ to imprison (someone) in (a place/prison) ~ encarcelar en || *The judge locked him up in the national prison* ~ *El juez le encarceló en la cárcel nacional* **[2]** v2obj com ♦ to commit (money etc.) to (a specific fund/account) ~ inmovilizar en || *Daniel locked his personal assets up in a special account* ~ *Daniel inmovilizó todos sus bienes muebles en una cuenta especial*

lodge against v2obj jur ♦ *véase* bring against

lodge in **[1]** ins ♦ to stay as a guest in (hotel etc.) ~ alojarse (etc.) en || *We lodged in a very small hotel next to the lake* ~ *Nos alojamos en un hotel muy pequeño al lado del lago* **[2]** ins ♦ to become fixed (accidentally) in (a place) ~ quedar empotrado en || *My shoe lodged in the wet concrete* ~ *Mi zapato quedó empotrado en el hormigón mojado* **[3]** v2obj ♦ to place/fix (something) in (a place) ~ empotrar/colocar en || *I accidentally lodged the hammer in the engine ~ Coloqué el martillo en el motor sin querer*

lodge with ins ♦ *véase* board with

log for **[1]** v2obj náut ♦ to make a report about (sailor) because of (an error/offence) ~ anotar un error/delito (etc.) a || *The captain had to log Daniel for absence without leave ~ El capitán tuvo que denunciar a Daniel por ausencia sin permiso* **[2]** v2obj USA ♦ *véase* detail for

log in **[1]** vi IT ♦ to enter a computer system ~ entrar en/acceder al sistema || *I need to log in, then I can send the message ~ Tengo que entrar en el sistema, luego podré mandar el mensaje* **[2]** sep os IT ♦ to give (someone) access to a computer system ~ meter en el sistema a (alguien) || *The technician logged me in this morning, as I'd forgotten my secret number ~ El técnico me ha metido en el sistema esta mañana, porque yo había olvidado mi número secreto*

log in to ins & v2obj IT ♦ *véase* log into

log into **[1]** ins IT ♦ to enter (a computer system) ~ entrar en/acceder a || *I logged into the system at 9.30 ~ He entrado en el sistema a las 9.30* **[2]** v2obj IT ♦ to give (someone) access to (a computer system) ~ meter a (alguien) en (el sistema) || *Can you log me into the main system, please? ~ ¿Puedes darme acceso al sistema principal, por favor?*

log off **[1]** vi IT ♦ to exit from a computer system ~ salir del sistema || *I'll talk to you when I've logged off ~ Te hablaré cuando haya salido del sistema* **[2]** ins IT ♦ to exit from (a computer system) ~ salir de || *Laura logged off the system before lunch ~ Laura salió del sistema antes de comer* **[3]** sep os IT ♦ to cause (someone) to exit from a computer system ~ sacar del sistema || *He'd left his computer on so I logged him off ~ Había dejado el ordenador encendido así que le saqué del sistema* **[4]** v2obj IT ♦ to cause (someone) to exit from (a computer system) ~ sacar a (alguien) de || *Laura logged Daniel off the main system ~ Laura sacó a Daniel del sistema principal*

log on **[1]** vi IT ♦ *véase* log in [1] **[2]** sep os IT ♦ *véase* log in [2]

log on to **[1]** ins IT ♦ *véase* log into [1] **[2]** v2obj IT ♦ *véase* log into [2]

log onto ins & v2obj IT ♦ *véase* log into

log out **[1]** vi IT ♦ *véase* log off [1] **[2]** sep os IT ♦ *véase* log off [3]

log out of **[1]** ins IT ♦ *véase* log off [2] **[2]** v2obj IT ♦ *véase* log off [4]

log up sep ♦ *véase* clock up

loiter around vi ♦ *véase* bat around [2]

loiter away sep ♦ *véase* dawdle away

loiter over ins ♦ *véase* linger over [2], [3]

loll about vi ♦ *véase* bum about [1]

loll against ins ♦ *véase* lie back against

loll around **[1]** vi ♦ *véase* bum about [1] **[2]** vi ♦ [dog's tongue etc.] to move in various directions ~ [lengua del perro etc.] colgar y moverse en varias direcciones || *The dog's tongue was lolling around as it watched the cat ~ Al perro se le movía la lengua al observar al gato*

loll back vi ♦ *véase* lie back; lean back

loll back on ins ♦ *véase* lie back against

loll out vi ♦ [tongue] *véase* hang out [3]

lollop along vi GB ♦ to move/progress clumsily ~ moverse/avanzar torpemente || *The old man likes to lollop along without being rushed ~ Al viejo le gusta ir torpemente sin que se le meta prisa*

long for ins ♦ *véase* ache for

look about **[1]** vi ♦ *véase* cast about **[2]** vi ♦ *véase* glance round [1] **[3]** ins inf ♦ [aparentar] *véase* be about [4] **[4]** vi & ins ♦ to walk around (a place) and observe the contents ~ dar una vuelta (por); echar un vistazo (a) || *You may wish to look about (the factory) before lunch ~ A lo mejor querrán dar una vuelta (por la fábrica) antes de comer*

look about for ins ♦ *véase* cast about for; buck for

look after [1] ins ♦ *véase* care for [1] **[2]** ins ♦ *véase* deal with [2]

look ahead vi ♦ *véase* plan ahead

look ahead to ins ♦ to think about (something in the future) ~ mirar hacia (el futuro etc.) || *We're all looking ahead to when we're forty ~ Todos estamos contemplando lo de ser cuarentones*

look alike vi ♦ [brothers etc.] to be physically similar ~ parecerse || *We're not twins but we do look alike ~ No somos gemelas pero sí nos parecemos*

look around vi & ins ♦ *véase* look about

look around for ins ♦ *véase* cast about for; buck for

look aside vi ♦ [apartar la mirada] *véase* face away

look at [1] ins ♦ [generally, with eyes] *véase* gaze at; glance at (etc.) **[2]** ins inf ♦ *véase* chew on [2]; feel out [1] **[3]** ins ♦ *véase* research into

look away vi ♦ [apartar la mirada] *véase* face away

look back [1] vi ♦ *véase* glance round [2] **[2]** vi ♦ to think about the past ~ considerar el pasado || *Why are you always looking back? What about the future? ~ ¿Por qué hablas siempre del pasado? ¿Qué pasa con el futuro?*

look back at ins ♦ *véase* look back on

look back on ins ♦ to remember and consider or discuss (a past period) ~ recordar/evocar || *Laura enjoys looking back on her youth ~ A Laura le gusta recordar su adolescencia*

look back over ins ♦ *véase* look back on

look beyond ins ♦ to look further than (a location or something simple/restrictive) ~ mirar más allá de || *Laura looked beyond her own interests and chose Daniel ~ Laura miró más allá de sus propios intereses y escogió a Daniel*

look down [1] vi ♦ *véase* glance down **[2]** vi ♦ to appear sad/depressed ~ parecer triste/deprimido || *She looked down so I went over to see her ~ Parecía triste así que me acerqué a verla*

look down at ins ♦ to observe by looking downwards ~ mirar hacia abajo a || *They looked down at the rubbish on the ground ~ Miraron la basura en el suelo*

look down on [1] ins form ♦ *véase* look down at **[2]** ins ♦ [castle] to be above and dominate (a city below etc.) ~ dominar || *The cathedral looks down on the rest of the city ~ La catedral domina el resto de la ciudad* **[3]** ins ♦ *véase* cry down

look down upon ins form ♦ *véase* look down on

look for [1] ins ♦ *véase* buck for **[2]** ins ♦ *véase* hope for

look forward vi ♦ *véase* face forward

look forward to [1] ins ♦ *véase* look ahead to **[2]** ins ♦ *véase* count down to

look in [1] vi ♦ to look into the interior (through a window etc.) ~ mirar hacia dentro || *I walked past the police station window and looked in ~ Pasé al lado de la ventana de la comisaría y miré hacia dentro* **[2]** vi ♦ *véase* call by **[3]** ins ♦ to look/seek in the interior of ~ mirar/buscar en/dentro de || *Have you looked in the cupboard/mirror? ~ ¿Has mirado en el armario? ¿Te has mirado en el espejo?*

look in on ins ♦ *véase* call on [1]

look into [1] ins ♦ [mirror etc.] *véase* look in [3] **[2]** ins ♦ *véase* check into [1] **[3]** ins ♦ *véase* research into

look like [1] ins ♦ to be facially similar to ~ parecerse a || *I look like my brother ~ Me parezco a mi hermano* **[2]** ins ♦ to have characteristics similar to those of ~ parecer || *The whole business looks like a disaster ~ El rollo entero parece un desastre*

look on [1] vi ♦ to stand nearby and observe ~ mirar; estar de mirón || *His brother was in a fight but Daniel just looked on ~ Su hermano estaba en una pelea pero Daniel no hizo más que mirar* **[2]** vi ♦ to share another person's book (in class/in a choir etc.) ~ compartir libro (etc.) con otra persona || *I haven't* *brought my book so I'll look on ~ No he traído mi libro así que compartiré con alguien* **[3]** ins ♦ to consider ~ considerar || *He looks on his experiences without rancour ~ Contempla sus experiencias sin rencor* **[4]** ins ♦ *véase* look down on [2]

look on as v2obj ♦ *véase* have down as

look on to ins ♦ *véase* face onto; look down on [2]

look on with ins ♦ [in class/choir etc.] to share the book of (someone) ~ compartir el libro de || *If you haven't got your sheet music you can look on with me ~ Si no tienes la partitura puedes compartir la mía*

look onto ins ♦ *véase* face onto; look down on [2]

look out **[1]** vi ♦ to look to the exterior through a window (etc.) ~ mirar hacia fuera || *Laura looked out and saw that it was snowing ~ Laura miró hacia fuera y vio que nevaba* **[2]** vi ♦ [often a command] to be careful ~ tener cuidado || *The instructor told me to look out ~ El instructor me dijo que tuviera cuidado* **[3]** sep GB AUS ♦ *véase* dig out [2]

look out at ins ♦ *véase* gaze out on

look out for **[1]** ins ♦ to be attentive and try to see ~ estar a la mira de || *I want you to look out for badgers when we're in the woods ~ Cuando entremos en el bosque quiero que estéis a la mira de tejones* **[2]** ins ♦ *véase* beware of **[3]** ins ♦ [person/person's wellbeing or interests] *véase* care for [1]

look out of ins ♦ *véase* glance through [2]

look out on **[1]** ins ♦ *véase* gaze out on **[2]** ins ♦ *véase* face onto; look down on [2]

look out on to ins ♦ *véase* look out onto

look out onto **[1]** ins ♦ *véase* gaze out on **[2]** ins ♦ *véase* face onto; look down on [2]

look out over **[1]** ins ♦ *véase* gaze out on **[2]** ins ♦ *véase* face onto; look down on [2]

look over **[1]** ins ♦ *véase* face onto; look down on [2] **[2]** vi ♦ *véase* glance over [1] **[3]** ins ♦ *véase* glance over [2] **[4]** ins ♦ *véase* glance over [3]

look round **[1]** vi ♦ *véase* cast about **[2]** vi ♦ *véase* glance round [1] **[3]** vi & ins ♦ *véase* look about [4]

look through **[1]** ins ♦ *véase* glance over [3] **[2]** ins ♦ *véase* glance through [2] **[3]** ins ♦ to pretend not to notice (someone) ~ fingir no ver a (alguien) || *He looked through me when I greeted him in the park ~ Fingió no verme cuando le saludé en el parque*

look to ins ♦ *véase* count on [2]

look to for v2obj ♦ to approach (someone) to provide (esp. advice/support) ~ acudir a (alguien) buscando || *I usually look to my father for advice ~ Si necesito unos consejos suelo acudir a mi padre*

look up **[1]** vi ♦ *véase* glance up [1] **[2]** vi ♦ *véase* glance up [2] **[3]** vi ♦ to improve ~ ir mejor || *It seems things are looking up ~ Parece que las cosas ya van mejor* **[4]** sep ♦ to seek (word/name) in a dictionary/directory (etc.) ~ buscar || *If you don't recognise a word, look it up in the dictionary ~ Si no reconoces una palabra, búscala en el diccionario* **[5]** sep ♦ [phone/visit old friend while temporarily in town etc.] *véase* call on [1]

look up at ins ♦ to raise one's eyes and observe ~ alzar los ojos para ver || *Laura looked up at the tower and saw that it was 3.00 ~ Laura levantó los ojos hacia la torre y vio que eran las 3.00*

look up and down **[1]** ins ♦ to look towards both ends of (a street etc.) ~ mirar hacia ambos extremos de || *Daniel looked up and down the street and saw nobody ~ Daniel miró calle arriba y calle abajo y no vio a nadie* **[2]** sep os ♦ to look scornfully at ~ mirar con desprecio (a) || *My mother looked my girlfriend up and down ~ Mi madre miró a mi novia con desprecio*

look up and down for ins ♦ [everywhere] *véase* cast about for; buck for

look up from ins ♦ to raise one's eyes while reading (a book etc.) ~ levantar los ojos de (un libro etc.) || *I* *looked up from my book when the phone rang* ~ *Levanté los ojos de mi libro cuando sonó el teléfono*

look up to [1] ins ♦ *véase* look up at **[2]** ins ♦ to admire/respect (someone older) ~ admirar/respetar a || *I always looked up to my elder sister* ~ *Siempre respetaba a mi hermana mayor*

look upon ins form ♦ *véase* look on [3]

look upon as v2obj form ♦ *véase* have down as

loom ahead vi ♦ [something unpleasant] to be imminent/threatening ~ amenazar (por delante) || *I can't sleep with this interview looming ahead* ~ *No puedo dormir por esta entrevista que ya queda cerca*

loom out of ins ♦ [large shape from fog etc.] *véase* emanate from

loom up [1] vi ♦ *véase* loom ahead **[2]** vi ♦ [large shape] to rise in an indistinct way ~ surgir/aparecer || *The shape suddenly loomed up and we all got a shock* ~ *Surgió la forma de repente y nos asustamos todos*

loom up out of ins ♦ [large shape from fog etc.] *véase* emanate from

loop round v2obj ♦ *véase* entwine around

loose off sep ♦ *véase* fire off [1]

loose off at [1] ins ♦ *véase* fire at [1] **[2]** v2obj ♦ *véase* fire at [2] **[3]** ins inf ♦ *véase* flare out at

loose on v2obj lit arc ♦ [god etc.] to unleash (a force etc.) in the direction of (people) ~ desencadenar sobre || *The gods loosed a violent storm on the people* ~ *Los dioses desencadenaron una violenta tormenta sobre la gente*

loose upon v2obj lit arc ♦ *véase* loose on

loosen off sep ♦ to make (nut/bolt etc.) less tight ~ aflojar || *Can you loosen this nut off? I think it's rusted* ~ *¿Me aflojas esta tuerca? Creo que está oxidada*

loosen up [1] vi inf ♦ *véase* lighten up [1] **[2]** vi ♦ [with physical exercises] *véase* gear up [1] **[3]** sep ♦ [muscles] to make loose ~ desentumecer || *It's important to loosen your muscles up before a game* ~ *Es importante desentumecer los músculos antes de un partido*

loosen up on ins inf ♦ *véase* ease off on [2]

lop away sep ♦ *véase* cut away

lop off [1] sep ♦ *véase* cut away **[2]** sep & v2obj inf ♦ *véase* knock off [2]

lope along vi ♦ to walk/run with a long stride ~ ir/correr a paso largo || *Daniel was loping along and it was difficult for me to keep up* ~ *Daniel iba a paso largo y me resultaba difícil alcanzarle*

lope off vi ♦ to leave with a long stride ~ alejarse a paso largo || *The robber loped off and left the victim in the street* ~ *El ladrón se fue a paso largo y dejó a la víctima en la calle*

lord it over ins inf ♦ to dominate like a despot ~ dominar despóticamente || *Daniel lorded it over the other people in the office* ~ *Daniel dominaba despóticamente a la demás gente de la oficina*

lose at [1] ins dep ♦ to lose when playing (a specific game/sport) ~ perder en || *It's normal for us to lose at chess* ~ *Es normal que nosotros perdamos jugando al ajedrez* **[2]** v2obj ♦ to lose (a sum of money etc.) when gambling on (something) ~ perder (tal cantidad) jugando || *I lost 100 dollars at cards yesterday* ~ *Ayer perdí 100 dólares en una partida de cartas*

lose by ins & v2obj ♦ to lose (a match) by the margin of ~ perder (un partido) por || *We only lost (the match) by one goal* ~ *Perdimos (el partido) por un solo gol*

lose out vi ♦ to suffer the disadvantage of a situation/law (etc.) ~ salir perdiendo || *With these new laws, older people will lose out* ~ *Con estas nuevas leyes, la gente mayor saldrá perdiendo*

lose out on [1] ins ♦ to be disadvantaged in terms of ~ salir perdiendo en lo de || *When I began to work freelance, I lost out on pension rights* ~ *Cuando empecé a trabajar por mi cuenta, salí perdiendo en cuanto a derechos de pensión* **[2]** ins ♦ to miss (an opportunity etc.) ~ perderse || *I wouldn't like to lose out on all these activities ~ No me gustaría perderme todas estas actividades*

lose out to ins ♦ [in a competition/auction/bid etc.] to be defeated by ~ perder ante; ser derrotado por || *My company lost out to a larger firm with more money ~ Mi empresa perdió el concurso ante una más grande con más dinero*

lose to ins & v2obj dep ♦ [football match etc.] *véase* lose out to

lounge about vi ♦ *véase* bum about [1]

lounge around vi ♦ *véase* bum about [1]

lounge back vi ♦ *véase* lie back; lean back

louse up vi & sep AUS USA inf ♦ *véase* cock up

luck into ins USA inf ♦ [money/opportunity etc.] *véase* chance on

luck out of ins USA inf ♦ [by luck] *véase* duck out of

lug about sep ♦ *véase* drag about

lug along sep ♦ *véase* drag about

lug around sep ♦ *véase* drag about

lull into v2obj ♦ [esp. + false sense of security] to develop (a person's) sense of confidence/safety unduly ~ hacer que (alguien) tenga más (seguridad o confianza etc.) de lo debido || *The boss lulled Daniel into a false sense of security ~ El jefe hizo que Daniel se sintiera demasiado tranquilo*

lull to v2obj ♦ [+ sleep] to make (someone) fall asleep (using gentle songs etc.) ~ adormecer/arrullar || *Laura lulled her daughter to sleep after the meal ~ Laura adormeció a su hija después de la cena*

lumber about vi ♦ *véase* lollop along

lumber along vi ♦ *véase* lollop along

lumber together sep ♦ [various very different things] *véase* bracket together; jumble together

lumber with v2obj ♦ *véase* burden with

lump together sep ♦ [various very different things] *véase* bracket together; jumble together

lunch off ins ♦ [simple food (etc.) at lunchtime] *véase* dine off

lunch out vi ♦ [at lunchtime] *véase* eat out [1]

lunge at ins ♦ *véase* come at [2]

lunge for ins ♦ *véase* come at [2]

lurch along vi ♦ *véase* lollop along

lurch forward vi ♦ [clumsily] *véase* come forward [1]; go forward [2]

lurch in vi ♦ [clumsily] *véase* come in [1]; go in [1]

lurch out vi ♦ [clumsily] *véase* come out [1]; go out [1]

lure away from v2obj ♦ *véase* entice away from

lure into v2obj ♦ *véase* entice into

lure on sep os ♦ [encourage to advance] *véase* egg on

lure out sep os ♦ *véase* coax out

lurk around vi & ins ♦ [secretively etc.] *véase* bat around [2]

lust after **[1]** ins ♦ [with sexual desire] *véase* dangle after **[2]** ins inf ♦ *véase* ache for

lust for ins ♦ *véase* lust after

luxuriate in ins form ♦ *véase* bask in

M

mac out vi USA inf ♦ to eat an excess of Big Mac ® hamburgers ~ zamparse un exceso de Big Mac ® || *When I'm feeling depressed I like to mac out ~ Cuando estoy deprimido me gusta zamparme unos cuantos Big Mac®*

machine-gun down sep ♦ [with a machine-gun] *véase* gun down

magic away sep ♦ *véase* conjure away

magic up sep ♦ *véase* conjure up

mail to v2obj USA ♦ *véase* get off to [2]

maintain in v2obj ♦ *véase* keep in [5]

major in ins AUS USA ♦ to study (something) as the principal subject at university ~ estudiar (algo) como asignatura principal || *Laura majors in law, but she may give it up ~ Laura estudia derecho como asignatura principal, pero puede que lo deje*

make after ins ♦ *véase* chase after

make away with ins ♦ *véase* go off with [1], [2]

make do with ins ♦ [sum of money/a person/an incorrect item] *véase* get by on

make for [1] ins ♦ *véase* head for **[2]** v2obj ♦ to make/create (item/problem etc.) for (someone/something) ~ hacer/crear (algo) para/a (alguien/algo) || *My son made a hat (a problem) for me ~ Mi hijo me creó un sombrero (me causó un problema)* **[3]** ins ♦ *véase* eventuate in

make from v2obj ♦ [make a product from a material etc.] *véase* hew out of

make into v2obj ♦ *véase* change into [3]

make like ins ♦ *véase* hit off

make of [1] ins ♦ [always in a question] to have an opinion about ~ opinar de/pensar de || *What do you make of the new accountant? ~ ¿Qué piensas del nuevo contable?* **[2]** v2obj ♦ to make/create (something bigger etc.) of (a situation etc.) ~ crear (algo) de || *They managed to make a massive fight out of a simple debate ~ Lograron convertir un simple debate en una pelea masiva*

make off vi ♦ *véase* dart away

make off with ins ♦ *véase* go off with [1], [2]

make out [1] sep ♦ to be able to see/hear (something) with difficulty ~ lograr ver/oír || *If you look to the horizon you can make out a strange shape ~ Si miras hacia el horizonte podrás ver una forma extraña* **[2]** sep ♦ *véase* figure out [3] **[3]** sep ♦ *véase* fathom out **[4]** sep ♦ [cheque/application form] *véase* fill in [1] **[5]** vi ♦ [+ a clause] to imply; to give to understand ~ dar a entender || *Laura makes out that she's rich, but that's not the case ~ Laura da a entender que es rica, pero no es así* **[6]** sep ♦ *véase* crack up [7] **[7]** vi USA inf ♦ *véase* get along [3] **[8]** vi USA inf ♦ [2 lovers] to kiss and cuddle ~ darse el lote || *They only go to the movies to make out ~ Sólo van al cine para darse el lote* **[9]** vi USA AUS inf ♦ *véase* get it on

make out after ins ♦ *véase* chase after

make out of [1] v2obj ♦ [make a product from a material etc.] *véase* hew out of **[2]** v2obj ♦ *véase* make of [2]

make out to v2obj ♦ *véase* make over to [1]

make out with **[1]** ins USA inf ♦ *véase* cope with **[2]** ins USA inf ♦ [lover] to kiss and cuddle (with) ~ darse el lote con || *Laura made out with Daniel under the table ~ Laura se dio el lote con Daniel debajo de la mesa* **[3]** ins USA AUS inf ♦ *véase* get it off with

make over **[1]** sep inf ♦ to transform the appearance of (a face/house/room) ~ transformar el aspecto/físico de/a || *I can't wait to make this room over ~ Tengo unas ganas increíbles de transformar este cuarto* **[2]** ins USA ♦ *véase* fuss over

make over to **[1]** v2obj USA ♦ to sign (a cheque) in favour of ~ extender (cheque) a favor de || *Please make the cheque over to my mother ~ Por favor, extienda el cheque a favor de mi madre* **[2]** v2obj jur ♦ to give (money/property) to (a person) via a legal document ~ ceder (algo) a (alguien) mediante un proceso legal || *She decided to make the farm over to her son ~ Decidió traspasar la granja legalmente a su hijo*

make it through vi & ins inf ♦ *véase* come through [4]

make towards ins GB AUS form ♦ *véase* head for

make up **[1]** sep ♦ *véase* cook up [2] **[2]** sep ♦ to provide (the remainder of a sum/amount/number) ~ poner/dar (el resto etc.) || *If you pay 20 pesos I'll make up the other 10 ~ Si tú pagas 20 pesos yo pondré los 10 restantes* **[3]** sep ♦ to work to compensate (lost time etc.) ~ compensar/recuperar || *Laura promised to make the three hours up ~ Laura prometió que recuperaría las tres horas de trabajo perdidas* **[4]** ins ♦ *véase* account for [3] **[5]** ins ♦ to compose/constitute ~ componer (etc.) || *Three provinces make up this autonomous community ~ Tres provincias componen esta comunidad autónoma* **[6]** sep ♦ [package/medicine/order] to assemble/complete/prepare ~ preparar/empaquetar (etc.) || *The nurse made up a packet of 60 tablets ~ La enfermera preparó un paquete el 60 pastillas* **[7]** sep ♦ to apply make-up to (a face etc.) ~ maquillar a || *Her mother made her up before the party ~ Su madre le pintó la cara antes de la fiesta* **[8]** vi arc & USA ♦ to apply make-up to oneself ~ pintarse/maquillarse || *The girls made up while the boys were talking about football ~ Las chicas se pintaban mientras los chicos hablaban del fútbol* **[9]** vi ♦ [2 people who have argued] to forgive and be friends again ~ hacer las paces || *Have they made up yet? ~ ¿Ya han hecho las paces?* **[10]** sep ♦ [2 people who have argued] to resolve (a dispute etc.) ~ solucionar || *I think they've made up their quarrel ~ Creo que ya han olvidado aquella riña* **[11]** sep ♦ *véase* bank up [2]

make up for **[1]** ins ♦ [disappointment/shortage/lost time] *véase* compensate for [2] **[2]** v2obj ♦ to prepare (package/sandwich etc.) for ~ preparar (algo) a/para || *Daniel made up a couple of sandwiches for his father ~ Daniel le preparó un par de bocadillos a su padre*

make up on ins ♦ *véase* gain on

make up to **[1]** ins ♦ *véase* apologise to **[2]** ins USA inf ♦ *véase* cozy up to

make it up to **[1]** ins ♦ *véase* apologise to **[2]** ins ♦ to try to compensate (a person) for (something good they have done/bad they have suffered) ~ compensar a (alguien) por (algo bueno que ha hecho/malo que ha sufrido) || *We don't know how we can make it up to you, Laura ~ No sabemos cómo podremos compensártelo, Laura*

make up with **[1]** ins ♦ to forgive and become friends again (after an argument) with ~ hacer las paces con || *I hope you've made up with your boyfriend ~ Espero que hayas hecho las paces con tu novio* **[2]** v2obj ♦ to solve (a dispute etc.) with ~ resolverlo con || *I've just made up the argument with my wife ~ Acabo de arreglar la riña que tuve con mi mujer*

make it up with ins ♦ *véase* make up with [1]

manage with ins ♦ [sum of money/a person/an incorrect item] *véase* get by on

manage without ins ♦ *véase* get along without

maneuver for ins USA ♦ *véase* jockey for

maneuver into v2obj USA ♦ *véase* entice into

maneuver out of v2obj USA ♦ *véase* coax out of

manoeuvre for ins GB AUS ♦ *véase* jockey for

manoeuvre into v2obj GB AUS ♦ *véase* entice into

manoeuvre out of v2obj GB AUS ♦ *véase* coax out of

map out [1] sep téc ♦ to draw a map of (an area) ~ trazar el mapa/plano de || *The technician mapped out several hectares of the province ~ El técnico trazó el mapa de varias hectáreas de la provincia* **[2]** sep ♦ to plan (journey/life) in detail ~ proyectar detalladamente || *They've mapped out the next decade! ~ ¡Ya tienen organizada la próxima década!*

mar up sep USA ♦ [surface/furniture] *véase* bang up [2]

march against ins ♦ [by marching] *véase* demonstrate against

march in [1] vi ♦ [marching/in a resolved way] *véase* come in [1]; go in [1] **[2]** sep os ♦ *véase* hustle in

march into ins ♦ [marching /in a resolved way] *véase* come into [1]; go in [2]

march off [1] vi ♦ [in a resolved manner; marching] *véase* go off [2] **[2]** sep os mil ♦ to take (a prisoner etc.) without ceremony ~ llevarse a (alguien) sin ceremonia || *The soldiers seized the prisoner and marched him off ~ Los soldados agarraron al preso y se lo llevaron sin ceremonia*

march on [1] ins ♦ to march to (a specific place in order to protest) ~ marchar sobre || *Three thousand people marched on the main square yesterday ~ Tres mil personas marcharon sobre la plaza mayor ayer* **[2]** vi mil ♦ to continue marching ~ seguir marchando || *They were very thirsty but they marched on ~ Tenían mucha sed pero siguieron marchando* **[3]** vi ♦ [time] to pass quickly ~ pasar de prisa || *Time was marching on and we still hadn't finished ~ El tiempo pasaba de prisa y todavía no habíamos terminado*

march out [1] vi ♦ [marching/in a resolved way] *véase* come out [1]; go out [1] **[2]** sep os ♦ *véase* hustle out

march past vi & ins mil ♦ *véase* file past

march up to ins ♦ [marching/in a resolved way] *véase* go over to [2]

mark as v2obj ♦ [using a pen/judgement etc.] to mark (a thing/person) as being ~ señalar (algo/a alguien) como || *We have marked this copy as faulty ~ Hemos señalado este ejemplar como defectuoso*

mark down [1] sep ♦ *véase* copy down **[2]** sep ♦ [student's exam etc.] *véase* grade down **[3]** sep ♦ [shopkeeper reducing prices] *véase* bring down [3]

mark down as v2obj ♦ *véase* mark as; have down as

mark down for v2obj ♦ to reduce the grade of (a student) because of ~ reducir la puntuación de (un estudiante) por || *The teacher marked Laura down for plagiarism ~ El profesor le bajó la nota a Laura por plagio*

mark in [1] sep os ♦ [teacher] to indicate that (a pupil) is present ~ señalar como presente || *The teacher marked me in and told me to sit down ~ La profesora me señaló como presente y me dijo que me sentara* **[2]** v2obj ♦ to write (a symbol etc.) in (e.g. a box on a form) ~ escribir (una x etc.) en (una casilla etc.) || *I'd like you to mark an X in the appropriate box ~ Quiero que apunten una X en la casilla correspondiente*

mark off [1] sep ♦ *véase* cordon off **[2]** sep & v2obj ♦ *véase* cross off **[3]** sep ns ♦ *véase* mark out [3]

mark off from v2obj ♦ *véase* mark out from

mark out [1] sep ♦ to mark the boundaries of (e.g. a sports pitch on the beach) ~ trazar las líneas de (etc.) || *The girls* *marked out a suitable space on the lawn* ~ *Las chicas trazaron un espacio adecuado en el césped* **[2]** sep USA ♦ *véase* cross off **[3]** sep ns ♦ [characteristic etc.] to make (a person) appear different ~ distinguir/destacar || *What marks Laura out is her enthusiasm* ~ *Lo que distingue a Laura es su entusiasmo*

mark out as v2obj ♦ *véase* mark as

mark out for v2obj ♦ to consider that (someone) is going to achieve (role/ success) ~ señalar a (alguien) para || *The manager has marked Laura out for an important role* ~ *La encargada ha señalado a Laura para desempeñar un papel importante*

mark out from v2obj ♦ [characteristic etc.] to make (a person) appear different from ~ distinguir/destacar a (alguien) de (los demás etc.) || *His calmness marks him out from the other candidates* ~ *Su tranquilidad le distingue de los demás candidatos*

mark out of v2obj ♦ to correct (an exam etc.) with a maximum mark of ~ puntuar sobre || *I marked the essays out of 75* ~ *Corregí los trabajos a base de una nota máxima de 75*

mark up [1] sep ♦ [student's exam etc.] *véase* grade up **[2]** sep ♦ [shopkeeper etc.] to raise the price of (a product) ~ aumentar el precio de || *All the supermarkets have marked bread up this month* ~ *Todos los supermercados han subido el precio del pan este mes* **[3]** sep ♦ to write (notes etc.) on a surface such as a blackboard ~ apuntar (algo) en una pizarra (etc.) || *Right, we've marked up lots of ideas now* ~ *Bueno, ya hemos apuntado muchas ideas en la pizarra* **[4]** sep ♦ to make notes on (a manuscript or musical score etc.) ~ apuntar en (un manuscrito, una partitura etc.) || *She usually marks her manuscripts up on the train* ~ *Suele escribir apuntes en sus manuscritos en el tren*

mark with v2obj ♦ to make a mark on (person or item) using (a weapon, tool, colour etc.) ~ marcar de/con || *I marked the bench with my initials* ~ *Marqué el banquillo con mis siglas*

marry above oneself vi arc ♦ to marry a person of a higher social class ~ casarse con alguien de rango superior || *It looks as if Laura has married above herself* ~ *Parece que Laura se ha casado con uno de rango superior*

marry below oneself vi arc ♦ to marry a person of a lower social class ~ casarse con alguien de rango inferior || *Daniel has married below himself again* ~ *Daniel ha vuelto a casarse con una de rango inferior*

marry beneath oneself vi arc ♦ *véase* marry below oneself

marry into ins ♦ to become related by marriage to (one's spouse's family) ~ emparentar con || *My son has married into a very nice family* ~ *Mi hijo ha emparentado con una familia muy simpática*

marry off sep ♦ to succeed in finding a spouse for (esp. a daughter) ~ casar a || *He managed to marry off seven daughters before he retired* ~ *Consiguió casar a siete hijas antes de jubilarse*

marry off to v2obj ♦ to marry (esp. a daughter) to ~ casar con || *They married their daughter off to a general* ~ *Casaron a su hija con un general*

marry out vi GB arc ♦ to marry a person of a different religion ~ casarse con alguien de otra religión || *Daniel married out, but his mother is getting used to it now* ~ *Daniel se casó con una chica de otra religión, pero su madre ya va acostumbrándose*

marry to v2obj ♦ *véase* marry off to

marry up [1] vi ♦ [two versions etc.] *véase* add up [4] **[2]** sep ♦ *véase* connect up [2]

marshal together sep form ♦ *véase* gather together [2]

marvel at ins ♦ [to be amazed by] *véase* gape at; boggle at

mash on ins USA ♦ to press (a doorbell button etc.) ~ pulsar || *He mashed on the button until the door opened* ~ *Siguió pulsando el botón hasta que se abrió la puerta*

mash up [1] sep ♦ [potatoes etc.] to crush and make a purée of ~ hacer un puré de || *If you mash up the potatoes I'll prepare the sauce* ~ *Si tú haces un puré de las patatas yo prepararé la salsa* **[2]** sep USA inf ♦ *véase* break up [8]; bang up [2]

mask off sep ♦ to cover (e.g. part of a wall) in order to paint the remainder ~ tapar con cinta adhesiva protectora || *We masked off the upper part of the wall* ~ *Tapamos la parte superior de la pared con cinta protectora*

mask out **[1]** sep ♦ *véase* drown out **[2]** sep ♦ to cover the view of ~ impedir que se vea || *The new garage masks out the park behind the house* ~ *El nuevo garaje nos tapa la vista al parque detrás de la casa*

masquerade as ins ♦ [pretend to be (by behaviour or dress)] *véase* dress up as [1]

match against v2obj ♦ *véase* draw against [1]

match in v2obj ♦ *véase* equal in

match to v2obj ♦ *véase* couple with [1]

match up **[1]** vi ♦ [two versions etc.] *véase* add up [4] **[2]** sep ♦ *véase* couple together

match up to ins ♦ to be as good as (a previous person/thing) ~ estar a la altura de || *Laura released five subsequent LPs, but none of them matched up to the original one* ~ *Laura sacó cinco elepés posteriores, pero ninguno alcanzó el éxito del original*

match up with v2obj ♦ *véase* couple with [1]

match with v2obj ♦ *véase* couple with [1]

mate with **[1]** ins arc ♦ to marry ~ casarse con || *The knight said he wanted to mate with a rich lady* ~ *El caballero dijo que quería casarse con una señora rica* **[2]** ins ♦ [esp. animals] *véase* get it off with **[3]** v2obj ♦ [animals] *véase* couple with [1]; cross with

matter to ins ♦ to be important to ~ ser importante a || *Your nocturnal activities do not matter to us* ~ *Tus actividades nocturnas nos traen sin cuidado*

max out sep USA inf ♦ to use (something) to the limit ~ usar hasta el límite/máximo || *I think I've maxed out my allowance this month* ~ *Creo que este mes he llegado al límite de mi dinero de bolsillo*

mean as v2obj ♦ *véase* intend as

mean by v2obj ♦ to mean (something) by (saying a remark etc.) ~ querer decir (algo) con (una observación etc.) || *I didn't mean anything bad by that comment* ~ *No quise decir nada malo con ese comentario*

mean for **[1]** v2obj ♦ *véase* intend for **[2]** v2obj ♦ to entail (money/work etc.) for ~ suponer (dinero/trabajo etc.) a/para || *Your mistake will mean a lot of extra work for us* ~ *Tu error nos supondrá mucho trabajo adicional*

mean to v2obj ♦ to signify (something) to (a person) ~ significar (algo) a (alguien) || *What you said means a great deal to me* ~ *Lo que has dicho es muy importante para mí*

measure against v2obj ♦ [judging] *véase* compare with [2]

measure off **[1]** sep ♦ to measure the length of ~ medir || *I need to measure off these walls before lunch* ~ *Tengo que medir estas paredes antes de ir a comer* **[2]** sep ♦ to measure (a specific length) from a large piece of cloth (etc.) ~ medir (tal cantidad) || *Can you measure off two metres and cut the cloth?* ~ *¿Te importa medir dos metros y cortar la tela así?*

measure out sep ♦ [liquid/weight] to pour/remove and weigh ~ echar y medir || *First measure out half a kilo of butter* ~ *Primero eche y mida medio kilo de mantequilla*

measure up **[1]** sep ♦ *véase* measure off [1] **[2]** vi ♦ to be good enough ~ valer; estar a la altura || *If you don't measure up they'll kick you out straight away* ~ *Si no vales, te despedirán en seguida*

measure up for ins & v2obj ♦ to measure (a room) in order to fit (esp. carpets) ~ medir (un cuarto) para instalar o extender (algo) || *Daniel is measuring up (the bathroom) for a carpet* ~ *Daniel está midiendo (el cuarto de baño) para extender una moqueta*

measure up to ins ♦ *véase* match up to

meddle in ins ♦ *véase* interfere in

meddle with ins ♦ *véase* fiddle about with

mediate between ins ♦ *véase* arbitrate between

mediate in ins ♦ *véase* arbitrate in

meditate on ins ♦ *véase* deliberate on; brood over [2]

meet up [1] vi ♦ *véase* hook up [3] **[2]** vi ♦ [2 roads/paths etc.] *véase* connect up [1]

meet up for ins ♦ [esp. + drink etc.] *véase* unite for

meet up with [1] ins ♦ *véase* hook up with [3] **[2]** ins ♦ [one path to another] *véase* connect with

meet with [1] ins USA ♦ [formally or socially] *véase* hook up with [3] **[2]** ins form ♦ *véase* bring about; eventuate in **[3]** ins form ♦ [difficulty etc.] *véase* come up against

mellow out [1] vi USA inf ♦ *véase* chill out **[2]** sep USA inf ♦ *véase* calm down [2]

melt away [1] vi ♦ [ice] to melt until it is liquid ~ derretirse || *The ice will melt away and your drink will be lukewarm ~ Los cubitos se derretirán y tu bebida quedará tibia* **[2]** vi ♦ [money/emotion] *véase* fall away [5] **[3]** sep ♦ to cause (ice etc.) to melt until it is liquid ~ derretir/fundir || *The sun has melted the blocks of ice away ~ El sol ha derretido los bloques de hielo* **[4]** sep ♦ [problems/emotions] to cause to disappear (gradually) ~ hacer desaparecer (poco a poco) || *The drink melted my depression away ~ La música acabó con mi depresión*

melt down [1] vi ♦ [gradually] *véase* melt away [1] **[2]** vi téc ♦ [nuclear reactor] to become too hot and fuse ~ fundirse || *The reactor melted down and a red alert was declared ~ El reactor se fundió y se declaró alarma roja* **[3]** sep ♦ [metal/chemical/ice] *véase* melt away [3] **[4]** sep téc ♦ [nuclear reactor] *véase* burn out [7]

melt into [1] ins ♦ *véase* dissolve into [1] **[2]** v2obj ♦ *véase* dissolve into [2] **[3]** ins ♦ [by melting] *véase* change into [2] **[4]** v2obj ♦ [by melting] *véase* change into [3]

mention to v2obj ♦ *véase* bring up with

merge in vi ♦ *véase* blend in [1]

merge into [1] ins ♦ *véase* blend in with [1] **[2]** ins ♦ *véase* blend into [2]

merge with [1] ins ♦ *véase* blend in with [1] **[2]** ins com ♦ [company] to become united with (another company) ~ fusionarse con || *Our savings bank has merged with a Canadian corporation ~ Nuestra caja de ahorros se ha fusionado con una sociedad anónima canadiense* **[3]** v2obj ♦ *véase* combine with [2] **[4]** v2obj com ♦ to unite (one company) with (another) ~ fusionar con || *They're trying to merge the firm with a bank ~ Están intentando fusionar la empresa con un banco*

merge in with [1] ins ♦ *véase* blend in with [1] **[2]** v2obj ♦ *véase* combine with [2]

mesh together vi ♦ *véase* fit together [1]; go together [3]

mesh with ins ♦ *véase* go with [2]; accord with

mess about [1] vi inf ♦ *véase* arse about **[2]** sep os inf ♦ *véase* bugger about [2] **[3]** vi inf ♦ *véase* fool about [2]

mess about with [1] ins inf ♦ *véase* fool about with [1] **[2]** ins inf ♦ *véase* fool about with [2] **[3]** ins inf ♦ *véase* diddle with

mess around vi & sep os inf ♦ *véase* mess about

mess around with [1] ins inf ♦ *véase* fool about with [1] **[2]** ins inf ♦ *véase* fool about with [2] **[3]** ins inf ♦ *véase* diddle with

mess over sep USA inf ♦ *véase* fuck over

mess up [1] vi inf ♦ *véase* cock up [1] **[2]** sep inf ♦ *véase* cock up [2] **[3]** sep ♦ *véase* dirty up **[4]** sep ♦ *véase* litter up **[5]** sep ♦ [effect of drugs etc.] *véase* cut up [3]

mess with [1] ins ♦ [with dangerous person/thing] *véase* fool about with [1] **[2]** ins ♦ *véase* diddle with

metamorphose into [1] ins form ♦ *véase* change into [2] **[2]** v2obj form ♦ *véase* change into [3]

mete out sep jur form ♦ [punishment] *véase* deal out [1]

migrate to ins ♦ [birds, seasonally] *véase* emigrate to

militate against ins form ♦ to make (something) less likely ~ militar contra || *This new injury militates against our chances of success ~ Esta nueva lesión milita contra nuestras posibilidades de éxito*

mill about vi & ins ♦ [of a group of people waiting] *véase* bat around [2]

mill around vi & ins ♦ [of a group of people waiting] *véase* bat around [2]

mince about vi ♦ to walk with small steps ~ andar con pasos menuditos || *He spends every afternoon mincing about in the street ~ Pasa todas las tardes caminando con pasos menuditos por la calle*

mince around vi ♦ *véase* mince about

mind out vi GB AUS ♦ [often a command] *véase* look out [2]

mine for ins ♦ [coal/gold etc.] *véase* dig for

mingle in vi & sep ♦ *véase* blend in

mingle in with ins & v2obj ♦ *véase* blend in with

mingle with ins & v2obj ♦ *véase* blend in with

minister to ins form ♦ *véase* attend to [2]; care for [1]

minor in ins USA ♦ to study (something) as a minor subject at university ~ estudiar (algo) como asignatura secundaria || *Laura minored in Italian, but she's never been to the country ~ Laura estudió el italiano como asignatura secundaria, pero no ha estado nunca en el país*

mislead about v2obj ♦ to give false or confusing information to (someone) about ~ despistar/engañar a (alguien) en cuanto a || *Daniel misled me about his true feelings ~ Daniel me engañó en cuanto a lo que sentía de verdad*

miss off sep & v2obj ♦ to omit (person/thing) (from a list etc.) ~ omitir (de) || *I think we've missed Daniel off (the list) ~ Creo que hemos omitido a Daniel (de la lista)*

miss out [1] sep GB AUS ♦ *véase* miss off **[2]** vi ♦ to miss an opportunity (etc.); not to be able to enjoy/do/have ~ perderse la oportunidad (etc.); no poder disfrutarlo || *Most of the people got a present, but I missed out ~ La mayoría de la gente recibió un regalo, pero yo lo perdí*

miss out on ins ♦ *véase* lose out on [2]

mist over [1] vi ♦ [eyes] to fill with tears ~ llenarse de lágrimas || *His eyes misted over as he began to remember his wedding ~ Se le llenaron los ojos de lágrimas cuando empezó a recordar su boda* **[2]** vi ♦ *véase* fog up [1] **[3]** sep ♦ *véase* fog up [2]

mist up vi & sep ♦ *véase* fog up

mistake for v2obj ♦ *véase* confuse with [1]

mix in [1] vi ♦ *véase* blend in [1] **[2]** sep ♦ *véase* blend in [2] **[3]** v2obj ♦ *véase* mix up in [2]

mix in with ins & v2obj ♦ *véase* blend in with

mix into ins & v2obj ♦ *véase* blend in with

mix up [1] sep ♦ to confuse (two similar people or things) ~ confundir || *I often mix up Daniel and his brother ~ Muchas veces confundo a Daniel con su hermano* **[2]** sep ♦ *véase* jumble together **[3]** sep ♦ [ingredients etc.] *véase* blend in [2] **[4]** sep USA AUS inf ♦ *véase* ball up [1]

mix it up [1] vi ♦ to mix/confuse a combination of ingredients/documents (etc.) ~ mezclarlo/confundirlo todo || *Put the liquid in a bowl and mix it up ~ Coloca el líquido en un bol y mézclalo* **[2]** vi USA inf ♦ *véase* face off [1]; duke it out **[3]** vi USA inf ♦ [to socialise actively] *véase* blend in [1]

mix up in [1] v2obj inf ♦ [something dangerous/illegal] *véase* embroil in **[2]** v2obj ♦ to mix (ingredients etc.) in (a container) ~ mezclar en || *Mix the ingredients up in a large bowl ~ Mézclense los ingredientes en un bol grande*

mix up with **[1]** v2obj ♦ [food etc.] *véase* mix it up with [1] **[2]** v2obj ♦ *véase* blend in with [2] **[3]** v2obj ♦ *véase* confuse with [1]

mix it up with **[1]** ins ♦ to mix (ingredients etc.) using (a spoon etc.) ~ mezclarlo con || *If you mix it up with a spoon it'll be easier ~ Si lo mezclas con una cuchara será más fácil* **[2]** ins USA inf ♦ [physically/verbally] *véase* fight against **[3]** ins USA inf ♦ [to socialise actively with] *véase* blend in with [1]

mix with **[1]** v2obj ♦ [food etc.] *véase* mix it up with [1] **[2]** v2obj ♦ *véase* blend in with [2] **[3]** ins inf ♦ [to socialise actively with] *véase* blend in with [1]

mix it with **[1]** ins ♦ *véase* mix it up with [1] **[2]** ins GB inf ♦ [rival in argument, fight or sport] *véase* fight against

moan about ins ♦ *véase* complain about

moan out sep ♦ [with a moan] *véase* force out [2]

moan with ins ♦ *véase* groan with

mock at ins ♦ *véase* laugh at [1]; gibe at

mock up sep téc ♦ to make an experimental model of (a new product etc.) ~ hacer una maqueta de || *They mocked up the new chair to show the sponsor ~ Hicieron una maqueta de la nueva silla para enseñársela al patrocinador*

model after v2obj USA ♦ [new design etc.] *véase* base on

model for ins & v2obj ♦ [in fashion] to act as a model (presenting specific clothes) for (a company or designer) ~ hacer de modelo (presentando tal prenda) a/para (un diseñador etc.) || *Laura was modelling (new shirts) for a company in London ~ Laura hacía de modelo (presentando nuevas camisas) para una empresa londinense*

model in v2obj ♦ [in pottery/sculpture etc.] *véase* hew out of

model on v2obj ♦ [new design etc.] *véase* base on

model oneself on ins ♦ to base one's image/behaviour on (someone else) ~ modelarse sobre || *She has always modelled herself on Madonna ~ Siempre se ha modelado sobre Madonna*

model upon v2obj ♦ [new design etc.] *véase* base on

model oneself upon ins form ♦ *véase* model oneself on

modulate to ins ♦ [effect a modulation to another key in music] *véase* change to

mold from v2obj USA ♦ [in pottery/sculpture etc.] *véase* hew out of

mold out of v2obj USA ♦ [in pottery/sculpture etc.] *véase* hew out of

monkey about vi inf ♦ *véase* arse about

monkey about with ins inf ♦ *véase* fiddle about with [1]

monkey around vi inf ♦ *véase* arse about

monkey around with ins inf ♦ *véase* fiddle about with [1]

monkey with ins inf ♦ *véase* fiddle about with [1]

mooch about vi & ins GB AUS inf ♦ *véase* bum about

mooch along vi GB AUS inf ♦ *véase* lollop along

mooch around vi & ins GB AUS inf ♦ *véase* bum about

mooch from v2obj USA inf ♦ *véase* bum off

moon about **[1]** vi & ins inf ♦ [sadly/dreamily] *véase* bum about **[2]** ins inf ♦ [dead person/ex-lover etc.] *véase* grieve about

moon around vi & ins inf ♦ [sadly/dreamily] *véase* bum about

moon at ins inf ♦ to show one's bare backside at (someone) as an insult (etc.) ~ enseñar el culo a (alguien) || *Daniel mooned at the queen as she passed in her car ~ Daniel le enseñó el culo a la reina al pasar ésta en su coche*

moon away sep ♦ *véase* dream away

moon over ins inf ♦ [dead person/ex-lover etc.] *véase* grieve about

mop down sep ♦ [with a mop] *véase* clean down

mop off sep & v2obj ♦ [with a mop] *véase* clean off

mop up **[1]** vi & sep ♦ [with a mop] *véase* clean up [1] **[2]** sep ♦ [remains of soup/food] to eat using bread to absorb it ~ [sopa/salsa etc.] comer con un trozo de pan como «esponja» || *Here's some bread in case you want to mop the sauce up ~ Aquí tienes un trozo de pan por si quieres comerte la salsa* **[3]** sep ♦ to use the remainder of (money etc.) ~ acabar con el resto de || *The visit to the zoo mopped up the rest of my wages ~ La visita al zoo acabó con el resto de mi sueldo* **[4]** sep inf ♦ *véase* deal with [2] **[5]** sep mil ♦ [remaining soldiers] *véase* finish off [3]; kill off [1]

mope about vi & ins ♦ [sadly/depressed] *véase* bum about

mope around vi & ins ♦ [sadly/depressed] *véase* bum about

moralise about ins GB AUS ♦ to speak in a moralistic tone regarding ~ pontificar/moralizar sobre || *Laura started moralising about vegetarian food ~ Laura empezó a pontificar sobre la comida vegetariana*

moralize about ins ♦ *véase* moralise about

mosey along vi inf ♦ *véase* get along [5]

mosey down vi inf ♦ *véase* get along [5]

mosey down to ins inf ♦ *véase* get along to

mosey on down vi inf ♦ *véase* get along [5]

mosey on down to ins inf ♦ *véase* get along to

motion aside sep ns ♦ [using a hand signal] *véase* call aside

motion away sep ns ♦ [using a hand signal] *véase* call aside

motor along vi & ins ♦ *véase* career along

mould from v2obj GB AUS ♦ [in pottery/sculpture etc.] *véase* hew out of

mould out of v2obj GB AUS ♦ [in pottery/sculpture etc.] *véase* hew out of

mound up sep ♦ [soil etc.] *véase* bank up [1]

mount up **[1]** vi ♦ *véase* add up [3] **[2]** vi ♦ to mount a horse ~ montar (a caballo) || *The knights mounted up and waited for the rain to stop ~ Los caballeros montaron a caballo y esperaron a que dejara de llover*

mourn for ins ♦ *véase* cry for [2]

mourn over ins ♦ *véase* cry for [2]

mouth off vi inf ♦ *véase* gob off

mouth off about ins inf ♦ [aggressively] *véase* go on about

mouth on ins USA inf ♦ *véase* fink on

move about **[1]** vi ♦ to move oneself (in various directions) ~ moverse || *I shouldn't move about - the doctor told me not to ~ No debería moverme - me dijo el médico que no lo hiciera* **[2]** vi ♦ to move house frequently ~ mudarse a menudo || *I have to move about quite a bit with this job ~ En este trabajo tengo que mudarme bastante a menudo* **[3]** sep ♦ [person/limb/item] to move in various directions/frequently ~ mover en varias direcciones; trasladar a menudo || *I'm sorry to have to move you about again ~ Siento tener que volver a trasladarle*

move ahead **[1]** vi ♦ *véase* go ahead [1] **[2]** vi ♦ *véase* get ahead

move ahead of ins ♦ *véase* draw away from

move ahead with ins ♦ *véase* go ahead with

move along **[1]** vi ♦ *véase* budge along [1] **[2]** sep os ♦ *véase* budge along [2] **[3]** vi ♦ *véase* come along [2]

move around vi & sep ♦ *véase* move about

move aside vi & sep ♦ *véase* draw aside

move away **[1]** vi ♦ [away from danger etc.] *véase* draw aside [1] **[2]** sep ns ♦ [away from danger etc.] *véase* draw aside [2] **[3]** vi ♦ to abandon one's native area and move to another region ~ mudarse a otra región || *Three thousand people have moved away this year ~ Tres mil personas han abandonado la región este año*

move away from **[1]** ins ♦ *véase* digress from **[2]** ins ♦ to abandon (one's native area) and move to another region

~ mudarse de; abandonar || *I'd like us to move away from this city, but it's very difficult* ~ *Me gustaría que abandonáramos la ciudad, pero es muy difícil* **[3]** ins ♦ *véase* draw away from **[4]** v2obj ♦ *véase* deflect from; drag away from

move back [1] vi ♦ *véase* back away **[2]** vi ♦ [as command] *véase* get back [3] **[3]** sep ♦ *véase* drive back [3] **[4]** vi ♦ to return to live in one's native area ~ volver a su tierra a vivir || *They emigrated to Australia, but now they've moved back* ~ *Emigraron a Australia, pero ahora han vuelto*

move back from [1] ins ♦ [from living in a different place] *véase* get back from [1] **[2]** ins ♦ *véase* draw back from [1] **[3]** v2obj ♦ *véase* keep away from [2]

move back to ins ♦ [previous home/area] *véase* come back to [1]

move down [1] vi ♦ *véase* budge along [1] **[2]** sep os ♦ *véase* budge along [2] **[3]** vi ♦ *véase* come down [6] **[4]** vi GB AUS ♦ to be relegated to a lower class ~ bajar a una clase inferior || *He failed the exams and had to move down* ~ *Suspendió los exámenes y tuvo que bajar al nivel inferior* **[5]** sep os GB AUS ♦ to relegate (a student) to a lower class ~ bajar a (alguien) a una clase inferior || *Daniel couldn't manage the work so the teacher moved him down* ~ *Daniel no podía con el trabajo así que la profesora le bajó al nivel inferior*

move for ins jur ♦ [in court/parliament] to propose a motion in favour of ~ proponer/presentar una moción a favor de || *The lawyer moved for an adjournment* ~ *El abogado propuso que se aplazara el caso*

move forward [1] vi ♦ *véase* come forward [1] **[2]** sep ♦ *véase* bring forward [1] **[3]** vi ♦ *véase* get ahead **[4]** sep os ♦ *véase* inch forward [2]

move forward with ins ♦ *véase* go ahead with

move in [1] vi ♦ to install oneself in a new house ~ instalarse || *This is our new flat - we moved in last week* ~ *Este es nuestro nuevo piso - nos instalamos la semana pasada* **[2]** sep ♦ to install (another person or possessions) in a new house ~ instalar || *We'd like to move the furniture in on Saturday* ~ *Nos gustaría instalar los muebles el sábado* **[3]** vi ♦ *véase* go in [3] **[4]** sep ♦ *véase* bring in [5]

move in for ins ♦ [+ the kill] to approach a victim in order to kill him/her/it ~ entrar a matar || *The dog waited a moment then moved in for the kill* ~ *El perro esperó un momento y entró a matar*

move in on [1] ins inf ♦ [against the owner's wishes] *véase* move in with **[2]** ins ♦ *véase* close in on **[3]** ins ♦ [large firm invading small firm] *véase* home in on [2]

move in to ins & v2obj ♦ *véase* move into

move in together vi ♦ [as a couple/flatmates] *véase* move in [1]

move in with ins ♦ to install oneself in a new house together with ~ juntarse (a vivir) con || *Laura has moved in with her boyfriend at last* ~ *Por fin Laura se ha juntado en un piso con su novio*

move into [1] ins ♦ to install oneself in (a new house) ~ instalarse en; tomar posesión de || *I hear she's moved into a flat by the river* ~ *Dicen que ha tomado posesión de un piso al lado del río* **[2]** v2obj ♦ to install (person/possessions) in (a house etc.) ~ instalar en || *We moved Daniel into his mansion yesterday* ~ *Ayer instalamos a Daniel en su mansión* **[3]** ins com ♦ *véase* branch out into

move off [1] vi ♦ [esp. vehicle] *véase* go off [2] **[2]** sep os & v2obj ♦ to remove (an item) (from a place) ~ quitar (algo) (de un sitio) || *Would you mind moving your shoes off (the rug)?* ~ *¿Te importa quitar los zapatos (de la alfombra)?*

move off from ins ♦ *véase* draw away from

move on [1] vi ♦ to leave (a place where one has lived/stopped/paused) ~ seguir/avanzar || *Yes, she was resting in this region but she's moved on now* ~ *Sí, descansaba en esta región pero ya ha reanudado su viaje* **[2]** vi ♦ *véase* carry on [1] **[3]** vi ♦ to abandon a former activity and make progress ~ avanzar || *I used to like drinking too much, but now I've moved on ~ Me gustaba beber demasiado, pero ya lo he dejado atrás* **[4]** vi ♦ *véase* come along [2] **[5]** sep ♦ [of police etc.] to ask (someone) to leave a place ~ hacer circular; obligar a (alguien) a irse || *We were watching the fight but the policeman moved us on ~ Estábamos mirando la pelea pero el policía nos dijo que nos largáramos* **[6]** ins ♦ to do something in order to solve/rectify (a matter) ~ actuar para resolver/arreglar (un asunto) || *I won't move on this matter until you give me the money ~ Hasta que no me des el dinero no haré nada para arreglar este asunto* **[7]** vi ♦ *véase* go by [1]

move on from **[1]** ins ♦ *véase* leave behind [2] **[2]** ins ♦ to have made progress since (a more primitive period etc.) ~ haber cambiado/progresado desde || *Things have moved on from your childhood ~ Las cosas han cambiado mucho desde tu infancia*

move on to **[1]** ins ♦ *véase* get on to [1] **[2]** v2obj ♦ *véase* get on to [2] **[3]** ins ♦ *véase* go on to [1]

move onto ins & v2obj ♦ *véase* move on to

move out **[1]** vi ♦ to stop living in a house (etc.) ~ salir; abandonar la casa || *We didn't like the bathroom so we moved out ~ No nos gustaba el cuarto de baño entonces abandonamos el piso* **[2]** sep os ♦ to remove (a person or possessions) from a house ~ sacar (etc.) || *I've moved my sister out - she wasn't happy there ~ He sacado a mi hermana de esa casa - no estaba a gusto allí* **[3]** vi ♦ [car] to change lanes (in order to overtake etc.) ~ cambiar de carril (para adelantar etc.) || *The car in front of me suddenly moved out ~ El coche que iba delante de mí cambió bruscamente de carril* **[4]** vi USA inf ♦ *véase* bug out [1]

move out of **[1]** ins ♦ to stop living in (a house etc.) ~ abandonar; dejar de vivir en || *I moved out of the other house for several reasons ~ Dejé la otra casa por varias razones* **[2]** v2obj ♦ to remove (a person or possessions) from (a house) ~ sacar de || *I've moved my clothes out of my boyfriend's flat ~ He sacado mi ropa del piso de mi novio* **[3]** ins com ♦ [firm] to abandon activities in the sector of ~ dejar de operar en (el sector de) || *The firm moved out of the textile world during the crisis ~ La empresa dejó el mundo textil durante la crisis*

move over **[1]** vi ♦ *véase* budge along [1] **[2]** sep os ♦ *véase* budge along [2] **[3]** vi ♦ to leave one's job to make way for someone younger ~ ceder el trabajo a alguien más joven || *I think it's time for the president to move over ~ Creo que es hora de que el presidente ceda el paso a alguien más joven* **[4]** vi GB AUS ♦ *véase* change over [1]

move over to ins ♦ [new job/system] *véase* change to

move to **[1]** ins ♦ [new job/system] *véase* change to **[2]** ins ♦ to move house to ~ mudarse a || *I hear Daniel has moved to Madrid ~ Dicen que Daniel se ha mudado a Madrid* **[3]** v2obj ♦ to move (person/thing) to (a new position/destination) ~ mudar a/mover a || *I've moved the sofa to the kitchen ~ He llevado el sofá a la cocina* **[4]** v2obj ♦ [an emotional state/tears (etc.)] *véase* drive to [2]

move up **[1]** vi GB AUS ♦ *véase* budge along [1] **[2]** sep os GB AUS ♦ *véase* budge along [2] **[3]** vi ♦ [employee/student] to be promoted to a higher level ~ subir; ser elevado || *Daniel moved up after passing his exams ~ Daniel aprobó los exámenes y le subieron* **[4]** vi ♦ *véase* come up [9]

move up to **[1]** ins ♦ *véase* go up to [4] **[2]** v2obj ♦ *véase* elevate to

mow down **[1]** sep ns ♦ [remove grass etc. by cutting] *véase* cut down [1] **[2]** sep ns ♦ [deliberately] *véase* knock down [1] **[3]** sep ns ♦ *véase* gun down

muck about **[1]** vi GB AUS inf ♦ *véase* arse about **[2]** sep os GB AUS inf ♦ *véase* bugger about [2]

muck about with ins GB AUS inf ♦ *véase* diddle with

muck around **[1]** vi GB AUS inf ♦ *véase* arse about **[2]** sep os GB AUS inf ♦ *véase* bugger about [2]

muck around with ins GB AUS inf ♦ *véase* diddle with

muck in vi GB AUS inf ♦ [esp. a dirty/undesirable job] *véase* dig in [4]

muck out sep ♦ [an animal's cage/stable etc.] *véase* clean out [1]

muck up **[1]** vi GB AUS inf ♦ *véase* cock up [1] **[2]** sep GB AUS inf ♦ *véase* cock up [2] **[3]** sep inf ♦ *véase* dirty up **[4]** sep os AUS inf ♦ *véase* bugger about [2] **[5]** vi AUS inf ♦ *véase* carry on [2]

muddle along vi ♦ [in a state of confusion etc.] *véase* get by; get along [3]

muddle around vi inf ♦ *véase* arse about

muddle on vi ♦ [in a state of confusion etc.] *véase* get by; get along [3]

muddle through vi ♦ [despite difficulty/confusion etc.] *véase* get by; get along [3]

muddle up **[1]** sep ♦ *véase* mix up [1] **[2]** sep ♦ *véase* jumble together

muddy up **[1]** sep ♦ [water] *véase* dirty up **[2]** sep ♦ to make (a description etc.) less clear ~ hacer menos claro; anublar || *Laura's description only muddied the issue up ~ La descripción de Laura no hizo sino complicar el asunto*

muffle up **[1]** sep ♦ [noise] *véase* cover up [2] **[2]** sep ♦ *véase* bundle up [2]

muffle up in v2obj ♦ *véase* cover in [1]

muffle up with v2obj ♦ *véase* cover in [1]; cover over with

mug up **[1]** vi GB inf ♦ *véase* bone up **[2]** sep GB inf ♦ *véase* bone up on

mug up on ins GB inf ♦ *véase* bone up on

mulct of v2obj USA ♦ *véase* defraud of; deprive of

mulct out of v2obj USA ♦ *véase* defraud of

mull over sep ♦ *véase* deliberate on; chew on [2]

multiply by v2obj ♦ to multiply (one number) by (another) ~ multiplicar por || *For the party we multiplied 2 bottles of wine by 20 people ~ Para la fiesta multiplicamos 2 botellas de vino por 20 personas*

munch out vi USA inf ♦ *véase* chow down

munch out on ins USA inf ♦ *véase* binge on

mung up sep USA arg ♦ *véase* cock up [2]

murmur about ins ♦ *véase* beef about

murmur against ins ♦ *véase* beef about

murmur at ins & v2obj ♦ to speak softly/indistinctly to ~ hablar/decir (algo) en voz baja a || *She murmured (the explanation) to the policeman ~ Habló (dio la explicación) en voz baja al policía*

muscle in vi ♦ [company/mafia etc.] *véase* move in [3]

muscle in on ins ♦ [large firm invading small firm; mafia etc.] *véase* home in on [2]

muscle into ins ♦ [large firm invading small firm; mafia etc.] *véase* home in on [2]

muscle out sep USA inf ♦ *véase* drive out [3]

muscle out of v2obj USA inf ♦ *véase* drive out of [2]

muse about ins ♦ *véase* deliberate on

muse on ins ♦ *véase* deliberate on

muse over sep ♦ *véase* deliberate on

mushroom into ins ♦ [suddenly/quickly] *véase* grow into [2]

mushroom up vi ♦ [smoke etc.] to rise in the shape of a mushroom ~ subir en forma de hongo || *The cloud of gas mushroomed up over the city ~ La nube de gas subió en forma de hongo encima de la ciudad*

muss up sep USA inf ♦ [hair/room] *véase* litter up

muster into v2obj USA mil ♦ *véase* conscript into

muster out **[1]** vi USA mil ♦ to be discharged from the army (etc.) ~ conseguir la baja; ser licenciado || *I'm hop-*

ing to muster out next year ~ *Espero que me licencien el año que viene* **[2]** sep USA mil ♦ to discharge (a soldier from the army etc.) ~ licenciar || *The army mustered me out last week* ~ *El ejército me licenció la semana pasada*

muster out of **[1]** ins USA mil ♦ to be discharged from (the army etc.) ~ ser licenciado de; conseguir la baja de || *Daniel mustered out of the navy three months ago* ~ *Daniel fue licenciado de la marina hace tres meses* **[2]** v2obj USA mil ♦ [soldier from army etc.] *véase* discharge from [2]

muster up sep ♦ [courage/energy etc.] to manage to acquire ~ (conseguir) cobrar || *I mustered up the courage to ask Laura to go out with me* ~ *Cobré la valentía necesaria para invitar a Laura a salir conmigo*

mutiny against ins ♦ [sailors/rebels] to rebel against (the captain/authority) ~ amotinarse/sublevarse contra; rebelarse contra || *The sailors mutinied against the captain during the voyage* ~ *Los marineros se amotinaron contra el capitán durante el viaje*

mutter about ins ♦ *véase* beef about

N

naff off vi GB arg ♦ *véase* bog off

nag at ins ♦ *véase* go on at

nail back sep ♦ to secure (something) with a nail to keep it away from something else ~ asegurar (algo) con clavos (para que no toque otra cosa) || *We nailed the shutters back so that we could see the sea ~ Aseguramos las contraventanas con clavos para poder ver el mar*

nail down [1] sep ♦ *véase* hammer down **[2]** sep ♦ to cause (someone) to supply decision/something specific ~ hacer que (alguien) establezca algo concreto (etc.) || *It took six months but we finally nailed him down ~ Tardamos seis meses pero al final le extrajimos algo concreto* **[3]** sep USA ♦ to achieve (something difficult to obtain) ~ lograr obtener || *The company has nailed down a sponsorship deal ~ La empresa ha conseguido un convenio de patrocinio* **[4]** sep USA ♦ *véase* fathom out

nail down to v2obj ♦ to oblige (someone) to supply (decision/something specific) ~ obligar a (alguien) a concretar (algo) || *We couldn't nail them down to an exact date ~ Nos logramos que nos dieran una fecha exacta*

nail into v2obj ♦ *véase* hammer into [1]

nail on sep ♦ to attach (something) with nails ~ clavar || *If you can't find a screw, then nail the shelf on ~ Si no encuentras un tornillo, pues fija la balda con un clavo*

nail onto v2obj ♦ [using nails] *véase* attach to [1]

nail to v2obj ♦ [using nails] *véase* attach to [1]

nail together sep ♦ *véase* hammer together

nail up sep ♦ [using a nail] *véase* hang up [1]

name after v2obj ♦ to give (a name to a child) in honour of (a relative/celebrity) ~ poner (tal nombre a un niño) por || *We're going to name our daughter after her grandmother ~ Vamos a ponerle a nuestra hija el nombre de su abuela*

name as v2obj ♦ [as new director etc.] *véase* appoint to; inaugurate as

name for v2obj USA ♦ *véase* name after

nark off sep GB inf ♦ *véase* bum out

narrate to v2obj ♦ *véase* recount to

narrow down sep ♦ to reduce (a list of options or suspects etc.) ~ ir reduciendo || *We've been narrowing the list of suspects down ~ Hemos ido reduciendo la lista de los sospechosos*

narrow down to v2obj ♦ to reduce (a list of options or suspects etc.) to ~ reducir (algo) a || *The police have narrowed the list down to just two suspects ~ La policía ha reducido la lista a sólo dos sospechosos*

natter away vi GB ♦ *véase* chatter away

natter with ins GB ♦ *véase* chat to

nause out sep USA inf ♦ *véase* gross out

neck on vi GB inf ♦ *véase* make out [8]

neck on with ins GB inf ♦ *véase* make out with [2]

neck with ins USA inf ♦ *véase* make out with [2]

needle about v2obj inf ♦ *véase* hassle about

negotiate about ins ♦ *véase* bargain for [2]

negotiate for ins ♦ *véase* bargain for [2]

negotiate over ins ♦ *véase* bargain for [2]

negotiate with ins ♦ *véase* bargain with

neighbor on ins USA ♦ *véase* abut on [1]

neighbour on ins GB AUS ♦ *véase* abut on [1]

nest in ins ♦ [bird] to make its nest in (a place) ~ anidar en || *Some magpies have nested in our garden ~ Algunas urracas han anidado en nuestro jardín*

nest together vi ♦ *véase* fit together [1]

nestle against ins ♦ *véase* cuddle up to

nestle down vi ♦ *véase* cuddle down

nestle into ins ♦ *véase* cuddle up to

nestle up to ins ♦ *véase* cuddle up to

nibble at [1] ins ♦ *véase* bite into [1] **[2]** ins ♦ *véase* bite into [2]

nibble away sep ♦ *véase* eat away

nibble away at ins ♦ *véase* eat away

nick for v2obj GB inf ♦ *véase* impeach for [1]

nick from v2obj GB AUS inf ♦ *véase* cop from

nick off [1] vi GB AUS inf ♦ *véase* go off [2] **[2]** vi GB AUS inf ♦ *véase* bog off **[3]** v2obj GB AUS inf ♦ *véase* cop from

nick up sep USA ♦ [surface/furniture] *véase* bang up [2]

niggle about ins ♦ [unimportant details] *véase* face off over

niggle over ins ♦ [unimportant details] *véase* face off over

niggle with ins ♦ [unimportant details] *véase* argue with

nip along [1] vi & ins ♦ *véase* career along **[2]** vi ♦ *véase* get along [5]

nip along to ins ♦ *véase* get along to

nip at ins ♦ [dog biting a human] *véase* bite into [1]

nip in vi GB ♦ *véase* call by

nip in and out of ins ♦ to move quickly through (a traffic jam) in a zigzag way ~ colarse por entre || *Daniel nipped in and out of the traffic and got there on time ~ Daniel se coló por entre el tráfico y llegó a tiempo*

nip into ins ♦ [person/shop] *véase* call on [1]

nip off [1] sep & v2obj ♦ *véase* clip off **[2]** vi GB AUS inf ♦ *véase* dash away

nip out vi ♦ [esp. on a brief errand] *véase* dash out

nip over vi GB ♦ *véase* call by; go around [4]

nod at ins ♦ to greet/say yes to (someone) by nodding the head ~ saludar/decir que sí a (uno) señalando con la cabeza || *The neighbour nodded at me as he passed by ~ El vecino me saludó con un movimiento de la cabeza al pasar*

nod off vi inf ♦ *véase* doze off

nod on sep os ♦ to allow (someone) to proceed by nodding one's head ~ dejar pasar asintiendo con la cabeza || *The policeman saw we were doctors and nodded us on ~ El policía vio que éramos médicos y nos dijo con la cabeza que pasáramos*

nod through sep os ♦ *véase* nod on

nod to ins ♦ *véase* nod at

noise about sep ♦ [unduly] *véase* blaze abroad

noise abroad sep form ♦ [unduly] *véase* blaze abroad

noise around sep ♦ [unduly] *véase* blaze abroad

nominate as v2obj ♦ to suggest (someone) to work in the role/capacity of ~ proponer como; nombrar para || *Seven of us nominated Daniel as president ~ Siete de nosotros propusimos a Daniel como presidente*

nominate for v2obj ♦ [for a post/prize etc.] *véase* propose for; nominate as

nominate to v2obj ♦ [to become a member of a group etc.] *véase* nominate as

nose about vi inf ♦ *véase* ferret about; grub about

nose about for ins inf ♦ *véase* buck for; grub about for

nose around vi inf ♦ *véase* ferret about; grub about

nose around for ins inf ♦ *véase* buck for; grub about for

nose forward vi ♦ *véase* inch forward [1]

nose in [1] vi GB inf ♦ to smell the bouquet of a wine ~ oler el buqué de un vino || *We all took our glass and nosed in ~ Todos tomamos la copa y olimos el buqué* **[2]** sep ns ♦ to cause (a car etc.) to enter a garage (etc.) forwards ~ meter (un coche etc.) hacia adelante || *I opened the garage door and nosed the car in ~ Abrí la puerta del garaje y metí el coche de cabeza*

nose in on ins GB inf ♦ to smell the bouquet of (a wine) ~ oler el buqué de (un vino) || *Laura put on the blindfold and nosed in on three wines ~ Laura se vendó los ojos y olió el buqué de tres vinos*

nose into [1] ins GB inf ♦ *véase* nose in on **[2]** v2obj ♦ to cause (a car etc.) to enter (a garage etc.) forwards ~ meter (un coche etc.) en (un garaje etc.) hacia adelante || *Laura nosed the car into the car-park ~ Laura metió el coche de cabeza en el parking* **[3]** ins ♦ *véase* burrow into [2]

nose out [1] sep ns ♦ to extract (a car etc.) from a garage (etc.) forwards ~ sacar (un coche etc.) hacia adelante || *Daniel nosed the car out and I shut the garage door ~ Daniel sacó el coche y yo cerré la puerta del garaje* **[2]** sep GB AUS ♦ *véase* dig up [4] **[3]** sep inf ♦ [in sport/election] *véase* edge out [3]

nose past vi & ins ♦ [carefully] *véase* get past [1]

notch up sep ♦ *véase* clock up

note down sep ♦ *véase* copy down

notify about v2obj ♦ *véase* clue in on

notify of v2obj ♦ *véase* clue in on

nudge aside sep ♦ *véase* elbow aside

number among ins & v2obj ♦ *véase* count among

number in ins ♦ *véase* add up to [1]

number off sep ♦ to give a number to ~ numerar || *I numbered the books off and gave them to the delegates ~ Puse número a los libros y se los di a los delegados*

number with v2obj ♦ *véase* count among [1]

nurse along sep ♦ *véase* care for [1]

nurse through sep os & v2obj ♦ [with medical/nursing care] *véase* get through [6]

nut out sep AUS inf ♦ *véase* fathom out

nut up vi USA inf ♦ *véase* crack up [3]

nuzzle down vi ♦ *véase* cuddle down

nuzzle up vi ♦ *véase* cuddle up

nuzzle up against ins ♦ *véase* cuddle up to

nuzzle up to ins ♦ *véase* cuddle up to

O

object to ins ♦ *véase* disapprove of; beef about

obligate to v2obj ♦ to cause (X) to be in moral debt to (Y) ~ obligar a (X) a (Y) || *This action would oblige Laura to Daniel ~ Esta acción dejaría a Laura obligada a Daniel*

oblige with v2obj ♦ *véase* favour with

obliterate from v2obj ♦ [remove a person/graffiti] *véase* eliminate from; cross off

obtain for v2obj ♦ *véase* get for

obtrude on v2obj form ♦ *véase* force on; enforce on

occupy with v2obj ♦ to keep (someone) occupied with (a toy/task etc.) ~ entretener a (alguien) con || *Laura occupied her daughter with a teddy bear ~ Laura entretuvo a su hija con un osito de peluche*

occur to **[1]** ins ♦ *véase* come to [4] **[2]** ins ♦ *véase* happen to

offend against ins form ♦ [cause moral offence to] *véase* go against [1]

offend with v2obj ♦ to cause offence to (someone) by (behaviour/joke etc.) ~ ofender con || *My father always offended visitors with his dirty jokes ~ Mi padre siempre ofendía a los visitantes con sus chistes verdes*

offer for v2obj ♦ [as an offer/suggestion] *véase* bid for; exchange for

offer to v2obj ♦ *véase* dangle before; give to

offer up sep form ♦ [thanks/prayers/sacrifice] to give/offer in gratitude ~ ofrecer/rezar || *The pagans offered up a sacrifice to one of their idols ~ Los paganos ofrecieron un sacrificio a uno de sus ídolos*

officiate as ins ♦ [an official post] *véase* act as

officiate at ins ♦ to act as an official during (an event/service/competition etc.) ~ oficiar en || *I have agreed to officiate at the fashion show ~ He dicho que oficiaré en la presentación de modelos*

offload onto v2obj ♦ *véase* dump on [3]

offset against v2obj ♦ [taxes etc.] *véase* balance against

ogle at ins ♦ *véase* goggle at; lech at

omit from v2obj ♦ [list/team] *véase* drop from [3]

ooze away vi ♦ [liquid/gas/blood] *véase* leak away

ooze from ins ♦ [liquid/gas/blood escaping] *véase* emanate from

ooze out vi ♦ [liquid/gas/blood] *véase* leak away

ooze out of ins ♦ [liquid/gas/blood escaping] *véase* emanate from

ooze with ins ♦ [confidence etc.] *véase* brim with

open for **[1]** ins ♦ to open a shop (etc.) for (a time/occasion/reason) ~ abrir(se) por/durante || *We've decided to open for the bank holiday weekend ~ Hemos decidido abrir durante todo el puente* **[2]** v2obj ♦ to open (a door/box/present) on behalf of (someone else) ~ abrirle (algo) a (alguien) || *Daniel opened the present for his little sister ~ Daniel abrió el regalo a su hermanita* **[3]** ins jur

♦ to begin (a legal case) on behalf of ~ exponer los detalles de || *The lawyer opened for the prosecution ~ El abogado expuso los detalles de la acusación*

open in ins ♦ [play etc.] to have its première in (a specific theatre/city) ~ estrenarse en || *The play opened in the Royal Theatre ~ La obra se estrenó en el Teatro Real*

open into ins ♦ [door/room] to open in the direction of (another room) ~ comunicarse (en/hacia el interior) con || *Our bedroom opens into a tiny bathroom ~ Nuestro dormitorio se comunica con un cuarto de baño muy pequeño*

open inwards vi ♦ [doors] to open in an internal direction ~ abrirse hacia dentro || *I prefer doors to open inwards ~ Prefiero que las puertas se abran hacia dentro*

open off ins ♦ [room] to have a common door with (another room) ~ comunicarse con || *The kitchen opens off the lounge ~ La cocina se comunica con el salón*

open on to ins ♦ [door/window/room] *véase* face onto

open onto ins ♦ [door/window/room] *véase* face onto

open out **[1]** vi ♦ *véase* broaden out [1]; branch out **[2]** sep ♦ *véase* broaden out [2] **[3]** sep ♦ [map etc.] to extend/unfold ~ extender || *We opened out the map on the floor and looked for the church ~ Extendimos el mapa en el suelo y buscamos la iglesia* **[4]** vi ♦ [bud of a flower] *véase* come out [8] **[5]** sep ♦ *véase* bring out [4]

open out into **[1]** ins ♦ *véase* open into **[2]** ins ♦ [path etc.] to broaden and become (a larger road etc.) ~ ensancharse y convertirse en || *The path continues that way and opens out into a road ~ El sendero sigue por ahí y se va convirtiendo en carretera*

open out on to ins ♦ [door/window/room] *véase* face onto

open out onto ins ♦ [door/window/room] *véase* face onto

open outwards vi ♦ [doors] to open in an external direction ~ abrirse hacia fuera || *That window opens outwards ~ Esa ventana se abre hacia fuera*

open up **[1]** vi & sep ♦ [building/shop] to open ~ abrir(se) || *The butcher usually opens up (the shop) at 9.00 ~ El carnicero suele abrir (la tienda) a las 9.00* **[2]** sep ♦ [box/present] to open ~ abrir || *If you don't open it up you won't know what's inside ~ Si no lo abres no sabrás lo que contiene* **[3]** sep ♦ [person] to cut the body of (in order to operate surgically) ~ hacer una incisión a/en || *The surgeon opened me up and found a tumour ~ El cirujano me operó y descubrió un tumor* **[4]** vi ♦ [new market, opportunity or firm] to become established ~ establecerse/inaugurarse; abrirse || *Many new markets are opening up ~ Se están abriendo muchos nuevos mercados* **[5]** sep ♦ [travel/business opportunities etc.] to give access to ~ abrir; dar acceso a || *My agency will open up lots of new travel opportunities ~ Mi agencia va a facilitar muchas nuevas oportunidades turísticas* **[6]** vi ♦ to speak without inhibition about one's emotions ~ abrir su pecho || *Laura took nearly a year to open up properly ~ Laura tardó casi un año en franquearse del todo* **[7]** vi mil ♦ to open fire ~ abrir fuego/romper el fuego || *The sergeant told the soldiers to open up ~ El sargento dijo a los soldados que rompieran el fuego* **[8]** sep ♦ to cause (car etc.) to travel very fast ~ hacer correr a tope || *We reached the motorway and I opened the car up ~ Llegamos a la autopista y aceleré el coche hasta el tope* **[9]** sep ♦ [sport/elections] to establish (a lead/gap etc.) ~ abrir/establecer una ventaja || *Valladolid have opened up a considerable gap ~ El Valladolid ha establecido una ventaja considerable*

open up on ins mil ♦ *véase* fire at [1]

open up to **[1]** ins ♦ to speak without inhibition about one's emotions to ~ abrir su pecho a || *Daniel finally opened up to his best friend ~ Daniel abrió el pecho por fin a su mejor amigo* **[2]** ins ♦ [opportunities etc.] to embrace ~ acoger || *Many countries are opening up to tourism ~ Muchos países están acogiendo el turismo* **[3]** v2obj ♦ to open (society/country) to (new opportunities etc.) ~ abrir a || *My plan is to open society up to a new way of living ~ Lo que propongo es introducir a la sociedad a una nueva manera de vivir*

open with ins & v2obj ♦ *véase* begin with

operate against ins ♦ *véase* militate against

operate from ins ♦ to have as one's headquarters ~ tener como sede (etc.) || *We operate from a small office next to the cinema ~ Nuestra sede es una pequeña oficina al lado del cine*

operate on [1] ins méd ♦ to perform a surgical operation on (someone) ~ operar a || *They've operated on my brother three times this year ~ Han operado a mi hermano tres veces este año* **[2]** ins ♦ *véase* act on [2]

operate on for v2obj méd ♦ to perform an operation on (someone) to cure (an illness) ~ operar a (alguien) de (una enfermedad) || *The doctor operated on me for apendicitis ~ El médico me operó de apendicitis*

opt for ins ♦ *véase* decide on

opt in vi GB AUS ♦ [scheme] *véase* contract in [1]

opt into ins GB AUS ♦ [scheme] *véase* contract into

opt out vi ♦ [scheme] *véase* contract out [2]

opt out of ins ♦ [scheme] *véase* contract out of

orbit around ins ♦ *véase* circle around

ordain as v2obj form ♦ [ordenar de sacerdote] *véase* inaugurate as

order about sep os ♦ *véase* boss about

order around sep os ♦ *véase* boss about

order back sep ♦ *véase* call back [2]

order from v2obj ♦ to order (product) from (a shop or supplier etc.) ~ pedir/encargar (algo) a/de || *We ordered 100 brushes from the hardware shop ~ Encargamos 100 cepillos de la ferretería*

order in [1] ins USA ♦ *véase* call for [3] **[2]** sep ♦ *véase* force in [1]

order into v2obj ♦ *véase* force into [1]

order off [1] sep os & v2obj ♦ to oblige (someone) to leave (a surface/lawn/monument) ~ obligar a abandonar || *The teacher ordered the pupils off (the statue) ~ La profesora obligó a los alumnos a bajar (de la estatua)* **[2]** sep os dep ♦ *véase* send off [1]

order out for ins USA ♦ *véase* call for [3]

orient to [1] v2obj ♦ to turn (person/thing) towards (a compass point) ~ orientar hacia || *I tried to orient my telescope to the east ~ Intenté orientar mi telescopio hacia el este* **[2]** v2obj ♦ *véase* harden to

orient toward v2obj USA ♦ *véase* orient to [1]

orient towards v2obj GB AUS ♦ *véase* orient to [1]

orientate to v2obj GB AUS ♦ *véase* orient to [1]

orientate towards v2obj GB AUS ♦ *véase* orient to [1]

originate from ins ♦ *véase* come from [1]

originate in ins ♦ *véase* come from [1]

originate with ins ♦ [idea etc.] *véase* come from [1]

ornament with v2obj ♦ *véase* deck out with

oscillate between ins ♦ *véase* fluctuate between

oust from v2obj ♦ [job/building] *véase* drive out of [2]

overburden with v2obj ♦ [to excess] *véase* burden with

overcompensate for ins ♦ [to excess] *véase* compensate for [2]

overdose on ins ♦ to take an excess of (a drug) ~ tomar una sobredosis de || *It looks as if Laura has overdosed on cocaine ~ Parece que Laura ha tomado una sobredosis de cocaína*

overflow into ins ♦ [water exceeding its limits] *véase* flood into [1]

overflow with ins ♦ *véase* brim with

overindulge in ins ♦ *véase* binge on

overlay with v2obj ♦ [top] *véase* deck out with; cover over with

overload with v2obj ♦ [to excess] *véase* burden with

overrun with v2obj ♦ *véase* infest with

overwhelm with v2obj ♦ [person] *véase* heap with

owe for v2obj ♦ to be indebted (financially or morally) to (someone) for ~ deber (algo a alguien) por || *I owe you 100 dollars for the tasks you've done ~ Te debo 100 dólares por las tareas que has hecho*

owe to v2obj ♦ to have a debt of (a sum of money etc.) to (someone) ~ deber (algo) a (alguien) || *We still owe ten thousand to the accountant ~ Todavía le debemos diez mil al contable*

own up vi ♦ *véase* fess up

own up to ins ♦ *véase* confess to

P

pace about vi ♦ to walk in various directions in a nervous or angry manner ~ pasearse de un lado a otro (de una manera nerviosa/enojada) || *While his wife was in labour Daniel spent the time pacing about* ~ *Cuando su mujer estaba de parto, Daniel pasaba el tiempo paseándose nerviosamente de un lado a otro*

pace around vi ♦ *véase* pace about

pace back and forth vi ♦ *véase* pace about

pace off sep ♦ [measure a distance using paces] *véase* measure off [1]

pace out sep ♦ [measure a distance using paces] *véase* measure off [1]

pace up and down vi ♦ *véase* pace about

pack away [1] sep ♦ *véase* fold away [1] **[2]** sep inf ♦ [eat a large quantity] *véase* eat up [1]

pack down sep ♦ to compress (material etc.) ~ comprimir || *If you pack down the earth, the flowers will live longer* ~ *Si comprimes la tierra, las flores durarán más tiempo*

pack in [1] sep ♦ [items into bag/activities into weekend] *véase* cram in [2] **[2]** sep inf ♦ *véase* chuck in [2] **[3]** sep ♦ [large crowd/audience] *véase* bring in [6] **[4]** sep ns ♦ *véase* break off with **[5]** sep GB AUS inf ♦ *véase* cut out [4]

pack it in vi GB AUS inf ♦ *véase* cut out [4]

pack into ins & v2obj ♦ *véase* cram into

pack off sep inf ♦ [esp. + to boarding school] *véase* bundle off

pack out sep GB ♦ [stadium/room etc.] *véase* fill up [3]

pack round vi & ins ♦ *véase* crowd around

pack together vi & sep ♦ *véase* crowd together

pack up [1] sep ♦ [possessions/equipment] *véase* gather up [1] **[2]** vi inf ♦ *véase* clock off [1] **[3]** vi GB inf ♦ *véase* conk out [2] **[4]** sep ♦ *véase* box up [2]; crate up

pack up on ins GB inf ♦ *véase* quit on [2]

package up sep ♦ [to be posted] *véase* box up [2]; crate up

pad about vi ♦ [silently] *véase* creep about

pad along vi ♦ [silently] *véase* creep about

pad down vi USA inf ♦ *véase* bed down [1]

pad out [1] sep ♦ *véase* flannel out **[2]** vi USA inf ♦ *véase* bed down [1]

pad up vi dep ♦ [cricket] to put protective pads on one's legs before batting ~ ponerse las espinilleras || *Daniel padded up and went out to bat* ~ *Daniel se puso las espinilleras y entró a batear*

page through ins USA ♦ *véase* flick through [1]

paint in sep ♦ [by painting] *véase* add in

paint on [1] sep ♦ *véase* brush on **[2]** ins & v2obj ♦ [using paint] *véase* draw on [4]

paint onto v2obj ♦ [using paint] *véase* draw on [4]

paint out sep ♦ [using paint] *véase* brush over

paint over sep ♦ [using paint] *véase* brush over

pair off **[1]** vi ♦ [begin a relationship] *véase* come together [1] **[2]** sep ♦ *véase* couple together

pair off with **[1]** v2obj ♦ *véase* couple with [1] **[2]** ins ♦ *véase* get together with [2]

pair up **[1]** vi ♦ [2 people] *véase* band together **[2]** sep ♦ *véase* couple together

pair up with **[1]** ins ♦ *véase* get together with [2] **[2]** v2obj ♦ *véase* couple with [1]

pair with v2obj ♦ *véase* couple with [1]

pal around vi USA inf ♦ *véase* chum around

pal around with ins USA inf ♦ *véase* chum around with

pal up vi GB AUS inf ♦ *véase* chum up

pal up with ins GB AUS inf ♦ *véase* chum up with

pale at ins ♦ *véase* blanch at

pale beside ins ♦ to be pale/weak/unimportant in comparison to ~ perder al lado de || *This book pales beside the previous one ~ Este libro no vale nada en comparación con el anterior*

pall on ins form ♦ [taste etc.] to stop pleasing ~ dejar de satisfacer (etc.) a || *In the end the diet of nothing but fruit palled on Daniel ~ Al final el régimen de fruta y nada más dejó de gustar a Daniel*

palm off sep ♦ *véase* fob off [1]

palm off as v2obj ♦ to pretend that (something) is (something it is not) ~ hacer creer que (algo) es (algo que no es) || *The salesman palmed the table off as Victorian ~ El vendedor hizo creer que la mesa era victoriana*

palm off on v2obj ♦ *véase* fob off on

palm off onto v2obj ♦ *véase* fob off on

palm off with v2obj ♦ *véase* fob off with [1]

pan across to ins téc ♦ [in filming] to move the camera to the side and focus on ~ mover la cámara hacia el lado para enfocarla a || *The director panned across to the van on the bridge ~ El director movió la cámara para enfocarla en la furgoneta en el puente*

pan for ins ♦ [+ gold] to use a tray to search in a river for ~ lavar con batea para obtener (oro) || *They spent a week panning for a gram of gold ~ Pasaron una semana lavando con batea para obtener un gramo de oro*

pan in on ins téc ♦ to use a camera's zoom lens in order to capture (an image) ~ dar un golpe de zoom para captar || *The cameraman panned in on the wound ~ El cámara dio un golpe de zoom para captar la herida*

pan out **[1]** vi téc ♦ to move a camera to a wide, panoramic angle ~ panoramizar || *The director wants us to pan out when the music begins ~ La directora quiere que panoramicemos cuando empiece la música* **[2]** vi inf ♦ [developing events etc.] to happen (well/badly etc.) ~ salir/resultar || *I might have to go to Portugal - it depends on how things pan out ~ Puede que tenga que ir a Portugal - depende de cómo vayan las cosas*

pander to ins ♦ *véase* fuss over

panel off sep ♦ [by installing panels] *véase* divide off

panic at ins ♦ to enter into a panic due to ~ aterrarse de || *You shouldn't panic at noises like that one ~ No debería entrarte el pánico cuando oyes un ruido así*

pant for ins ♦ *véase* ache for

pant out sep ♦ *véase* gasp out

pant with ins ♦ *véase* gasp with

paper over **[1]** ins ♦ to cover (a crack etc.) with wallpaper ~ cubrir empapelando || *We papered over the original mural ~ Tapamos el mural original con papel de paredes* **[2]** ins ♦ [problem/error etc.] *véase* cover up [2]

paperclip together sep ♦ *véase* clip together [2]

parachute down vi ♦ *véase* bail out [1]

parade about **[1]** vi ♦ to walk around in an arrogant manner ~ pavonearse ||

He was parading about as if he were someone important ~ *Se pavoneaba como si fuera alguien importante* **[2]** sep ♦ *véase* flash about

parade around **[1]** vi ♦ *véase* parade about [1] **[2]** sep ♦ *véase* flash about

parade by vi & ins mil ♦ *véase* file past

parade out sep os ♦ *véase* hustle out

parade up and down vi ♦ *véase* parade about [1]

parcel out sep ♦ *véase* divide out

parcel up sep GB ♦ *véase* bundle up [3]; do up [4]

pardon for v2obj ♦ *véase* forgive for

pare away sep ♦ to reduce gradually (the quantity/components of) ~ ir reduciendo || *To save money we pared away the non-essential factors* ~ *Para ahorrar dinero fuimos quitando los factores no esenciales*

pare down sep ♦ *véase* pare away

pare down to v2obj ♦ to reduce (something) to (a smaller version etc.) ~ reducir a || *The company pared the system down to ten machines* ~ *La empresa redujo el sistema a unas diez máquinas*

pare off sep & v2obj ♦ *véase* cut off [1]

park up vi & sep ♦ to park (a car etc.) ~ aparcar; estacionar(se) || *Where have you parked up (the car)?* ~ *¿Dónde has aparcado (el coche)?*

parlay into v2obj USA ♦ [company/sum of money etc.] *véase* change into [3]

parley with ins ♦ *véase* consult with

part from ins ♦ [any sort of partner] *véase* check out on

part over ins ♦ [partners] to separate due to ~ separarse debido a || *We parted over a misunderstanding* ~ *Nos separamos debido a un malentendido*

part with ins ♦ [partner/possession] *véase* part from; give up [4]

partake in **[1]** ins ♦ *véase* join in [2] **[2]** ins ♦ *véase* indulge in

partake of **[1]** ins form ♦ [food/drink] *véase* indulge in **[2]** ins form ♦ [to be deliberately similar to] *véase* look like [2]

participate in ins ♦ *véase* join in [2]

partition into v2obj ♦ [with partitions] *véase* divide off into

partition off v2obj ♦ [with partitions] *véase* divide off

partner off **[1]** vi GB AUS ♦ [2 people] *véase* band together **[2]** sep GB AUS ♦ *véase* bring together

partner off with **[1]** ins GB AUS ♦ *véase* get together with [2] **[2]** v2obj GB AUS ♦ *véase* couple with [1]

partner up **[1]** vi GB AUS ♦ [2 people] *véase* band together **[2]** sep GB AUS ♦ *véase* bring together

partner up with **[1]** ins GB AUS ♦ *véase* get together with [2] **[2]** v2obj GB AUS ♦ *véase* couple with [1]

partner with v2obj GB AUS ♦ *véase* couple with [1]

party on vi inf ♦ to continue drinking/dancing ~ seguir de fiesta || *Most people left at midnight but Laura partied on* ~ *La mayoría de la gente se fue a medianoche pero para Laura la fiesta siguió*

pass about sep ♦ *véase* hand around

pass along sep ♦ *véase* hand around

pass around sep ♦ *véase* hand around

pass as ins ♦ [person/age] *véase* look like

pass away **[1]** vi form ♦ *véase* conk out [3] **[2]** vi form ♦ *véase* go by [1]

pass back **[1]** sep ♦ [item] *véase* give back **[2]** sep dep ♦ [football etc.] to pass (the ball) backwards ~ pasar hacia atrás || *The defender passed the ball back and the keeper cleared* ~ *El defensa pasó el balón hacia atrás y el portero despejó*

pass between **[1]** ins ♦ to move through the space between (two people/things) ~ pasar (por) entre || *It's difficult to pass between these two bookshelves* ~ *Es difícil pasar por entre estas dos estanterías* **[2]** v2obj ♦ to pass (a message etc.) between (two people) ~ hacer pasar entre || *The two girls passed the note between them-*

selves ~ *Las dos chicas pasaron la nota entre sí*

pass by **[1]** vi ♦ *véase* go by [1] **[2]** vi & ins ♦ *véase* go by [2] **[3]** vi GB ♦ *véase* call by **[4]** ins GB ♦ *véase* call on [1] **[5]** sep os ♦ [opportunity etc.] not to happen to/benefit (someone) ~ pasar a (alguien) por alto || *The only chance passed me by when I was eighteen* ~ *La única oportunidad me pasó por alto cuando tenía dieciocho años*

pass down sep ♦ *véase* hand down [1], [2]

pass for ins ♦ [person/age] *véase* look like

pass forward sep ns ♦ to pass (item/ball) in a forward direction ~ pasar hacia adelante || *I want you to pass the papers forward, please* ~ *Quiero que pasen los papeles hacia adelante, por favor*

pass in sep ♦ *véase* give in [3]

pass in to v2obj ♦ *véase* give in to [2]

pass into ins ♦ *véase* fade into

pass off vi GB AUS ♦ [+ adverb] *véase* come off [4]; go off [7]

pass off as v2obj ♦ *véase* palm off as

pass off on v2obj ♦ *véase* fob off on

pass off onto v2obj ♦ *véase* fob off on

pass on **[1]** sep ♦ [message/item etc.] to pass (verbally or physically) ~ pasar || *I hope you passed the message/report on* ~ *Espero que hayas pasado el mensaje/informe* **[2]** sep ♦ [skills etc.] *véase* hand down [1] **[3]** sep ♦ to communicate (a disease etc.) physically/genetically ~ comunicar (una enfermedad etc.) física o genéticamente || *Laura caught the disease first, then she passed it on* ~ *Laura fue la primera en contagiarse de la enfermedad, luego se la comunicó a otra gente* **[4]** sep ♦ [company] to pass (the effects of good/bad business) to the customer via prices ~ hacer que el consumidor se cargue con/disfrute de (unas consecuencias) || *The company always passes its profits on to the customer* ~ *La empresa siempre baja el precio al consumidor cuando saca buenos beneficios* **[5]** vi form ♦ *véase* conk out [3] **[6]** ins GB AUS inf ♦ *véase* contract out of

pass on to **[1]** v2obj ♦ [*véase* pass on [1], [2], [3], [4]] *véase* give to **[2]** ins GB AUS ♦ *véase* get on to [1]

pass out **[1]** vi ♦ *véase* black out [1] **[2]** vi GB AUS mil ♦ to complete the introductory training course ~ graduarse || *Daniel passed out and went immediately to Bosnia* ~ *Daniel se graduó del ejército y fue inmediatamente a Bosnia* **[3]** sep ♦ *véase* give out [1]; deal out [1]

pass over **[1]** v2obj ♦ *véase* get over [3] **[2]** sep ♦ *véase* keep off [6]; gloss over **[3]** sep ♦ [candidate for promotion] *véase* brush aside; cast aside

pass over for v2obj ♦ not to consider (a candidate) for (promotion) ~ no considerar la candidatura de || *The committee has passed Laura over for promotion twice* ~ *El comité se ha negado dos veces a elevar a Laura*

pass over to ins & v2obj ♦ *véase* hand over to

pass round sep ♦ *véase* hand around

pass through **[1]** vi & ins ♦ *véase* go through [2] **[2]** vi & ins ♦ to travel through/via (a place) ~ estar de paso; pasar por || *I'm only passing through (London)* ~ *Sólo estoy aquí (en Londres) de paso* **[3]** ins ♦ *véase* go through [1] **[4]** ins inf ♦ [food etc.] to pass quickly through the bowels of ~ pasar de prisa por los intestinos de || *Muesli tends to pass through me* ~ *El muesli suele pasar directamente por mis intestinos*

pass to **[1]** ins form ♦ [presidency/ownership (etc.); inheritance] *véase* go to [3] **[2]** v2obj ♦ *véase* give to

pass under **[1]** ins ♦ *véase* go under [6] **[2]** v2obj ♦ to pass (something) underneath (a door etc.) ~ pasar (algo) por debajo de || *Pass your card under the door, then I can use it* ~ *Pásame tu tarjeta por debajo de la puerta; así la puedo usar yo*

pass up **[1]** sep ♦ [an opportunity] not to use ~ no aprovechar || *You've* *passed up three chances this week - what's wrong?* ~ *Has pasado de aprovechar tres oportunidades esta semana - ¿qué te pasa?* **[2]** sep ♦ *véase* hand up

paste down sep ♦ *véase* glue down

paste on sep & v2obj ♦ *véase* glue on

paste onto v2obj ♦ *véase* glue onto

paste to v2obj ♦ *véase* glue onto

paste up **[1]** sep ♦ to fix (a poster on a wall etc.) using glue ~ pegar/fijar (un póster etc.) con cola || *Laura pasted up three hundred notices in the town yesterday* ~ *Ayer Laura pegó trescientos anuncios en la ciudad* **[2]** sep ♦ *véase* glue together [2] **[3]** sep téc ♦ to compose (a page) manually ~ componer (página) a mano || *There were too many graphics so we pasted the page up* ~ *Había demasiados gráficos, entonces compusimos la página a mano*

pat down sep ♦ *véase* pack down

patch together **[1]** sep ♦ *véase* cobble together **[2]** sep ♦ *véase* botch up [2]

patch up **[1]** sep inf ♦ [including medical treatment] *véase* botch up [2] **[2]** sep ♦ *véase* make up [10]

patrol up and down vi ♦ [person/police car] *véase* pace about

patter about vi ♦ [silently] *véase* creep about

patter on vi inf ♦ *véase* chatter away

patter on about ins inf ♦ *véase* chat about

pattern after v2obj USA ♦ [new design etc.] *véase* base on

pattern on v2obj USA ♦ [new design etc.] *véase* base on

pave with v2obj ♦ to lay a pavement of (stones etc.) on (a surface) ~ empedrar/pavimentar de || *The neighbours have paved the garden with large stones* ~ *Los vecinos han pavimentado el jardín de piedras grandes*

paw at **[1]** ins ♦ [animal] to touch (a door etc.) repeatedly with the paws ~ tocar repetidas veces con la pata || *The cat's pawing at the door - what shall we do?* ~ *El gato está llamando a la puerta con la pata - ¿qué hacemos?* **[2]** ins inf ♦ *véase* feel up

pawn off sep ♦ to leave (an item) as security in a pawnshop ~ dejar en prenda; empeñar || *Laura had to pawn her watch off to pay the electricity bill* ~ *Laura tuvo que dejar su reloj en prenda para pagar la luz*

pawn off as v2obj USA ♦ *véase* palm off as

pawn off on v2obj USA ♦ *véase* fob off on

pawn off onto v2obj USA ♦ *véase* fob off on

pay away sep ♦ *véase* cough up [3]

pay back **[1]** sep ♦ [money loaned] *véase* give back **[2]** sep ♦ [person from whom money has been lent] to return the money ~ pagar || *If you don't mind waiting, I'll pay you back next week* ~ *Si no te importa esperar, te pagaré lo que te debo la semana que viene* **[3]** sep ns ♦ *véase* get back [4]

pay back for **[1]** v2obj ♦ *véase* get back for [1] **[2]** v2obj ♦ [for money loaned etc.] *véase* pay for [3]

pay by **[1]** ins ♦ to pay using (cash/cheque/a credit card) ~ pagar con/en || *I'd prefer to pay by cash* ~ *Preferiría pagar en metálico* **[2]** ins ♦ to pay on or before (a specific date) ~ pagar antes de || *I need to pay by 31st November* ~ *Tengo que pagar antes del 31 de noviembre*

pay down **[1]** sep USA ♦ [deposit for a purchase] to pay ~ pagar como entrada || *Laura has paid down a thousand bucks* ~ *Laura ha pagado mil pavos como entrada* **[2]** sep USA ♦ to reduce (a debt) by paying small amounts ~ ir reduciendo/liquidando || *Daniel thinks he'll be able to pay the bill down this month* ~ *Daniel cree que podrá liquidar parte de la factura este mes*

pay for **[1]** ins & v2obj ♦ *véase* cough up for **[2]** ins ♦ to suffer punishment due to ~ pagar (un crimen etc.) || *He's now paying for his years of crime* ~ *Ahora está pagando sus años delictivos* **[3]** v2obj ♦ to give money to (someone) for (something provided) ~ pagar a (alguien) por || *I want to pay you for the sofa* ~ *Quiero pagarte algo por el sofá*

pay in sep ♦ to ingress (money into an account/pension scheme etc.) ~ ingresar; pagar contribuciones || *How much would you like to pay in, sir?* ~ *¿Cuánto quiere ingresar, señor?*

pay into v2obj ♦ to ingress (money) into (an account/pension scheme etc.) ~ ingresar en || *I pay 100 pounds a year into the pension plan* ~ *Contribuyo 100 libras anuales al plan de pensiones*

pay off [1] sep ♦ to pay the total amount of (a debt etc.) ~ liquidar/amortizar || *We've finally paid off the mortgage* ~ *Por fin hemos amortizado la hipoteca* **[2]** vi ♦ to prove to be worthwhile ~ valer la pena || *It seems that all our effort has paid off* ~ *Parece que todo nuestro esfuerzo ha valido la pena* **[3]** sep ♦ [permanently, with payment] *véase* lay off [2] **[4]** sep ♦ *véase* buy off

pay on v2obj ♦ to pay (a sum of money) as payment towards ~ pagar (tal cantidad) para liquidar parcialmente || *Laura has to pay 50 dollars a month on the motorbike* ~ *Laura tiene que desembolsar 50 dólares mensuales para pagar la moto*

pay out [1] vi ♦ *véase* cough up [2] **[2]** sep ♦ *véase* cough up [3] **[3]** sep ♦ [rope] to release slowly ~ ir dando || *Laura paid the rope out and Daniel started the engine* ~ *Laura fue dando la cuerda y Daniel arrancó el motor* **[4]** sep ns ♦ *véase* get back [4]

pay out for ins & v2obj ♦ *véase* cough up for

pay over sep ♦ *véase* cough up [3]

pay to v2obj ♦ [money] *véase* give to

pay up [1] vi inf ♦ *véase* cough up [2] **[2]** sep USA ♦ *véase* pay off [1]

peak out vi ♦ [reach the maximum point] *véase* flatten out [3]

peal out vi ♦ *véase* bong out

peck at ins ♦ [bird etc.] *véase* bite into [1]

peck up sep ♦ [bird, using the beak] *véase* eat up [1]; draw up [3]

peek at ins ♦ [secretively] *véase* glance at [1]

peek in [1] vi ♦ [secretively] *véase* look in [1] **[2]** ins ♦ [secretively] *véase* look in [3]

peek into ins ♦ [secretively] *véase* look in [3]

peek out vi ♦ [secretively] *véase* look out [1]

peek out from ins ♦ [secretively] to look outwards from inside (something) ~ sacar la cabeza furtivamente de || *The naughty child peeked out from the box* ~ *El niño travieso sacó la cabeza furtivamente de la caja*

peek out from under(neath) ins ♦ [secretively, from below a place] *véase* peek out from

peek out of ins ♦ [secretively] *véase* glance through [2]

peek over ins ♦ [secretively] *véase* glance over [2]

peek through ins ♦ [secretively] *véase* glance through [2]

peel away [1] sep ♦ to remove (a fruit's skin etc.) by peeling ~ pelar/mondar || *It's important to peel away all the rind* ~ *Es importante quitar toda la monda* **[2]** vi ♦ [skin/wallpaper/paint] to become separated by peeling ~ pelarse; caerse a tiras; despegarse || *The paper on that wall is beginning to peel away* ~ *El papel en esa pared está empezando a despegarse*

peel away from ins ♦ to become separated from (something) by peeling ~ despegarse de || *The paint was peeling away from the wood* ~ *La pintura se estaba cayendo a tiras de la madera*

peel back sep ♦ to remove (something) by peeling/lifting with difficulty ~ despegar || *Peel back the covering and I'll see what's underneath* ~ *Despega la tapa y veré lo que hay debajo*

peel off [1] sep ♦ to remove (a wet or tight garment) from one's body ~ quitarse con dificultad || *Daniel peeled off his tight shirt and threw it to the floor* ~ *Daniel se quitó con dificultad la camisa ceñida y la tiró al suelo* **[2]** sep ♦ *véase* peel away [1] **[3]** vi ♦ *véase* peel away [2] **[4]** sep ♦ [banknotes] to separate from a large bundle ~ separar (etc.)

|| *Laura peeled off two 100 notes and gave them to Daniel* ~ *Laura separó dos billetes de 100 de su fajo y se los dio a Daniel* **[5]** vi ♦ [person/plane in group] *véase* branch off [1]; draw aside [1]

peel out vi USA inf ♦ to leave in a car making the tyres screech ~ irse con un chirrido de los neumáticos || *That guy does nothing but peel out since he got the car* ~ *Desde que se compró el coche ese tío no hace más que producir chirridos*

peep at ins ♦ [secretively] *véase* glance at [1]

peep into ins ♦ [secretively] *véase* look in [3]

peep out vi ♦ [secretively] *véase* look out [1]

peep over ins ♦ [secretively] *véase* glance over [2]

peep through ins ♦ [secretively] *véase* glance through [2]

peer at ins ♦ *véase* gaze at

peer into ins ♦ *véase* look in [3]

peer out of ins ♦ [for a long time] *véase* glance through [2]

peer over ins ♦ [for a long time] *véase* glance over [2]

peer through ins ♦ [for a long time] *véase* glance through [2]

peg as v2obj USA inf ♦ *véase* have down as

peg away vi arc ♦ *véase* grind away; beaver away

peg away at ins arc ♦ *véase* grind away at; beaver away at

peg down sep ♦ [using a peg] *véase* lash down [2]; fasten down

peg out **[1]** sep GB AUS ♦ [using a peg] *véase* hang out [2] **[2]** vi GB AUS arc inf ♦ *véase* check out [6]; conk out [3] **[3]** vi GB AUS arc inf ♦ *véase* conk out [2]

pelt down vi inf ♦ *véase* beat down [1]

pelt down with ins inf ♦ [+ rain] *véase* beat down [1]

pelt off vi inf ♦ *véase* dash away

pelt with v2obj ♦ to throw (stones/eggs etc.) at ~ arrojar (algo) a || *The students pelted the president with hard-boiled eggs* ~ *Los estudiantes arrojaron huevos duros al presidente*

pen in sep ♦ *véase* fence in

pen up sep ♦ *véase* fence in

penalise for v2obj GB AUS ♦ *véase* discipline for

penalize for v2obj ♦ *véase* discipline for

pencil in **[1]** sep ♦ *véase* ink in [2] **[2]** sep ♦ to write (etc.) with a pencil ~ apuntar (algo) con lápiz || *I've pencilled the numbers in so that you can check them* ~ *He apuntado los números con lápiz para que los compruebes*

pencil in for v2obj ♦ to schedule provisionally (an event) for (a specific date) ~ programar (algo) de modo provisional para || *I've pencilled the meal in for next Wednesday* ~ *He apuntado el miércoles que viene como fecha posible para la cena*

penetrate into ins ♦ [forcefully] *véase* go in [2]; grow into [1]

penetrate through vi & ins ♦ *véase* go through [2]

penetrate with v2obj ♦ *véase* impale on

pension off sep ♦ to cause (someone) to retire from a job ~ jubilar a || *The company has pensioned thirty people off this year* ~ *La empresa ha jubilado a treinta personas este año*

people with v2obj ♦ to fill/populate (an area) with ~ poblar de/con || *The government has peopled the island with soldiers* ~ *El gobierno ha poblado la isla de soldados*

pep up sep inf ♦ *véase* beef up; build up [3]; cheer up [2]

pepper with **[1]** v2obj ♦ *véase* dot with; lace with **[2]** v2obj ♦ [bullets/questions] *véase* bombard with **[3]** v2obj USA ♦ *véase* bother with [2]

perceive as v2obj form ♦ *véase* have down as

perch on **[1]** ins ♦ [bird/person] to sit/stand on (a post/piece of furniture etc.) ~ posarse en || *The robin perched on the branch* ~ *El petirrojo se posó en la rama* **[2]** v2obj ♦ to place (a child etc.) on (a post/piece of furniture) ~ posar en/encaramar en || *Daniel perched his daughter on the fence ~ Daniel encaramó a su hija en la valla*

percolate down to ins ♦ *véase* filter down to

percolate through vi & ins ♦ [by filtration] *véase* go through [2]

perish from ins form ♦ *véase* die from

perish with ins form ♦ *véase* die from

perk up vi & sep ♦ *véase* cheer up

permeate through vi & ins ♦ [by filtration] *véase* go through [2]

permeate with [1] v2obj ♦ *véase* drench in **[2]** v2obj ♦ *véase* lace with

permit in sep ns form ♦ *véase* allow in

permit into v2obj form ♦ *véase* admit to [3]

permit of ins form ♦ *véase* allow of

permit out sep os form ♦ *véase* allow out

permit through sep os & v2obj form ♦ *véase* let through

permit up sep os form ♦ *véase* allow up

persevere at ins ♦ *véase* keep at [2]

persevere in ins ♦ *véase* keep at [2]

persevere with ins ♦ *véase* keep at [2]

persist in ins ♦ *véase* keep at [2]

persist with ins ♦ *véase* keep at [2]

persuade of v2obj ♦ *véase* convince of

pertain to ins ♦ *véase* attach to [2]; correspond to

pervade with v2obj form ♦ *véase* drench in

pester about v2obj ♦ *véase* hassle about

pester for v2obj ♦ *véase* hassle for

pester into v2obj ♦ *véase* bounce into

pester with v2obj ♦ *véase* bother with [2]

peter out vi ♦ *véase* die away; fade out [1]

petition for ins & v2obj form ♦ [officially] *véase* ask for [1]

phase in sep ♦ [law/system/change] to introduce gradually ~ introducir poco a poco || *We're going to phase these changes in this year ~ Vamos a escalonar estos cambios este año*

phase out sep ♦ [law/system/change] to eliminate gradually ~ eliminar por etapas || *The company will be phasing this system out ~ La empresa irá eliminando poco a poco este sistema*

philander with ins form ♦ *véase* flirt with

phone around vi GB ♦ *véase* call around

phone back vi & sep os ♦ *véase* call back [1]

phone for ins ♦ *véase* call for [3]

phone in [1] vi GB ♦ *véase* call in [2] **[2]** vi GB ♦ *véase* call in [3]

phone round vi GB ♦ *véase* call around

phone up vi & sep GB ♦ *véase* call up [1], [2]

pick apart [1] sep ♦ *véase* hack apart [1] **[2]** sep ♦ *véase* chew out

pick at [1] ins ♦ to eat only a small quantity of ~ picar; comer sin ganas || *I picked at a bit of food but really I was too nervous ~ Piqué algo de comida pero la verdad es que estaba demasiado nerviosa* **[2]** ins ♦ [scab] to try to remove using one's finger nails ~ [costra] manosear/rascar || *Will you stop picking at that scab? ~ ¿Quieres dejar de manosear esa costra?* **[3]** ins USA ♦ *véase* bully about

pick from [1] ins ♦ *véase* choose between **[2]** v2obj ♦ *véase* select from [2]

pick off [1] sep ♦ [scab] to remove using one's finger nails ~ [costra] quitar con la uña || *I picked the scab off and gave it to the dog ~ Me quité la costra con la uña y se la di al perro* **[2]** sep ♦ *véase* cream off [1] **[3]** sep ♦ [each of several adjacent targets] *véase* blow away [3]

pick on ins ♦ *véase* bully about

pick out [1] sep ♦ *véase* lift out **[2]** sep ♦ [choose/identify from several options] *véase* fix on [1] **[3]** sep ♦ [with the eye/a light] *véase* make out [1] **[4]** sep ♦ to play (a melody) slowly or clumsily/by ear ~ tocar de oído (con dificultad etc.) || *Laura sang the melody and Daniel picked out the notes ~ Laura cantó la melodía y Daniel tocó las notas de oído*

pick over [1] sep ♦ [many similar items, in order to prioritise] *véase* glance over [3] **[2]** sep ♦ [details of scandal etc.] *véase* go over [1]

pick through ins ♦ [+ wreckage/rubbish/untidy things] *véase* burrow into [2]

pick up [1] sep ♦ [raise a person/thing from the floor/table] *véase* gather up [1]; draw up [3] **[2]** sep ♦ to collect (a person/thing from a place) ~ recoger (algo/a alguien) de/en (un sitio) || *My brother wants me to pick him up from the station ~ Mi hermano quiere que le recoja en la estación* **[3]** sep ♦ [hitch-hiker; person needing to be rescued] to stop and collect ~ recoger || *I'm sorry I'm late - I picked up a hitch-hiker ~ Siento llegar tarde - he recogido a un autostopista* **[4]** sep inf ♦ *véase* chat up [1]; cop off with **[5]** sep ♦ [item/information/prize] *véase* come by [3] **[6]** sep ♦ [language/accent/habit etc.] to acquire; to start to use (etc.) ~ adquirir || *I picked up a strange accent when I was living in Canada ~ Adquirí un acento raro cuando vivía en Canadá* **[7]** sep téc ♦ [radio station etc.] to (be able to) receive ~ captar || *We can't pick up the fifth channel here ~ Aquí no captamos la quinta cadena* **[8]** sep ♦ [dog etc.] to perceive (a scent) ~ coger el rastro (etc.) || *The dog picked up the scent of my scarf ~ El perro cogió el rastro de mi bufanda* **[9]** sep ♦ *véase* haul in [2] **[10]** sep ♦ *véase* focus on [1] **[11]** sep ♦ [+ bill/tab/check etc.] *véase* cough up for **[12]** sep ♦ *véase* come down with **[13]** sep ♦ to notice (a written mistake) ~ encontrar (un error) || *If you make a mistake in the text, this device will pick it up ~ Si cometes un error en el texto, este aparato lo señalará* **[14]** sep inf ♦ *véase* knock down [5] **[15]** sep USA inf ♦ *véase* clear up [5] **[16]** vi & sep ♦ to resume (something) from the point at which it stopped ~ reanudar (algo) a partir del punto de cese || *I want to pick up (the debate) where we left off this morning ~ Quiero reanudar el debate donde lo hemos dejado esta mañana* **[17]** vi ♦ [business/game/patient] *véase* look up [3] **[18]** vi ♦ [wind] *véase* get up [5] **[19]** ins ♦ [+ speed/steam] *véase* get up [6] **[20]** sep ♦ *véase* go off with [1]

pick oneself up [1] vi ♦ [after a fall] *véase* get up [3] **[2]** vi ♦ [after a disappointment etc.] *véase* get oneself together

pick up after ins inf ♦ [lo desordenado] *véase* clean up after

pick up on [1] ins ♦ [press etc.] to notice/learn of (a story etc.) and react to it ~ enterarse de (algo) y reaccionar || *The journalist picked up on what Laura had told him ~ El periodista actuó a base de lo que le había contado Laura* **[2]** ins ♦ to notice (something subtle) ~ notar || *I hadn't picked up on how unhappy you were ~ No había notado lo triste que estabas* **[3]** ins ♦ [topic/point] *véase* get back to [1]; elaborate on **[4]** v2obj GB AUS ♦ *véase* chide for **[5]** v2obj GB AUS ♦ *véase* take up on [2]

picture as v2obj ♦ *véase* envisage as

piddle around vi inf ♦ *véase* arse about

piddle away sep inf ♦ *véase* dawdle away; fritter away

piece out [1] sep ♦ [by adding extra material etc.] *véase* eke out [1] **[2]** sep ♦ [atar los cabos de una historia] *véase* piece together

piece together sep ♦ [story/item to be assembled] *véase* bind together

pierce through vi & ins ♦ *véase* go through [2]

pig out vi inf ♦ *véase* chow down

pig out on ins inf ♦ *véase* binge on

pike out vi AUS inf ♦ *véase* cop out; back out [2]

pike out on ins AUS inf ♦ *véase* duck out of

pile in [1] vi ♦ *véase* cram in [1] **[2]** sep ♦ *véase* cram in [2] **[3]** vi inf ♦ *véase* jump in [3]

pile in to ins & v2obj ♦ *véase* cram into

pile into ins & v2obj ♦ *véase* cram into

pile off [1] vi inf ♦ [esp. a large group] *véase* go off [2] **[2]** vi & ins inf ♦ [esp. a large group] *véase* get off [1]

pile on [1] vi & ins inf ♦ [esp. a large group] *véase* get on [2] **[2]** sep inf ♦ to supply/exert a large amount of (e.g. pressure/praise/agony) ~ ir aumentando; suministrar (etc.) una gran cantidad de || *The boss always piles on the pressure in December* ~ *El jefe siempre aumenta la presión en diciembre* **[3]** sep GB AUS inf ♦ [+ weight] to become fatter ~ engordar || *She's piled on a few kilos since the last time I saw her* ~ *Ha engordado unos cuantos kilos desde la última vez que la vi*

pile on to [1] ins inf ♦ [esp. a large group] *véase* get on [2] **[2]** v2obj ♦ *véase* heap on

pile onto ins inf & v2obj ♦ *véase* pile on to

pile out vi inf ♦ [esp. a large group] *véase* go out [1]

pile out of ins inf ♦ [esp. a large group] *véase* go out of [1]

pile up [1] sep ♦ *véase* bank up [1] **[2]** vi ♦ to become a pile/large amount ~ amontonarse || *The rubbish (the work) is beginning to pile up* ~ *La basura (el trabajo) está empezando a amontonarse* **[3]** vi USA inf ♦ [vehicle(s)] to crash ~ estrellarse || *It looks like two trucks have piled up in the village* ~ *Parece que se han estrellado dos camiones en el pueblo*

pilfer from v2obj form ♦ *véase* cop from

pilot in sep téc/náut ♦ to steer/guide (ship etc.) into a harbour (etc.) ~ guiar hasta el puerto (etc.) || *Despite the waves the captain managed to pilot the ship in* ~ *A pesar de las olas el capitán logró guiar el barco hasta el puerto*

pilot out sep téc/náut ♦ to steer/guide (ship etc.) out of a harbour (etc.) ~ sacar del puerto (etc.) || *I piloted the boat out, then Daniel took command* ~ *Yo saqué la barca del puerto, luego se encargó Daniel*

pilot through sep os & v2obj jur ♦ *véase* force through [2]

pimp for ins inf ♦ to work/act as a pimp for (a prostitute) ~ servir de alcahuete a || *He used to pimp for her, but now they're married* ~ *Antes le servía de alcahuete, pero ahora están casados*

pin against v2obj ♦ to hold (someone) violently against (a wall etc.) ~ apretar a (alguien) contra || *The policeman pinned Daniel against the wall* ~ *El policía apretó a Daniel contra la pared*

pin back [1] sep ♦ to restrain (a garment etc.) with a pin ~ doblar hacia atrás y sujetar con un alfiler || *You'll need to pin that flap back* ~ *Tendrás que doblar esa faldilla hacia atrás y sujetarla con un alfiler* **[2]** sep ♦ [+ one's ears] *véase* listen up **[3]** sep USA ♦ [+ someone's ears] *véase* blow up [4]; beat up on [2]

pin down [1] sep ♦ *véase* pin back [1]; [with a pin] lash down [2]; fasten down **[2]** sep ♦ [on the ground] *véase* hold down [1] **[3]** sep ♦ *véase* nail down [2] **[4]** sep ♦ *véase* hedge in [1] **[5]** sep ♦ *véase* fathom out **[6]** sep ♦ *véase* button down

pin down on v2obj ♦ to force (someone) to be specific on the matter of ~ obligar a (alguien) a especificar respecto a || *It's impossible to pin him down on commercial matters* ~ *Es imposible obligarle a concretar en lo que al comercio se refiere*

pin down to v2obj ♦ *véase* nail down to

pin on [1] sep ♦ [with a pin] *véase* bind on **[2]** v2obj ♦ [with a pin] *véase* attach to [1] **[3]** v2obj ♦ *véase* blame on

pin onto v2obj ♦ [with a pin] *véase* attach to [1]

pin to v2obj ♦ [with a pin] *véase* attach to [1]

pin together sep ♦ [with a pin] *véase* bind together

pin up sep ♦ [with a pin] *véase* hang up [1]

pin up against v2obj ♦ *véase* pin against

pinch back sep ♦ *véase* cut back [2]

pinch for v2obj inf ♦ *véase* impeach for [1]

pinch from v2obj inf ♦ *véase* cop from

pinch off v2obj GB inf ♦ *véase* cop from

pinch-hit for ins USA ♦ *véase* deputise for

pine after ins USA ♦ *véase* ache for; cry for [2]

pine away sep ♦ *véase* fret away

pine for ins ♦ *véase* ache for; cry for [2]

pine over ins ♦ *véase* ache for; cry for [2]

pipe away sep ♦ to remove (something) through a system of pipes ~ deshacerse de (algo) por unas cañerías/tuberías || *The farmer decided to pipe the excess water away ~ El granjero decidió deshacerse del agua sobrante por unas cañerías*

pipe down **[1]** sep ♦ [in a downward direction] *véase* pipe away **[2]** vi inf ♦ [talk more quietly/stop talking] *véase* belt up [3]; dry up [6]

pipe in sep ♦ [using pipes] *véase* bring in [2]

pipe into v2obj ♦ [using pipes] *véase* bring into [1]

pipe to v2obj ♦ [using pipes] *véase* bring into [1]

pipe up **[1]** sep ♦ [in an upward direction] *véase* pipe away **[2]** sep ♦ [unexpectedly] *véase* break in [2]

pipe up with ins ♦ [unexpectedly] *véase* chip in with

piss about **[1]** vi GB AUS arg ♦ *véase* arse about **[2]** sep os GB AUS arg ♦ *véase* bugger about [2]

piss about with ins GB AUS arg ♦ *véase* fool about with [1]

piss around **[1]** vi GB AUS arg ♦ *véase* arse about **[2]** sep os GB AUS arg ♦ *véase* bugger about [2]

piss around with ins GB AUS arg ♦ *véase* fool about with [1]

piss away sep arg ♦ *véase* fritter away

piss down vi GB AUS arg ♦ *véase* beat down [1]

piss it down vi GB AUS arg ♦ *véase* beat down [1]

piss off **[1]** vi GB AUS arg ♦ *véase* bugger off [1] **[2]** vi arg ♦ *véase* bog off **[3]** sep arg ♦ *véase* brass off; bum out

piss on **[1]** ins GB inf ♦ *véase* blow away [4] **[2]** ins inf ♦ to urinate on (something) ~ mear en || *Daniel was pissing on the lawn when the police arrested him ~ Daniel meaba en el césped cuando le detuvo la policía*

piss up v2obj GB arg ♦ [+ the wall] *véase* fritter away

piss it up vi GB arg ♦ *véase* beer up [1]

pit against v2obj ♦ *véase* draw against [1]

pitch at **[1]** v2obj ♦ *véase* hurl at **[2]** v2obj ♦ [campaign etc.] *véase* aim at [1]

pitch away sep USA ♦ *véase* chuck away

pitch for **[1]** ins ♦ *véase* jockey for **[2]** ins USA dep ♦ [baseball] to be the pitcher in (a team) ~ ser el lanzador de (tal equipo) || *He pitches for the Dolphins these days ~ Hoy día es el lanzador de los Delfines*

pitch forward vi ♦ [car/person] to be thrown or propelled forwards suddenly ~ caer de bruces; avanzar a tirones || *The train pitched forward and I dropped my coffee ~ El tren avanzó a tirones y se me cayó el café*

pitch in **[1]** vi inf ♦ *véase* dig in [4] **[2]** vi inf ♦ *véase* break in [2]

pitch in with ins inf ♦ *véase* chip in with

pitch into **[1]** ins GB AUS ♦ *véase* chew out **[2]** ins inf ♦ *véase* fall on [7] **[3]** ins inf ♦ *véase* dig into [4]

pitch off sep ns ♦ *véase* buck off

pitch on **[1]** v2obj dep ♦ [cricket] to bowl (the ball) in the direction of ~ lanzar (la pelota) directamente a || *The bowler pitched the ball on the batsman's legs ~ El boleador dirigió la pelota a las piernas del bateador* **[2]** ins ♦ *véase* agree on [1] **[3]** ins ♦ *véase* come across [1]

pitch out **[1]** sep ♦ *véase* chuck away **[2]** sep ♦ *véase* chuck out [2]

pitch out of v2obj ♦ *véase* clear out of [2]

pitch over [1] sep ♦ *véase* chuck over **[2]** vi ♦ *véase* flip over [2]

pitch up sep dep ♦ [cricket] to bowl (the ball) the correct length to the batsman ~ lanzar (la pelota) la distancia correcta hacia el bateador || *You're making it too easy for him - pitch the ball up ~ Se lo estás poniendo demasiado fácil - dale más distancia a la pelota*

pitch upon [1] ins form ♦ *véase* agree on [1] **[2]** ins form ♦ *véase* come across [1]

pivot on [1] ins téc ♦ to be balanced on (a fulcrum etc.) ~ girar sobre || *The device pivots on a mechanical fulcrum ~ El aparato gira sobre un fulcro mecánico* **[2]** ins ♦ *véase* depend on [4]

place above v2obj ♦ to place (a person/thing) in a superior position to ~ colocar encima de || *I'd like you to place the radio above the fireplace ~ Quiero que coloques la radio encima de la chimenea | I have always placed modesty above intelligence ~ Siempre he considerado que la modestia vale más que la inteligencia*

place aside sep ♦ *véase* draw aside [2]

place back [1] sep os ♦ *véase* drive back [3] **[2]** sep ns ♦ *véase* bring back [2]; carry back [1]

place before [1] v2obj ♦ [virtues etc.] *véase* place above **[2]** v2obj ♦ to position (a person/thing) in front of ~ colocar delante de || *The waiter placed the largest plate in the world before me ~ El camarero puso delante de mí el plato más grande del mundo*

place down sep ♦ *véase* lay down [5]

place in v2obj ♦ *véase* fit into [1]

place into v2obj ♦ *véase* fit into [1]

place on v2obj ♦ *véase* lay on [2]

place onto v2obj ♦ *véase* lay on [2]

place with [1] v2obj ♦ *véase* entrust to **[2]** v2obj ♦ to find a job for (someone) with/in (a company) ~ colocar a (alguien) en (una empresa) || *The agency placed Laura with a public relations firm ~ La agencia colocó a Laura en una empresa de relaciones públicas*

plagiarise from v2obj GB AUS ♦ *véase* crib from

plagiarize from v2obj ♦ *véase* crib from

plague with [1] v2obj ♦ *véase* infest with **[2]** v2obj ♦ *véase* bother with [2]

plan ahead vi ♦ to make plans in advance ~ hacer planes con antelación || *This company has always planned ahead ~ Esta empresa siempre ha hecho sus planes con antelación*

plan for [1] ins ♦ to make plans for ~ planear; prepararse para || *We're planning for some changes in the department ~ Estamos preparando unos cambios en el departamento* **[2]** ins ♦ *véase* budget for [1]

plan on ins ♦ *véase* bank on

plan out sep ♦ [in detail] *véase* plan for [1]

plane away sep ♦ [con cepillo/garlopa] *véase* file away [2]

plane down sep ♦ [con cepillo/garlopa] *véase* file down

plane off sep ♦ [con cepillo/garlopa] *véase* file away [2]

plank down sep ♦ *véase* bang down

plank over ins ♦ to install wooden planks across (e.g. a stream/room) ~ entarimar (un arroyo; una habitación etc.) || *The workmen have planked over the holes in the street ~ Los obreros han entarimado los baches en la calle*

plant in v2obj ♦ to plant (a plant) in (a place) ~ plantar en || *They've planted lots of flowers in the garden ~ Han plantado muchas flores en el jardín*

plant on v2obj ♦ to conceal (something illegal) in the clothes/house of ~ ocultar (algo incriminatorio) en la ropa/casa de || *It looks like the police planted the hash on Daniel ~ Parece que la policía ocultó el chocolate en casa de Daniel para incriminarle*

plant out sep ♦ *véase* bed out

plant up sep ♦ to plant/sow (plants/seeds) on (an area of land) ~ plantar/sembrar || *The authorities have planted up the area behind the church ~ Las autoridades han sembrado la zona detrás de la iglesia*

plant with v2obj ♦ to embellish (a garden/area) by planting (seeds/plants) ~ sembrar de || *We've planted the garden with tulips ~ Hemos sembrado el jardín de tulipanes*

plaster down sep ♦ [hair, using water/gel] *véase* flatten down [2]

plaster on **[1]** sep ♦ to apply (plaster, butter or make-up) thickly ~ aplicar (argamasa, mantequilla o maquillaje) en abundancia || *She plasters the make-up on every Friday ~ Cada viernes se pinta muchísimo* **[2]** v2obj ♦ to apply (plaster, butter or make-up) thickly to ~ aplicar (argamasa, mantequilla o maquillaje) en abundancia a || *Laura plastered the jam on her bread ~ Laura cubrió el pan completamente de mermelada*

plaster onto v2obj ♦ *véase* plaster on [2]

plaster over sep ♦ [using building plaster] *véase* cover over; fill in [2]

plaster up sep ♦ [using building plaster] *véase* cover over; fill in [2]

plaster with v2obj ♦ [cover a wall/bread with] *véase* fill up with [3]; blanket with

play about **[1]** vi inf ♦ *véase* arse about **[2]** vi inf ♦ *véase* fool about [2]

play about with **[1]** ins inf ♦ *véase* fool about with [1] **[2]** ins inf ♦ *véase* fool about with [2]

play against **[1]** ins & v2obj dep ♦ to play (a sport/game) against (an opponent) ~ jugar (a algo) contra || *I'm playing (golf) against my cousin this afternoon ~ Voy a jugar (al golf) contra mi primo esta tarde* **[2]** v2obj ♦ *véase* embroil with [1]

play along **[1]** vi ♦ to pretend to agree with or comply with something ~ fingir estar de acuerdo con (o ajustarse a las ideas de) algo || *I knew he was trying to trick me but I just played along ~ Sabía que intentaba engañarme pero le seguía el juego* **[2]** vi ♦ to play (a musical instrument) with other musicians ~ tocar || *They were playing a ballad, so I picked up my guitar and played along ~ Tocaban una balada, entonces cogí la guitarra y empecé a acompañarles*

play along with **[1]** ins ♦ to pretend to agree with or comply with ~ fingir estar de acuerdo con (o ajustarse a las ideas de) || *Will you play along with this until the inspector leaves ~ ¿Te importa fingir creer en esto hasta que se vaya el inspector?* **[2]** ins ♦ to accompany (other musicians) ~ tocar con; acompañar a || *Laura played along with her brothers as she knew the chords ~ Como se sabía los acordes Laura acompañó a sus hermanos*

play around **[1]** vi inf ♦ *véase* arse about **[2]** vi inf ♦ *véase* fool about [2]

play around with **[1]** ins inf ♦ *véase* fool about with [1] **[2]** ins inf ♦ *véase* fool about with [2]

play as v2obj ♦ to treat (something) as if it were (something else) ~ tratar como || *Laura played the situation as unimportant ~ Laura trató la situación como poco importante*

play at **[1]** ins ♦ to play (a game/sport, esp. one involving imagination) ~ jugar a || *The children were playing at cowboys and Indians ~ Los niños jugaban a cowboys y pieles rojas* **[2]** ins ♦ [to do unconvincingly] *véase* dabble in **[3]** ins ♦ [always in continuous-tense questions] *véase* be up to [4]

play back **[1]** sep ♦ [recorded sounds/images] to listen to/watch ~ escuchar/mirar (algo grabado) || *We played back the video to try and spot my mother ~ Pusimos el vídeo para intentar ver a mi madre* **[2]** vi dep ♦ to play (football etc.) as a defender ~ jugar de defensa || *Daniel played back so that the youngsters could go forward ~ Daniel jugó de defensa para que los jóvenes se adelantaran* **[3]** sep dep ♦ *véase* pass back [2]

play by **[1]** ins ♦ *véase* adhere to [2] **[2]** ins & v2obj ♦ [+ ear] *véase* pick out [4]

play down sep ♦ [insist that something is not important] *véase* gloss over

play down to ins ♦ to act condescendingly towards (an audience) ~ tratar (al público) con desdén || *He's so arrogant that he always plays down to the audience ~ Es tan arrogante que siempre trata al público con desdén*

play for **[1]** ins & v2obj dep ♦ to play (a sport) in (a club or national team) ~ jugar en/con tal equipo (de fútbol etc.) || *Daniel plays (football) for Peru ~ Daniel juega en la selección peruana (de fútbol)* **[2]** ins & v2obj dep ♦ to play (cards etc.) in order to win (money etc.) ~ jugar (a algo) para ganar/con (algo) en juego || *We're playing (cards) for pennies ~ Estamos jugando (a las cartas) con peniques en juego* **[3]** v2obj USA ♦ to treat (someone) as if they were ~ tratar como || *They're playing me for an idiot ~ Me están tratando como a un idiota*

play forward **[1]** vi dep ♦ to play (football etc.) as an attacker ~ jugar de delantero || *Laura is going to play forward this week ~ Laura va a jugar de delantera esta semana* **[2]** sep os ♦ [ball] *véase* pass forward

play in **[1]** ins ♦ to play (sport/instrument) in (a venue) ~ jugar/tocar en || *Laura has played in many stadiums ~ Laura ha jugado/tocado en numerosos estadios* **[2]** v2obj ♦ to take the role of (X) in (a film or play) ~ desempeñar el papel de (X) en (una obra/película) || *Daniel played Romeo in the recent production ~ Daniel desempeñó el papel de Romeo en la presentación reciente* **[3]** sep os ♦ to play music to accompany the entrance of ~ tocar mientras entra || *A rock band played the team in ~ Un grupo de rock dio la bienvenida al equipo*

play oneself in vi dep ♦ to begin to play slowly until one feels comfortable ~ acomodarse en el juego || *She usually takes ten minutes to play herself in ~ Suele tardar diez minutos en acomodarse al juego*

play into ins ♦ [+ X's hands] to act in a way which X had planned ~ ceder la ventaja a; actuar de modo que X se aventaja || *If you show fear you're just playing into his hands ~ Si te acobardas no harás más que darle la ventaja a él*

play like ins USA ♦ *véase* hit off

play off **[1]** vi dep ♦ [football etc.] *véase* jump off [3] **[2]** ins dep ♦ [football etc.] to play alongside (esp. a tall striker) ~ jugar al lado de (esp. un ariete alto) || *Daniel plays off the striker, who's two metres tall ~ Daniel juega al lado del ariete, que mide dos metros* **[3]** v2obj dep ♦ to rebound (a ball) off (a surface) at an angle ~ hacer una pared con || *Laura played the ball off the corner-flag ~ Laura hizo una pared con la banderola de esquina* **[4]** sep dep ♦ *véase* lay off [4]

play off against v2obj ♦ to encourage (X) to compete or argue with (Y) to get advantage ~ contraponer (X) a (Y) || *I think you were trying to play one lawyer off against the other ~ Creo que intentabas contraponer a un abogado al otro*

play on **[1]** vi ♦ [footballer (etc.)/musician] to continue playing ~ seguir jugando/tocando || *Although the goalkeeper was injured, we played on ~ Aunque el portero estaba lesionado, seguimos jugando* **[2]** ins ♦ [footballer (etc.)/musician] to play on (a field/stage/surface) ~ jugar/tocar en/sobre || *The band played on a very small stage ~ El grupo actuó sobre un escenario muy pequeño* **[3]** sep os dep ♦ [ball] *véase* pass forward **[4]** sep os dep ♦ [football] to be the reason why an opponent is onside ~ dejar a un rival en posición correcta (no fuera de juego) || *Daniel stood next to his goalkeeper and hence played the opposing striker on ~ Daniel se colocó al lado de su portero y entonces dejó en posición correcta al ariete rival* **[5]** vi dep ♦ [cricket] to be eliminated by hitting the ball onto the wicket ~ quedar eliminado al golpear la pelota y dar ésta en los palos || *Daniel was unlucky - he played on ~ Daniel no tuvo suerte - golpeó la pelota pero fue directamente a los palos* **[6]** ins ♦ to exploit (a characteristic or weakness) to gain advantage ~ jugar con; explotar || *The boss plays on Laura's kindness ~ El jefe se aprovecha de la amabilidad de Laura* **[7]** ins ♦ to play (a musical instrument) ~ tocar || *Daniel was playing on the piano while Laura sang ~ Daniel tocaba el piano mientras cantaba Laura*

play out **[1]** vi USA ♦ [event] to happen in its entirety ~ celebrarse de cabo a rabo || *The matter played out before the public's eyes ~ El asunto se desarrolló ante los ojos del público* **[2]** sep dep ♦ to play (the remaining minutes of a game etc.) ~ seguir jugando hasta el final || *There were only 5 minutes left, so we played them out without much enthusiasm ~ Faltaban sólo 5 minutos, así que seguimos hasta el final sin mucho entusiasmo* **[3]** sep ♦ *véase* act out **[4]** vi ♦ [children] to play outdoors ~ jugar al aire libre || *It's a nice day - why don't you play out? ~ Hace sol - ¿por qué no jugáis al aire libre?*

play itself out vi USA ♦ *véase* play out [1]

play over vi USA ♦ to play (a game/video) again ~ volver a jugar; poner otra vez || *Do you think we should play the game over? ~ ¿Crees que deberíamos repetir el partido?*

play through **[1]** sep ♦ [CD/piece of music] to play or listen to completely ~ tocar/escuchar de cabo a rabo || *I played the song through and liked it a lot ~ Toqué/escuché la canción y me gustó mucho* **[2]** vi dep ♦ [golf] to overtake other players ~ adelantar(se) || *They were playing slowly so we played through ~ Ellos jugaban a paso de tortuga así que nos adelantamos*

play to **[1]** v2obj ♦ to play (CD/piece of music) to ~ tocar/poner para || *I played the song to Laura and she liked it ~ Toqué/puse la canción para Laura y le gustó* **[2]** ins ♦ *véase* cozy up to

play up **[1]** vi dep ♦ to play better ~ jugar mejor || *Come on, Deportivo - play up! ~ ¡Venga, Deportivo - a jugar mejor!* **[2]** vi GB AUS inf ♦ *véase* act up [1] **[3]** vi GB AUS inf ♦ *véase* act up [2] **[4]** vi & sep os GB AUS inf ♦ [part of body giving one pain] *véase* kick up [3] **[5]** ins ♦ to emphasise/exaggerate (a characteristic etc.) ~ exagerar/recalcar || *I think she plays up her Irish roots ~ Creo que exagera sus raíces irlandesas*

play up to **[1]** ins ♦ *véase* cozy up to **[2]** ins ♦ [a perceived image] *véase* live up to

play upon ins form ♦ *véase* play on [6]

play with **[1]** ins ♦ to play (music/sport) in the company of ~ jugar con/tocar con || *Last year I played with my neighbour/the regional orchestra ~ El año pasado jugaba con mi vecina/tocaba en la orquesta regional* **[2]** ins ♦ *véase* flirt with [2] **[3]** ins ♦ [words] to make a pun of ~ jugar con || *He's an expert at playing with words ~ Es especialista en los juegos de palabra* **[4]** ins ♦ *véase* fiddle about with [1] **[5]** ins ♦ *véase* lead on [3]

play with oneself vi inf ♦ *véase* cream off [3]

plead for ins form ♦ *véase* beg for

plead to ins form jur ♦ *véase* admit to [1]

plead with ins form ♦ *véase* appeal to [1]

pledge to v2obj form ♦ to promise (money/support) to ~ prometer (algo) a (alguien) || *When she made her will she pledged a thousand pounds to the Red Cross ~ Cuando hizo su testamento prometió mil libras a la Cruz Roja*

plod along vi inf ♦ [person walking] *véase* crawl along

plod away vi inf ♦ [slowly] *véase* grind away

plod away at ins inf ♦ [slowly] *véase* grind away at

plod on vi inf ♦ [person walking] *véase* crawl along

plod through ins inf ♦ [with difficulty] *véase* get through [4]

plonk down sep GB AUS inf ♦ *véase* bang down

plonk oneself down vi GB AUS inf ♦ *véase* flop down [2]

plop down sep inf ♦ *véase* bang down

plot against ins ♦ *véase* conspire against

plot on v2obj téc ♦ [curve on a chart etc.] *véase* draw on [4]

plot out sep & sep téc ♦ *véase* map out

plot with ins ♦ *véase* conspire with

plough back into v2obj GB AUS ♦ to reinvest (profits etc.) in (one's business) ~ reinvertir en || *We always plough our profits back into the firm ~ Siempre reinvertimos los beneficios en la empresa*

plough in **[1]** sep os GB AUS téc ♦ to use a plough to plant (seeds) ~ enterrar/plantar/sembrar arando || *Once you've ploughed the seeds in, we'll have a sandwich ~ Cuando hayas enterrado las semillas con el arado, tomaremos un bocadillo* **[2]** vi GB AUS ♦ *véase* barge in

plough into **[1]** ins GB AUS ♦ [esp. vehicle] *véase* barge into [3] **[2]** v2obj ♦ *véase* invest in [1]

plough on vi GB AUS inf ♦ [laboriously] *véase* grind away

plough on with ins GB AUS inf ♦ [laboriously] *véase* grind away at

plough through **[1]** ins GB AUS ♦ [with difficulty] *véase* get through [4] **[2]** ins GB AUS ♦ [vehicle, violently] *véase* go through [2]

plough under sep os GB AUS téc ♦ *véase* plough in [1]

plough up sep GB AUS téc ♦ [earth, using a plough] *véase* break up [8]

plow back into v2obj USA ♦ *véase* plough back into

plow in sep os téc & vi USA ♦ *véase* plough in

plow into ins USA ♦ [esp. vehicle] *véase* barge into [3]

plow on vi USA inf ♦ [laboriously] *véase* grind away

plow on with ins USA inf ♦ [laboriously] *véase* grind away at

plow through ins USA ♦ *véase* plough through

plow under sep os USA téc ♦ *véase* plough in [1]

plow up sep USA téc ♦ [earth, using a plough] *véase* break up [8]

pluck at ins ♦ to pull lightly and repeatedly at (something removable) ~ tirar ligeramente de (repetidas veces) || *My mother was plucking at the collar of my jacket ~ Mi madre tiraba del cuello de mi chaqueta*

pluck off sep & v2obj ♦ to remove (e.g. fruit) from (e.g. a tree) with one's fingers ~ arrancar (fruta etc.) de (un árbol etc.) con los dedos || *Laura plucked an apple off (the tree) and began to eat it ~ Laura arrancó una manzana (del árbol) con los dedos y empezó a comerla*

pluck out sep ♦ [remove from a container with the fingers] *véase* pluck off

pluck up **[1]** ins ♦ [+ courage] *véase* call on [4] **[2]** sep ♦ [raise a person/thing from the floor/table] *véase* gather up [1]; draw up [3]

plug away vi inf ♦ *véase* grind away

plug away at ins inf ♦ *véase* grind away at

plug in sep ♦ to connect (an electrical item) by inserting the plug ~ enchufar/conectar || *Will you plug the telly in, please? ~ ¿Te importa enchufar la tele, por favor?*

plug in to **[1]** v2obj ♦ to connect (an electrical item) to (a socket/supply etc.) ~ enchufar en || *I'm going to plug the iron in to that socket, so move ~ Voy a enchufar la plancha en esa toma, así que muévete* **[2]** ins ♦ to function by being connected to ~ funcionar al ser conectado con/enchufado en || *This device plugs in to the mains ~ Este aparato se tiene que conectar a la red eléctrica* **[3]** ins USA inf ♦ *véase* get into [3]

plug into v2obj & ins ♦ *véase* plug in to

plug up sep ♦ [hole] *véase* block up

plumb in sep téc ♦ [shower etc., to the water supply] *véase* connect up [2]

plummet down vi ♦ [drastically] *véase* drop away [1]

plummet to ins ♦ [drastically] *véase* go down to [3]

plump down vi & sep inf ♦ *véase* flop down

plump for ins inf ♦ *véase* decide on

plump up sep ♦ [cushion/pillow] to make fatter or rounded by hitting gently ~ hinchar || *Laura plumped up the cushions and sat down again ~ Laura hinchó los cojines y volvió a sentarse*

plunge down **[1]** vi ♦ *véase* fall down [1] **[2]** ins ♦ *véase* fall down [2]

plunge from **[1]** ins ♦ *véase* fall from **[2]** ins ♦ *véase* burst out of [2]

plunge in [1] vi ♦ *véase* dive in [2] **[2]** vi ♦ *véase* dig in [4]

plunge into [1] ins ♦ *véase* dive into [2] **[2]** ins ♦ *véase* dig into [4] **[3]** v2obj ♦ [hand in pocket etc.] *véase* delve into **[4]** ins ♦ *véase* fling oneself into **[5]** ins ♦ [depression/chaos etc.] *véase* fall into [5] **[6]** v2obj ♦ to cause (a country) to fall into a state of (depression etc.) ~ sumir en || *The president's words plunged the people into sadness ~ Las palabras del presidente sumieron a la gente en la tristeza*

plunge to ins ♦ [drastically] *véase* go down to [3]

plunk down [1] vi USA inf ♦ *véase* flop down [2] **[2]** sep USA inf ♦ *véase* bang down **[3]** sep USA inf ♦ *véase* cough up [3]

plunk down for v2obj USA inf ♦ *véase* cough up for

plunk down on v2obj USA inf ♦ *véase* cough up for

ply for v2obj ♦ *véase* hassle for

ply with [1] v2obj ♦ [+ questions] *véase* bother with [2] **[2]** v2obj ♦ [esp. + alcohol] *véase* feed on [2]

poach from v2obj GB inf ♦ *véase* hire away from

poach on ins ♦ [territory/others' affairs] *véase* encroach on [2]; break in on

pock with v2obj ♦ to cover (a surface) with (dents/imperfections etc.) ~ cubrir (algo) de (desperfectos, abolladuras etc.) || *The hail pocked the car with small dents ~ El granizo cubrió el coche de pequeñas abolladuras*

point at [1] v2obj ♦ [gun etc.] *véase* aim at [1] **[2]** ins ♦ to direct one's finger towards ~ señalar con el dedo || *Laura pointed at the church and explained its history ~ Laura señaló la iglesia con el dedo y explicó su historia*

point out [1] sep ♦ to identify (person/thing) ~ indicar/identificar || *I'll point my sister out when she comes into the bar ~ Te diré quién es mi hermana cuando entre en el bar* **[2]** sep ♦ to mention (a useful/unknown fact) ~ mencionar/explicar || *Laura pointed out several facts that hadn't occurred to me ~ Laura me explicó varios hechos que no se me habían ocurrido*

point out to v2obj ♦ to explain/identify (something) for the benefit of (someone) ~ explicar (algo) a; mencionar (algo) a || *Daniel pointed all the monuments out to us ~ Daniel nos señaló todos los monumentos*

point to [1] ins ♦ to be oriented in the direction of ~ estar orientado hacia || *The arrow on the roof points to the south ~ La flecha sobre el tejado está orientada hacia el sur* **[2]** ins ♦ *véase* point at [2] **[3]** ins ♦ *véase* point out [2] **[4]** ins ♦ to indicate that (something) is likely ~ anunciar/indicar la probabilidad de || *Everything seems to point to arson ~ Todo parece indicar que se trata de incendio doloso*

point towards ins ♦ *véase* point to [1], [2], [4]

point up [1] sep form ♦ *véase* flag up **[2]** vi ♦ to direct one's finger towards the sky ~ señalar hacia arriba con el dedo || *Laura pointed up and we saw the eagle on the roof ~ Laura señaló hacia arriba y vimos al águila sobre el tejado*

poise oneself for ins ♦ *véase* brace oneself for

poise over ins ♦ *véase* lean over [2]

poison against v2obj ♦ *véase* bias against

poison with v2obj ♦ [person/food, using poison] *véase* contaminate with

poke about vi inf ♦ [searching/investigating] *véase* ferret about

poke along vi USA inf ♦ [person walking] *véase* crawl along

poke around [1] vi inf ♦ [searching/investigating] *véase* ferret about **[2]** ins USA ♦ *véase* look about [4]

poke at ins ♦ [with finger/knife] *véase* jab at

poke into [1] v2obj ♦ [with finger/knife] *véase* jab into **[2]** ins ♦ *véase* burrow into [2]

poke out [1] vi ♦ *véase* bulge out; jut out **[2]** sep ♦ [eye] *véase* gouge out

poke out of ins ♦ *véase* jut out from

polarise into v2obj GB AUS ♦ [2 extremes] *véase* divide off into

polarize into v2obj ♦ [2 extremes] *véase* divide off into

polish off **[1]** sep inf ♦ *véase* finish off [2] **[2]** sep USA AUS inf ♦ *véase* bump off

polish up **[1]** sep ♦ *véase* buff down **[2]** sep ♦ *véase* brush up

pollute with v2obj ♦ *véase* contaminate with

ponce about **[1]** vi GB AUS inf ♦ [a man behaving like a woman] *véase* flounce about **[2]** vi GB AUS inf ♦ *véase* arse about

ponce around vi GB AUS inf ♦ *véase* ponce about

ponder on ins ♦ *véase* deliberate on

ponder over ins ♦ *véase* deliberate on

ponder upon ins form ♦ *véase* deliberate on

pong of ins GB inf ♦ *véase* reek of

pontificate on ins form ♦ *véase* moralise about

pony up sep USA arc ♦ *véase* cough up [3]

pooch out vi USA inf ♦ [esp. stomach] *véase* bulge out; jut out

poop out **[1]** vi USA inf ♦ to abandon an activity due to exhaustion ~ rajarse por cansancio || *I covered 40 kilometres then I pooped out ~ Recorrí 40 kilómetros y luego me rendí agotado* **[2]** sep USA inf ♦ *véase* do in [1]; fag out **[3]** vi USA inf ♦ *véase* cop out; back out [2]

poop out on ins USA inf ♦ *véase* bail out on; blow out [6]

pop around vi inf ♦ *véase* call by

pop back vi inf ♦ [quickly] *véase* go back [1]

pop by vi inf ♦ *véase* call by

pop for ins USA inf ♦ *véase* cough up for

pop in vi inf ♦ *véase* call by

pop into **[1]** ins inf ♦ *véase* call at [1] **[2]** v2obj ♦ *véase* bundle into

pop off **[1]** vi inf ♦ *véase* go off [2]; dash away **[2]** vi inf arc ♦ *véase* check out [6]; conk out [3] **[3]** vi USA inf ♦ *véase* gob off **[4]** sep USA inf ♦ *véase* bump off

pop off about ins USA inf ♦ [aggressively] *véase* go on about

pop off at ins USA inf ♦ *véase* go on at; beat up on [2]

pop on **[1]** sep inf ♦ [electrodoméstico etc.] *véase* flick on **[2]** sep inf ♦ [clothes] *véase* fling on; get on [6] **[3]** v2obj inf ♦ *véase* lay on [2]

pop onto v2obj inf ♦ *véase* lay on [2]

pop out **[1]** vi inf ♦ [for a short time] *véase* go out [1]; dash out **[2]** vi inf ♦ [breast etc., unintentionally] to become visible ~ salirse (del sujetador etc.) || *While she was exercising her right breast popped out ~ Cuando hacía ejercicios se le salió el pecho derecho*

pop over vi inf ♦ *véase* call by

pop round vi inf ♦ *véase* call by

pop up **[1]** vi & ins inf ♦ [quickly] *véase* go up [1] **[2]** vi inf ♦ [unexpected person/thing] *véase* crop up [1] **[3]** vi inf ♦ *véase* jump out [2] **[4]** vi inf ♦ [toast etc.] to jump automatically (when ready) ~ saltar || *The toast usually pops up after about two minutes ~ Las tostadas suelen saltar al cabo de unos dos minutos*

populate with v2obj ♦ *véase* people with

pore over ins ♦ [map/document] *véase* go over [1]

pork out vi USA inf ♦ *véase* chow down

pork out on ins USA inf ♦ *véase* binge on

portion out sep ♦ *véase* divide out

portray as v2obj ♦ *véase* describe as

pose as ins ♦ [pretend to be (by dress or behaviour)] *véase* dress up as [1]

pose for ins ♦ [for a photographer/artist] *véase* model for

posh up sep inf ♦ *véase* doll up

posh oneself up vi inf ♦ *véase* do oneself up

position on v2obj ♦ *véase* lay on [2]

post off sep ns GB AUS ♦ *véase* get off [15]

post to v2obj GB AUS ♦ *véase* get off to [2]

post up sep ♦ [with glue/drawing-pin] *véase* paste up [1]

posture as ins ♦ [pretend to be (by dress or behaviour)] *véase* dress up as [1]

pot at ins ♦ *véase* fire at [1]

pot away vi ♦ *véase* bang away [1]

pot up sep ♦ [plant] to put in a pot ~ poner en un tiesto || *Laura potted up some plants to give to Daniel ~ Laura puso en tiesto unas cuantas plantas para dárselas a Daniel*

potter about vi & ins GB AUS ♦ [relaxing in house/garden] *véase* tinker about

potter along vi GB AUS ♦ [quietly/boringly etc.] *véase* get by; get along [3]

potter around vi & ins GB AUS ♦ [relaxing in house/garden] *véase* tinker about

potter away vi GB AUS ♦ [quietly/boringly etc.] *véase* get by; get along [3]

potter round vi & ins GB AUS ♦ [relaxing in house/garden] *véase* tinker about

pounce on [1] ins ♦ *véase* jump on [2] **[2]** ins ♦ *véase* jump on [3] **[3]** ins ♦ *véase* jump at

pounce upon ins form ♦ *véase* pounce on

pound against ins ♦ [wind/waves etc.] *véase* break against; collide with

pound along vi & ins ♦ [walk/run heavily] *véase* lollop along; go along [3]

pound at ins ♦ *véase* bang on [1]

pound away vi ♦ *véase* bang away [1], [2]

pound away at ins ♦ *véase* bang away at

pound down sep ns ♦ *véase* grind down [1]

pound down to v2obj ♦ *véase* grind down to

pound into v2obj ♦ *véase* din into

pound on ins ♦ *véase* bang on [1]

pound out sep inf ♦ *véase* beat out [1]; bang out [1]

pound up sep ♦ *véase* grind down [1]; break up [8]

pour away sep ♦ [verter agua etc.] *véase* drain away [2]

pour down vi ♦ *véase* beat down [1]

pour down with ins ♦ [+ rain] *véase* beat down [1]

pour forth vi form ♦ *véase* break forth; come forth

pour in [1] sep ♦ to fill a container with (liquid) ~ verter (etc.); llenar de || *Here's a pan: pour the sauce in ~ Aquí tienes una cacerola: métele la salsa* **[2]** vi ♦ [people/letters] *véase* flock in

pour into [1] ins ♦ *véase* flood into [2] **[2]** v2obj ♦ *véase* empty into [1] **[3]** v2obj ♦ [a lot of money] *véase* invest in [1]

pour off sep ♦ [remove excess water etc.] *véase* drain off

pour onto v2obj ♦ to empty (liquid/sauce etc.) onto (a food/surface) ~ verter sobre || *I like to pour a bit of cream onto strawberries ~ Me gusta echar un poco de nata en las fresas*

pour out [1] sep ♦ to pour (hot/cold drink) ~ verter/echar || *Will you pour the wine out, please? ~ ¿Echas el vino, por favor?* **[2]** sep ♦ [unwanted liquid] *véase* chuck away **[3]** vi ♦ *véase* flood out [1] **[4]** vi ♦ *véase* flood out [2] **[5]** sep ♦ [+ one's heart/emotions] *véase* open up [6]

pour over v2obj ♦ *véase* pour onto

pour with ins ♦ [+ rain] *véase* beat down [1]

pout about ins ♦ [with a facial expression] *véase* beef about

power up vi & sep USA ♦ [any machine] *véase* boot up

power with v2obj ♦ to allow (machine) to function by using (gas/electricity etc.) ~ impulsar con/por || *The company powers its machinery with electricity ~ La empresa impulsa su maquinaria por electricidad*

practice as ins USA ♦ [+ profession] to work as ~ ejercer de || *My father practices as a lawyer ~ Mi padre ejerce de abogado*

practice for ins & v2obj USA ♦ *véase* rehearse for

practice on ins & v2obj USA ♦ to rehearse (an activity) by using (someone else's body) ~ practicar/ensayar (algo) en/con (alguien) || *I used to practice* *(karate) on my little brother* ~ *Usaba a mi hermanito para practicar (el kárate)*

practice upon ins & v2obj USA form ♦ *véase* practice on

practise as ins GB AUS ♦ *véase* practice as

practise for ins & v2obj GB AUS ♦ *véase* rehearse for

practise on ins & v2obj GB AUS ♦ *véase* practice on

practise upon ins & v2obj GB AUS form ♦ *véase* practice on

praise for v2obj ♦ *véase* commend for

praise up sep USA ♦ *véase* crack up [7]

prance about vi ♦ *véase* caper about; frisk about

prance around vi ♦ *véase* caper about; frisk about

prate of ins form arc ♦ *véase* go on about

prattle about ins inf ♦ *véase* go on about

prattle away vi inf ♦ *véase* go on [4]

prattle away about ins inf ♦ *véase* go on about

prattle on vi inf ♦ *véase* go on [4]

prattle on about ins inf ♦ *véase* go on about

pray for ins ♦ [to God/the boss] *véase* beg for

pray over [1] ins ♦ to pray for God to bless (food on the table etc.) ~ bendecir (la mesa/comida etc.) || *The priest is now going to pray over the food* ~ *Ahora el cura va a bendecir la comida* **[2]** ins ♦ to pray to God in order to seek advice about ~ rezar a Dios para pedirle consejos acerca de || *Laura prayed over the matter and felt much better* ~ *Laura comentó el asunto en sus rezos y luego se sentía mucho mejor*

pray to ins ♦ [+ God] to direct prayers to ~ rogar a (Dios) || *Daniel prays to God every night* ~ *Daniel ruega a Dios todas las noches*

preach about ins ♦ *véase* moralise about

preach against ins ♦ *véase* campaign against

preach at ins ♦ *véase* beat up on [2]; go on at

preach to ins ♦ *véase* beat up on [2]; go on at

precede with v2obj ♦ [immediately before] *véase* begin with

precipitate into [1] ins & ins téc ♦ [problem/chemical becoming more serious/solid] *véase* change into [2] **[2]** v2obj & v2obj téc ♦ [problem/chemical becoming more serious/solid] *véase* change into [3]

preclude from v2obj ♦ *véase* exclude from; debar from

predicate on v2obj form ♦ *véase* base on

predicate upon v2obj form ♦ *véase* base on

predispose against v2obj form ♦ *véase* bias against

predispose to v2obj form ♦ to bias (someone) towards (an opinion/likelihood) ~ predisponer a || *This illness will predispose you to later suffering* ~ *Esta enfermedad le predispondrá a sufrimiento posterior*

predispose towards v2obj form ♦ *véase* predispose to

preen oneself on ins inf ♦ *véase* boast about; crow over

preface by v2obj form ♦ [immediately before] *véase* begin with

preface with v2obj form ♦ [immediately before] *véase* begin with

prefer against v2obj jur ♦ *véase* bring against

prefer to [1] v2obj ♦ to like (one thing/person) more than (another) ~ preferir (algo/a alguien) a || *I've always preferred television to radio* ~ *Siempre he preferido la televisión a la radio* **[2]** v2obj form ♦ [bishop etc.] *véase* elevate to

prefix to v2obj ♦ [at the beginning of a word] *véase* append to; fit on [3]

prejudice against v2obj ♦ *véase* bias against

prep for ins USA ♦ *véase* brace oneself for; plan for [1]; gear up for [1]

prepare for [1] ins ♦ *véase* brace oneself for; plan for [1]; gear up for [1]

[2] v2obj ♦ *véase* fix for [2] **[3]** v2obj ♦ *véase* gear up for [2]

prescribe for v2obj méd ♦ to prescribe (a medicine) for (someone)/to cure (a disease) ~ recetar (una medicina) para || *The doctor prescribed tablets for Laura/for acne ~ El médico recetó unas pastillas para Laura/para curar el acné*

present to v2obj ♦ *véase* award to; give to

present with v2obj ♦ [prize/trophy/opportunity etc.] *véase* invest with

preserve against v2obj ♦ *véase* defend against

preserve for v2obj ♦ *véase* hold for

preserve from v2obj ♦ *véase* defend against

preside at ins form ♦ to be the person in charge of (a meeting etc.) ~ presidir (una reunión etc.) || *Laura presided at the annual meeting ~ Laura presidió la reunión anual*

preside over ins form ♦ [meeting/company] *véase* preside at

press against **[1]** v2obj jur ♦ *véase* bring against **[2]** ins & v2obj ♦ to press (something) forcefully against (a person/thing) ~ apretar (algo) contra (algo o alguien) || *Laura pressed (her arm) against the door ~ Laura apretó (el brazo) contra la puerta*

press ahead vi ♦ *véase* get ahead; go ahead [1]

press ahead with ins ♦ *véase* go ahead with

press back sep ♦ *véase* drive back [3]

press down sep ♦ *véase* pack down

press down on ins ♦ to exert pressure in a downward direction on ~ apretar (algo) hacia abajo || *Can you press down on the suitcase so that I can close it? ~ ¿Te importa apretar la maleta para que la cierre bien?*

press down upon ins form ♦ *véase* press down on

press for ins & v2obj ♦ to ask (someone) insistently for (money/information/reply) ~ pedir (algo) insistentemente a (alguien) || *I'm going to have to press (Daniel) for that money ~ Voy a tener que pedir insistentemente ese dinero (a Daniel)*

press forward **[1]** vi ♦ *véase* get ahead; go ahead [1] **[2]** sep os ♦ *véase* inch forward [2]

press forward with ins ♦ *véase* go ahead with

press into **[1]** v2obj ♦ *véase* bounce into **[2]** v2obj ♦ *véase* cram into [2]

press on **[1]** vi ♦ *véase* get ahead; go ahead [1] **[2]** v2obj ♦ *véase* force on **[3]** ins ♦ *véase* press down on **[4]** ins ♦ *véase* mash on

press on with ins ♦ *véase* go ahead with

press out of v2obj ♦ to force (e.g. juice) out of (e.g. an orange) ~ exprimir de || *First you must press the juice out of six oranges ~ Primero hay que exprimir el zumo de seis naranjas*

press to v2obj ♦ *véase* press against [2]

press up against ins & v2obj ♦ *véase* press against [2]

press up to ins & v2obj ♦ *véase* press against [2]

press upon v2obj form ♦ *véase* force on

pressure into v2obj ♦ *véase* bounce into

pressurise into v2obj GB AUS ♦ *véase* bounce into

pressurize into v2obj ♦ *véase* bounce into

presume on ins form ♦ *véase* play on [6]

presume upon ins form ♦ *véase* play on [6]

pretend to **[1]** ins form ♦ to claim falsely to possess (a quality/characteristic) ~ afirmar tener (etc.) || *He's someone who pretends to great intelligence ~ Es alguien que afirma ser muy inteligente* **[2]** ins form ♦ [+ a throne] to claim that one has a right to ~ pretender (el trono) || *Nobody pretended to the throne when the queen died ~ Nadie pretendía el trono cuando murió la reina*

pretty up sep inf ♦ *véase* doll up

prevail against ins form ♦ *véase* beat out [3]

prevail on ins form ♦ *véase* lean on [2]

prevail upon ins form ♦ *véase* lean on [2]

prey on [1] ins ♦ [animal/bird] to attack, kill and eat (another animal) ~ atacar, matar y alimentarse de || *Eagles prey on smaller birds and rabbits ~ Las águilas se alimentan de aves más pequeñas y conejos* **[2]** ins ♦ *véase* batten on **[3]** ins ♦ [attacker/swindler etc.] to identify and attack/defraud ~ seguir y agredir a/estafar a (su víctima) || *The robber tended to prey on the elderly ~ El ladrón solía elegir como víctimas a los ancianos* **[4]** ins ♦ *véase* get to [1]; creep into [2]

prey upon ins form ♦ *véase* prey on

price at v2obj ♦ *véase* appraise at

price down sep ♦ [shopkeeper lowering prices] *véase* bring down [3]

price out of v2obj ♦ [+ the market (by raising prices)] *véase* drive out of [2]

price up sep ♦ *véase* mark up [2]

prick out sep téc ♦ [to plant seedlings individually] *véase* bed out

prick up sep ♦ [+ one's ears] *véase* listen up

pride oneself in ins ♦ to feel proud of (a quality or achievement) ~ enorgullecerse de || *Laura prides herself in all she has achieved ~ Laura se enorgullece de todo lo que ha conseguido*

pride oneself on ins ♦ *véase* pride oneself in

pride oneself upon ins form ♦ *véase* pride oneself in

prime about v2obj ♦ [in advance, as preparation] *véase* clue in on

prime with v2obj ♦ to prepare (a person/machine) by applying/using ~ preparar/cebar (algo/a alguien) con || *Daniel primed the machine with a bit of oil ~ Daniel aprestó la máquina con un poco de aceite*

primp up vi USA ♦ *véase* do oneself up

primp oneself up vi USA ♦ *véase* do oneself up

print in [1] v2obj ♦ *véase* mark in [2] **[2]** v2obj ♦ to write/print (a text) using (a specific font etc.) ~ escribir/imprimir en (bastardilla/negrita etc.) || *I'm going to print my name in capital letters ~ Voy a escribir mi nombre en mayúscula* **[3]** v2obj ♦ to print/publish (text) in (a magazine etc.) ~ publicar en || *They're going to print my article in their journal ~ Van a publicar mi artículo en su revista*

print off sep téc ♦ to print (from a computer or using a printing company) ~ imprimir || *We'll need to print off ten copies of this document ~ Tendremos que imprimir diez copias de este documento*

print out sep téc ♦ [only from computer] *véase* print off

print up sep téc ♦ [satisfactory version] *véase* print off

prise off sep ♦ [with the hand/a lever] *véase* ease off [1]

prise out of v2obj GB AUS ♦ [with difficulty] *véase* get out of [4]

prise up sep ♦ [with the hand/a lever] *véase* jack up [1]; ease up [6]

prize above v2obj ♦ [virtue/favourite possession] *véase* place above

prize out of v2obj ♦ [with difficulty] *véase* get out of [4]

probe for ins & v2obj ♦ *véase* check for

probe into ins ♦ *véase* check into [1]

proceed against [1] ins ♦ *véase* close in on **[2]** ins jur ♦ *véase* bring against

proceed from ins form ♦ *véase* arise from

proceed to ins form ♦ *véase* get on to [1]; go on to [1]

proceed with ins form ♦ *véase* carry on with [1]

procure for v2obj form ♦ *véase* get for [1]

prod at ins ♦ [with finger/knife] *véase* jab at

prod into v2obj ♦ *véase* bounce into

produce for v2obj ♦ *véase* make for [2]

produce from [1] v2obj ♦ [make a product from a material etc.] *véase* hew out of **[2]** v2obj ♦ *véase* extract from; dig out of

profit by ins ♦ *véase* benefit by
profit from ins ♦ *véase* benefit by
progress to ins form ♦ *véase* get on to [1]; go on to [1]
progress towards ins form ♦ *véase* head for
progress with ins form ♦ *véase* carry on with [1]; go ahead with
prohibit from v2obj form ♦ *véase* ban from
project into ins ♦ *véase* encroach on [2]
project onto v2obj ♦ *véase* focus on [2]
promise to v2obj ♦ *véase* pledge to
promote to v2obj ♦ *véase* elevate to
pronounce on ins form ♦ *véase* judge of; moralise about
pronounce upon ins form ♦ *véase* judge of; moralise about
prop against v2obj ♦ *véase* lean on [1]
prop up [1] sep ♦ *véase* hold up [1] **[2]** sep ♦ *véase* buoy up [2]
prop up against v2obj ♦ *véase* lean on [1]
proportion to v2obj ♦ [give X the correct size in relation to Y] *véase* adapt to [2]
propose for v2obj ♦ to recommend/suggest (a person/thing) for (a role) ~ proponer (algo/a alguien) para || *Daniel proposed his brother for president of the club ~ Daniel propuso la candidatura de su hermano para presidente del club*
propose to [1] v2obj ♦ [person/plan] *véase* commend to [2] **[2]** ins ♦ to make a formal offer of marriage to ~ hacerle una oferta de matrimonio a (alguien) || *Daniel proposed to Laura yesterday underneath the Eiffel Tower ~ Ayer bajo la Torre Eiffel Daniel pidió a Laura que se casara con él*
prosecute for v2obj jur ♦ *véase* impeach for [1]
prospect for ins ♦ [gold/minerals etc.] *véase* buck for; dig for
prosper from ins ♦ [financially] *véase* benefit by
prostrate oneself before ins form ♦ *véase* bow to [2]; crawl to
protect against v2obj ♦ *véase* defend against
protect from v2obj ♦ *véase* defend against
protest about ins ♦ *véase* demonstrate against; complain about
protest against ins ♦ *véase* demonstrate against
protest at ins ♦ *véase* demonstrate against; complain about
protrude from ins form ♦ *véase* jut out from; burst out of [1]
prove oneself as ins ♦ to prove that one has the skill (etc.) to be ~ probar su valor como || *Daniel has to prove himself as a striker this afternoon ~ Esta tarde Daniel tiene que demostrar que tiene lo que hace falta para ser ariete*
prove to v2obj ♦ to give convincing evidence of (something) to (someone) ~ dar prueba de (algo) a (alguien) || *I hope to prove my theories to the professor today ~ Hoy espero dar prueba de mis teorías al catedrático*
provide against ins form ♦ *véase* guard against
provide for [1] ins ♦ [financially] *véase* care for [1] **[2]** v2obj ♦ *véase* give to; get for [1] **[3]** ins form ♦ *véase* allow for; factor in **[4]** ins form ♦ *véase* allow of
provide with v2obj ♦ *véase* equip with
provoke into v2obj ♦ *véase* bounce into
prowl about vi ♦ [menacing human/wild animal] *véase* creep about
prowl around vi ♦ [menacing human/wild animal] *véase* creep about
prowl round vi ♦ [menacing human/wild animal] *véase* creep about
prune away sep ♦ *véase* cut back [2]
prune of v2obj ♦ *véase* deprive of
prune off sep ♦ *véase* cut back [2]
pry around vi ♦ [menacing human/wild animal] *véase* creep about
pry from v2obj ♦ [obtain information] *véase* get out of [4]
pry into ins ♦ *véase* interfere in
pry off sep ♦ [with a lever] *véase* ease off [1]

pry out of v2obj ♦ [obtain information] *véase* get out of [4]

pry up sep ♦ [with a lever] *véase* jack up [1]; ease up [6]

psych out sep ns inf ♦ to make (an opponent etc.) nervous and less confident ~ poner nervioso || *He always thought the most important thing was to psych the opponent out in the dressing-room ~ Siempre creía que lo más importante era poner nervioso al rival en el vestuario*

psych up sep inf ♦ [mentally] *véase* gear up [2]

psych oneself up vi inf ♦ [mentally] *véase* gear up [1]

psych up for v2obj inf ♦ [mentally] *véase* gear up for [2]

psych oneself up for ins inf ♦ [mentally] *véase* gear up for [1]

pucker up sep ♦ [esp. lips] *véase* crease up [2]

puff along vi ♦ [train; person breathing with difficulty] *véase* chug along

puff at ins ♦ [cigar/pipe] *véase* draw on [1]

puff away at ins ♦ [cigar/pipe] *véase* draw on [1]

puff on ins ♦ [cigar/pipe] *véase* draw on [1]

puff out sep ♦ [chest/cheeks] *véase* blow up [6]

puff up **[1]** vi ♦ [garment/ankle/soufflé etc.] *véase* billow out [1] **[2]** sep ♦ [chest/cheeks/tyre/balloon] *véase* blow up [6] **[3]** sep inf ♦ *véase* crack up [7]

puke up **[1]** vi inf ♦ *véase* bring up [1] **[2]** sep inf ♦ *véase* bring up [4]

pull about **[1]** sep ♦ *véase* drag about **[2]** sep USA inf ♦ *véase* bully about

pull ahead vi ♦ *véase* forge ahead

pull ahead of ins ♦ *véase* forge ahead of

pull along sep ♦ *véase* drag about

pull apart **[1]** sep ♦ [fighters/animals/machine] *véase* drag apart **[2]** sep ♦ [essay etc.] *véase* cut up [5] **[3]** sep os ♦ *véase* cut up [3]

pull around sep ♦ *véase* drag about

pull aside sep ns ♦ *véase* draw aside [2]

pull at **[1]** ins ♦ *véase* pluck at **[2]** ins ♦ *véase* haul at

pull away **[1]** vi ♦ [vehicle] *véase* go off [2] **[2]** vi ♦ *véase* forge ahead **[3]** vi ♦ [from a kiss etc.] *véase* draw aside [1] **[4]** vi ♦ *véase* break away [3] **[5]** sep ♦ *véase* break off [5] **[6]** sep ns ♦ *véase* draw aside [2]

pull away at ins ♦ *véase* pluck at

pull away from **[1]** v2obj ♦ *véase* break away from [3] **[2]** ins ♦ *véase* forge ahead of **[3]** ins ♦ *véase* come away from [2] **[4]** ins ♦ *véase* draw back from [1]

pull back **[1]** vi ♦ *véase* draw back [1]; back away **[2]** sep ns ♦ *véase* drive back [3] **[3]** vi ♦ *véase* bend back [1] **[4]** sep ♦ *véase* bend back [2] **[5]** sep GB dep ♦ [losing team] to score (a goal which reduces the margin) ~ remontar (un gol) || *Daniel pulled a goal back just before half-time ~ Daniel remontó un gol justo antes del descanso* **[6]** vi ♦ [from a kiss etc.] *véase* draw aside [1] **[7]** vi USA ♦ *véase* draw back [3] **[8]** sep ♦ [curtains] *véase* draw aside [3]

pull back from **[1]** ins ♦ *véase* draw back from [1] **[2]** ins USA ♦ *véase* draw back from [2]

pull down **[1]** sep ♦ [building/footballer] *véase* bring down [1] **[2]** sep ns ♦ [pulling, with difficulty] *véase* bring down [2] **[3]** sep os USA ♦ *véase* drag down [2] **[4]** sep USA inf ♦ *véase* bring in [1]; knock down [5]

pull for **[1]** ins USA inf ♦ *véase* cheer for **[2]** v2obj GB inf ♦ [detain] *véase* impeach for [1]

pull in **[1]** sep ♦ *véase* haul in [1] **[2]** sep inf ♦ *véase* haul in [2] **[3]** sep ♦ *véase* bring in [6] **[4]** sep ♦ *véase* bring in [1]; knock down [5] **[5]** vi ♦ [car] to stop by the side of the road ~ parar (junto a la acera) || *Can you pull in here so that we can look at the map? ~ ¿Puedes parar aquí junto a la acera para que miremos el mapa?* **[6]** vi ♦ [train] *véase* draw in [6]

pull in for v2obj ♦ *véase* haul in for

pull into **[1]** v2obj ♦ *véase* drag into [1] **[2]** v2obj ♦ *véase* drag into [2] **[3]** ins ♦ [train] *véase* draw into [1]

pull off **[1]** vi & ins ♦ [car leaving road to take another road] *véase* come off [2] **[2]** sep ♦ *véase* bring off [1] **[3]** sep GB AUS arg ♦ *véase* bring off [2] **[4]** sep ♦ *véase* break off [5] **[5]** sep os & v2obj ♦ *véase* drag off **[6]** vi ♦ [car etc.] *véase* go off [2] **[7]** sep dep ♦ *véase* bring off [3] **[8]** sep ♦ [clothes] *véase* fling off [1] **[9]** sep ♦ [lid etc., by pulling] *véase* ease off [1] **[10]** sep & v2obj ♦ *véase* haul off [1]

pull on **[1]** sep ♦ [clothes] *véase* fling on **[2]** ins ♦ *véase* haul at

pull out **[1]** vi ♦ [train] *véase* draw out [1] **[2]** sep ♦ *véase* drag out [3] **[3]** vi ♦ *véase* move out [3] **[4]** vi ♦ *véase* back out [2] **[5]** vi ♦ [army/athlete] to leave an area or competition (etc.) ~ retirarse || *The coach said that Laura should pull out ~ El entrenador dijo que Laura debería retirarse* **[6]** sep ♦ to remove (army/athlete) from an area or competition (etc.) ~ retirar || *The general decided to pull the troops out ~ El general decidió retirar a las tropas*

pull out of **[1]** v2obj ♦ *véase* drag out of **[2]** ins ♦ *véase* back out of [2] **[3]** ins ♦ [army/athlete] to leave (an area or competition etc.) ~ retirarse de || *The soldiers have pulled out of Bosnia ~ Los soldados se han retirado de Bosnia* **[4]** v2obj ♦ to remove (army/athlete) from (an area or competition etc.) ~ retirar de || *We've pulled both hurdlers out of the competition ~ Hemos retirado a los dos vallistas del concurso*

pull over **[1]** vi ♦ *véase* pull in [5] **[2]** sep ns ♦ [police etc.] to order (a driver) to stop at the side of the road ~ parar || *The policeman pulled us over because our headlights weren't on ~ El policía nos paró porque no teníamos los faros puestos* **[3]** sep ♦ *véase* cant over [2]

pull round **[1]** vi ♦ to recover (from an illness etc.) ~ reponerse || *She's had the flu, but she seems to have pulled round ~ Ha tenido la gripe, pero parece haberse repuesto* **[2]** sep os ♦ *véase* get through [6]

pull through **[1]** vi & ins ♦ *véase* come through [4] **[2]** sep os & v2obj ♦ *véase* get through [6]

pull to sep os ♦ [window/door] *véase* draw to

pull together **[1]** vi ♦ to work together as a group ~ trabajar en espíritu de equipo || *If we pull together we'll finish before lunch ~ Si trabajamos todos juntos acabaremos antes de comer* **[2]** sep ♦ [group/elements/data/ideas] *véase* bring together; draw together [2]

pull oneself together vi ♦ *véase* get oneself together

pull under sep os ♦ [current etc.] to cause (person or thing) to go under the water ~ hundir || *The strong current pulled Daniel under ~ La fuerte corriente hundió a Daniel*

pull up **[1]** vi ♦ *véase* pull in [5]; draw up [5] **[2]** sep ♦ *véase* pull over [2] **[3]** sep ♦ *véase* draw up [2] **[4]** sep ♦ [socks etc.] *véase* hike up [1] **[5]** sep ♦ *véase* draw up [3]

pull up on v2obj ♦ *véase* chide for

pulse through ins ♦ *véase* course through

pump for v2obj ♦ *véase* press for

pump in **[1]** sep ♦ [using a pump] *véase* bring in [2] **[2]** sep ♦ [invest a lot of money in a scheme etc.] *véase* pay in

pump into **[1]** v2obj ♦ [using a pump] *véase* bring into [1]; blow into **[2]** v2obj ♦ [a lot of money] *véase* invest in [1]

pump out **[1]** vi & sep ♦ *véase* belt out **[2]** sep ♦ to extract with a pump ~ sacar con una bomba || *There's too much water - we'll have to pump it out ~ Hay demasiada agua - tendremos que sacarla con una bomba*

pump through sep os & v2obj ♦ [using a pump] *véase* force through [1]

pump up **[1]** sep ♦ [using a pump] *véase* blow up [6] **[2]** sep inf ♦ *véase* bump up [1]; hike up [2] **[3]** sep USA inf ♦ *véase* fire up [2]

pump up for v2obj USA inf ♦ *véase* gear up for [2]

pun on ins ♦ *véase* play with [3]

punch down sep USA ♦ [lever] to operate in a downward direction ~ tirar de; bajar || *Punch the lever down and the engine will start ~ Baja la palanca y el motor arrancará*

punch in **[1]** vi USA ♦ *véase* clock in [1] **[2]** sep USA ♦ *véase* bash in [1] **[3]** sep ♦ *véase* key in **[4]** v2obj ♦ *véase* bore in **[5]** v2obj ♦ *véase* sock in [1]

punch out **[1]** vi USA ♦ *véase* clock off [1] **[2]** sep USA ♦ *véase* key in **[3]** sep USA inf ♦ *véase* beat up [1] **[4]** sep ♦ *véase* knock out [8] **[5]** vi USA inf ♦ *véase* check out [6]

punch up **[1]** sep USA ♦ *véase* key in **[2]** sep USA inf ♦ *véase* beef up

punctuate with v2obj ♦ [punctuation marks; irony etc.] *véase* lace with; dot with

punish for v2obj ♦ *véase* discipline for

purchase for v2obj ♦ *véase* get for [1]

purge away sep form ♦ *véase* flush away

purge from v2obj form ♦ *véase* cross off

purge of v2obj form ♦ *véase* clear of [1]

purse up sep ♦ [esp. lips] *véase* crease up [2]

push about **[1]** sep os ♦ [pushing] *véase* carry about **[2]** sep os ♦ *véase* bully about

push against ins & v2obj ♦ *véase* press against [2]

push ahead vi ♦ *véase* get ahead; go ahead [1]

push ahead with ins ♦ *véase* go ahead with

push along **[1]** vi ♦ *véase* get along [4]; buzz off **[2]** sep ♦ [manually/by wind] *véase* drive along [2]

push around **[1]** sep ns ♦ [pushing] *véase* carry about **[2]** sep ns ♦ *véase* bully about

push aside sep ♦ *véase* cast aside; elbow aside

push at **[1]** ins ♦ *véase* press down on **[2]** ins ♦ *véase* mash on

push away **[1]** sep ♦ *véase* drive away [2] **[2]** sep ♦ *véase* cast aside

push back sep ♦ *véase* drive back [3]

push by vi & ins ♦ [by pushing] *véase* get past [1]

push down **[1]** sep ♦ *véase* drag down [1] **[2]** vi ♦ *véase* bear down [2]

push down on ins ♦ *véase* press down on

push for ins & v2obj ♦ *véase* press for

push forward **[1]** vi ♦ *véase* get ahead; go ahead [1] **[2]** sep os ♦ *véase* inch forward [2]

push forward with ins ♦ *véase* go ahead with

push in **[1]** vi ♦ *véase* cram in [1] **[2]** sep ns ♦ *véase* cram in [2] **[3]** sep ns ♦ *véase* bash in [1] **[4]** vi ♦ *véase* butt in [2] **[5]** vi GB AUS inf ♦ to move in front of people who are ahead in a queue ~ colarse || *I think that boy is trying to push in ~ Creo que ese chico está intentando colarse*

push into **[1]** v2obj ♦ *véase* bounce into **[2]** v2obj ♦ [by pushing] *véase* force into [1]

push off **[1]** vi GB AUS inf ♦ *véase* buzz off **[2]** vi GB AUS inf ♦ *véase* bog off **[3]** vi & sep náut ♦ to untie (a boat) and push the shore to begin the journey ~ desatracar || *Laura pushed (the boat) off and we left the shore ~ Laura desatracó (la barca) y nos apartamos de la orilla* **[4]** sep ♦ [lid etc., by pushing] *véase* ease off [1]

push on **[1]** ins ♦ *véase* press down on **[2]** ins ♦ *véase* mash on **[3]** vi ♦ *véase* get ahead; go ahead [1]

push on with ins ♦ *véase* go ahead with

push out **[1]** sep ♦ *véase* drive out [3] **[2]** sep ♦ *véase* hound out

push out of **[1]** v2obj ♦ *véase* hound out of **[2]** v2obj ♦ *véase* fling out of [2]

push over sep ♦ [person/thing, deliberately] *véase* cant over [2]

push past vi & ins ♦ [by pushing] *véase* get past [1]

push round **[1]** sep ns ♦ [pushing] *véase* carry about **[2]** sep ns ♦ *véase* bully about

push through **[1]** sep os & v2obj ♦ *véase* force through [1] **[2]** sep os & v2obj jur ♦ *véase* force through [2] **[3]** ins ♦ *véase* elbow through

push to **[1]** sep os ♦ [door/window, by pushing] *véase* draw to **[2]** v2obj ♦ to push (person/thing) in the direction of ~ empujar hacia/a || *Daniel pushed the burglar to the door ~ Daniel empujó al ladrón hacia la puerta*

push towards **[1]** ins ♦ [aggressively] *véase* head for **[2]** v2obj ♦ *véase* push to [2]

push up **[1]** sep ♦ [pushing] *véase* drag up [2] **[2]** sep ♦ *véase* drive up [1] **[3]** vi dep ♦ to move forwards towards the opponents' goal ~ adelantarse || *If we get a corner you push up ~ Si conseguimos un córner tú te adelantas* **[4]** vi GB ♦ *véase* budge along [1] **[5]** sep os GB ♦ *véase* budge along [2]

pussyfoot around vi inf ♦ *véase* faff about

put about **[1]** sep GB AUS ♦ *véase* blaze abroad **[2]** vi náut ♦ *véase* go about [6]

put it about vi GB arg ♦ *véase* cat around; fuck about [2]

put above v2obj ♦ *véase* place above

put across sep ♦ *véase* get across [3]

put it across ins ♦ *véase* bluff out; fake out

put ahead sep os dep ♦ to score a goal which gives (one's team) the advantage ~ marcar un gol que da la ventaja a (su equipo) || *Figo put Portugal ahead in the 33rd minute ~ Figo adelantó a Portugal en el minuto 33*

put around **[1]** sep ♦ *véase* blaze abroad **[2]** v2obj ♦ *véase* drape around

put apart sep ns ♦ *véase* mark out [3]

put aside **[1]** sep ♦ *véase* lay aside [1] **[2]** sep ♦ *véase* lay aside [2] **[3]** sep ♦ *véase* cast aside **[4]** sep ♦ *véase* hoard away

put at v2obj ♦ *véase* estimate at

put away **[1]** sep ♦ to place (an item) in its usual place after use ~ guardar; devolver a su sitio || *Are you going to put your toys away now, Laura? ~ ¿Vas a guardar los juguetes ya, Laura?* **[2]** sep ♦ *véase* lay aside [1] **[3]** sep inf ♦ [large quantity of food/drink] *véase* belt down; eat up [1] **[4]** sep inf dep ♦ *véase* knock in [2] **[5]** sep USA inf ♦ to kill (an animal which is too old or ill to live happily) ~ sacrificar || *The cat was bleeding heavily, so the vet put it away ~ El gato sangraba mucho, entonces el veterinario lo sacrificó* **[6]** sep inf ♦ [in prison/mental hospital] *véase* bang up [1] **[7]** sep USA arg ♦ *véase* bump off

put back **[1]** sep ♦ [something taken/stolen from a place] *véase* put away [1] **[2]** sep ♦ [to delay/postpone] *véase* hang up [4]; carry over [1] **[3]** sep ♦ [+ clock/watch] to change to show an earlier time ~ retrasar || *Would you mind putting the clocks back tonight? ~ ¿Te importa retrasar los relojes esta noche?* **[4]** sep inf ♦ [a lot of alcohol] *véase* belt down

put back to **[1]** v2obj ♦ to postpone (a meeting etc.) until (the new date) ~ posponer hasta || *The boss has put the meeting back to December ~ El jefe ha aplazado la reunión hasta diciembre* **[2]** ins náut ♦ [+ port] *véase* get back to [1]

put before v2obj ♦ *véase* place before

put behind v2obj ♦ [bad experience etc.] *véase* leave behind [2]

put by **[1]** sep ns ♦ *véase* lay aside [1] **[2]** v2obj ♦ *véase* juxtapose to

put down **[1]** sep ♦ *véase* lay down [5] **[2]** sep ♦ *véase* lay down [4] **[3]** sep inf ♦ *véase* lay down [2] **[4]** sep ♦ [person/victim] *véase* laugh at [1]; gibe at **[5]** sep ♦ [on a list] *véase* count in **[6]** sep GB AUS arc ♦ [passenger in car/bus] *véase* drop off [4] **[7]** sep ♦ *véase* hang up [2] **[8]** sep ♦ *véase* pay down [1] **[9]** sep ♦ *véase* put away [5] **[10]** sep ♦ *véase* copy down **[11]** sep ♦ [rebellion etc.] to suppress ~ sofocar/suprimir || *The troops managed to put the rebellion down ~ Las tropas lograron sofocar la rebelión* **[12]** sep os ♦ *véase* get off [12] **[13]** vi ♦ *véase* come down [3] **[14]** sep ♦ to land (an aeroplane) ~ poner en tierra || *The pilot put the plane down next to a football* *pitch ~ El piloto puso el avión en tierra al lado de un campo de fútbol* **[15]** sep ♦ *véase* draw down [1]; fasten down **[16]** sep ♦ *véase* grade down **[17]** sep ♦ [student/football team] *véase* move down [5]

put down as v2obj ♦ *véase* have down as

put down for v2obj ♦ to write the name of (someone) to perform/receive (something) ~ apuntar para || *Laura has put me down for guard duty (for ten litres) ~ Laura me ha apuntado para guardia de turno (para diez litros)*

put down on v2obj ♦ [+ the phone] *véase* hang up on

put down to v2obj ♦ *véase* attribute to [2]

put forth **[1]** sep form ♦ *véase* bring forward [2] **[2]** sep form ♦ [tree] to produce (leaves) ~ echar (hojas) || *The tree put forth a variety of beautiful leaves ~ El árbol echó una variedad de bellas hojas* **[3]** sep form ♦ *véase* hold out [1] **[4]** sep USA ♦ *véase* go to [4]

put forward **[1]** sep ♦ *véase* bring forward [1] **[2]** sep ♦ [person/scheme] *véase* bring forward [2] **[3]** sep ♦ [+ clock/watch] to change to show a later time ~ adelantar || *I've put the clocks forward already, so don't you do it ~ Ya he adelantado los relojes, así que no lo hagas tú*

put forward as v2obj ♦ *véase* nominate as

put forward for v2obj ♦ *véase* propose for

put in **[1]** sep ♦ to insert ~ meter/introducir || *Put your hand in and bring a present out ~ Mete la mano y saca un regalo* **[2]** vi ♦ to apply (for a job) ~ solicitar || *There's a job in the bank - are you going to put in? ~ Ha salido un trabajo en el banco - ¿vas a presentarte?* **[3]** sep ♦ to submit (an application or request) ~ presentar || *Laura has put in a formal request ~ Laura ha presentado una solicitud oficial* **[4]** ins ♦ *véase* chip in with **[5]** sep ♦ [furniture/equipment] to install ~ instalar || *The neighbours have put in a new kitchen ~ Los vecinos han instalado una nueva cocina* **[6]** sep ♦ to invest/dedicate (effort, time or money) ~ dedicar/invertir || *We've put in something like 100 hours/pounds this week ~ Le hemos dedicado unas 100 horas/libras esta semana* **[7]** sep ♦ to elect (party etc.) by voting ~ votar a || *The people have put the Green Party in this time ~ Esta vez la gente ha votado al Partido Verde* **[8]** vi náut ♦ [ship in a port] *véase* come in [2] **[9]** v2obj ♦ *véase* fit into [1]

put in for ins & v2obj ♦ [application, request, bid, offer etc.] *véase* apply for

put in to **[1]** v2obj ♦ *véase* fit into [1] **[2]** v2obj ♦ [effort/time/money] *véase* invest in [1] **[3]** v2obj ♦ [+ government/ office] *véase* elect to **[4]** v2obj ♦ [criminal in prison; old person in residence] *véase* lock up in [1] **[5]** ins náut ♦ [ship in a port] *véase* arrive at

put into **[1]** v2obj ♦ *véase* fit into [1] **[2]** v2obj ♦ [effort/time/money] *véase* invest in [1] **[3]** v2obj ♦ [+ government/ office] *véase* elect to **[4]** v2obj ♦ [criminal in prison; old person in residence] *véase* lock up in [1] **[5]** ins náut ♦ [ship in a port] *véase* arrive at **[6]** v2obj ♦ *véase* do into

put off **[1]** sep ♦ *véase* carry over [1] **[2]** sep GB AUS ♦ [passenger in car/ bus] *véase* drop off [4] **[3]** sep ♦ to cancel a meeting (etc.) with ~ cancelar una cita (etc.) con || *Can you put Daniel off this afternoon, please? ~ ¿Le importa decirle a Daniel que no venga esta tarde?* **[4]** sep os & v2obj ♦ to dissuade (from something) ~ disuadir (de) || *I told him how horrible it was, put that didn't put him off (the army) ~ Le expliqué lo horrible que era, pero eso no le disuadió (de alistarse)* **[5]** v2obj ♦ to remove (someone's) appetite for (food etc.) ~ quitarle el apetito a || *The dirty joke put me off my dinner ~ El chiste verde me quitó las ganas de cenar* **[6]** sep os & v2obj ♦ to distract (someone's) attention from (something) ~ distraer (de) || *Please don't put Laura off (her homework) ~ Por favor, no distraigáis a Laura (de los deberes)* **[7]** sep arc ♦ *véase* fling off [1] **[8]** sep ♦ *véase* flick off [2] **[9]** vi náut ♦ [hacerse a la mar] *véase* cast off [3]

put off from ins náut ♦ [+ port] *véase* depart from

put on [1] sep ♦ *véase* get on [6]; fling on **[2]** sep ♦ to apply (e.g. make up/butter) ~ aplicar (etc.) || *If you put some jam on it'll taste better ~ Si le pones un poco de mermelada sabrá mejor* **[3]** sep ♦ [light/machine; video/ CD etc.] *véase* flick on **[4]** sep ♦ [voice/ feeling/behaviour] to adopt (something false) ~ adoptar/poner/asumir || *He put on a horrendous Italian accent to impress that girl ~ Puso un acento italiano horrendo para impresionar a esa chica* **[5]** sep ♦ [play/show/event] to organise and/or perform ~ organizar y/o representar || *They put on a selection of Shakespeare plays ~ Representaron una selección de las obras de Shakespeare* **[6]** sep ♦ *véase* lay on [1] **[7]** sep ♦ to begin to cook (food) ~ poner; empezar a cocinar || *I'm going to put the pasta on at 8.00 ~ Voy a poner la pasta a calentar a las 8.00* **[8]** sep ♦ [+ weight/number of kilos etc.] *véase* pile on [3] **[9]** sep & v2obj ♦ to allow (someone) to speak (on the telephone) ~ poner a || *Will you put your mother on (the phone), please? ~ ¿Quieres poner a tu madre (al teléfono), por favor?* **[10]** v2obj ♦ to place (person/thing) on (a surface/train/bus) ~ poner (etc.) en || *I have to put Laura on the train this morning ~ Tengo que asegurar que Laura coja el tren esta mañana* **[11]** v2obj ♦ *véase* detail for **[12]** v2obj ♦ [+ diet/medicine/special food] to insist that someone eat/take ~ poner a (régimen etc.) || *The doctor has put Daniel on a diet of fruit ~ El médico ha recomendado a Daniel una dieta de fruta* **[13]** v2obj ♦ *véase* bet on [1] **[14]** sep os USA inf ♦ *véase* have on [4] **[15]** ins ♦ *véase* get up [6] **[16]** v2obj ♦ *véase* add to [3] **[17]** sep ♦ [brakes] to apply ~ poner (los frenos) || *It's better to put the brakes on before the bend ~ Es mejor frenar antes de la curva* **[18]** sep ♦ *véase* put forward [3]

put on to [1] v2obj ♦ *véase* put on [10] **[2]** v2obj ♦ *véase* add to [3] **[3]** v2obj ♦ to put (someone) in contact with (a service/doctor etc.) ~ poner en contacto con; recomendar a || *The doctor put me on to an excellent osteopath ~ El médico me recomendó a un osteópata excelente* **[4]** v2obj ♦ to give (police) information about (criminal etc.) ~ denunciar a (alguien) a; poner sobre la pista de || *One of the victims put the police on to the robber ~ Una de las víctimas puso a la policía sobre la pista del ladrón*

put onto v2obj ♦ *véase* put on to

put out [1] sep ♦ [part of the body] to cause to emerge/be extended ~ extender/sacar/asomar || *Laura put her tongue out when the queen passed by ~ Laura sacó la lengua cuando pasó la reina* **[2]** sep ♦ to place (furniture, rubbish, cat etc.) outside ~ sacar; poner fuera || *Will you put the rubbish (the cat) out? ~ ¿Te importa sacar la basura (mandar al gato a pasearse)?* **[3]** sep ♦ [from bar/home etc.] *véase* chuck out [2] **[4]** sep ♦ [electric light] *véase* flick off [2] **[5]** sep ♦ [fire/candle] *véase* blow out [4] **[6]** sep ♦ [to leave visible] *véase* lay on [1] **[7]** sep ♦ [news/statement/publicity] *véase* give out [2]; blaze abroad **[8]** sep ♦ *véase* bring out [1] **[9]** sep ♦ to broadcast (a programme) ~ emitir || *They're putting the programme out at midnight ~ Van a emitir el programa a medianoche* **[10]** sep ♦ to dislocate/injure (shoulder, back etc.) ~ dislocarse; lastimarse || *I put my back out when I was working in the garden ~ Me lastimé la espalda trabajando en el jardín* **[11]** sep ♦ [cause extra work for] *véase* impose on [1] **[12]** sep ♦ [deliberately, before an operation] *véase* knock out [1] **[13]** vi náut ♦ [hacerse a la mar] *véase* cast off [3] **[14]** vi USA arg ♦ to consent to sex ~ animarse a hacer el amor || *Laura put out after three glasses of wine ~ Después de tres copas de vino Laura dijo que se acostaría con él* **[15]** sep ♦ *véase* hang out [2] **[16]** sep ♦ *véase* stub out

put oneself out vi ♦ to expend a lot of effort ~ molestarse || *Don't put your-*

self out - I'll open the window ~ *No te molestes - yo abriré la ventana*

put out from ins náut ♦ [+ port] *véase* depart from

put out of [1] v2obj ♦ *véase* clear out of [2] **[2]** v2obj ♦ [+ misery etc.] to remove (a person/animal) from a state of ~ acortar (la agonía etc.) a || *We decided to put the cat out of its misery* ~ *Decidimos acortar la agonía al gato*

put over [1] sep ♦ *véase* get across [3] **[2]** sep os & v2obj dep ♦ *véase* kick over [4]

put one over on [1] ins ♦ *véase* bluff out; fake out **[2]** ins ♦ *véase* get back [4]

put past v2obj inf ♦ [always negative] *véase* believe of

put round [1] sep ♦ *véase* blaze abroad **[2]** v2obj ♦ *véase* drape around

put through [1] v2obj ♦ to subject (person/product) to (tests etc.) ~ someter a (alguien/un producto) a (una prueba etc.) || *We put the candidates through a whole series of tests* ~ *Sometimos a los candidatos a toda una serie de pruebas* **[2]** v2obj ♦ to pay for (someone) to study at (university etc.) ~ pagar los estudios a || *My mother put her seven children through university* ~ *Mi madre pagó los estudios universitarios a sus siete hijos* **[3]** sep os ♦ [telephone operator] to connect (a caller) ~ conectar || *I'm putting you through now* ~ *Le estoy conectando ahora* **[4]** sep os jur ♦ *véase* bring in [3]; force through [2]

put through to v2obj ♦ [one telephone user to another] *véase* connect to

put to [1] v2obj ♦ *véase* bring up with; commend to [2] **[2]** v2obj ♦ [+ trouble etc.] *véase* impose on [1] **[3]** v2obj ♦ [question] *véase* ask of

put together [1] sep ♦ [to assemble] *véase* fit together [2] **[2]** sep ♦ *véase* couple together **[3]** sep ♦ [items] *véase* gather together [2] **[4]** sep ♦ [project/team] *véase* make up [6]

put towards v2obj ♦ to add (money) to an amount saved to buy (something) ~ añadir (dinero) a lo ya ahorrado para comprar (algo) || *I'm going to put my birthday money towards a car* ~ *El dinero que me regalaron para mi cumpleaños va a contribuir al coste del coche que me voy a comprar*

put under [1] sep os USA ♦ [deliberately, before an operation] *véase* knock out [1] **[2]** v2obj ♦ [+ pressure etc.] *véase* lean on [2]; pile on [2]

put up [1] sep ♦ to build/construct ~ construir || *They've put up some skyscrapers in the city centre* ~ *Han construido unos rascacielos en el centro de la ciudad* **[2]** sep ♦ [with glue/drawing-pin etc.] *véase* paste up [1]; hang up [1] **[3]** sep ♦ [shelves/cupboard etc.] to assemble and erect ~ montar || *Laura put up some shelves above the fridge* ~ *Laura montó unas repisas encima de la nevera* **[4]** sep ♦ [tent/umbrella] to unfold and erect ~ poner/abrir || *Laura put her umbrella up when it started to rain* ~ *Cuando empezó a llover Laura abrió el paraguas* **[5]** sep GB AUS ♦ *véase* drive up [1] **[6]** sep ♦ *véase* bring forward [2]; come up with [1] **[7]** ins ♦ [fight/resistance etc.] to exert ~ oponer (resistencia etc.) || *The enemy put up a lot of resistance* ~ *Los enemigos opusieron mucha resistencia* **[8]** sep ♦ [donation/investment] *véase* cough up [3] **[9]** sep ♦ to give accommodation to ~ alojar/hospedar || *We can put you up if you want to spend a few days in Madrid* ~ *Te puedes quedar en nuestra casa si quieres pasar algunos días en Madrid* **[10]** vi GB arc ♦ *véase* camp out [2] **[11]** sep ♦ [to raise window/hand/flag etc.] *véase* draw up [3] **[12]** sep ♦ [hair] to gather at the top of the head ~ recoger (el pelo) || *When she puts her hair up she looks gorgeous* ~ *Cuando se recoge el pelo está preciosa* **[13]** sep ♦ [candidate] *véase* bring forward [2] **[14]** sep ♦ *véase* stick up [3]

put up or shut up vi inf ♦ to yield or alternatively be quiet ~ rendir o callar || *The guild is telling companies to put up or shut up* ~ *El gremio está diciendo a las empresas o que rindan o que callen*

put up for [1] ins ♦ to be a political candidate for ~ ser candidato a/de/por ||

Daniel decided to put up for the communists ~ *Daniel decidió ser candidato de los comunistas* **[2]** v2obj ♦ [+ sale/rent etc.] to offer (a house) to be sold/rented ~ poner (una casa) en venta/alquiler || *I think we should put the flat up for sale* ~ *Creo que deberíamos poner el piso en venta* **[3]** v2obj ♦ [donation/investment] *véase* cough up for **[4]** v2obj ♦ *véase* propose for

put up to **[1]** v2obj ♦ *véase* incite to **[2]** v2obj ♦ *véase* elevate to

put up with **[1]** ins GB arc ♦ *véase* board with **[2]** ins ♦ *véase* compromise with [2] **[3]** v2obj ♦ to erect/hang (something) using (a tool/material) ~ colgar/ montar con || *He's put the shelves up with nails - what an idiot!* ~ *Ha fijado los estantes con clavos - ¡qué idiota!*

put upon ins GB AUS form ♦ *véase* impose on [1]; bully about

put with v2obj ♦ *véase* couple with [1]

putt along vi USA arc ♦ [small car etc.] *véase* chug along

putt in vi & sep os dep ♦ [golf] to get (the ball) into the hole in a putt shot ~ meter (la pelota) en un putt || *Daniel putted (the ball) in from ten metres* ~ *Daniel metió la pelota en un putt de unos diez metros*

putter about vi & ins USA ♦ [relaxing in house/garden] *véase* tinker about

putter around vi & ins USA ♦ [relaxing in house/garden] *véase* tinker about

putz about vi USA arg ♦ *véase* arse about

puzzle about ins ♦ [something puzzling] *véase* deliberate on

puzzle out sep ♦ *véase* fathom out

puzzle over ins ♦ [something puzzling] *véase* deliberate on

Q

quail at ins form ♦ *véase* flinch at

quail before ins form ♦ *véase* flinch at

quake at ins ♦ *véase* flinch at

quake in ins ♦ [+ one's boots] to be afraid ~ tener miedo || *Daniel quaked in his boots whenever he saw the bully ~ Daniel tenía mucho miedo cada vez que veía al matón*

quake with ins ♦ *véase* cringe with

qualify as **[1]** ins ♦ *véase* graduate as **[2]** v2obj ♦ *véase* describe as; bill as

qualify for **[1]** ins dep ♦ to reach the qualifying standard for (e.g. a final) ~ clasificarse para || *Our team didn't qualify for the final ~ Nuestro equipo no se ha clasificado para la final* **[2]** ins ♦ to fulfil the necessary conditions for (something) ~ llenar los requisitos/las condiciones para || *You seem to qualify for a grant ~ Parece que llenas todas las condiciones necesarias para gozar de una beca* **[3]** v2obj ♦ *véase* fit for

quarrel about ins ♦ *véase* face off over

quarrel over ins ♦ *véase* face off over

quarrel with ins ♦ *véase* argue with

quarry for ins ♦ [marble (etc.) in a quarry] *véase* dig for

quarry out sep ♦ [marble (etc.) in a quarry] *véase* dig out [3]

quest for ins form ♦ *véase* cast about for; buck for

question about v2obj ♦ *véase* ask about

queue for ins GB AUS ♦ *véase* line up for [1]

queue up vi GB AUS ♦ *véase* line up [1]

queue up for ins GB AUS ♦ *véase* line up for [1]

quibble about ins ♦ *véase* complain about; face off over

quibble at ins ♦ *véase* complain about; face off over

quibble over ins ♦ *véase* complain about; face off over

quibble with **[1]** ins ♦ *véase* complain about; face off over **[2]** ins ♦ *véase* argue with

quiet down **[1]** vi USA ♦ *véase* dry up [6]; calm down [1] **[2]** sep USA ♦ *véase* hush up [1]; calm down [2]

quieten down **[1]** vi GB AUS ♦ *véase* dry up [6]; calm down [1] **[2]** sep GB AUS ♦ *véase* hush up [1]; calm down [2]

quip about ins ♦ *véase* joke about

quit on **[1]** ins USA AUS inf ♦ [manager/friend] *véase* check out on; bail out on **[2]** ins USA inf ♦ [machine] to stop working for the benefit of ~ estropeárse-le a || *The photocopier quit on me yesterday ~ Se me estropeó la fotocopiadora ayer*

quit over ins USA AUS inf ♦ to leave one's job because of ~ dimitir (etc.) debido a || *He quit over a problem with the bonus ~ Dejó el trabajo debido a un problema con la sobrepaga*

quiver with ins ♦ *véase* cringe with

quiz about v2obj ♦ [insistently] *véase* ask about

quiz on v2obj ♦ [insistently] *véase* ask about

quiz out of ins USA inf ♦ to gain exemption from (e.g. a subject) by passing an exam ~ quedar exento de (algo) aprobando un examen || *Laura quizzed out of the course on European history ~ Laura aprobó un examen y quedó exenta del curso sobre la historia de Europa*

quote for v2obj GB AUS ♦ [to a client] *véase* estimate for

quote from ins & v2obj ♦ to cite/quote (a passage) from (a text/author) ~ citar (versos etc.) de/a || *In his speech he quoted (a few lines) from* Romeo and Juliet ~ *En el discurso citó (unos versos) de* Romeo y Julieta

quote on v2obj ♦ to cite/quote (someone's words/name) ~ citar/mencionar las palabras/el nombre de || *Please don't quote me on what I am about to say ~ Por favor no me atribuyan en público lo que estoy a punto de decir*

R

rabbit on vi GB inf ♦ *véase* go on [4]

rabbit on about ins GB inf ♦ *véase* go on about

race about vi ♦ [quickly] *véase* dodge about; move about [1]

race against ins ♦ [+ athlete/time] *véase* compete against

race along vi & ins ♦ *véase* career along

race around [1] vi ♦ [quickly] *véase* dodge about; move about [1] **[2]** ins dep ♦ [in athletics] to race following the course of (a track etc.) ~ correr alrededor de (una pista etc.) || *They had to race around the track ten times ~ Tuvieron que hacer diez vueltas de la pista corriendo*

race for ins & v2obj ♦ [in athletics] *véase* compete for; fight for

race in vi ♦ *véase* dash in

race into ins ♦ *véase* barge into [1]

race through [1] ins ♦ *véase* hurtle through **[2]** sep os & v2obj jur ♦ [quickly] *véase* force through [2]

race to [1] ins ♦ *véase* dash to [1] **[2]** v2obj ♦ to compete against (someone) to reach (a place) first ~ correr contra (alguien) para ver quién llega antes a || *Daniel raced his brother to the supermarket ~ Daniel corrió contra su hermano para ver quién llegaría primero al supermercado*

race up vi ♦ *véase* dash up

race up to ins ♦ [running] *véase* come up to [3]

race with ins ♦ [+ athlete] *véase* compete against

rack off [1] vi AUS arg ♦ [as command] *véase* bog off **[2]** sep ♦ [wine] *véase* draw off [1]

rack out vi USA arg ♦ *véase* crash out [1]

rack up [1] sep ♦ [snooker/pool balls] to set in position at the start of a game ~ [billar] ordenar las bolas al comienzo de una partida || *You rack the balls up and I'll get the cues ~ Tú pones las bolas y yo buscaré los palos* **[2]** sep inf ♦ *véase* clock up; chalk up [2] **[3]** sep USA inf ♦ *véase* bang up [2]

racket about vi inf ♦ [making noise] *véase* carry on [2]

radiate from ins ♦ [heat/emotion/road] to emerge outwards from (a centre/face) ~ radiar de; salir de || *The happiness (heating) radiated from the house ~ La felicidad (calefacción) radiaba de la casa*

radiate out vi ♦ [heat/emotion/road] to emerge outwards like radii ~ (ir)radiar || *There's a problem with the wall: the heat radiates out ~ Hay un problema con la pared: se escapa el calor*

radiate out from ins ♦ *véase* radiate from

radio for ins téc ♦ [help etc., using radio] *véase* call for [3]

raffle off sep ♦ [en un sorteo informal] *véase* auction off

rag about [1] v2obj ♦ *véase* hassle about **[2]** v2obj ♦ to tease (someone) regarding (a characteristic/act) ~ tomarle el pelo a (alguien) por || *The other girls were always ragging Laura about her freckles ~ Las otras chicas siempre le tomaban el pelo a Laura por sus pecas*

rage against ins ♦ *véase* complain about; beat up on [2]

rage at ins ♦ *véase* flare out at

rage over ins ♦ *véase* fight over

rage through ins ♦ [fire through building/area; angry person through task] *véase* hurtle through

rail against ins ♦ *véase* complain about; beat up on [2]

rail at ins ♦ *véase* flare out at

rail in sep ♦ [con una barandilla] *véase* fence in

rail off sep ♦ [con una barandilla] *véase* fence off

railroad into v2obj ♦ *véase* bounce into

railroad through sep os & v2obj jur ♦ *véase* force through [2]

rain down [1] vi ♦ *véase* beat down [1] **[2]** vi ♦ [bombs from a plane etc.] *véase* crash down

rain down on [1] ins ♦ to rain on the head of ~ llover sobre || *We were on the beach, and suddenly it rained down on us ~ Estábamos en la playa, y de repente empezó a llover sobre nosotros* **[2]** v2obj ♦ [gifts/violent blows] *véase* heap on

rain off sep GB AUS ♦ [rain] to cause the cancellation of (a game/ event) ~ [lluvia] causar la suspensión de (un partido etc.) || *The storms last night have rained today's game off ~ Las tormentas de anoche han causado la suspensión del partido de hoy*

rain on ins & v2obj ♦ *véase* rain down on

rain out sep USA ♦ *véase* rain off

rain upon v2obj form ♦ [gifts/violent blows] *véase* heap on

raise from v2obj ♦ *véase* lift off [2]

raise on v2obj ♦ *véase* bring up on [2]

raise to v2obj ♦ *véase* elevate to

raise up [1] vi ♦ *véase* lift up [1] **[2]** sep ♦ *véase* draw up [3]

raise with v2obj ♦ *véase* bring up with

rake around sep ♦ to move (leaves etc.) with a rake ~ rastrillar; mover con el rastrillo || *The gardener was raking the leaves around when I arrived ~ El jardinero rastrillaba las hojas cuando llegué*

rake in [1] sep ♦ to collect (leaves/ casino chips) using a rake (or similar) ~ recoger con el rastrillo || *We raked the leaves in and the lawn looked better ~ Recogimos las hojas con el rastrillo y el césped ya tenía mejor pinta* **[2]** sep inf ♦ *véase* knock down [5]

rake off [1] sep ♦ to remove (leaves etc.) from a surface with a rake ~ quitar (hojas etc.) con un rastrillo || *There are a lot of leaves on the path - will you rake them off? ~ Hay muchas hojas en la acera - ¿las quitas con el rastrillo?* **[2]** sep AUS inf ♦ to cheat (someone) financially ~ timar (etc.) || *They tried to rake me off in that shop ~ Intentaron timarme en esa tienda*

rake out sep ♦ [out of somewhere enclosed] *véase* rake off [1]

rake over [1] sep ♦ [grass etc.] to tidy using a rake ~ rastrillar || *The first thing I do every day is rake over the lawn ~ Lo primero que hago cada día es rastrillar el césped* **[2]** sep inf ♦ [unpleasant memories etc.] *véase* go over [3]; drag up [1]

rake through ins ♦ [papers/drawer/possessions] *véase* burrow into [2]

rake together [1] sep ♦ *véase* rake in [1] **[2]** sep ♦ [with difficulty] *véase* gather together [2]; make up [6]

rake up [1] sep ♦ *véase* rake in [1] **[2]** sep inf ♦ [unpleasant memories etc.] *véase* go over [3]; drag up [1] **[3]** sep inf ♦ [money, with difficulty] *véase* come through with [1]

rally around [1] vi & ins ♦ *véase* crowd around **[2]** vi & ins ♦ [person having problems etc.] *véase* help out [1]

rally round [1] vi & ins ♦ *véase* crowd around **[2]** vi & ins ♦ [person having problems etc.] *véase* help out [1]

rally to ins ♦ [person having problems etc.] *véase* flock to; help out [1]

ram down [1] sep ♦ *véase* pack down **[2]** v2obj ♦ [+ someone's throat] *véase* force on

ram in sep ns ♦ *véase* drive in [2]

ram into **[1]** v2obj ♦ *véase* hammer into [1] **[2]** v2obj ♦ *véase* drill into **[3]** ins & v2obj ♦ *véase* bang into

ram through sep os & v2obj ♦ *véase* force through

ramble on vi ♦ *véase* go on [4]

ramble on about ins ♦ *véase* go on about

range against ins ♦ *véase* come out against

range from to v2obj ♦ [between X and Y] *véase* fluctuate between

range over ins ♦ to cover (an area) entirely ~ recorrer todo || *The searchers ranged over three provinces ~ Los buscadores recorrieron tres provincias enteras*

range oneself with ins ♦ *véase* ally oneself to

rank above **[1]** ins mil ♦ to be of a higher rank than ~ ser superior a || *Daniel ranked above his cousin in the army ~ Daniel era superior a su primo en el ejército* **[2]** v2obj ♦ [person/virtue] *véase* place above

rank among v2obj & ins ♦ *véase* count among

rank as v2obj ♦ *véase* have down as

rank with ins & v2obj ♦ *véase* compare with

rankle with ins ♦ to cause continual hurt or annoyance to ~ afligir/fastidiar continuamente || *Her success has always rankled with me ~ Su éxito siempre ha sido una cruz para mí*

rant against ins ♦ *véase* complain about; beat up on [2]

rant at ins ♦ *véase* flare out at

rant on vi ♦ [angrily] *véase* go on [4]

rant on about ins ♦ [angrily] *véase* go on about

rap across **[1]** v2obj ♦ [+ the knuckles] to hit (a person) on (the knuckles) ~ dar un golpecito en los nudillos a || *The teacher rapped Daniel across the knuckles ~ El profesor le dio un golpecito en los nudillos a Daniel* **[2]** v2obj ♦ [+ the knuckles] *véase* bawl out [2]

rap at ins ♦ *véase* knock at

rap on **[1]** ins ♦ *véase* knock at **[2]** v2obj ♦ [+ the knuckles] *véase* rap across [1]

rap out **[1]** sep ♦ [drum rhythm etc.] *véase* beat out [1] **[2]** sep ♦ *véase* bark out

rap with **[1]** ins ♦ to perform a rap song with ~ interpretar una canción rap con || *During the concert, Laura rapped with a Jamaican singer ~ Durante el concierto, Laura interpretó una canción rap con un cantante jamaiquino* **[2]** ins ♦ *véase* chat to **[3]** v2obj ♦ *véase* jab with

rasp out **[1]** sep ♦ *véase* bark out **[2]** sep ♦ [con una escofina] *véase* hollow out

rat on **[1]** ins inf ♦ *véase* fink on **[2]** ins GB inf ♦ *véase* go back on

rat through ins AUS inf ♦ [papers/drawer/possessions] *véase* burrow into [2]

rate above v2obj ♦ [person/virtue] *véase* place above

rate among v2obj & ins ♦ *véase* count among

rate as **[1]** v2obj ♦ *véase* have down as **[2]** v2obj ♦ to be impressed by (someone) in the capacity of ~ tener un buen concepto de (alguien) como || *We all rate Laura as a public speaker ~ Todos tenemos un buen concepto de Laura como oradora*

rate at v2obj ♦ *véase* appraise at

rate for ins ♦ *véase* qualify for [2]

rate with **[1]** ins & v2obj ♦ *véase* compare with **[2]** ins USA inf ♦ to be popular with; to be liked by ~ ser popular con; gustar a || *My boyfriend really rates with my parents ~ Mi novio cae de cine a mis padres*

ration out sep ♦ [something scarce/small] *véase* divide out

rattle along vi ♦ [small car etc.] *véase* chug along

rattle around **[1]** vi ♦ [e.g. metallic items in a box] to make a rattling sound ~ castañetear (etc.) || *The bolts were rattling around in the box ~ Los pernos castañeteaban en la caja* **[2]** vi inf ♦ to live in an excessively large house ~ vivir en una casa demasiado grande || *Now that their children have left home they rattle around a bit ~ Ya que sus hijos* *se han ido, la casa les queda un poco grande*

rattle away vi ♦ *véase* go on [4]; chatter away

rattle off sep ♦ [recite list of things] *véase* count off [2]

rattle on vi inf ♦ *véase* go on [4]

rattle on about ins inf ♦ *véase* go on about

rattle through ins inf ♦ [activity/speech] *véase* hurtle through

rave about **[1]** ins ♦ *véase* complain about **[2]** ins inf ♦ *véase* crack up [7]

rave at ins ♦ *véase* complain about; beat up on [2]

rave over ins inf ♦ *véase* crack up [7]

rave it up vi GB arc ♦ *véase* live it up

raze to ins ♦ [+ the ground; = incorrect English] *véase* bring down [1]

reach across **[1]** vi ♦ *véase* lean over [1] **[2]** sep ♦ to pass (something) to another person a short distance away ~ pasar/acercar || *Laura reached the book across and I opened it ~ Laura me pasó el libro y lo abrí*

reach back to ins ♦ *véase* go back to [4]; date back to

reach down **[1]** vi ♦ *véase* bend down [1] **[2]** sep ♦ *véase* hand down [2]

reach for **[1]** ins ♦ to attempt to find/take (an item) with one's hand ~ intentar encontrar/tomar (algo) con la mano || *Laura reached for her bag, but it wasn't there ~ Laura buscó su bolsa con la mano, pero no estaba* **[2]** ins ♦ [esp. + the sky] *véase* aspire to

reach into ins & v2obj ♦ [hand in pocket etc.] *véase* delve into

reach out vi & sep ♦ [sometimes + hand] *véase* hold out [1]

reach out for ins ♦ *véase* reach for

reach out to **[1]** ins ♦ [the poor etc.] *véase* help out [1] **[2]** ins ♦ [benefactor] *véase* call on [3]

reach over **[1]** vi ♦ *véase* lean over [1] **[2]** sep ♦ *véase* reach across [2]

reach to ins ♦ *véase* extend to

reach up **[1]** vi ♦ to extend one's arms upwards (esp. to take something) ~ extender los brazos hacia arriba || *Laura reached up and took the light bulb out ~ Laura alargó la mano hacia arriba y sacó la bombilla* **[2]** sep ♦ *véase* hand up

reach up for ins ♦ to extend one's arms upwards in order to take ~ extender los brazos hacia arriba para tomar || *Daniel reached up for the encyclopaedia ~ Daniel tomó la enciclopedia desde lo alto*

react against ins ♦ *véase* hit out against

react on ins ♦ *véase* pick up on [1]; act on [1]

react to ins ♦ to give a (verbal/physical) reaction to (something) ~ reaccionar a/ante || *I don't know how she's going to react to the news ~ No sé cómo va a reaccionar a la noticia*

react with **[1]** ins téc ♦ [one chemical substance] to react chemically with (another) ~ reaccionar con || *This powder reacts with just a drop of water ~ Este polvo reacciona con tan sólo una gotita de agua* **[2]** ins ♦ to react with (an emotion) ~ reaccionar con || *Daniel reacted with a smile ~ Daniel reaccionó con una sonrisa*

read about ins ♦ to read (a book/article etc.) concerning ~ leer || *I was reading about the disaster the other day ~ Estuve leyendo algo sobre el siniestro el otro día*

read as v2obj ♦ *véase* construe as

read back sep ♦ to read again ~ releer; volver a leer || *She read the letter back and decided it was too severe ~ Volvió a leer la carta y decidió que era demasiado severa*

read between ins ♦ [+ the lines] to understand something not written in a text ~ leer entre líneas || *If you read between the lines you'll see what I mean ~ Si lees entre líneas verás lo que te estoy diciendo*

read for **[1]** ins ♦ *véase* audition for [1] **[2]** ins ♦ to study for (a specific degree) ~ estudiar (para sacar el título de) || *Laura is reading for a degree in Italian ~ Laura está estudiando filología italia-*

na en la universidad **[3]** ins GB jur ♦ [+ the Bar] to study to qualify as a lawyer ~ estudiar para hacerse abogado || *I don't really want to read for the Bar ~ La verdad es que no quiero estudiar para entrar en la abogacía* **[4]** ins & v2obj ♦ to read (a book etc.) for the benefit of (e.g. a small child) ~ leer (algo) a/para || *I usually read (a story) for my daughter at seven o'clock ~ Suelo leer (un cuento) a mi hija a las siete* **[5]** ins & v2obj ♦ to read (a book etc.) searching for (mistakes/amusement etc.) ~ leer en busca de || *Daniel read (the text) for mistakes ~ Daniel leyó (el texto) en busca de errores*

read from ins & v2obj ♦ to read aloud (an extract etc.) from (a book/notes) ~ leer de || *Laura is going to read (three passages) from her new book ~ Laura va a leer (tres pasajes) de su nuevo libro*

read into v2obj ♦ to infer (something excessive or untrue) from (a comment or situation) ~ atribuir (demasiada importancia etc.) a (una observación/situación etc.) || *I think they're reading too much into the situation ~ Creo que están dándole demasiada importancia a la situación*

read of ins ♦ *véase* read about

read off **[1]** sep ♦ [recite list of things] *véase* count off [2] **[2]** sep ♦ to read (an electronic measure, data output etc.) ~ leer || *Daniel looked at the screen and read off the results ~ Daniel miró la pantalla y leyó los resultados*

read on vi ♦ to continue reading ~ seguir leyendo || *She liked the first chapter so she read on ~ Le gustó el primer capítulo así que siguió leyendo*

read out **[1]** sep ♦ to read (a text/list) out loud ~ leer en voz alta || *Can you read out the story you've written? ~ ¿Te importa leernos el cuento que has escrito?* **[2]** sep USA ♦ *véase* read off [2]

read over **[1]** sep ♦ to read (text) entirely (to find errors or aid comprehension) ~ leer detalladamente || *You should read over the booklet before the interview ~ Deberías leerte el folleto detalladamente antes de la entrevista* **[2]** sep USA ♦ *véase* read back

read through sep ♦ *véase* read over [1]

read to **[1]** ins & v2obj ♦ *véase* read for [4] **[2]** v2obj ♦ [+ sleep] to cause (a child) to sleep by reading a story ~ adormir a (un niño) leyéndole un cuento || *Laura usually reads her son to sleep ~ Laura suele adormir a su hijo leyéndole un cuento*

read up sep ♦ to study (something) by reading ~ estudiar (algo) leyendo || *We're reading up these books for the exam ~ Estamos repasando estos libros para el examen*

read up on ins ♦ to learn about (a topic/person) by reading ~ leer bibliografía sobre || *I've been reading up on my great-grandfather ~ He estado leyendo unos libros sobre mi bisabuelo*

readjust to ins & v2obj ♦ [again] *véase* adapt to

ream out sep téc ♦ to enlarge (a hole) using a reamer ~ escariar || *The machine reamed the hole out ~ La máquina escarió el agujero*

reap from v2obj ♦ *véase* get out of [4]

reapply for ins ♦ [again] *véase* apply for

rear back vi ♦ [horse] to stand suddenly and threateningly on the hind legs ~ encabritarse || *The horse reared back when the dog barked ~ El caballo se encabritó cuando ladró el perro*

rear up **[1]** vi ♦ *véase* rear back **[2]** vi ♦ [problem etc.] *véase* blow up [1]

reason about ins ♦ *véase* deliberate on

reason against ins ♦ *véase* argue against

reason from ins & v2obj ♦ *véase* deduce from

reason out sep ♦ *véase* deliberate on; fathom out

reason out of v2obj ♦ *véase* argue out of

reason with ins ♦ *véase* bring around [2]

reassign to v2obj ♦ [again] *véase* assign to

reassure about v2obj ♦ to calm (someone) by giving reassurance about ~ tranquilizar a (alguien) dando seguridades respecto a || *I want to reassure the secretary about the future ~ Quiero tranquilizar al secretario acerca del futuro*

reassure of v2obj ♦ *véase* reassure about

rebel against ins ♦ [against authority/parents] *véase* mutiny against

rebel at ins ♦ [against authority/parents] *véase* mutiny against

rebound from ins ♦ *véase* bounce back from

rebound off ins ♦ [+ wall/obstruction] *véase* bounce back from

rebound on ins ♦ *véase* boomerang on

rebound upon ins form ♦ *véase* boomerang on

rebuke for v2obj ♦ *véase* chide for

recall from **[1]** v2obj ♦ to order (someone) to return from (a distant place/job etc.) ~ retirar de || *I think we should recall the ambassador from Bosnia ~ Creo que deberíamos retirar al embajador de Bosnia* **[2]** v2obj ♦ to remember (a person/fact) from (earlier time/situation) ~ recordar de || *I recall your brother from my days with the orchestra ~ Recuerdo a tu hermano de mi época con la orquesta*

recall to v2obj ♦ *véase* bring back to

recast in v2obj ♦ to redevelop/reexpress (an item/sentence) in another way ~ volver a expresar/desarrollar (de otra manera) || *Laura recast her complaint in formal terms ~ Laura volvió a expresar su queja en términos formales*

recede from ins ♦ [tide/hairline] *véase* draw back from [1]

receive as v2obj ♦ [guest etc.] *véase* accept as

receive back sep ♦ *véase* get back [2]

receive into v2obj ♦ to welcome (someone) into (a house/organisation etc.) ~ acoger en; recibir en || *We are happy to receive you into our organisation ~ Nos complace recibirle en nuestra organización*

reckon among v2obj ♦ *véase* count among [1]

reckon as v2obj ♦ *véase* have down as

reckon in sep GB ♦ *véase* factor in

reckon on ins ♦ *véase* bank on

reckon to ins GB inf ♦ *véase* make of [1]

reckon up sep GB arc ♦ *véase* add together

reckon upon ins form ♦ *véase* bank on

reckon with ins ♦ [something hard, unexpected or fearsome] *véase* deal with [2]

reckon without ins ♦ [something unexpected] *véase* factor out

reclaim from v2obj form ♦ *véase* get back from [2]

recline on ins ♦ *véase* lie back against

recline upon ins form ♦ *véase* lie back against

recognise as v2obj GB AUS ♦ [leader; someone known] *véase* acknowledge as

recognise by v2obj GB AUS ♦ *véase* identify by

recognise for **[1]** v2obj GB AUS ♦ [criminal/illegal scheme etc.] *véase* finger as **[2]** v2obj GB AUS ♦ *véase* commend for

recognise from v2obj GB AUS ♦ *véase* know from [2]; recall from [2]

recognize as v2obj ♦ [leader; someone know] *véase* acknowledge as

recognize by v2obj ♦ *véase* identify by

recognize for v2obj ♦ *véase* recognise for

recognize from v2obj ♦ *véase* know from [2]; recall from [2]

recoil at ins ♦ *véase* flinch at

recoil from ins ♦ *véase* flinch at

recoil on ins ♦ *véase* boomerang on

recommend as v2obj ♦ *véase* nominate as

recommend for v2obj ♦ [person/remedy etc.] *véase* propose for

recommend to v2obj ♦ *véase* commend to [2]

recompense for v2obj form ♦ *véase* pay for [3]

reconcile oneself to ins ♦ to begin to accept (something negative) mentally ~ resignarse a || *We reconciled ourselves to a life without money ~ Nos resignamos a una vida sin dinero*

reconcile with v2obj ♦ *véase* attune to

reconstruct from [1] v2obj ♦ to rebuild (a building etc.) using (materials/remains) ~ reconstruir de/con || *They've reconstructed the house from the remains ~ Han vuelto a construir la casa utilizando lo que quedaba* **[2]** v2obj ♦ to describe (event etc.) fully on the basis of (facts/memory) ~ reconstruir a base de || *I don't think we can reconstruct what happened from what you have told us ~ No creo que podamos hacernos una idea de lo que pasó a base de lo que usted nos ha contado*

reconvert to ins & v2obj ♦ [again] *véase* convert to

record from v2obj ♦ to make a recording of (music) using (radio/another CD etc.) ~ grabar de || *Laura recorded three songs from my tape ~ Laura grabó tres canciones de mi cinta*

record off v2obj GB inf ♦ *véase* record from

record over ins ♦ *véase* tape over

recount to v2obj ♦ to narrate/tell (anecdote etc.) to (someone) ~ contar (algo) a || *Daniel recounted his exploits to the rest of his family ~ Daniel contó sus hazañas al resto de su familia*

recoup from v2obj ♦ *véase* get back from [2]

recover from [1] v2obj ♦ *véase* get back from [2] **[2]** ins ♦ [illness/bad experience] *véase* get over [1]; convalesce from

recruit for v2obj ♦ [worker] *véase* employ for

recruit from v2obj ♦ *véase* hire away from

recruit into v2obj ♦ [worker] *véase* employ in

recuperate from ins ♦ [illness/bad experience] *véase* get over [1]; convalesce from

rededicate to v2obj ♦ [again] *véase* dedicate to

redound on ins form ♦ *véase* act on [2]; impinge on; boomerang on

redound to ins form ♦ [with positive or negative result] *véase* boomerang on

reduce to v2obj ♦ *véase* drag down to

reef in sep náut ♦ [+ sail] to fold and hence make smaller ~ arrizar || *The sailor reefed the sail in when the wind dropped ~ El marinero arrizó la vela cuando se calmó el viento*

reek of ins ♦ to have the unpleasant smell of ~ oler a || *This room reeks of rotten onions ~ Esta habitación huele a cebollas podridas*

reek with ins USA ♦ *véase* reek of

reel at ins ♦ *véase* flinch at

reel back vi ♦ *véase* fall back [4]

reel back from ins ♦ to stagger/fall backwards as a result of ~ tambalearse debido a || *Daniel reeled back from his father's blow ~ Daniel se tambaleó al pegarle su padre un bofetón*

reel in [1] sep ♦ [fish] to catch by turning the reel ~ tirar de (un pez) haciendo girar el carrete; pescar || *Laura reeled in a massive salmon ~ Laura pescó un salmón masivo* **[2]** sep inf ♦ *véase* beat up [3]; bring in [6]

reel off [1] sep inf ♦ [recite list of things] *véase* count off [2] **[2]** sep USA inf ♦ [consecutive victories/points] *véase* clock up

reel out sep ♦ *véase* pay out [3]

reel under ins ♦ *véase* groan under

re-equip with v2obj ♦ [again] *véase* equip with

reface with v2obj ♦ [again] *véase* coat with; cover in [1]

refer back to [1] ins ♦ [again] *véase* refer to [1] **[2]** v2obj ♦ [again] *véase* refer to [2]

refer to [1] ins ♦ to make reference to (a book, person, event etc.) ~ referirse a || *I'm not referring to Laura, but Daniel ~ No me refiero a Laura, sino a Daniel* **[2]** v2obj ♦ to suggest that (person/case) visit/study (e.g. doctor/book)

~ remitir (algo/a alguien) a || *The doctor referred my grandmother to a specialist ~ El médico remitió a mi abuela a un especialista* **[3]** v2obj ♦ *véase* blame on **[4]** ins ♦ [notes during speech etc.] *véase* glance at

refer to as v2obj ♦ *véase* describe as

refine upon [1] ins form ♦ *véase* improve on **[2]** ins form ♦ [with subtlety] *véase* hash over

refit with v2obj ♦ [again] *véase* equip with

reflect in [1] ins ♦ [image] to appear as a reflection in (a mirror etc.) ~ reflejarse en || *My face reflected in the shopwindow ~ Mi cara se reflejaba en el cristal del escaparate* **[2]** ins ♦ [effort/investment/charges] to be visible in (results etc.) ~ reflejarse en || *The deficit will reflect in this year's results ~ El déficit se reflejará en los resultados de este año*

reflect on [1] ins ♦ *véase* deliberate on **[2]** ins ♦ to cause (a person/matter) to have a good/bad image ~ mostrar bajo una luz (poco) favorable || *This matter reflects badly on my family ~ Este asunto muestra a mi familia bajo una luz poco favorable*

reflect upon ins form ♦ *véase* reflect on

refresh with v2obj ♦ to refresh/enliven (a person or place) with (drink/colour etc.) ~ refrescar/avivar con || *The coach refreshed the team with a bottle of water ~ El entrenador refrescó al equipo con una botella de agua*

refund to v2obj ♦ [money] *véase* hand back to [1]

refuse to v2obj ♦ [help etc.] *véase* hold back from [2]

regain from v2obj form ♦ *véase* get back from [2]

regale on v2obj form ♦ [good food/gifts etc.] *véase* favour with

regale oneself on ins form ♦ *véase* indulge in

regale with v2obj form ♦ [good food/gifts; anecdotes] *véase* favour with

regale oneself with ins form ♦ *véase* indulge in

regard as v2obj ♦ *véase* have down as

regard with v2obj ♦ to observe/consider (a person or thing) with (an attitude etc.) ~ mirar/considerar a (alguien) de tal manera || *The manager regarded the two men with suspicion ~ La jefa miró con recelo a los dos hombres*

register for ins & v2obj ♦ *véase* enrol for

register in ins & v2obj ♦ *véase* enrol for

register on [1] ins ♦ *véase* enrol for [1] **[2]** v2obj ♦ *véase* enrol for [2] **[3]** ins ♦ [emotion etc.] to become visible on (a face etc.) ~ aparecer en; ser evidente en || *A sense of panic registered on Laura's face ~ Una sensación de pánico se dejó ver en la cara de Laura*

register with [1] ins ♦ [+ doctor etc.] to inscribe oneself on the list of ~ inscribirse en la lista de || *When we moved I had to register with another dentist ~ Cuando nos mudamos tuve que inscribirme en la lista de otro dentista* **[2]** v2obj ♦ [+ doctor etc.] to inscribe (a child etc.) on the list of ~ inscribir a (alguien) en la lista de || *When Daniel was born I registered him with the doctor ~ Cuando nació Daniel le inscribí en la lista del médico* **[3]** ins ♦ *véase* click with [2]

regress to ins ♦ *véase* go back to [2]

rehearse for ins & v2obj ♦ to practise (a skill/music etc.) for (competition/performance) ~ ensayar (algo) para || *I'm rehearsing (the solo) for the forthcoming performance ~ Estoy ensayando (el solo) para la próxima actuación*

reign over ins ♦ [monarch] to rule (a country or people) ~ reinar a || *Daniel IV reigned over the British for forty years ~ Daniel IV fue rey de los británicos durante cuarenta años*

reimburse for v2obj ♦ [for money loaned etc.] *véase* pay for [3]; compensate for [1]

reimburse to v2obj ♦ [money] *véase* hand back to [1]

rein back [1] sep ♦ [horse] *véase* hold back [1] **[2]** sep ♦ [spending etc.] *véase* cut back on

rein back on ins ♦ *véase* cut back on

rein in [1] sep ♦ [person/spending etc.] *véase* cool down [6]; cut back on **[2]** sep ♦ [horse] *véase* hold back [1]

rein up [1] vi ♦ [horse rider] to stop ~ detenerse || *Laura reined up and watched the children pass by* ~ *Laura se detuvo en el caballo y vio pasar a las niñas* **[2]** sep ♦ [horse] to cause to stop ~ detener || *If you rein the horse up we'll look at his leg* ~ *Si detienes al caballo le miraremos la pata*

reinforce with v2obj ♦ [wall/statement] *véase* lace with

reinstate as v2obj ♦ [again] *véase* inaugurate as

reinstate in v2obj ♦ [into organisation etc., again] *véase* admit to [3]

reintegrate into [1] ins ♦ [again] *véase* fit into [3] **[2]** v2obj ♦ [again] *véase* incorporate in

reissue to v2obj ♦ [order/document/uniform etc.; again] *véase* assign to; give to

rejoice at ins ♦ *véase* exult at

rejoice in ins form ♦ *véase* exult at

rejoice over ins ♦ *véase* exult at

relapse into ins ♦ [coma/bad habit etc.] *véase* go back to [2]

relate to [1] v2obj ♦ *véase* recount to **[2]** v2obj ♦ *véase* associate with [2] **[3]** ins ♦ *véase* empathise with **[4]** ins ♦ *véase* bear on; come into [4] **[5]** ins ♦ *véase* deal with [3]; be about [3]

relax in ins ♦ [+ holiday resort; chair] *véase* relax into [1]

relax into [1] ins ♦ [+ chair etc.] to relax one's body in ~ relajarse en || *I usually relax into a chair when I get back from the office* ~ *Suelo relajarme en un sillón cuando vuelvo del despacho* **[2]** ins ♦ [+ smile etc., by relaxing] *véase* change into [2]

relax on v2obj ♦ to loosen (esp. one's grip) on (something one is holding) ~ dejar de agarrarse tan apretadamente a/de (algo) || *Don't relax your grip on the rope* ~ *No dejes de agarrarte apretadamente a la cuerda*

relay to v2obj ♦ [message etc.] *véase* give to

release from v2obj ♦ [person/thing] *véase* deliver from

release on v2obj jur ♦ [+ bail] *véase* remand on

relegate to v2obj ♦ *véase* demote to

relieve from v2obj ♦ [requirement to do something] *véase* disburden of

relieve of [1] v2obj form ♦ [item/duty; requirement to do something] *véase* disburden of **[2]** v2obj form ♦ *véase* dismiss from

relieve oneself of ins form ♦ *véase* let out [4]

relinquish to v2obj form ♦ [authority/possession/item] *véase* deliver over to

relocate to [1] ins ♦ [company/employee] *véase* move to [2] **[2]** v2obj ♦ [company/employee] *véase* move to [3]

rely on ins ♦ *véase* count on [2], [3]

rely on for v2obj ♦ *véase* depend on for

rely upon ins form ♦ *véase* count on [2], [3]

rely upon for v2obj form ♦ *véase* depend on for

remain behind [1] vi ♦ to stay in a place (e.g. school) after other people have left ~ quedarse en un sitio, habiéndose ido los demás || *The teacher told me to remain behind after class* ~ *El profesor me dijo que me quedara después de la clase* **[2]** ins ♦ to remain in a position behind (a person/obstacle etc.) ~ quedarse detrás de || *The film was so scary that Laura remained behind the sofa* ~ *La película infundía tanto miedo que Laura se quedaba detrás del sofá* **[3]** vi & ins ♦ *véase* lag behind [1]

remand in v2obj jur ♦ [+ custody] to imprison (a person) during investigations ~ poner a (alguien) en prisión preventiva || *The judge remanded him in custody so that further investigations could be carried out* ~ *El juez le puso en prisión preventiva para que se realizaran investigaciones adicionales*

remand into v2obj jur ♦ *véase* remand in

remand on v2obj jur ♦ [+ bail] to release (someone) on payment of bail money ~ libertar bajo fianza a || *The* *judge remanded Daniel on bail* ~ *El juez libertó a Daniel bajo fianza*

remand over to v2obj jur ♦ [prisoner] *véase* deliver over to

remand to v2obj jur ♦ [prisoner] *véase* deliver over to

remark on ins ♦ *véase* comment on

remark upon ins form ♦ *véase* comment on

remember as v2obj ♦ to remember (someone) as (having such a character etc.) ~ recordar a (alguien) como || *I remember you as a good piano player* ~ *Recuerdo que tocabas muy bien el piano*

remember by v2obj ♦ to remember (someone) due to (a special gift) ~ acordarse de (alguien) por (un regalo especial) || *Will you give me something by which to remember our time together?* ~ *¿Quieres darme algo que me recuerde el tiempo que hemos pasado juntos?*

remember in v2obj ♦ [+ one's will] to include (a person) in one's will ~ incluir/mencionar a (alguien) en el testamento || *I'm surprised my grandmother remembered me in her will* ~ *Me sorprende que mi abuela me incluyera a mí cuando hizo el testamento*

remember to v2obj ♦ to pass the greeting/regards of (X) to (Y) ~ darle recuerdos a (Y) de/por parte de (X) || *Remember me to your sister when you see her* ~ *Dale recuerdos de mi parte a tu hermana cuando la veas*

remind about v2obj ♦ to cause (someone) to remember (a person/thing) ~ recordar (algo) a (alguien) || *Will you remind me about the oven at 8.00?* ~ *Recuérdame a las ocho que tengo el horno puesto*

remind of [1] v2obj ♦ *véase* remind about **[2]** v2obj ♦ to cause (someone) to think of (a similar person/thing) ~ recordar (algo/a alguien) a (alguien) || *You remind me of an old boyfriend of mine* ~ *Tienes mucho parecido con un antiguo novio mío*

reminisce about ins ♦ to recall and discuss (old memories) ~ recordar viejas historias de || *All my father does is reminisce about the war* ~ *Lo único que hace mi padre es recordar viejas historias de la guerra*

remit to v2obj ♦ [esp. money] *véase* forward to; get off to [2]

remonstrate about ins ♦ *véase* demonstrate against; complain about

remonstrate with ins ♦ *véase* complain to

remove from v2obj ♦ *véase* clear out of [2]

remove to ins USA ♦ *véase* move to [2]

remunerate for v2obj ♦ *véase* pay for [3]

rend from v2obj form ♦ to snatch/tear (something) from (someone/a place) ~ arrebatar (algo) a (alguien/de un sitio) || *The soldiers managed to rend the paintings from the wall before the fire* ~ *Los soldados lograron arrebatar los cuadros de la pared antes del incendio*

rend into v2obj form ♦ to tear/cut (something) until it has the form of ~ hacer añicos de (algo) rasgando || *The teacher rent the book into pieces* ~ *La profesora rasgó el libro y le hizo añicos*

rend with v2obj form ♦ [e.g. the air with songs] *véase* fill up with [3]

render down sep ♦ *véase* melt away [3]

render down to v2obj ♦ [by melting] *véase* change into [3]

render in v2obj form ♦ *véase* do into

render into v2obj form arc ♦ *véase* do into

render to v2obj form ♦ *véase* deliver over to

render unto v2obj form ♦ *véase* deliver over to

render up sep form ♦ *véase* give up [4]

renege on ins form ♦ *véase* go back on

renounce for v2obj form ♦ *véase* get down on for

rent from v2obj ♦ *véase* hire from

rent out sep ♦ *véase* hire out

rent out to v2obj ♦ *véase* hire out to

rent to v2obj ♦ *véase* hire out to

rep for ins ♦ to work as an agent for (a company or person) ~ ser agente de ||

I think he reps for an insurance company ~ Creo que es agente de una compañía de seguros

repair to ins form ♦ [moving from one room to another] *véase* go in [2]

repatriate to v2obj ♦ *véase* deport to

repay for **[1]** v2obj ♦ *véase* get back for [1] **[2]** v2obj ♦ [for money loaned etc.] *véase* pay for [3] **[3]** v2obj ♦ [for kindness/trouble etc.] *véase* compensate for [1]

repeat on ins ♦ [food] to cause (the eater) to suffer indigestion ~ repetirle || *Celery tends to repeat on me ~ Suele repetirme el apio*

repine at ins form ♦ *véase* beef about

replace by v2obj ♦ to substitute (something old etc.) with (its replacement) ~ sustituir a (algo/alguien) por (otra cosa) || *They're going to have to replace this worker by a new one ~ Van a tener que sustituir a este obrero por otro*

replace with v2obj ♦ *véase* replace by

replenish with v2obj ♦ *véase* fill up with [3]

reply to ins ♦ to respond to (a person, letter or question) ~ contestar/responder a || *You still haven't replied to my letter ~ Todavía no has contestado mi carta*

report about ins ♦ to research and present information concerning ~ dar un informe sobre || *Laura is going to report about her progress tomorrow ~ Laura va a presentar mañana un informe sobre su progreso*

report at ins form ♦ to present oneself at (a place) as requested/agreed ~ presentarse en (un sitio) || *You must report at the barracks at 12.00 ~ Deberá presentarse en el cuartel a las 12.00*

report back **[1]** vi ♦ to announce one's return (e.g. to military barracks etc.) ~ presentarse (habiendo vuelto) || *You may go, but please report back before midnight ~ Puede irse, pero haga el favor de volver y presentarse aquí antes de medianoche* **[2]** vi ♦ to research and present a report ~ elaborar y presentar un informe || *This is your task: we want you to report back in August ~ Esta es su tarea: queremos que presente el informe en agosto*

report back on ins ♦ *véase* report about

report back to **[1]** ins ♦ [+ a building/person in charge] *véase* report at **[2]** ins ♦ *véase* get back to [2]

report for **[1]** ins ♦ [+ work/duty/training etc.] to present oneself in order to do ~ presentarse para || *Daniel reported for duty at 9.00 ~ Daniel se presentó para entrar de servicio a las 9.00* **[2]** ins ♦ to work as a reporter for (a newspaper etc.) ~ ser reportero de || *My brother reports for a major newspaper ~ Mi hermano es reportero de un periódico importante* **[3]** v2obj ♦ *véase* impeach for [1]

report in **[1]** vi ♦ *véase* report back [1] **[2]** ins ♦ *véase* report for [2]

report on ins ♦ *véase* report about

report to **[1]** ins ♦ [+ a building/person in charge] *véase* report at **[2]** ins ♦ *véase* answer to [2]

report upon ins form ♦ *véase* report about

repose in **[1]** ins form ♦ *véase* lie in [2] **[2]** ins form ♦ *véase* lie in [3]

repose on ins form ♦ [lie on top of a bed or another flat surface] *véase* lie in [2]

repose upon ins form ♦ [lie on top of a bed or another flat surface] *véase* lie in [2]

repossess oneself of ins form ♦ *véase* get back [2]

represent as v2obj ♦ *véase* describe as

represent in v2obj ♦ [+ court etc.] to be the lawyer (etc.) of (an accused person) ~ ser apoderado de || *Daniel represented his cousin in the trial ~ Daniel fue apoderado de su prima en el juicio*

represent to **[1]** v2obj ♦ *véase* mean to **[2]** v2obj form ♦ *véase* explain to

reprieve from v2obj form ♦ [+ sentence/death etc.] *véase* deliver from

reprimand for v2obj ♦ *véase* admonish for

reproach for v2obj ♦ *véase* admonish for
reproduce from v2obj ♦ *véase* copy from
reprove for v2obj form ♦ *véase* get down on for
repulse from v2obj form ♦ *véase* expel from
request from v2obj ♦ *véase* ask of
request of v2obj ♦ *véase* ask of
require from v2obj ♦ *véase* demand from
require of v2obj ♦ *véase* demand from
requisition from v2obj USA ♦ *véase* order from
rescue from v2obj ♦ to save (person/animal) from (danger/difficulty/failure etc.) ~ rescatar de || *I rescued my brother from danger/from the tree ~ Rescaté a mi hermano del peligro/del árbol*
research into ins ♦ to undertake investigation in (a theme) ~ investigar || *Laura is researching into the history of the matchstick ~ Laura está investigando la historia de la cerilla*
resemble in v2obj ♦ to be similar to (someone) in (a characteristic etc.) ~ parecerse a (alguien) en || *You resemble your mother in your gestures ~ Te pareces a tu madre en los gestos*
reserve for v2obj ♦ *véase* hold for
reside in **[1]** ins form ♦ *véase* dwell in **[2]** ins form ♦ *véase* lie in [3] **[3]** ins form ♦ [responsibility/power etc.] *véase* fall on [3]
resign from ins ♦ [+ job] *véase* give up [3]
resign to v2obj ♦ [duty etc.] *véase* assign to
resign oneself to ins ♦ *véase* reconcile oneself to
resolve into **[1]** ins téc ♦ [chemical substance etc.] to separate oneself into ~ separarse en || *The liquid will resolve into two colours ~ El líquido se separará en dos colores* **[2]** v2obj téc ♦ [chemical substance etc.] *véase* divide off into
resolve oneself into ins téc ♦ [chemical substance etc.] *véase* change into [2]
resolve on ins ♦ *véase* agree on [1]
resonate with **[1]** ins ♦ *véase* echo with **[2]** ins form ♦ *véase* abound in
resort to ins ♦ [+ bad/illegal activity] *véase* fall back on
resound with ins ♦ *véase* echo with
respect as v2obj ♦ to have respect for (someone) in the capacity of ~ respetar a (alguien) como || *I respect him as a person, but not as a footballer ~ Le respeto como persona, pero como futbolista no*
respect for v2obj ♦ to have respect for (someone) due to (an act/characteristic) ~ respetar a (alguien) por || *She respects her father for his honesty ~ Respeta a su padre por su honradez*
respond to **[1]** ins ♦ *véase* reply to **[2]** ins ♦ *véase* react to
rest against **[1]** ins & v2obj ♦ *véase* lean against [1] **[2]** ins ♦ *véase* abut against
rest from ins ♦ [physical exercise etc.] *véase* get over [1]
rest in **[1]** ins ♦ [+ chair/bed etc.] *véase* lie in [2] **[2]** ins ♦ *véase* lie in [3] **[3]** v2obj form ♦ *véase* invest in [2]
rest on **[1]** ins & v2obj ♦ *véase* lean against [1] **[2]** ins ♦ *véase* abut against **[3]** ins ♦ *véase* depend on [4] **[4]** ins ♦ [eyes] to stop and focus on (a person/thing) ~ clavarse en || *The man's eyes rested on me and I got nervous ~ Los ojos del hombre se clavaron en mí y me puse nerviosa*
rest up vi ♦ [after illness or before physical exercise] *véase* chill out
rest up for ins USA ♦ to relax as preparation for (a physical act etc.) ~ descansar para prepararse para (algo físico) || *The boys are resting up for the game on Saturday ~ Los muchachos están descansando antes del partido del sábado*
rest up from ins USA ♦ *véase* get over [1]; convalesce from
rest upon ins/ins & v2obj form ♦ *véase* rest on
rest with ins ♦ [responsibility/duty etc.] *véase* fall on [3]
restock with v2obj ♦ [again] *véase* stock with

restore to [1] v2obj ♦ *véase* hand back to [1] **[2]** v2obj ♦ to cause (e.g. building/statue) to acquire (its original state) ~ restaurar (edificio/estatua) dándole su forma original || *They've restored the roof to its original colour ~ Han restaurado el tejado, devolviéndole su color original*

restrict to v2obj ♦ *véase* confine to; keep to [2]

result from ins ♦ *véase* flow from [2]

result in ins ♦ *véase* add up to [2]

resurrect from [1] v2obj ♦ [+ the dead] *véase* bring back [3] **[2]** v2obj ♦ [+ person/thing lost/ignored] *véase* get back from [2]

retail at ins ♦ *véase* go for [3]

retail for ins ♦ *véase* go for [3]

retail to v2obj ♦ [at a retail price] *véase* sell to

retaliate against ins ♦ *véase* hit out against; get back [4]

retaliate on ins ♦ *véase* get back [4]

retch up sep ♦ *véase* bring up [4]

retire from [1] ins ♦ [+ job/public life] to stop working/participating in ~ jubilarse/retirarse de || *My father has retired from his job/public performances ~ Mi padre se ha retirado del trabajo/de las actuaciones públicas* **[2]** v2obj ♦ to remove (a person/vehicle) from (job/daily use etc.) ~ retirar (algo/a alguien) de || *The navy has retired one of its old ships from service ~ La marina ha retirado de servicio uno de sus barcos antiguos*

retire off sep ♦ *véase* pension off

retire on ins ♦ to retire from a job and receive (a pension/sum of money) ~ jubilarse y cobrar (tal pensión o cantidad de dinero) || *My grandfather retired on 5 dollars a week ~ Mi abuelo cobraba una pensión de 5 dólares semanales*

retire to [1] ins ♦ [having retired] *véase* move to [2] **[2]** ins ♦ [moving from one room to another] *véase* go in [2]

retreat from ins ♦ *véase* draw back from

retreat to ins ♦ *véase* escape to

retrieve from v2obj ♦ *véase* get back from [2]

return for [1] ins ♦ to return to a place to recover or experience (person/thing) ~ volver a un sitio a recuperar o experimentar (algo/a alguien) || *I returned the following day for my umbrella/for the concert ~ Volví al día siguiente a buscar mi paraguas/a ver el concierto* **[2]** v2obj ♦ to give/pay (something) in recompense for ~ devolver/pagar/dar (algo) por || *The cashier returned ten coins for the note I'd given him ~ El cajero me devolvió diez monedas por el billete que le había dado*

return from ins ♦ *véase* get back from [1]

return to [1] ins ♦ *véase* go back to [1] **[2]** ins ♦ *véase* go back to [2] **[3]** ins ♦ *véase* go back to [5] **[4]** ins ♦ *véase* go back to [6] **[5]** v2obj ♦ *véase* hand back to [1]

reunite with v2obj ♦ to cause (X) to meet (Y) again ~ reconciliar a (X) con (Y) || *The agency managed to reunite my grandmother with her sister ~ La agencia logró que mi abuela volviera a ver a su hermana*

rev up [1] sep ♦ to cause (the engine of a stationary car) to work quickly ~ acelerar la marcha de; girar el motor de || *Daniel revved up the engine and the mechanic saw what the problem was ~ Daniel aceleró la marcha del motor y el mecánico comprendió cuál era el problema* **[2]** vi USA AUS ♦ *véase* gear up [1] **[3]** sep USA AUS ♦ *véase* beef up; gear up [2]; fire up [2]

reveal to [1] v2obj ♦ *véase* flash at [2] **[2]** v2obj ♦ *véase* confide to [1]

revel in ins ♦ [+ success/attention etc.] *véase* exult at

revenge oneself on ins ♦ *véase* get back [4]

revenge oneself upon ins form ♦ *véase* get back [4]

reverberate with ins ♦ *véase* echo with

revere for v2obj ♦ *véase* admire for

reverse into ins & v2obj ♦ *véase* back into [2]

revert to [1] ins ♦ *véase* go back to [2] **[2]** ins ♦ *véase* go back to [5] **[3]**

ins ♦ *véase* come back to [1] **[4]** ins jur ♦ [house] to become the legal possession of (person) again ~ revertir a || *The house reverted to him when his parents died ~ La casa le revirtió a él cuando se le murieron los padres*

review for **[1]** ins USA ♦ *véase* cram for **[2]** v2obj ♦ to write a review of (a book, concert etc.) for (a newspaper) ~ reseñar (algo) para (un periódico etc.) || *When she was young she reviewed concerts for a magazine ~ Cuando era joven reseñaba conciertos para una revista*

revise for ins GB AUS ♦ *véase* cram for

revolt against ins ♦ *véase* mutiny against

revolve about ins ♦ *véase* revolve around

revolve around **[1]** ins ♦ to turn in a circle around (an axis etc.) ~ girar alrededor de || *This wheel revolves around a central shaft ~ Esta rueda gira alrededor de un eje central* **[2]** ins ♦ *véase* centre around [1]

revolve on ins ♦ *véase* revolve around [1]

revolve round **[1]** ins ♦ *véase* revolve around [1] **[2]** ins ♦ *véase* centre around [1]

reward for v2obj ♦ [for excellence/bravery etc.] *véase* compensate for [1]

reward with v2obj ♦ to give (money/a smile) to (someone) as a reward ~ premiar a (alguien) con || *The director rewarded us with a smile ~ La directora nos premió con una sonrisa*

rhapsodise over ins form GB AUS ♦ *véase* go on about; enthuse about

rhapsodize over ins form ♦ *véase* go on about; enthuse about

rhyme with **[1]** ins ♦ [word] to have the same final sound as (another word) ~ rimar con || *'Protection' rhymes with 'election' ~ 'Protección' rima con 'elección'* **[2]** v2obj ♦ to cause (a word) to have the same final sound as (another) ~ hacer que (una palabra) rime con (otra) || *The poet wanted to rhyme 'central' with something else ~ El poeta buscaba otra palabra que rimase con 'central'*

ricochet off ins ♦ *véase* cannon off

rid of v2obj ♦ *véase* deliver from

rid oneself of ins ♦ [+ negative image etc.] *véase* escape from; cast aside

riddle with v2obj ♦ [+ bullets] *véase* bombard with

ride about **[1]** vi & ins ♦ [on horse/bike/motorbike etc.] *véase* cruise around **[2]** vi IRL arg ♦ *véase* fuck about [2]

ride around **[1]** vi & ins ♦ [on horse/bike/motorbike etc.] *véase* cruise around **[2]** vi IRL arg ♦ *véase* fuck about [2]

ride away **[1]** vi ♦ [on horse/bike/motorbike etc.] *véase* drive away [1] **[2]** vi IRL arg ♦ *véase* bang away [3]

ride back vi ♦ [on horse/bike/motorbike etc.] *véase* come back [1]

ride by vi & ins ♦ [horse/bike/motorbike; person riding] *véase* go by [2]

ride down **[1]** vi & ins ♦ [horse/bike/motorbike; person riding] *véase* go down [2] **[2]** sep os USA ♦ *véase* go down on [3] **[3]** sep ns ♦ [on horse/motorbike] *véase* knock down [1] **[4]** sep ♦ [on horse/motorbike] *véase* catch up [2]

ride for **[1]** ins dep ♦ [horse/motorbike team] *véase* play for [1] **[2]** ins ♦ [+ a fall] *véase* head for

ride off vi ♦ [on horse/bike/motorbike etc.] *véase* drive away [1]

ride on **[1]** vi ♦ [on horse/bike/motorbike etc.] *véase* drive on [1] **[2]** ins ♦ *véase* depend on [4] **[3]** ins ♦ [+ horse/vehicle] *véase* go on [10]

ride out **[1]** vi & sep ♦ [on horse/bike/motorbike etc.] *véase* drive out [1] **[2]** sep ♦ *véase* come through [4]

ride out of ins & v2obj ♦ [on horse/bike/motorbike etc.] *véase* drive out of [1]

ride past vi & ins ♦ [horse/bike/motorbike; person riding] *véase* go by [2]

ride up **[1]** vi ♦ [on horse/bike/motorbike etc.] *véase* drive up [2] **[2]** vi & ins ♦ [on horse/bike/motorbike etc.] *véase* go up [1] **[3]** vi ♦ [garment] to lift to a position higher than the normal height ~ subirse || *When she sat down, her dress* *began to ride up* ~ *Cuando se sentó, se le empezó a subir el vestido*

ride up on **[1]** ins ♦ to approach riding on (a horse, bike, motorbike etc.) ~ llegar en/a || *Laura rode up on a horse and greeted us* ~ *Laura se acercó a caballo y nos saludó* **[2]** ins ♦ [garment] to lift unnaturally on the body of ~ subírsele a || *My underpants have ridden up on me* ~ *Se me han subido los calzoncillos*

ride upon **[1]** ins form ♦ *véase* depend on [4] **[2]** ins form ♦ [+ horse/vehicle] *véase* go on [10]

riffle through ins USA inf ♦ [+ documents, quickly] *véase* flick through [1]; burrow into [2]

rifle through ins ♦ [+ documents/drawer/room] *véase* burrow into [2]

rig out sep inf arc ♦ *véase* dress up [2]

rig out in v2obj inf arc ♦ *véase* dress in [2]

rig out with v2obj inf arc ♦ *véase* equip with

rig up sep inf ♦ to make/fit (machinery etc.) for temporary use ~ arreglar/montar/improvisar || *I rigged up an amplifier so that Daniel could play his guitar* ~ *Improvisé un amplificador para que Daniel tocara su guitarra*

ring around **[1]** vi GB AUS ♦ *véase* call around **[2]** vi & ins USA ♦ *véase* crowd around

ring around with v2obj USA ♦ *véase* encircle with

ring back vi & sep os GB AUS ♦ *véase* call back [1]

ring down sep ♦ [+ theatrical curtain] to lower ~ bajar (el telón) || *The director rang the curtain down and sighed with relief* ~ *El director bajó el telón y dio un suspiro de alivio*

ring for ins ♦ [using phone/bell] *véase* call for [3]; buzz for

ring in **[1]** vi GB AUS ♦ *véase* call in [2] **[2]** vi GB AUS ♦ *véase* call in [3] **[3]** sep ♦ [+ new year] to announce and celebrate with bells ~ anunciar y celebrar con campanas || *They're going to the church at midnight to ring the new year in* ~ *Van a la iglesia a medianoche a anunciar el año nuevo con campanas* **[4]** vi USA ♦ *véase* clock in [1]

ring off vi GB AUS ♦ *véase* hang up [2]

ring out **[1]** vi ♦ [esp. gunshot] *véase* go up [7] **[2]** vi USA ♦ *véase* clock off [1] **[3]** sep ♦ [+ the old year] to announce and celebrate with bells ~ tañer las campanas para señalar (el fin del año) || *We cried when the girls rang out the old year* ~ *Lloramos cuando las muchachas señalaron el fin del año tañendo las campanas*

ring round **[1]** vi GB AUS ♦ *véase* call around **[2]** vi & ins USA ♦ *véase* crowd around

ring round with v2obj USA ♦ *véase* encircle with

ring up **[1]** vi & sep GB AUS ♦ *véase* call up [1], [2] **[2]** ins USA inf ♦ *véase* clock up **[3]** sep ♦ [price on shop till] *véase* key in

ring with **[1]** v2obj USA ♦ *véase* encircle with **[2]** ins ♦ *véase* echo with

rinse down **[1]** sep ♦ [with or without a hose] *véase* hose down **[2]** sep ♦ to drink liquid in order to digest (food) ~ regar (comida) || *We chose a good Rioja to rinse the chicken down* ~ *Escogimos un buen Rioja para regar el pollo*

rinse down with v2obj ♦ to digest (food) by drinking (e.g. wine) ~ regar con || *Laura and Daniel rinsed the meat down with champagne* ~ *Laura y Daniel regaron la carne con champán*

rinse off **[1]** sep ♦ [with or without a hose] *véase* hose down **[2]** sep & v2obj ♦ to remove (dirt etc.) (from a surface) using water ~ quitar (algo) (de un sitio) con agua || *I'm trying to rinse the blood off (the table)* ~ *Estoy intentando quitar la sangre (de la mesa) con agua*

rinse out **[1]** sep ♦ [garment] to use water to remove the soap (etc.) from ~ enjuagar || *Can you rinse these socks out and hang them out?* ~ *¿Te importa enjuagar estos calcetines y tenderlos?* **[2]** sep ♦ [cup etc.] to clean quickly with water ~ enjuagar || *Do you want some wine? I'll rinse a glass out* ~ *¿Quieres vino? Te enjuago una copa*

rinse out of v2obj ♦ to remove (dirt/soap/colour) from (something) with water ~ quitar (algo) de (algo) enjuagando || *I'll need to rinse the dregs out of this glass ~ Tendré que enjuagar este vaso para quitarle las heces*

rip along vi & ins ♦ *véase* career along

rip apart **[1]** sep os ♦ *véase* break up [8] **[2]** sep os ♦ *véase* cut up [3]

rip away **[1]** sep ♦ *véase* break off [5] **[2]** sep ♦ *véase* grab away

rip away from v2obj ♦ *véase* rend from

rip down sep ♦ to remove (e.g. a poster from a wall) by pulling violently ~ arrancar (de la pared) || *When her favourite group split up Laura ripped her posters down ~ Cuando se separó su grupo preferido, Laura arrancó los pósteres de la pared*

rip into **[1]** ins inf ♦ *véase* come at [2]; fall on [6] **[2]** ins inf ♦ *véase* beat up on [2]

rip into for v2obj inf ♦ *véase* get down on for

rip off **[1]** sep & v2obj ♦ *véase* haul off [1] **[2]** sep inf ♦ *véase* rake off [2] **[3]** sep ♦ *véase* fling off [1] **[4]** sep inf ♦ *véase* go off with [1] **[5]** sep inf ♦ [the style/material of another writer/singer etc.] *véase* hit off **[6]** vi ♦ *véase* come off [1]

rip on **[1]** ins USA arg ♦ *véase* go on at; brass off **[2]** v2obj ♦ *véase* snag on [2]

rip out sep ♦ [remove contents violently] *véase* drag out [3]

rip through ins ♦ [fire through building/area; angry person through task] *véase* hurtle through

rip to v2obj ♦ [+ bits/pieces] *véase* rend into

rip up **[1]** sep ♦ [tear paper/cloth etc. violently] *véase* cut up [1] **[2]** sep ♦ [carpet etc.] to remove by pulling violently upwards ~ quitar (levantando violentamente) || *We're ripping the carpet up to lay a new one ~ Estamos quitando la alfombra para extender otra nueva*

ripen into ins ♦ [fruit/problem] *véase* grow into [2]

ripple through ins ♦ [excitement etc.] to affect (a group of people) ~ ir emocionando || *A feeling of pride rippled through the audience ~ Una sensación de orgullo iba apoderándose del público*

ripple with ins ♦ *véase* buzz with

rise above **[1]** ins ♦ to rise to a position above (something else) ~ salir/subir/elevarse (etc.) por encima de || *The sun rose above the mountains ~ El sol salió encima de las montañas* **[2]** ins ♦ to show oneself to be superior to (jealousy/arguments etc.) ~ mostrarse superior a || *Laura always rose above adolescent jealousy ~ Laura siempre se mostraba superior a los celos adolescentes*

rise against ins ♦ *véase* demonstrate against; come out against

rise from ins ♦ *véase* arise from

rise to **[1]** ins ♦ [the surface etc., vertically] *véase* float to **[2]** ins ♦ *véase* go up to [4]

rise up **[1]** vi ♦ *véase* get up [1] **[2]** vi ♦ *véase* loom up [2]

rise up against ins ♦ *véase* mutiny against

risk on v2obj ♦ *véase* bet on [1]

rival in v2obj ♦ *véase* equal in

rivet on **[1]** sep os ♦ [con un remache] *véase* bind on **[2]** v2obj ♦ *véase* concentrate on [2]

rivet onto v2obj ♦ [con un remache] *véase* fasten to [1]

rivet to v2obj ♦ [con un remache] *véase* fasten to [1]

roam about vi & ins ♦ [locally or covering a large area] *véase* bat around [2]

roam around vi & ins ♦ [locally or covering a large area] *véase* bat around [2]

roar at **[1]** ins ♦ [lion] to make its habitual sound at (a person/animal) ~ rugir a || *The lion roared at the other animals in the field ~ El león rugió a los demás animales en el campo* **[2]** ins ♦ *véase* bark at **[3]** ins ♦ *véase* laugh about

roar away vi ♦ [with loud engine noise] *véase* peel out

roar out sep ♦ *véase* bark out

roar past vi & ins ♦ [with loud engine noise] *véase* go by [2]

roar with ins ♦ [+ laughter/pain] *véase* collapse with

rob of v2obj ♦ [money/dignity etc.] *véase* deprive of; defraud of

robe in v2obj ♦ *véase* dress in [2]

rock to [1] v2obj ♦ [+ sleep] *véase* lull to **[2]** ins inf ♦ *véase* dance to

rock up vi AUS inf ♦ to arrive in a loud/unusual manner ~ presentarse con mucho jaleo (etc.) || *Daniel rocked up at midnight, completely drunk ~ Daniel llegó entre mucho jaleo a medianoche, totalmente borracho*

rock with ins ♦ [+ laughter] *véase* collapse with

rocket into [1] ins ♦ [+ space] to ascend to ~ ascender a; ir en cohete a || *They rocketed into space in a small spaceship ~ Subieron al espacio en un cohete pequeño* **[2]** v2obj ♦ *véase* catapult into

rocket to [1] ins ♦ [+ the moon etc.] *véase* rocket into [1] **[2]** v2obj ♦ *véase* catapult into

rocket up vi ♦ [prices etc.] to rise quickly ~ subir de prisa/mucho || *The price of petrol has rocketed up this year ~ El precio de la gasolina ha subido vertiginosamente este año*

roll about [1] vi ♦ [ball etc.] *véase* move about [1] **[2]** sep ♦ [ball etc.] *véase* move about [3] **[3]** vi inf ♦ *véase* fall about **[4]** vi ♦ [person/dog] to roll horizontally on the ground ~ rodar por el suelo || *The two lovers were rolling about on the floor ~ Los dos amantes rodaban por el suelo*

roll along [1] vi ♦ [ball etc.] *véase* move about [1] **[2]** sep ♦ [ball etc.] *véase* move about [3] **[3]** vi ♦ *véase* come along [2] **[4]** vi inf ♦ *véase* rock up

roll around [1] vi ♦ [ball etc.] *véase* move about [1] **[2]** sep ♦ [ball etc.] *véase* move about [3] **[3]** vi inf ♦ *véase* fall about **[4]** vi ♦ *véase* roll about [4] **[5]** vi inf ♦ *véase* come around [5]

roll away [1] vi ♦ [ball etc.] to leave its position by rolling ~ alejarse rodando || *I put the ball on the pavement but it rolled away ~ Coloqué la pelota en la acera pero se alejó rodando* **[2]** sep ♦ [by rolling] *véase* draw aside [2] **[3]** vi ♦ [mist etc.] *véase* clear away [2]

roll back [1] vi ♦ [by rolling] *véase* bounce back [1] **[2]** sep ♦ [by rolling] *véase* bounce back [3] **[3]** sep ♦ [e.g. government's power or control] *véase* cut back [1] **[4]** sep ♦ *véase* peel back **[5]** ins ♦ [+ the years] *véase* go back [7] **[6]** sep USA ♦ [prices] *véase* bring down [3] **[7]** vi mil ♦ [army] *véase* pull out [5]

roll by [1] vi & ins ♦ [cart etc.] *véase* go by [2] **[2]** vi ♦ [time] *véase* go by [1]

roll down [1] sep ♦ [blind/sleeve/car window etc.] *véase* draw down [1] **[2]** vi & ins ♦ [rolling] *véase* go down [2]

roll in [1] vi ♦ to enter by rolling ~ entrar rodando || *I opened the door and the ball rolled in ~ Abrí la puerta y la pelota entró rodando* **[2]** sep os ♦ to cause (ball etc.) to enter by rolling ~ hacer entrar rodando || *She opened the garage door and rolled the machine in ~ Abrió la puerta del garaje e hizo entrar la máquina rodándola* **[3]** vi ♦ [money/crowds/letters] *véase* flock in **[4]** vi ♦ [fog/clouds arriving] *véase* close in [1] **[5]** vi inf ♦ *véase* rock up **[6]** vi mil ♦ [tanks etc.] *véase* go in [3] **[7]** ins inf ♦ [+ money] *véase* brim with

roll off [1] ins ♦ *véase* fall from **[2]** ins ♦ [+ the production line] to be completed ~ acabarse; haberse fabricado || *3 million cars have rolled off the production line this year ~ Este año se han fabricado tres millones de coches*

roll on [1] vi ♦ [ball etc.] to continue rolling ~ seguir rodando || *I tried to stop the ball with my foot but it rolled on ~ Intenté parar la pelota con el pie pero siguió rodando* **[2]** vi ♦ [time] *véase* go by [1] **[3]** vi ♦ [paint/deodorant] to be applied with a rolling motion ~ aplicarse mediante una bola/un rodillo (etc.) || *This cream is very easy to use - it rolls on ~ Esta crema es muy fácil de usar - se aplica con una bola* **[4]** sep ♦ [paint/deodorant] to apply with a rolling motion ~ aplicar mediante una bola/un rodillo (etc.) || *Roll the paint on and we'll see how it looks* ~ *Aplica la pintura con el rodillo y veremos qué tal queda* **[5]** ins GB inf ♦ may (an event/date/period) come quickly! ~ ¡que venga/llegue ya (tal fecha etc.)! || *I'm sick of studying - roll on the holidays!* ~ *Estoy harta de estudiar - ¡que lleguen ya las vacaciones!*

roll out **[1]** sep ♦ to extract by rolling ~ sacar rodando || *Daniel rolled out the barrel and Laura took it away* ~ *Daniel sacó el tonel rodándolo y se lo llevó Laura* **[2]** sep ♦ [extender (masa etc.) con el rodillo] *véase* flatten down [2] **[3]** sep ♦ to unroll (a sheet/carpet etc.) ~ desenrollar || *Laura rolled out the rug and saw that it was dirty* ~ *Laura desenrolló la alfombra y vio que estaba sucia* **[4]** sep USA ♦ *véase* churn out **[5]** sep ♦ [to give a speech etc.] *véase* bring in [5] **[6]** vi ♦ to exit by rolling ~ salir rodando || *The boss opened the safe and the coins rolled out* ~ *El jefe abrió la caja fuerte y salieron rodando las monedas* **[7]** vi inf ♦ to exit drunkenly ~ salir haciendo eses || *When the barman closed the bar they all rolled out* ~ *Cuando el camarero cerró el bar salieron todos haciendo eses*

roll over **[1]** vi ♦ *véase* flip over [2] **[2]** vi ♦ to move one's body to lie facing the other direction ~ volverse al otro lado; darse la vuelta || *Laura couldn't get to sleep so she rolled over* ~ *Laura no conseguía dormirse entonces se volvió al otro lado* **[3]** sep os ♦ [person/food/something heavy] *véase* flick over [1] **[4]** sep ♦ to extend the investment time of (money) by reinvesting ~ extender el plazo de || *I didn't need the money so I rolled it over* ~ *No me hacía falta el dinero así que lo volví a invertir* **[5]** sep USA AUS ♦ [debts etc.] *véase* carry over [1] **[6]** sep GB ♦ [in the lottery] to add one week's prize to that of the following week ~ [en la lotería] añadir un premio no ganado al de la semana siguiente || *Nobody won the top prize last week so they're rolling it over* ~ *A nadie le tocó el gordo la semana pasada, así que esta semana valdrá el doble*

roll past **[1]** vi & ins ♦ [cart etc.] *véase* go by [2] **[2]** vi ♦ [time] *véase* go by [1]

roll round vi ♦ *véase* come around [5]

roll to v2obj ♦ [ball etc., by rolling it] *véase* give to

roll up **[1]** sep ♦ [cable/carpet etc.] *véase* coil up [3] **[2]** sep ♦ [trousers/sleeves] to make shorter by rolling ~ arremangar || *Laura rolled her sleeves up and began to wash up* ~ *Laura arremangó la camisa y se puso a fregar los platos* **[3]** vi ♦ [animal] *véase* curl up [1] **[4]** vi ♦ [esp. in large numbers] *véase* rock up **[5]** vi GB ♦ [always a command] a shout which encourages customers to attend an event ~ ¡vengan/acérquense todos! (etc.) || *Roll up! See the smallest man in the world!* ~ *¡Vengan todos! ¡Vean al hombre más bajo del mundo!*

roll up in v2obj ♦ [wrap] *véase* do up in

roll up into ins & v2obj ♦ *véase* curl up into

roll with ins ♦ *véase* live with [2]

romanticise about ins GB AUS ♦ [+ person/time] *véase* fantasise about; enthuse about

romanticize about ins ♦ [+ person/time] *véase* fantasise about; enthuse about

romp around vi ♦ *véase* frisk about

romp on **[1]** ins USA inf ♦ *véase* blow away [4] **[2]** ins USA inf ♦ *véase* blow up [4]

romp over ins USA inf ♦ *véase* blow up [4]

romp through ins ♦ *véase* hurtle through

roof in **[1]** sep ns ♦ [shed etc.] *véase* cover in [2] **[2]** v2obj ♦ [apply a roof of (wood etc.) to (a shed etc.)] *véase* cover in [1]

roof over sep ns ♦ [shed etc.] *véase* cover in [2]

room together vi ♦ [e.g. 2 players during a sports tour] *véase* double up [1]

room with ins ♦ [e.g. 2 players during a sports tour] *véase* double up with [2]

root about vi ♦ *véase* ferret about
root about for ins ♦ *véase* buck for
root around vi ♦ *véase* ferret about
root around for ins ♦ *véase* buck for
root for **[1]** ins ♦ *véase* buck for **[2]** ins inf ♦ *véase* cheer for
root in **[1]** v2obj ♦ [+ sand/soil etc.] *véase* plant in **[2]** v2obj ♦ [belief/action etc.] *véase* base on; found on
root out **[1]** sep ♦ to identify (a problematic thing or person) and expel ~ extirpar; identificar y expulsar || *We've managed to root out the majority of the problems ~ Hemos logrado extirpar la mayoría de los problemas* **[2]** sep inf ♦ *véase* dig out [2]
root through ins ♦ [+ documents/drawer/room] *véase* burrow into [2]
root up sep ♦ *véase* dig up [3]
rope in **[1]** sep ♦ [using ropes] *véase* fence in **[2]** sep ♦ [unwillingly into an activity] *véase* drag in [2]
rope into v2obj ♦ *véase* hook into
rope off sep ♦ [using ropes] *véase* cordon off
rope together sep ♦ [using rope] *véase* bind together
rope up sep ♦ [using rope] *véase* bind up
rot away vi ♦ [plant/building] to decompose ~ descomponerse/pudrirse || *The rose bush is starting to rot away ~ El rosal está empezando a pudrirse*
rot in ins ♦ [+ prison etc.] *véase* languish in
rot off **[1]** vi ♦ *véase* break away [3] **[2]** ins ♦ *véase* come away from [2]
rot out vi USA ♦ [teeth/wood] *véase* rot away
rotate on ins téc ♦ *véase* revolve around [1]; pivot on [1]
rough in sep téc ♦ [constructing or drawing] *véase* block in [2]; chalk out [2]
rough out sep téc ♦ [constructing or drawing] *véase* block in [2]; chalk out [2]
rough up sep inf ♦ *véase* beat up [1]
round down sep ♦ to lower (a price/complicated fraction) to the whole number beneath ~ redondear rebajando || *It would be better to round these fractions down ~ Sería mejor redondear estas fracciones rebajándolas*
round down to v2obj ♦ to lower (a price/complicated fraction) to (the whole number beneath) ~ redondear (un número) rebajando a/hasta || *I'm going to round this 7.0003 down to 7 ~ Voy a reducir este 7,0003 a un 7 pelado*
round off **[1]** sep ♦ to make (e.g. the corner of a table) round using a tool ~ redondear || *Laura rounded the edge off using a rasp ~ Laura redondeó el borde con una escofina* **[2]** sep ♦ [meal/evening] *véase* finish off [2] **[3]** sep ♦ [un número: hacia abajo o arriba] *véase* round down; round up
round off with v2obj ♦ [meal/evening] *véase* end with
round on ins ♦ [+ a person] *véase* hit out against
round out sep ♦ to make more complete ~ redondear/completar || *We've added another activity to round the experience out ~ Hemos añadido otra actividad para redondear la experiencia*
round up **[1]** sep ♦ *véase* gather together [2] **[2]** sep ♦ to raise (a price/complicated fraction) to the whole number above ~ redondear subiendo || *I see they've rounded up all the percentages ~ Veo que han redondeado (hacia arriba) todos los porcentajes*
round up to v2obj ♦ to raise (a price/complicated fraction) to (the whole number above) ~ redondear (un número) subiendo a/hasta || *We should round this 9.997 up to 10 ~ Deberíamos subir este 9,997 a un 10 redondo*
round upon ins form ♦ [+ a person] *véase* hit out against
rouse from v2obj ♦ *véase* arouse from
rouse out of v2obj ♦ *véase* arouse from
rouse to v2obj ♦ [+ rebellion/revolution etc.] *véase* incite to
roust out sep ♦ *véase* drive out [3]
roust out of v2obj ♦ *véase* drive out of [2]
rout out sep ♦ *véase* drive out [3]

rout out of v2obj ♦ *véase* drive out of [2]

route around v2obj USA ♦ to cause (someone) to take a route to avoid (place/thing) ~ desviar a (alguien) para que evite (algo/tal sitio) || *The police routed us around the scene of the accident ~ La policía nos desvió para que evitáramos el lugar del accidente*

route to v2obj ♦ *véase* forward to

rove about vi & ins ♦ [locally or covering a large area] *véase* bat around [2]

rove around vi & ins ♦ [locally or covering a large area] *véase* bat around [2]

row about ins ♦ *véase* face off over

row across vi & ins ♦ [un lago etc., remando] *véase* cross over [1]

row against ins ♦ [in a regatta] *véase* compete against

row for [1] ins dep ♦ [en el equipo de remo] *véase* play for [1] **[2]** ins ♦ [remando] *véase* head for

row out to [1] ins ♦ [remando] *véase* head for **[2]** v2obj ♦ [remando] *véase* drive to [1]

row to [1] ins ♦ [remando] *véase* head for **[2]** v2obj ♦ [remando] *véase* drive to [1]

row with ins ♦ *véase* argue with

rub against ins & v2obj ♦ *véase* brush against

rub along vi GB arc inf ♦ *véase* get along [2], [3]

rub along together vi GB arc inf ♦ *véase* get along [2]

rub at ins ♦ to rub the surface of (something) constantly ~ ir frotando/gastando || *I think the steel disc has been rubbing at the plastic here ~ Creo que el disco de acero ha ido gastando el plástico aquí*

rub away sep ♦ to remove by rubbing ~ quitar frotando || *Laura tried to rub the stain away ~ Laura intentó quitar la mancha frotándola*

rub away at ins ♦ *véase* rub at

rub down [1] sep ♦ to clean/dry (a person/surface) using a towel/cloth (etc.) ~ limpiar/secar (con un trapo/una toalla etc.) || *I want to rub the table down before you eat ~ Quiero limpiar la mesa con un trapo antes de que comáis* **[2]** sep ♦ to make (a surface or item) smooth using sandpaper ~ lijar; frotar con papel de lija || *I'm going to rub the chair down and paint it again ~ Voy a lijar la silla y volver a pintarla* **[3]** sep ♦ to massage (a person's body) ~ dar un masaje a || *I rubbed Laura down after the match ~ A Laura le di un masaje después del partido*

rub in [1] sep ♦ to cause (cream etc.) to enter skin (etc.) by rubbing ~ hacer fricciones con (un ungüento etc.) || *Daniel took a bit of cream and rubbed it in ~ Daniel tomó un poco de crema y se la aplicó* **[2]** sep os ♦ to talk insistently about (a topic which another person finds painful etc.) ~ insistir/machacar con (un tema que duele a la otra persona) || *I know I've failed geography - there's no need to rub it in ~ Ya sé que me han suspendido en geografía - no hace falta que machaques con ello* **[3]** sep ♦ *véase* blend in [2]

rub into [1] v2obj ♦ to cause (cream etc.) to enter (skin etc.) by rubbing ~ hacer fricciones con (un ungüento etc.) para que penetre en || *Laura rubbed some ointment into her arm ~ Laura se aplicó un poco de ungüento al brazo* **[2]** v2obj ♦ *véase* blend in with [2]

rub off [1] sep ♦ *véase* rub away **[2]** vi ♦ [characteristic etc.] to be passed to other people ~ pasar/afectar a otra gente || *He does not have the sort of personality which rubs off ~ No tiene el tipo de personalidad que influya en otra gente*

rub off on ins ♦ to affect/be passed to ~ influir en/pasar a || *Her sense of humour seems to have rubbed off on the others ~ Su sentido del humor parece haberse pegado a los demás*

rub on [1] sep ♦ [+ surface] *véase* rub in [1] **[2]** v2obj ♦ [+ surface] *véase* rub into [1] **[3]** ins & v2obj ♦ *véase* brush against

rub onto v2obj ♦ [+ surface] *véase* rub into [1]

rub out [1] sep ♦ to erase using a rubber ~ borrar con goma || *Rub out what* *you've written in pencil* ~ *Borra lo que has escrito con lápiz* **[2]** sep USA AUS arg ♦ *véase* bump off

rub over **[1]** v2obj ♦ [+ surface] *véase* rub into [1] **[2]** sep ♦ *véase* rub down [1]

rub together **[1]** vi ♦ [2 things] to rub mutually and cause friction ~ frotarse || *It looks like the brake pads have been rubbing together* ~ *Parece que las pastillas de frenos han estado gastándose* **[2]** sep ♦ to cause (2 things) to rub mutually ~ hacer frotar (2 cosas) || *Laura rubbed her hands together when she saw the food* ~ *Al ver la comida Laura se frotó las manos*

rub up sep ♦ *véase* buff down

rub up against ins & v2obj ♦ *véase* brush against

ruck up **[1]** vi ♦ *véase* crease up [3] **[2]** sep ♦ *véase* crease up [2]

ruffle up sep ♦ *véase* fluff out

rule against ins jur ♦ *véase* find against

rule for ins jur ♦ *véase* find for

rule off **[1]** vi GB AUS ♦ to draw a line to finish a piece of writing ~ cerrar un texto con una línea || *Laura ruled off and gave the paper to the teacher* ~ *Laura cerró el ensayo con una línea y entregó el papel a la profesora* **[2]** sep GB AUS ♦ to draw a line to finish (a piece of writing) ~ tirar una línea debajo de || *Daniel ruled the translation off and closed the book* ~ *Daniel tiró una línea debajo de la traducción y cerró el libro*

rule on ins jur ♦ to offer a judgement or decision concerning ~ fallar (etc.) con respecto a || *The committee ruled on the matter after a long debate* ~ *Tras un largo debate el comité pronunció su decisión al respecto*

rule out **[1]** sep ♦ to consider that (person/thing) is unsuitable/impossible ~ descartar/excluir || *The police have not ruled out the possibility of murder* ~ *La policía no ha descartado la posibilidad de que se trate de homicidio* **[2]** sep ♦ to make impossible ~ imposibilitar || *Our lack of money has ruled out a party this year* ~ *Nuestra falta de dinero ha imposibilitado que hagamos una fiesta este año*

rule out of v2obj ♦ [enquiries/team etc.] *véase* eliminate from

rule over ins ♦ *véase* reign over

rumble along vi ♦ *véase* chug along

rumble on **[1]** vi ♦ *véase* drag on [1] **[2]** vi ♦ *véase* bang on [2]

rumble past vi & ins ♦ [with loud engine noise] *véase* go by [2]

ruminate about ins form ♦ *véase* deliberate on

ruminate on ins form ♦ *véase* deliberate on

rummage about vi ♦ *véase* ferret about

rummage about for ins ♦ *véase* buck for

rummage around vi ♦ *véase* ferret about

rummage around for ins ♦ *véase* buck for

rummage in ins ♦ *véase* fish in

rummage through ins ♦ [+ documents/drawers] *véase* burrow into [2]

rumple up sep USA ♦ *véase* crease up [2]

run about **[1]** vi ♦ to run in various directions ~ correr (por todas partes) || *The children spent the whole morning running about* ~ *Los niños pasaron toda la mañana corriendo* **[2]** vi inf ♦ to be busy doing a lot of urgent things ~ estar muy atareado || *She's been running about for most of this week* ~ *Ha estado muy atareada durante gran parte de esta semana*

run across **[1]** ins ♦ *véase* bump into [2] **[2]** vi & ins ♦ [running] *véase* cross over [1]

run after **[1]** ins ♦ *véase* chase after **[2]** ins ♦ *véase* go for [4] **[3]** ins inf ♦ [+ possible sexual partner] *véase* dangle after

run against ins ♦ [+ athlete] *véase* compete against

run along **[1]** vi arc ♦ *véase* go off [2]; dash away **[2]** vi & ins ♦ [running] *véase* go along [3]

run around **[1]** vi ♦ *véase* run about [1] **[2]** vi inf ♦ *véase* run about [2] **[3]** ins ♦ [running] *véase* go round [6], [7]

run around after **[1]** ins ♦ *véase* chase after **[2]** ins inf ♦ [+ possible sexual partner] *véase* dangle after **[3]** ins inf ♦ to work excessively hard for (somebody lazy etc.) ~ ocuparse (de modo excesivo) de los asuntos de || *All I do is run around after my boss ~ Lo único que hago es cargarme los asuntos del jefe*

run around with ins arc inf ♦ *véase* chum around with

run as ins ♦ *véase* put up for [1]

run at ins ♦ [running] *véase* bear down on

run away **[1]** vi ♦ [running] *véase* dash away **[2]** vi ♦ [to avoid a problem/task] *véase* buzz off **[3]** vi ♦ to escape (esp. from home) due to unhappiness ~ huir (de casa etc.) || *His parents sent him to a boarding-school but he ran away ~ Sus padres le mandaron a un internado pero huyó*

run away from ins ♦ [+ place/person/problem] *véase* get away from [1]

run away with **[1]** ins ♦ *véase* elope with **[2]** ins USA ♦ *véase* go off with [1] **[3]** ins ♦ [emotions etc.] to overcome and affect (a person) strangely ~ [las emociones etc.] dominar (a la persona) || *You shouldn't let your imagination run away with you ~ No deberías dejarte dominar por la imaginación* **[4]** ins inf ♦ to win (a competition/prize) very easily ~ ganar (un concurso/premio) fácilmente || *Barcelona ran away with the league again this season ~ El Barcelona ha vuelto a ganar la liga sin problemas esta temporada* **[5]** ins USA ♦ [+ the show] to earn the most praise from the audience ~ hacer venirse abajo el teatro (etc.) || *Daniel's performance ran away with the show ~ La actuación de Daniel fue ovacionada por el público*

run back **[1]** vi ♦ [running] *véase* go back [1] **[2]** sep os ♦ to wind (a cassette etc.) towards the beginning ~ rebobinar || *Run the song back so we can listen to it again ~ Rebobina la canción para que la volvamos a escuchar* **[3]** sep os ♦ *véase* drive back [2]

run before v2obj inf ♦ *véase* bounce off [1]; bring up with

run behind **[1]** vi ♦ to be late ~ estar atrasado || *I'm running behind this morning - can you deal with it? ~ Voy un poco atrasada esta mañana - ¿te encargas tú?* **[2]** vi & ins ♦ to be running immediately behind (e.g. a vehicle) ~ correr detrás (de) || *The car set off with Laura running behind (it) ~ El coche se puso en camino con Laura corriendo detrás (de él)*

run by **[1]** v2obj inf ♦ *véase* bounce off [1]; bring up with **[2]** vi & ins ♦ *véase* dash past

run down **[1]** vi & ins ♦ [running] *véase* go down [2] **[2]** sep ♦ *véase* knock down [1] **[3]** sep inf ♦ *véase* beat up on [2]; do down [1] **[4]** sep inf ♦ to locate (a person/thing) after a long search ~ localizar por fin || *Laura's been trying to run you down for months ~ Laura lleva meses intentando localizarte* **[5]** sep GB AUS ♦ [company] to reduce gradually in size ~ ir reduciendo el tamaño/la producción de || *The managers want to run the firm down this year ~ Los gerentes quieren ir reduciendo el tamaño de la empresa este año* **[6]** sep GB AUS ♦ to reduce (stocks) gradually ~ ir reduciendo/agotando || *We've run the stocks down so as to buy new ones ~ Hemos ido agotando las existencias para comprar nuevas* **[7]** vi ♦ [battery/machine] to lose power gradually ~ ir perdiendo fuerza || *I think the batteries are running down ~ Creo que las pilas se están acabando* **[8]** sep ♦ to cause (a battery/machine) to lose power gradually ~ ir agotando || *Don't turn the volume up - you'll run the batteries down ~ No subas el volumen - agotarás las pilas* **[9]** ins ♦ [+ a list] *véase* check off

run for **[1]** ins ♦ *véase* put up for [1] **[2]** ins ♦ [esp. a bus] to run in order to catch ~ correr para coger || *I hurt myself running for the bus ~ Me hice daño corriendo para coger el autobús* **[3]** ins ♦ [+ one's life] to run in order to save ~ correr para salvarse (la vida) || *The lion has escaped! Run for your lives! ~ ¡Se ha escapado el león! ¡Sálvese quien pueda!* **[4]** ins ♦ [running] *véase* head for **[5]** ins dep ♦ [as a member of an athletics team] *véase* play for [1]

run for it vi inf ♦ *véase* run for [3]

run from ins ♦ [+ place/person/problem] *véase* get away from [1]

run in [1] vi ♦ *véase* dash in **[2]** sep ♦ *véase* haul in [2] **[3]** sep GB AUS ♦ *véase* break in [5]

run into [1] ins ♦ [running] *véase* go in [2] **[2]** ins ♦ *véase* bump into [2] **[3]** ins ♦ [car etc.] *véase* collide with **[4]** ins ♦ [+ millions etc. (of cost/price)] *véase* go up to [4] **[5]** ins ♦ [+ trouble/difficulty etc.] *véase* back into [1]

run off [1] vi ♦ [running] *véase* dash away **[2]** vi inf ♦ [to avoid a problem/task] *véase* buzz off **[3]** vi inf ♦ *véase* run away [3] **[4]** sep os & v2obj ♦ to cause (person/animal) to leave (e.g. a field) ~ hacer salir (de un campo etc.) || *The farmer ran the boys off (the field) ~ El granjero ahuyentó a los chicos (del campo)* **[5]** ins ♦ [machine] to function using ~ funcionar con/a base de || *This machine runs off batteries ~ Esta máquina funciona con pilas* **[6]** v2obj ♦ to cause (a machine) to function using ~ hacer funcionar con/a base de || *Daniel runs his car off paraffin ~ El coche de Daniel funciona con queroseno* **[7]** sep ♦ *véase* bang out [2] **[8]** sep ♦ [using printer/photocopier] *véase* print off

run off with [1] ins ♦ *véase* elope with **[2]** ins ♦ *véase* go off with [1]

run on [1] vi & ins ♦ [to run on the surface (of a lawn etc.)] *véase* go on [10] **[2]** vi ♦ to continue running ~ seguir corriendo || *Many of the athletes stopped, but Daniel ran on ~ Muchos de los atletas se pararon, pero Daniel siguió corriendo* **[3]** vi ♦ *véase* drag on [1] **[4]** vi USA ♦ *véase* go on [4] **[5]** ins ♦ *véase* run off [5] **[6]** v2obj ♦ *véase* run off [6]

run on about ins USA ♦ *véase* go on about

run out [1] vi ♦ *véase* dash out **[2]** vi com ♦ *véase* fall in [4] **[3]** vi ♦ [money/supply/stocks] *véase* dry up [3]

run out of [1] ins ♦ [running] *véase* burst out of [2] **[2]** ins ♦ *véase* be out of

run out on ins ♦ [esp. husband/wife] *véase* bail out on

run over [1] vi & ins ♦ [running] *véase* cross over [1] **[2]** vi ♦ [running] *véase* come over [1] **[3]** sep ♦ *véase* drive over [1]; knock over [1] **[4]** ins ♦ *véase* con over **[5]** ins ♦ to explain (something) quickly ~ explicar (algo) de prisa || *Laura ran over the three main points ~ Laura explicó los tres puntos principales* **[6]** vi ♦ *véase* brim over **[7]** vi ♦ [meeting etc.] to last for longer than the expected time ~ durar más de lo debido || *I'm sorry I'm late - the meeting ran over ~ Siento llegar tarde - la reunión ha durado más de lo debido*

run over to ins ♦ [running] *véase* come up to [3]; go over to [2]

run past [1] v2obj inf ♦ *véase* bounce off [1]; bring up with **[2]** vi & ins ♦ *véase* dash past

run round [1] vi ♦ *véase* run about [1] **[2]** vi inf ♦ *véase* run about [2] **[3]** ins ♦ [running] *véase* go round [6], [7]

run round after [1] ins ♦ *véase* chase after **[2]** ins inf ♦ [+ possible sexual partner] *véase* dangle after **[3]** ins inf ♦ *véase* run around after [3]

run through [1] ins ♦ [running or acting quickly] *véase* hurtle through **[2]** ins ♦ *véase* con over **[3]** ins ♦ *véase* run over [5] **[4]** ins ♦ [money] *véase* get through [3] **[5]** ins ♦ [river/blood/topic in literature etc.] *véase* course through **[6]** ins ♦ *véase* come over [5] **[7]** sep os lit ♦ to kill by piercing with a sword ~ matar traspasando con la espada || *The knight seized his rival and ran him through ~ El caballero agarró a su rival y le traspasó con la espada*

run to [1] ins ♦ [running] *véase* go to [1]; head for **[2]** ins ♦ to approach (esp. parents) to seek (comfort/money etc.) ~ acudir a (en busca de dinero, compasión etc.) || *I don't think it's right that you should run to your parents every time something goes wrong ~ No me parece bien que acudas a tus padres cada vez que algo no va bien* **[3]** ins ♦ [+ millions etc. (of cost/price)] *véase* go up to [4] **[4]** ins GB AUS ♦ to be/have sufficient money to afford (something) ~ serle posible comprar (algo); poder permitirse el lujo de || *I don't think we can run to a holiday this year ~ No creo que podamos permitirnos el lujo de ir de vacaciones este año* **[5]** v2obj ♦ *véase* drive to [1] **[6]** ins ♦ [tastes/hobbies] *véase* extend over

run up **[1]** vi & ins ♦ [running] *véase* go up [1] **[2]** vi ♦ *véase* dash up **[3]** sep ♦ [esp. garment on a sewing machine] *véase* dash off [1] **[4]** sep ♦ [bill/debt] to incur ~ incurrir en/crear/hacerse || *Daniel ran up a huge telephone bill when he was living in the hotel ~ Cuando vivía en el hotel Daniel creó una cuenta de teléfono enorme* **[5]** sep ♦ *véase* hoist up [2] **[6]** sep ♦ *véase* drive up [1]

run up against ins ♦ *véase* come up against

run up to ins ♦ [running] *véase* go to [1]; head for; come up to [3]

run with ins inf ♦ *véase* chum around with

rush about **[1]** vi ♦ *véase* run about [1] **[2]** vi inf ♦ *véase* run about [2]

rush around **[1]** vi ♦ *véase* run about [1] **[2]** vi inf ♦ *véase* run about [2] **[3]** ins ♦ [running] *véase* go round [7]

rush at ins ♦ [running] *véase* bear down on

rush away vi ♦ *véase* dash away

rush by vi & ins ♦ *véase* dash past

rush down **[1]** vi & ins ♦ [running] *véase* go down [2] **[2]** sep ♦ *véase* belt down

rush for **[1]** ins ♦ *véase* run for [2] **[2]** v2obj ♦ *véase* press for

rush in **[1]** vi ♦ *véase* dash in **[2]** vi ♦ *véase* dig in [4]

rush into **[1]** ins ♦ [running] *véase* go in [2] **[2]** ins ♦ to begin to do (an activity) without much thought ~ lanzarse a (algo) sin pensarlo bien || *Laura and Daniel rushed into marriage ~ Laura y Daniel se casaron sin pensárselo bien* **[3]** v2obj ♦ *véase* bounce into

rush off **[1]** vi ♦ *véase* dash away **[2]** sep ♦ [quickly] *véase* get off [15]

rush off to **[1]** ins ♦ [quickly] *véase* get off to [1] **[2]** v2obj ♦ [quickly] *véase* get off to [2]

rush out **[1]** vi ♦ *véase* dash out **[2]** sep ♦ [quickly] *véase* get out [8]

rush past vi & ins ♦ *véase* dash past

rush through **[1]** ins ♦ [running or acting quickly] *véase* hurtle through **[2]** sep os & v2obj jur ♦ [quickly] *véase* force through [2]

rush to **[1]** ins ♦ [running] *véase* go to [1]; head for **[2]** v2obj ♦ [+ hospital, quickly] *véase* drive to [1]

rush up **[1]** vi & ins ♦ [running] *véase* go up [1] **[2]** vi ♦ *véase* dash up

rush up to ins ♦ [running] *véase* go to [1]; head for; come up to [3]

rust away **[1]** vi ♦ to dissolve/erode due to rust ~ oxidarse (del todo) || *After two months in the garden the rifle had rusted away ~ Tras dos meses en el jardín el rifle se había oxidado del todo* **[2]** sep ♦ to cause to dissolve/erode due to rust ~ oxidar (del todo) || *The rain rusted my car away ~ La lluvia dejó mi coche completamente oxidado*

rustle up sep ♦ [esp. a quick snack] *véase* cook up [1]

S

sack for v2obj inf ♦ *véase* dismiss for

sack out vi USA inf ♦ *véase* crash out [1]

sack up sep ♦ *véase* bag up

sacrifice for v2obj ♦ to sacrifice (one person/thing) in favour of (another) ~ sacrificar (algo/a alguien) a favor de || *Laura sacrificed her car for a bicycle ~ Laura vendió su coche, prefiriendo comprarse una bicicleta*

saddle up sep ♦ [ensillar un caballo] *véase* harness up

saddle with v2obj ♦ *véase* burden with

safeguard against ins ♦ *véase* guard against

sag under ins ♦ *véase* collapse under; groan under

sail along **[1]** vi & ins ♦ [in a boat] *véase* career along **[2]** vi ♦ *véase* coast along

sail down vi & ins ♦ [in a boat] *véase* career along

sail for **[1]** ins ♦ [in a boat] *véase* head for **[2]** ins dep ♦ [en el equipo de vela] *véase* play for [1]

sail into **[1]** ins ♦ [ship/boat in a port] *véase* arrive at **[2]** ins ♦ [in a boat/ship] *véase* collide with **[3]** ins ♦ *véase* breeze into [1] **[4]** ins inf ♦ *véase* beat up on [2]

sail over vi & ins ♦ [in a boat/ship] *véase* cross over [1]

sail through vi & ins ♦ *véase* breeze through

sail to ins ♦ [(in a) boat/ship] *véase* head for

sally forth vi lit ♦ *véase* go forth

sally out vi lit ♦ *véase* go forth

salt away sep ♦ [money] *véase* lay aside [1]; hoard away

salt down sep ♦ to conserve (food etc.) in salt ~ salar; conservar en sal || *We have too many chops so we're going to salt some down ~ Tenemos demasiadas chuletas así que vamos a conservar unas cuantas en sal*

salute with v2obj ♦ *véase* greet with

salvage from v2obj ♦ [possessions/dignity etc.] *véase* rescue from

sand down sep ♦ *véase* rub down [2]

sandwich between v2obj ♦ [physically] *véase* interpose between

sashay off vi ♦ *véase* buzz off

satiate with v2obj ♦ [fill someone with food] *véase* fill up with [3]

saturate with v2obj ♦ *véase* drench in

saunter along vi & ins ♦ *véase* amble along

save for **[1]** v2obj ♦ [item/money] *véase* hold for **[2]** ins ♦ to save money for (a specific objective) ~ ahorrar dinero para comprar o pagar (algo) || *Laura and Daniel are saving for their wedding ~ Laura y Daniel están ahorrando dinero para pagar la boda*

save oneself for ins ♦ to keep one's strength or virginity for (a person/event) ~ reservarse para (algo/alguien) || *I think he's saving himself for the final ~ Creo que está guardando sus fuerzas para la final*

save from **[1]** v2obj ♦ *véase* rescue from **[2]** ins dep ♦ [goalkeeper] to save a shot from ~ parar un tiro de || *Casillas saved from Xavi in the last minute ~ En el último minuto Casillas paró un tiro de Xavi*

save on ins & v2obj ♦ to act in order not to incur (heavy bills etc.) ~ hacer algo para pagar menos en/de (etc.) || *Laura reads using a candle to save (a few dollars) on electricity ~ Laura lee a la luz de una vela para pagar (unos cuantos dólares) menos en la cuenta de la luz*

save toward ins USA ♦ *véase* save for [2]

save towards ins GB AUS ♦ *véase* save for [2]

save up [1] vi & sep ♦ to save (money) for a specific purpose ~ ahorrar (dinero) || *They've been saving up (their money) since January ~ Llevan ahorrando (dinero) desde enero* **[2]** sep ♦ to make a collection of (e.g. tokens to claim a prize) ~ ir coleccionando (bonos para cobrar un premio etc.) || *You'll need to save up ten tokens in two weeks ~ Tendrás que coleccionar diez bonos en dos semanas*

save up for ins ♦ *véase* save for [2]

save up towards ins ♦ *véase* save for [2]

savor of ins USA ♦ to have the taste/smell of ~ saber a/oler a || *These cookies savor of cheese ~ Estas galletas saben a queso*

savour of ins GB AUS ♦ *véase* savor of

saw away [1] sep ♦ [with a saw] *véase* cut away; hack off [2] **[2]** vi ♦ [with a saw] *véase* bang away [2]

saw away at ins ♦ [with a saw] *véase* hack at

saw down sep ♦ [with a saw] *véase* cut down [1]

saw into [1] ins ♦ [with a saw] *véase* cut into [1] **[2]** v2obj ♦ [with a saw] *véase* cut into [1]

saw off sep ♦ [with a saw] *véase* cut away; hack off [2]

saw through ins ♦ [with a saw] *véase* cut through [1]

saw up sep ♦ [with a saw] *véase* chop up

say about [1] v2obj ♦ to say (something) regarding ~ decir (algo) sobre || *The director said a few words about production ~ La directora pronunció unas cuantas palabras sobre la producción* **[2]** v2obj ♦ to reveal/indicate (facts etc.) about (something) ~ ser significativo respecto a || *His absence says a lot about his dedication ~ Su ausencia es significativa al indicarnos cómo es su dedicación*

say for v2obj ♦ [in a positive mood] *véase* say about [2]

say to v2obj ♦ [words] *véase* direct at

scab over vi ♦ [wound] *véase* close up [6]

scald out sep ♦ [saucepan etc.] to clean by scalding with hot water ~ escaldar (una cacerola etc.) || *If the grease won't come out, scald the pan out ~ Si no se quita la grasa, escáldese la cacerola*

scale back sep USA ♦ *véase* run down [5]; cut back [1]

scale down sep ♦ *véase* run down [5]; cut back [1]

scale off vi ♦ *véase* chip away [1]; fall away [1]

scale to v2obj ♦ [to a scale/size] *véase* adapt to [2]

scale up sep ♦ *véase* crank up [2]

scamper about vi ♦ *véase* frisk about

scamper along vi ♦ *véase* frisk about

scamper away vi ♦ [animal/child] *véase* dash away

scamper off vi ♦ [animal/child] *véase* dash away

scar over vi ♦ *véase* close up [6]

scar with v2obj ♦ [with bullets/wounds etc.] *véase* mark with

scare away [1] sep ♦ *véase* frighten away **[2]** sep ♦ *véase* put off [4]

scare into v2obj ♦ [using fear] *véase* bounce into

scare off [1] sep ♦ *véase* frighten away **[2]** sep ♦ *véase* put off [4]

scare out sep ns ♦ [using fear] *véase* coax out

scare up sep USA inf ♦ [with difficulty] *véase* come through with [1]

scarf down sep USA arg ♦ *véase* belt down

scarf up sep USA arg ♦ *véase* belt down

scatter about sep & v2obj ♦ *véase* dot about

scatter around sep & v2obj ♦ *véase* dot about

scatter with v2obj ♦ *véase* dot with

scavenge around vi ♦ *véase* ferret about

scavenge around for ins ♦ *véase* buck for

scavenge for ins ♦ *véase* buck for

scent out sep ♦ to locate (animal etc.) using its natural smell ~ husmear/ olfatear || *The dog scented the buried garment out in only five minutes ~ El perro tardó sólo cinco minutos en olfatear la prenda enterrada*

scent with v2obj ♦ to cause (something) to have the perfume of ~ perfumar (algo) de || *My grandmother always scented her scarves with lavender ~ Mi abuela siempre perfumaba sus bufandas de lavanda*

schedule for v2obj ♦ *véase* pencil in for

scheme against ins ♦ *véase* conspire against

scheme for ins ♦ *véase* angle for

school in v2obj ♦ *véase* drill in [2]

scoff at ins ♦ *véase* laugh at [1]; gibe at

scoff up sep inf ♦ *véase* eat up [1]; belt down

scold about v2obj ♦ *véase* chide for

scold for v2obj ♦ *véase* chide for

scoop out [1] sep ♦ *véase* hollow out **[2]** sep ♦ [e.g. ice-cream from a tub] to remove using a spoon (etc.) ~ sacar (helado etc.) con cuchara || *It was difficult to scoop the ice-cream out as it had been in the freezer for a month ~ Era difícil sacar el helado con cuchara porque llevaba un mes en el congelador*

scoop up [1] sep ♦ [using the hands/ a spoon etc.] *véase* gather up [1] **[2]** sep inf ♦ [prize/votes; easily] *véase* carry away [1]; run away with [4]

scoot away vi ♦ *véase* buzz off

scoot off vi ♦ *véase* buzz off

scoot over vi USA inf ♦ *véase* budge along [1]

scope out sep USA inf ♦ *véase* check out [7]

scorch along vi & ins ♦ *véase* career along

score against ins & v2obj dep ♦ to score (a goal etc.) against (the opposing team) ~ marcar (un gol etc.) contra (el rival) || *I scored (three goals) against Celta ~ Marqué (tres goles) contra el Celta*

score for [1] ins & v2obj dep ♦ to score (a goal etc.) for (a team) ~ marcar (un gol etc.) para || *Daniel scored (the first goal) for his team ~ Daniel marcó (el primer tanto) para su equipo* **[2]** v2obj ♦ to arrange (music) for (a specific instrument etc.) ~ instrumentar (música) para || *Laura has scored the song for six violins ~ Laura ha instrumentado la canción para seis violines*

score from [1] v2obj GB inf ♦ [drugs] *véase* buy from **[2]** ins & v2obj dep ♦ to score (a goal etc.) from (a certain distance/point) ~ marcar (un gol etc.) de/ desde (tal distancia/punto) || *Laura scored (the first goal) from fully 30 metres ~ Laura marcó (el primer gol) de sus buenos 30 metros*

score off [1] sep GB AUS ♦ [names on list etc.] *véase* cross off; cross out **[2]** ins GB AUS ♦ to cause (someone) to seem stupid (by action or words) ~ triunfar a costa de || *Laura used a series of observations to score off Daniel ~ Laura utilizó una serie de observaciones para despreciar a Daniel* **[3]** v2obj GB inf ♦ [drugs] *véase* buy from

score out sep GB AUS ♦ [names on list etc.] *véase* cross off; cross out

score through sep GB AUS ♦ [names on list etc.] *véase* cross off; cross out

score up to v2obj inf ♦ *véase* charge to

score with [1] ins ♦ [with wounds/ imperfections etc.] *véase* mark with **[2]** ins GB inf ♦ *véase* cop off with **[3]** ins

USA inf ♦ to be successful with (an audience etc.) ~ tener éxito con/entre (el público etc.) || *The last song really scored with the audience ~ La última canción fue un exitazo con el público* **[4]** ins & v2obj dep ♦ to score (a goal etc.) using (a specific foot/type of shot) ~ marcar (un gol etc.) con (tal pierna/tipo de tiro) || *I haven't scored (a goal) with my left foot for ages ~ Hace siglos que no meto un gol con la izquierda*

scour about vi ♦ [e.g. in a room or over a wide area] *véase* ferret about

scour about for ins ♦ *véase* buck for

scour for v2obj ♦ *véase* comb for

scour off sep & v2obj ♦ [e.g. grease from a pan] *véase* clean off

scour out sep ♦ [e.g. pan/sink] *véase* clean out [1]

scout about vi & ins ♦ *véase* cast about

scout about for ins ♦ *véase* cast about for

scout around vi & ins ♦ *véase* cast about

scout around for ins ♦ *véase* cast about for

scout for ins ♦ *véase* cast about for

scout out sep ♦ *véase* dig out [2]

scout round vi & ins ♦ *véase* cast about

scout round for ins ♦ *véase* cast about for

scout up sep USA ♦ [with difficulty] *véase* come through with [1]

scowl at ins ♦ *véase* glare at; frown at

scrabble about vi ♦ *véase* grub about

scrabble about for ins ♦ *véase* grub about for

scramble for ins ♦ [spontaneously/violently] *véase* fight for

scramble out vi ♦ [quickly, with difficulty] *véase* go out [1]

scramble through vi & ins ♦ [e.g. child through hedge/hole] *véase* go through [2]

scramble up vi & ins ♦ [quickly/with difficulty] *véase* climb up

scrap with ins GB inf ♦ [physical fight] *véase* fight against

scrape along vi ♦ *véase* get by

scrape along on ins ♦ *véase* get by on

scrape along with ins ♦ *véase* get by on

scrape away sep ♦ to remove (something) by scraping ~ quitar raspando || *We had to scrape the mould away before eating the bread ~ Tuvimos que quitar el moho raspándolo antes de comer el pan*

scrape away at **[1]** ins ♦ to scrape (something) continually ~ raspar (algo) continuamente (para quitarlo) || *Laura scraped away at the rust, but in vain ~ Laura raspó el óxido y volvió a rasparlo, pero en vano* **[2]** ins inf ♦ to play (the violin, very badly) ~ ir rascando (el violín) || *Daniel scraped away at the violin and the audience stood up and left ~ Daniel fue rascando el violín y el público se levantó y se fue*

scrape by **[1]** vi & ins ♦ *véase* brush past **[2]** vi ♦ *véase* get by **[3]** vi USA ♦ [achieve a minimum pass in an exam] *véase* get through [5]

scrape by on ins ♦ *véase* get by on

scrape by with ins ♦ *véase* get by on

scrape in vi GB AUS ♦ [with difficulty] *véase* get in [6]

scrape into ins GB AUS ♦ [with difficulty] *véase* get into [5]

scrape off sep ♦ *véase* scrape away

scrape out **[1]** sep ♦ [remove contents with a spoon etc.] *véase* scoop out [2] **[2]** sep ♦ [+ bowl etc.] to empty by scraping with a spoon (etc.) ~ vaciar con cuchara (etc.) || *My daughter likes to scrape the bowl out with a wooden spoon ~ A mi hija le gusta vaciar el bol con una cuchara de madera*

scrape through vi & ins ♦ [achieve a minimum pass in an exam] *véase* get through [5]

scrape together **[1]** vi ♦ *véase* rub together [1] **[2]** sep ♦ [money/team, with difficulty] *véase* gather together [2]

scrape up **[1]** sep ♦ [e.g. something stuck to the floor] *véase* gather up [1]

[2] sep USA ♦ [money/team, with difficulty] *véase* gather together [2]

scratch about vi ♦ *véase* grub about

scratch about for ins ♦ *véase* grub about for

scratch around vi ♦ *véase* grub about

scratch around for ins ♦ *véase* grub about for

scratch at ins ♦ [itch/scab] *véase* pick at [2]

scratch away sep ♦ *véase* rub away

scratch from [1] ins ♦ [athlete from competition] *véase* pull out of [3] **[2]** v2obj ♦ [athlete from competition] *véase* pull out of [4] **[3]** v2obj ♦ *véase* cross off

scratch off sep ♦ *véase* rub away

scratch out [1] sep ♦ [names on list etc.] *véase* cross off; cross out **[2]** sep ♦ [eyes] *véase* gouge out

scratch together [1] vi ♦ *véase* rub together [1] **[2]** sep ♦ [money/team, with difficulty] *véase* gather together [2]

scratch up sep USA ♦ [surface/furniture/body] *véase* bang up [2]

scream at ins & v2obj ♦ *véase* bawl at

scream down [1] sep ♦ *véase* bawl at; beat up on [2] **[2]** vi ♦ [bombs etc., descending noisily] *véase* career down

scream for ins ♦ [with the voice or due to demand] *véase* cry out for

scream out vi & sep ♦ *véase* cry out [1]

scream with ins ♦ *véase* cry out in

screech at ins & v2obj ♦ *véase* bawl at

screech down [1] sep ♦ *véase* bawl at; beat up on [2] **[2]** vi ♦ [bombs etc., descending noisily] *véase* career down

screech for ins ♦ [with the voice or due to demand] *véase* cry out for

screech out vi & sep ♦ *véase* cry out [1]

screech with ins ♦ *véase* cry out in

screen from v2obj ♦ to separate (one thing/person) from (another) with a screen ~ separar con un biombo de || *The nurse wanted to screen me from the other patients ~ La enfermera quería separarme de los demás pacientes con un biombo*

screen off sep ♦ [con biombo] *véase* cordon off

screen off from v2obj ♦ *véase* screen from

screen out [1] sep ♦ [gradually exclude candidates for job etc.] *véase* count out [1] **[2]** sep ♦ [light etc., using a screen or curtains] *véase* keep out [2]

screw about [1] vi arg ♦ *véase* arse about **[2]** sep os arg ♦ *véase* bugger about [2] **[3]** vi tab ♦ *véase* fuck about [2]

screw about with [1] ins arg ♦ [with dangerous person/thing] *véase* fool about with [1] **[2]** ins arg ♦ *véase* fool about with [2]

screw around [1] vi arg ♦ *véase* arse about **[2]** sep os arg ♦ *véase* bugger about [2] **[3]** vi tab ♦ *véase* fuck about [2]

screw around with [1] ins arg ♦ [with dangerous person/thing] *véase* fool about with [1] **[2]** ins arg ♦ *véase* fool about with [2]

screw down sep ♦ [con tornillos] *véase* hammer down

screw into v2obj ♦ [con tornillos] *véase* fit into [1]

screw off vi USA arg ♦ *véase* arse about

screw onto v2obj ♦ [using a screw] *véase* attach to [1]

screw out of [1] v2obj inf ♦ [with difficulty/using force] *véase* get out of [4] **[2]** v2obj inf ♦ *véase* defraud of

screw over sep arg ♦ *véase* fuck over

screw to v2obj ♦ [con tornillos] *véase* fit on [3]

screw together [1] sep ♦ [con tornillos] *véase* bind together **[2]** vi arg ♦ *véase* get it on

screw up [1] sep ♦ [piece of paper etc. into a ball shape] *véase* crease up [2] **[2]** sep ♦ [face/eyes] *véase* crease up [2] **[3]** vi inf ♦ *véase* cock up [1] **[4]** sep inf ♦ *véase* cock up [2] **[5]** sep inf ♦ *véase* cut up [3]

screw with [1] ins arg ♦ *véase* fool about with [1] **[2]** ins arg ♦ *véase* get it off with

scribble down sep ♦ [very quickly] *véase* copy down

scrimp on ins ♦ *véase* economise on

scroll down **[1]** vi IT ♦ to use the cursor to move downwards ~ desplazarse hacia abajo || *Scroll down and you'll find the reference I mentioned ~ Desplázate hacia abajo y encontrarás la referencia que te mencioné* **[2]** sep IT ♦ to use the cursor to move (a page etc.) downwards ~ desplazar hacia abajo || *If you scroll the page down you'll see the image ~ Si desplazas la página hacia abajo verás la imagen*

scroll up **[1]** vi IT ♦ to use the cursor to move upwards ~ desplazarse hacia arriba || *Scroll up and you'll find the reference I mentioned ~ Desplázate hacia arriba y encontrarás la referencia que te mencioné* **[2]** sep IT ♦ to use the cursor to move (a page etc.) upwards ~ desplazar hacia arriba || *If you scroll the page up you'll see the image ~ Si desplazas la página hacia arriba verás la imagen*

scrounge around vi USA AUS inf ♦ *véase* grub about; ferret about

scrounge around for ins USA AUS inf ♦ *véase* grub about for; buck for

scrounge from v2obj GB ♦ *véase* bum off

scrounge off v2obj GB ♦ *véase* bum off

scrounge on ins GB ♦ *véase* batten on

scrounge up sep USA AUS inf ♦ [with difficulty] *véase* come through with [1]

scrub away sep ♦ [vigorously] *véase* rub away

scrub away at ins ♦ [vigorously] *véase* rub at

scrub down sep ♦ [vigorously] *véase* clean down

scrub off sep & v2obj ♦ [vigorously] *véase* rub away; clean off

scrub out sep ♦ [vigorously] *véase* clean out [1]

scrub up **[1]** vi ♦ [thoroughly] *véase* freshen up [1] **[2]** vi ♦ [doctor/nurse] to wash one's hands/arms before surgery ~ lavarse las manos/los brazos antes de operar || *The surgeon almost forgot to scrub up before the operation ~ Al cirujano casi se le olvidó lavarse las manos antes de operar*

scrum down vi dep ♦ [in rugby] to form a scrum ~ formar la melé cerrada || *The referee told the players to scrum down ~ El árbitro dijo a los jugadores que formaran la melé cerrada*

scrunch down **[1]** sep ♦ *véase* pack down **[2]** vi ♦ *véase* crouch down

scrunch up **[1]** sep ♦ [piece of paper etc. into a ball shape] *véase* crease up [2] **[2]** sep inf ♦ [face/nose] *véase* crease up [2] **[3]** vi USA inf ♦ *véase* budge along [1]

scud across vi & ins ♦ [esp. clouds in the sky] *véase* career along

scud along vi & ins ♦ [esp. clouds in the sky] *véase* career along

scuff up sep ♦ [esp. shoes] *véase* rub at

scuffle with ins ♦ [small physical fight] *véase* fight against

scurry along vi & ins ♦ [animal/human] *véase* career along

scurry away vi ♦ [animal/human] *véase* dash away

scurry for ins ♦ *véase* run for [2]

scurry off vi ♦ [animal/human] *véase* dash away

scuttle along **[1]** vi & ins ♦ [animal/human] *véase* career along **[2]** vi ♦ [animal/human] *véase* dash away

scuttle away vi ♦ [animal/human] *véase* dash away

scuttle off vi ♦ [animal/human] *véase* dash away

seal in **[1]** sep os ♦ to wrap/enclose (something) hermetically ~ (en)cerrar/envasar (etc.) herméticamente || *This machine seals the products in ~ Esta máquina envasa los productos herméticamente* **[2]** v2obj ♦ to wrap/enclose (something) in (a container) ~ (en)cerrar/envasar (algo) en || *My father sealed the sandwiches in silver foil ~ Mi padre envolvió los bocadillos en aluminio doméstico*

seal off sep ♦ *véase* cordon off

seal up sep ♦ [parcel etc.] *véase* do up [4]

seal up with v2obj ♦ [parcel etc.] *véase* bind up in

seal with **[1]** v2obj ♦ [parcel etc.] *véase* bind up in **[2]** v2obj ♦ to confirm (a relationship or contract etc.) with (e.g. a kiss or handshake) ~ sellar (algo) con || *The two managers sealed their decision with a handshake ~ Las dos jefas sellaron su decisión con un apretón de manos*

sear through ins ♦ *véase* bore through

search about vi ♦ *véase* cast about

search about for ins ♦ *véase* cast about for

search after ins ♦ *véase* cast about for; buck for

search around vi ♦ *véase* cast about

search around for ins ♦ *véase* cast about for

search for **[1]** ins ♦ *véase* buck for **[2]** ins & v2obj ♦ *véase* comb for; check for

search into ins ♦ *véase* check into [1]

search out sep ♦ [person/thing] *véase* dig out [2]

search through ins ♦ [+ documents/drawer/room] *véase* burrow into [2]

season with v2obj ♦ *véase* flavour with

secede from ins form ♦ [withdraw from organisation etc.] *véase* drop out of [2]

second to v2obj ♦ [move temporarily to a different job] *véase* move to [3]

section off sep ♦ *véase* divide off

secure against **[1]** v2obj ♦ [with walls/alarms etc.] *véase* defend against **[2]** v2obj ♦ to obtain (a loan) using (e.g. a house) as security ~ obtener (un préstamo) con (una casa etc.) como fianza || *Laura managed to secure a loan against her house ~ Laura utilizó su casa como fianza para conseguir un préstamo*

seduce from v2obj ♦ *véase* entice away from

see about **[1]** ins ♦ *véase* arrange for; feel out [1]; deal with [2] **[2]** v2obj ♦ *véase* consult about **[3]** sep os ♦ [+ you] = goodbye ~ hasta luego; nos veremos || *I'm going now - see you about ~ Me voy ya - hasta luego* **[4]** sep os ♦ to see (someone) habitually ~ soler ver a (alguien) por ahí || *I see Daniel about from time to time ~ Veo a Daniel por ahí de vez en cuando*

see across **[1]** ins ♦ to have a view over (e.g. a river) ~ poder ver a través de || *From my window I can see across the fields ~ Desde mi ventana puedo ver a través de los campos* **[2]** sep os & v2obj ♦ to accompany (someone) across (a road etc.) ~ ayudar a (alguien) a cruzar (la calle etc.) || *The road is very busy - will you see your brother across (it)? ~ Hay mucho tráfico en la carretera - ¿ayudas a tu hermano a cruzar(la)?*

see after ins USA ♦ *véase* care for [1]

see around **[1]** sep os ♦ *véase* see about [3] **[2]** sep os ♦ *véase* see about [4] **[3]** ins ♦ to be able to see around (an obstruction etc.) ~ poder ver por el lado de || *There's a juggernaut in front, but I can see around it ~ Tengo un camionazo por delante, pero puedo ver la carretera por el lado*

see as v2obj ♦ *véase* envisage as

see back to v2obj ♦ [help/accompany] *véase* help back to

see in **[1]** v2obj ♦ to see/meet (someone) in (a place) ~ ver a (alguien) en || *I'll see you in Madrid next week ~ Te veré en Madrid la semana que viene* **[2]** v2obj ♦ to perceive (a characteristic or quality etc.) in (someone) ~ encontrarle (algo) a (alguien) || *I see a lot of sensitivity in your brother ~ Para mí tu hermano tiene mucha sensibilidad* **[3]** sep ♦ [esp. + new year] to celebrate the arrival of ~ celebrar (la llegada de) || *We saw the new year in at Laura's place ~ Celebramos el año nuevo en casa de Laura* **[4]** sep os ♦ [help/accompany] *véase* help in

see into **[1]** v2obj ♦ [help/accompany] *véase* help into [1] **[2]** ins ♦ [esp. +

room with difficulty; future] *véase* look in [3] **[3]** ins USA ♦ *véase* check into [1]

see of v2obj ♦ to see (much/little etc.) of (a person/thing/place) ~ ver (algo/a alguien/un sitio) (mucho/poco etc.) || *I hope to see a lot of Daniel (Zaragoza) during my visit ~ Espero ver mucho a Daniel (ver gran parte de Zaragoza) durante la visita*

see off [1] sep ♦ to say goodbye to (someone who is about to travel) ~ despedirse de (alguien, en una estación etc.) || *Do you want to come to the airport to see us off? ~ ¿Quieres ir al aeropuerto a despedirte de nosotros?* **[2]** sep ♦ *véase* chase away **[3]** sep ♦ *véase* finish off [4]

see out [1] sep os ♦ [help/accompany] *véase* help out [2] **[2]** sep ♦ [esp. + contract/difficult times] *véase* get through [4] **[3]** sep ♦ [+ period of time] *véase* last out [2] **[4]** vi ♦ to be able to see through a window (etc.) ~ poder ver por una ventana || *The window has misted up and I can't see out ~ La ventana se ha empañado y no puedo ver el exterior*

see over [1] vi & ins ♦ *véase* glance over [2] **[2]** ins GB AUS ♦ *véase* look about [4]

see past ins ♦ *véase* see around [3]

see round ins ♦ *véase* see around [3]

see through [1] ins ♦ [+ window etc.] *véase* glance through [2] **[2]** ins ♦ *véase* be on to [2] **[3]** sep os & v2obj ♦ *véase* get through [6] **[4]** sep os ♦ [esp. + contract/difficult times] *véase* get through [4]

see to [1] ins ♦ *véase* arrange for; feel out [1]; deal with [2] **[2]** v2obj ♦ [help/accompany] *véase* help back to

seed with v2obj ♦ *véase* plant with

seek after ins form ♦ *véase* cast about for

seek for ins form ♦ *véase* cast about for; buck for

seek from v2obj form ♦ *véase* ask of

seek out sep ♦ [person/thing] *véase* dig out [2]

seem like ins ♦ [parecer] *véase* come across as

seep away vi ♦ *véase* leak away

seep out vi ♦ *véase* leak away

seep out of ins ♦ [liquid/gas escaping] *véase* emanate from

seep through vi & ins ♦ [permeating] *véase* go through [2]

seethe with [1] ins ♦ *véase* brim with **[2]** ins ♦ [passion/anger etc.] *véase* brim with; [eyes] gleam with

segregate from v2obj ♦ *véase* distance from; divorce from

segregate into v2obj ♦ *véase* divide off into

segue into ins téc ♦ [scene in film etc.] *véase* lead into

seize at ins ♦ *véase* clutch at

seize on ins ♦ *véase* jump at

seize onto ins ♦ [physically] *véase* cling to; clutch at

seize up [1] sep ♦ [quickly/energetically] *véase* gather up [1] **[2]** vi ♦ [machine/part of body] *véase* freeze up [4]

seize upon ins form ♦ *véase* jump at

select as v2obj ♦ *véase* choose as

select for v2obj ♦ *véase* choose for

select from [1] ins ♦ *véase* choose between **[2]** v2obj ♦ to select (one person/thing) from (various options) ~ seleccionar (algo/a alguien) de (varias alternativas) || *Would you like to select a lighter from our range? ~ ¿Quiere elegir un mechero de nuestra gama?*

sell as v2obj ♦ to sell/advertise (a person or product) as being ~ vender/anunciar (algo/a alguien) como || *The Greens are trying to sell their candidate as a true hero ~ Los Verdes están intentando presentar a su candidato como un verdadero héroe*

sell at [1] ins ♦ *véase* go for [3] **[2]** v2obj ♦ to sell (a product) for (a specific price/profit etc.) ~ vender (algo) a || *She sells books at cost price ~ Vende libros al precio de coste*

sell back to v2obj ♦ to re-sell (something) to (the original vendor) ~ revender (algo) (al vendedor original) || *I didn't like the car so I sold it back to the man at the garage ~ No me gustaba el coche así que se lo revendí al hombre del concesionario*

sell for **[1]** ins ♦ *véase* go for [3] **[2]** v2obj ♦ *véase* sell at [2] **[3]** ins ♦ [as a seller] *véase* rep for

sell off **[1]** sep ♦ *véase* flog off **[2]** sep ♦ [totally or partially] *véase* hive off

sell on **[1]** v2obj inf ♦ *véase* interest in **[2]** sep ns ♦ to re-sell (something) to (a new buyer) ~ revender (algo) a (un nuevo comprador) || *He just buys houses and sells them on ~ Lo único que hace es comprar casas y revenderlas*

sell out **[1]** vi ♦ [product in a shop etc.] to have been sold completely ~ agotarse; venderse todo || *That new game has sold out already ~ Ese nuevo juguete ya se ha agotado* **[2]** vi ♦ [concert/football match etc.] to have sold all the tickets ~ agotarse las entradas || *I hear the cup final has sold out ~ Dicen que ya no quedan entradas para la final de la copa* **[3]** vi ♦ [business] to be sold to a competitor ~ venderse (a la competencia) || *The competition was fierce so I decided to sell out ~ La competencia era feroz, así que decidí verderle la empresa* **[4]** vi inf ♦ to do something (for financial reasons) of which one used to disapprove ~ transigir; abandonar los principios (etc.) por razones de lucro || *I think Daniel sold out when he signed that contract ~ Yo creo que al firmar ese contrato Daniel dijo adiós a sus principios* **[5]** sep ♦ [products/tickets] to sell the entire stock of ~ vender todas las existencias de || *I'm afraid we've sold out all the tickets ~ Lo siento, pero se han agotado todas las entradas* **[6]** sep inf ♦ *véase* let down [1]

sell out of ins ♦ *véase* sell out [5]

sell to v2obj ♦ to sell (something/someone) to (someone) ~ vender a || *I sold my house to my sister ~ Vendí la casa a mi hermana*

sell up vi GB AUS ♦ to sell (house/business) in order to move away ~ vender(lo todo) || *When they retired they sold up and moved to Portugal ~ Cuando se jubilaron, vendieron la casa y se mudaron a Portugal*

send after ins USA ♦ *véase* send for [1]

send away **[1]** vi ♦ to order something by mail ~ encargar algo por correo || *If you like those clothes you should send away ~ Si te gusta esa ropa deberías encargarla por correo* **[2]** sep ns ♦ to tell (someone) to leave ~ enviar fuera (etc.) || *I went to see the director but he sent me away ~ Fui a ver al director pero me dijo que me largara*

send away for ins ♦ to order (something) by mail ~ encargar (algo) por correo || *I'm going to send away for that necklace ~ Voy a encargar ese collar por correo*

send around **[1]** sep ♦ to send (person/thing) to a specific destination ~ enviar (a alguien/algo) a un lugar determinado || *I'll send the video around this evening ~ Enviaré el vídeo a tu casa esta tarde* **[2]** sep ♦ to circulate (a memo etc.) ~ hacer circular || *I'll send a copy around as soon as I've signed it ~ En cuanto lo haya firmado os pasaré una copia a todos*

send back sep ♦ to send (person/thing) to their/its place of origin ~ devolver; hacer volver || *The agency sent me an unsuitable secretary so I sent her back ~ La agencia me mandó una secretaria inepta así que se la devolví*

send below sep os náut ♦ to order (a sailor) to go to a lower deck ~ mandar abajo || *The sailor was feeling a bit ill so the captain sent him below ~ El marinero no se sentía bien así que el capitán le mandó abajo*

send down **[1]** sep ♦ to send (person/thing) in a downward direction ~ mandar (a alguien/algo) hacia abajo; obligar a bajar || *Can you send the document down when you receive it? ~ ¿Te importa bajarnos el documento cuando lo recibas?* **[2]** sep GB inf ♦ *véase* bang up [1] **[3]** sep GB ♦ to expel (a student) from university ~ expulsar a (un estudiante) de la universidad || *He failed his exams so the rector sent him down ~ Suspendió los exámenes así que el rector le expulsó* **[4]** sep ♦ *véase* drag down [1]

send down for **[1]** v2obj GB inf ♦ *véase* imprison for **[2]** v2obj GB ♦ to expel (a student) from university for (a reason/crime) ~ expulsar a (un estudiante) de la universidad por || *The rector sent Laura down for fraud* ~ *La rectora expulsó a Laura por fraude* **[3]** ins ♦ to order (something) from a lower floor ~ llamar a una planta inferior para pedir (algo) || *The wine is in the cellar - can you send down for a couple of bottles?* ~ *El vino está en el sótano - ¿le importa llamar y encargar un par de botellas?* **[4]** v2obj ♦ to send (someone) downstairs to obtain (something) ~ mandar a (alguien) a bajar por (algo) || *I've just sent Daniel down for some coffee* ~ *Acabo de mandar a Daniel a bajar por café*

send for **[1]** ins ♦ to order (employee/doctor; supplies) to come/be brought ~ llamar; enviar por; encargar || *I think we should send for the doctor* ~ *Creo que deberíamos enviar por el médico* **[2]** v2obj ♦ [not necessarily downstairs] *véase* send down for [4]

send forth **[1]** sep form ♦ *véase* give off [1] **[2]** sep form ♦ to send (someone) formally into the world ~ enviar formalmente a (alguien) a lanzarse al mundo || *As soon as he was 18 his parents sent him forth* ~ *En cuanto cumplió los 18 años sus padres le enviaron a lanzarse al mundo*

send in **[1]** sep ♦ *véase* force in [1] **[2]** sep ♦ [esp. police/troops] *véase* bring in [5] **[3]** sep ♦ to send (something) to a place (for a competition etc.) ~ enviar/presentar || *Send in your favourite jokes and we'll publish the best one* ~ *Mandadnos vuestros chistes favoritos y publicaremos el mejor*

send off **[1]** sep GB AUS dep ♦ [in football etc.] to expel (a player) from the game ~ expulsar || *The referee sent Daniel off in the second half* ~ *El árbitro expulsó a Daniel en el segundo tiempo* **[2]** sep ♦ *véase* get off [15]

send off for **[1]** v2obj GB AUS dep ♦ [in football etc.] to expel (a player) for (an infringement) ~ expulsar por || *The referee sent Laura off for foul play* ~ *El árbitro expulsó a Laura por juego sucio* **[2]** ins ♦ *véase* send away for

send on **[1]** sep ♦ to re-send (a letter etc.) to a new address ~ hacer seguir || *If any letters arrive for you I'll send them on* ~ *Si llega alguna carta para ti la haré seguir* **[2]** sep ♦ *véase* bring on [4]

send on to v2obj ♦ *véase* forward to

send out **[1]** sep ♦ [out of a room etc.] *véase* drive out [3] **[2]** sep ♦ *véase* send around [2] **[3]** sep ♦ [light/signal/sound] *véase* give off [1] **[4]** sep ♦ [plant] to grow (shoots/roots) ~ echar (renuevos/raíces) || *This plant will send out enormous shoots* ~ *Esta planta echará renuevos enormes*

send out for **[1]** ins ♦ *véase* call for [3] **[2]** v2obj ♦ [outside] *véase* send down for [4]

send over sep ns ♦ *véase* send around [1]

send round sep ♦ *véase* send around

send to **[1]** v2obj ♦ *véase* forward to; get off to [2] **[2]** v2obj ♦ to send (someone) to (a place) ~ mandar a (alguien) a || *The company is going to send me to Portugal* ~ *La empresa va a enviarme a Portugal*

send up **[1]** sep ♦ [passing/ordering] *véase* hand up **[2]** sep inf ♦ *véase* hit off **[3]** sep USA inf ♦ *véase* bang up [1] **[4]** sep ♦ *véase* drive up [1] **[5]** sep ♦ *véase* blow up [5]

send up for v2obj USA inf ♦ *véase* imprison for

sensitise to v2obj GB AUS form ♦ *véase* attune to

sensitize to v2obj USA form ♦ *véase* attune to

sentence to v2obj ♦ [prisoner etc.] *véase* commit to; doom to

separate from **[1]** ins ♦ *véase* fall away from; peel away from **[2]** v2obj ♦ *véase* divorce from; distance from

separate into v2obj ♦ *véase* divide off into

separate off **[1]** sep ♦ *véase* divide off **[2]** sep ♦ *véase* root out [1]

separate out **[1]** sep ♦ *véase* divide up [2] **[2]** sep ♦ [chemical] to remove from a mixture ~ separar || *It's important to separate out the sulphur before boil-*

ing the mixture ~ Es importante separar el azufre antes de hervir la mezcla

separate out into v2obj ♦ *véase* divide off into

separate up sep ♦ *véase* divide up [2]

separate up into v2obj ♦ *véase* divide off into

serve around sep USA ♦ *véase* hand around

serve as ins ♦ *véase* act as; do as

serve at ins ♦ [+ table] to work as a waiter or waitress ~ servir a (la mesa) || *When he was a student Daniel served at table ~ Cuando era estudiante Daniel trabajaba como camarero*

serve for ins ♦ *véase* do as

serve in **[1]** ins ♦ [army etc.; parliament] to work in ~ servir en || *He wants to serve in the army and learn a trade ~ Quiere servir en el ejército y así aprender un oficio* **[2]** v2obj ♦ to serve (food etc.) in (a specific container) ~ servir (comida etc.) en || *Do you mind if I serve the wine in cups? ~ ¿Os importa que sirva el vino en tazas?*

serve on **[1]** ins ♦ [+ committee etc.] *véase* serve in [1] **[2]** v2obj jur ♦ [legal order etc.] *véase* bring against

serve out **[1]** ins ♦ [esp. + contract/ time in prison] *véase* get through [4] **[2]** sep GB AUS ♦ *véase* dish up [2]

serve to **[1]** v2obj ♦ [as waiter etc.] *véase* give to **[2]** ins dep ♦ [in tennis etc.] to serve in the direction of ~ sacar a/hacia || *Laura was serving to Daniel when she fell over ~ Laura dirigía el servicio a Daniel cuando se cayó*

serve under ins ♦ *véase* labour for [1]

serve up **[1]** sep ♦ *véase* dish up [2] **[2]** sep ♦ [TV channel etc.] to offer (a programme) as entertainment ~ ofrecer/ emitir || *The new channel serves up sport and films ~ El nuevo canal ofrece deportes y películas*

serve with v2obj ♦ [food; produce; legal order] *véase* equip with

set about **[1]** ins ♦ *véase* dig into [4] **[2]** ins ♦ *véase* go about [1] **[3]** ins lit ♦ *véase* jump on [3]; come at [2]

set about with v2obj ♦ *véase* come at with

set above v2obj ♦ *véase* place above

set against **[1]** v2obj ♦ [ladder etc.] *véase* lean against [1] **[2]** v2obj ♦ *véase* balance against **[3]** v2obj ♦ [esp. colours] *véase* contrast with [2] **[4]** v2obj ♦ [indisponer] *véase* bias against **[5]** v2obj ♦ [esp. + backdrop/background] to give (a film etc.) a flavour of ~ ambientar (una película etc.) en || *The writer has set the novel against a backdrop of poverty ~ La autora ha ambientado la novela en la pobreza*

set ahead sep os USA ♦ *véase* put forward [3]

set apart **[1]** sep ♦ [money/spare time] *véase* lay aside [1] **[2]** sep ns ♦ *véase* mark out [3]

set apart from v2obj ♦ *véase* mark out from

set aside **[1]** sep ♦ *véase* lay aside [1] **[2]** sep ♦ *véase* lay aside [2] **[3]** sep jur ♦ [of a judge] to annul (a previous verdict) ~ anular || *The judge opted to set aside the original decision ~ El juez optó por anular la decisión original*

set at v2obj ♦ *véase* sell at [2]; appraise at

set back **[1]** sep ♦ [something taken/stolen from a place] *véase* put away [1] **[2]** sep ♦ [to delay/postpone] *véase* hang up [4]; carry over [1] **[3]** sep USA AUS ♦ *véase* put back [3] **[4]** v2obj ♦ *véase* knock back [1] **[5]** sep os ♦ to build (a house etc.) far from the road ~ construir (una casa etc.) apartada de la carretera || *The builder decided to set the house back ~ El constructor decidió apartar la casa de la carretera*

set back from v2obj ♦ to build (a house etc.) far from (the road etc.) ~ construir (una casa etc.) apartada de (la carretera etc.) || *We wanted to set the mansion back from the other houses on the road ~ Queríamos que se construyera la casa algo apartada de las demás casas de la carretera*

set before v2obj ♦ *véase* place before [2]

set by **[1]** sep ns ♦ *véase* lay aside [1] **[2]** v2obj ♦ to make (a watch etc.) accurate using ~ poner (un reloj) por || *I usually set my watch by the television ~ Suelo poner mi reloj por la televisión*

set down **[1]** sep ♦ *véase* copy down **[2]** sep ♦ *véase* bring in [3] **[3]** sep GB AUS ♦ [passenger in bus/taxi etc.] *véase* drop off [4] **[4]** vi ♦ *véase* come down [3] **[5]** sep ♦ *véase* set down [14] **[6]** sep ♦ *véase* lay down [5]

set down to v2obj ♦ *véase* attribute to [2]

set for v2obj ♦ to adjust (watch/compass etc.) to (a specific time/setting) ~ poner (reloj/brújula etc.) a/para || *I've set the alarm clock for 7.00 ~ He puesto el despertador para las 7.00*

set forth **[1]** vi form lit ♦ *véase* go forth **[2]** ins form ♦ *véase* deliver oneself of

set forward **[1]** sep USA ♦ *véase* put forward [3] **[2]** sep ♦ *véase* inch forward [2]

set in **[1]** v2obj ♦ *véase* set against [5] **[2]** v2obj ♦ *véase* let into [3] **[3]** vi ♦ [bad weather; problems] *véase* creep in [2]

set off **[1]** vi ♦ *véase* go off [2] **[2]** sep ♦ [bomb/alarm etc.] to activate ~ accionar || *It seems that the wind set the bomb off ~ Parece que el viento accionó la bomba* **[3]** sep ♦ *véase* bring about **[4]** sep ♦ [hacer resaltar etc.] *véase* bring out [3] **[5]** sep os inf ♦ to cause (someone) to cry, laugh or talk ~ hacer reír/llorar/hablar a (alguien) || *Laura started laughing and that set Daniel off ~ Laura empezó a reír y eso hizo reír a Daniel también* **[6]** sep ♦ *véase* burn up [5]

set off against v2obj ♦ [taxes; profit/loss] *véase* balance against

set off for ins ♦ *véase* depart for

set off on ins ♦ [journey/adventure] *véase* embark on

set on **[1]** v2obj ♦ *véase* lay on [2] **[2]** ins ♦ *véase* jump on [3]; come at [2] **[3]** v2obj ♦ to cause (esp. a dog) to attack (someone) ~ hacer que (un perro etc.) ataque a (alguien) || *The farmer set his dogs on the campers ~ El granjero mandó a sus perros atacar a los campistas*

set out **[1]** vi ♦ *véase* go off [2] **[2]** vi ♦ *véase* go ahead [1] **[3]** sep ♦ *véase* lay out [5]

set out for **[1]** ins ♦ *véase* depart for **[2]** v2obj ♦ *véase* explain to

set out on ins ♦ [journey/adventure] *véase* embark on

set over v2obj ♦ *véase* place above

set to **[1]** vi arc ♦ *véase* dig in [4] **[2]** vi arc ♦ *véase* face off [1]; duke it out **[3]** v2obj ♦ *véase* set for **[4]** v2obj ♦ [+ music] to add music to (e.g. a poem) ~ poner (música) a (un poema etc.) || *Laura has set all her poems to music ~ Laura ha puesto música a todos sus poemas*

set up **[1]** vi ♦ to start one's own company ~ montar un negocio propio || *When she lost her job she decided to set up ~ Cuando perdió su empleo decidió montar un negocio propio* **[2]** sep ♦ to start (one's own company) ~ montar (un negocio propio) || *I've just set up an export agency ~ Acabo de montar una agencia de exportación* **[3]** sep ♦ *véase* fix up [1] **[4]** sep ♦ [esp. with money to start a business] *véase* fix up [4] **[5]** sep ♦ *véase* fit up [2] **[6]** sep ♦ to deceive (someone) to cause amusing consequences ~ engañar a (alguien) con motivo de diversión || *It turned out that the TV producers had set Laura up ~ Resultó que Laura había sido víctima de una broma por parte de los productores de la televisión* **[7]** sep ♦ [musical/technical equipment etc.] *véase* put up [3] **[8]** sep os ♦ [esp. heavy breakfast] to make (someone) feel good/energetic ~ hacer que (aguien) se sienta bien; darle energía a (alguien) || *An English breakfast always sets me up ~ Un desayuno inglés siempre me prepara para el día*

set oneself up vi ♦ *véase* set up [1]

set up as ins ♦ [initially] *véase* practice as

set oneself up as ins ♦ [initially] *véase* practice as

set up for **[1]** v2obj ♦ *véase* set up [8] to make (a person) enjoy health/security (etc.) for (the day/life) ~ asegurarle la vida a (alguien); darle energía/recursos a (alguien) para (el día/futuro) || *The lottery win has set them up for the future ~ Desde que les tocó la lotería ya tienen el futuro asegurado* **[2]** v2obj ♦ [montar algo para alguien] *véase* fix for [1]

set up with [1] v2obj ♦ *véase* equip with **[2]** ins ♦ *véase* hook up with [1]

set upon [1] v2obj form ♦ *véase* lay on [2] **[2]** ins form ♦ *véase* jump on [3]; come at [2] **[3]** v2obj form ♦ *véase* set on [3]

settle back vi ♦ *véase* lie back; lean back

settle down [1] vi ♦ to begin to live in an adult way (with the same partner/ in the same place etc.) ~ sentar la cabeza || *You're 36 - you should have settled down by now ~ Tienes 36 años - ya deberías haber sentado la cabeza* **[2]** vi ♦ to begin to feel comfortable (in a new job etc.) ~ irse acostumbrando; irse estableciendo || *Daniel feels a little isolated at his new school but he's beginning to settle down ~ Daniel se siente un poco aislado en el nuevo colegio pero se va acostumbrando* **[3]** vi ♦ *véase* calm down [1] **[4]** sep os ♦ *véase* calm down [2]

settle for ins ♦ [+ something which is not the first choice] *véase* get by on

settle in [1] vi ♦ *véase* settle down [2] **[2]** ins ♦ to fix residence permanently in ~ arraigarse en || *For me it would be very difficult to settle in Portugal ~ A mí me costaría mucho arraigarme en Portugal*

settle into ins ♦ [+ chair/routine] to begin to relax in ~ empezar a relajarse en/establecerse en || *I took a while to settle into a routine ~ Tardé un rato en establecer una rutina*

settle on [1] ins ♦ *véase* agree on [1] **[2]** ins ♦ *véase* alight on [2]

settle up vi ♦ to pay (a bill or a debt) ~ pagar (una cuenta/deuda) || *Can I settle up now, please? ~ ¿Puedo pagar ahora, por favor?*

settle up with ins ♦ to pay a debt/bill to (someone) ~ pagar (una cuenta/deuda) a || *I have to settle up with the accountant today ~ Hoy me toca ajustar cuentas con el contable*

settle up with for v2obj ♦ *véase* pay for [3]

settle upon [1] ins form ♦ *véase* agree on [1] **[2]** ins form ♦ *véase* alight on [2]

settle with v2obj ♦ *véase* people with

sew on sep & v2obj ♦ to attach (a button etc.) (to a garment) by sewing ~ coser (un botón etc.) (en una prenda) || *I'm going to sew some buttons on (this jacket) ~ Voy a coser unos botones (en esta chaqueta)*

sew onto v2obj ♦ *véase* sew on

sew to v2obj ♦ *véase* sew on

sew up [1] sep ♦ [hole etc.] to sew/darn ~ coser/zurcir || *Daniel needs to sew up that hole in his shirt ~ Daniel tiene que coser ese roto en la camisa* **[2]** sep inf ♦ [deal/game etc.] to have completed the hardest part ~ [trato/partido etc.] tenerlo en el bote || *I think the rep has sewn the deal up now ~ Creo que el representante ya tiene el trato en el bote*

shack up [1] vi USA inf ♦ [temporarily] *véase* bed down [1] **[2]** vi inf ♦ [lovers] *véase* live together

shack up together vi inf ♦ [lovers] *véase* live together

shack up with ins inf ♦ [lovers] *véase* live with [1]; move in with

shackle to [1] v2obj ♦ *véase* chain to **[2]** v2obj ♦ *véase* burden with

shackle with v2obj ♦ *véase* burden with

shade away vi ♦ [colour] *véase* fade away [2]

shade in sep ♦ [with dark background etc.] *véase* colour in

shade into ins ♦ *véase* fade to

shade off vi ♦ [colour] *véase* fade away [2]

shade with [1] v2obj ♦ *véase* colour in in **[2]** v2obj ♦ [e.g. protect eyes with parasol] *véase* cover over with

shadow forth sep arc ♦ *véase* come out with [2]

shag out sep GB AUS arg ♦ *véase* fag out

shag with ins GB AUS arg ♦ *véase* get it off with

shake by v2obj ♦ [+ the hand] to take (someone) by (the hand) to greet them ~ estrecharle la mano a (alguien) || *The boss shook me by the hand and welcomed me ~ El jefe me estrechó la mano y me dio la bienvenida*

shake down **[1]** sep ♦ to cause (fruit in a tree etc.) to fall by shaking ~ hacer caer sacudiendo || *I managed to shake ten apples down ~ Logré hacer caer diez manzanas sacudiendo el árbol* **[2]** vi ♦ to begin to work effectively as a group ~ empezar a trabajar bien en equipo || *The group shook down quickly and began to produce results ~ El grupo cuajó de prisa y empezó a obtener resultados* **[3]** vi GB arc ♦ *véase* bed down [1] **[4]** sep USA inf ♦ to obtain money from (a place or person) by blackmail ~ obtener dinero de (alguien/un sitio) por chantaje || *They shook down a number of club owners in the city ~ Chantajearon a varios empresarios discotequeros de la ciudad* **[5]** sep USA AUS inf ♦ to search (the body/house of a suspect) for illegal/stolen goods (etc.) ~ cachear; registrar (la casa de) || *The police shook him down yesterday but didn't find anything ~ La policía le cacheó ayer pero no encontró nada* **[6]** sep USA ♦ [to find problems before buying] *véase* check out [3]

shake down for **[1]** v2obj USA AUS inf ♦ to search (the body/house of a suspect) for (illegal/stolen goods etc.) ~ cachear/registrar (a alguien; un sitio) en busca de || *They shook him down for heroin ~ Le cachearon en busca de heroína* **[2]** v2obj USA inf ♦ to obtain (sum of money) from (person/place) by blackmail ~ sacar (tal cantidad) de (una persona/un sitio) por chantaje || *They shook the club down for 10,000 pesos ~ Sacaron 10.000 pesos de la discoteca por chantaje*

shake down into ins ♦ to become (e.g. an effective working team) ~ convertirse en/llegar a ser (un equipo eficaz etc.) || *After a few weeks Laura and Daniel shook down into a great team ~ Después de unas semanas Laura y Daniel llegaron a ser un equipo genial*

shake from v2obj ♦ to cause (e.g. dust/fruit) to separate from (a garment/tree) by shaking ~ quitar (algo) de (un sitio) sacudiendo || *Before going out I shook the dust from my trousers ~ Antes de salir me sacudí el polvo del pantalón*

shake off **[1]** sep ♦ [e.g. fruit from tree/dust from shoes] *véase* shake down [1] **[2]** v2obj ♦ *véase* shake from **[3]** sep ♦ *véase* brush off [3] **[4]** sep ♦ [pursuer] *véase* get away from [1] **[5]** sep ♦ [illness/drug habit etc.] *véase* fight off [1]

shake on **[1]** ins ♦ [with a handshake] *véase* agree on [1] **[2]** v2obj ♦ [salt etc.] *véase* pour onto

shake onto v2obj ♦ [salt etc.] *véase* pour onto

shake out **[1]** sep ♦ [e.g. fruit from tree/crumbs from bag] *véase* shake down [1] **[2]** sep ♦ to remove dirt from (blanket, sheet, tablecloth) by shaking ~ abrir y sacudir (mantel/manta etc.) || *My father shakes the tablecloth out every day ~ Mi padre abre y sacude el mantel cada día* **[3]** sep USA ♦ [to find problems before buying] *véase* check out [3]

shake out of v2obj ♦ *véase* shake from

shake up **[1]** sep ♦ [cocktail etc., by shaking] *véase* blend in [2] **[2]** sep ♦ to change (a company etc.) radically ~ cambiar (una empresa etc.) de forma radical || *The new manager shook the whole company up ~ El nuevo jefe reestructuró la empresa entera* **[3]** sep ♦ *véase* cut up [3] **[4]** sep ♦ [lazy person etc.] to cause to be more energetic/industrious ~ dar una sacudida a || *His mother had to shake him up to make him concentrate ~ Su madre tuvo que darle un pinchazo para que se concentrara*

shake with ins ♦ [+ cold/fear] *véase* cringe with

shamble along vi ♦ *véase* lollop along

shame into v2obj ♦ [using embarrassment as pressure] *véase* bounce into

shampoo out of v2obj ♦ to remove (dirt etc.) from (hair or carpet) using shampoo ~ quitar(se) (suciedad etc.) de (la cabeza/alfombra) con champú || *I'll have to shampoo all this sand out of my hair ~ Tendré que darme un champú para quitarme toda esta arena del pelo*

shape into [1] v2obj ♦ [material to make product etc.] *véase* change into [3] **[2]** v2obj ♦ *véase* fit for; gear up for [2]

shape up [1] vi inf ♦ *véase* come along [2] **[2]** vi inf ♦ [oneself] *véase* buck up [3]

shape up as ins ♦ *véase* establish oneself as

share among v2obj ♦ *véase* divide up among

share between v2obj ♦ *véase* divide up among

share in [1] ins ♦ to enjoy a share of (profit, food, success etc.) ~ recibir una parte de (comida, beneficios, éxito etc.) || *To show my thanks I'd like you to share in the profits ~ Para agradecérselo, me gustaría que aceptara un porcentaje de los beneficios* **[2]** ins ♦ to make an active contribution to (a process etc.) ~ participar en || *We shared in the manufacture of this product ~ Participamos en la fabricación de este producto*

share out sep ♦ *véase* divide out

share out among v2obj ♦ *véase* divide up among

share out between v2obj ♦ *véase* divide up among

share with [1] ins ♦ *véase* double up with [2] **[2]** v2obj ♦ *véase* divide with **[3]** v2obj ♦ to have (characteristic etc.) in common with (someone else) ~ tener (algo) en común con || *Laura shares a birthday with one of the princesses ~ Laura nació el mismo día que una de las infantas*

sharpen up [1] sep ♦ [appetite/emotion etc.] to make sharper; to improve/heighten ~ agudizar; mejorar; intensificar || *The course has sharpened up my understanding of the business world ~ El curso ha aumentado mis conocimientos del mundo de los negocios* **[2]** vi inf ♦ [oneself] *véase* buck up [3]

shave away [1] sep ♦ *véase* shave off [1] **[2]** sep ♦ *véase* shave off [2]

shave off [1] sep & v2obj ♦ to remove (beard etc.) (e.g. from the face) by shaving ~ quitar(se) (la barba etc.) (de la cara etc.) afeitándose || *It looks as if Daniel has shaved that beard off (his chin) ~ Parece que Daniel se ha afeitado la barba (de la barbilla)* **[2]** sep & v2obj ♦ [remove small amount from cost/record] *véase* knock off [2]

shear of v2obj form ♦ [esp. + hair/wool, by cutting] *véase* denude of; deprive of

shear off sep & v2obj ♦ [esp. + hair/wool] *véase* cut off [1]

shear through ins ♦ *véase* cut through [1]

sheathe in v2obj ♦ [metal etc.] *véase* encase with

sheer away from ins ♦ [topic] *véase* deviate from; keep off [6]

sheer off vi & vi náut ♦ [esp. boat] *véase* branch off [1]

sheet in sep & v2obj ♦ *véase* cover in

sheet over sep ♦ *véase* cover in [2]

shell out [1] vi inf ♦ *véase* cough up [2] **[2]** sep inf ♦ *véase* cough up [3]

shell out for ins & v2obj inf ♦ *véase* cough up for

shelter from [1] ins ♦ to seek shelter/protection for oneself from (rain etc.) ~ ponerse al abrigo de; cobijarse de || *We went into a barn to shelter from the rain ~ Entramos en un granero para ponernos al abrigo de la lluvia* **[2]** v2obj ♦ [attack/weather] *véase* defend against

shelve down vi ♦ *véase* drop away [2]

shelve down to ins ♦ *véase* fall away to [1]

shepherd in sep ns ♦ [esp. lots of people/sheep] *véase* bring in [2]

shield against v2obj ♦ [attack/weather] *véase* defend against

shield from v2obj ♦ [attack/weather] *véase* defend against

shift about vi & sep ♦ *véase* move about

shift around vi & sep ♦ *véase* move about

shift down [1] vi ♦ *véase* budge along [1] **[2]** sep os ♦ *véase* budge along [2] **[3]** vi ♦ *véase* move down [4] **[4]** sep os ♦ *véase* move down [5] **[5]** vi USA ♦ *véase* change down

shift for oneself vi arc inf ♦ *véase* fend for oneself

shift into ins & v2obj ♦ *véase* move into

shift out [1] vi ♦ *véase* move out [1] **[2]** sep os ♦ *véase* move out [2]

shift over [1] vi ♦ *véase* budge along [1] **[2]** sep os ♦ *véase* budge along [2]

shift to v2obj ♦ *véase* move to [3]

shift up [1] vi ♦ *véase* budge along [1] **[2]** sep os ♦ *véase* budge along [2] **[3]** vi ♦ *véase* move up [3] **[4]** vi USA ♦ *véase* change up

shin down vi & ins ♦ *véase* climb down [1]

shin up vi & ins ♦ *véase* clamber up

shine at [1] ins ♦ *véase* excel at **[2]** v2obj ♦ *véase* flash on [2]

shine down vi ♦ *véase* beat down [2]

shine in [1] ins ♦ *véase* excel at **[2]** v2obj ♦ [into a room/box etc.] *véase* flash on [2]

shine on [1] v2obj ♦ *véase* flash on [2] **[2]** ins ♦ [+ item/surface/person] *véase* light up [2]

shine out [1] vi ♦ to shine very brightly ~ brillar (fuerte) || *The house lights shone out and lit up the road ~ Las luces de la casa brillaban e iluminaban la carretera* **[2]** vi ♦ to excel (in comparison with other people or things) ~ sobresalir || *The team isn't very good but one player does shine out ~ El equipo no es muy bueno pero sí sobresale un jugador*

shine through vi ♦ [characteristic etc.] to be very evident ~ notarse a la legua || *Daniel's sense of fairness always shines through ~ El sentido de imparcialidad de Daniel siempre se deja ver*

shine up sep ♦ *véase* buff down

shine up to ins USA ♦ *véase* cozy up to

shine upon [1] v2obj form ♦ *véase* flash on [2] **[2]** ins form ♦ [+ item/surface/person] *véase* light up [2]

shine with ins ♦ *véase* gleam with

shinny down vi & ins USA ♦ *véase* climb down [1]

shinny up vi & ins USA ♦ *véase* clamber up

ship off [1] sep ♦ [person/parcel; not necessarily in a ship] *véase* get off [15] **[2]** sep inf ♦ [esp. abruptly/secretly] *véase* bundle off

ship off to [1] v2obj inf ♦ *véase* send to [2] **[2]** v2obj ♦ [by ship] *véase* get off to [2]

ship out [1] sep ♦ [by ship] *véase* get off [15] **[2]** vi ♦ *véase* go off [2]

shit on [1] ins arg ♦ to defecate on (something) ~ cagar en || *There were no public toilets so he shat on the beach ~ No había servicios públicos así que cagó en la playa* **[2]** ins arg ♦ *véase* dump on [2] **[3]** ins arg ♦ *véase* fuck over **[4]** ins GB arg ♦ *véase* blow away [4]

shit out sep arg ♦ to defecate (something) ~ cagar || *We got worried when he started to shit out stones ~ Nos preocupamos cuando empezó a cagar piedras*

shit up sep GB arg ♦ [with fear] *véase* freak out [2]

shiver at ins ♦ *véase* cringe with

shiver from ins ♦ *véase* cringe with

shiver with ins ♦ *véase* cringe with

shock into v2obj ♦ [using shock tactics] *véase* bounce into

shock out of v2obj ♦ [using shock tactics] *véase* discourage from

shoe with v2obj ♦ [calzar de] *véase* dress in [2]

shoo away sep ♦ *véase* frighten away; chase away

shoo off sep ♦ *véase* frighten away; chase away

shoot along vi & ins ♦ *véase* career along

shoot as v2obj ♦ to shoot (person/animal) for being ~ matar a tiros por ser || *The general shot Daniel as a deserter ~ El general mató a Daniel a tiros por desertor*

shoot at ins ♦ *véase* fire at [1]

shoot away vi ♦ *véase* dash away

shoot back **[1]** vi ♦ [running] *véase* go back [1] **[2]** sep os ♦ to return gunfire at ~ devolver el fuego sobre || *Daniel shot Laura and she shot him back ~ Daniel disparó a Laura y ésta le devolvió el fuego*

shoot by vi & ins ♦ *véase* dash past

shoot down **[1]** vi ♦ [quickly/drastically] *véase* drop away [1] **[2]** sep ♦ [bird/plane] *véase* bring down [4] **[3]** sep ♦ *véase* gun down **[4]** sep inf ♦ [severely] *véase* brush aside

shoot for **[1]** v2obj ♦ to shoot (someone) for (a crime/reason) ~ matar a tiros a (alguien) por (una razón/un crimen) || *The captain shot the sailor for mutiny ~ El capitán mató a tiros al marinero por sublevación* **[2]** ins & v2obj ♦ *véase* aim at [1] **[3]** ins USA inf ♦ *véase* angle for; aim at [2]

shoot in **[1]** vi ♦ *véase* dash in **[2]** v2obj ♦ to shoot (person/animal) in (a part of the body) ~ herir a (alguien/un animal) con una bala en || *The sniper shot me in the leg ~ La bala del francotirador me hirió en la pierna*

shoot off **[1]** vi GB AUS inf ♦ *véase* dash away **[2]** vi inf ♦ [+ one's mouth] *véase* gob off **[3]** sep ♦ [remove arm with a gun etc.] *véase* blow off [4]

shoot out **[1]** vi ♦ *véase* dash out; break forth **[2]** sep ♦ [quickly] *véase* put out [1] **[3]** sep ♦ [lamp etc.] to extinguish with gunfire ~ apagar a tiros || *The boy shot the lights out with a pistol ~ El chico apagó las luces con una pistola*

shoot it out vi inf ♦ [with guns] *véase* fight out

shoot past vi & ins ♦ *véase* dash past

shoot through **[1]** ins ♦ *véase* hurtle through **[2]** vi AUS inf ♦ [suddenly/secretly] *véase* dash away **[3]** v2obj ♦ [penetrating the arm/chest etc.] *véase* shoot in [2]

shoot through with v2obj ♦ [to fill a poem (etc.) totally with] *véase* fill up with [3]

shoot to **[1]** ins ♦ [very quickly] *véase* go to [1] **[2]** v2obj ♦ [+ bits/pieces/hell etc.] *véase* blow to [1] **[3]** v2obj ♦ [quickly] *véase* get off to [2]

shoot up **[1]** vi ♦ [prices/flames etc.] *véase* rocket up **[2]** vi & ins ♦ [running] *véase* go up [1] **[3]** vi ♦ [child/plant] to grow tall very quickly ~ [niño/planta] crecer mucho y de prisa || *Laura has shot up since the last time I saw her ~ Laura ha crecido mucho desde la última vez que la vi* **[4]** sep ♦ *véase* fire at [1] **[5]** vi arg ♦ *véase* hit up

shop around vi ♦ to visit several shops and compare prices before buying ~ ir a varias tiendas a comparar precios antes de comprar || *She never buys spontaneously - she prefers to shop around ~ Nunca compra de manera espontánea - prefiere ir haciendo comparaciones primero*

shop around for ins ♦ [in shops] *véase* cast about for

shop for **[1]** ins ♦ [in shops] *véase* cast about for **[2]** v2obj GB inf ♦ *véase* impeach for [1]

shore up **[1]** sep ♦ *véase* hold up [1] **[2]** sep ♦ *véase* buoy up [2]

short out **[1]** vi eléc ♦ to cause a short circuit ~ ponerse en cortocircuito || *When the problem began the lights shorted out ~ Cuando empezó el problema las luces se pusieron en cortocircuito* **[2]** sep eléc ♦ to extinguish (light etc.) with a short circuit ~ poner en cortocircuito || *The lightning shorted the lights out ~ Los rayos pusieron las luces en cortocircuito*

shorten to v2obj ♦ *véase* abbreviate to

shortlist for v2obj ♦ [job/literary prize] *véase* propose for; nominate as

shoulder aside sep ♦ [with shoulder] *véase* elbow aside

shoulder through ins ♦ [with shoulder] *véase* elbow through

shout about **[1]** ins ♦ to speak in a loud voice concerning ~ gritar acerca de || *The man was shouting about the price of petrol ~ El hombre gritaba acerca del precio de la gasolina* **[2]** ins ♦ *véase* boast about

shout at ins & v2obj ♦ *véase* bawl at

shout down **[1]** sep ♦ *véase* bawl at; beat up on [2] **[2]** vi ♦ *véase* call down [3]

shout for **[1]** ins ♦ [shouting] *véase* ask for [1] **[2]** ins ♦ *véase* cheer for **[3]** ins ♦ [+ joy etc.] *véase* cry out in

shout out **[1]** vi ♦ *véase* call out [1] **[2]** sep ♦ *véase* call out [2]

shout with ins ♦ *véase* cry out in

shove about **[1]** sep os ♦ [pushing] *véase* carry about **[2]** sep os ♦ *véase* bully about

shove around **[1]** sep os ♦ [pushing] *véase* carry about **[2]** sep os ♦ *véase* bully about

shove aside sep ♦ *véase* cast aside; elbow aside

shove away **[1]** sep ♦ *véase* drive away [2] **[2]** sep ♦ *véase* cast aside

shove back sep ♦ *véase* drive back [3]

shove down **[1]** sep ♦ *véase* drag down [1] **[2]** vi ♦ *véase* bear down [2]

shove forward **[1]** vi ♦ *véase* get ahead; go ahead [1] **[2]** sep os ♦ *véase* inch forward [2]

shove in **[1]** vi ♦ *véase* cram in [1] **[2]** sep ♦ *véase* cram in [2] **[3]** sep ns ♦ *véase* bash in [1] **[4]** vi ♦ *véase* butt in [2] **[5]** vi GB inf ♦ *véase* push in [5]

shove into **[1]** v2obj ♦ *véase* bounce into **[2]** v2obj ♦ [by pushing] *véase* force into [1]

shove off **[1]** vi GB AUS inf ♦ *véase* buzz off **[2]** vi GB AUS inf ♦ *véase* bog off **[3]** vi & sep náut ♦ *véase* push off [3] **[4]** sep ♦ [lid etc., by pushing] *véase* ease off [1]

shove on **[1]** ins ♦ *véase* press down on **[2]** ins ♦ *véase* mash on

shove out **[1]** sep ♦ *véase* drive out [3] **[2]** sep ♦ *véase* hound out

shove out of **[1]** v2obj ♦ *véase* hound out of **[2]** v2obj ♦ *véase* fling out of [2]

shove over sep ♦ [person/thing, deliberately] *véase* cant over [2]

shove past vi & ins ♦ [by pushing] *véase* get past [1]

shove up **[1]** sep ♦ [by pushing] *véase* drag up [2] **[2]** sep ♦ *véase* drive up [1] **[3]** vi dep ♦ *véase* push up [3] **[4]** vi GB ♦ *véase* budge along [1] **[5]** sep os GB ♦ *véase* budge along [2]

shovel down sep inf ♦ [food] *véase* belt down

shovel into v2obj ♦ [con o sin pala] *véase* cram into [2]

shovel up sep ♦ [with a shovel] *véase* gather up [1]

show around sep os & v2obj ♦ to give (someone) a tour (of a building/city they don't know) ~ mostrar (un edificio/sitio etc.) a (alguien) || *I took Laura to the palace and showed her around (the gardens) ~ Llevé a Laura al palacio y le actué de guía (por los jardines)*

show for v2obj ♦ to achieve (something) in compensation for (effort etc.) ~ conseguir (algo) como/en recompensa de (un esfuerzo) || *I have nothing to show for all that work ~ Me he quedado sin nada después de todo ese trabajo*

show in sep ns ♦ [visitor] *véase* ask in; bring in [2]

show into v2obj ♦ [visitor into a room etc.] *véase* bring into [1]

show off **[1]** vi ♦ to behave in an ostentatious and annoying manner ~ presumir/fachendear || *Daniel spent the whole evening showing off ~ Daniel pasó toda la velada presumiendo* **[2]** sep ♦ *véase* flash about **[3]** sep ♦ [hacer resaltar etc.] *véase* bring out [3]

show off to **[1]** ins ♦ to behave in an ostentatious and annoying manner towards ~ presumir ante || *Laura is trying to show off to her friends ~ Laura está intentando presumir ante los amigos* **[2]** v2obj ♦ to be ostentatious with (an item/person) towards ~ hacer ostentación de (algo o alguien) en compañía de || *She's showing off her new boyfriend to her parents ~ Está haciendo gala de su nuevo novio a beneficio de sus padres*

show out sep ♦ [visitor] *véase* let out [1]

show out of v2obj ♦ [visitor] *véase* let out of [1]

show round sep os & v2obj ♦ *véase* show around

show through [1] vi ♦ *véase* shine through **[2]** ins ♦ [esp. underwear] to be visible through (other clothes etc.) ~ [esp. ropa interior] notarse a través de || *Your bra is showing through that blouse ~ Se te ve el sujetador a través de esa blusa*

show to [1] v2obj ♦ [person/thing/place] *véase* demonstrate to **[2]** v2obj ♦ [visitor into a room etc.] *véase* bring into [1]

show up [1] vi inf ♦ to arrive at a place ~ presentarse || *Laura showed up two hours late, towards the end of the meeting ~ Laura se presentó dos horas tarde, hacia el final de la reunión* **[2]** vi inf ♦ *véase* front up **[3]** vi ♦ [in results/data/test etc.] to be visible ~ verse/notarse || *The problem showed up in the first series of results ~ El problema se dejó ver en la primera serie de resultados* **[4]** sep ♦ to make visible/evident ~ revelar/patentizar || *This decision shows up how bad the system is ~ Esta decisión pone en evidencia lo malo que es el sistema* **[5]** sep inf ♦ to shame; to embarrass ~ avergonzar || *You don't need to show me up by mentioning my problem ~ No hace falta que me avergüences sacando el tema de mi problema* **[6]** sep os ♦ [visitor] *véase* bring up [5]

shower down vi ♦ to take a shower ~ ducharse || *I'm going to shower down before lunch ~ Voy a ducharme antes de comer*

shower down on [1] ins ♦ *véase* rain down on [1] **[2]** v2obj ♦ [gifts/violent blows] *véase* heap on

shower on [1] ins ♦ *véase* rain down on [1] **[2]** v2obj ♦ [gifts/violent blows] *véase* heap on

shower with [1] v2obj ♦ [gifts/violent blows] *véase* heap with **[2]** ins ♦ to shower together with/using ~ ducharse con || *I like to shower with gel/with my partner ~ Me gusta ducharme con gel/con mi pareja*

shriek at ins & v2obj ♦ [with fear/anger] *véase* bawl at

shriek out sep ♦ *véase* cry out [1]

shriek with ins ♦ *véase* cry out in

shrink away vi ♦ *véase* draw back [1]

shrink away from ins ♦ *véase* flinch at

shrink back vi ♦ *véase* draw back [1]

shrink back from ins ♦ *véase* flinch at

shrink from [1] ins ♦ *véase* flinch at **[2]** ins ♦ *véase* duck out of

shrink up vi ♦ [fruit/skin/washed garment] to become dry/small and wrinkled ~ encogerse/arrugarse/secarse || *The shirt shrank up in the wash ~ La camisa se encogió al lavar*

shrivel up [1] vi ♦ [fruit/skin] *véase* shrink up **[2]** sep ♦ to make (fruit/skin) wrinkled ~ arrugar || *The hot water shrivelled Laura's fingers up ~ El agua caliente le arrugó los dedos a Laura*

shroud in v2obj ♦ *véase* enshroud in

shrug at ins ♦ to use one's shoulders to indicate no understanding of /interest in (person/matter) ~ encogerse de hombros para indicar falta de comprensión de/interés por (alguien/algo) || *Daniel shrugged at the suggestion ~ Daniel reaccionó a la sugerencia encogiéndose de hombros*

shrug off [1] sep ♦ [worry/problem] *véase* get over [1]; cast aside **[2]** sep ♦ [using the shoulders] *véase* cast off [2]

shuck down vi USA inf ♦ to remove one's clothes ~ desnudarse || *We all decided to shuck down and dive into the river ~ Todos decidimos desnudarnos y tirarnos al río*

shuck off [1] sep USA inf ♦ [clothes] *véase* fling off [1] **[2]** sep USA inf ♦ [illness/drug habit/beliefs etc.] *véase* fight off [1]

shudder at ins ♦ *véase* cringe at; cringe with

shudder with ins ♦ *véase* cringe with

shuffle along vi ♦ [walk slowly, dragging one's feet] *véase* crawl along

shuffle aside [1] sep ♦ *véase* elbow aside **[2]** sep ♦ *véase* edge out [4]

shuffle in vi ♦ to enter dragging one's feet ~ entrar arrastrando los pies || *My grandfather shuffled in and sat down ~ Mi abuelo entró arrastrando los pies y se sentó*

shuffle off **[1]** vi ♦ [dragging one's feet] *véase* buzz off **[2]** sep ♦ [using the shoulders] *véase* cast off [2] **[3]** sep ♦ *véase* duck out of

shuffle off on v2obj USA inf ♦ [task/burden] *véase* fob off on

shuffle out vi ♦ to exit dragging one's feet ~ salir arrastrando los pies || *I shuffled out and went to the kitchen ~ Salí arrastrando los pies y me dirigí a la cocina*

shuffle out of **[1]** ins ♦ to leave (a room etc.) dragging one's feet ~ salir de (un sitio) arrastrando los pies || *Laura shuffled out of the house and went to the shop ~ Laura salió de casa arrastrando los pies y fue a la tienda* **[2]** ins ♦ *véase* duck out of

shuffle up sep ♦ [playing cards] to mix ~ [cartas de jugar] barajar || *Daniel shuffled up the cards and we started the game ~ Daniel barajó las cartas y empezamos la partida*

shunt aside **[1]** sep ♦ *véase* elbow aside **[2]** sep ♦ *véase* edge out [4]

shunt into **[1]** ins ♦ *véase* bang into **[2]** v2obj ♦ [pushing physically/morally] *véase* force into [1]

shunt off sep os & v2obj ♦ *véase* put off [6]

shunt to and fro **[1]** vi ♦ *véase* move about [2] **[2]** sep os ♦ *véase* move about [3]

shush up **[1]** vi inf ♦ [talking] *véase* belt up [3]; dry up [6] **[2]** sep ♦ *véase* hush up [1] **[3]** sep ♦ *véase* hush up [2]

shut away **[1]** sep ♦ [person/valuables] *véase* lock away [1] **[2]** sep ♦ *véase* bang up [1]

shut oneself away vi ♦ *véase* lock oneself away

shut down **[1]** vi ♦ *véase* close down [1] **[2]** sep ♦ *véase* close down [3] **[3]** vi ♦ *véase* cut out [6] **[4]** sep ♦ [industrial machine] *véase* flick off [2]

shut in **[1]** sep os ♦ *véase* lock in [1] **[2]** v2obj ♦ *véase* lock in [2]

shut oneself of ins form ♦ *véase* cast aside; dispense with

shut off **[1]** vi ♦ *véase* cut out [6] **[2]** sep ♦ [industrial machine] *véase* flick off [2] **[3]** sep ♦ [supply of gas/food etc.] *véase* cut off [2] **[4]** sep ♦ [view] *véase* mask out [2]; blot out [1]

shut off from v2obj ♦ [by enclosing] *véase* divorce from; keep away from [2]

shut oneself off from ins ♦ [deliberately/quickly] *véase* grow away from; close out [4]

shut out **[1]** sep ♦ [noise/light] *véase* block out [1] **[2]** sep ♦ *véase* blank out [4] **[3]** sep ♦ *véase* bolt out [2] **[4]** sep ♦ *véase* close out [4] **[5]** sep USA dep ♦ *véase* blank out [2]

shut out of **[1]** v2obj ♦ *véase* lock out of **[2]** v2obj ♦ *véase* exclude from

shut to sep os ♦ [door/curtains] *véase* draw to

shut up **[1]** vi ♦ [talking] *véase* belt up [3]; dry up [6] **[2]** sep ♦ *véase* hush up [1] **[3]** sep ♦ *véase* hush up [2] **[4]** sep ♦ [person/animal/valuables] *véase* lock away [1]; coop up **[5]** sep GB AUS ♦ [shop/pub closing for the winter etc.] *véase* close up [4]

shuttle about sep os ♦ *véase* move about [3]

shy at **[1]** ins ♦ [horse jumping a fence] *véase* chicken out of **[2]** ins ♦ *véase* flinch at **[3]** v2obj ♦ *véase* hurl at

shy away **[1]** vi ♦ *véase* draw back **[2]** vi ♦ *véase* chicken out

shy away from **[1]** ins ♦ *véase* draw back from [2]; flinch at **[2]** ins ♦ *véase* chicken out of

sic on v2obj USA ♦ *véase* set on [3]

sick up sep GB inf ♦ *véase* bring up [4]

sicken at ins ♦ [feel ill because of] *véase* flinch at

sicken for **[1]** ins méd ♦ *véase* come down with **[2]** ins inf ♦ *véase* ache for

sicken of ins ♦ to become tired of/bored with ~ hartarse de || *I am starting to sicken of teaching ~ Estoy empezando a hartarme de dar clases*

side against ins ♦ [in argument etc.] *véase* come out against

side with ins ♦ [in argument etc.] *véase* come out for [1]; ally oneself to

sidle up vi ♦ [person; cautiously/furtively] *véase* creep up

sidle up to ins ♦ [person; cautiously/furtively] *véase* creep up on

sieve from v2obj ♦ [with or without a sieve] *véase* extract from

sieve out sep ♦ to extract (with or without a sieve); *véase* root out [1]; separate out [2] ~ tamizar; extraer con (o como con) coladera; extirpar; separar || *I want you to sieve out all the seeds/problems ~ Quiero que quites todas las pepitas con la coladera/que extirpes todos los problemas*

sieve out of v2obj ♦ [with or without a sieve] *véase* extract from

sift from v2obj ♦ [with or without a sieve] *véase* extract from

sift out sep ♦ *véase* sieve out; separate out [2]

sift out from v2obj ♦ [with or without a sieve] *véase* extract from

sift out of v2obj ♦ [with or without a sieve] *véase* extract from

sift through ins ♦ [+ documents/drawer/room] *véase* burrow into [2]

sigh for ins ♦ [potential lover] *véase* ache for

sight at v2obj ♦ [gun] *véase* aim at [1]

sight on v2obj ♦ [gun] *véase* aim at [1]

sign away sep ♦ [rights/property, by signing a document] *véase* give up [4]

sign for **[1]** ins ♦ to sign a document to acknowledge receipt of ~ firmar el recibo de || *Can you sign for this parcel, please? ~ ¿Le importa firmar el recibo de este paquete, por favor?* **[2]** ins GB dep ♦ to sign a document to become a player with (a club) ~ fichar por || *My brother has just signed for Rayo Vallecano ~ Mi hermano acaba de fichar por el Rayo Vallecano*

sign in **[1]** vi ♦ to sign a book to record one's arrival at a club/hotel (etc.) ~ firmar para entrar || *Would you mind signing in, please? ~ ¿Le importa firmar el libro para decir que ha llegado?* **[2]** sep ♦ to sign a book to permit the entry of (someone else) ~ firmar para avalar la admisión de (alguien) || *I'd like to sign two guests in, please ~ Quisiera firmar para avalar la entrada de dos invitados* **[3]** vi ♦ *véase* clock in [1] **[4]** sep ♦ *véase* clock in [2]

sign off **[1]** vi & ins ♦ to finish (letter/TV programme) ~ terminar (carta/programa) || *The presenter signed off (the programme) with a smile ~ La presentadora terminó (el programa) con una sonrisa* **[2]** vi & ins GB ♦ [+ the dole] to stop claiming unemployment benefit ~ firmar para dejar de cobrar el subsidio de paro || *Laura now has a job, so she's signed off (the dole) ~ Laura ya tiene trabajo, entonces ha firmado para terminar el paro* **[3]** vi & ins USA inf ♦ *véase* knock off [1] **[4]** sep GB ♦ [doctor] to sign for (someone ill) to stop work ~ firmar la baja de/a || *The doctor said I was ill and signed me off ~ El médico dijo que estaba enferma y me firmó la baja*

sign off on ins USA ♦ [accept formally by signing a document] *véase* assent to

sign on **[1]** vi & ins GB ♦ [+ the dole] to sign a form to claim unemployment benefit ~ firmar para cobrar el subsidio de paro || *Which day do you have to sign on (the dole)? ~ ¿Qué día tienes que firmar para cobrar el paro?* **[2]** vi USA ♦ to agree to do/help with an activity ~ inscribirse para hacer algo || *We've signed on to cook for the party ~ Nos hemos apuntado para preparar la comida para la fiesta* **[3]** sep USA AUS ♦ to give work/a contract to (someone) ~ contratar a (alguien) || *The agency has signed Daniel on ~ La agencia ha contratado a Daniel* **[4]** vi USA ♦ to begin a TV/radio programme ~ abrir/empezar un programa || *The presenter signed on with some bad news ~ El presentador empezó el programa con una mala noticia* **[5]** ins & v2obj ♦ to sign (a document) on (a specific line etc.) ~ firmar (un documento) en (tal línea etc.) || *Would you sign (the document) on this line, plea-*

se? ~ ¿Me hace el favor de firmar (el documento) en esta línea?

sign on for ins GB dep ♦ *véase* sign for [2]

sign on with ins ♦ [+ company/agency] *véase* sign for [2]

sign out [1] vi ♦ to sign a book to record one's exit from a club/hotel (etc.) ~ firmar para salir || *Would you mind signing out before you leave? ~ ¿Les importa firmar el registro antes de salir?* **[2]** sep ♦ to sign a book to permit the exit of (someone else) ~ firmar para dejar salir a (otra persona) || *I have to sign Daniel out - I'll be back soon ~ Tengo que firmar para que salga Daniel - vuelvo en seguida* **[3]** sep ♦ [with a signature] *véase* check out [11]

sign over sep ♦ [property, by signing a form] *véase* deliver over

sign over to v2obj ♦ [property, by signing a form] *véase* deliver over to

sign up [1] vi ♦ *véase* sign on [2] **[2]** sep ♦ *véase* sign on [3]

sign up for [1] ins ♦ [+ company/agency] *véase* sign for [2] **[2]** ins ♦ *véase* enrol for [1] **[3]** v2obj ♦ *véase* enrol for [2]

sign up with ins ♦ [+ company/agency] *véase* sign for [2]

sign with ins ♦ [+ company/agency/recording company/football club etc.] *véase* sign for [2]

signal for [1] ins ♦ [+ waiter etc.] *véase* beckon to **[2]** ins ♦ [+ bill/check etc., using a hand signal] *véase* ask for [1]

signal to ins ♦ *véase* beckon to

silt up [1] vi ♦ [river, with mud/sand] *véase* choke up [4] **[2]** sep ♦ [river, with mud/sand] *véase* block up

simmer down [1] vi ♦ *véase* calm down [1] **[2]** sep ♦ *véase* calm down [2]

simmer with ins ♦ [anger etc.] *véase* brim with

sin against ins ♦ to commit a sin/moral offence against ~ pecar contra; ofender a || *By stealing the sweets you have sinned against God ~ Robando los caramelos has pecado contra Dios*

sing about ins ♦ to sing a song concerning ~ cantar sobre || *On her new record she sings about sex and drugs ~ En su nuevo disco canta sobre el sexo y las drogas*

sing along vi ♦ [with a song being sung] *véase* join in [1]

sing along to ins ♦ [+ song/radio] *véase* join in [2]

sing along with ins ♦ [+ singer/radio] *véase* join in [2]

sing of ins ♦ *véase* sing about

sing out [1] vi ♦ [loudly/clearly] *véase* call out [1] **[2]** sep ♦ [loudly/clearly] *véase* call out [2] **[3]** vi ♦ to sing more loudly ~ cantar más fuerte || *I asked the boys to sing out, as they couldn't be heard ~ Pedí a los chicos que cantaran más fuerte, pues no se les oía*

sing out for ins ♦ [shouting] *véase* ask for [1]

sing to [1] v2obj ♦ [singing] *véase* lull to **[2]** ins & v2obj ♦ to sing (a song) directed at ~ cantar (una canción) a || *He likes to sing (a lullaby) to his daughter every night ~ Le gusta cantar (una nana) a su hija cada noche*

sing up vi ♦ *véase* sing out [3]

single out sep ♦ [choose/identify from several options] *véase* fix on [1]

single out as v2obj ♦ *véase* mark as

single out for v2obj ♦ to identify (one person) and give them (praise/criticism) ~ distinguir a (uno) para criticarle/alabarle || *The director singled Laura out for a special mention ~ La directora destacó a Laura y le dedicó una mención especial*

sink away vi ♦ *véase* drain away [1]

sink back vi ♦ [in armchair etc.] *véase* lie back; lean back

sink down into ins ♦ *véase* flop into

sink in [1] vi ♦ *véase* go in [8] **[2]** ins ♦ [ship/person] to sink in (a specific sea/river etc.) ~ hundirse en || *The little boat sank in the Mediterranean ~ La barquita se hundió en el Mediterráneo*

sink into [1] ins ♦ *véase* flop into **[2]** ins ♦ [state/depression etc.] *véase* fade into; fall into [5] **[3]** v2obj ♦ *véase* invest in [1] **[4]** ins ♦ *véase* sink in [2]

sink to [1] ins ♦ *véase* go down to [3] **[2]** ins ♦ *véase* descend to [1]

sip at ins ♦ to drink with small mouthfuls ~ beber (algo) a sorbitos || *She didn't want to get drunk so she sipped at the wine ~ No quería emborracharse, así que bebió el vino a sorbitos*

siphon away **[1]** sep ♦ [petrol etc.] to remove using a siphon ~ sacar (gasolina etc.) con sifón || *The thieves siphoned away all the fuel in the tank ~ Los ladrones sacaron con sifón toda la gasolina que había en el depósito* **[2]** sep ♦ [clients/votes etc.] to attract dishonestly from elsewhere ~ atraer (clientes/votos etc.) de otra parte fraudulentamente || *The new candidate siphoned away most of the other parties' votes ~ El nuevo candidato actuó con poca honradez apoderándose de la mayoría de los votos de los demás partidos*

siphon off **[1]** sep ♦ *véase* siphon away [1] **[2]** sep ♦ *véase* siphon away [2] **[3]** sep ♦ [money] to steal from another company (etc.) ~ desviar/malversar || *I hear she siphoned off nearly two million dollars ~ Dicen que malversó casi dos millones de dólares*

siphon out sep ♦ *véase* siphon away [1]

sit about vi ♦ *véase* bum about [1]

sit around **[1]** vi ♦ *véase* bum about [1] **[2]** ins ♦ [several people] to sit around the perimeter of (a table etc.) ~ sentarse alrededor de (una mesa etc.) || *Is there enough room for us all to sit around the table? ~ ¿Hay sitio para que nos sentemos todos alrededor de la mesa?*

sit at ins ♦ to sit in front of (a table etc.) in order to eat or work ~ sentarse a (la mesa) || *If you sit at the table I'll bring the soup ~ Si te sientas a la mesa te traeré la sopa*

sit back **[1]** vi ♦ *véase* lean back **[2]** vi ♦ [waiting for something to happen] *véase* bum about [1]

sit by vi ♦ [refusing to take action] *véase* bum about [1]

sit down **[1]** vi ♦ to sit ~ sentarse || *It would be easier if you sat down ~ Sería más fácil si usted se sentara* **[2]** sep os ♦ to put (someone else) in a seat ~ sentar a (otra persona) || *Will you help me sit grandma down? ~ ¿Quieres ayudarme a sentar a la abuela?* **[3]** vi ♦ [management/unions etc.] to sit down and discuss problems ~ sentarse para dialogar || *If it's going to be resolved the board and the union will have to sit down ~ Si va a resolverse, la junta directiva y el sindicato van a tener que sentarse juntos y dialogar*

sit oneself down vi ♦ *véase* sit down [1]

sit down to **[1]** ins ♦ [+ table] *véase* sit at **[2]** ins ♦ [+ a meal] to sit in order to eat ~ sentarse a comer (la cena etc.) || *We sat down to a dinner of roast suckling pig ~ Nos sentamos a cenar cochinillo*

sit down under ins ♦ [+ insult etc.] to receive and tolerate (without reacting) ~ tragar (un insulto etc.) || *He's had to sit down under all sorts of insults ~ Ha tenido que tragar toda clase de insultos*

sit for **[1]** ins ♦ *véase* put up for [1] **[2]** ins ♦ [for an artist] *véase* model for **[3]** ins USA ♦ *véase* babysit for **[4]** ins GB form ♦ [+ exam/qualification] *véase* go in for [4]

sit in **[1]** ins ♦ [+ chair/room] *véase* ensconce oneself in **[2]** vi ♦ to attend a meeting/class (etc.) in order to observe it ~ asistir sin participar; participar como observador || *Do you mind if the inspector sits in this morning? ~ ¿Le importa que asista el inspector esta mañana?* **[3]** vi ♦ [esp. students] to protest by sitting in/occupying a building ~ hacer una sentada; ocupar un edificio como protesta || *When I was a student we used to sit in all the time ~ Cuando yo era estudiante, hacíamos sentadas todo el tiempo*

sit in for ins ♦ *véase* deputise for

sit in on ins ♦ (*véase* sit in [2]) to attend (a meeting/class) as an observer ~ asistir a/observar (una reunión/clase) || *I'd like Daniel to sit in on the meeting ~ Quiero que Daniel asista a la reunión como observador*

sit on **[1]** ins ♦ [+ chair etc.] *véase* ensconce oneself in **[2]** ins ♦ to be a formal member of (a committee etc.) ~

ser miembro formal de || *Laura sits on a number of boards* ~ *Laura forma parte de varias juntas directivas* **[3]** ins inf ♦ to delay acting on (a matter etc.) ~ dar carpetazo a || *The Town Council seems to be sitting on my letter* ~ *El Ayuntamiento parece haber dado carpetazo a mi carta* **[4]** ins inf ♦ *véase* lean on [2] **[5]** ins ♦ [information] *véase* hold back [2] **[6]** ins ♦ [always in continuous tenses] to possess (something very valuable) ~ poseer/controlar (algo que vale un dineral) || *In those jewels you found it looks like you're sitting on a gold-mine* ~ *En esas joyas que encontrasteis, parece que tenéis un potosí*

sit out **[1]** vi ♦ to sit outside ~ sentarse al aire libre || *If the rain stops we can sit out for a while* ~ *Si deja de llover podremos sentarnos fuera un ratejo* **[2]** sep ♦ [+ strike/conflict/hard times] *véase* get through [4] **[3]** sep ♦ not to participate in (a sport or dance) due to illness/tiredness ~ no participar en (baile/partido deportivo etc.) || *I think I may have to sit the next dance out* ~ *Creo que voy a tener que pasar de bailar esta vez*

sit over ins ♦ *véase* linger over [3]

sit round **[1]** vi ♦ *véase* bum about [1] **[2]** ins ♦ *véase* sit around [2]

sit through ins ♦ [boring meeting/speech etc.] *véase* get through [4]

sit up **[1]** vi ♦ to move one's body into a sitting position (in bed etc.) ~ incorporarse || *Laura sat up so that I could give her the cup of coffee* ~ *Laura se incorporó para que pudiera darle la taza de café* **[2]** sep ♦ to move (someone else's body) into a sitting position ~ incorporar || *It was very difficult to sit the patient up* ~ *Resultaba muy difícil incorporar al paciente* **[3]** vi ♦ to straighten one's back while sitting ~ erguirse en la silla || *Sit up when you're eating* ~ *Erguíos en la silla cuando coméis* **[4]** vi ♦ not to go to bed (in order to talk/drink/watch a film etc.) ~ trasnochar (etc.) || *We often sit up until dawn* ~ *Muchas veces trasnochamos hasta el amanecer* **[5]** vi ♦ to begin to be attentive (on hearing something interesting) ~ empezar a prestar atención (al oír algo interesante) || *The mention of my mother made me sit up and listen* ~ *La mención de mi madre me hizo prestar atención a lo que se decía*

sit up for **[1]** ins ♦ not to go to bed in order to watch (a film etc.) ~ trasnochar para ver (una película etc.) || *I'm going to sit up for the boxing* ~ *Voy a ver el boxeo antes de acostarme* **[2]** ins ♦ not to go to bed until (someone) returns home ~ estar sin acostarse hasta que (alguien) vuelva || *I was sitting up for Laura, then she rang at 4.00 in the morning* ~ *Esperaba sin acostarme a que volviera Laura, y luego me llamó a las 4.00 de la madrugada*

sit up to ins ♦ *véase* sit at

sit up with **[1]** ins ♦ to attend (a child/sick person) throughout the night ~ velar a || *Laura sat up with her son last night* ~ *Anoche Laura veló a su hijo* **[2]** ins ♦ to remain awake in the company of (person/bottle) ~ trasnochar con (alguien/una botella) || *Last week I sat up with Daniel/with a bottle of whisky* ~ *La semana pasada trasnoché con Daniel/con una botella de whisky*

sit with **[1]** ins ♦ to sit in the company of ~ sentarse con || *Why don't you sit with us at the dinner?* ~ *¿Por qué no te sientas con nosotros en la cena?* **[2]** ins ♦ [not necessarily during the night] *véase* sit up with [1] **[3]** ins USA ♦ *véase* babysit for

size up sep ♦ [person/situation] to study in detail in order to judge ~ tomar la medida de/medir (algo/a alguien) con la vista || *The bouncer was sizing us up as we approached the club* ~ *El gorila nos medía con la vista cuando llegábamos a la discoteca*

skate around **[1]** vi ♦ to skate in various directions ~ patinar por ahí || *We were just skating around without much technique* ~ *No hacíamos más que patinar de aquí para allá, sin mucha técnica* **[2]** ins ♦ [skating] *véase* go round [6] **[3]** ins ♦ [due to embarrassment etc.] *véase* gloss over

skate on [1] vi ♦ to continue skating ~ seguir patinando || *Two of the boys fell over, but Daniel skated on ~ Dos de los muchachos se cayeron, pero Daniel siguió patinando* **[2]** ins ♦ to skate on the surface of ~ patinar sobre || *We were skating on incredibly thin ice ~ Patinábamos sobre hielo increíblemente fino*

skate over [1] vi ♦ [on skates] *véase* come over [1] **[2]** ins ♦ *véase* skate on [2] **[3]** ins ♦ [due to embarrassment etc.] *véase* gloss over

skate round [1] vi ♦ *véase* skate around [1] **[2]** ins ♦ [skating] *véase* go round [6] **[3]** ins ♦ [due to embarrassment etc.] *véase* gloss over

sketch in [1] sep ♦ [quickly/roughly] *véase* draw in [7] **[2]** sep ♦ [extra details etc.] *véase* add in

sketch out [1] sep ♦ [rough drawing] *véase* block in [2]; chalk out [2] **[2]** sep ♦ [rough plans] *véase* lay out [5]

skew round vi ♦ to become twisted ~ torcerse; ponerse al sesgo || *The shaft skewed round when the machine broke down ~ El eje se torció cuando se averió la máquina*

skid across ins ♦ [esp. car/person] to slide over (a wet/icy road etc.) ~ deslizarse sobre || *The bus skidded across the ice ~ El autobús se deslizó sobre el hielo*

skid into ins ♦ [having skidded on ice etc.] *véase* collide with

skid to ins ♦ [+ a halt] to stop by skidding ~ resbalarse y parar || *The coach skidded to a halt just in time ~ El autocar se resbaló y paró justo a tiempo*

skim off [1] sep ♦ *véase* cream off [1] **[2]** sep ♦ *véase* cream off [2] **[3]** ins ♦ [esp. stone on water] *véase* cannon off **[4]** sep & v2obj ♦ to remove (the surface) from (milk products etc.) ~ desnatar; quitar (nata/grasa etc.) de || *We're going to skim the cream off (the milk) ~ Vamos a quitar la nata (de la leche)*

skim over ins ♦ *véase* flick through [1]; glance over [3]

skim through ins ♦ *véase* flick through [1]; glance over [3]

skimp on ins ♦ *véase* economise on

skin over vi ♦ *véase* close up [6]

skin up vi GB arg ♦ to prepare a marijuana joint ~ liar un porro || *While Daniel was looking for the wine, Laura skinned up ~ Mientras Daniel buscaba el vino, Laura lió un porro*

skip about vi ♦ *véase* caper about; frisk about

skip off vi USA AUS inf ♦ [quickly/secretly] *véase* go off [2]; dash away

skip out vi USA AUS inf ♦ [quickly/secretly] *véase* dash out

skip out on ins USA AUS inf ♦ [esp. husband/wife] *véase* bail out on

skip over [1] vi & ins ♦ *véase* jump over **[2]** ins ♦ *véase* flick through [1]; glance over [3] **[3]** ins ♦ *véase* gloss over

skip through ins ♦ *véase* flick through [1]; glance over [3]

skip with ins ♦ *véase* jump for

skirmish with ins ♦ [minor fight] *véase* fight against

skirt around [1] ins ♦ [obstacle/city centre etc.] *véase* go round [6] **[2]** ins ♦ [due to embarrassment etc.] *véase* gloss over

skirt round [1] ins ♦ [obstacle/city centre etc.] *véase* go round [6] **[2]** ins ♦ [due to embarrassment etc.] *véase* gloss over

skitter across ins ♦ [bouncing/sliding on ground or water] *véase* skid across

skittle out sep dep ♦ [esp. in cricket] to eliminate (all the opponents) quickly/easily ~ eliminar a (todos los rivales) de prisa/sin problemas || *Australia skittled England out before lunch ~ Australia eliminó a todos los bateadores ingleses antes de comer*

skive off vi & ins GB inf ♦ *véase* bunk off

skulk about vi & ins ♦ [secretively/threateningly etc.] *véase* bat around [2]

skulk around vi & ins ♦ [secretively/threateningly etc.] *véase* bat around [2]

slack off [1] vi ♦ *véase* ease off [3] **[2]** vi ♦ *véase* ease off [4]

slack off on ins ♦ to decrease the pressure on ~ aflojar la presión en || *Tell Daniel to slack off on the cable ~ Dile a Daniel que afloje un poco el cable*

slack up vi ♦ [work/speed] *véase* ease off [3]

slack up on ins ♦ *véase* slack off on

slacken off **[1]** vi ♦ [work/speed] *véase* ease off [3] **[2]** sep ♦ *véase* loosen off

slacken up vi ♦ [work/speed] *véase* ease off [3]

slag off sep ns GB inf ♦ *véase* bitch about [1]; beat up on [2]

slam down sep ns ♦ *véase* bang down

slam in sep ♦ [put inside forcefully] *véase* drive in [2]

slam into ins ♦ *véase* bang into

slam on sep ♦ *véase* jam on [2]

slam to sep os ♦ [door] *véase* draw to

slant against **[1]** ins ♦ *véase* abut against; lean against [1] **[2]** v2obj ♦ *véase* bias against

slant in vi ♦ [light] to enter at an oblique angle ~ entrar oblicuamente || *The light slants in through these shutters ~ La luz entra oblicuamente por estas contraventanas*

slant toward ins & v2obj USA ♦ *véase* slant towards

slant towards **[1]** ins ♦ *véase* lean to **[2]** v2obj ♦ *véase* predispose to

slap about sep os ♦ [person] *véase* bash about

slap around sep os ♦ [person] *véase* bash about

slap down **[1]** sep ♦ [with one's hand] *véase* bowl over [1] **[2]** sep ♦ [severely] *véase* brush aside; beat up on [2]

slap on **[1]** sep & v2obj inf ♦ *véase* plaster on **[2]** v2obj ♦ [suddenly/unfairly] *véase* impose on [2] **[3]** sep ♦ *véase* fling on **[4]** v2obj ♦ *véase* sock in [1]

slash at ins ♦ *véase* cut up [2]; hack at

slate for **[1]** v2obj ♦ *véase* pencil in for **[2]** v2obj ♦ *véase* get down on for

slave away vi ♦ *véase* beaver away

slave away at ins ♦ *véase* beaver away at

slave over ins ♦ [esp. + hot stove] to work very hard to prepare a meal ~ sudar tinta cocinando || *Daniel slaved over a hot stove to prepare his wife's meal ~ Daniel sudó tinta en la cocina preparándole la cena a su mujer*

slaver on vi GB inf ♦ *véase* go on [4]

slaver on about ins GB inf ♦ *véase* go on about

slaver over ins inf ♦ *véase* drool over

sled down vi & ins USA ♦ *véase* sledge down

sledge down vi & ins ♦ to descend (a hill etc.) on a sledge ~ bajar en trineo (por una colina etc.) || *We climbed up the hill and sledged down (the other side) ~ Subimos la colina y bajamos en trineo (por el otro lado)*

sleek down sep ♦ [hair] *véase* flatten down [2]

sleep about vi inf ♦ *véase* cat around

sleep around vi inf ♦ *véase* cat around

sleep away sep ♦ [by sleeping] *véase* dawdle away

sleep in **[1]** vi ♦ [deliberately/mistakenly] *véase* lie in [1] **[2]** ins ♦ to sleep in (a specific room, bed etc.) ~ dormir en || *I'll sleep in the lounge if you like ~ Me acostaré en el salón si quieres*

sleep off sep ♦ to remove (a hangover etc.) by sleeping ~ dormir la mona (etc.) || *Daniel has been sleeping off his hangover all day ~ Daniel lleva todo el día durmiendo la mona*

sleep it off vi ♦ *véase* sleep off

sleep on **[1]** vi ♦ to continue sleeping ~ seguir durmiendo || *Despite the noise, Laura slept on ~ A pesar del ruido, Laura siguió durmiendo* **[2]** ins ♦ to sleep lying on (a surface, the floor etc.) ~ dormir en/sobre || *Laura's going to sleep on the floor so you can have her bed ~ Laura va a dormir en el suelo para que tengas su cama* **[3]** ins ♦ to wait 24 hours before taking a decision about ~ consultar (algo) con la almohada || *I'll need to sleep on this problem ~ Tendré que consultar este problema con la almohada*

sleep out vi ♦ to sleep outside/at another person's house ~ dormir al aire libre/en casa de otra persona || *Laura's sleeping out tonight so we'll be on our own ~ Laura va a dormir fuera de casa esta noche, así que estaremos solos*

sleep over vi inf ♦ to stay to sleep at a friend's house ~ dormir en casa de un amigo || *I'd had too much to drink, so Laura told me to sleep over ~ Yo había bebido demasiado, entonces Laura me dijo que me quedara a dormir*

sleep through ins ♦ not to awaken despite (noise etc.) ~ no oír (el despertador etc.); no despertarse a pesar de || *Daniel slept through both the thunder and the alarm clock ~ Daniel durmió tan profundamente que no oyó ni el trueno ni el despertador*

sleep together **[1]** vi ♦ to sleep in the same bed (without sexual activity) ~ dormir juntos || *They sleep together but they've never made love ~ Duermen juntos pero nunca han hecho el amor* **[2]** vi inf ♦ *véase* get it on

sleep with ins ♦ *véase* kip with

slew round vi ♦ *véase* skew round

slice into **[1]** ins ♦ *véase* cut into [1] **[2]** v2obj ♦ *véase* cut into [6]

slice off sep & v2obj ♦ *véase* cut off [1]

slice through ins ♦ *véase* cut through

slice up **[1]** sep GB AUS ♦ *véase* cut up [1] **[2]** sep ♦ *véase* divide up [2]

slick back sep ♦ [wet hair] *véase* comb back

slick down sep ♦ [wet hair] *véase* flatten down [2]

slick up sep USA ♦ [person/thing] *véase* doll up

slide about vi ♦ to slide in various directions ~ deslizarse por todas partes || *There was so much ice that Laura was sliding about ~ Había tanto hielo que Laura iba deslizándose por todas partes*

slide across ins ♦ *véase* skid across

slide around vi ♦ *véase* slide about

slide by **[1]** vi ♦ *véase* go by [1] **[2]** vi & ins ♦ [sliding] *véase* go by [2] **[3]** vi ♦ *véase* coast along

slide down **[1]** vi & ins ♦ to descend (esp. a banister) by sliding ~ bajar deslizándose (por la barandilla etc.) || *Laura chose to slide down (the banister) ~ Laura optó por bajar deslizándose (por la barandilla)* **[2]** vi & ins ♦ [+ throat etc.] *véase* go down [12]

slide into **[1]** ins ♦ [by sliding] *véase* bang into; collide with **[2]** v2obj ♦ [smoothly] *véase* fit into [1]

slide off **[1]** vi ♦ to be removed by sliding ~ resbalar; quitarse resbalando || *I think this top slides off ~ Creo que esta tapa se quita resbalando* **[2]** ins ♦ [by slipping] *véase* fall from

slim down vi & sep ♦ *véase* fine down

sling at v2obj ♦ *véase* hurl at

sling away sep ♦ *véase* chuck away

sling out **[1]** sep ♦ *véase* chuck away **[2]** sep ♦ *véase* chuck out [2]

sling over sep ♦ *véase* chuck over

slink about vi ♦ *véase* creep about

slink along vi ♦ *véase* creep about

slink around vi ♦ *véase* creep about

slink away vi ♦ *véase* glide away

slink in vi ♦ *véase* creep in [1]

slink into ins ♦ *véase* creep into [1]

slink off vi ♦ *véase* glide away

slink out vi ♦ *véase* creep out

slip about vi ♦ *véase* slide about

slip around vi ♦ *véase* slide about

slip away **[1]** vi ♦ *véase* glide away **[2]** vi ♦ *véase* go by [1] **[3]** vi ♦ [opportunity/possibility etc.] *véase* pass by [5]

slip away from ins ♦ [opportunity/possibility etc.] *véase* pass by [5]

slip back **[1]** vi ♦ to return quietly/furtively ~ volver sigilosamente || *Laura slipped back at midnight ~ Laura volvió con sigilo a medianoche* **[2]** vi ♦ *véase* fall back [4] **[3]** vi ♦ *véase* drop away [1] **[4]** vi ♦ *véase* drop back [1] **[5]** sep ♦ [quietly return something stolen] *véase* put away [1]

slip by **[1]** vi ♦ *véase* go by [1] **[2]** vi & ins ♦ [opportunity/possibility etc.] *véase* pass by [5]

slip down **[1]** vi & ins ♦ *véase* slide down [1] **[2]** vi & ins ♦ [+ throat etc.] *véase* go down [12]

slip from ins ♦ [slipping] *véase* fall from

slip in **[1]** vi ♦ *véase* creep in **[2]** sep ♦ [esp. reference/comment in a speech] *véase* add in

slip into **[1]** ins ♦ *véase* change into [1]; fling on **[2]** ins ♦ *véase* fade into;

fall into [3], [5] **[3]** v2obj ♦ [secretly] *véase* fit into [1] **[4]** ins ♦ *véase* lapse into [2] **[5]** ins ♦ *véase* creep into

slip off **[1]** vi ♦ *véase* come off [1] **[2]** ins ♦ *véase* fall from **[3]** sep ♦ *véase* fling off [1] **[4]** vi ♦ *véase* glide away

slip on **[1]** sep ♦ [clothes/ring] *véase* fling on **[2]** ins ♦ to slip by stepping on (ice; a polished floor etc.) ~ resbalar en (algo) || *Laura slipped on the ice next to the supermarket ~ Laura resbaló en el hielo al lado del supermercado*

slip out **[1]** vi ♦ [esp. on a brief errand] *véase* dash out; creep out **[2]** vi inf ♦ [emerge unintentionally] *véase* come out [10]; pop out [2]

slip out of **[1]** ins ♦ *véase* divest oneself of; fling off [1] **[2]** ins ♦ *véase* creep out of

slip over **[1]** vi ♦ *véase* fall down [1] **[2]** ins ♦ *véase* fall over [1]

slip one over on ins USA inf ♦ *véase* bluff out; fake out

slip past **[1]** vi ♦ *véase* go by [1] **[2]** vi & ins ♦ [furtively etc.] *véase* get past [1] **[3]** v2obj ♦ *véase* get past [2]

slip through **[1]** vi & ins ♦ *véase* fall through [2] **[2]** vi & ins ♦ not to be caught (by a system or process etc.) ~ colarse (por) || *It looks like Daniel has slipped through (the checks) ~ Parece que Daniel se ha colado (por los controles)*

slip up vi inf ♦ *véase* cock up [1]

slip up on **[1]** ins inf ♦ *véase* cock up [2] **[2]** ins inf ♦ *véase* creep up on

slither about vi ♦ *véase* slide about

slob about vi GB inf ♦ *véase* bum about [1]

slob around vi GB inf ♦ *véase* bum about [1]

slob out vi GB inf ♦ *véase* bum about [1]

slobber over ins inf ♦ *véase* drool over

slog along vi ♦ [person walking etc.] *véase* crawl along

slog away vi ♦ *véase* beaver away

slog away at ins ♦ *véase* beaver away at

slog on vi ♦ [person walking etc.] *véase* crawl along

slog out vi dep ♦ [cricket/baseball] to hit the ball recklessly ~ golpear sin arte || *Towards the end the batsman started to slog out ~ Hacia el final el bateador empezó a golpear sin arte*

slog it out vi ♦ [fight/argument] *véase* duke it out

slog through ins ♦ [mud/work, with difficulty] *véase* get through [4]

slop about **[1]** vi & ins GB AUS inf ♦ *véase* bum about **[2]** vi ♦ [person/liquid] to cause a splash in various directions ~ chapotear || *The children were slopping about in the puddles ~ Los niños chapoteaban en los charcos* **[3]** sep os ♦ to cause (liquid/food) to splash in various directions ~ mover (algo) hasta que se derrame || *Don't slop the soup about so much - you'll spill it ~ No muevas tanto la sopa, que se va a derramar*

slop around **[1]** vi & ins GB AUS inf ♦ *véase* bum about **[2]** vi ♦ *véase* slop about [2] **[3]** sep os ♦ *véase* slop about [3]

slop onto v2obj ♦ [accidentally/messily] *véase* pour onto

slop out **[1]** vi ♦ [liquid, messily/accidentally] *véase* flood out [1] **[2]** vi & ins GB ♦ [prisoner] to empty (container used as a toilet) ~ vaciar (el cubo utilizado como retrete durante la noche) || *The prisoners have to slop out (their buckets) at 8.00 ~ Los prisioneros tienen que vaciar el cubo a las 8.00*

slop over **[1]** vi ♦ *véase* brim over **[2]** v2obj ♦ [accidentally/messily] *véase* pour onto

slope away vi ♦ *véase* drop away [2]

slope away to ins ♦ *véase* fall away to [1]

slope down vi ♦ *véase* drop away [2]

slope down to ins ♦ *véase* fall away to [1]

slope off vi GB AUS ♦ *véase* glide away; buzz off

slope up vi ♦ to incline in an upward direction ~ estar en pendiente || *The land slopes up here, so be careful ~ Aquí el terreno está en pendiente, así que tened cuidado*

slope upward vi USA ♦ *véase* slope up

slope upwards vi ♦ *véase* slope up

slosh about **[1]** vi ♦ *véase* slop about [2] **[2]** sep os ♦ *véase* slop about [3]

slosh around **[1]** vi ♦ *véase* slop about [2] **[2]** sep os ♦ *véase* slop about [3]

slosh onto v2obj ♦ [accidentally/messily] *véase* pour onto

slosh over **[1]** vi ♦ *véase* brim over **[2]** v2obj ♦ [accidentally/messily] *véase* pour onto

slot in **[1]** vi ♦ *véase* fit in [1] **[2]** vi ♦ *véase* fit in [2] **[3]** vi ♦ *véase* fit in [4] **[4]** sep ♦ *véase* fit in [5] **[5]** sep ♦ *véase* edge in [2]; put in [1]

slot into **[1]** v2obj ♦ *véase* fit into [1] **[2]** ins ♦ *véase* fit into [3]

slouch about vi & ins ♦ *véase* bum about

slouch along vi & ins ♦ *véase* bum about

slouch around vi & ins ♦ *véase* bum about

slouch down vi ♦ not to stand straight ~ no erguirse || *You shouldn't slouch down when you walk ~ No deberías andar con la espalda tan inclinada*

slouch off vi ♦ *véase* glide away; buzz off

slouch over ins ♦ *véase* lean over [2]

slough off **[1]** sep form ♦ *véase* brush off [3]; brush aside **[2]** sep ♦ [snake removing skin] *véase* cast off [2]

slow down **[1]** vi ♦ to decrease in speed ~ ir más despacio; aflojar el paso || *We were going to arrive too early so we slowed down ~ Ibamos a llegar demasiado pronto así que aflojamos el paso* **[2]** sep ♦ to cause (person/vehicle) to decrease in speed ~ retardar; reducir la velocidad de || *The motor is going too quickly - will you slow it down? ~ El motor va demasiado rápido - ¿quieres moderarle la marcha?* **[3]** vi ♦ *véase* ease off [3]

slow up **[1]** vi ♦ *véase* slow down [1] **[2]** sep ♦ *véase* slow down [2] **[3]** vi ♦ *véase* ease off [3]

slug out vi dep ♦ *véase* slog out

slug it out vi inf ♦ [fight/argument] *véase* duke it out

sluice down sep GB AUS ♦ *véase* hose down

sluice out sep GB AUS ♦ *véase* hose out

slump down vi ♦ [person] *véase* crumple up [2]

slump down into ins ♦ *véase* flop into

slump into ins ♦ *véase* flop into

slump over **[1]** vi ♦ [person] *véase* crumple up [2] **[2]** ins ♦ to collapse and fall forwards on top of ~ desplomarse sobre || *Daniel had a heart attack and slumped over the wheel ~ Daniel tuvo un ataque cardíaco y se desplomó sobre el volante*

slur over **[1]** ins ♦ to pronounce (a word) unclearly by slurring ~ articular (una palabra etc.) mal; comerse (una sílaba) || *Laura slurred over the new name of the company ~ Laura articuló mal el nuevo nombre de la empresa* **[2]** ins ♦ *véase* gloss over

slurp at ins ♦ [noisily] *véase* sip at

slush up vi ♦ [road etc.] to become messy with melting snow ~ llenarse de nieve a medio derretir || *When the sun came out the roads began to slush up ~ Cuando salió el sol las carreteras empezaron a llenarse de nieve a medio derretir*

smack down **[1]** sep ♦ [with one's hand] *véase* bowl over [1] **[2]** sep ♦ [severely] *véase* brush aside; beat up on [2]

smack of **[1]** ins ♦ *véase* savor of **[2]** ins ♦ [+ negative quality] *véase* reek of

smarm down sep ♦ [hair] *véase* flatten down [2]

smart at ins ♦ to suffer the effects of (blow; criticism; insult etc.) ~ sufrir los efectos de; resentirse de || *I think Laura is still smarting at that criticism ~ Creo que Laura todavía sufre los efectos de esa crítica*

smart for ins ♦ *véase* pay for [2]

smart from ins ♦ *véase* smart at

smart under ins ♦ *véase* smart at

smart with ins ♦ *véase* smart at

smarten up **[1]** vi USA AUS ♦ to become cleverer/more aware ~ informarse; ponerse al tanto || *Laura will have to smarten up if she wants to be promoted ~ Laura tendrá que espabilarse si quiere que la asciendan* **[2]** vi ♦ *véase* do oneself up **[3]** sep ♦ *véase* doll up

smarten oneself up vi ♦ *véase* do oneself up

smash against ins & v2obj ♦ [forcefully] *véase* bump against

smash down sep ♦ *véase* batter down

smash in **[1]** sep ♦ *véase* batter down **[2]** sep os ♦ [+ someone's face] *véase* beat up [1]

smash into **[1]** ins & v2obj ♦ [forcefully] *véase* bump against **[2]** v2obj ♦ [by breaking] *véase* cut into [6]; rend into

smash on v2obj ♦ *véase* break on

smash out of ins ♦ *véase* break out of

smash through **[1]** ins ♦ *véase* break through [4] **[2]** ins ♦ *véase* break through [5]

smash to v2obj ♦ [by breaking] *véase* cut into [6]; rend into

smash up sep ♦ *véase* bang up [2]

smear as v2obj ♦ *véase* condemn as

smear onto v2obj ♦ *véase* plaster on [2]

smear with **[1]** v2obj ♦ *véase* anoint with **[2]** v2obj form ♦ *véase* besmirch with

smell at ins ♦ [dog] to sniff (a person/thing) ~ husmear/olfatear || *The cat was smelling at Laura's boots ~ El gato olfateaba las botas de Laura*

smell of ins ♦ [something pleasant or unpleasant] *véase* reek of

smell out **[1]** sep ♦ *véase* scent out **[2]** sep GB AUS inf ♦ to cause (a room etc.) to smell badly ~ apestar || *The food you cooked yesterday has smelt the house out ~ La comida que cocinaste ayer ha hecho que la casa entera huela mal*

smell to ins ♦ [+ high heaven] to smell very badly ~ oler muy mal || *What have you done? The room smells to high heaven ~ ¿Qué has hecho? La habitación huele fatal*

smell up sep USA inf ♦ *véase* smell out [2]

smile at ins ♦ *véase* beam at

smile on ins ♦ [tolerate bad behaviour etc.] *véase* approve of

smile upon ins form ♦ [tolerate bad behaviour etc.] *véase* approve of

smirk at ins ♦ [ironically etc.] *véase* beam at

smite with v2obj form arc ♦ *véase* jab with

smoke out **[1]** sep ♦ [use smoke to remove a person or animal] *véase* burn out [6] **[2]** sep ♦ *véase* root out [1]

smoke up sep ♦ to cause (a room etc.) to fill with smoke ~ llenar (una sala etc.) de humo || *Our cigars soon smoked the dining room up ~ Nuestros puros pronto llenaron el comedor de humo*

smooth away sep ♦ *véase* iron out [2]

smooth back sep ♦ [hair] *véase* comb back

smooth down **[1]** sep ♦ *véase* flatten down [2] **[2]** sep ♦ *véase* calm down [2]

smooth onto v2obj ♦ [butter etc.] *véase* plaster on [2]

smooth out **[1]** sep ♦ *véase* iron out [1] **[2]** sep ♦ *véase* damp down [2]; iron out [2]

smooth over sep ♦ *véase* damp down [2]; iron out [2]

smother in **[1]** v2obj ♦ *véase* cover in [1]; enfold in **[2]** v2obj ♦ to kill (someone) using (a pillow etc.) to asphyxiate ~ asfixiar a (alguien) con/en || *Laura smothered Daniel in a pillow ~ Laura sofocó a Daniel con una almohada*

smother with **[1]** v2obj ♦ *véase* cover in [1]; enfold in **[2]** v2obj ♦ *véase* smother in [2]

smudge with v2obj ♦ [tiznar de] *véase* mark with

smuggle in sep ns ♦ to cause (illegal goods/person) to enter a country ~

introducir (artículos de contrabando/persona ilegal) || *I hear he smuggled fifty crates of whisky in ~ Dicen que introdujo cincuenta cajas de whisky*

smuggle into v2obj ♦ to cause (illegal goods/person) to enter (a country) ~ introducir (persona ilegal o artículos de contrabando) en || *The gang smuggled Daniel into Greece ~ La pandilla llevó a Daniel ilegalmente a Grecia*

smuggle out sep ns ♦ to cause (illegal goods/person) to leave a country ~ sacar (persona ilegal o artículos de contrabando) || *I'm going to try and smuggle these bottles out ~ Voy a intentar sacar estas botellas ilegalmente del país*

smuggle out of v2obj ♦ to cause (illegal goods/person) to leave (a country) ~ sacar (persona ilegal o artículos de contrabando) de || *We smuggled Laura out of Britain in a lorry ~ Sacamos a Laura ilegalmente de Gran Bretaña en un camión*

smuggle past v2obj ♦ *véase* get past [2]

smuggle through v2obj ♦ *véase* get past [2]

snack off ins USA ♦ to eat (food) as a small snack ~ comer (algo) como tentempié || *When I was studying I snacked off apples and chocolate ~ Cuando estudiaba me comía alguna manzana o algo de chocolate de vez en cuando*

snack on ins GB AUS ♦ *véase* snack off

snag on [1] ins ♦ [dress etc.] to become caught on (a nail etc.) ~ engancharse en; quedar cogido en || *My trousers snagged on a nail in the wall ~ Mi pantalón quedó cogido en un clavo en el muro* **[2]** v2obj ♦ to catch (a garment etc.) on (a nail etc.) ~ enganchar (una prenda etc.) en || *I think you've snagged your dress on the machine ~ Creo que te has enganchado el vestido en la máquina*

snake about vi ♦ to move like a snake ~ serpentear || *When I saw Daniel he was snaking about in the grass ~ Cuando vi a Daniel serpenteaba en la hierba*

snake along vi ♦ *véase* snake about

snap at [1] ins ♦ *véase* bark at **[2]** ins ♦ [dog biting a human] *véase* bite into [1] **[3]** ins ♦ *véase* jump at

snap back [1] vi ♦ *véase* bounce back [2] **[2]** vi ♦ *véase* answer back

snap into [1] v2obj ♦ [with an audible click] *véase* fit into [1] **[2]** v2obj ♦ [by breaking] *véase* cut into [6]

snap off [1] vi ♦ *véase* break away [3] **[2]** sep ♦ *véase* break off [5]

snap out sep ♦ *véase* bark out

snap out of ins inf ♦ [trance; sadness; bad mood] to return to normal from ~ dejarse de (mal humor; tristeza; trance etc.) || *Laura took ages to snap out of her depression ~ Laura tardó siglos en superar la depresión*

snap to ins mil ♦ [+ attention] to adopt a rigid, formal posture ~ ponerse firme || *The soldiers snapped to attention when the general arrived ~ Los soldados se pusieron firmes cuando llegó el general*

snap up [1] sep inf ♦ to buy (something) quickly or cheaply ~ agarrarse de (una ganga etc.) || *Daniel snapped up the special offer ~ Daniel se agarró de la oferta especial* **[2]** sep inf ♦ [quickly, to beat competition] *véase* sign on [3]

snap it up vi USA inf ♦ [as command] *véase* come along [4]; buck up [1]

snarl at ins ♦ *véase* bark at

snarl out sep ♦ *véase* bark out

snarl up [1] vi ♦ [road/mechanism] to become blocked/tangled ~ enmarañarse/enredarse || *It looks as if the machine has snarled up ~ Parece que la máquina se ha enmarañado* **[2]** sep ♦ [road/mechanism] to block or tangle ~ enmarañar/enredar || *The accident has snarled the city centre up ~ El accidente ha bloqueado el centro de la ciudad*

snatch at [1] ins ♦ *véase* clutch at **[2]** ins GB AUS ♦ *véase* jump at

snatch away sep ♦ *véase* grab away

snatch away from v2obj ♦ *véase* rend from; jerk away from

snatch from v2obj ♦ *véase* rend from; jerk away from

snatch out of v2obj ♦ [+ hand/house/container] *véase* rend from

snatch up **[1]** sep ♦ [quickly/energetically] *véase* gather up [1] **[2]** sep ♦ *véase* snap up [1]

snazz up sep inf ♦ *véase* doll up

sneak about vi ♦ *véase* creep about

sneak around **[1]** vi ♦ *véase* creep about **[2]** ins ♦ [furtively] *véase* get past [1]

sneak away vi ♦ *véase* glide away

sneak in **[1]** vi ♦ *véase* creep in [1] **[2]** sep ns ♦ *véase* smuggle in

sneak into **[1]** ins ♦ *véase* creep into [1] **[2]** v2obj ♦ *véase* smuggle into

sneak off vi ♦ *véase* glide away

sneak off with ins ♦ *véase* go off with [1]

sneak on ins inf ♦ *véase* fink on

sneak out **[1]** vi ♦ *véase* creep out **[2]** sep ns ♦ *véase* smuggle out

sneak past **[1]** vi & ins ♦ [furtively etc.] *véase* get past [1] **[2]** v2obj ♦ *véase* get past [2]

sneak to ins GB inf ♦ to inform (esp. a teacher, about another person's behaviour) ~ soplarse a || *Somebody must have sneaked to the teacher ~ Alguien debe de haberse soplado a la profesora*

sneak up vi ♦ *véase* creep up

sneak up on ins ♦ *véase* creep up on

sneer at ins ♦ [with face/voice] *véase* gibe at

sneeze at ins inf ♦ *véase* disapprove of; blow off [6]

sneeze into ins ♦ to sneeze in (a handkerchief etc.) ~ estornudar en || *Remember to sneeze into a hanky when you're with people ~ Acuérdate de estornudar en un pañuelo cuando estás con gente*

snick off sep ♦ [with a quick movement] *véase* chop off

sniff around ins inf ♦ *véase* sniff at [3]

sniff at **[1]** ins ♦ *véase* smell at **[2]** ins inf ♦ *véase* disapprove of; blow off [6] **[3]** ins inf ♦ to show interest in buying or becoming involved with (a person/product) ~ interesarse por || *He's been sniffing at the car/girl all morning ~ Lleva toda la mañana interesándose por el coche/la chica*

sniff out **[1]** sep ♦ *véase* scent out **[2]** sep inf ♦ *véase* dig up [4]

snigger at ins ♦ *véase* laugh at

snip at ins ♦ [lightly] *véase* chop at

snip off sep ♦ [with a light movement] *véase* chop off

snipe at **[1]** ins ♦ *véase* complain about; beat up on [2] **[2]** ins ♦ [from a concealed position] *véase* fire at [1]

snitch on ins inf ♦ *véase* fink on

snoop about vi inf ♦ [searching/investigating in secret] *véase* ferret about

snoop around vi inf ♦ [searching/investigating in secret] *véase* ferret about

snoop into ins inf ♦ *véase* burrow into [2]

snort at ins inf ♦ *véase* complain about; disapprove of

snow in sep os ♦ [snow isolating a person or community] *véase* cut off [4]

snow under with v2obj ♦ [esp. with work] *véase* deluge with; burden with

snow up sep os GB ♦ [snow isolating a person or community] *véase* cut off [4]

snowball into ins ♦ [become something big or problematic] *véase* grow into [2]

snuff out **[1]** sep ♦ [using hand or a cover] *véase* blow out [4] **[2]** sep inf ♦ *véase* finish off [4]; put down [11] **[3]** sep USA AUS arg ♦ *véase* bump off

snug down vi ♦ *véase* cuddle down

snuggle down vi ♦ *véase* cuddle down

snuggle down with ins ♦ *véase* curl up with

snuggle up vi ♦ *véase* cuddle up

snuggle up against ins ♦ *véase* cuddle up to

snuggle up to ins ♦ *véase* cuddle up to

snuggle up with ins ♦ *véase* curl up with

soak for v2obj ♦ [money/a loan] *véase* press for

soak in **[1]** vi ♦ [liquid permeating] *véase* go through [2] **[2]** vi ♦ *véase* go in [8] **[3]** v2obj ♦ [a remojo] *véase* drench in

soak off sep & v2obj ♦ to remove (a stain etc.) by soaking (a garment) ~ quitar (una mancha etc.) remojando (una prenda) || *I'll have to soak this stain off (the shirt)* ~ *Tendré que quitar esta mancha (de la camisa) a remojo*

soak out sep ♦ *véase* soak off

soak through **[1]** vi & ins ♦ [by permeating] *véase* go through [2] **[2]** sep os ♦ to wet (esp. a person) totally ~ empapar || *The rain has soaked us through* ~ *La lluvia nos ha empapado del todo*

soak to v2obj ♦ [+ the skin] *véase* soak through [2]

soak up **[1]** sep ♦ [liquid in general] *véase* blot up; mop up [2] **[2]** sep ♦ *véase* drink in **[3]** sep ♦ [money/budget] *véase* eat up [1] **[4]** sep inf ♦ to believe (something false) ~ creerse (algo falso) || *You can tell him anything and he soaks it up* ~ *Le puedes decir cualquier cosa y se la cree* **[5]** sep ♦ to learn/absorb (a fact etc.) ~ aprender/absorber (algo) || *When I was younger I soaked facts up much better* ~ *Cuando era más joven me aprendía los hechos mucho mejor*

soak with v2obj ♦ *véase* drench in

soap down sep ♦ to wash/cover (person/thing) with soap ~ lavar (algo/a alguien) con jabón; cubrir de jabón || *Daniel soaped the baby down and she laughed* ~ *Daniel cubrió a la niña de jabón y ésta se rió*

soap up sep inf ♦ *véase* butter up

soar over ins ♦ [bird etc.] *véase* fly over

sob out **[1]** sep ♦ to pronounce (word/story) while crying ~ contar/pronunciar (algo) llorando || *Laura managed to sob out the name of her attacker* ~ *Laura logró entre sollozos pronunciar el nombre de su agresor* **[2]** sep os ♦ [+ one's heart] to cry heavily ~ llorar a lágrima viva || *Daniel sobbed his heart out when he heard the news* ~ *Al oír la noticia Daniel se puso a llorar a lágrima viva*

sob to v2obj ♦ to tell (problem etc.) to (a person) while crying ~ contar (algo) a (alguien) entre sollozos || *Daniel sobbed the whole matter to Laura* ~ *Daniel le contó el asunto entero a Laura entre sollozos*

sob oneself to ins ♦ *véase* cry oneself to

sober down **[1]** vi ♦ *véase* calm down [1] **[2]** sep ♦ *véase* calm down [2]

sober up **[1]** vi ♦ to become less drunk ~ quitarse la merluza || *Laura drank some coffee to try and sober up* ~ *Laura se tomó un café para intentar quitarse la merluza* **[2]** sep ♦ to make (someone) less drunk ~ quitarle la merluza a (alguien) || *We'll have to sober him up before his parents arrive* ~ *Tendremos que quitarle la merluza antes de que lleguen sus padres* **[3]** vi ♦ *véase* calm down [1] **[4]** sep ♦ *véase* calm down [2]

sock away sep USA AUS inf ♦ [money] *véase* hoard away

sock in **[1]** v2obj ♦ to hit (someone) in (a part of the body) ~ pegar a (alguien) en (la cara etc.) || *My father socked me in the mouth* ~ *Mi padre me pegó en la boca* **[2]** sep USA ♦ [of fog] to oblige (someone) to stay at home; to oblige (an airport) to close ~ [niebla] obligar a (alguien) a quedarse en casa; obligar (un aeropuerto) a cerrarse || *The fog socked the passengers in* ~ *La niebla hizo que los pasajeros no pudieran viajar*

sock it to **[1]** ins inf ♦ [something strong etc.] *véase* break to **[2]** ins inf ♦ *véase* beat up [1]

sod off **[1]** vi GB AUS arg ♦ *véase* bugger off [1] **[2]** vi GB AUS arg ♦ [as command] *véase* bog off

soften up **[1]** vi ♦ to become softer ~ ablandarse/suavizarse || *This jumper has softened up since I bought it* ~ *Este jersey se ha suavizado desde que lo compré* **[2]** sep ♦ to make softer ~ ablandar/suavizar || *This liquid will soften up the wood* ~ *Este líquido ablandará la madera* **[3]** vi ♦ *véase* ease off [5] **[4]** sep inf ♦ *véase* butter up

soften up on ins ♦ *véase* ease off on [2]

solace oneself with ins form ♦ to use (something) as a form of consolation ~ consolarse con || *I can solace myself with the arrest of the attacker* ~

Puedo consolarme con la detención del agresor

soldier on vi ♦ *véase* bash on

solicit for **[1]** ins form ♦ *véase* collect for **[2]** v2obj form ♦ [money] *véase* press for; hassle for

solicit of v2obj form ♦ [money/favour] *véase* ask of

sop up sep ♦ [liquid] *véase* clean up [1]; blot up; mop up [2]

sorrow at ins form ♦ *véase* grieve about; cry for [2]

sorrow for ins form ♦ *véase* grieve about; cry for [2]

sorrow over ins form ♦ *véase* grieve about; cry for [2]

sort out **[1]** sep ♦ [problem etc.] *véase* deal with [2] **[2]** sep ♦ to put (documents etc.) in order ~ poner (documentos etc.) en orden || *I'd like you to sort out these letters and put them in a file ~ Quiero que ordene estas cartas y las meta en una carpeta* **[3]** sep ♦ [things wanted from things not wanted] *véase* separate out [2] **[4]** sep ♦ [+ question word] *véase* decide on **[5]** sep GB arg ♦ *véase* deal with [4] **[6]** sep GB arg ♦ [as punishment] *véase* beat up [1] **[7]** sep ♦ *véase* fix up [3] **[8]** sep ♦ *véase* fix up [4]

sort oneself out vi GB AUS inf ♦ [solve personal problems etc.] *véase* get oneself together

sort out from v2obj ♦ [things wanted from things not wanted] *véase* divorce from

sort out with **[1]** v2obj ♦ *véase* fix up with [2] **[2]** v2obj ♦ *véase* arrange with

sort through ins ♦ [documents etc.] *véase* burrow into [2]; sort out [2]

sound off vi inf ♦ *véase* gob off

sound off about ins inf ♦ [loudly/aggressively] *véase* go on about

sound out sep ♦ *véase* feel out [2]

sound out about v2obj ♦ *véase* consult about

soup up sep ♦ *véase* hot up [3]

souse into v2obj ♦ [thoroughly] *véase* dip into [4]

souse with v2obj ♦ *véase* drench in

sow with v2obj ♦ *véase* plant with

space out **[1]** vi ♦ to position oneself far enough from the next person/thing ~ distanciarse; desparramarse || *If we space out we won't be in each other's way ~ Si nos distanciamos un poco no nos estorbaremos* **[2]** sep ♦ to position (people/things) at an appropriate distance ~ distanciar/espaciar || *I see you've spaced out the dates for the meetings ~ Veo que has espaciado un poco las fechas de las reuniones* **[3]** vi inf ♦ [from tiredness/excitement; or from drugs] *véase* black out [1] **[4]** sep inf ♦ [effect of drugs] *véase* freak out [2]

spade up sep USA ♦ *véase* dig over

spangle with v2obj ♦ [with jewels etc.] *véase* deck out with

spank along vi & ins GB arc ♦ *véase* career along

spar at ins ♦ *véase* get at [1]

spar with **[1]** ins ♦ [for boxing practice] *véase* fight against **[2]** ins ♦ *véase* argue with **[3]** ins ♦ [problem etc.] to try without enthusiasm to solve ~ intentar sin entusiasmo solucionar (un problema etc.) || *All she's done is spar with the issue ~ Lo único que ha hecho ha sido jugar con el asunto*

spark off sep ♦ *véase* bring about

spark up vi & sep GB inf ♦ *véase* light up [3]

sparkle with ins ♦ *véase* gleam with

spatter around sep os ♦ [splash mud/paint etc.] *véase* slop about [3]

spatter on v2obj ♦ [splash mud/paint etc.] *véase* pour onto

spatter up sep ♦ [by splashing with mud/paint etc.] *véase* dirty up

spatter with v2obj ♦ [splash with mud/paint etc.] *véase* dot with

spaz around vi arg ♦ *véase* arse about

spaz out vi arg ♦ *véase* freak out [1]

speak about ins ♦ to mention; to talk on the subject of ~ hablar de/mencionar || *It's difficult for me to speak about death ~ Me resulta difícil hablar de la muerte*

speak against ins ♦ *véase* argue against

speak down to ins ♦ to speak to (someone) in a patronising tone (as to a child) ~ hablar con (alguien) de modo paternalista/como a un niño || *There's no need to speak down to the employees ~ No hace falta que trates a los empleados como a niños*

speak for **[1]** ins ♦ [esp. + a person] *véase* argue for **[2]** ins ♦ to claim/reserve (person/thing) ~ reservar || *Laura has already spoken for that computer ~ Laura ya ha reservado ese ordenador* **[3]** ins ♦ to speak on behalf of ~ hablar por/en nombre de || *I'm speaking for everyone when I say we're fed up ~ Hablo por todos cuando digo que estamos hartos* **[4]** ins ♦ *véase* talk for [1]

speak for oneself vi ♦ [personally] *véase* speak for [3]

speak from ins ♦ to speak using the benefit of (experience etc.) ~ hablar de/por (experiencia propia etc.) || *Daniel is speaking from experience here ~ Aquí Daniel recurre a sus propias experiencias*

speak of **[1]** ins ♦ *véase* speak about **[2]** ins form ♦ [to be suggestive of] *véase* say about [2]

speak on **[1]** ins ♦ *véase* speak about; lecture on **[2]** ins ♦ *véase* talk over [3]

speak out **[1]** vi ♦ to speak (more) clearly/loudly ~ hablar (más) claro/fuerte || *You'll need to speak out so that everyone can hear you ~ Tendrás que hablar fuerte para que te oigan todos* **[2]** vi ♦ to express one's opinions ~ expresarse en público || *Now is the time for them to speak out ~ Este es el momento en que deberán expresar sus opiniones en público*

speak out about ins ♦ *véase* speak out on

speak out against ins ♦ *véase* come out against; argue against

speak out for ins ♦ *véase* come out for [1]; argue for

speak out on ins ♦ to speak publicly/forcefully on the subject of ~ pronunciar un discurso (tajante etc.) sobre || *The minister decided to speak out on defence ~ El ministro decidió hablar en público sobre la defensa*

speak over ins ♦ *véase* talk over [3]

speak to **[1]** ins ♦ *véase* chat to **[2]** ins ♦ *véase* deal with [4] **[3]** ins form ♦ [to be suggestive of] *véase* say about [2]

speak up **[1]** vi ♦ [more loudly] *véase* speak out [1] **[2]** vi ♦ *véase* speak out [2]

speak up against ins ♦ *véase* come out against; argue against

speak up for ins ♦ *véase* come out for [1]; argue for

speak with **[1]** ins ♦ *véase* chat to **[2]** ins ♦ *véase* deal with [4] **[3]** ins & v2obj ♦ to speak (a language) with (a specific accent/tone etc.) ~ hablar (un idioma) con (tal acento/tono etc.) || *She speaks (Spanish) with a Bolivian accent ~ Habla (español) con acento boliviano*

spear on v2obj ♦ [person/food] *véase* impale on

spear out of v2obj ♦ [e.g. food from jar using a fork] *véase* get out of [3]

specialise in ins GB AUS ♦ to be an expert in (a limited field) ~ especializarse en || *My husband specialises in organic chemistry ~ Mi marido se especializa en química orgánica*

specialize in ins ♦ *véase* specialise in

specialize on ins USA ♦ *véase* specialise in

speck with v2obj ♦ *véase* dot with

speckle with v2obj ♦ *véase* dot with

speculate about ins ♦ [reasons/the future etc.] *véase* guess at

speculate in ins ♦ [risky commerce] *véase* deal in [1]

speculate on ins ♦ [reasons/the future etc.] *véase* guess at

speed along **[1]** vi & ins ♦ *véase* career along **[2]** sep ns ♦ *véase* buck up [2]

speed away **[1]** vi ♦ [esp. in a car etc.] *véase* cut along [1] **[2]** sep os ♦ [quickly, in a car etc.] *véase* lead away

speed down vi & ins ♦ [quickly] *véase* go down [2]

speed off **[1]** vi ♦ [esp. in a car etc.] *véase* cut along [1] **[2]** sep os ♦ [quickly, in a car etc.] *véase* lead away

speed on vi ♦ [quickly] *véase* drive on [1]

speed up [1] vi ♦ *véase* buck up [1] **[2]** sep ns ♦ *véase* buck up [2]

spell down sep os USA ♦ to defeat (someone) in a spelling contest ~ vencer a (alguien) en un concurso de ortografía || *Daniel managed to spell everyone down yesterday ~ Ayer Daniel logró vencer a todos en el concurso de ortografía*

spell for v2obj ♦ to spell (a word) for (someone) ~ deletrearle (una palabra) a || *Can you spell «giraffe» for me, please? ~ ¿Me deletreas «jirafa», por favor?*

spell out [1] sep ♦ to spell (the letters of a word) ~ deletrear || *Shall I spell my surname out? It's quite complicated ~ ¿Les deletreo mi apellido? Es bastante complicado* **[2]** sep ♦ *véase* lay out [5]

spell out for [1] v2obj ♦ *véase* spell for **[2]** v2obj ♦ *véase* explain to

spend for v2obj ♦ *véase* cough up for

spend on [1] v2obj ♦ *véase* cough up for **[2]** v2obj ♦ *véase* invest in [1]

spend up sep inf ♦ to spend all of (money/budget) ~ gastar todo || *I think we've spent up this year's budget ~ Creo que ya hemos gastado todo el presupuesto de este año*

spew forth sep form ♦ *véase* belch out; bring up [4]

spew out sep ♦ *véase* belch out; bring up [4]

spew up [1] vi ♦ *véase* bring up [1] **[2]** sep ♦ *véase* bring up [4]

spice up [1] sep ♦ *véase* juice up [2] **[2]** sep ♦ to make (food) spicier ~ hacer (comida) más picante || *I need something to spice this chicken up a bit ~ Necesito algo que condimente un poco este pollo*

spice up with v2obj ♦ [speech/food etc.] *véase* lace with

spice with v2obj ♦ [speech/food etc.] *véase* lace with

spiel off sep USA inf ♦ [recite list of things] *véase* count off [2]

spiff up sep USA inf ♦ *véase* doll up

spill into [1] ins ♦ *véase* flood into [1] **[2]** v2obj ♦ [accidentally] *véase* empty into [1]

spill out [1] vi ♦ *véase* flood out [1] **[2]** vi ♦ *véase* flood out [2] **[3]** sep ♦ [accidentally] *véase* pour out [1]

spill out into ins ♦ [esp. a large crowd] to emerge from a small place into ~ salir en avalancha a (la calle etc.) || *The people spilled out into the streets of the neighbourhood ~ La gente salió en avalancha a las calles del barrio*

spill out of ins ♦ [esp. a large crowd] *véase* burst out of [2]

spill over [1] vi ♦ *véase* brim over **[2]** vi ♦ *véase* cant over [1] **[3]** sep ♦ *véase* cant over [2]

spill over into ins ♦ *véase* spill out into

spin along [1] vi & ins ♦ *véase* career along **[2]** sep os GB inf ♦ *véase* have on [4]

spin around [1] vi ♦ *véase* go round [8] **[2]** ins ♦ *véase* revolve around [1] **[3]** vi ♦ [quickly] *véase* face about [1] **[4]** sep ♦ to cause (something) to spin ~ hacer girar || *The motor spins this wheel around ~ El motor hace girar esta rueda*

spin off [1] vi ♦ [spinning violently] *véase* come off [1] **[2]** ins ♦ [spinning violently] *véase* come off [2] **[3]** sep ♦ [a sub-product/subsequent TV show etc.] *véase* bring about **[4]** sep ♦ [a subsequent, subsidiary company] *véase* set up [2]

spin out [1] vi ♦ [spinning violently] *véase* come out [1] **[2]** sep ♦ *véase* drag out [1]; flannel out

spin round [1] vi ♦ *véase* go round [8] **[2]** ins ♦ *véase* revolve around [1] **[3]** vi ♦ [quickly] *véase* face about [1] **[4]** sep ♦ *véase* spin around [4]

spiral down vi & ins ♦ [stairs etc.] to descend (a hill etc.) in a spiral shape ~ bajar (por una colina etc.) en espiral || *The steps spiral down (the slope) ~ Los escalones bajan en espiral (por el declive)*

spiral up [1] vi ♦ *véase* coil up [2] **[2]** vi ♦ *véase* rocket up

spirit away sep ♦ [secretively/quietly] *véase* lead away

spirit off sep ♦ [secretively/quietly] *véase* lead away

spirt from ins ♦ [quickly/violently] *véase* flow from [1]

spirt out vi ♦ [liquid/semen etc.] *véase* break forth

spirt up vi ♦ [liquid/semen etc.] *véase* break forth

spit at ins & v2obj ♦ to spit (saliva/phlegm etc.) in the direction of (someone) ~ escupir (saliva/flema etc.) a || *When he passed by he spat (his chewing-gum) at me ~ Al pasar me escupió (el chicle)*

spit down vi ♦ *véase* drizzle down

spit forth **[1]** sep form ♦ *véase* gob out **[2]** sep form ♦ [liquid/smoke etc.] *véase* belch out

spit in ins & v2obj ♦ [esp. + someone's face] *véase* spit at

spit on ins & v2obj ♦ [+ road/surface] *véase* spit at

spit out **[1]** sep ♦ *véase* gob out **[2]** sep ♦ *véase* bark out

spit it out vi inf ♦ [esp. against the speaker's will] *véase* force out [2]

spit up **[1]** vi USA AUS inf ♦ *véase* bring up [1] **[2]** sep USA AUS inf ♦ *véase* bring up [4] **[3]** sep ♦ *véase* cough up [1]; gob out

spit upon ins & v2obj form ♦ [+ road/surface] *véase* spit at

spit with ins ♦ [+ rain] *véase* drizzle down

splash about **[1]** vi ♦ *véase* slop about [2] **[2]** sep os ♦ *véase* slop about [3] **[3]** sep ♦ *véase* flash about

splash across v2obj inf ♦ to publish (news etc.) all over (front page of a newspaper) ~ publicar (titulares etc.) con mucho bombo en || *They splashed the report across the front page ~ Publicaron el reportaje con mucho bombo en la primera plana*

splash around **[1]** vi ♦ *véase* slop about [2] **[2]** sep os ♦ *véase* slop about [3] **[3]** sep ♦ *véase* flash about

splash down vi ♦ [amerizar] *véase* come down [3]

splash on **[1]** v2obj ♦ [accidentally/messily] *véase* pour onto **[2]** sep ns ♦ [after-shave etc.] to apply to oneself in large quantities ~ [colonia etc.] aplicarse abundantemente || *Here - splash some of this lotion on ~ Toma - ponte algo de esta loción*

splash onto v2obj ♦ [accidentally/messily] *véase* pour onto

splash out **[1]** vi ♦ [liquid, messily/accidentally] *véase* flood out [1] **[2]** vi & ins inf ♦ *véase* lash out [2]

splash out on ins & v2obj inf ♦ *véase* lash out on

splash over **[1]** vi ♦ *véase* brim over **[2]** v2obj ♦ [accidentally/messily] *véase* pour onto

splash up vi ♦ [liquid/semen etc.] *véase* break forth

splash with v2obj ♦ [with liquid/colour] *véase* dot with

splatter up sep ♦ [by splashing with mud/paint etc.] *véase* dirty up

splatter with v2obj ♦ [splash with mud/paint etc.] *véase* dirty up

splay out vi ♦ [feet] to extend outwards at an angle ~ [pies] extenderse planos hacia fuera || *His feet splay out, so he's no good at football ~ Tiene los pies planos, entonces no juega bien al fútbol*

splice to v2obj ♦ *véase* bind to [1]

splice together sep ♦ *véase* bind together

spliff up vi GB arg ♦ *véase* skin up

splinter off vi ♦ *véase* break away [3]

split between v2obj ♦ *véase* divide up among

split in v2obj ♦ *véase* divide off into

split into v2obj ♦ *véase* divide off into

split off **[1]** vi ♦ *véase* break away [3] **[2]** sep ♦ *véase* break off [5] **[3]** vi ♦ [from a political party etc.] *véase* break away [2]

split off from **[1]** v2obj ♦ véase break away from [3] **[2]** ins ♦ to stop being a member of (e.g. a political party) ~ escindirse/separarse de || *It seems Laura and her friends are going to split off from the group ~ Parece que Laura y sus amigos van a separarse del grupo*

split on ins GB AUS inf ♦ *véase* fink on

split up [1] vi ♦ [esp. partners; husband/wife] *véase* break up [4] **[2]** sep ♦ [esp. partners; husband/wife] *véase* break up [10] **[3]** sep ♦ *véase* break up [9]

split up into v2obj ♦ *véase* divide off into

split up with ins ♦ *véase* break off with

split with [1] ins ♦ *véase* break off with **[2]** v2obj ♦ *véase* divide with

splurge on ins ♦ *véase* lash out on

spoil for ins ♦ *véase* ask for [3]

sponge away sep ♦ [using a sponge] *véase* clean off

sponge down sep ♦ [using a sponge] *véase* clean down

sponge from [1] v2obj ♦ [using a sponge] *véase* clean off **[2]** v2obj inf ♦ *véase* bum off

sponge off [1] sep & v2obj ♦ [using a sponge] *véase* clean off **[2]** ins & v2obj inf ♦ *véase* bum off

sponge on [1] sep & v2obj ♦ *véase* dab on **[2]** ins inf ♦ *véase* bum off

sponge up sep ♦ [with a sponge] *véase* clean up [1]; blot up; mop up [2]

spoon off sep & v2obj ♦ [with a spoon] *véase* skim off [4]

spoon out sep ♦ [with a spoon] *véase* ladle out [1]

spoon up sep ♦ [with a spoon] *véase* gather up [1]

sport with ins ♦ *véase* frolic with; have on [4]

spot as v2obj ♦ *véase* finger as

spot with [1] v2obj ♦ to see (someone) in the company of ~ ver a (alguien) con || *I spotted you with Laura in the cinema ~ Te vi con Laura en el cine* **[2]** v2obj ♦ *véase* dot with

spout from ins ♦ [violently] *véase* flow from [1]

spout off vi inf ♦ *véase* gob off

spout off about [1] ins inf ♦ [aggressively] *véase* go on about **[2]** ins inf ♦ *véase* blab about

spout out [1] vi ♦ [liquid/semen etc.] *véase* break forth **[2]** sep inf ♦ *véase* blab about

sprawl about vi ♦ *véase* bum about [1]

sprawl around vi ♦ *véase* bum about [1]

sprawl out vi ♦ *véase* bum about [1]

spray on sep & v2obj ♦ to apply (liquid etc.) with a spray pistol/can ~ aplicar(se) (líquido etc.) con pistola rociadora/con espray || *I'm going to spray insecticide on (the carnations) ~ Voy a rociar los claveles de insecticida*

spray onto v2obj ♦ *véase* spray on

spray out vi ♦ [liquid/semen etc., in all directions] *véase* break forth

spray with v2obj ♦ [with liquid] *véase* dot with

spread around [1] vi ♦ [news etc.] *véase* filter out [2] **[2]** sep ♦ *véase* blaze abroad **[3]** sep & v2obj ♦ *véase* dot about **[4]** sep & v2obj ♦ [butter etc.] *véase* plaster on

spread on sep & v2obj ♦ [butter etc.] *véase* plaster on

spread onto v2obj ♦ [butter etc.] *véase* plaster on [2]

spread out [1] vi ♦ [people/things] *véase* space out [1] **[2]** sep ♦ [people/things] *véase* space out [2] **[3]** sep ♦ *véase* lay out [3] **[4]** sep ♦ [in time/space] *véase* dot about

spread out over [1] ins ♦ [people] to separate in order to cover (a large area of land etc.) ~ separarse para cubrir (un terreno extenso etc.) || *The volunteers spread out over the fields ~ Los voluntarios se distanciaron para cubrir la totalidad de los campos* **[2]** v2obj ♦ to space (people/items/events) to cover (time/space) ~ espaciar (gente/cosas etc.) para cubrir || *They've spread the meetings out over the next few months ~ Han espaciado las reuniones en serie durante los próximos meses*

spread over [1] v2obj ♦ *véase* spread out over [2] **[2]** v2obj ♦ *véase* plaster on [2]

spread to ins ♦ [esp. disease] *véase* extend to

spread with v2obj ♦ [cover a wall/bread with] *véase* fill up with [3]; blanket with

spring aside vi ♦ [with a jump] *véase* draw aside [1]

spring at ins ♦ *véase* jump on [3]

spring back [1] vi ♦ to jump backwards ~ saltar para atrás || *When the robber produced a gun I sprang back ~ Cuando el ladrón sacó una pistola salté para atrás* **[2]** vi ♦ [mechanism] to return sharply to the original position ~ volver a su posición original como un látigo || *When I moved the trigger it sprang back ~ Cuando moví el gatillo volvió a su sitio como un látigo*

spring for ins USA inf ♦ *véase* cough up for

spring forth vi form ♦ *véase* break forth; come forth

spring from [1] ins ♦ *véase* appear from; come from [1] **[2]** v2obj ♦ [esp. prisoner from prison] *véase* get out of [3]

spring into ins ♦ [quickly/with a jump] *véase* get into [2]

spring on [1] vi & ins ♦ *véase* hop on **[2]** v2obj ♦ *véase* lay on [4] **[3]** ins ♦ *véase* jump on [3]

spring out [1] vi ♦ *véase* hop out **[2]** vi ♦ *véase* jump out [2]

spring out at ins ♦ *véase* jump out at

spring out of [1] ins ♦ *véase* hop out of **[2]** ins ♦ *véase* appear from; come from [1] **[3]** v2obj ♦ [esp. prisoner from prison] *véase* get out of [3]

spring to ins ♦ [+ a conclusion/life (quickly)] *véase* arrive at; come to [2]

spring up [1] vi ♦ *véase* jump up **[2]** vi ♦ [many new companies etc., quickly] *véase* open up [4] **[3]** vi ♦ *véase* shoot up [3]

spring upon [1] ins form ♦ *véase* jump on [3] **[2]** v2obj form ♦ *véase* lay on [4]

sprinkle about sep os & v2obj ♦ *véase* dot about

sprinkle on v2obj ♦ [salt etc.] *véase* pour onto

sprinkle onto v2obj ♦ [salt etc.] *véase* pour onto

sprinkle with v2obj ♦ *véase* dot with; lace with

sprint for [1] ins ♦ *véase* run for [2] **[2]** ins ♦ *véase* run for [3] **[3]** ins ♦ [running fast] *véase* head for **[4]** ins dep ♦ [as a sprinter in an athletics team] *véase* play for [1]

sprout out vi ♦ *véase* bush out

sprout up [1] vi ♦ [many new companies etc., quickly] *véase* open up [4] **[2]** vi ♦ *véase* shoot up [3]

spruce up sep ♦ *véase* doll up

spruce oneself up vi ♦ *véase* do oneself up

spur on sep ♦ [person/horse] *véase* egg on

spurt from ins ♦ [quickly/violently] *véase* flow from [1]

spurt out vi ♦ [liquid/semen etc.] *véase* break forth

spurt up vi ♦ [liquid/semen etc.] *véase* break forth

sputter out vi ♦ *véase* flicker out

spy for ins ♦ to work as a spy for (a person, agency or country) ~ ser espía al servicio de || *I think Laura's spying for another country these days ~ Creo que hoy día Laura es espía al servicio de otro país*

spy on ins ♦ to observe (someone) for personal/professional reasons ~ espiar a (alguien) || *When I met Daniel he was spying on one of the directors ~ Cuando conocí a Daniel espiaba a uno de los directores*

spy out sep ♦ [esp. + land] *véase* check out [7]

spy upon ins form ♦ *véase* spy on

squabble about ins ♦ *véase* face off over

squabble over ins ♦ *véase* face off over

squabble with ins ♦ *véase* argue with

squander away sep ♦ [money] *véase* fritter away

squander on v2obj ♦ [money] *véase* fritter away on

square away [1] vi USA ♦ [arrangements etc.] *véase* finish off [1] **[2]** sep USA ♦ [arrangements etc.] *véase* finish off [2] **[3]** sep USA ♦ *véase* catch up [3]

square away on v2obj USA ♦ *véase* catch up on [3]

square off [1] sep ♦ to make (wood/angle etc.) square ~ (es)cuadrar || *It would be better to square this bit of wood* *off* ~ *Sería mejor cuadrar este trozo de madera* **[2]** vi USA ♦ [prepare to fight/ compete] *véase* face off [1]

square off against ins USA ♦ to prepare to fight/compete against (a rival) ~ prepararse para pelearse con || *The youth was squaring off against the policeman* ~ *El joven se preparaba para pelearse con el policía*

square off for ins USA ♦ *véase* ask for [3]

square up **[1]** sep ♦ *véase* square off [1] **[2]** vi GB AUS ♦ [prepare to fight/ compete] *véase* face off [1] **[3]** vi inf ♦ *véase* settle up

square up for ins GB AUS ♦ *véase* ask for [3]

square up to **[1]** ins GB AUS ♦ *véase* square off against **[2]** ins GB AUS inf ♦ *véase* face up to

square up with ins GB AUS ♦ *véase* settle up with

square with **[1]** ins ♦ [explanation etc.] to have the same characteristics as ~ cuadrar con (otra versión etc.) || *This version doesn't seem to square with the previous one* ~ *Esta versión no parece cuadrar con la anterior* **[2]** v2obj inf ♦ [seeking permission] *véase* check with

squash down sep ♦ *véase* pack down

squash in vi & sep ♦ *véase* cram in

squash into ins & v2obj ♦ *véase* cram into

squash together **[1]** vi ♦ [people in a very small place] *véase* crowd together [1] **[2]** sep ♦ [people/things in a very small place] *véase* crowd together [2]

squash up **[1]** vi ♦ *véase* budge along [1] **[2]** sep os ♦ *véase* budge along [2] **[3]** sep ♦ *véase* mash up [1] **[4]** sep inf ♦ *véase* break up [8]; bang up [2]

squat down vi ♦ *véase* crouch down

squawk about ins ♦ *véase* complain about

squeak by **[1]** vi USA inf ♦ [achieve a minimum pass in an exam etc.] *véase* get through [5] **[2]** vi & ins USA inf ♦ [in a narrow corridor etc.] *véase* brush past

squeak through vi & ins USA AUS inf ♦ [achieve a minimum pass in an exam etc.] *véase* get through [5]

squeal on ins inf ♦ *véase* fink on

squeal to ins inf ♦ *véase* sneak to

squeal with ins ♦ [+ delight/pleasure etc.] *véase* cry out in

squeeze by vi & ins ♦ [in a narrow corridor etc.] *véase* brush past

squeeze from **[1]** v2obj ♦ to extract (something) from (a container) by squeezing ~ extraer/exprimir (algo) de || *I'm going to squeeze more juice from this orange* ~ *Voy a exprimir más zumo de esta naranja* **[2]** v2obj ♦ to extract (extra money or information) from (someone) ~ sacar/arrancar (dinero o información) a || *We'll see if we can squeeze an extra million from the sponsor* ~ *A ver si logramos sacarle otro millón al patrocinador*

squeeze in **[1]** vi ♦ *véase* cram in [1] **[2]** sep ♦ *véase* cram in [2] **[3]** vi ♦ *véase* fit in [4] **[4]** sep ♦ *véase* fit in [5]

squeeze into **[1]** ins ♦ *véase* cram into [1] **[2]** v2obj ♦ *véase* cram into [2]

squeeze out **[1]** vi ♦ to leave (a very small place) with difficulty ~ salir con dificultad (de un sitio muy pequeño) || *The window was very small but I managed to squeeze out* ~ *La ventana era muy pequeña pero logré salir* **[2]** sep ♦ to extract by squeezing ~ exprimir || *Squeeze the toothpaste out and replace the cap* ~ *Exprime la pasta de dientes y vuelve a colocar la tapa* **[3]** sep ♦ [employee/ firm/competition] *véase* edge out [4]

squeeze out of **[1]** ins ♦ to leave (a very small place) with difficulty ~ salir con dificultad de (un sitio muy pequeño) || *Somehow the cat squeezed out of that little box* ~ *De alguna manera u otra el gato logró escaparse de esa cajita* **[2]** v2obj ♦ *véase* squeeze from [1] **[3]** v2obj ♦ *véase* squeeze from [2] ~ [employee/ firm/competition] *véase* edge out of [3]

squeeze past vi & ins ♦ [in a narrow corridor etc.] *véase* brush past

squeeze through vi & ins ♦ [narrow door etc.] *véase* break through [4]

squeeze up vi & sep os ♦ *véase* budge along

squinch up sep USA inf ♦ [face etc.] *véase* crease up [2]

squint at [1] ins ♦ [with difficulty] *véase* gaze at **[2]** ins ♦ *véase* flick through [1]; glance over [3]

squirm into [1] ins ♦ *véase* crawl into **[2]** ins ♦ [+ tight trousers etc.] to fit one's body inside ~ ponerse (un pantalón ceñido) con dificultad/retorciéndose || *Laura squirmed into her tight jeans and ran out ~ Laura se puso los tejanos ceñidos con dificultad y salió corriendo*

squirm out of [1] ins ♦ [+ tight trousers etc.] to take one's body out of ~ quitarse (un pantalón ceñido) con dificultad/retorciéndose || *Daniel squirmed out of his trousers and got into bed ~ Daniel se quitó el pantalón con dificultad y se metió en la cama* **[2]** ins ♦ *véase* duck out of

squirm with ins ♦ [+ embarrassment etc.] *véase* cringe with

squirrel away sep USA ♦ [esp. money/savings] *véase* hoard away

squirt at v2obj ♦ to direct a thin stream of (water etc.) towards ~ lanzar un chorro de (agua etc.) a || *Daniel squirted water at Laura and wet her face ~ Daniel arrojó un chorro de agua a Laura y le mojó la cara*

squirt from ins ♦ [quickly/violently] *véase* flow from [1]

squirt out vi ♦ [liquid/semen etc.] *véase* break forth

stab at ins ♦ *véase* cut up [2]; chop at

stab with v2obj ♦ [cut with knife etc.] *véase* come at with

stack against [1] v2obj ♦ to make a pile of (something) and lean it against (wall etc.) ~ amontonar (algo) y colocarlo al lado de (una pared etc.) || *Will you stack those boxes against the wall, please? ~ ¿Te importa amontonar esas cajas y ponerlas al lado de la pared?* **[2]** v2obj ♦ to cause (odds/possibilities) to be strongly against (someone) ~ hacer que (la suerte etc.) esté fuertemente en contra de || *The circumstances stacked the odds against our team ~ Las circunstancias hicieron que la suerte no acompañara en absoluto a nuestro equipo*

stack up [1] vi ♦ *véase* pile up [2] **[2]** sep ♦ *véase* bank up [1] **[3]** sep USA ♦ *véase* save up [2] **[4]** vi ♦ [aircraft] to fly at different heights waiting to land ~ [aviones] amontonarse antes de aterrizar || *Several planes had stacked up close to Valencia Airport ~ Se habían amontonado varios aviones en el aire cerca del Aeropuerto de Valencia* **[5]** vi USA inf ♦ *véase* pan out [2]

stack up against [1] v2obj ♦ *véase* stack against [1] **[2]** v2obj ♦ *véase* stack against [2] **[3]** ins USA AUS inf ♦ *véase* compare with [1]

stack up to ins USA AUS inf ♦ *véase* compare with [1]

stack with v2obj ♦ *véase* burden with

stagger about vi ♦ to move drunkenly ~ tambalear; hacer eses || *I saw Daniel staggering about in the park ~ Vi a Daniel haciendo eses en el parque*

stagger around vi ♦ *véase* stagger about

stagger in vi ♦ to enter drunkenly ~ entrar haciendo eses || *We staggered in at midnight last night ~ Anoche llegamos haciendo eses a medianoche*

stagger out vi ♦ *véase* roll out [7]

stagger under ins ♦ *véase* groan under

stagger with v2obj ♦ *véase* astonish with

stain with [1] v2obj ♦ [with wine/paint etc.] *véase* dab with **[2]** v2obj ♦ *véase* besmirch with

stake off sep ♦ [using wooden sticks] *véase* divide off; cordon off

stake on v2obj ♦ [money/life] *véase* bet on [1]

stake out [1] sep ♦ [using wooden sticks] *véase* divide off; cordon off **[2]** sep ♦ *véase* lay out [5] **[3]** sep USA AUS ♦ [+ building] *véase* spy on

stake to v2obj USA ♦ [give a loan to a person] *véase* equip with

stalk along vi ♦ *véase* flounce about

stalk away vi ♦ *véase* flounce away

stalk in vi ♦ *véase* flounce in

stalk off vi ♦ *véase* flounce away

stalk out vi ♦ *véase* flounce out

stall for ins ♦ [+ time] to use tactics to gain time for oneself ~ hacer rodeos para ganarse (tiempo) || *Towards the end the president was stalling for time ~ Hacia el final el presidente buscaba evasivas para ganarse tiempo*

stall off [1] sep ♦ *véase* carry over [1]; put off [3] **[2]** sep USA AUS ♦ to impede physically or divert the attention of (someone) ~ impedir el progreso de; desviar la atención de/a || *Daniel stalled off the bouncer and I ran out with the money ~ Daniel distrajo la atención del gorila y yo salí corriendo con el dinero* **[3]** sep ♦ *véase* fend off

stammer out sep ♦ [tartamudeando] *véase* force out [2]

stamp about vi ♦ *véase* bang about

stamp around vi ♦ *véase* bang about

stamp as v2obj ♦ *véase* have down as; condemn as

stamp down [1] vi ♦ *véase* clamp down **[2]** sep os ♦ *véase* stamp on [1]

stamp down on ins ♦ *véase* clamp down on

stamp on [1] ins ♦ to squash (toe/thing/animal etc.) violently with one's foot ~ pisar violentamente || *Laura stamped on what she thought was a live rat ~ Laura pisó violentamente lo que creía que era una rata viva* **[2]** ins ♦ *véase* clamp down on **[3]** v2obj ♦ to add (word/postmark etc.) to (paper etc.) with a stamp ~ sellar/estampar (algo) en (un documento etc.) || *The officer stamped an address on my document ~ El oficial selló una dirección en mi documento*

stamp onto v2obj ♦ *véase* stamp on [3]

stamp out [1] sep ♦ [disease/social problem] to eliminate ~ eliminar; deshacerse de || *The government is trying to stamp out prostitution ~ El gobierno está intentando eliminar del todo la prostitución* **[2]** sep ♦ [with the feet] *véase* beat out [1] **[3]** sep ♦ [with the feet] *véase* beat out [2]

stamp out of v2obj ♦ *véase* knock out of [2]

stamp upon ins & v2obj form ♦ *véase* stamp on

stamp with v2obj ♦ [e.g. mark a document with a rubber stamp] *véase* mark with

stampede into ins ♦ [many people, quickly or forcefully] *véase* flood into [2]

stampede out vi ♦ [many people, quickly or forcefully] *véase* flood out [2]

stand about vi ♦ [stand idly] *véase* bat around [2]

stand against [1] v2obj ♦ [ladder against a wall etc.] *véase* lean against [1] **[2]** ins ♦ *véase* campaign against **[3]** ins GB ♦ [in an election] to be a rival candidate to (someone else) ~ [como candidato en una elección] oponerse a || *He stood against his cousin in the local elections ~ En las elecciones locales se presentó como candidato para oponerse a su primo*

stand apart [1] vi ♦ *véase* draw aside [1] **[2]** vi ♦ *véase* shine out [2]

stand around vi ♦ [stand idly] *véase* bat around [2]

stand as ins ♦ to present oneself as (a candidate in an election) ~ presentarse como (candidato) || *I think I'm going to stand as a candidate ~ Creo que voy a presentarme como candidato*

stand aside [1] vi ♦ *véase* draw aside [1] **[2]** vi ♦ *véase* move over [3] **[3]** vi ♦ [refusing to take action] *véase* bum about [1]

stand at [1] ins mil ♦ [+ attention] *véase* snap to **[2]** ins ♦ to stand next to (window etc.) ~ estar junto a || *Laura stood at the window all morning ~ Laura estuvo toda la mañana junto a la ventana*

stand back [1] vi ♦ *véase* keep back [3] **[2]** vi ♦ to move away from a situation in order to think rationally ~ alejarse de una situación para pensar racionalmente || *I think we both need to stand back for a few days ~ Creo que los dos debemos alejarnos de todo esto algunos días y pensárnoslo bien*

stand back from ins ♦ *véase* draw back from [1]

stand back of ins USA ♦ *véase* back up [5]

stand between [1] ins ♦ *véase* be between [1] **[2]** ins ♦ *véase* come between [2]

stand by **[1]** vi ♦ to wait in a state of readiness ~ estar alerta || *The troops are standing by, just in case ~ Las tropas están a la expectativa, por si acaso* **[2]** ins ♦ *véase* stand at [2] **[3]** vi ♦ [refusing to take action] *véase* bum about [1] **[4]** ins ♦ not to abandon (someone) ~ no abandonar a (alguien) || *Even though he began to steal, his wife stood by him ~ Aunque empezó a robar, su mujer no quiso abandonarle* **[5]** ins ♦ [+ something said/promised] still to believe in/promise ~ todavía creer en (lo dicho) o cumplir (lo prometido) || *The president will stand by all the promises he announced ~ El presidente cumplirá todas las promesas que anunció*

stand by for ins ♦ *véase* brace oneself for; plan for [1]; gear up for [1]

stand down **[1]** vi GB AUS ♦ *véase* move over [3] **[2]** vi jur ♦ [in court] to leave the witness box after being examined ~ retirarse de la barra de los testigos || *The judge said that the witness could now stand down ~ El juez dijo que el testigo ya podía retirarse*

stand for **[1]** ins ♦ [abbreviations/initials etc.] to mean; to be a short version of ~ significar/representar || *SE stands for south east ~ La SE quiere decir sudeste* **[2]** ins ♦ *véase* compromise with [2] **[3]** ins GB AUS ♦ *véase* put up for [1] **[4]** ins ♦ [policy etc.] *véase* believe in [2]; buy into [2]

stand in **[1]** vi GB AUS ♦ *véase* fill in [3] **[2]** ins ♦ [on foot/upright] *véase* be in [6]

stand in for ins GB AUS ♦ *véase* act for

stand in to ins náut ♦ [ship in a port] *véase* arrive at

stand in with **[1]** ins ♦ *véase* come out for [1] **[2]** ins ♦ to share a cost with (someone) ~ compartir el gasto con || *To make things cheaper I stood in with Laura ~ Para que saliera más barato, compartí el gasto con Laura*

stand off **[1]** ins ♦ to be situated in the sea close to the coast of ~ estar situado en el mar cerca de la costa de || *The island stands off the coast of Denmark ~ La isla está cerca de la costa de Dinamarca* **[2]** vi ♦ *véase* draw aside [1] **[3]** vi náut ♦ [ship] to wait at a distance from the shore ~ esperar apartado de la costa || *The ship stood off for nearly a week ~ El barco estuvo casi una semana anclado a poca distancia de la costa* **[4]** ins USA ♦ [physical attack] *véase* fend off **[5]** sep ♦ *véase* lay off [2]

stand on **[1]** ins ♦ [on foot/upright] *véase* perch on [1] **[2]** ins ♦ [accidentally or deliberately] *véase* stamp on [1]

stand out **[1]** vi ♦ *véase* jut out **[2]** vi ♦ *véase* shine out [2] **[3]** vi ♦ to stand outside (in the street etc.) ~ quedarse fuera (en la calle etc.) || *She stood out in the street all night ~ Se quedó toda la noche en la calle* **[4]** vi ♦ to be noticeable (due to a difference in colour etc.) ~ destacar; notarse fácilmente || *The logo stands out very clearly on the paper ~ El logotipo se ve de una forma muy clara en el papel* **[5]** vi ♦ *véase* hold out [5]

stand out against **[1]** ins GB AUS ♦ *véase* come out against **[2]** ins ♦ to be noticeable in contrast to (a different colour etc.) ~ destacar contra/sobre || *The red star stands out against the white background ~ La estrella roja destaca fácilmente sobre el fondo blanco*

stand out for ins ♦ *véase* hang out for

stand out from **[1]** ins ♦ *véase* jut out from **[2]** ins ♦ to excel in comparison with ~ sobresalir en comparación con || *Laura stands out from the rest of the girls in her class ~ Laura sobresale en comparación con las demás chicas de su clase*

stand out to ins náut ♦ [+ sea] *véase* cast off [3]

stand over **[1]** vi ♦ *véase* linger on [1] **[2]** ins ♦ to watch/control (a person's activity) from a close distance ~ vigilar (las actividades de uno) de corta distancia || *He has to stand over his daughter so that she studies ~ Tiene que vigilar personalmente a su hija para que estudie*

stand round vi ♦ [stand idly] *véase* bat around [2]

stand to [1] vi & ins mil ♦ [stand to/ stand to attention] *véase* snap to **[2]** ins ♦ [+ reason] *véase* add up [4] **[3]** v2obj ♦ to pay for (a drink/meal etc.) for (someone) ~ convidar/invitar a (alguien) a (una cerveza/cena etc.) || *The boss stood us all to dinner ~ La jefa nos invitó a todos a cenar*

stand together [1] vi ♦ [ideologically] *véase* pull together [1] **[2]** vi ♦ [people/buildings] to be adjacent ~ estar juntos (el uno al lado del otro etc.) || *The two boys stood together for the group photo ~ Los dos chicos se pusieron juntos para la foto del grupo*

stand up [1] vi ♦ *véase* get up [3] **[2]** sep ♦ *véase* get up [4] **[3]** vi ♦ [claim/ idea] to prove to be true or solid ~ ser sólido/verdadero; convencer || *I don't think that assertion really stands up ~ No me parece que esa afirmación realmente convenza* **[4]** sep ns inf ♦ *véase* blow out [6]

stand up against [1] ins ♦ *véase* come out against **[2]** v2obj ♦ [ladder against a wall etc.] *véase* lean against [1]

stand up for [1] ins ♦ *véase* back up [4] **[2]** ins ♦ *véase* back up [5]

stand up to [1] ins ♦ [esp. + bully/ powerful person] *véase* hold out against **[2]** ins ♦ *véase* face up to **[3]** ins ♦ [theory etc.] to be sufficiently strong to resist (examination) ~ salir bien tras someterse a || *This theory stands up to any sort of scrutiny ~ Esta teoría resiste a cualquier tipo de examen* **[4]** ins ♦ [material] to be sufficiently strong to resist (wear etc.) ~ resistir (al desgaste etc.) || *These trousers will stand up to wear ~ Estos pantalones son muy resistentes* **[5]** ins ♦ [esp. + microphone, to sing] *véase* come up to [3]

stand up with ins USA ♦ to assist/ stand next to (someone getting married) ~ ser padrino/testigo (etc.) en la boda de || *Daniel was looking for someone to stand up with him ~ Daniel buscaba a alguien que hiciera de testigo en su boda*

stand with [1] ins ♦ [on foot/upright] *véase* be with [1] **[2]** ins ♦ *véase* stand by [4]

staple to v2obj ♦ [con grapa] *véase* attach to

staple together sep ♦ [con grapa] *véase* bind together

star as ins ♦ [as main protagonist] *véase* appear as

star in ins ♦ [as main protagonist] *véase* appear in

stare at ins ♦ [with a fixed or threatening expression] *véase* gaze at

stare down sep ns USA ♦ to look at (someone) until they yield in embarrassment ~ desconcertar a (alguien) mirándole fijamente || *The boss was very arrogant but Laura stared him down ~ El jefe era muy arrogante pero Laura le desconcertó con una mirada fija*

stare into ins ♦ [+ someone's eyes] *véase* look in [3]

stare out [1] vi ♦ *véase* look out [1] **[2]** sep ns GB AUS ♦ *véase* stare down

stare out of ins ♦ [fixedly/for a long time] *véase* glance through [2]

start after ins ♦ *véase* chase after

start as [1] ins & v2obj ♦ to begin (one's career etc.) in the capacity of ~ empezar (la carrera etc.) como || *He started (his career) as a secretary but then they promoted him ~ Empezó (la carrera) como secretario, pero luego le ascendieron* **[2]** v2obj ♦ [initially] *véase* employ as

start at [1] ins ♦ [race etc.] to start at (a place or time) ~ empezar en/a || *The race starts at the bridge (at midday) ~ La carrera empieza en el puente (a mediodía)* **[2]** v2obj ♦ to begin (an activity) at (a place or time) ~ empezar (algo) en/a || *Laura started her exercises at the gym (at 8.00) ~ Laura empezó los ejercicios en el gimnasio (a las 8.00)* **[3]** ins ♦ to react with fright to ~ sobrecogerse a || *Daniel started at the image on the screen ~ Daniel se sobrecogió a la imagen en la pantalla*

start back vi ♦ [begin the return journey] *véase* go back [1]

start for ins USA ♦ *véase* depart for

start from [1] ins ♦ [+ a place] *véase* start at [1] **[2]** v2obj ♦ [+ a place] *véase* start at [2]

start in **[1]** ins ♦ [+ a place] *véase* start at [1] **[2]** v2obj ♦ [+ a place] *véase* start at [2] **[3]** sep os USA ♦ [to employ] *véase* sign on [3]

start in as v2obj USA ♦ [initially] *véase* employ as

start in on **[1]** ins USA ♦ [task] *véase* embark on **[2]** ins USA ♦ *véase* jump on [2]

start off **[1]** vi ♦ *véase* go off [2] **[2]** vi ♦ *véase* kick off [3] **[3]** sep ♦ *véase* kick off [4] **[4]** vi ♦ [person starting career etc.] to begin ~ empezar (la carrera profesional etc.) || *I started off in a small shop in my village ~ Empecé en una pequeña tienda en mi pueblo* **[5]** sep os ♦ *véase* set off [5] **[6]** sep os ♦ to cause (someone) to start an activity; to start (a race etc.) ~ hacer empezar; dar la señal de salida para || *The teacher started us off then we worked independently ~ La profesora nos explicó cómo empezar y luego trabajamos independientemente*

start off as **[1]** ins & v2obj ♦ *véase* start as [1] **[2]** v2obj ♦ [initially] *véase* employ as

start off from ins ♦ [+ a place] *véase* start at [1]

start off on **[1]** ins ♦ *véase* begin with **[2]** v2obj ♦ to cause (someone) to begin by doing (a specific activity) ~ hacer que (alguien) comience por/con || *The boss started me off on filing documents ~ El jefe me hizo empezar con la clasificación de documentos* **[3]** ins ♦ *véase* start on [4] **[4]** v2obj ♦ *véase* start on [5]

start off with **[1]** v2obj ♦ *véase* start off on [2] **[2]** ins & v2obj ♦ *véase* begin with

start on **[1]** ins ♦ [task] *véase* embark on **[2]** ins ♦ *véase* jump on [2] **[3]** ins ♦ *véase* jump on [3] **[4]** ins ♦ to have (x) as an initial salary ~ cobrar (x) como salario inicial || *Laura started on 30,000 dollars per year ~ Laura empezó con un salario de 30.000 dólares anuales* **[5]** v2obj ♦ to offer (x) as an initial salary to (someone) ~ dar (x) como salario inicial a (alguien) || *They started me on 100 pesos a week ~ Para empezar me pagaban 100 pesos por semana*

start on at ins ♦ *véase* jump on [2]

start out **[1]** vi ♦ *véase* go off [2] **[2]** vi ♦ *véase* start off [4]

start out as **[1]** ins & v2obj ♦ *véase* start as [1] **[2]** v2obj ♦ [initially] *véase* employ as

start out at **[1]** ins USA ♦ *véase* start on [4] **[2]** v2obj USA ♦ *véase* start on [5]

start out of v2obj ♦ [violently, from sleep/stupor etc.] *véase* arouse from

start out on ins ♦ [journey] *véase* embark on

start out with ins & v2obj ♦ *véase* begin with

start over vi USA ♦ to begin again ~ volver a empezar || *You've made a mistake here - you'd better start over ~ Aquí has cometido un error - deberás volver a empezar*

start up **[1]** vi ♦ *véase* open up [4] **[2]** vi ♦ *véase* set up [1] **[3]** sep ♦ *véase* set up [2] **[4]** vi ♦ *véase* kick over [2] **[5]** sep ♦ *véase* fire up [4] **[6]** vi ♦ [music etc.] to begin ~ empezar (a oírse etc.) || *It sounds like the music has started up again ~ Parece que la música ha vuelto a empezar* **[7]** sep ♦ to cause (music etc.) to begin ~ poner (música etc); hacer que se oiga (etc.) || *They've started the drumming up again ~ Han empezado a tocar los tambores de nuevo* **[8]** vi ♦ to react with a nervous jump ~ sobresaltarse || *Daniel started up when he heard the news ~ Daniel se sobresaltó cuando oyó la noticia*

start with **[1]** ins & v2obj ♦ *véase* begin with **[2]** ins ♦ *véase* start at [3]

startle out of v2obj ♦ [violently, from sleep/stupor etc.] *véase* arouse from

starve for ins USA ♦ [in continuous tenses] *véase* die for [2]

starve into v2obj ♦ [by not feeding] *véase* bounce into

starve of v2obj ♦ *véase* deprive of

starve out sep ♦ [by not feeding] *véase* drive out [3]

starve to **[1]** ins ♦ [+ death] to die due to lack of food ~ morir de hambre ||

Three thousand children have starved to death in this town ~ En este pueblo han muerto de hambre tres mil niños **[2]** v2obj ♦ [+ death] to cause (someone) to die due to lack of food ~ hacer morir de hambre (a alguien) || *The general starved the men to death ~ El general hizo que los hombres murieran de hambre*

stash away sep inf ♦ *véase* hoard away

station at v2obj mil ♦ to position (someone) at (a specific place) ~ colocar a (alguien) en (tal sitio) || *The army stationed me at Cádiz ~ El ejército me destinó a Cádiz*

stave in sep ♦ *véase* bash in [1]

stave off **[1]** sep ♦ [attack/hunger] *véase* beat off [1] **[2]** sep ♦ *véase* hang up [4]; hold up [3]

stay after **[1]** ins ♦ to remain after the end/exit of ~ quedarse hasta después del final de/de la salida de || *I stayed after the party to do the washing-up ~ Me quedé después de la fiesta para fregar los platos* **[2]** ins ♦ *véase* go on at

stay ahead vi ♦ *véase* keep ahead

stay ahead of ins ♦ *véase* keep ahead of

stay around vi inf ♦ [remain/wait in the area] *véase* hang about [2]

stay at ins ♦ to stay in (a place) or in the house of (someone) ~ quedarse en || *I'm staying at Laura's house next week ~ La semana que viene me voy a quedar en casa de Laura*

stay away vi ♦ *véase* keep away [1]

stay away from ins ♦ *véase* keep away from [1]; absent oneself from

stay back **[1]** vi ♦ *véase* remain behind [1] **[2]** vi ♦ *véase* keep back [3]

stay back from ins ♦ *véase* draw back from [1]

stay behind **[1]** vi ♦ *véase* remain behind [1] **[2]** ins ♦ *véase* remain behind [2]

stay down **[1]** vi ♦ [remain prostrate] *véase* get down [7] **[2]** vi ♦ [food] to be digested well and not vomited later ~ quedársele en el estómago; no vomitarse || *At least the soup stayed down ~ Por lo menos no vomitaste la sopa* **[3]** vi ♦ [in school] to repeat a year ~ repetir el curso || *I failed seventh grade so I had to stay down ~ Suspendí séptimo, entonces tuve que repetirlo* **[4]** vi dep ♦ [football club etc.] not to achieve promotion ~ no lograr la promoción || *It looks as if Salamanca are going to stay down ~ Parece que el Salamanca no va a conseguir la promoción*

stay for ins ♦ to remain for (meal/period of time) ~ quedarse para || *Why don't you stay for dinner/for another day? ~ ¿Por qué no te quedas a cenar/otro día más?*

stay in **[1]** vi ♦ to remain at home ~ quedarse en casa; no salir || *As it was raining I decided to stay in ~ Como llovía, opté por quedarme en casa* **[2]** ins ♦ *véase* stay at **[3]** vi & ins ♦ [cork in bottle etc.] to remain inserted (in its place) ~ quedarse puesto (en su sitio) || *The cork won't stay in (the bottle) ~ El corcho no quiere quedarse puesto (en la botella)*

stay off **[1]** vi & ins GB AUS ♦ not to attend (work/school) due to illness (etc.) ~ no ir/no asistir (al trabajo/al colegio) || *I think I'm going to stay off (school) today ~ Creo que no voy a ir (al colegio) hoy* **[2]** ins ♦ *véase* keep off [4]

stay on **[1]** vi ♦ to remain somewhere for longer than one expected ~ quedarse (más de lo esperado) || *Laura left the camp but Daniel stayed on ~ Laura se fue del campamento pero Daniel se quedó más tiempo* **[2]** vi & ins ♦ [lid/jockey etc.] to remain positioned (in/on its place) ~ quedarse puesto (en su sitio); seguir (en su sitio) || *The lid won't stay on (the bottle) ~ La tapa no quiere quedarse puesta (en la botella)* **[3]** vi GB AUS ♦ to remain at school after the age of 16 to do extra studies ~ seguir estudiando (acabada la educación obligatoria) || *If I pass my exams I'll probably stay on ~ Si apruebo los exámenes lo más probable es que vuelva al colegio a hacer otros cursos superiores* **[4]** vi ♦ to continue working in a job ~ seguir trabajando || *I wanted to leave but* *the boss persuaded me to stay on* ~ *Quería dejar el trabajo, pero la jefa me convenció para que me quedara*

stay out [1] vi ♦ *véase* keep out [1] **[2]** vi ♦ to remain out of the house (all night or until late) ~ no volver a casa (en toda la noche o hasta muy tarde) || *I think my son stayed out last night* ~ *Creo mi hijo no durmió en casa anoche* **[3]** vi ♦ [workers] to remain on strike ~ mantenerse en huelga || *The workers have voted to stay out* ~ *Los obreros han decidido por votación mantenerse en huelga*

stay out of ins ♦ *véase* keep out of [1]

stay over vi ♦ *véase* sleep over

stay to ins ♦ [+ meal] *véase* stay for

stay together vi ♦ [in marriage (etc.); or for moral support] *véase* keep together [1]

stay up [1] vi ♦ *véase* sit up [4] **[2]** vi dep ♦ [football club etc.] not to be relegated ~ quedarse en la división superior; evitar el descenso || *I think Betis are going to stay up this season* ~ *Creo que esta temporada el Betis se va a quedar en primera* **[3]** vi ♦ [trousers/tent etc.] not to fall ~ no caerse/mantenerse erguido || *I hope your trousers are going to stay up* ~ *Espero que no se te caigan los pantalones*

stay up for ins ♦ *véase* sit up for

stay with [1] ins ♦ to remain in the company or possession of/in the house of ~ quedarse con || *I'm going to stay with my aunt next month* ~ *El mes que viene voy a quedarme en casa de mi tía* **[2]** ins ♦ not to separate from (one's boyfriend/girlfriend etc.) ~ quedarse con/seguir con || *I like Daniel but it's better that I stay with my boyfriend* ~ *Me gusta Daniel pero es mejor que siga con mi novio*

steady oneself against ins ♦ [to keep balance] *véase* lean against [1]

steady down [1] vi ♦ *véase* settle down [1] **[2]** vi ♦ *véase* settle down [2] **[3]** vi ♦ *véase* calm down [1] **[4]** sep os ♦ *véase* calm down [2]

steady on vi GB AUS ♦ [always a command] moderate your language/behaviour! ~ ¡cuidado con lo que dices/haces! || *Steady on! The children can hear you!* ~ *¡Oye! ¡Que te pueden oír los niños!*

steady up [1] vi ♦ *véase* settle down [1] **[2]** vi ♦ *véase* settle down [2] **[3]** vi ♦ *véase* calm down [1] **[4]** sep os ♦ *véase* calm down [2]

steal away vi ♦ *véase* glide away

steal from ins & v2obj ♦ *véase* cop from

steal in vi ♦ *véase* creep in [1]

steal into ins ♦ *véase* creep into [1]

steal off vi ♦ *véase* glide away

steal out vi ♦ *véase* creep out

steal out of [1] ins ♦ *véase* creep out of **[2]** ins & v2obj ♦ [from a safe etc.] *véase* cop from

steal over ins lit ♦ *véase* creep over

steal up vi ♦ *véase* creep up

steal up on ins ♦ *véase* creep up on

steam ahead vi ♦ *véase* forge ahead

steam along vi & ins ♦ *véase* career along

steam in [1] vi ♦ *véase* barge in **[2]** vi ♦ *véase* jump in [3]

steam into [1] ins ♦ *véase* barge into [1] **[2]** ins ♦ *véase* jump on [3] **[3]** ins ♦ [steamship into port] *véase* arrive at

steam off sep & v2obj ♦ to remove (something) (from a place) with steam/an iron ~ quitar (algo) (de un sitio) con vapor/plancha || *We'll be able to steam this design off (the jumper)* ~ *Podremos quitar este diseño (del jersey) con la plancha*

steam out [1] vi ♦ *véase* burst out [3] **[2]** sep ♦ [stain etc.] *véase* steam off

steam out of [1] ins ♦ *véase* burst out of [2] **[2]** v2obj ♦ [stain etc.] *véase* steam off

steam up vi & sep ♦ *véase* fog up

steamroller through sep os & v2obj jur ♦ *véase* force through [2]

steel oneself against ins ♦ *véase* brace oneself for

steel oneself for ins ♦ *véase* brace oneself for

steep in [1] v2obj ♦ [a remojo] *véase* drench in **[2]** v2obj ♦ [+ history/tradition etc.] *véase* enshroud in

steer away from [1] ins ♦ *véase* keep away from [1] **[2]** v2obj ♦ [person/car] *véase* keep away from [2]

steer for ins ♦ *véase* head for

steer through [1] ins ♦ *véase* get through [4] **[2]** sep & v2obj ♦ *véase* get through [6]

stem from ins ♦ *véase* arise from

step aside [1] vi ♦ *véase* draw aside [1] **[2]** vi ♦ *véase* move over [3]

step back [1] vi ♦ *véase* keep back [3]; back away **[2]** vi ♦ *véase* stand back [2]

step back from ins ♦ [for safety/to think clearly] *véase* draw back from [1]

step back into ins ♦ *véase* go back to [3]

step down [1] vi ♦ [one step] *véase* come down [6] **[2]** vi ♦ *véase* move over [3] **[3]** sep ♦ to reduce (the rate of production etc.) ~ reducir || *The company is going to step production down this year* ~ *Este año la empresa va a reducir la producción*

step down for ins ♦ *véase* hand over to [1]

step down from [1] ins ♦ *véase* retire from [1] **[2]** ins ♦ [train/podium etc.] *véase* get off [1]

step forward [1] vi ♦ *véase* come forward [1] **[2]** vi ♦ *véase* come forward [3]

step in [1] vi ♦ *véase* come in [1] **[2]** ins ♦ *véase* come into [1] **[3]** ins ♦ [e.g. cow manure/puddle, by accident] *véase* stamp on [1] **[4]** vi ♦ *véase* fill in [3] **[5]** vi ♦ to intervene (in order to stop an argument/fight etc.) ~ intervenir || *The referee stepped in towards the end of the second round* ~ *El árbitro intervino hacia el final del segundo asalto*

step inside [1] vi ♦ *véase* come in [1] **[2]** ins ♦ *véase* come into [1]

step into [1] ins ♦ *véase* come into [1] **[2]** ins ♦ [dispute etc.] *véase* intervene in

step off [1] vi & ins ♦ [train/podium etc.] *véase* get off [1] **[2]** sep ♦ [measure a distance using paces] *véase* measure off [1]

step on [1] ins ♦ [accidentally/deliberately] *véase* stamp on [1] **[2]** ins ♦ [+ the gas] *véase* buck up [1] **[3]** vi ♦ [train/podium etc.] *véase* get on [2]

step on it vi inf ♦ [as command] *véase* buck up [1]

step onto ins ♦ [train/podium etc.] *véase* get on [2]

step out [1] vi ♦ [for a short time] *véase* go out [1]; dash out **[2]** vi GB AUS arc ♦ *véase* lope along **[3]** vi ♦ *véase* go out [3]

step out on ins USA inf ♦ *véase* cheat on

step outside [1] vi ♦ [for fresh air etc.] *véase* go out [1]; dash out **[2]** vi inf ♦ [to resolve a fight/argument] *véase* go out [1]

step over [1] vi ♦ *véase* draw aside [1] **[2]** ins ♦ [fence/dead body etc.] *véase* climb over

step up [1] vi ♦ *véase* come over [1] **[2]** vi ♦ *véase* come forward [1] **[3]** vi ♦ *véase* build up [1] **[4]** sep ♦ *véase* bump up [1]; crank up [2]

step up to ins ♦ [esp. + microphone, to sing] *véase* come up to [3]

stick around vi inf ♦ [remain/wait in the area] *véase* hang about [2]

stick at [1] ins ♦ *véase* keep at [2] **[2]** ins ♦ *véase* balk at

stick back sep ns ♦ to adhere (something) again ~ volver a pegar || *We should be able to stick the patch back* ~ *Seguramente podremos volver a pegar el remiendo*

stick back on sep os ♦ *véase* stick back

stick by [1] ins ♦ *véase* stand by [4] **[2]** ins ♦ *véase* stand by [5]

stick down [1] sep ♦ *véase* glue down **[2]** sep ♦ to write (word/name/short text) quickly/without much thought ~ apuntar (cualquier cosa) sin pensarlo mucho || *Just stick any old name down - nobody will check* ~ *Escribe el nombre que quieras - nadie lo va a controlar*

stick in [1] vi ♦ *véase* dig in [4] **[2]** vi ♦ *véase* beaver away; grind away **[3]** sep inf ♦ *véase* bung in **[4]** v2obj ♦ *véase* fit into [1] **[5]** sep ♦ *véase* put in [1] **[6]** ins ♦ to become stuck in (mud etc.) ~ quedar pegado en (lodo etc.) || *The car is beginning to stick in the mud* ~ *El coche está empezando a quedar pegado en el lodo*

stick into v2obj ♦ *véase* fit into [1]

stick on **[1]** sep & v2obj ♦ *véase* glue on **[2]** ins inf ♦ [always passive] to refuse to change (a plan etc.) ~ negarse a cambiar (un plan etc.) || *The boss is stuck on the original suggestion ~ El jefe sólo va a aceptar la sugerencia original* **[3]** ins USA AUS inf ♦ [always passive] to be in love with ~ estar enamorado de || *It looks as though Laura is stuck on Daniel ~ Parece que Laura está enamorada de Daniel* **[4]** sep ♦ *véase* add on **[5]** v2obj ♦ *véase* add to [3]

stick on to **[1]** v2obj ♦ *véase* glue onto **[2]** v2obj ♦ *véase* add to [3]

stick onto **[1]** v2obj ♦ *véase* glue onto **[2]** v2obj ♦ *véase* add to [3]

stick out **[1]** vi ♦ *véase* jut out **[2]** vi ♦ [memory, characteristic or colour] *véase* stand out [4] **[3]** sep ♦ *véase* put out [1] **[4]** sep ♦ [esp. + contract/difficult times] *véase* get through [4]

stick out against ins ♦ *véase* stand out against [2]

stick out for ins GB AUS ♦ *véase* hang out for

stick out from ins ♦ *véase* jut out from

stick out of ins ♦ *véase* jut out from

stick through v2obj ♦ *véase* force through [1]

stick to **[1]** ins ♦ *véase* adhere to [1] **[2]** ins ♦ *véase* adhere to [2] **[3]** ins ♦ *véase* keep to [1] **[4]** v2obj ♦ *véase* glue onto

stick it to ins USA inf ♦ *véase* fuck over

stick together **[1]** vi inf ♦ [esp. for moral support] *véase* keep together [1] **[2]** vi ♦ *véase* glue together [1] **[3]** sep ♦ *véase* glue together [2]

stick up **[1]** vi ♦ [vertically] *véase* jut out **[2]** sep USA AUS inf ♦ *véase* hold up [4] **[3]** sep ♦ to hold (hands/fingers etc.) in the air ~ levantar/alzar || *Stick your hand up if you want the teacher to help you ~ Si quieres que el profesor te ayude, levanta la mano* **[4]** sep ♦ [with glue/drawing-pin etc.] *véase* paste up [1]; hang up [1]

stick up for **[1]** ins inf ♦ *véase* back up [4] **[2]** ins inf ♦ *véase* back up [5]

stick with **[1]** ins inf ♦ [+ lover/guide] *véase* stay with [2] **[2]** ins inf ♦ *véase* keep to [1] **[3]** v2obj ♦ *véase* burden with **[4]** ins ♦ [memory etc.] to be recalled for ever by ~ quedársele a || *The song has stuck with me since that day ~ La canción se me ha quedado en la cabeza desde ese día*

stick with it vi inf ♦ *véase* keep at [2]

stiffen up **[1]** vi ♦ [body/liquid/tenacity] to become stiff/firmer ~ hacerse/ponerse rígido/tenaz; atiesarse (etc.) || *My wife's fingers have stiffened up ~ A mi mujer se le han entumecido los dedos* **[2]** sep ♦ [body/liquid/tenacity] to make stiff/firmer ~ hacer/poner rígido/tenaz; atiesar (etc.) || *This powder will stiffen the liquid up ~ Este polvo hará más espeso el líquido*

stigmatise as v2obj GB AUS ♦ [+ something negative] *véase* have down as; condemn as

stigmatize as v2obj USA ♦ [+ something negative] *véase* have down as; condemn as

stimulate into v2obj ♦ [using an incentive] *véase* bounce into; incite to

sting for **[1]** v2obj inf ♦ [to excess] *véase* charge for **[2]** v2obj inf ♦ *véase* defraud of **[3]** v2obj GB AUS inf ♦ [a small loan] *véase* hit for

sting with v2obj ♦ *véase* hit with [1]

stink of ins ♦ *véase* reek of

stink out sep GB AUS inf ♦ *véase* smell out [2]

stink to ins inf ♦ [+ high heaven] *véase* smell to

stink up sep USA inf ♦ *véase* smell out [2]

stink with ins USA ♦ *véase* reek of

stint oneself of ins form ♦ *véase* do without [1]

stipulate for ins form ♦ to insist on (something) as a condition ~ poner (algo) como condición || *The lawyers stipulated for a whole series of clauses ~ Los abogados estipularon toda una serie de cláusulas*

stir around sep ♦ to stir (food etc.) in various directions ~ remover || *Stir the* *meat around so that the sauce mixes in ~ Remueve la carne para que se mezcle la salsa*

stir from ins & v2obj ♦ [oneself or someone else] *véase* arouse from

stir in sep ♦ [ingredients (etc.), using a spoon] *véase* blend in [2]

stir into **[1]** v2obj ♦ [using an incentive] *véase* bounce into; incite to **[2]** v2obj ♦ [removiendo] *véase* blend in with [2]

stir to v2obj ♦ *véase* incite to

stir up **[1]** sep ♦ *véase* stir around **[2]** sep ♦ *véase* churn up [2] **[3]** sep ♦ *véase* bring back [1] **[4]** sep ♦ *véase* kick up [2] **[5]** sep ♦ to excite the anger (etc.) of (a person/community) ~ excitar la ira (etc.) de/a || *The rebels were trying to stir the community up ~ Los rebeldes intentaban excitar la pasión de la comunidad*

stitch down sep ♦ [patch of material etc.] *véase* sew up [1]

stitch on sep & v2obj ♦ *véase* sew on

stitch together sep ♦ [2 pieces of material etc.] *véase* sew up [1]

stitch up **[1]** sep ♦ *véase* sew up [1] **[2]** sep ♦ *véase* sew up [2] **[3]** sep GB inf ♦ *véase* fit up [2] **[4]** sep GB inf ♦ *véase* set up [6] **[5]** sep GB inf ♦ *véase* do down [2]

stock up **[1]** vi ♦ to hoard a large supply of food (etc.) ~ proveerse de una gran cantidad de comida (etc.) || *If your brother is coming we'd better stock up ~ Si viene tu hermano tendremos que comprar un montón de comida* **[2]** sep ♦ [kitchen with food etc.] *véase* fill up [3]

stock up on ins ♦ *véase* buy in; hoard away

stock up with **[1]** ins ♦ *véase* buy in; hoard away **[2]** v2obj ♦ *véase* stock with

stock with v2obj ♦ to fill (kitchen/shop) with (food/goods etc.) ~ abastecer (una cocina/tienda) de || *We're going to stock the shelves with tins of lentils ~ Vamos a llenar las estanterías de latas de lentejas*

stoke up **[1]** sep ♦ *véase* churn up [2] **[2]** sep ♦ *véase* bank up [2] **[3]** sep USA inf ♦ *véase* fire up [4]

stomp about vi USA ♦ *véase* bang about

stomp around vi USA ♦ *véase* bang about

stomp on **[1]** ins USA ♦ *véase* stamp on [1] **[2]** ins USA ♦ *véase* clamp down on

stooge about vi ♦ *véase* bat around [2]

stooge around vi ♦ *véase* bat around [2]

stooge for ins ♦ *véase* do for [3]

stoop down vi ♦ *véase* bend down [1]

stoop over vi ♦ *véase* bend down [1]

stoop to ins ♦ *véase* descend to [1]

stop around **[1]** vi ♦ [remain/wait in the area] *véase* hang about [2] **[2]** vi USA ♦ *véase* call by

stop at **[1]** ins ♦ [+ traffic light/white line etc.] to stop when one reaches ~ pararse a/en || *Stop at the traffic light and I'll look at the map ~ Para cuando llegues al semáforo y miraré el mapa* **[2]** ins ♦ *véase* stay at **[3]** ins ♦ to cease (activity/effort/level of boldness) at (an extreme) ~ ir a parar a; hacer alto en || *He will stop at nothing to get what he wants ~ Está dispuesto a hacer cualquier cosa para conseguir lo que quiere* **[4]** ins ♦ *véase* call at [2]

stop away vi ♦ *véase* keep away [1]

stop away from ins ♦ *véase* keep away from [1]; absent oneself from

stop back **[1]** vi ♦ *véase* remain behind [1] **[2]** vi USA ♦ [quickly] *véase* go back [1]

stop behind **[1]** ins ♦ [esp. in a car etc.] to stop behind (another vehicle) ~ pararse detrás de || *The car stopped behind the bus ~ El coche se paró detrás del autobús* **[2]** vi ♦ *véase* remain behind [1] **[3]** ins ♦ *véase* remain behind [2]

stop by **[1]** vi ♦ *véase* call by **[2]** ins ♦ *véase* call at [1]

stop for **[1]** ins ♦ [+ red light/petrol/rest period etc.] to stop for (specific need) ~ pararse para/a/en || *Would you like to stop for a drink/for some petrol? ~*

¿Quieres que paremos a tomar algo/a echar gasolina? **[2]** ins ♦ *véase* pick up [3] **[3]** v2obj ♦ [police] to order (driver) to stop for (a reason/offence) ~ parar a (un conductor) por (tal delito/razón) || *The police stopped me for speeding last night ~ Anoche la policía me paró por exceso de velocidad*

stop in **[1]** vi GB inf ♦ *véase* stay in [1] **[2]** ins ♦ *véase* stay at **[3]** vi & ins ♦ *véase* stay in [3] **[4]** vi inf ♦ *véase* call by **[5]** ins ♦ *véase* call at [2]

stop in at ins inf ♦ *véase* call at [1]

stop off **[1]** vi ♦ *véase* call by **[2]** vi & ins GB inf ♦ *véase* stay off [1] **[3]** ins GB inf ♦ *véase* keep off [4]

stop off at ins ♦ *véase* call at [1]

stop off for ins ♦ [+ petrol/rest period/drink etc.] *véase* stop for [1]

stop off in ins ♦ [esp. + city] *véase* call at

stop out **[1]** vi GB AUS inf ♦ *véase* keep out [1] **[2]** vi GB AUS inf ♦ *véase* stay out [2] **[3]** vi GB AUS inf ♦ *véase* stay out [3]

stop over **[1]** vi GB inf ♦ *véase* sleep over **[2]** ins USA inf ♦ [+ someone's house] *véase* sleep over **[3]** vi ♦ *véase* lay over

stop round **[1]** vi ♦ [remain/wait in the area] *véase* hang about [2] **[2]** vi USA ♦ *véase* call by

stop up **[1]** vi GB inf ♦ *véase* sit up [4] **[2]** vi GB dep ♦ *véase* stay up [2] **[3]** sep ♦ [hole] *véase* block up; bung up

stop up for ins GB inf ♦ *véase* sit up for

stop with ins GB inf ♦ *véase* stay with [1]

store away **[1]** sep ♦ *véase* fold away [1] **[2]** sep ♦ *véase* hoard away

store in **[1]** sep ♦ *véase* hoard away; buy in **[2]** v2obj ♦ *véase* keep in [6]

store up **[1]** sep ♦ [food; jokes etc.] *véase* hoard away **[2]** sep ♦ *véase* save up [2] **[3]** ins ♦ [problems in the future etc.] *véase* churn up [2]

storm around vi ♦ [angrily] *véase* bang about

storm at ins ♦ *véase* bawl at

storm in vi ♦ [angrily] *véase* barge in

storm into ins ♦ [angrily] *véase* barge into [1]

storm off vi ♦ [angrily] *véase* flounce away

storm on about ins ♦ [angrily] *véase* go on about

storm out vi ♦ *véase* fling out [1]

storm out of ins ♦ *véase* fling out of [1]

stow away **[1]** sep ♦ *véase* fold away [1] **[2]** sep ♦ *véase* hoard away **[3]** sep ♦ [food] *véase* belt down **[4]** vi náut ♦ to hide on a ship (etc.) and travel as an illegal passenger ~ viajar de polizón || *Daniel stowed away and arrived in Argentina several weeks later ~ Daniel viajó de polizón y llegó a Argentina varias semanas más tarde* **[5]** sep náut ♦ [illegal passenger/cargo] *véase* bury away

straggle away vi ♦ [people] to leave gradually, in small groups ~ dispersarse poco a poco || *The guests gradually straggled away after midnight ~ Los invitados se fueron dispersando después de medianoche*

straggle in vi ♦ [people] to arrive gradually, in small groups ~ ir entrando/llegando poco a poco || *The students straggled in, all hungover ~ Los estudiantes fueron entrando, resacosos todos*

straggle off vi ♦ *véase* straggle away

straggle on vi ♦ [town etc.] to continue unevenly for a long distance ~ [pueblo etc.] extenderse muchos kilómetros || *You think you've left the city, but it straggles on ~ Crees que has salido de la ciudad, pero se extiende aún más*

straggle out vi ♦ [people] to leave gradually, in small groups ~ ir saliendo poco a poco || *The delegates straggled out, chatting amongst themselves ~ Los delegados fueron saliendo, charlando entre sí*

straighten out **[1]** vi ♦ [road etc.] to become straight ~ hacerse recto/derecho || *The road straightens out after the* *village ~ Después de la aldea ya no hay curvas* **[2]** sep ♦ to make (something) straight ~ enderezar (etc.) || *I spent an hour straightening out those ribbons ~ Pasé una hora enderezando esos lazos* **[3]** sep ♦ [problem etc.] *véase* clear up [6]; fix up [3]; iron out [2] **[4]** sep inf ♦ to improve the behaviour of ~ hacer que (alguien) se porte mejor || *The years he spent in jail straightened him out ~ Los años que estuvo en la cárcel sirvieron para mejorar su conducta*

straighten up [1] vi ♦ *véase* draw oneself up; sit up [3] **[2]** sep ♦ to straighten (someone else's body) ~ erguir a (alguien) || *Every morning she had to straighten the old man up ~ Cada mañana tenía que ayudar al viejo a erguirse* **[3]** sep ♦ to tidy (a room etc.) ~ arreglar/ordenar || *I want to straighten your bedroom up today ~ Hoy quiero arreglar tu habitación*

strain after ins ♦ [singer] to try very hard to reach (a high note) ~ esforzarse por alcanzar (una nota muy alta) || *The singer strained after a high C ~ El cantante se esforzó por alcanzar un do de pecho*

strain at ins ♦ [+ the leash] *véase* champ at

strain away at ins ♦ [something physical] *véase* beaver away at

strain for ins ♦ [+ any achievement] *véase* strain after

strain off sep ♦ [excess water etc.] *véase* sieve off

strand on v2obj náut ♦ [+ desert island] to abandon (someone) on ~ abandonar a (alguien) en (una isla desierta) || *The rest of the crew stranded me on a desert island ~ El resto de la tripulación me abandonó en una isla desierta*

strap down sep ♦ [esp. + baby/patient] *véase* fasten down

strap in sep ♦ *véase* belt in

strap into v2obj ♦ [esp. child into special seat in a car] *véase* buckle to

strap on sep ns ♦ *véase* buckle on

strap onto v2obj ♦ *véase* buckle to

strap up sep GB AUS ♦ *véase* bandage up; bind up

stray away from ins ♦ [path/topic] *véase* deviate from

stray from ins ♦ [path/topic] *véase* deviate from

stray into ins ♦ to enter (place) without permission/by accident ~ entrar en (un sitio) sin permiso/sin querer || *While they were walking in the mountains they strayed into a military camp ~ Cuando caminaban por las montañas se metieron sin querer en un campamento militar*

stray to ins ♦ [thoughts etc.] *véase* go to [1]

streak along vi & ins ♦ *véase* career along

streak past vi & ins ♦ *véase* dash past

streak with v2obj ♦ to decorate (something) with a stripe of ~ rayar (algo) de || *The hooligans streaked the wall with graffiti ~ Los gamberros rayaron el muro de pintadas*

stream down [1] vi ♦ [rain/liquid/tears] *véase* beat down [1] **[2]** vi ♦ [sunlight] *véase* beat down [2]

stream in [1] vi ♦ *véase* flood in [1] **[2]** vi ♦ [people/letters] *véase* flock in

stream out [1] vi ♦ *véase* flood out [1] **[2]** vi ♦ *véase* flood out [2]

stream with ins ♦ *véase* brim with

stress out sep os ♦ to cause (someone) to suffer from stress ~ estresar || *This new job really stresses me out ~ Este nuevo trabajo me estresa de verdad*

stretch away to ins ♦ [land] *véase* extend to

stretch out [1] vi ♦ to lie down and spread one's body ~ tenderse || *Laura stretched out and began to read a book ~ Laura se tendió y empezó a leer un libro* **[2]** vi & sep ♦ *véase* hold out [1] **[3]** sep ♦ to extend (something) by pulling ~ extender || *If you stretch the material out it will reach the corner ~ Si extiendes la tela llegará al rincón*

stretch out to ins ♦ [land] *véase* extend to

stretch to [1] ins ♦ [land] *véase* extend to **[2]** ins ♦ *véase* run to [4]

stretch up vi ♦ *véase* reach up [1]

stretch up for ins ♦ *véase* reach up for

stretcher away sep ♦ [en camilla] *véase* carry away [1]

stretcher off sep ♦ [en camilla] *véase* carry away [1]

strew about sep os & v2obj ♦ *véase* dot about

strew around sep os & v2obj ♦ *véase* dot about

strew over v2obj ♦ *véase* dot about

strew with v2obj ♦ [in large quantity] *véase* dot with

stride along vi ♦ *véase* lope along

stride away vi ♦ *véase* lope off

stride in vi ♦ *véase* flounce in

stride off vi ♦ *véase* lope off

stride out vi ♦ *véase* flounce out

stride up vi ♦ [with firm resolve] *véase* come over [1]

stride up to ins ♦ [with firm resolve] *véase* come up to [3]

stride up and down vi ♦ *véase* pace about

strike against **[1]** ins ♦ *véase* hit out against **[2]** v2obj ♦ *véase* bump against

strike as v2obj ♦ [person/plan] to seem to (a person) to be (good/bad etc.) ~ darle a (alguien) la impresión de ser (bueno/malo etc.) || *The accountant strikes me as a bit silly ~ El contable me da la impresión de ser un poco tonto*

strike at ins ♦ *véase* hit out against

strike back **[1]** vi ♦ *véase* fight back [1] **[2]** sep os ♦ *véase* hit back [2]

strike back at ins ♦ *véase* hit back at

strike down **[1]** sep ns ♦ *véase* bowl over [1] **[2]** sep ♦ *véase* gun down; account for [4] **[3]** sep ♦ *véase* lay up [2] **[4]** sep USA jur ♦ to make (decision; existing law etc.) invalid ~ invalidar (una decisión/ley existente etc.) || *The judges have struck down this antiquated law ~ Los jueces han invalidado esta ley anticuada*

strike for ins ♦ to begin a strike to achieve (better conditions/pay etc.) ~ hacer una huelga para conseguir || *The women are striking for better conditions ~ Las mujeres hacen una huelga para lograr mejores condiciones*

strike from v2obj ♦ *véase* cross off

strike in v2obj ♦ *véase* sock in [1]

strike into **[1]** v2obj ♦ *véase* infuse into **[2]** ins ♦ [woods etc.] *véase* go in [2]

strike off **[1]** sep & v2obj ♦ *véase* cross off **[2]** sep ns GB AUS jur ♦ [+ doctor/lawyer] to remove from the professional register ~ tachar (de la lista profesional) a (un médico/abogado) || *The committee struck that doctor off last week ~ La semana pasada el comité tachó del registro profesional a ese médico* **[3]** sep ♦ [quickly] *véase* chop off **[4]** sep & v2obj ♦ *véase* knock off [2]

strike on **[1]** v2obj ♦ *véase* sock in [1] **[2]** vi ♦ *véase* stay out [3] **[3]** ins GB inf ♦ [always passive] to be keen on (a person/plan) ~ gustarle || *We're not very struck on the new accountant/timetable ~ No nos gusta mucho el nuevo contable/horario* **[4]** ins ♦ *véase* come up with [1]

strike out **[1]** vi ♦ [in business/adventure etc.] *véase* branch out **[2]** vi ♦ [physically] *véase* hit out [1] **[3]** vi ♦ [with firm resolve] *véase* go off [2] **[4]** vi USA inf ♦ *véase* fall down [3] **[5]** sep ♦ *véase* cross out **[6]** sep USA dep ♦ [in baseball] *véase* bowl out

strike out against ins ♦ *véase* hit out against

strike out for ins ♦ [with firm resolve] *véase* depart for

strike over ins ♦ [in typing] to cover (error) by typing on top of it ~ tapar (error) mecanografiando por encima || *The secretary prefers to strike over his mistakes ~ El secretario prefiere mecanografiar de nuevo sobre sus errores*

strike through sep ♦ *véase* cross out

strike up **[1]** ins ♦ [+ friendship/conversation] to begin/form ~ entablar (una conversación); trabar (una amistad) || *The two women struck up a conversation on the train ~ Las dos mujeres enta-*

blaron una conversación en el tren **[2]** vi & ins ♦ [orchestra etc.] to begin to play (a piece of music) ~ empezar a tocar (algo) || *The orchestra struck up a waltz ~ La orquesta empezó a tocar un vals*

strike upon ins form ♦ *véase* come up with [1]

string along **[1]** vi inf ♦ *véase* come along [1] **[2]** sep os inf ♦ [with false love/false promise] *véase* lead on [3]

string along with ins inf ♦ *véase* fasten on to [1]

string out **[1]** vi ♦ [in a line] *véase* space out [1] **[2]** sep ♦ [in a line] *véase* space out [2] **[3]** sep inf ♦ *véase* drag out [1]; flannel out

string together sep ♦ [pearls; words/sentences] to combine into a series ~ ensartar (perlas; palabras o frases) || *When he's drunk he cannot string two sentences together ~ Cuando está borracho no puede ensartar dos frases*

string up **[1]** sep ♦ [onions/decorations (etc.), with string] *véase* hang up [1] **[2]** sep inf ♦ to kill (a criminal etc.) by hanging ~ ahorcar || *My grandfather thinks we should string rapists up ~ Mi abuelo cree que deberíamos ahorcar a los violadores*

strip away **[1]** sep ♦ *véase* peel away [1] **[2]** sep ♦ [rights/traditions] *véase* dispense with; do away with [1] **[3]** sep ♦ *véase* chip away at

strip down **[1]** vi ♦ *véase* shuck down **[2]** sep ♦ [engine/car] to separate all the parts in order to repair them ~ desmantelar/desmontar || *Daniel will have to strip the engine down to see what the problem is ~ Daniel tendrá que desmontar el motor para ver cuál es el problema*

strip down to **[1]** ins ♦ to remove one's clothes until reaching (underwear etc.) ~ desnudarse hasta (la ropa interior etc.) || *I stripped down to the waist and waited for the doctor ~ Me desnudé hasta la cintura y esperé al médico* **[2]** v2obj ♦ to remove (someone's) clothes until reaching (underwear etc.) ~ desnudar a (alguien) hasta (la ropa interior etc.) || *The nurse stripped Laura down to her underwear ~ La enfermera desnudó a Laura hasta la ropa interior*

strip for ins ♦ to remove one's clothes for (a doctor/examination/shower) ~ desnudarse para || *We all had to strip for the doctor/audience ~ Todos tuvimos que desnudarnos para el médico/público*

strip in sep téc ♦ [insert into text] *véase* put in [1]

strip of v2obj ♦ *véase* denude of

strip off **[1]** vi ♦ *véase* shuck down **[2]** sep ♦ *véase* fling off [1] **[3]** sep & v2obj ♦ *véase* haul off [1]

strip to **[1]** ins ♦ *véase* strip down to [1] **[2]** v2obj ♦ *véase* strip down to [2]

stripe with v2obj ♦ *véase* streak with

strive after ins ♦ *véase* dangle after; strain after

strive against ins ♦ *véase* contend with

strive for ins ♦ *véase* dangle after; strain after

strive toward ins USA ♦ *véase* dangle after; strain after

strive towards ins GB AUS ♦ *véase* dangle after; strain after

stroll about vi ♦ *véase* amble along

stroll around vi & ins ♦ *véase* amble along

stroll through **[1]** vi & ins ♦ [+ garden etc.] *véase* amble along **[2]** vi & ins ♦ [exam etc.] *véase* breeze through

stroll up and down vi ♦ [slowly/in a relaxed way] *véase* amble along; pace about

struggle against ins ♦ *véase* fight against

struggle along vi ♦ [advance/exist with difficulty] *véase* flounder about; get by

struggle back vi ♦ [with difficulty] *véase* get back [1]

struggle back to ins ♦ [with difficulty] *véase* get back to [1]

struggle for ins ♦ *véase* fight for

struggle on **[1]** vi ♦ *véase* crawl along **[2]** vi ♦ *véase* grind away

struggle through **[1]** ins ♦ [with difficulty] *véase* get through [4] **[2]** ins ♦ *véase* elbow through

struggle to ins ♦ [with difficulty] *véase* arrive at

struggle with ins ♦ [person/problem] *véase* contend with; fight against

strum along vi ♦ [with a guitar] *véase* play along [2]

strum on ins ♦ [+ a guitar] *véase* play on [7]

strut about vi ♦ *véase* parade about [1]

strut along vi ♦ *véase* parade about [1]

strut around vi ♦ *véase* parade about [1]

strut in vi ♦ *véase* flounce in

strut out vi ♦ *véase* flounce out

stub against v2obj ♦ [one's toe] *véase* bump against

stub on v2obj ♦ [one's toe] *véase* bump against

stub out sep ♦ to extinguish (a cigarette) ~ apagar (un cigarrillo) || *Stub your cigarette out before you go in ~ Apaga el cigarro antes de entrar*

stub up sep ♦ [tree trunk] *véase* dig up [3]

stud with v2obj ♦ *véase* lace with; dot with

study for [1] ins ♦ *véase* cram for **[2]** ins ♦ *véase* read for [2]

study under ins & v2obj ♦ to study (a subject) under the guidance of ~ estudiar (algo) bajo la dirección de || *Laura studied (law) under a very distinguished professor ~ Laura estudió (derecho) bajo la dirección de una catedrática muy distinguida*

study up sep ♦ *véase* bone up on

study up on ins ♦ *véase* bone up on

stuff away sep inf ♦ [large amount of food] *véase* belt down; eat up [1]

stuff down [1] v2obj ♦ [+ someone's throat] *véase* force on **[2]** v2obj ♦ to insert (something) clumsily downwards into (a place) ~ meter (algo) torpemente y hacia abajo en (un sitio) || *Daniel stuffed the documents down his trousers ~ Daniel se metió los documentos de prisa en los pantalones*

stuff in [1] sep os ♦ *véase* cram in [2] **[2]** v2obj ♦ *véase* cram into [2]

stuff into v2obj ♦ *véase* cram into [2]

stuff up [1] vi AUS arg ♦ *véase* cock up [1] **[2]** sep AUS arg ♦ *véase* cock up [2] **[3]** sep ♦ [hole] *véase* block up; bung up **[4]** v2obj ♦ [in an upward direction] *véase* stuff down [2] **[5]** sep ♦ [e.g. child's stomach] *véase* fill up [3]

stuff up with v2obj ♦ [e.g. child's stomach] *véase* fill up with [3]

stuff with v2obj ♦ [e.g. child's stomach; peppers to cook] *véase* fill up with [3]

stumble across [1] ins ♦ *véase* come across [1] **[2]** vi & ins ♦ [with difficulty] *véase* cross over [1]

stumble against ins ♦ *véase* bump against

stumble in vi ♦ *véase* stagger in

stumble into ins ♦ *véase* bump against

stumble on [1] ins ♦ *véase* come across [1] **[2]** ins ♦ *véase* fall over [1]

stumble over [1] ins ♦ *véase* come across [1] **[2]** ins ♦ *véase* fall over [1] **[3]** vi & ins ♦ [with difficulty] *véase* cross over [1]

stumble through ins ♦ [with difficulty] *véase* get through [4]

stumble upon ins form ♦ *véase* come across [1]

stump about [1] vi ♦ *véase* bang about **[2]** vi ♦ *véase* hobble along

stump along [1] vi ♦ *véase* lope along **[2]** vi ♦ *véase* hobble along

stump for ins ♦ *véase* campaign for

stump up [1] vi GB inf ♦ *véase* cough up [2] **[2]** sep GB inf ♦ *véase* cough up [3]

stump up for ins & v2obj GB inf ♦ *véase* cough up for

stutter out sep ♦ [tartamudeando] *véase* force out [2]

sub for ins ♦ *véase* act for

subdivide into v2obj ♦ *véase* divide off into

subject to v2obj ♦ *véase* put through [1]

submerge in v2obj ♦ [a remojo] *véase* drench in

submit to [1] ins ♦ *véase* give in to [1] **[2]** v2obj ♦ *véase* give in to [2]

subordinate to v2obj ♦ to put (someone) under the authority of (someone else) ~ subordinar a (X) a (Y) || *The boss has decided to subordinate me to Laura ~ El jefe ha decidido ponerme bajo el control de Laura*

subscribe for ins ♦ [give money] *véase* contribute to

subscribe to **[1]** ins ♦ to pay a fixed, regular sum to receive (a magazine etc.) ~ suscribirse a/abonarse a || *Laura subscribes to several magazines ~ Laura se suscribe a varias revistas* **[2]** ins form ♦ *véase* buy into [2]

subside into **[1]** ins ♦ [cliff/land etc.] *véase* fall into [1] **[2]** ins ♦ *véase* degenerate into

subsist on **[1]** ins ♦ *véase* get by on **[2]** ins ♦ *véase* live on [2]

substitute for **[1]** ins ♦ *véase* act for **[2]** v2obj ♦ *véase* exchange for

subtract from v2obj ♦ *véase* deduct from

succeed as **[1]** ins ♦ to be successful in the capacity of ~ tener éxito como || *He has never succeeded as a comedian ~ Como humorista nunca ha tenido éxito* **[2]** v2obj ♦ to follow (someone) in the role/position of ~ seguir a (alguien) en el papel/puesto de || *Who will succeed Laura as director? ~ ¿Quién seguirá a Laura como directora?*

succeed at ins ♦ [be successful in] *véase* excel at

succeed in **[1]** ins ♦ [be successful in] *véase* excel at **[2]** v2obj ♦ to follow (someone) in (a role/position) ~ suceder a (alguien) en (tal papel/puesto) || *Daniel is going to succeed his cousin in this post ~ Daniel va a suceder a su primo en este puesto*

succeed to **[1]** ins ♦ [+ crown/throne] *véase* accede to [2] **[2]** ins ♦ *véase* come into [3]

succumb to ins ♦ *véase* give in to [1]

suck at ins ♦ [lollipop etc.] to suck ~ chupar (una chupachupa etc.) || *Laura always sucks at her thumb when she's thinking ~ Laura siempre se chupa el pulgar cuando está pensando*

suck down sep os ♦ *véase* pull under

suck from v2obj ♦ [using the mouth or a vacuum] *véase* extract from

suck in **[1]** sep ns ♦ to cause (something) to enter by sucking/suction ~ hacer entrar (algo) chupando/por succión || *This machine sucks the liquid in ~ Esta máquina sorbe el líquido por succión* **[2]** sep ns ♦ *véase* drag in [2] **[3]** sep ns ♦ *véase* do down [2]

suck into **[1]** v2obj ♦ to cause (something) to enter (a place) by sucking/suction ~ hacer que (algo) entre en (un sitio) chupando/por succión || *We'll have to suck the water into the tank ~ Tendremos que meter el agua en el depósito por succión* **[2]** v2obj ♦ *véase* drag into [2]

suck off sep ns tab ♦ [to a man] *véase* go down on [1]

suck on ins ♦ *véase* suck at

suck out sep ♦ to extract (liquid etc.) by sucking/suction ~ succionar (líquido etc.) || *The pump will suck the liquid out ~ La bomba succionará el líquido*

suck under sep os ♦ *véase* pull under

suck up sep ♦ [dirt etc.] to lift by suction ~ levantar por succión || *The vacuum-cleaner will suck up all the dust ~ La aspiradora recogerá todo el polvo*

suck up to ins inf ♦ *véase* cozy up to; butter up

sucker in sep os USA inf ♦ *véase* do down [2]

sucker into v2obj USA inf ♦ *véase* deceive into

sue for ins & v2obj jur ♦ to present a charge against (someone) for (a reason/sum) ~ demandar a (alguien) por (tal razón/cantidad) || *The victim sued (Laura) for libel ~ La víctima demandó (a Laura) por calumnia*

suffer for ins ♦ *véase* pay for [2]

suffer from ins ♦ [short- or long-term] *véase* complain of [2]

suffer under ins form ♦ to suffer during the rule of (a monarch etc.) ~ sufrir bajo el mando de || *My grandparents have now suffered under four kings ~ Mis abuelos ya han sufrido bajo cuatro reyes*

suffice for ins form ♦ *véase* do for [2]
suffix onto v2obj ♦ [on the end of a word etc.] *véase* append to; fit on [3]
suffix to v2obj ♦ [on the end of a word etc.] *véase* append to; fit on [3]
suffuse with v2obj ♦ [+ colour/light] *véase* drench in
suggest to v2obj ♦ to suggest (plan etc.) to (a person) ~ sugerir (algo) a (alguien) || *Laura suggested several plans to the board ~ Laura sugirió varios planes al consejo*
suit for v2obj form ♦ *véase* fit for
suit to v2obj ♦ [e.g. person to job] *véase* couple with [1]
suit up vi USA ♦ *véase* dress up [1]
sulk about ins ♦ to be resentful/angry due to ~ amohinarse por/de || *I think Daniel is still sulking about his father's decision ~ Creo que Daniel mantiene esa cara larga debido a la decisión de su padre*
sulk over ins ♦ *véase* sulk about
sum up **[1]** vi & vi jur ♦ [also judge in court] to summarise ~ hacer un resumen || *Shall I sum up before coffee? ~ ¿Les ofrezco un resumen antes del café?* **[2]** sep ♦ to describe the main points of ~ resumir (algo) || *Would you mind summing up what we've achieved today? ~ ¿Le importa resumir lo que hemos conseguido hoy?* **[3]** sep ♦ *véase* add together **[4]** sep ♦ to be representative/typical of (a person/thing) ~ representar/ser típico de (algo/alguien) || *This essay sums up the effort you have made this term ~ Esta redacción demuestra perfectamente el esfuerzo que has hecho este trimestre* **[5]** sep ♦ *véase* size up
summon before v2obj jur ♦ *véase* haul before
summon to v2obj ♦ *véase* call into
summon up **[1]** sep ♦ *véase* call on [4] **[2]** sep ♦ [memories] *véase* bring back [1]; conjure up
sup off ins ♦ *véase* dine off
sup on ins ♦ *véase* dine off
sup up **[1]** vi & sep inf ♦ *véase* drink up **[2]** sep ♦ *véase* sip at
superabound in ins ♦ [in enormous quantities] *véase* abound in
superabound with ins ♦ [in enormous quantities] *véase* abound in
superimpose on v2obj ♦ to impose (a new image) over (an existing image) ~ sobreponer (una imagen) en (otra) || *The detective superimposed the glasses on the photo ~ El detective superimpuso las gafas en la foto*
superimpose onto v2obj ♦ *véase* superimpose on
supply to v2obj ♦ [products/supplies/drugs; gas etc.] *véase* administer to
supply with v2obj ♦ *véase* equip with
surfeit on v2obj ♦ [fill someone with food] *véase* fill up with [3]
surfeit oneself on ins ♦ *véase* binge on
surfeit with v2obj ♦ [fill someone with food] *véase* fill up with [3]
surfeit oneself with ins ♦ *véase* binge on
surge in **[1]** vi ♦ *véase* flood in [1] **[2]** vi ♦ [many people through a door etc.] *véase* flock in
surge into ins ♦ *véase* flood into
surge out **[1]** vi ♦ *véase* flood out [1]; break forth **[2]** vi ♦ *véase* flood out [2]
surge up vi ♦ [liquid/emotion etc.] *véase* break forth; bubble up [2]
surpass in v2obj ♦ *véase* exceed in
surprise by v2obj ♦ *véase* astonish with
surprise in v2obj ♦ [+ the act] *véase* catch at [2]
surprise with v2obj ♦ *véase* astonish with
surrender to **[1]** ins ♦ *véase* give in to [1] **[2]** v2obj ♦ *véase* deliver over to
surround with v2obj ♦ *véase* encircle with
survive on **[1]** ins ♦ *véase* get by on **[2]** ins ♦ *véase* live on [2]
suspect of v2obj ♦ to suspect that (someone) is guilty of (a crime/an activity) ~ sospechar a (alguien) de cometer/hacer (algo) || *The police suspect me of various offences ~ La policía me sospecha de haber cometido diversos delitos*
suspend from **[1]** v2obj ♦ *véase* hang from [1] **[2]** v2obj ♦ *véase* ban from

suss out sep GB AUS inf ♦ [person/thing] *véase* size up; be on to [2]
sustain in v2obj ♦ [+ difficult period of time etc.] *véase* get through [6]
swab down sep ♦ [vigorously] *véase* clean down
swab out sep ♦ [vigorously] *véase* clean out [1]
swaddle in v2obj ♦ [baby etc.] *véase* do up in; enfold in; drape in
swagger about vi ♦ *véase* parade about [1]
swagger along vi ♦ *véase* parade about [1]
swagger around vi ♦ *véase* parade about [1]
swagger in vi ♦ *véase* flounce in
swagger out vi ♦ *véase* flounce out
swagger over vi ♦ [arrogantly] *véase* come over [1]
swallow down sep ♦ to swallow ~ tragar || *Laura swallowed down a few tablets before breakfast ~ Laura tragó unas pastillas antes de desayunar*
swallow up **[1]** sep ♦ *véase* swallow down **[2]** sep ♦ *véase* eat up [1] **[3]** sep ♦ [fuel/money] *véase* eat up [2] **[4]** sep ♦ *véase* eat up [3] **[5]** sep ♦ [darkness] to cause (someone) to disappear ~ [oscuridad] hacer desaparecer a (alguien) || *The darkness swallowed us up as we walked home ~ Cuando volvíamos a casa la oscuridad nos envolvía* **[6]** sep ♦ [large company/country] to take control of (a smaller one) ~ [empresa/país grande] apoderarse de || *That organisation has swallowed up dozens of small firms ~ Esa organización se ha apoderado de docenas de empresas pequeñas*
swamp with v2obj ♦ *véase* deluge with
swan around vi GB ♦ *véase* bat around [2]
swan off vi GB ♦ *véase* glide away; buzz off
swank about **[1]** vi inf ♦ *véase* parade about [1] **[2]** ins inf ♦ *véase* boast about
swap around **[1]** sep ♦ *véase* change around **[2]** vi ♦ *véase* change over [2]
swap for v2obj ♦ *véase* exchange for
swap over vi ♦ *véase* change over
swap over to ins ♦ [+ new system/TV channel etc.] *véase* change to
swap round **[1]** sep ♦ *véase* change around **[2]** vi ♦ *véase* change over [2]
swap to ins ♦ [+ new system/TV channel etc.] *véase* change to
swap with ins & v2obj ♦ *véase* exchange with
swarm about vi ♦ [people moving in various directions] *véase* bat around [2]
swarm around vi & ins ♦ *véase* crowd around
swarm in vi ♦ [many people through a door etc.] *véase* flock in
swarm out vi ♦ *véase* flood out [2]
swarm over ins ♦ to move in large numbers over the surface of ~ hormiguear por || *The bees swarmed over the food on the table ~ Las abejas enjambraban por la comida en la mesa*
swarm up vi & ins ♦ [quickly] *véase* clamber up
swarm with ins ♦ *véase* crawl with
swat at ins ♦ [a fly etc.] *véase* hit at
swathe in v2obj ♦ [baby etc.] *véase* do up in; enfold in; drape in
swathe with v2obj ♦ [baby etc.] *véase* do up in; enfold in; drape in
sway about vi ♦ *véase* stagger about
sway back and forth vi ♦ *véase* stagger about
sway to **[1]** v2obj ♦ *véase* bring over to **[2]** ins ♦ [slowly, moving from side to side] *véase* dance to
swear about ins ♦ [con palabrotas] *véase* complain about
swear at ins ♦ *véase* curse at
swear by **[1]** ins form ♦ to swear an oath based on ~ jurar por || *I swear by God that this is true ~ Juro por Dios que esto es verdad* **[2]** ins ♦ *véase* believe in [2] **[3]** ins ♦ *véase* believe in [3]
swear in sep os form ♦ [president] to make (someone) swear a formal oath for a post ~ juramentar a (un nuevo presidente) || *The authorities have sworn the president in today ~ Hoy las autoridades han juramentado al presidente*

swear in as v2obj form ♦ [president] *véase* inaugurate as

swear off ins ♦ [drugs etc.] *véase* abstain from; keep off [4]

swear on ins & v2obj form ♦ [+ the bible/one's mother's life etc.] *véase* swear by [1]

swear out against v2obj jur ♦ [+ legal order] *véase* bring against

swear to **[1]** v2obj form ♦ [allegiance etc.] *véase* pledge to **[2]** v2obj ♦ [+ secrecy] to make (someone) promise to keep a secret ~ hacer que (alguien) jure no soltar un secreto || *Laura swore her best friend to secrecy ~ Laura hizo que su mejor amiga no revelara el secreto* **[3]** ins ♦ to be prepared to swear that (something) is true ~ estar dispuesto a jurar que (algo) es verdad || *I think it's true, but I wouldn't swear to it ~ Creo que es verdad, pero no lo sé a ciencia cierta*

sweat for ins inf ♦ *véase* labour for [2]

sweat off sep ♦ to lose (weight) by sweating ~ quitarse (peso) sudando || *I sweated a kilo off yesterday ~ Ayer me quité un kilo sudando*

sweat out sep ♦ to remove (illness/substance) from one's body by sweating ~ quitarse (mal/sustancia) del cuerpo sudando || *I'm trying to sweat the flu/heroin out ~ Estoy intentando quitarme la gripe/la heroína sudando*

sweat it out **[1]** vi inf ♦ to do strenuous exercise ~ entrenarse enérgicamente || *Laura sweats it out in the gym three times a week ~ Laura se entrena con vigor en el gimnasio tres veces por semana* **[2]** vi inf ♦ to wait nervously ~ sudarlo || *The result didn't arrive so we had to sweat it out ~ El resultado no llegó, entonces tuvimos que sudarlo*

sweat out of v2obj inf ♦ [confession etc., using threats or pressure] *véase* beat out of

sweat over ins inf ♦ *véase* labour at

sweep along **[1]** vi & ins ♦ *véase* career along **[2]** sep ♦ *véase* blow about [1]; carry along

sweep aside **[1]** sep ♦ *véase* brush aside; [pushing] draw aside [2] **[2]** sep ♦ *véase* blow away [4]

sweep away **[1]** sep ♦ [with a brush] *véase* brush away **[2]** sep ♦ *véase* dispense with; do away with [1] **[3]** sep ♦ [usually passive] *véase* carry away [2]

sweep back sep ♦ [hair] *véase* comb back

sweep by **[1]** vi & ins ♦ *véase* brush past **[2]** vi & ins ♦ *véase* dash past

sweep down **[1]** vi & ins ♦ *véase* career down **[2]** sep os ♦ [with a brush] *véase* clean down

sweep in vi ♦ *véase* breeze in; flounce in

sweep into **[1]** ins ♦ *véase* breeze into **[2]** v2obj ♦ [using a brush] *véase* fit into [1]

sweep off **[1]** vi ♦ *véase* dash away **[2]** sep & v2obj ♦ [with a brush] *véase* clean off **[3]** v2obj ♦ [sweep someone off their feet] *véase* carry away [2] **[4]** v2obj ♦ [+ feet etc.] *véase* bowl over [1]

sweep on vi ♦ [progress vigorously] *véase* carry on [1]

sweep out **[1]** vi ♦ *véase* dash out; flounce out **[2]** sep ♦ [with a brush] *véase* clean out [1]

sweep over **[1]** ins ♦ *véase* come over [5] **[2]** ins ♦ [wave/flood etc.] to cover (a place/person) violently ~ cubrir (a alguien/un sitio) en oleadas || *The waves swept over the people on the beach ~ Las olas cubrieron por completo a la gente en la playa*

sweep up **[1]** vi & sep ♦ [with a brush] *véase* clean up [1] **[2]** vi & sep inf ♦ [money/votes/awards] *véase* clean up [3] **[3]** sep os ♦ [usually passive] *véase* carry away [2]

sweep up after ins & v2obj ♦ [with a brush] *véase* clean up after

sweep up to ins ♦ [indignantly etc.] *véase* come up to [3]

sweeten up **[1]** sep ♦ to make (food etc.) sweeter ~ endulzar || *I'm putting some sugar in to sweeten up the coffee ~ Voy a añadir azúcar para endulzar el café* **[2]** sep inf ♦ *véase* butter up **[3]** sep ♦ [business deal etc.] to make more attractive ~ hacer más atractivo || *We can sweeten the deal up by including a holiday for you ~ Podemos hacer el trato* *más atractivo incluyendo un viaje para usted* **[4]** sep inf ♦ *véase* buy off [1]

swell out vi ♦ *véase* bulge out

swell up **[1]** vi ♦ [part of body] to swell ~ hincharse || *My ankle has swollen up so I can't play ~ Se me ha hinchado el tobillo, entonces no puedo jugar* **[2]** vi ♦ [emotion] *véase* bubble up [2]

swell with ins ♦ [+ pride etc.] *véase* brim with

swerve away vi ♦ [car/driver] to turn quickly (in order to avoid a collision etc.) ~ desviarse bruscamente || *The van swerved away and avoided Laura ~ La furgoneta se desvió bruscamente y evitó atropellar a Laura*

swerve from ins ♦ [principle/belief etc.] *véase* deviate from

swig at ins inf ♦ [larger mouthfuls] *véase* sip at

swig from ins & v2obj inf ♦ *véase* drink out of

swill down **[1]** sep ♦ [floor etc.] *véase* hose down **[2]** sep inf ♦ [a lot of alcohol] *véase* belt down

swill out sep ♦ *véase* hose out

swim across vi & ins ♦ [swimming] *véase* cross over [1]

swim against **[1]** ins ♦ [+ the tide/current] to swim in the opposite direction to ~ nadar contra (la corriente); nadar a contracorriente || *It was hard to swim against the current in the river ~ Era difícil nadar a contracorriente en el río* **[2]** ins ♦ [+ the tide/current] to oppose common/normal trends/views ~ ir a contracorriente || *In business Daniel always swims against the tide ~ En los negocios Daniel siempre va a contracorriente*

swim around **[1]** vi ♦ [swimming] *véase* go about [3]; move about [1] **[2]** ins ♦ [swimming] *véase* go round [6], [7]

swim back vi ♦ [swimming] *véase* go back [1]

swim for **[1]** ins dep ♦ [as member of swimming team] *véase* play for [1] **[2]** ins ♦ [swimming] *véase* run for [3] **[3]** ins ♦ [swimming] *véase* head for

swim in **[1]** ins ♦ to swim in (a river/pool etc.) ~ nadar en || *Many people prefer swimming in the sea ~ Mucha gente prefiere nadar en el mar* **[2]** ins ♦ [e.g. money/gravy] *véase* brim with

swim out to ins ♦ [swimming; + island/person] *véase* head for

swim with **[1]** ins ♦ to swim in the company of ~ nadar con || *Laura likes swimming with her sister/dolphins ~ A Laura le gusta nadar con su hermana/con los delfines* **[2]** ins ♦ *véase* brim with

swindle out of v2obj ♦ *véase* defraud of

swing around vi ♦ [quickly] *véase* face about [1]

swing around to ins ♦ *véase* come around to [1]

swing at **[1]** ins ♦ [person/ball] *véase* hit at **[2]** ins náut ♦ [+ anchor] *véase* stand off [3]

swing by ins USA AUS inf ♦ [house/shop] *véase* call at [1]

swing for ins jur ♦ *véase* hang for [1]

swing from ins ♦ *véase* hang down from

swing into **[1]** ins ♦ to enter (a place) by swinging ~ entrar en (un sitio) balanceándose (etc.) || *The soldier tried to swing into the building ~ El soldado intentó entrar en el edificio colgado de una cuerda* **[2]** ins ♦ [+ action etc.] to begin an activity energetically ~ lanzarse a (algo) enérgicamente || *The men will swing into action when they hear the whistle ~ Los hombres se pondrán en marcha cuando oigan el silbido*

swing on **[1]** ins ♦ to rock backwards and forwards on (a swing etc.) ~ columpiarse en || *The girl was swinging on a rope ~ La chica se columpiaba en una cuerda* **[2]** ins ♦ *véase* hang down from

swing round vi ♦ [quickly] *véase* face about [1]

swing round to ins ♦ *véase* come around to [1]

swing to ins ♦ *véase* lean to

swipe at ins ♦ [person/ball] *véase* hit at

swirl about vi & ins ♦ [dust/wind/snow etc.] to circulate (around someone) ~ arremolinarse (alrededor de alguien) || *The dust was swirling about (me) in the desert ~ El polvo se arremolinaba (alrededor mío) en el desierto*

swirl around vi & ins ♦ *véase* swirl about

swish around vi ♦ *véase* slop about [2]

swish off sep & v2obj ♦ [with a brush/hand] *véase* clean off

switch around [1] sep ♦ *véase* change around **[2]** vi ♦ *véase* change over [2]

switch back vi & sep ns ♦ *véase* change back

switch back to ins ♦ *véase* go back to [5]

switch into ins USA ♦ *véase* change into [1]

switch off [1] vi ♦ *véase* click off; go off [4] **[2]** sep ♦ *véase* flick off [2] **[3]** vi ♦ to stop listening to someone ~ dejar de escuchar a alguien || *When he mentions football I usually switch off ~ Cuando menciona el fútbol suelo dejar de prestar atención*

switch on [1] vi ♦ *véase* click on [1]; come on [4] **[2]** sep ♦ *véase* flick on

switch out sep ♦ [light] *véase* flick off [2]

switch over [1] vi ♦ *véase* change over [1] **[2]** vi ♦ *véase* change over [2] **[3]** vi ♦ *véase* flick over [2]

switch over to ins ♦ [+ new system/TV channel etc.] *véase* change to

switch round [1] sep ♦ *véase* change around **[2]** vi ♦ *véase* change over [2]

switch to ins ♦ [+ new system/TV channel etc.] *véase* change to

switch with ins & v2obj ♦ *véase* exchange with

swivel around vi ♦ [turn the head] *véase* face about [1]

swivel round vi ♦ [turn the head] *véase* face about [1]

swoon at ins ♦ to faint due to experiencing (sight/sound/lover) ~ desmayarse || *Daniel swooned at what Laura had to tell him ~ Daniel se desmayó al oír lo que Laura tenía que decirle*

swoon away vi ♦ *véase* faint away

swoon over ins ♦ *véase* swoon at

swoop down vi ♦ [bird/aeroplane] to move quickly/sharply downwards ~ calarse/abatirse || *The eagle swooped down and grabbed the bag ~ El águila se caló y cogió la bolsa*

swoop down on ins ♦ [bird/aeroplane] to move sharply downwards and seize ~ calarse/abalanzarse sobre || *The magpie swooped down on the mouse ~ La urraca se caló y se abalanzó sobre el ratón*

swoop on [1] ins ♦ *véase* swoop down on **[2]** ins ♦ [police] to arrest (suspects) in a fast raid/operation ~ detener (sospechosos) en una redada || *The police swooped on a farm close to Salamanca today ~ Hoy la policía ha realizado una redada en una granja cerca de Salamanca*

swop around [1] sep ♦ *véase* change around **[2]** vi ♦ *véase* change over [2]

swop for v2obj ♦ *véase* exchange for

swop over vi ♦ *véase* change over

swop over to ins ♦ [+ new system/TV channel etc.] *véase* change to

swop round [1] sep ♦ *véase* change around **[2]** vi ♦ *véase* change over [2]

swop to ins ♦ [+ new system/TV channel etc.] *véase* change to

swop with ins & v2obj ♦ *véase* exchange with

swot at ins GB AUS inf ♦ *véase* bone up on

swot for ins GB AUS inf ♦ *véase* cram for

swot up [1] vi GB AUS inf ♦ *véase* bone up **[2]** sep GB AUS inf ♦ *véase* bone up on

swot up on ins GB AUS inf ♦ *véase* bone up on

sympathise with ins GB AUS ♦ *véase* feel for [2]; empathise with

sympathize with ins ♦ *véase* feel for [2]; empathise with

synchronise with [1] v2obj GB AUS ♦ to adjust (watch etc.) to match with the timing of ~ sincronizar (un reloj etc.) con || *Please synchronise your watch with mine ~ Por favor, sincronice su reloj con* *el mío* **[2]** ins GB AUS ♦ *véase* coincide with

synchronize with **[1]** v2obj ♦ *véase* synchronise with [1] **[2]** ins ♦ *véase* coincide with

syphon away sep GB AUS ♦ *véase* siphon away

syphon off **[1]** sep GB AUS ♦ *véase* siphon away [1] **[2]** sep GB AUS ♦ *véase* siphon away [2] **[3]** sep GB AUS ♦ *véase* siphon off [3]

syphon out sep GB AUS ♦ *véase* siphon away [1]

T

tab for v2obj ♦ [esp. theatrical part] *véase* employ for

tack down sep ♦ [with small nails] *véase* hammer down

tack on sep ♦ *véase* add on

tack onto v2obj ♦ *véase* add to [3]

tack up sep ♦ [using a small nail] *véase* hang up [1]

tackle about v2obj ♦ [about a serious problem etc.] *véase* ask about

tag along vi inf ♦ *véase* come along [1]

tag along with ins inf ♦ *véase* fasten on to [1]

tag on sep ♦ *véase* add on

tag on to v2obj ♦ *véase* add to [3]

tag out sep USA dep ♦ [baseball] to eliminate (player) by touching with the ball ~ [béisbol] eliminar (jugador) tocándole con la pelota || *Daniel tagged two opponents out during the game ~ Durante el partido Daniel eliminó a dos rivales tocándoles con la pelota*

tail after ins USA inf ♦ *véase* fasten on to [1]

tail away vi ♦ [voice] *véase* die away; fade out [1]

tail back vi GB ♦ [traffic] to form a long, slow-moving line/queue ~ extenderse atrás en una cola muy larga || *The traffic is beginning to tail back on the motorway ~ Se está formando una cola larguísima de coches en la autopista*

tail off **[1]** vi ♦ [voice] *véase* die away; fade out [1] **[2]** vi ♦ *véase* drop away [1]

tailor to v2obj ♦ *véase* adapt to [2]; attune to

taint with v2obj ♦ [with germs etc.] *véase* infect with

take aback sep os ♦ *véase* bowl over [2]

take after **[1]** ins ♦ to be similar in appearance or character to (a parent etc.) ~ parecerse a/salir a; seguir el ejemplo de (los padres etc.) || *Laura takes after her mother in almost everything ~ Laura ha salido a su madre en casi todo* **[2]** ins USA inf ♦ *véase* chase after

take against ins GB ♦ to start to dislike (someone) ~ empezar a cobrar antipatía a || *She took against me after the problem with the money ~ Me empezó a cobrar antipatía después del problema con el dinero*

take along sep ♦ [llevar consigo] *véase* bring along [1]

take apart **[1]** sep ♦ [any machine etc.] *véase* strip down [2] **[2]** sep inf ♦ *véase* blow away [4] **[3]** sep inf ♦ *véase* beat up [1] **[4]** sep ♦ [person/piece of writing] *véase* cut up [5]

take around sep os & v2obj ♦ *véase* show around

take as **[1]** v2obj ♦ *véase* have down as **[2]** v2obj ♦ *véase* accept as

take aside sep ♦ *véase* draw aside [2]

take away **[1]** sep ♦ to remove (something) from its usual place ~ quitar/llevarse (algo) || *You can take the bottle away - it's empty ~ Ya puede llevarse la botella - está vacía* **[2]** sep ♦ *véase* grab away **[3]** sep ♦ [appetite etc.] to cause to disappear ~ quitar || *The news has taken away my appetite ~ La noticia* *me ha quitado las ganas de comer* **[4]** sep ♦ [number] *véase* knock off [2] **[5]** sep ♦ *véase* carry away [1] **[6]** sep GB AUS ♦ [fast food] to take outside or home in order to eat ~ llevarse (comida rápida etc.) || *We'd like a pizza to take away, please ~ Queremos una pizza para llevar, por favor* **[7]** sep ♦ *véase* lead away **[8]** sep ♦ to cause (someone) to be away from home ~ hacer que (alguien) pase tiempo fuera || *Laura's job takes her away a fair bit ~ El trabajo de Laura requiere que pase bastante tiempo fuera de la ciudad* **[9]** sep ♦ to take (someone) on holiday ~ llevar a (alguien) de viaje || *I'm going to take Daniel away next month ~ El mes que viene voy a llevar a Daniel de viaje*

take it away vi inf ♦ [always a command] begin to sing or play some music ~ empiece a cantar/tocar || *The singer shouted «take it away!» and the guitarist began to play ~ El cantante gritó «¡vamos!» y el guitarrista empezó a tocar*

take away from **[1]** v2obj ♦ [person/thing] *véase* clear out of [2]; take from [1] **[2]** v2obj ♦ *véase* deduct from **[3]** ins ♦ *véase* detract from **[4]** v2obj ♦ *véase* jerk away from

take back **[1]** sep ♦ [unwanted/unsuitable item to a shop etc.] *véase* give back **[2]** sep ♦ [shop] to receive again (an unwanted/unsuitable item) ~ recibir (algo) devuelto || *That shop always takes back things you don't want ~ Esa tienda siempre recibe devuelto lo que no quieres* **[3]** sep ♦ [power/land etc.] *véase* get back [2] **[4]** sep ♦ to retract (false statement etc.) ~ retractar || *I take back everything I've said about your son ~ Retracto todo lo que he dicho sobre su hijo* **[5]** sep ♦ *véase* carry back [3] **[6]** sep ♦ to agree to start a relationship again with (an ex-lover etc.) ~ recibir otra vez || *She left him last year, but he's taking her back ~ Le abandonó el año pasado, pero la va a recibir de nuevo* **[7]** sep os ♦ *véase* drive back [2]

take back to v2obj ♦ *véase* bring back to; hand back to [1]

take down **[1]** sep ♦ [not violently] *véase* rip down **[2]** sep ♦ *véase* knock down [4] **[3]** sep ♦ *véase* copy down **[4]** sep ♦ [trousers] *véase* draw down [1] **[5]** sep ♦ *véase* bring down [2]

take for **[1]** v2obj ♦ *véase* have down as **[2]** v2obj ♦ *véase* accept as **[3]** v2obj ♦ *véase* confuse with [1] **[4]** v2obj inf ♦ *véase* defraud of **[5]** v2obj ♦ *véase* get for [2] **[6]** v2obj ♦ *véase* ask out for **[7]** v2obj ♦ to take (medicine) to cure (an illness) ~ tomar (algo) para/para curar || *I'm taking tablets for angina ~ Tomo pastillas para la angina*

take from **[1]** v2obj ♦ to accept (money/item) from ~ tomar/aceptar (algo) de || *I don't want to take money from my parents ~ No quiero aceptar dinero de mis padres* **[2]** ins & v2obj ♦ *véase* cop from **[3]** v2obj ♦ *véase* crib from **[4]** v2obj ♦ *véase* learn from **[5]** v2obj ♦ [experience etc.] *véase* get out of [4] **[6]** v2obj ♦ to accept (insult/abuse etc.) from (someone) ~ tragar (insultos etc.) de || *I don't have to take this from someone like you ~ No tengo por qué tragar todo esto de alguien como tú* **[7]** v2obj ♦ *véase* deduct from

take in **[1]** sep ♦ *véase* put up [9] **[2]** sep ♦ [school/university etc.] *véase* allow in **[3]** sep ♦ *véase* haul in [2] **[4]** sep ♦ *véase* bluff out; fake out **[5]** sep ♦ [pretty view etc.] *véase* gaze at **[6]** sep ♦ to understand fully ~ comprender del todo || *Laura took in a lot of new information at the conference ~ En el congreso Laura asimiló mucha nueva información* **[7]** sep USA ♦ to visit/experience (a film or museum etc.) ~ ir a (etc.) || *Shall we take in a film after dinner? ~ ¿Vamos al cine después de cenar?* **[8]** sep ♦ *véase* extend over **[9]** sep ♦ to take (car etc.) to be repaired ~ llevar (coche etc.) al taller || *The car's not working properly - I'll have to take it in ~ El coche no va bien - tendré que llevarlo al taller* **[10]** sep ♦ to accept (small jobs to do at home to earn money) ~ admitir/aceptar || *My grandma takes in ironing to earn a few pesos ~ Mi abuela plancha ropa en casa para ganar unos pesos* **[11]** sep ♦ to ingest (food/water/air etc.) ~ ingerir || *Daniel needs to take in 3,000 calories a day ~ Daniel tiene que ingerir 3.000 calorías por día* **[12]** sep ♦ [water in boat etc.] *véase* allow in **[13]** sep USA com ♦ *véase* bring in [1] **[14]** sep ♦ to narrow (garment) by sewing ~ achicar || *I've taken my son's trousers in this morning ~ Esta mañana le he achicado el pantalón a mi hijo*

take into v2obj ♦ *véase* bring into [1]

take off [1] sep ♦ *véase* cast off [2] **[2]** sep ns ♦ *véase* have off [2] **[3]** vi ♦ [aeroplane/insect/bird] *véase* blast off **[4]** vi ♦ [person/career/idea] to become very successful suddenly ~ tener éxito/ponerse de moda de repente || *The idea took off overnight ~ La idea cuajó de la noche a la mañana* **[5]** vi inf ♦ *véase* go off [2] **[6]** sep ♦ [number/mark] *véase* knock off [2] **[7]** v2obj ♦ [number/mark] *véase* deduct from **[8]** sep inf ♦ *véase* hit off **[9]** sep USA arg ♦ *véase* hold up [4] **[10]** v2obj inf ♦ *véase* take from [1] **[11]** sep & v2obj ♦ *véase* pluck off **[12]** v2obj ♦ to remove (employee) from (a project/section etc.) ~ quitar a (alguien) de (tal proyecto/sección etc.) || *I've had to take Daniel off the project ~ Me he visto obligado a quitar a Daniel del proyecto* **[13]** v2obj ♦ to stop giving (medicine etc.) to (someone) ~ dejar de suministrar (algo) a (alguien) || *The doctor has taken me off those tablets ~ El médico me ha dejado de recetar esas pastillas* **[14]** sep ♦ *véase* lead away **[15]** sep & v2obj ♦ *véase* cut off [1] **[16]** sep ♦ *véase* ease off [1] **[17]** sep & v2obj ♦ *véase* cross off

take oneself off vi inf ♦ *véase* go off [2]

take off for [1] ins ♦ *véase* head for; depart for **[2]** v2obj ♦ [+ one's clothes] *véase* strip for

take off to [1] ins ♦ *véase* head for; depart for **[2]** v2obj ♦ [+ destination/prison etc.] *véase* lead to

take oneself off to ins inf ♦ *véase* head for; depart for

take on [1] sep ♦ *véase* sign on [3] **[2]** sep ♦ *véase* compete against **[3]** sep ♦ to accept (work/responsibility) ~ asumir/tomar || *Laura has taken on a lot of additional responsibilities ~ Laura ha asumido muchas responsabilidades adicionales* **[4]** sep ♦ [vehicle] to receive (fuel or passengers) ~ recibir/aceptar || *The bus took on three passengers at the junction ~ Tres pasajeros subieron al autobús en el cruce* **[5]** ins ♦ [+ specific quality] to begin to have/demonstrate ~ empezar a mostrarse (etc.) || *Daniel's voice took on a happy tone ~ La voz de Daniel cobró un tono de felicidad* **[6]** vi ♦ *véase* catch on [1] **[7]** vi GB ♦ *véase* freak out [1]

take on as v2obj ♦ [person in job] *véase* employ as

take out [1] sep ♦ *véase* bring forth [3]; fish out; lift out; bring out [2] **[2]** sep ♦ *véase* check out [11] **[3]** sep ♦ [money from bank] to extract ~ sacar || *If you're going to the bank, will you take out 100 pesos for me? ~ Si vas al banco, ¿me sacas 100 pesos?* **[4]** sep ♦ [policy etc.] to obtain ~ obtener/firmar || *Laura took out an insurance policy when she moved ~ Laura firmó una póliza de seguros cuando se mudó* **[5]** sep ns ♦ [visit/date] *véase* ask out **[6]** sep inf ♦ *véase* do in [2] **[7]** sep dep ♦ to use violence to block the progress of (a player) ~ obstruir violentamente a (un jugador) || *Daniel took the forward out in the first minute ~ Daniel entró violentamente al ariete en el primer minuto*

take out after ins ♦ *véase* chase after

take out for v2obj ♦ *véase* ask out for

take out of [1] v2obj ♦ [most senses] *véase* extract from **[2]** v2obj inf ♦ *véase* do in [1]; fag out **[3]** v2obj ♦ [experience etc.] *véase* get out of [4] **[4]** v2obj GB AUS ♦ [+ oneself] *véase* bring out [4]

take out on [1] v2obj ♦ [+ a date] *véase* ask out for **[2]** v2obj ♦ to shout about (a problem etc.) to (an innocent listener) ~ desahogarse riñendo a (un oyente inocente) || *He tends to take his failures out on his children ~ Suele chillar a sus hijos cada vez que fracasa*

take out to v2obj ♦ [+ place/dinner] *véase* ask out for

take over **[1]** vi ♦ to assume control of (or responsibility for) something ~ asumir el control; tomar el mando || *Daniel retired last week so Laura has taken over ~ Daniel se jubiló la semana pasada, entonces Laura ha asumido el control* **[2]** sep ♦ to assume responsibility for/control of (something) ~ asumir el control de || *Laura has taken over the production section ~ Laura se ha encargado de la sección de producción* **[3]** sep ♦ *véase* gobble up [4] **[4]** sep ♦ *véase* swallow up [6] **[5]** sep ♦ to begin to use (house/office) ~ instalarse en || *We've taken over some offices next to the canal ~ Nos hemos instalado en unas oficinas al lado del canal* **[6]** vi ♦ to become the new leader/most powerful organisation (etc.) ~ hacerse líder (etc.) || *Daniel used to be the fastest but now Laura has taken over ~ Daniel era el más rápido, pero ahora Laura ha tomado la delantera* **[7]** sep ♦ *véase* come over [5]

take over as ins ♦ to be the replacement in the role/job of ~ entrar en funciones como || *Laura has taken over as sales director ~ Laura ha entrado en funciones como directora de ventas*

take over from ins ♦ to be the replacement of (someone) in a role/job ~ seguir/suceder a (alguien) en un puesto || *Daniel has just taken over from his father ~ Daniel acaba de suceder a su padre*

take round sep os & v2obj ♦ *véase* show around

take through **[1]** v2obj ♦ *véase* get past [2] **[2]** v2obj ♦ to teach (someone) how to do or understand (something) ~ enseñar/explicar (algo) a (alguien) || *The teacher took the pupils through the instructions ~ La profesora explicó las instrucciones a los alumnos*

take to **[1]** ins ♦ *véase* cotton to [1] **[2]** ins ♦ *véase* head for **[3]** ins ♦ *véase* go in for [2] **[4]** v2obj ♦ *véase* lead to

take up **[1]** sep ♦ [job/hobby] *véase* go in for [2], [3] **[2]** sep ♦ [llevar] *véase* bring up [5] **[3]** sep ♦ to occupy/use (time, space or effort) ~ ocupar/requerir || *The renovation of the house is taking up too much time ~ La renovación de la casa está ocupando demasiado tiempo* **[4]** sep ♦ *véase* rip up [2] **[5]** sep lit ♦ [pen from table etc.] *véase* gather up [1] **[6]** sep ♦ [passengers] *véase* take on [4] **[7]** sep ♦ [esp. + legal case] to take charge of ~ encargarse de || *A firm of lawyers will be taking the matter up ~ Una compañía de abogados se va a encargar del asunto* **[8]** vi & sep ♦ *véase* pick up [16] **[9]** sep ♦ [liquid in general] *véase* blot up; mop up [2] **[10]** sep ♦ [+ offer/challenge] to accept ~ aceptar || *In the end I took up their offer of 1,000 pesos ~ Al final acepté su oferta de 1.000 pesos* **[11]** sep ♦ [+ position] to adopt ~ adoptar || *The sergeant told us to take up our positions ~ El sargento nos dijo que adoptáramos las posiciones* **[12]** sep ♦ [garment] to shorten ~ acortar || *My father had to take my trousers up ~ Mi padre tuvo que acortarme el pantalón*

take up on **[1]** v2obj ♦ to accept (an offer) made by (someone) ~ aceptar (una oferta) hecha por (alguien) || *Laura was happy to take Daniel up on his offer ~ A Laura le fue grato aceptar la oferta de Daniel* **[2]** v2obj ♦ to disagree with (someone) regarding (a comment etc.) ~ censurar (algo) a (alguien) || *I took the president up on a number of points ~ Expresé mi desacuerdo con el presidente en varios puntos*

take up with **[1]** v2obj ♦ [complaint etc.] *véase* debate with **[2]** ins ♦ *véase* fall in with [1]

take upon oneself sep os ♦ [usually + infin] to decide to do (an activity) oneself ~ tomar (algo) sobre sí; encargarse personalmente de || *Laura took it upon herself to sweep the street ~ Laura se encargó personalmente de barrer la calle*

take with **[1]** v2obj ♦ [llevar] *véase* bring with [2] **[2]** v2obj ♦ to ingest/require (e.g. sugar) with (e.g. a drink/meal) ~ tomar/requerir/ingerir (algo) con/en (algo) || *Do you take your coffee with sugar/sugar with your coffee? ~ ¿Suele* *usted tomar el café con azúcar/azúcar en el café?*

talk about ins ♦ *véase* speak about; chat about

talk around **[1]** sep os GB AUS ♦ *véase* bring around [2] **[2]** ins ♦ [due to embarrassment etc.] *véase* gloss over

talk at ins ♦ to speak to (someone) without allowing them to reply ~ hablar a || *That teacher talks at his pupils and doesn't let them reply ~ Ese profesor habla a sus alumnos y no les deja contestar*

talk away **[1]** vi ♦ *véase* chatter away **[2]** sep ♦ [time, chatting] *véase* fritter away

talk back vi ♦ *véase* answer back

talk back to ins ♦ *véase* answer back

talk down **[1]** sep ♦ [insist that something is not important] *véase* gloss over **[2]** sep ♦ to help (a pilot) to land a plane by giving verbal instructions ~ ayudar a (un piloto) con el aterrizaje desde tierra || *Daniel talked the pilot down from the control tower ~ Daniel le dio instrucciones al piloto desde la torre de control para que éste pusiera el avión en tierra* **[3]** sep ♦ to persuade (a potential suicide) not to jump ~ convencer a (un/a suicida) para que no se tire (etc.) || *She was on the roof but the police managed to talk her down ~ Estaba en el tejado pero la policía logró que no se tirara* **[4]** sep ns ♦ *véase* howl down

talk down at ins ♦ [talk down one's nose at] *véase* speak down to

talk down to ins ♦ *véase* speak down to

talk for **[1]** ins ♦ to talk during (a period of time) ~ hablar durante || *Laura talked for 30 minutes then sat down ~ Laura habló durante 30 minutos y luego se sentó* **[2]** ins ♦ to give a speech/talk to (a society etc.) ~ dirigir una charla a || *Daniel talked for the Industrial Society last night ~ Anoche Daniel pronunció un discurso para la Sociedad Industrial*

talk into v2obj ♦ *véase* argue into

talk of ins ♦ *véase* speak about; chat about

talk on **[1]** vi ♦ *véase* chatter away **[2]** ins ♦ *véase* speak about; lecture on **[3]** ins ♦ *véase* talk over [3]

talk out sep ♦ *véase* argue out; hash over

talk oneself out vi ♦ to talk until one cannot talk any more ~ hablar hasta no poder más || *We talked ourselves out then went to bed ~ Hablamos hasta agotar todos los asuntos y luego nos acostamos*

talk out of **[1]** v2obj ♦ *véase* argue out of **[2]** ins inf ♦ [+ one's arse etc.] to talk nonsense ~ decir tonterías (etc.) || *As usual, Daniel is talking out of his arse ~ Como siempre, Daniel no dice más que tonterías*

talk oneself out of ins ♦ to create a bad impression and not achieve (a job etc.) ~ crear mala impresión y no conseguir (un trabajo etc.) || *Laura was nervous and talked herself out of the job ~ Laura estaba nerviosa, y no le dieron el trabajo porque habló demasiado y mal*

talk over **[1]** sep ♦ *véase* argue out; hash over **[2]** ins ♦ to speak at the same time as (existing recorded voice etc.) ~ hablar por encima de || *It's irritating to talk over the news on TV ~ Me sacas de quicio hablando a la vez que salen las noticias en la tele* **[3]** ins ♦ [+ the phone etc.] to speak via ~ hablar por || *We've talked over the phone a few times ~ Hemos hablado por teléfono unas cuantas veces*

talk over with v2obj ♦ *véase* debate with

talk round **[1]** sep os GB AUS ♦ *véase* bring around [2] **[2]** ins ♦ [due to embarrassment etc.] *véase* gloss over

talk through **[1]** sep ♦ *véase* argue out; hash over **[2]** v2obj ♦ *véase* take through [2] **[3]** ins ♦ [+ one's arse etc.] *véase* talk out of [2] **[4]** ins ♦ [throughout] *véase* talk over [2]

talk through with v2obj ♦ *véase* debate with

talk to **[1]** ins ♦ *véase* chat to **[2]** ins ♦ *véase* deal with [4]

talk up sep USA ♦ *véase* crack up [7]; play up [5]

talk with **[1]** ins ♦ *véase* chat with **[2]** ins ♦ *véase* deal with [4] **[3]** ins & v2obj ♦ *véase* speak with [3]

tally up sep ♦ *véase* add together

tally with ins ♦ *véase* square with [1]

tamp down sep ♦ *véase* pack down; flatten down [2]

tamp in sep ♦ *véase* pack down; flatten down [2]

tamper with ins ♦ [machine/car/lock/plan] *véase* fool about with [1]; cock up [2]

tangle over ins ♦ *véase* face off over

tangle up sep ♦ *véase* snarl up [2]

tangle with ins ♦ [with dangerous person] *véase* fool about with [1]; argue with; fight against

tank along vi & ins ♦ *véase* career along

tank up **[1]** vi inf ♦ *véase* beer up [1] **[2]** sep inf ♦ *véase* beer up [2] **[3]** vi inf ♦ *véase* fill up [2]

tank up on ins inf ♦ [+ alcohol] *véase* binge on

tap at ins ♦ *véase* knock at

tap down sep ♦ *véase* hammer down

tap for **[1]** v2obj USA inf ♦ *véase* choose as **[2]** v2obj inf ♦ [money/information] *véase* hit for

tap in **[1]** sep IT ♦ *véase* key in **[2]** sep ♦ [gently] *véase* drive in [2]

tap into **[1]** v2obj IT ♦ *véase* key into **[2]** v2obj ♦ [gently] *véase* hammer into [1] **[3]** ins ♦ to use the ideas/resources (etc.) of (someone else) ~ aprovechar los recursos/las ideas (etc.) de (otra persona) || *That company is trying to tap into the competition's ideas* ~ *Esa compañía está intentando aprovechar las ideas de la competencia*

tap on **[1]** v2obj ♦ [lightly] *véase* sock in [1] **[2]** sep os GB inf ♦ *véase* fix up [6] **[3]** ins ♦ *véase* knock at

tap out **[1]** sep ♦ *véase* beat out [1] **[2]** sep téc ♦ [+ message in Morse code etc.] to send ~ enviar (un mensaje en Morse) || *Laura tapped out a short message in Morse code* ~ *Laura envió un mensaje corto en Morse* **[3]** sep ♦ [pipe, by tapping gently] *véase* empty out [2], [3]

tape from v2obj ♦ *véase* record from

tape off v2obj GB inf ♦ *véase* record from

tape over ins ♦ to record a sound on the same tape as (an existing sound) ~ grabar algo en la misma cinta y así borrar (algo ya grabado) || *I think that in taping this I've taped over the interview* ~ *Creo que al grabar esto he borrado la entrevista*

tape up **[1]** sep ♦ [with adhesive tape] *véase* do up [4] **[2]** sep USA AUS ♦ *véase* bandage up

taper away **[1]** vi ♦ [voice] *véase* die away; fade out [1] **[2]** vi ♦ *véase* drop away [1]

taper off **[1]** vi ♦ [voice] *véase* die away; fade out [1] **[2]** vi ♦ *véase* drop away [1]

tar with **[1]** v2obj ♦ [with tar] *véase* dab with **[2]** v2obj ♦ *véase* besmirch with

target as v2obj ♦ *véase* choose as

target for v2obj ♦ *véase* choose as; put down for

target on v2obj ♦ *véase* direct at

tart up sep GB AUS inf ♦ [person/thing, esp. in bad taste] *véase* doll up

tart oneself up vi GB AUS inf ♦ [esp. in bad taste] *véase* do oneself up

taste like ins ♦ *véase* savor of

taste of ins ♦ *véase* savor of

tattle on ins ♦ *véase* fink on

taunt about v2obj ♦ *véase* rag about [2]

taunt into v2obj ♦ [by teasing] *véase* bounce into

taunt with v2obj ♦ to tease (someone) using (an insult/something tempting) ~ echar (algo) en cara a (alguien) || *When Daniel gave up smoking his friends taunted him with cigarettes* ~ *Cuando Daniel dejó de fumar sus amigos le echaron cigarros en la cara*

tax out of v2obj ♦ [+ existence etc.] to charge tax to (someone) in excess ~ cobrar tantos impuestos a (alguien) que deja de existir || *The government has almost taxed us out of existence* ~ *El gobierno nos ha cobrado tantos impuestos que por poco hemos dejado de existir*

tax with **[1]** v2obj ♦ *véase* burden with **[2]** v2obj ♦ *véase* bother with [2] **[3]** v2obj form ♦ *véase* charge with [3]; accuse of

team up **[1]** vi ♦ [for a purpose/activity] *véase* band together **[2]** sep ♦ *véase* couple together

team up with **[1]** ins ♦ [for a purpose/activity] *véase* get together with [2] **[2]** v2obj ♦ *véase* couple with [1]

tear about vi & vi inf ♦ *véase* run about

tear along **[1]** vi & ins ♦ *véase* career along **[2]** ins & v2obj ♦ to tear (paper) following (a dotted line etc.) ~ rasgar (un papel) por (una línea de puntos etc.) || *I told the children to tear (the sheet) along the dotted line* ~ *Les dije a los niños que rasgaran (la hoja) por la línea de puntos*

tear apart **[1]** sep os ♦ [esp. paper] *véase* break up [8] **[2]** sep os ♦ *véase* cut up [3]

tear around vi & vi inf ♦ *véase* run about [1]

tear at ins ♦ [violently] *véase* pluck at

tear away **[1]** sep ♦ [person/thing] *véase* grab away **[2]** sep ♦ [violently] *véase* peel away [1]

tear away from **[1]** v2obj ♦ *véase* rend from; jerk away from **[2]** v2obj ♦ [insistently] *véase* entice away from

tear down **[1]** sep ♦ *véase* rip down **[2]** sep ♦ *véase* knock down [3] **[3]** vi & ins ♦ *véase* career down

tear from v2obj ♦ *véase* rend from

tear into **[1]** ins inf ♦ *véase* come at [2]; fall on [6] **[2]** ins inf ♦ *véase* beat up on [2] **[3]** ins inf ♦ [running very fast] *véase* go in [2]

tear off **[1]** sep & v2obj ♦ [pulling violently] *véase* haul off [1] **[2]** sep ♦ *véase* fling off [1] **[3]** vi inf ♦ *véase* cut along [1] **[4]** sep ♦ [letter etc.] *véase* bang out [2]

tear on v2obj ♦ *véase* snag on [2]

tear out **[1]** vi ♦ [running very fast] *véase* dash out **[2]** sep ♦ [remove contents violently] *véase* drag out [3] **[3]** sep ♦ [without using scissors] *véase* clip out

tear to v2obj ♦ [+ pieces/shreds] *véase* rend into

tear up **[1]** vi & ins ♦ [running very fast] *véase* go up [1] **[2]** sep ♦ [tear paper/cloth/contract (etc.) violently] *véase* cut up [1] **[3]** sep ♦ *véase* dig up [1]

tease about v2obj ♦ *véase* rag about [2]

tease into v2obj ♦ [by tormenting/teasing] *véase* bounce into

tease out **[1]** sep ♦ *véase* coax out **[2]** sep ♦ *véase* drag out [4] **[3]** sep ♦ *véase* fathom out **[4]** sep ♦ *véase* comb out

tease out of **[1]** v2obj ♦ *véase* coax out of **[2]** v2obj ♦ [information/confession etc.] *véase* drag out of

tease with v2obj ♦ *véase* taunt with

tee off **[1]** vi dep ♦ [golf] *véase* drive off [3] **[2]** vi USA inf ♦ *véase* kick off [3] **[3]** sep USA inf ♦ *véase* brass off; bum out

tee off on ins USA inf ♦ *véase* beat up on [2]

tee off with ins USA inf ♦ *véase* kick off with

tee up **[1]** sep dep ♦ to place (a golf ball) on a tee ~ colocar (la pelota) en el tee || *Laura teed the ball up and hit it firmly* ~ *Laura colocó la pelota en el tee y la golpeó con firmeza* **[2]** sep dep ♦ [in football etc.] to prepare (an opportunity for someone else) ~ preparar (una oportunidad a otro jugador) || *Daniel teed the striker up and he scored* ~ *Daniel sirvió al ariete y marcó éste*

teem down vi ♦ *véase* beat down [1]

teem with **[1]** ins ♦ [+ rain] *véase* beat down [1] **[2]** ins ♦ *véase* crawl with

telephone in **[1]** vi ♦ *véase* call in [2] **[2]** vi ♦ *véase* call in [3]

telescope into ins ♦ to fold telescopically into/assume the shape of ~ doblarse telescópicamente en/para formar || *This device telescopes into a portable tube* ~ *Este mecanismo se dobla telescópicamente y se convierte en un tubo portátil*

tell about v2obj ♦ *véase* clue in on

tell against ins GB AUS form ♦ *véase* go against [2]

tell apart sep os ♦ [2 similar people] *véase* differentiate between

tell apart from v2obj ♦ *véase* distinguish from

tell by v2obj ♦ *véase* identify by

tell from v2obj ♦ *véase* distinguish from

tell of **[1]** ins ♦ *véase* speak about **[2]** ins form ♦ [to be suggestive of] *véase* say about [2] **[3]** v2obj ♦ *véase* clue in on

tell off sep ♦ *véase* blow up [4]

tell off for v2obj ♦ *véase* admonish for; get down on for

tell on **[1]** ins inf ♦ *véase* fink on **[2]** ins ♦ [stress etc.] to be obviously affecting (someone) ~ afectar de mala manera a (alguien) || *The stress was starting to tell on Daniel* ~ *El estrés empezaba a destrozar a Daniel*

tell to **[1]** v2obj ♦ [words] *véase* direct at **[2]** v2obj ♦ *véase* confide to [1]

tell upon ins form ♦ *véase* tell on [2]

temper with **[1]** v2obj ♦ to soften (bad news/emotion) using (something less serious) ~ templar (algo) con (algo menos serio) || *It's appropriate to temper the news with some words of hope* ~ *Conviene templar la noticia con unas palabras de esperanza* **[2]** v2obj téc ♦ to harden (metal) with (heat etc.) ~ templar (metal) con (algo) || *My job is to temper the steel with the application of heat* ~ *Mi trabajo consiste en templar el acero aplicándole calor*

tempt into v2obj ♦ [+ building/activity] *véase* coax into; entice into

tempt to v2obj ♦ to entice (someone) to eat/do (food/activity) ~ inducir a (alguien) a hacer o comer (algo) || *My grandmother tempted me to another biscuit* ~ *Mi abuela me ofreció otra galleta*

tempt with v2obj ♦ *véase* tempt to

tend to ins ♦ *véase* attend to

tend toward **[1]** ins USA ♦ [choice; political party] *véase* lean to **[2]** ins USA ♦ to display something close to (a characteristic) ~ tender a (etc.) || *My taste tends toward the anarchic* ~ *Mis gustos son más bien anárquicos*

tend towards ins GB AUS ♦ *véase* tend toward

tender for ins com ♦ [for a contract] *véase* bid for

tender to v2obj ♦ [letter of resignation from a job] *véase* give to

tense up vi ♦ [tensarse de miedo/estrés etc.] *véase* stiffen up [1]

terrify into v2obj ♦ [using intimidation/threats] *véase* bounce into

terrify out of **[1]** v2obj ♦ [using intimidation/threats] *véase* drive out of [2] **[2]** v2obj ♦ [using intimidation/threats] *véase* do out of

terrorise into v2obj GB AUS ♦ [using intimidation/threats] *véase* bounce into

terrorize into v2obj ♦ [using intimidation/threats] *véase* bounce into

test for ins & v2obj ♦ [person/building] *véase* check for

test in v2obj ♦ *véase* examine in

test on **[1]** v2obj ♦ *véase* examine in **[2]** v2obj ♦ to test (e.g. a product) using (a volunteer/victim) ~ someter (algo) a pruebas utilizando (voluntario etc.) || *We have not tested this product on animals* ~ *No hemos utilizado animales en las pruebas de este producto*

test out sep ♦ [theory/product etc.] to test the practicality of ~ comprobar la factibilidad de (una teoría/un producto etc.) || *We're testing out some new ideas this week* ~ *Esta semana nos toca comprobar unas nuevas ideas*

testify against ins jur ♦ [in court] to be a witness and speak against (the accused) ~ prestar declaración contra || *Laura had to testify against her boss* ~ *Laura tuvo que prestar declaración contra su jefe*

testify for ins jur ♦ [in court] to be a witness and speak to support (the accused) ~ prestar declaración a favor de || *Laura had to testify for her boss* ~ *Laura tuvo que prestar declaración por su jefe*

testify to ins jur ♦ [in court] *véase* swear to [3]

tether to v2obj ♦ [animal] *véase* bind to [1]

thank for v2obj ♦ to give thanks to (someone) for (a favour/gift/action) ~ agradecer (algo) a (alguien) || *Have you thanked your cousin for the present?* ~

¿Le has dado las gracias a tu prima por el regalo?

thaw out [1] vi ♦ [food] to warm until no longer frozen ~ deshelarse || *We put the meat on a plate so that it could thaw out ~ Colocamos la carne en un plato para que se deshelara* **[2]** sep ♦ [food] to warm until no longer frozen ~ deshelar || *We'll need to thaw the chicken out ~ Tendremos que deshelar el pollo* **[3]** vi inf ♦ [person] to become warm gradually ~ entrar en calor (etc.) || *I got home an hour ago and I'm just starting to thaw out now ~ He vuelto a casa hace una hora y por fin ya estoy empezando a entrar en calor*

theorise about ins GB AUS form ♦ [reasons/the future etc.] *véase* guess at

theorise on ins GB AUS form ♦ [reasons/the future etc.] *véase* guess at

theorize about ins form ♦ [reasons/the future etc.] *véase* guess at

theorize on ins form ♦ [reasons/the future etc.] *véase* guess at

thicken up vi & sep ♦ [liquid etc.] *véase* stiffen up

thin down [1] vi inf ♦ *véase* fine down [1] **[2]** sep inf ♦ *véase* fine down [2] **[3]** sep ♦ to make (soup etc.) less thick by adding water ~ aguar/desleír (etc.) || *Would you mind thinning the soup down so that we can serve more people? ~ ¿Te importa aguar la sopa para que sirvamos a más gente?*

thin out [1] vi ♦ [density of crowd/trees etc.] to become less ~ empezar a ser menos denso || *The forest thins out after the stream ~ El bosque empieza a ser menos denso después del arroyo* **[2]** sep ♦ to make (plants/forest etc.) less dense ~ entresacar || *I think we should thin out those rose bushes ~ Creo que deberíamos entresacar esos rosales*

think about [1] ins ♦ *véase* deliberate on **[2]** ins ♦ *véase* feel out [1]

think ahead vi ♦ *véase* plan ahead

think ahead to ins ♦ *véase* look ahead to

think back vi ♦ *véase* look back [2]

think back on ins ♦ *véase* look back on

think back to ins ♦ *véase* look back on

think for oneself vi ♦ to think/decide independently ~ pensar por sí mismo || *Laura is perfectly capable of thinking for herself ~ Laura es perfectamente capaz de pensar por sí misma*

think of [1] ins ♦ *véase* deliberate on **[2]** ins ♦ *véase* dream of [2] **[3]** ins inf ♦ *véase* make of [1]

think on vi GB AUS ♦ *véase* plan ahead

think out sep ♦ *véase* chew on [2]

think over sep ♦ *véase* chew on [2]

think through sep ♦ *véase* chew on [2]

think to ins & v2obj inf ♦ *véase* make of [1]

think up sep ♦ véase cook up [2]; dream up

thirst for ins ♦ [adventure/excitement etc.] *véase* ache for

thrash about vi ♦ [esp. arms/legs in bed] *véase* flounce about

thrash around vi ♦ [esp. arms/legs in bed] *véase* flounce about

thrash out sep ♦ [plan/problem/idea] *véase* have out [2]; hash over

thrash out of v2obj ♦ *véase* beat out of

thread through [1] ins ♦ *véase* nip in and out of **[2]** sep & v2obj ♦ [thread/needle] *véase* force through [1]

threaten with v2obj ♦ to threaten (someone) using (a weapon/a consequence) ~ amenazar a (alguien) con || *The terrorists threatened Laura with a gun/with death ~ Los terroristas amenazaron a Laura con una pistola/con la muerte*

thrill at ins ♦ [to be amazed by] *véase* gape at; boggle at

thrill with v2obj ♦ *véase* astonish with

thrive on ins ♦ to perform best in (difficult circumstances etc.) ~ funcionar/trabajar a gusto en (una situación difícil etc.) || *Daniel thrives on tight deadlines ~ Daniel trabaja mejor cuando se acerca una fecha tope muy apretada*

throb with ins ♦ [excitement etc.] *véase* buzz with; cringe with

throng around vi & ins ♦ *véase* crowd around

throng in vi ♦ [people] *véase* cram in [1]; flock in

throng out vi ♦ *véase* flood out [2]

throng with v2obj ♦ *véase* infest with

throttle back [1] vi ♦ *véase* slow down [1] **[2]** sep ♦ [vehicle] *véase* slow down [2]

throttle down [1] vi ♦ *véase* slow down [1] **[2]** sep ♦ [vehicle] *véase* slow down [2]

throw about sep ♦ *véase* fling around [2]

throw around [1] v2obj ♦ *véase* fling around [1] **[2]** sep os ♦ *véase* fling around [2]

throw aside sep ♦ *véase* cast aside

throw at v2obj ♦ *véase* hurl at

throw oneself at ins inf ♦ [in an exaggerated manner] *véase* come on to [2]

throw away [1] sep ♦ *véase* chuck away **[2]** sep ♦ [waste a skill/opportunity] *véase* pass up [1]

throw back [1] sep ♦ [ball to friend/ fish to water] *véase* hurl back [2] **[2]** sep ♦ [offer] *véase* brush aside **[3]** sep inf ♦ *véase* belt down; drink down **[4]** sep ♦ *véase* beat back; beat off [1] **[5]** sep ♦ [head] to move backwards quickly ~ echar (la cabeza) hacia atrás || *Laura threw her head back and laughed loudly ~ Laura echó la cabeza hacia atrás y se rio a carcajadas*

throw back at v2obj ♦ [ball/insult/ question] to return (forcefully) to ~ devolver (pelota, insulto, pregunta) con fuerza a || *The chairman threw the question back at Daniel ~ El presidente le devolvió la pregunta con fuerza a Daniel*

throw back on v2obj form ♦ to oblige (someone) to depend again on (someone else) ~ obligar a (alguien) a depender de nuevo de (otra persona) || *His bad luck threw him back on his parents ~ Su mala suerte le hizo volver a sus padres en busca de ayuda*

throw back to v2obj ♦ [not forcefully] *véase* throw back at

throw down [1] sep ♦ [items in general; weapon] *véase* fling down **[2]** sep ♦ *véase* batter down

throw it down vi ♦ *véase* beat down [1]

throw in [1] sep ♦ [ingredient; extra prize etc.] *véase* bung in **[2]** sep ♦ *véase* chip in with **[3]** v2obj ♦ [+ prison] *véase* lock up in [1] **[4]** sep ns dep ♦ to throw (the ball) onto the pitch ~ sacar (de banda) || *Daniel threw the ball in and his team pressed forward ~ Daniel sacó de banda y su equipo intentó avanzar*

throw in with [1] ins ♦ *véase* go in with; get together with [2] **[2]** v2obj ♦ to throw/put (a person/thing) in the company of ~ [lanzando o no] juntar (algo/a alguien) con || *I threw Laura in with the other group, thinking that they would probably work well together ~ Metí a Laura en el otro grupo, pensando que a lo mejor trabajarían bien juntos*

throw into [1] v2obj ♦ *véase* fling into **[2]** v2obj ♦ *véase* plunge into [6]

throw oneself into ins ♦ *véase* fling oneself into

throw off [1] sep ♦ *véase* fling off [1] **[2]** v2obj ♦ *véase* fling off [2] **[3]** sep inf ♦ [flu etc.] *véase* get over [1] **[4]** sep ns ♦ [light/heat] *véase* give off [1] **[5]** sep ♦ [+ repression/limit etc.] *véase* cast aside

throw on sep ♦ *véase* fling on

throw out [1] sep ♦ *véase* chuck away **[2]** sep ♦ *véase* chuck out [2] **[3]** sep ♦ *véase* brush aside **[4]** sep ♦ *véase* belch out

throw out of v2obj ♦ *véase* clear out of [2]

throw over [1] sep ♦ *véase* chuck over **[2]** sep arc ♦ *véase* break off with **[3]** v2obj ♦ *véase* fling off [2]

throw to v2obj ♦ [without aggression] *véase* hurl at

throw together [1] sep ♦ [people] *véase* bring together **[2]** sep ♦ [food etc.] *véase* cobble together

throw up [1] vi inf ♦ *véase* bring up [1] **[2]** sep inf ♦ *véase* bring up [4] **[3]** sep ♦ [produce new ideas etc.] *véase* bring about **[4]** sep ♦ [hands/arms, suddenly] *véase* hold up [2] **[5]** sep ♦ *véase* chuck in [2] **[6]** sep ♦ [esp. from vehicle] *véase* kick up [2]

thrust against v2obj ♦ *véase* press against [2]

thrust aside sep ♦ *véase* cast aside; elbow aside

thrust at ins & v2obj ♦ *véase* aim at [1]; hit at

thrust back sep ♦ *véase* drive back [3]

thrust forward **[1]** vi ♦ [forcefully] *véase* get ahead; go ahead [1] **[2]** sep os ♦ [forcefully] *véase* inch forward [2]

thrust oneself in vi ♦ *véase* butt in [2]; knuckle in

thrust into **[1]** v2obj ♦ [by pushing forcefully] *véase* force into [1] **[2]** v2obj ♦ *véase* cram into [2] **[3]** v2obj ♦ *véase* embed in

thrust on v2obj ♦ *véase* force on

thrust out **[1]** vi ♦ *véase* jut out **[2]** sep ♦ [+ hand/tongue, quickly] *véase* hold out [1]; out out [1] **[3]** sep ♦ *véase* chuck out [2]

thrust out of v2obj ♦ [forcefully] *véase* clear out of [2]

thrust past vi & ins ♦ [by pushing] *véase* get past [1]

thrust through **[1]** sep os & v2obj ♦ *véase* force through [1] **[2]** ins ♦ *véase* elbow through **[3]** sep os lit ♦ *véase* run through [7]

thrust up sep ♦ [hands/arms, suddenly] *véase* hold up [2]

thrust upon v2obj form ♦ *véase* force on

thud about vi ♦ *véase* bang about

thud into ins ♦ [with a dull noise] *véase* bump against

thumb at v2obj ♦ [+ one's nose] to make a sign of derision at (someone) ~ hacerle un palmo de narices a (alguien) || *Laura thumbed her nose at Daniel as he passed by ~ Laura hizo un palmo de narices a Daniel al pasar éste*

thumb through ins ♦ *véase* flick through [1]; glance over [3]

thump about vi ♦ *véase* bang about

thump down sep ♦ *véase* bang down

thump on ins ♦ *véase* bang on [1]

thump out sep ♦ *véase* beat out [1]; bang out [1]

thunder out **[1]** vi ♦ [angrily] *véase* fling out [1] **[2]** sep ♦ [angrily] *véase* call out [2]

thunder past vi & ins ♦ [with loud engine noise] *véase* go by [2]

tick away **[1]** vi ♦ [clock] to continue ticking ~ hacer tictac || *The clock was ticking away and we couldn't get to sleep ~ El reloj hacía tictac y no conseguíamos conciliar el sueño* **[2]** vi ♦ *véase* go by [1]

tick by vi ♦ *véase* go by [1]

tick off **[1]** sep ♦ [with a small mark] *véase* cross off **[2]** sep GB AUS ♦ [not necessarily angrily] *véase* blow up [4] **[3]** sep USA inf ♦ *véase* brass off; bum out

tick off for v2obj GB AUS ♦ *véase* admonish for; get down on for

tick over **[1]** vi GB AUS ♦ [company/system] *véase* coast along **[2]** vi GB AUS ♦ [car engine etc.] to operate at minimum speed ~ marchar/estar al ralentí || *You can hear the noise when the engine is ticking over ~ Se oye el ruido cuando el motor está al ralentí*

ticket for v2obj ♦ to provide a ticket for (a person) to (a destination) ~ expedir un billete a (alguien) hasta/a (su destino) || *The agent has ticketed me for Miami ~ El agente me ha expedido un billete a Miami*

tickle to **[1]** v2obj ♦ [+ death] to tickle (someone) a lot ~ hacer muchas cosquillas a (alguien) || *We grabbed Laura and tickled her to death ~ Agarramos a Laura y le hicimos muchas cosquillas* **[2]** v2obj ♦ [+ death/pieces/bits] *véase* blow away [5]

tide over sep & v2obj ♦ [esp. by giving money] *véase* get through [6]

tidy around vi GB AUS ♦ *véase* clear up [4]

tidy away sep GB AUS ♦ *véase* put away [1]

tidy out sep GB AUS ♦ *véase* clear out [1]

tidy round vi GB AUS ♦ *véase* clear up [4]

tidy up **[1]** vi GB AUS ♦ *véase* clear up [4] **[2]** sep GB AUS ♦ *véase* clear up [5] **[3]** sep GB AUS ♦ [wash a child's face etc.] *véase* doll up **[4]** sep GB AUS ♦ [essay etc.] to correct/improve before submitting ~ corregir/mejorar (un trabajo etc.) antes de entregarlo || *I want to tidy my project up before the deadline ~ Quiero hacer unas modificaciones a mi proyecto antes de la fecha tope*

tidy oneself up vi GB AUS ♦ *véase* do oneself up; freshen up

tie back sep ♦ [hair/curtains] to restrain with string/rope/ribbon (etc.) ~ atar/liar || *Laura usually ties her hair back when she plays tennis ~ Cuando juega al tenis Laura suele atarse el pelo*

tie down **[1]** sep ♦ [with rope etc.] *véase* fasten down **[2]** sep os ♦ [in relationship/job etc.] *véase* box in [2] **[3]** sep ♦ *véase* nail down [2]

tie down to **[1]** v2obj ♦ [downwards] *véase* bind to [1] **[2]** v2obj ♦ *véase* confine to; keep to [2] **[3]** v2obj ♦ *véase* nail down to

tie in with **[1]** ins ♦ *véase* coincide with **[2]** ins ♦ *véase* accord with **[3]** ins & v2obj ♦ *véase* connect to

tie into ins & v2obj ♦ *véase* connect to

tie off sep méd ♦ to tie the ends of (a blood vessel) to prevent clotting ~ atar (un vaso sanguíneo) para que no se coagule la sangre || *The doctor tied the vessel off ~ El médico ató el vaso sanguíneo*

tie on **[1]** sep ♦ [with rope etc.] *véase* bind on **[2]** v2obj ♦ [with rope etc.] *véase* attach to [1]; bind to [1]

tie one on vi inf ♦ *véase* beer up [1]

tie onto v2obj ♦ [with rope etc.] *véase* attach to [1]; bind to [1]

tie to **[1]** v2obj ♦ [with rope etc.] *véase* attach to [1]; bind to [1] **[2]** v2obj ♦ *véase* confine to; keep to [2] **[3]** v2obj ♦ *véase* accuse of; blame for

tie together sep ♦ *véase* bind together

tie up **[1]** sep ♦ [person/parcel/shoelaces etc.] *véase* bind up **[2]** sep inf ♦ to keep (person/machine) busy ~ mantener ocupado (algo/a alguien) || *The project has tied me up this month ~ El proyecto me ha mantenido ocupada este mes* **[3]** sep ♦ *véase* lock up [4] **[4]** sep USA AUS ♦ *véase* blank off **[5]** vi & sep ♦ to secure (a boat) with rope ~ amarrar (una barca) || *They have tied up (the boat) near the bridge ~ Han amarrado (la barca) cerca del puente* **[6]** sep ♦ *véase* sew up [2]; firm up [2]

tie up in v2obj ♦ *véase* lock up in [2]

tie up to v2obj ♦ [boat (etc.), with rope] *véase* attach to [1]; bind to [1]

tie up with ins & v2obj ♦ *véase* connect with

tie with **[1]** v2obj ♦ *véase* bind up in **[2]** ins dep ♦ *véase* draw with [2]

tighten on v2obj ♦ [tightly] *véase* attach to [1]

tighten onto v2obj ♦ [tightly] *véase* attach to [1]

tighten up **[1]** sep ♦ [nut/screw etc.] to make tighter ~ apretar/atiesar || *Would you mind tightening these nuts up? ~ ¿Te importaría ir apretando estas tuercas?* **[2]** vi ♦ [muscles] *véase* stiffen up [1]; firm up [1] **[3]** sep ♦ [muscles] *véase* stiffen up [2]; firm up [2] **[4]** vi ♦ *véase* clamp down **[5]** sep ♦ [rules etc.] *véase* firm up [2] **[6]** vi ♦ [team/group/company] to become better/more efficient ~ mejorar; empezar a ser más eficaz || *The company tightened up under the new director ~ La empresa empezó a funcionar mejor bajo la nueva directora*

tighten up on ins ♦ [rules etc.] *véase* firm up [2]; clamp down on

tilt against ins arc ♦ *véase* come at [2]

tilt at ins arc ♦ [+ windmills = attack imaginary enemies] *véase* come at [2]

tilt back vi & sep ♦ *véase* bend back

tilt over **[1]** vi ♦ *véase* bend down [1] **[2]** vi ♦ *véase* cant over [1] **[3]** sep ♦ *véase* cant over [2]

tilt up vi ♦ [bascular] *véase* lift up [1]

time for v2obj ♦ *véase* pencil in for

time in vi & sep ♦ *véase* clock in

time out vi & sep ♦ *véase* clock off

timetable for v2obj ♦ *véase* pencil in for

tinge with v2obj ♦ to give (to something) some of the smell/colour/character of ~ matizar/teñir (algo) de || *The death tinged the celebration with sadness ~ La muerte matizó la celebración de tristeza*

tingle with ins ♦ [excitement etc.] *véase* buzz with; cringe with

tinker about vi ♦ to spend time doing small tasks ~ pasar tiempo haciendo alguna que otra tarea || *My father likes to tinker about in his workshop ~ A mi padre le gusta hacer sus cositas en el taller*

tinker about with ins ♦ *véase* diddle with

tinker around vi ♦ *véase* tinker about

tinker around with ins ♦ *véase* diddle with

tinker up sep ♦ *véase* botch up [2]

tinker with ins ♦ *véase* diddle with

tint with v2obj ♦ [colour] *véase* tinge with

tip as v2obj ♦ to predict confidently that (someone) will become ~ pronosticar con confianza que (alguien) llegará a ser || *The experts have tipped him as the new director ~ Los expertos han pronosticado con confinza que será el nuevo director*

tip at v2obj ♦ [+ scales] to weigh (a certain weight) ~ pesar (tal número de kilos) || *Laura tips the scales at 50 kilos ~ Laura pesa 50 kilos*

tip away sep ♦ [verter agua etc.] *véase* drain away [2]

tip back vi & sep ♦ *véase* bend back

tip backward vi & sep USA ♦ *véase* bend back

tip backwards vi & sep GB AUS ♦ *véase* bend back

tip it down vi inf ♦ *véase* beat down [1]

tip for v2obj ♦ [+ job] *véase* tip as

tip forward [1] vi ♦ to lean or fall in a forward direction ~ inclinarse hacia adelante || *This section tips forward so that we can see the engine ~ Esta sección se inclina hacia adelante para que veamos el motor* **[2]** sep ns ♦ to bend/move (something) in a forward direction ~ inclinar (algo) hacia adelante || *We tipped the seat forward so that Daniel could get out ~ Inclinamos el asiento hacia adelante para que saliera Daniel*

tip forwards vi & sep ns ♦ *véase* tip forward

tip into [1] ins ♦ *véase* fall into [1] **[2]** v2obj ♦ *véase* empty into [1]; drop into [1]

tip off [1] v2obj ♦ *véase* fling off [2] **[2]** sep ♦ [secretly, about a danger, criminal etc.] *véase* clue in

tip off about v2obj ♦ [danger/criminal etc.] *véase* clue in on; caution about

tip out sep ♦ [unwanted liquid] *véase* chuck away; drain away [2]

tip over vi & sep ♦ *véase* cant over

tip up [1] vi ♦ [bascular] *véase* lift up [1] **[2]** sep ♦ *véase* draw up [3]; cant over [2]

Tipp-Ex ® out sep ♦ to correct/remove (an error) using Tipp-Ex ® ~ corregir/quitar (un error) con Tipp-Ex ® || *The secretary will have to Tipp-Ex® out that mistake ~ La secretaria tendrá que corregir con Tipp-Ex® ese error*

Tipp-Ex ® over ins ♦ *véase* Tipp-Ex ® out

tiptoe across vi & ins ♦ [de puntillas] *véase* cross over [1]

tiptoe in vi ♦ [de puntillas] *véase* creep in [1]

tiptoe out vi ♦ [de puntillas] *véase* creep out

tire of ins ♦ *véase* sicken of

tire out sep ♦ *véase* do in [1]

toady to ins ♦ *véase* butter up

toady up to ins ♦ *véase* butter up

toast in v2obj ♦ *véase* toast with

toast with v2obj ♦ to celebrate (something) with (a specific drink) ~ celebrar (algo) con (tal bebida) || *We toasted Laura's success with whisky ~ Celebramos el éxito de Laura con whisky*

toboggan down vi & ins ♦ *véase* sledge down

toddle along [1] vi & ins ♦ *véase* amble along **[2]** vi GB AUS inf ♦ *véase* buzz off

toddle away vi GB AUS inf ♦ *véase* buzz off

toddle off vi GB AUS inf ♦ *véase* buzz off
tog out sep GB AUS inf ♦ *véase* dress up [2]
tog oneself out vi GB AUS inf ♦ *véase* dress up [1]
tog out in v2obj GB AUS inf ♦ *véase* dress in [2]
tog oneself out in ins GB AUS inf ♦ *véase* dress in [1]
tog up sep GB AUS inf ♦ *véase* dress up [2]
tog oneself up vi GB AUS inf ♦ *véase* dress up [1]
tog up in v2obj GB AUS inf ♦ *véase* dress in [2]
tog oneself up in ins GB AUS inf ♦ *véase* dress in [1]
toggle back vi IT ♦ to return to an application by pressing a button/key ~ volver a una aplicación pulsando un botón/una tecla || *Keep the document open too then you can toggle back ~ Mantén el documento abierto también y así puedes volver a él pulsando esta tecla*
toggle between ins IT ♦ [2 programs etc.] *véase* alternate between
toil along vi ♦ *véase* lollop along
toil at ins ♦ *véase* labour at
toil away vi ♦ *véase* grind away; beaver away
toil away at ins ♦ *véase* grind away at; beaver away at
toil for ins ♦ *véase* labour for
toil over ins ♦ *véase* labour at
toil up vi & ins ♦ [hill etc., with difficulty] *véase* clamber up
toll for ins ♦ [bells] to ring in memory of ~ doblar por || *The bells will toll for my grandfather this afternoon ~ Las campanas doblarán por mi abuelo esta tarde*
tone down **[1]** sep ♦ to moderate the tone of (a speech etc.) ~ moderar el tono de (un discurso etc.) || *If you don't want to offend people you'll have to tone the speech down ~ Si no quieres ofender a la gente tendrás que moderar el tono del discurso* **[2]** sep ♦ [reduce level of noise] *véase* hush up [1]; calm down [2] **[3]** sep ♦ [colour/image] to make less bright/controversial ~ [color/imagen] hacer menos brillante/polémico || *Laura has toned down her image (skirt) for the conference ~ Laura ha moderado su imagen (el color de su falda) para el congreso*
tone in vi GB AUS ♦ *véase* go together [4]
tone in with ins GB AUS ♦ *véase* go with [2]
tone up **[1]** vi ♦ [body/muscles] *véase* firm up [1] **[2]** sep ♦ [body/muscles] *véase* firm up [2]
tool around **[1]** vi GB AUS arg ♦ *véase* arse about **[2]** vi USA arg ♦ *véase* cruise around
tool up **[1]** sep & sep inf ♦ [factory/person, with tools or weapons] *véase* fit out **[2]** vi & vi inf ♦ [factory/person] to become equipped with tools/weapons ~ equiparse de herramientas o armas || *Laura tooled up and began work immediately ~ Laura tomó sus herramientas y empezó a trabajar en seguida* | *Daniel tooled up and approached the bank ~ Daniel tomó su arma y se acercó al banco*
tool up for **[1]** ins & ins inf ♦ [by taking tools/arms] *véase* gear up for [1] **[2]** v2obj & v2obj inf ♦ [by supplying with tools/arms] *véase* fit for; gear up for [2]
toot at ins & v2obj ♦ *véase* honk at
tootle along vi & ins ♦ *véase* amble along
top off sep ♦ [meal/evening etc.] *véase* finish off [2]
top off with v2obj ♦ [meal/evening etc.] *véase* end with
top out vi USA ♦ [reach the maximum point] *véase* flatten out [3]
top up **[1]** vi ♦ [petrol/drink] *véase* fill up [2] **[2]** sep ♦ [petrol/drink] *véase* fill up [3]
top up with **[1]** ins ♦ [petrol/drink] *véase* fill up with [1] **[2]** v2obj ♦ [petrol/drink] *véase* fill up with [3]
top with **[1]** v2obj ♦ [meal/evening etc.] *véase* end with **[2]** v2obj ♦ [on the top] *véase* deck out with
topple down vi ♦ *véase* fall down [1]
topple off ins ♦ *véase* fall from

topple over vi ♦ *véase* fall down [1]
torment into v2obj ♦ [using threats etc.] *véase* bounce into
torment with v2obj ♦ *véase* taunt with
torture into v2obj ♦ [using torture] *véase* bounce into
toss about **[1]** sep os ♦ *véase* fling around [2] **[2]** sep ♦ *véase* bat around [1] **[3]** vi GB AUS arg ♦ *véase* arse about
toss around **[1]** sep os ♦ *véase* fling around [2] **[2]** sep ♦ *véase* bat around [1] **[3]** vi GB AUS arg ♦ *véase* arse about
toss aside sep ♦ *véase* cast aside
toss at v2obj ♦ *véase* hurl at
toss away **[1]** sep ♦ *véase* chuck away **[2]** sep ♦ [waste a skill/opportunity] *véase* pass up [1]
toss back **[1]** sep ♦ [ball to friend/fish to water] *véase* hurl back [2] **[2]** sep inf ♦ *véase* belt down; drink down **[3]** sep ♦ *véase* throw back [5]
toss down **[1]** sep ♦ *véase* fling down **[2]** sep inf ♦ *véase* belt down; drink down
toss for ins & v2obj ♦ to toss a coin (with someone) to decide (something) ~ jugar (algo) (con alguien) a cara o cruz || *Daniel wanted to toss (his brother) for the car ~ Daniel quería jugar el coche a cara o cruz (con su hermano)*
toss off **[1]** sep ♦ *véase* fling off [1] **[2]** v2obj ♦ *véase* fling off [2] **[3]** sep inf ♦ *véase* belt down; drink down **[4]** sep ♦ *véase* bang out [2]; dash off [1] **[5]** vi & sep GB AUS tab ♦ *véase* beat off [2]
toss over sep ♦ *véase* chuck over
toss up vi ♦ to decide something by tossing a coin ~ decidir/jugar algo a cara o cruz || *If you can't decide, perhaps you should toss up ~ Si no podéis decidir, quizás deberíais jugarlo a cara o cruz*
toss up for ins ♦ *véase* toss for
tot up sep GB AUS inf ♦ *véase* add together
tot up to ins GB AUS inf ♦ *véase* add up to [1]
total up sep ♦ *véase* add together
total up to ins ♦ *véase* add up to [1]
tote around sep ♦ *véase* carry about
tote up sep USA ♦ *véase* add together

touch at ins ♦ [ship/aeroplane] *véase* arrive at
touch down **[1]** vi ♦ *véase* come down [3] **[2]** vi dep ♦ [rugby/American football] to score by touching the ground with the ball ~ tocar en tierra || *Daniel touched down in the last minute ~ Daniel marcó tocando en tierra en el último minuto* **[3]** sep dep ♦ [rugby/American football] to score by touching the ground with (the ball) ~ poner (el balón) en tierra || *Laura touched the ball down and we all applauded ~ Laura puso el balón en tierra y aplaudimos todos*
touch for v2obj inf ♦ *véase* hit for
touch off **[1]** sep ♦ *véase* set off [2] **[2]** sep ♦ *véase* bring about
touch on **[1]** v2obj ♦ to touch (someone) on (a part of the body) ~ tocar a (alguien) en || *Laura touched Daniel on the arm ~ Laura le tocó el brazo a Daniel* **[2]** ins ♦ [briefly] *véase* bring up [3]
touch up **[1]** sep ♦ [make slight improvements] *véase* do up [3]; doll up **[2]** sep GB inf ♦ *véase* feel up
touch upon ins form ♦ [briefly] *véase* bring up [3]
tough out sep ♦ *véase* come through [4]
tough it out vi ♦ *véase* come through [4]
toughen up **[1]** vi ♦ [person/muscles/system/rules etc.] *véase* firm up [1] **[2]** sep ♦ [person/muscles/system/rules etc.] *véase* firm up [2]
tour around vi & ins ♦ [on holiday] to travel to various places (in a country) ~ hacer viaje de turista (aquí y allá) || *We don't like staying on the coast - we prefer to tour around (the interior of a country) ~ No nos gusta quedarnos en la costa - preferimos viajar aquí y allá (recorrer el interior de un país)*
tour round vi & ins ♦ *véase* tour around
tout around sep & v2obj ♦ *véase* hawk about
tout as v2obj ♦ *véase* bill as
tout for ins ♦ [+ business] *véase* drum up

tout round sep & v2obj ♦ *véase* hawk about

tow about [1] sep ♦ *véase* carry about **[2]** sep ♦ [car/lorry] to pull (another car etc.) using a rope ~ llevar (un coche etc.) a remolque || *The lorry towed my car about all day ~ El camión estuvo todo el día remolcando mi coche po, ahí*

tow away sep ♦ [a remolque] *véase* take away [1]

tow into v2obj ♦ [a remolque] *véase* bring into [1]

tow off sep ♦ [a remolque] *véase* take away [1]

tow out sep ♦ [a remolque] *véase* drag out [3]

tow to v2obj ♦ [a remolque] *véase* bring into [1]

towel down [1] vi ♦ [with a towel] *véase* dry off [1] **[2]** sep ♦ [with a towel] *véase* dry off [2]

towel off [1] vi ♦ [with a towel] *véase* dry off [1] **[2]** sep ♦ [with a towel] *véase* dry off [2]

tower above [1] ins ♦ [high building] *véase* look down on [2] **[2]** ins ♦ [person] to be much taller than ~ ser mucho más alto que || *Laura towers above her elder sister ~ Laura es muchísimo más alta que su hermana mayor* **[3]** ins ♦ [company etc.] *véase* stand out from [2]

tower over [1] ins ♦ [high building] *véase* look down on [2] **[2]** ins ♦ *véase* tower above [2] **[3]** ins ♦ [company etc.] *véase* stand out from [2]

tower up vi ♦ *véase* loom up [2]

toy with [1] ins ♦ *véase* fiddle about with [1] **[2]** ins ♦ *véase* dally with [1] **[3]** ins ♦ *véase* bugger about [2]

trace around ins & v2obj ♦ [calcar] to sketch (a line) round the exterior of ~ calcar (una línea) por el exterior de || *Daniel traced (a line) around the animal in the book ~ Daniel calcó una línea alrededor del animal en el libro*

trace back to v2obj ♦ to investigate the progress/life of (person/thing) until (the origin) ~ hacer remontar (ascendencia etc.) hasta; averiguar dónde se originó (algo) || *The police traced the letter back to an office in Paris ~ La policía investigó la carta y descubrió que se había originado en una oficina en París*

trace out sep ♦ *véase* mark out [1]

trace over ins & v2obj ♦ [por encima] *véase* trace around

trace to v2obj ♦ *véase* trace back to

track along vi & ins ♦ [walking] *véase* go along [3]

track back vi dep ♦ [in football etc.] to help to cover the defence ~ bajar para ayudar a la defensa || *We lost on Sunday because Mark didn't track back ~ Perdimos el domingo porque Mark se quedó en la delantera y se negó a ayudar a la defensa*

track down sep ♦ [person/lost item] *véase* hound down

track in sep USA ♦ [mud on shoes] *véase* bring in [2]

track up sep USA ♦ [with mud on shoes] *véase* dirty up

trade for v2obj USA ♦ *véase* exchange for

trade in sep ♦ to give (car etc.) as partial payment for something else ~ dar (un coche etc.) como parte del pago de otra cosa || *I've decided to trade my van in ~ He decidido ofrecer mi furgoneta como parte del pago de otra nueva*

trade in for v2obj ♦ to give (car etc.) as partial payment for (something else) ~ dar (un coche etc.) como parte del pago de (otra cosa) || *Laura is trading her car in for a motorbike ~ Laura va a ofrecer su coche como parte del pago de una moto*

trade off against v2obj ♦ [advantage/disadvantage] *véase* balance against

trade on ins ♦ *véase* play on [6]

trade up vi ♦ to buy a more expensive (car or house etc.) ~ vender lo que se tiene para comprar algo más caro/mejor || *This house is too small for us now - why don't we trade up? ~ Esta casa se nos está quedando pequeña - ¿por qué no compramos otra más grande?*

trade up to ins ♦ to buy (a more expensive car or house etc.) ~ vender lo que se tiene para comprar (algo más caro/mejor) || *Laura is trading up to a* *jeep ~ Laura va a vender su coche actual y comprarse un jeep*

trade upon ins form ♦ *véase* play on [6]

trade with [1] ins & v2obj ♦ *véase* exchange with **[2]** ins ♦ *véase* deal with [1]

traffic in ins ♦ [+ illegal goods] *véase* deal in [1]

trail along vi ♦ [walk slowly, dragging one's feet] *véase* crawl along

trail away vi ♦ [voice] *véase* die away; fade out [1]

trail behind [1] vi ♦ *véase* drop back [1] **[2]** ins ♦ *véase* drop behind [2]

trail off vi ♦ [voice] *véase* die away; fade out [1]

trail over ins ♦ [flowers over a wall etc.] *véase* hang over [2]

train as [1] ins ♦ [+ skilled job/profession] *véase* graduate as **[2]** v2obj ♦ to teach/prepare (someone) to work as ~ preparar/enseñar a (alguien) a/para ejercer como || *My father trained me as a mechanic ~ Mi padre me enseñó a trabajar como mecánico*

train for [1] ins ♦ *véase* gear up for [1] **[2]** v2obj ♦ *véase* gear up for [2]

train in [1] ins ♦ to train in (a place) ~ entrenarse en || *On Mondays I usually train in the gym ~ Los lunes suelo entrenarme en el gimnasio* **[2]** v2obj ♦ *véase* drill in [2]

train on [1] ins ♦ [+ field etc.] *véase* train in [1] **[2]** v2obj ♦ [esp. + gun] *véase* focus on [2]; aim at [1]

train up sep ♦ to train/educate (someone) to do a specific job ~ formar/preparar a (alguien) || *Daniel has trained up about 300 mechanics in 10 years ~ Daniel ha formado a unos 300 mecánicos en 10 años*

train upon v2obj form ♦ [esp. + gun] *véase* focus on [2]; aim at [1]

traipse about vi & ins ♦ [visiting many places against one's will] *véase* lollop along

traipse around vi & ins ♦ [visiting many places against one's will] *véase* lollop along

traipse round vi & ins ♦ [visiting many places against one's will] *véase* lollop along

tramp along vi & ins ♦ *véase* lollop along

tramp through ins ♦ [difficult terrain etc.] *véase* get through [4]

tramp up and down vi ♦ *véase* pace about

trample about vi ♦ *véase* bang about

trample along vi ♦ *véase* lollop along

trample down sep ♦ [esp. + grass/plants/weeds] *véase* stamp on [1]

trample on [1] ins ♦ [esp. + grass/plants/weeds] *véase* stamp on [1] **[2]** ins ♦ *véase* dump on [2]

trample out sep ♦ to create (a path) by trampling plants/grass (etc.) ~ crear (un sendero) pisoteando plantas/hierba (etc.) || *Laura managed to trample out a path through the jungle ~ Laura logró abrirse un sendero por la jungla*

trample to v2obj ♦ [+ death] to kill (someone) by trampling ~ matar a (alguien) pisoteándole || *The elephants trampled my grandfather to death ~ Los elefantes mataron a mi abuelo pisoteándole*

trample upon [1] ins form ♦ [esp. + grass/plants/weeds] *véase* stamp on [1] **[2]** ins form ♦ *véase* dump on [2]

transcribe from v2obj ♦ to transcribe (a text) from (a spoken version) ~ transcribir (algo) de (una versión oral) || *It took me ten hours to transcribe the interview from the tape ~ Tardé diez horas en transcribir la entrevista de la cinta*

transcribe in v2obj ♦ to transcribe (a text) using (a specific language/alphabet) ~ transcribir (algo) en (tal idioma/alfabeto) || *I want you to transcribe this document in Gothic script ~ Quiero que transcribas este documento en letra gótica*

transfer to [1] ins ♦ *véase* move to [2] **[2]** v2obj ♦ *véase* move to [3]

transfix with v2obj ♦ *véase* astonish with

transform into [1] ins ♦ *véase* change into [2] **[2]** v2obj ♦ *véase* change into [3]

transgress against ins form ♦ *véase* sin against

translate into [1] v2obj ♦ *véase* do into **[2]** v2obj ♦ *véase* change into [3]

transliterate into v2obj ♦ [from one alphabet to another] *véase* transcribe in
transmit to v2obj ♦ *véase* forward to; get off to [2]
transmogrify into [1] ins form ♦ *véase* change into [2] **[2]** v2obj form ♦ *véase* change into [3]
transmute into [1] ins form ♦ *véase* change into [2] **[2]** v2obj form ♦ *véase* change into [3]
transport to v2obj ♦ *véase* lead to
transpose into v2obj ♦ [esp. music, from one key to another] *véase* change into [3]
trap in v2obj ♦ *véase* catch in
trap into v2obj ♦ *véase* deceive into
travel about vi & ins ♦ *véase* tour around
travel around vi & ins ♦ *véase* tour around
travel by ins ♦ [+ bus etc.] *véase* go on [10]
travel for ins USA ♦ *véase* rep for
travel in [1] ins ♦ [+ bus etc.] *véase* go on [10] **[2]** ins ♦ [as a travelling representative] *véase* deal in [1]
travel on ins ♦ [+ bus etc.] *véase* go on [10]
travel over [1] vi ♦ *véase* go over [2] **[2]** ins ♦ *véase* go over [8]
travel round vi & ins ♦ *véase* tour around
travel to ins ♦ *véase* go to [1]
travel with [1] ins ♦ [person/possession] *véase* go with [1] **[2]** ins ♦ *véase* fly with [2]
trawl for ins & v2obj ♦ *véase* comb for
trawl through ins ♦ [with difficulty] *véase* get through [4]
trawl up [1] sep ♦ *véase* fish up **[2]** sep ♦ *véase* dig up [4]
tread down sep ♦ [esp. + grass/plants/weeds] *véase* stamp on [1]
tread in ins ♦ [e.g. cow manure/puddle, accidentally] *véase* stamp on [1]
tread on [1] ins ♦ [esp. + grass/plants/weeds] *véase* stamp on [1] **[2]** ins ♦ *véase* dump on [2]
tread upon [1] ins form ♦ [esp. + grass/plants/weeds] *véase* stamp on [1] **[2]** ins form ♦ *véase* dump on [2]
treasure up sep arc ♦ [items of value] *véase* hoard away
treat as v2obj ♦ [person/house etc.] *véase* play for [3]; play as
treat for [1] v2obj ♦ [doctor] to give treatment to (a patient) to cure (a disease etc.) ~ curar (tal enfermedad) a (alguien) || *The doctor has been treating us for an attack of malaria ~ El médico ha estado curándonos de un ataque de malaria* **[2]** ins form ♦ [peace etc.] *véase* press for
treat like v2obj ♦ [person/house etc.] *véase* play for [3]; play as
treat of ins form ♦ *véase* speak about
treat to v2obj ♦ *véase* stand to [3]
treat with [1] ins form ♦ *véase* bargain with; deal with [1] **[2]** v2obj ♦ to treat (person/thing) with (e.g. affection) ~ tratar a (alguien) con (algo)/de (tal) manera || *You should treat the teacher with respect ~ Deberías tratar a la profesora con respeto* **[3]** v2obj ♦ [doctor] to treat (a patient) with (specific medicine etc.) ~ dar a (un paciente) un tratamiento de || *The nurse has been treating my son with antibiotics ~ La enfermera viene recetando antibióticos para mi hijo* **[4]** v2obj ♦ to treat (a metal etc.) with (a substance) ~ tratar (un metal etc.) con (algo) || *It's important to treat the wood with varnish ~ Es importante tratar la madera con barniz*
trek across ins ♦ [desert/long distance etc.] *véase* go over [8]
trek to ins ♦ [covering a long distance] *véase* go to [1]
trek up to ins ♦ [with difficulty/without desire] *véase* go up to [5]
tremble at ins ♦ *véase* flinch at; cringe with
tremble from ins ♦ *véase* cringe with
tremble with ins ♦ *véase* cringe with
trend toward ins USA ♦ *véase* tend toward
trend towards ins GB AUS ♦ *véase* tend toward
trespass against ins form ♦ *véase* sin against
trespass on ins ♦ [enter (land) illegally] *véase* encroach on [2]

trespass upon **[1]** ins form ♦ [enter (land) illegally] *véase* encroach on [2] **[2]** ins form ♦ *véase* impose on [1]

trick into v2obj ♦ *véase* con into

trick out sep lit ♦ *véase* deck out

trick out of v2obj ♦ *véase* defraud of

trick out with v2obj lit ♦ *véase* deck out with

trick up sep lit ♦ *véase* deck out

trick up with v2obj lit ♦ *véase* deck out with

trickle away **[1]** vi ♦ [water/money] *véase* drain away [1] **[2]** vi ♦ *véase* straggle away

trickle down vi & ins ♦ *véase* dribble down

trickle in **[1]** vi ♦ [liquid] to enter drop by drop ~ entrar gota a gota || *The water was trickling in through the roof ~ El agua entraba gota a gota por el tejado* **[2]** vi ♦ *véase* straggle in

trickle out **[1]** vi ♦ [liquid] *véase* leak away **[2]** vi ♦ *véase* straggle out

trifle away sep ♦ *véase* fritter away

trifle with ins ♦ [esp. + dangerous person or thing] *véase* fool about with [1]

trigger off **[1]** sep ♦ *véase* set off [2] **[2]** sep ♦ *véase* bring about

trim away sep ♦ *véase* cut away

trim back **[1]** sep ♦ *véase* cut back [1] **[2]** sep ♦ *véase* cut back [2]

trim down **[1]** sep ♦ [photograph etc.] to reduce the size of ~ reducir el tamaño de (una foto etc.); recortar || *Laura's mother asked her to trim the photo down a bit ~ La madre de Laura le pidió que recortara un poco la foto* **[2]** vi ♦ *véase* fine down [1] **[3]** sep ♦ *véase* fine down [2]

trim from v2obj ♦ *véase* cut off [1]

trim off sep & v2obj ♦ *véase* cut off [1]

trim up sep ♦ *véase* doll up

trim with **[1]** v2obj ♦ *véase* cut with [2] **[2]** v2obj ♦ *véase* deck out with

trip along vi & ins ♦ [happily] *véase* lope along

trip on ins inf ♦ *véase* get off on [1]

trip over **[1]** ins ♦ *véase* fall over [1] **[2]** vi ♦ *véase* fall down [1]

trip up **[1]** vi ♦ *véase* fall down [1] **[2]** sep ♦ [using the foot] *véase* bowl over [1] **[3]** vi ♦ *véase* fall down [3] **[4]** sep ♦ *véase* catch out [1]

trip up on **[1]** ins ♦ *véase* cock up [2] **[2]** v2obj ♦ *véase* catch out on

triumph over ins ♦ *véase* beat out [3]; dispose of [6]

troop across ins ♦ [many people/ animals] *véase* go over [8]

troop along vi & ins ♦ [many people/ animals] *véase* lope along

troop away vi ♦ to leave in large numbers ~ irse en tropel || *The crowds trooped away when it started to rain ~ Cuando empezó a llover la multitud se fue en tropel*

troop in vi ♦ [many people/animals] *véase* flock in

troop off vi ♦ [many people/animals] *véase* troop away

troop out vi ♦ *véase* flood out [2]

troop past vi & ins mil ♦ *véase* file past

troop together vi ♦ *véase* flock together

trot along **[1]** vi & ins ♦ *véase* jog along [2] **[2]** vi inf ♦ *véase* buzz off

trot away **[1]** vi ♦ [trotting] *véase* dash away **[2]** vi inf ♦ *véase* buzz off

trot off **[1]** vi ♦ [trotting] *véase* dash away **[2]** vi inf ♦ *véase* buzz off

trot out **[1]** vi ♦ *véase* dash out **[2]** sep inf ♦ *véase* dust down [2]

trot over **[1]** vi ♦ *véase* call by **[2]** vi ♦ [trotting] *véase* come over [1]

trot round vi ♦ *véase* call by

trouble about v2obj ♦ *véase* hassle about

trouble oneself about ins ♦ *véase* care about

trouble for v2obj ♦ *véase* hassle for

trouble with v2obj ♦ *véase* bother with [2]

trough in vi inf ♦ *véase* dig in [3]

trough into ins inf ♦ *véase* dig into [2]

trough out vi inf ♦ *véase* chow down

trough out on ins inf ♦ *véase* binge on

trowel on sep ♦ [with a trowel] *véase* plaster on [1]

truant from ins ♦ *véase* bunk off; absent oneself from

truckle to ins ♦ *véase* fawn on [1]; cozy up to

trudge along vi & ins ♦ [person walking] *véase* crawl along

trudge through ins ♦ [mud/water/difficult terrain] *véase* get through [4]

true up sep USA ♦ *véase* square off [1]

trump up sep ♦ *véase* cook up [2]

trumpet forth sep form ♦ [with or without a trumpet] *véase* cry out [2]

trundle on vi ♦ [person walking] *véase* crawl along

truss up sep ♦ [kidnap victim etc.] *véase* bind up

trust for v2obj ♦ *véase* depend on for

trust in ins form ♦ *véase* believe in [2], [3]

trust to [1] ins ♦ [+ luck etc.] *véase* count on [2]; bank on **[2]** v2obj ♦ *véase* entrust to

trust with v2obj ♦ *véase* entrust with

try back vi & sep os USA inf ♦ *véase* call back [1]

try for [1] ins ♦ [esp. job/baby] *véase* dangle after; strain after **[2]** v2obj jur ♦ *véase* impeach for [1] **[3]** v2obj ♦ [+ size] to try (a garment) to see if it is the right size ~ probarse (una prenda) para ver si le va bien || *Try this jersey for size ~ Pruébate este jersey, a ver si te va bien*

try on [1] sep ♦ *véase* try for [3] **[2]** v2obj ♦ *véase* test on [2]

try it on [1] vi GB AUS inf ♦ to make sexual advances on someone ~ intentar ligar (etc.) || *He came in for coffee and tried it on ~ Entró a tomar un café e intentó besarme* **[2]** vi GB AUS inf ♦ to try to deceive or test the patience of someone ~ intentar embaucar/hacer perder la paciencia a alguien || *When he offered 10 pesos for the car he was just trying it on ~ Cuando ofreció 10 pesos por el coche sólo quería embaucarte*

try on with v2obj USA ♦ *véase* bounce off [1]

try it on with ins GB AUS inf ♦ [try to kiss etc.] *véase* chat up [1]

try out [1] sep ♦ *véase* test out **[2]** vi USA AUS ♦ to participate in a trial to win a place in a team/theatrical play ~ hacer una audición/prueba (etc.) || *Daniel tried out, but didn't make the basketball team ~ Daniel hizo las pruebas, pero no le aceptaron para el equipo de baloncesto*

try out for ins USA AUS ♦ [role in play/place on team] *véase* audition for [1]

try out on v2obj ♦ *véase* test on [2]

try over [1] vi & sep os USA ♦ to try (something) again ~ volver a intentar (algo) || *Why don't you try (that section) over? ~ ¿Por qué no vuelves a intentar (esa sección)?* **[2]** sep ♦ [piece of music] to rehearse ~ ensayar || *Can we try the chorus over? ~ ¿Podemos ensayar el estribillo?*

tuck away [1] sep ♦ *véase* bury away **[2]** sep inf ♦ [large amount of food] *véase* belt down; eat up [1]

tuck in [1] sep ♦ [label/back of shirt etc.] to put inside one's trousers (etc.) ~ meter (etiqueta/faldón de camisa) en el pantalón (etc.) || *Tuck your shirt in - you look a mess ~ Métete el faldón - estás hecho un desastre* **[2]** vi inf ♦ *véase* dig in [3] **[3]** sep ♦ to make (a child) comfortable in bed ~ arropar/acostar a (un niño) || *Daniel likes his mother to tuck him in every night ~ A Daniel le gusta que su madre le arrope en la cama cada noche*

tuck into [1] ins inf ♦ *véase* dig into [2] **[2]** v2obj ♦ [esp. shirttail/label into trousers etc.] *véase* fit into [1]

tuck up [1] sep ♦ *véase* roll up [2]; bunch up [3] **[2]** sep ♦ *véase* tuck in [3]

tuck up in v2obj ♦ [+ bed] *véase* tuck in [3]

tucker out sep USA inf ♦ *véase* do in [1]; fag out

tug along sep ♦ *véase* drag about

tug at ins ♦ *véase* haul at

tug away [1] sep ♦ *véase* break off [5] **[2]** sep ns ♦ *véase* draw aside [2]

tug on ins ♦ *véase* haul at

tumble along vi & ins ♦ *véase* bounce along

tumble down [1] vi ♦ [esp. building/wall] *véase* fall down [1] **[2]** ins ♦ [esp. building/wall] *véase* fall down [2]

tumble in [1] vi inf ♦ *véase* stagger in **[2]** vi inf ♦ *véase* crash out [1]

tumble into [1] ins ♦ *véase* fall into [1] **[2]** ins ♦ *véase* flop into

tumble out [1] vi ♦ *véase* drop out [1] **[2]** vi ♦ *véase* roll out [7]

tumble out of [1] ins ♦ *véase* drop out of [1] **[2]** ins ♦ *véase* fall from

tumble over [1] vi ♦ *véase* fall down [1] **[2]** ins ♦ *véase* fall over [1]

tumble to [1] ins inf ♦ *véase* catch on to; cotton on to **[2]** ins ♦ *véase* fall to [3] **[3]** ins ♦ *véase* go down to [3]

tune in [1] vi ♦ to adjust the TV/radio to receive a programme ~ sintonizar || *If the news is starting now, I want to tune in ~ Si empieza el telediario ahora, quiero ponerlo* **[2]** ins USA ♦ to adjust the TV/radio to receive (a programme/station) ~ sintonizar (un programa/una emisora) || *They tuned in the film at midnight ~ Sintonizaron el canal que echaba la película a medianoche* **[3]** vi inf ♦ to pay attention to one's surroundings ~ prestar atención a lo que pasa alrededor || *You could tell that Laura hadn't yet tuned in ~ Se notaba que Laura todavía no había empezado a prestarnos atención*

tune in on ins inf ♦ to pay attention to (one's surroundings) ~ prestar atención a (lo que pasa alrededor) || *It's difficult to tune in on what young people want ~ Es difícil llegar a saber qué quieren los jóvenes*

tune in to [1] ins ♦ *véase* tune in [2] **[2]** ins inf ♦ *véase* tune in on

tune into ins & ins inf ♦ *véase* tune in to

tune out [1] vi USA inf ♦ *véase* switch off [3] **[2]** sep USA inf ♦ [distraction] *véase* blank out [4]

tune to ins & v2obj ♦ [+ radio/TV] *véase* tune in [2]

tune up [1] vi ♦ to ensure that an instrument is at the right pitch ~ afinar un instrumento || *The orchestra were still tuning up when we arrived ~ Cuando llegamos la orquesta estaba todavía afinando los instrumentos* **[2]** sep ♦ to ensure that (an instrument) is at the right pitch ~ afinar (un instrumento) || *Laura tunes her viola up every week ~ Laura afina su viola cada semana* **[3]** sep ♦ *véase* hot up [3]

tunnel down into ins ♦ *véase* burrow into [1]

tunnel into ins ♦ *véase* burrow into [1]

tunnel out vi ♦ to escape by digging a tunnel ~ escapar excavando un túnel || *The fences were very high so we tunnelled out ~ Las vallas eran muy altas, entonces escapamos excavando un túnel*

tunnel through [1] ins ♦ to dig a tunnel through (an area of earth etc.) ~ excavar un túnel por || *The men tunnelled through the sand to reach the fence ~ Los hombres excavaron un túnel por la arena para llegar a la valla* **[2]** ins ♦ *véase* elbow through

turf out [1] sep GB AUS inf ♦ *véase* chuck out [2]; boot out **[2]** sep GB AUS inf ♦ *véase* chuck away

turf out of v2obj GB AUS inf ♦ *véase* clear out of [2]

turf over sep ♦ *véase* grass over

turn about [1] vi ♦ *véase* face about [1] **[2]** sep os ♦ to turn (thing/person) through 180 degrees ~ dar la vuelta a || *If you turned the picture about we'd be able to look at it ~ Si le dieras la vuelta al cuadro podríamos mirarlo*

turn against [1] ins ♦ *véase* mutiny against; go against [1] **[2]** v2obj ♦ [indisponer] *véase* bias against

turn around [1] ins ♦ *véase* face about [1] **[2]** sep os ♦ *véase* turn about [2] **[3]** sep ♦ to improve/revitalise (a failing company etc.) ~ reformar/revivificar || *They've brought my cousin in to turn the firm around ~ Han contratado a mi prima para que revivifique a la empresa*

turn aside [1] sep ♦ *véase* cast aside; brush aside **[2]** vi ♦ *véase* draw aside [1]

turn away [1] vi ♦ [eyes/body] *véase* face away **[2]** sep ♦ [esp. client/visitor] *véase* brush aside; knock back [4]

turn away from [1] ins ♦ [political party/religion] *véase* mutiny against; go against [1] **[2]** v2obj ♦ [indisponer] *véase* bias against

turn back [1] vi ♦ *véase* go back [1] **[2]** sep ♦ [person] *véase* send back **[3]** vi ♦ *véase* face about [2] **[4]** sep ♦ *véase* fold back [2] **[5]** sep ♦ *véase* put back [3]

turn down [1] sep ♦ [offer/request] not to accept ~ no aceptar; rechazar || *In the end I had to turn down their offer ~ Al final tuve que rechazar su oferta* **[2]** sep ♦ to reduce the volume/heat of (TV/ oven etc.) ~ bajar || *Could you turn the radio down a bit, please? ~ ¿Te importa bajar la radio un poco, por favor?* **[3]** sep ♦ *véase* fold back [2]

turn down for v2obj ♦ not to offer (a job etc.) to (someone) ~ no dar (un trabajo etc.) a (alguien) || *The committee turned Laura down for the grant ~ El consejo se negó a darle la beca a Laura*

turn for ins ♦ [changing direction] *véase* head for

turn from [1] ins ♦ [political party/religion] *véase* mutiny against; go against [1] **[2]** v2obj ♦ [indisponer] *véase* bias against

turn in [1] sep ♦ [esp. criminal/ weapon] *véase* deliver over **[2]** sep USA ♦ *véase* give in [3] **[3]** ins ♦ to produce (a performance or result) ~ producir/dar/rendir || *The company has turned in an excellent performance this year ~ La empresa ha dado unos resultados excelentes este año* **[4]** vi ♦ [feet etc.] to point inwards ~ apuntar hacia adentro || *His feet turn in ~ Sus pies apuntan hacia adentro* **[5]** vi inf ♦ *véase* crash out [1]

turn in on oneself vi ♦ to become introverted ~ volverse introvertido || *Recently he has turned in on himself ~ Ultimamente se ha vuelto introvertido*

turn in to [1] v2obj ♦ *véase* give in to [2] **[2]** v2obj ♦ *véase* deliver over to **[3]** ins ♦ [enter by car, changing direction] *véase* go in [2]

turn into [1] ins ♦ [enter by car, changing direction] *véase* go in [2] **[2]** ins ♦ *véase* change into [2] **[3]** v2obj ♦ *véase* change into [3]

turn off [1] vi ♦ *véase* click off; go off [4] **[2]** sep ♦ *véase* flick off [2] **[3]** vi & ins ♦ *véase* branch off [1] **[4]** sep inf ♦ *véase* gross out **[5]** sep & v2obj ♦ *véase* put off [4], [5] **[6]** sep ♦ to cause (someone) to lose interest in sex ~ dejar frío a (alguien); quitarle el apetito sexual a (alguien) || *Bald men always turn Laura off ~ Los hombres calvos siempre quitan a Laura el apetito sexual*

turn on [1] vi ♦ *véase* click on [1]; come on [4] **[2]** sep ♦ *véase* flick on **[3]** sep ♦ to begin to demonstrate (a quality) ~ poner en juego (una cualidad) || *He can turn the charm on whenever he wants ~ Es capaz de desplegar el encanto cuando quiere* **[4]** sep ♦ to attract (someone) sexually ~ emocionar sexualmente || *Hairy torsos turn me on ~ Me excitan los torsos peludos* **[5]** sep ♦ to interest/stimulate ~ interesar/chiflar/enrollar || *Motorbikes really turn my brother on ~ A mi hermano le chiflan las motos* **[6]** ins ♦ *véase* depend on [4] **[7]** ins ♦ *véase* fly at **[8]** ins téc ♦ *véase* revolve around [1]; pivot on [1] **[9]** v2obj ♦ *véase* set on [3]

turn on to v2obj ♦ [hobby] *véase* interest in

turn out [1] vi ♦ *véase* click off; go off [4] **[2]** sep ♦ *véase* flick off [2] **[3]** vi ♦ *véase* come off [4]; pan out [2] **[4]** vi ♦ to attend an event ~ ir/acudir (a un acto etc.) || *Three thousand people turned out to wave to the queen ~ Tres mil personas salieron a la calle a saludar a la reina* **[5]** sep ♦ *véase* churn out **[6]** sep ♦ *véase* empty out [2] **[7]** sep ♦ *véase* empty out [3] **[8]** sep ♦ *véase* chuck out [2] **[9]** vi ♦ *véase* splay out

turn out for ins ♦ *véase* flock to

turn out of v2obj ♦ *véase* clear out of

turn over [1] vi ♦ *véase* roll over [2] **[2]** vi ♦ *véase* flip over [2] **[3]** sep ♦ [person/food/something heavy] *véase* flick over [1] **[4]** sep ♦ [criminal/weapon/ document] *véase* deliver over **[5]** sep ♦ [business/property/land, as gift] *véase* deliver over **[6]** sep ♦ [business] to produce/make (a sum of money per year etc.) ~ facturar || *We turned over three million last year ~ El año pasado fac-*

turamos unos tres millones **[7]** sep GB AUS ♦ *véase* do over [3] **[8]** vi & sep ♦ to turn (a page) ~ volver (la página) || *If you turn (the page) over you'll see the sentence I mean ~ Si vuelves la página verás la frase a la que me refiero* **[9]** vi & sep GB ♦ *véase* flick over [2] **[10]** vi ♦ *véase* kick over [2] **[11]** sep ♦ *véase* fire up [4] **[12]** sep ♦ *véase* chew on [2] **[13]** vi ♦ [employees] to be replaced or change jobs ~ [personal] moverse || *The personnel turns over frequently in this hotel ~ En este hotel hay mucho movimiento de personal* **[14]** sep ♦ *véase* dig over

turn over to v2obj ♦ *véase* deliver over to

turn round **[1]** vi ♦ *véase* face about [1] **[2]** sep os ♦ *véase* turn about [2] **[3]** sep ♦ *véase* turn around [3]

turn to **[1]** ins ♦ *véase* run to [2] **[2]** ins ♦ to begin to take/do (e.g. drugs, alcohol, crime) when unhappy ~ recurrir a || *When he's depressed he usually turns to drugs ~ Cuando está deprimido suele recurrir a la droga* **[3]** ins ♦ to turn one's body in the direction of ~ volverse hacia || *The teacher turned to the students and laughed ~ La profesora se volvió hacia los alumnos y se rio* **[4]** ins & v2obj ♦ [sometimes + attention etc.] *véase* get on to [1] **[5]** vi ♦ *véase* dig in [4] **[6]** v2obj ♦ [e.g. satellite dish] *véase* aim at [1]

turn toward **[1]** ins USA ♦ *véase* turn to [3] **[2]** v2obj USA ♦ [e.g. satellite dish] *véase* aim at [1]

turn towards **[1]** ins GB AUS ♦ *véase* turn to [3] **[2]** v2obj GB AUS ♦ [e.g. satellite dish] *véase* aim at [1]

turn up **[1]** vi ♦ *véase* show up [1] **[2]** vi ♦ [something lost] to be found ~ volver a aparecer || *My watch turned up two years later ~ Mi reloj volvió a aparecer dos años más tarde* **[3]** vi ♦ [opportunity] *véase* come along [3] **[4]** sep ♦ [e.g. TV/oven] to increase the volume/heat of ~ subir el volumen/fuego (etc.) de || *Turn the radio up - I can't hear it ~ Sube la radio, que no la oigo* **[5]** sep ♦ *véase* take up [12] **[6]** sep ♦ *véase* dig up [4] **[7]** sep ♦ *véase* roll up [2]; bunch up [3] **[8]** vi ♦ *véase* crop up [1] **[9]** vi ♦ [shoes/nose etc.] to point in an upward direction ~ apuntar hacia arriba || *His nose turns up - I think it's really cute ~ Su nariz apunta hacia arriba - me parece muy mona*

turn upon **[1]** ins form ♦ *véase* depend on [4] **[2]** ins form ♦ *véase* fly at

tussle about ins ♦ *véase* fight over

tussle for ins ♦ *véase* fight for

tussle over ins ♦ *véase* fight over

tussle with ins ♦ [physical fight] *véase* fight against

tut at ins ♦ [with a clicking noise] *véase* disapprove of

tutor in v2obj ♦ *véase* drill in [2]

tweak off sep & v2obj ♦ *véase* pluck off

twiddle round vi ♦ *véase* go round [8]

twiddle with ins ♦ *véase* fiddle about with [1]

twin with v2obj ♦ [ciudades gemelas] *véase* couple with [1]

twine around **[1]** ins ♦ *véase* coil around **[2]** v2obj ♦ *véase* entwine around

twine round **[1]** ins ♦ *véase* coil around **[2]** v2obj ♦ *véase* entwine around

twinkle with ins ♦ *véase* gleam with

twist around **[1]** vi ♦ [upper half of body] *véase* face about [1] **[2]** v2obj ♦ *véase* entwine around **[3]** sep ♦ to manipulate (someone's words etc.) ~ (re)torcer || *I offered them an explanation but they twisted it around ~ Les ofrecí una explicación pero la torcieron completamente*

twist off sep ♦ [by twisting] *véase* ease off [1]

twist out of v2obj ♦ [by twisting] *véase* extract from

twist round **[1]** vi ♦ [upper half of body] *véase* face about [1] **[2]** v2obj ♦ *véase* entwine around **[3]** sep ♦ *véase* twist around [3]

twist up **[1]** vi ♦ *véase* coil up [2] **[2]** vi ♦ [string/mechanism] *véase* snarl up [1] **[3]** sep ♦ [string/mechanism] *véase* snarl up [2] **[4]** sep ♦ [piece of paper etc. into a ball shape] *véase* crease up [2]

twit about v2obj ♦ *véase* rag about [2]

twitch away from v2obj ♦ *véase* rend from; jerk away from

type in sep IT ♦ *véase* key in

type into v2obj IT ♦ *véase* key into

type out sep IT ♦ [using a keyboard] *véase* copy out

type over ins IT ♦ *véase* strike over

type up sep IT ♦ [using a keyboard] *véase* copy out

tyrannise over ins GB AUS ♦ [dictator etc.] *véase* bully about

tyrannize over ins ♦ [dictator etc.] *véase* bully about

U

unbosom oneself to ins form ♦ *véase* confide to [2]

unburden of v2obj form ♦ *véase* disburden of

unburden oneself of ins form ♦ [emotion/secret etc.] *véase* let out [4]

unburden oneself to ins form ♦ *véase* open up to [1]

unfit for v2obj ♦ *véase* disqualify for [1]

unfold into [1] ins ♦ [story etc.] *véase* develop into [1] **[2]** ins ♦ to become (something) when unfolded ~ convertirse en (algo) al desplegarse || *The envelope unfolded into a poster ~ Al desplegarse el sobre se convertía en póster* **[3]** v2obj ♦ to unfold (paper etc.) and turn it into (something else) ~ convertir (algo) en (otra cosa) desplegándolo || *Laura unfolded the booklet into a very useful calendar ~ Laura desplegó el folleto convirtiéndolo así en un calendario muy útil*

unfold to v2obj ♦ [complicated matter etc.] *véase* confide to [1]

unify into v2obj ♦ to unify/combine (elements) and make (something whole) ~ unificar (elementos) para formar (algo unido/entero) || *The company has united three sections into a new unit ~ La compañía ha unificado tres secciones para formar una unidad nueva*

unite against [1] ins ♦ *véase* combine against **[2]** v2obj ♦ to unite (people) against (a person/policy etc.) ~ unificar a (gente) en contra de || *I managed to unite the neighbours against the project ~ Logré que los vecinos se unieran en contra del proyecto*

unite for ins form ♦ to unite/meet together for (an assault/celebration etc.) ~ reunirse para efectuar/hacer (algo) || *We have united for a unique celebration today ~ Nos hemos reunido hoy para realizar una celebración única*

unite in [1] ins ♦ [people] to unite and share (esp. grief) ~ unirse en (dolor etc.) || *All the relatives united in their grief ~ Todos los familiares se unieron en el dolor* **[2]** v2obj ♦ to unite (people) in the context of (esp. marriage) ~ unir a (gente) en (esp. matrimonio) || *The priest united us in marriage ~ El cura nos unió en matrimonio*

unite into v2obj ♦ *véase* unify into

unite together [1] vi ♦ *véase* band together **[2]** sep ♦ *véase* bind together

unite with [1] ins ♦ *véase* get together with [2] **[2]** v2obj ♦ *véase* couple with [1]

unleash against v2obj ♦ [dog/anger/attack/criticism] *véase* set on [3]; hurl at

unleash on v2obj ♦ [dog/anger/attack/criticism] *véase* set on [3]; hurl at

unleash upon v2obj form ♦ [dog/anger/attack/criticism] *véase* set on [3]; hurl at

unload from v2obj ♦ [boxes from car etc.] *véase* extract from

unload onto v2obj ♦ *véase* dump on [3]

upbraid for v2obj form ♦ *véase* chide for; admonish for

update about v2obj ♦ *véase* catch up on [3]

update on v2obj ♦ *véase* catch up on [3]

upgrade to **[1]** ins ♦ [+ more senior post/better air ticket] ~ ser ascendido a || *Daniel wanted to upgrade to a first-class ticket ~ Daniel quería que le subieran a un billete de primera clase* **[2]** v2obj ♦ *véase* elevate to

uproot from **[1]** v2obj ♦ to move (family) away from (origin/roots) ~ desarraigar/desplazar a (una familia etc.) de (sus raíces) || *The company uprooted us from our little village ~ La empresa nos desarraigó de la aldea donde vivíamos* **[2]** v2obj ♦ to remove (tree etc.) from (the ground) ~ desarraigar (un árbol etc.) de || *I've uprooted those plants from the flowerbed ~ He arrancado esas plantas del macizo*

urge along sep ♦ [person/horse] *véase* egg on

urge forward **[1]** sep ♦ [person/horse] *véase* egg on **[2]** sep ♦ [person, forcefully] *véase* inch forward [2]

urge on **[1]** sep ♦ [person/horse] *véase* egg on **[2]** v2obj ♦ *véase* force on

urge upon v2obj form ♦ *véase* force on

use as v2obj ♦ *véase* employ as

use by v2obj ♦ to consume/eat (something) before (a date) ~ consumir (algo) antes de (tal fecha) || *You should use that butter by next Saturday ~ Deberías consumir esa mantequilla antes del sábado que viene*

use for v2obj ♦ [esp. thing] *véase* employ for

use over sep os USA ♦ to use (something) again ~ volver a utilizar (algo) || *Don't throw the box away - we can use it over ~ No tires la caja - podemos volver a usarla*

use up sep ♦ to use the last of a supply of ~ agotar (algo) || *I think we've used up all the possible excuses now ~ Creo que ya hemos agotado todas las excusas posibles*

usher in **[1]** sep ♦ *véase* ask in; bring in [2] **[2]** ins form ♦ [event] to represent the start of (a new era etc.) ~ anunciar/marcar el comienzo de (una nueva época etc.) || *The speech ushered in a new era in diplomatic relations ~ El discurso marcó el comienzo de una nueva era en las relaciones diplomáticas*

usher into v2obj ♦ [visitor into room etc.] *véase* bring into [1]

usher out sep ♦ [visitor] *véase* let out [1]

usher out of v2obj ♦ [visitor] *véase* let out of [1]

usher to v2obj ♦ [visitor into room etc.] *véase* bring into [1]

utilise for v2obj GB AUS ♦ *véase* employ for

utilize for v2obj ♦ *véase* employ for

V

vaccinate against v2obj ♦ *véase* immunise against

vaccinate with v2obj ♦ *véase* inoculate with

vacillate about ins form ♦ *véase* hesitate over

vacillate between ins form ♦ not to be able to decide between (2 possibilities) ~ oscilar entre (dos opciones etc.) || *Laura was vacillating between the two cars ~ Laura oscilaba entre los dos coches*

vacuum around vi ♦ *véase* hoover ® around

vacuum out [1] sep ♦ [with a vacuum cleaner] *véase* clean out [1] **[2]** sep ♦ *véase* suck out

vacuum round vi ♦ *véase* hoover ® around

vacuum up [1] vi ♦ *véase* hoover ® around **[2]** sep ♦ [with a vacuum cleaner] *véase* clean up [1]

value above v2obj ♦ [virtue/family/friend etc.] *véase* place above

value as v2obj ♦ *véase* rate as [2]

value at v2obj ♦ *véase* appraise at

vamp into v2obj ♦ *véase* charm into

vamp up [1] sep inf ♦ *véase* doll up **[2]** sep inf ♦ *véase* hot up [3]

vamp it up vi inf ♦ [wearing sexually provocative clothes] *véase* dress up [1]

vanish away vi arc ♦ *véase* die away; go away [3]

vanish from ins ♦ *véase* disappear from

vanish into ins ♦ *véase* fade into

vapor about ins USA ♦ *véase* vapour about

vapour about ins GB AUS ♦ to talk nonsense about ~ decir disparates de || *Laura was vapouring about her experiences during the war ~ Laura decía disparates de sus experiencias durante la guerra*

varnish over sep ♦ [with varnish] *véase* brush over

vary about ins ♦ *véase* disagree about

vary between ins ♦ *véase* fluctuate between

vary from ins ♦ *véase* differ from

vary in ins ♦ *véase* differ in

vary with [1] ins ♦ *véase* differ from **[2]** ins ♦ *véase* fluctuate with

vault into ins ♦ *véase* dive into [2]

vault over vi & ins ♦ *véase* jump over

veer away vi ♦ *véase* swerve away

veer away from ins ♦ *véase* keep away from [1]; keep off [6]

veer from ins ♦ *véase* keep away from [1]; keep off [6]

veer off vi ♦ *véase* swerve away; branch off [1]

veer round [1] vi náut ♦ *véase* go about [6] **[2]** vi ♦ *véase* come around [4]

veer to ins ♦ [esp. + right/left] *véase* turn to [3]

veer toward ins USA ♦ *véase* turn to [3]

veer towards ins GB AUS ♦ *véase* turn to [3]

veg out vi inf ♦ [lazily] *véase* chill out

vent on v2obj ♦ *véase* take out on [2]

vent upon v2obj form ♦ *véase* take out on [2]

venture forth vi form ♦ *véase* go forth

venture into ins form ♦ [daringly] *véase* go in [2]

venture on **[1]** ins form ♦ [a difficult/dangerous thing] *véase* embark on **[2]** ins form ♦ *véase* chance on

venture out vi form ♦ [cautiously/daringly] *véase* go out [1], [2]

venture upon **[1]** ins form ♦ [a difficult/dangerous thing] *véase* embark on **[2]** ins form ♦ *véase* chance on

verge into ins ♦ [gradually] *véase* change into [2]; develop into [1]

verge on ins ♦ *véase* border on [2]

verge upon ins form ♦ *véase* border on [2]

verify with v2obj ♦ *véase* check with

vest in v2obj form ♦ *véase* invest in [2]

vest with v2obj form ♦ *véase* invest with

vie for ins ♦ *véase* compete for

vie over ins ♦ *véase* fight over

vie with ins ♦ *véase* fight against

vie with for v2obj ♦ [against a rival] *véase* fight for

vindicate of v2obj form ♦ *véase* acquit of

visit on v2obj form ♦ *véase* inflict on

visit upon v2obj form ♦ *véase* inflict on

visit with **[1]** v2obj ♦ to visit (a person/place) with (a person/thing) ~ visitar (algo/a alguien) con (algo/alguien) || *Last week I visited my grandmother with my son ~ La semana pasada fui a casa de mi abuela con mi hijo* **[2]** ins USA ♦ *véase* chat to **[3]** ins USA ♦ *véase* stay with [1]

visualise as v2obj GB AUS ♦ *véase* envisage as

visualize as v2obj ♦ *véase* envisage as

volley at v2obj ♦ [ball/abuse] *véase* hurl at

volley back sep ns ♦ [pelota de tenis etc., voleando] *véase* hit back [2]

volunteer as **[1]** ins ♦ to offer oneself as a volunteer in the capacity of ~ ofrecerse voluntario como || *Laura volunteered as a cook on the summer camp ~ Laura se ofreció como cocinera en la colonia de verano* **[2]** v2obj ♦ to offer (someone) as a volunteer in the capacity of ~ ofrecer a (alguien) voluntario como || *I volunteered my brother as a possible candidate ~ Sugerí el nombre de mi hermano como posible candidato*

volunteer for **[1]** ins ♦ [for a specific post/activity] *véase* volunteer as [1] **[2]** v2obj ♦ [for a specific post/activity] *véase* volunteer as [2]

vomit out **[1]** sep ♦ *véase* belch out **[2]** sep ♦ *véase* bring up [4]

vomit up sep ♦ *véase* bring up [4]

vote against ins ♦ to vote not to accept (a person or policy etc.) ~ votar en contra de || *I'm going to vote against this plan ~ Voy a votar en contra de este plan*

vote down sep USA ♦ [proposal/motion etc.] *véase* vote against

vote for ins ♦ [+ candidate/policy etc.] to vote in favour of ~ votar por/a || *A lot of my friends are going to vote for the president ~ Muchos de mis amigos van a votar al presidente*

vote in sep ♦ *véase* put in [7]

vote in as v2obj ♦ [through elections] *véase* choose as

vote into v2obj ♦ to vote to give (a person/law) the character/post of ~ votar para que (alguien/algo) obtenga (tal puesto/carácter) || *The people voted Daniel into the presidency ~ La gente votó a Daniel como presidente*

vote on ins ♦ to vote in order to make a decision regarding ~ votar para tomar una decisión acerca de || *The MPs are about to vote on abortion ~ Los diputados están a punto de someter a votación el tema del aborto*

vote onto v2obj ♦ *véase* elect to

vote out sep ♦ [by a vote] *véase* chuck out [2]

vote through sep jur ♦ [by a vote] *véase* force through [2]

vote upon ins form ♦ *véase* vote on

vote with ins ♦ [+ one's feet] to express one's dissatisfaction by leaving ~ expresar su opinión no acudiendo/saliendo || *A lot of the audience voted with their feet ~ Gran parte del público expresó su descontento yéndose*

vouch for ins ♦ [character of person/quality or authenticity of goods etc.] *véase* answer for [2]

voyage across ins ♦ [esp. + ocean/sea] *véase* go across [8]

W

waddle about vi ♦ to walk like a duck ~ anadear || *Daniel was waddling about looking for his other shoe ~ Daniel anadeaba en busca del otro zapato*

waddle over vi ♦ [anadeando] *véase* come over [1]

wade across vi & ins ♦ [walking in the water] *véase* cross over [1]

wade along vi ♦ to walk in the water ~ caminar en el agua || *Laura was wading along looking for the ring she had dropped ~ Laura caminaba en el agua buscando el anillo que se le había caído*

wade in **[1]** vi ♦ to walk into the water ~ entrar en el agua || *It's sunk to the bottom - I'll have to wade in and get it ~ Ha ido al fondo - tendré que entrar en el agua a buscarlo* **[2]** vi ♦ *véase* jump in [3]

wade into **[1]** ins ♦ to walk into (the water) ~ entrar en (el agua) || *Laura waded into the stream and saved the child ~ Laura se metió en el arroyo y salvó al niño* **[2]** ins ♦ [+ situation/fight etc.] *véase* dive into [2] **[3]** ins ♦ *véase* fall on [6]; beat up [1] **[4]** ins ♦ *véase* fall on [7]

wade through ins ♦ [water/mud/boring documents] *véase* get through [4]

waffle about **[1]** vi ♦ [be indecisive] *véase* flounder about **[2]** ins GB AUS inf ♦ *véase* go on about

waffle around vi ♦ [be indecisive] *véase* flounder about

waffle on vi GB AUS inf ♦ *véase* go on [4]

waffle on about ins GB AUS inf ♦ *véase* go on about

wage against v2obj ♦ to conduct (war etc.) against (a person/organisation/policy) ~ hacer/librar (guerra etc.) contra || *My tribe has been waging war against them for years ~ Mi tribu lleva años haciendo guerra contra ellos*

wager on **[1]** ins & v2obj ♦ *véase* bet on [1] **[2]** ins ♦ *véase* bank on

waggle about **[1]** vi ♦ [esp. part of body, oscilating quickly] *véase* move about [1] **[2]** sep ♦ [esp. part of body, oscilating quickly] *véase* move about [3]

wail about **[1]** ins ♦ *véase* complain about **[2]** ins ♦ [a negative thing which has happened] *véase* cry for [2]

wait about vi ♦ *véase* hang about [2]

wait about for ins ♦ *véase* wait around for

wait around vi ♦ *véase* hang about [2]

wait around for ins ♦ to wait until the arrival or beginning of ~ esperar a/hasta || *We're waiting around for Laura ~ Estamos esperando a que llegue Laura*

wait at **[1]** ins ♦ [+ table] *véase* serve at **[2]** ins ♦ to wait at (a specific place) ~ esperar en/al lado de || *Please wait at the entrance - I'll see you all there ~ Por favor esperad en el portal - os veré allí*

wait behind **[1]** vi ♦ *véase* remain behind [1] **[2]** ins ♦ *véase* remain behind [2]

wait behind for ins ♦ to stay late in order to wait for ~ quedarse para esperar a || *Daniel has decided to wait behind for his girlfriend ~ Daniel ha decidido quedarse para esperar a su novia*

wait for ins ♦ *véase* wait around for

wait in [1] ins ♦ [in a room etc.] *véase* wait at [2] **[2]** vi GB AUS ♦ [waiting for an arrival etc.] *véase* stay in [1]

wait in for ins GB AUS ♦ to stay at home waiting for (an arrival/phone call etc.) ~ quedarse en casa esperando || *I have to wait in for a phone call tonight ~ Esta noche tengo que quedarme en casa esperando una llamada telefónica*

wait on [1] ins ♦ [+ person] *véase* do for [3]; attend on **[2]** ins ♦ [to learn a result] *véase* wait around for **[3]** ins GB ♦ [+ person] *véase* wait around for **[4]** ins ♦ [+ table] *véase* serve at **[5]** vi GB inf ♦ *véase* hang about [4]

wait out sep ♦ [+ difficult times etc.] *véase* get through [4]

wait up [1] vi ♦ *véase* sit up [4] **[2]** vi USA ♦ [as command] *véase* hang about [4]

wait up for ins ♦ *véase* sit up for

wait upon [1] ins form ♦ [+ person] *véase* do for [3]; attend on **[2]** ins form ♦ [to learn a result] *véase* wait around for

wake from ins & v2obj ♦ [oneself or someone else] *véase* arouse from

wake to ins ♦ *véase* awake to [1]

wake up [1] vi ♦ to wake ~ despertarse || *I woke up with a hangover this morning ~ Esta mañana me he despertado resacoso* **[2]** sep ♦ to wake (someone) ~ despertar a (alguien) || *Will you wake the baby up, please? ~ ¿Te importa despertar al bebé?* **[3]** vi inf ♦ [often a command] *véase* tune in [3] **[4]** vi inf ♦ *véase* sit up [5]

wake up to [1] ins ♦ *véase* awake to [1] **[2]** ins inf ♦ *véase* tune in on

walk about vi ♦ [in various directions] *véase* go about [3]; amble along

walk across [1] vi & ins ♦ [walking] *véase* cross over [1] **[2]** vi ♦ *véase* come over [1]

walk along vi & ins ♦ *véase* amble along

walk around [1] vi ♦ [in various directions] *véase* go about [3]; amble along **[2]** ins ♦ *véase* go round [6] **[3]** ins ♦ *véase* go round [7]

walk away [1] vi ♦ [walking] *véase* go away [1] **[2]** vi ♦ *véase* bail out [2]

walk away from [1] ins ♦ *véase* come away from [1] **[2]** ins ♦ [business/situation] *véase* bail out on; check out on

walk away with [1] ins ♦ *véase* go off with [1] **[2]** ins ♦ *véase* go off with [2] **[3]** ins inf ♦ *véase* run away with [4]

walk back [1] vi ♦ [walking] *véase* go back [1] **[2]** sep os ♦ [walking] *véase* drive back [2]

walk by vi & ins ♦ [walking] *véase* go by [2]

walk down vi & ins ♦ [walking] *véase* go down [2]

walk in [1] vi ♦ [walking] *véase* go in [1] **[2]** sep os ♦ [visitor] *véase* ask in; bring in [2]

walk in on [1] ins ♦ [activity etc.] *véase* barge in on; barge into [1] **[2]** ins ♦ [esp. sexual act] *véase* catch at [2]

walk into [1] ins ♦ [walking] *véase* go in [2] **[2]** ins ♦ [walking] *véase* bang into **[3]** ins ♦ *véase* breeze into [2] **[4]** ins ♦ [+ trap/deceit etc.] *véase* fall for [1] **[5]** ins ♦ *véase* fall on [6] **[6]** ins ♦ *véase* fall on [7]

walk off [1] vi ♦ [walking] *véase* go away [1] **[2]** vi ♦ *véase* bail out [2] **[3]** sep ♦ [esp. + hangover] to remove by walking ~ quitarse (la resaca etc.) caminando || *We spent the morning walking our hangovers off ~ Pasamos la mañana caminando para intentar quitarnos la resaca* **[4]** vi ♦ [angrily] *véase* flounce away

walk off with [1] ins ♦ *véase* go off with [1] **[2]** ins ♦ *véase* go off with [2] **[3]** ins inf ♦ *véase* run away with [4]

walk on [1] vi ♦ [walking] *véase* carry on [1] **[2]** ins ♦ [lawn/pavement etc.] *véase* go on [10] **[3]** vi ♦ [in theatre etc.] to play a small role as an extra ~ salir de figurante || *That was a film in which I walked on and got paid 100 pesos ~ Esa fue una película en la que salí de figurante y cobré 100 pesos*

walk on by vi & ins ♦ [walking] *véase* go by [2]

walk out [1] vi ♦ [walking] *véase* go out [1] **[2]** vi arc ♦ *véase* go out [3] **[3]**

vi ♦ *véase* fling out [1] **[4]** vi ♦ [employee] *véase* bail out [2]; come out [12] **[5]** sep os ♦ [visitor] *véase* let out [1]

walk out of **[1]** ins ♦ [walking] *véase* go out of [1] **[2]** ins ♦ *véase* fling out of [1]

walk out on ins ♦ [+ partner/situation] *véase* bail out on

walk out with **[1]** ins ♦ *véase* go out with [1] **[2]** ins arc ♦ *véase* go out with [2] **[3]** ins ♦ *véase* go off with [1] **[4]** ins ♦ *véase* go off with [2]

walk over **[1]** vi ♦ *véase* come over [1] **[2]** ins ♦ [obstacle on the ground, when walking] *véase* climb over **[3]** ins ♦ [accidentally/deliberately] *véase* stamp on [1] **[4]** ins ♦ [walk all over] *véase* dump on [2] **[5]** ins ♦ [walk all over] *véase* blow away [4] **[6]** vi dep ♦ to win by being the only team or competitor ~ ganar por ser el único equipo o competidor/por «walkover» || *The other team didn't turn up so we walked over* ~ *El otro equipo no se presentó así que ganamos por walkover*

walk past vi & ins ♦ [walking] *véase* go by [2]

walk through **[1]** vi & ins ♦ [walking] *véase* go through [2] **[2]** v2obj ♦ *véase* get past [2] **[3]** v2obj USA ♦ *véase* take through [2] **[4]** ins ♦ [theatre] to rehearse (a play) slowly for the first time ~ ensayar (una obra) despacio por primera vez || *Shall we walk through the first act with our books?* ~ *¿Qué tal si ensayamos el primer acto con los libros?* **[5]** vi & ins inf ♦ *véase* breeze through

walk up **[1]** vi & ins ♦ [walking] *véase* go up [1] **[2]** vi ♦ *véase* roll up [5] **[3]** vi ♦ *véase* come over [1]

walk up and down vi ♦ *véase* pace about

walk up to ins ♦ *véase* come up to [3]

walk with **[1]** ins ♦ to walk in the company of ~ caminar con || *I was walking with my sister when it started to rain* ~ *Paseaba con mi hermana cuando empezó a llover* **[2]** ins ♦ to walk with the help of (a stick etc.) ~ andar con (bastón etc.) || *Since the accident he walks with crutches* ~ *Desde el accidente anda con muletas* **[3]** ins ♦ to walk afflicted/characterised by (a limp/specific step etc.) ~ andar con (tal) paso/cojeando (etc.) || *My grandfather walks with a limp/with giant strides* ~ *Mi abuelo cojea/anda a grandes zancadas*

wall in sep ♦ [with a wall] *véase* fence in

wall off sep ♦ [with a wall] *véase* fence off

wall up sep ♦ *véase* brick up

wallow around vi ♦ *véase* roll about [4]

wallow in **[1]** ins ♦ [prison/state of self-pity etc.] *véase* languish in **[2]** ins ♦ [+ money etc.] *véase* brim with

waltz around **[1]** vi & ins ♦ to move around (a room) dancing a waltz ~ moverse (por una sala) bailando un vals || *The couple waltzed around (the room) all afternoon* ~ *El matrimonio pasó la tarde valsando (por la sala)* **[2]** vi & ins ♦ [proudly/happily] *véase* parade about [1]

waltz away **[1]** vi ♦ [waltzing] *véase* dance away [1] **[2]** vi inf ♦ *véase* buzz off; dash away

waltz away with **[1]** ins ♦ *véase* go off with [1] **[2]** ins inf ♦ *véase* go off with [2] **[3]** ins inf ♦ *véase* run away with [4]

waltz in vi inf ♦ *véase* breeze in; flounce in

waltz off vi inf ♦ *véase* buzz off; dash away

waltz off with **[1]** ins ♦ *véase* go off with [1] **[2]** ins inf ♦ *véase* go off with [2] **[3]** ins inf ♦ *véase* run away with [4]

waltz out vi inf ♦ *véase* flounce out; dash out

waltz through vi & ins inf ♦ *véase* breeze through

waltz up to ins inf ♦ [tan fresco] *véase* come up to [3]

wander about vi & ins ♦ to walk (around a place) with no fixed plan/direction ~ deambular (por un sitio) || *When I saw Laura she was wandering about (the city centre)* ~ *Cuando vi a Laura deambulaba (por el centro de la ciudad)*

wander around vi & ins ♦ *véase* wander about

wander away vi ♦ to leave one's companions and walk in a random direction ~ irse distraído || *Please don't let Daniel wander away ~ Por favor no dejéis que Daniel se os vaya distraído*

wander away from ins ♦ [path/topic] *véase* deviate from

wander from ins ♦ [path/topic] *véase* deviate from

wander in vi ♦ *véase* breeze in; flounce in

wander into ins ♦ *véase* stray into

wander off vi ♦ *véase* wander away

wander on vi ♦ [speech etc.] *véase* go on [4]

wander round vi & ins ♦ *véase* wander about

wangle for v2obj inf ♦ *véase* fix up with [2]

wangle from v2obj inf ♦ [money] *véase* get out of [4]

wangle out of **[1]** v2obj inf ♦ [money] *véase* get out of [4] **[2]** ins inf ♦ *véase* duck out of

wank off vi & sep tab ♦ *véase* beat off [2]

want back sep os ♦ to desire the return of (an ex-lover/something lent out) ~ desear que vuelva (ex pareja/algo prestado) || *I want my girlfriend (my book) back ~ Quiero que vuelva mi novia (que se me devuelva mi libro)*

want for **[1]** ins form ♦ [possession/quality] *véase* lack for **[2]** v2obj ♦ to want (thing/person) for (a purpose) ~ querer/necesitar (algo/a alguien) para || *She wants the book for an essay she's writing ~ Necesita el libro para una redacción que está elaborando* **[3]** v2obj ♦ to want to find (someone) to charge them with (a crime) ~ buscar a (alguien) por (tal crimen) || *The police want him for murder ~ La policía le busca para acusarle de homicidio*

want from v2obj ♦ *véase* demand from; ask of

want in **[1]** vi inf ♦ to want to enter ~ querer entrar || *I think the cat wants in ~ Creo que el gato quiere entrar* **[2]** vi inf ♦ to want to be involved in a plan/activity ~ querer participar || *We're opening a business - do you want in? ~ Estamos montando un negocio - ¿quieres ser socio?*

want in on ins inf ♦ to want to be involved in (a plan/activity) ~ querer participar en (algo) || *I want in on any deal ~ Quiero que me incluyáis en cualquier trato*

want off **[1]** vi & ins inf ♦ to want to exit (from a bus etc.) ~ querer bajar/salir (de) || *I want off (the bus) - can you stop here, please? ~ Quiero bajar (del autobús) - ¿le importa parar aquí?* **[2]** v2obj GB inf ♦ *véase* demand from; ask of

want out **[1]** vi inf ♦ to want to exit ~ querer salir || *It looks as if the dog wants out - shall I open the door? ~ Parece que el perro quiere salir - ¿le abro la puerta?* **[2]** vi inf ♦ to want to stop participating in a plan/activity ~ querer dejar de participar || *If we're losing money then I want out ~ Si estamos perdiendo dinero pues quiero dejarlo*

want out of **[1]** ins inf ♦ to want to stop participating in (a plan/activity) ~ querer dejar de participar en (algo) || *I think my partner wants out of the society ~ Creo que mi socio quiere abandonar la sociedad* **[2]** v2obj inf ♦ *véase* demand from; ask of

want with v2obj inf ♦ *véase* demand from; ask of

war against ins ♦ *véase* fight against

war on ins lit ♦ *véase* fight against

war over ins ♦ *véase* fight over

war with ins ♦ *véase* fight against

ward off sep ♦ [attacker] *véase* beat off [1]

warm down **[1]** vi dep ♦ to do gentle exercises to relax the muscles after a match ~ hacer ejercicios suaves para relajarse después del partido || *It's important to warm down after a training session ~ Es importante hacer ejercicios suaves al final de la sesión de entrenamiento para que los músculos se relajen* **[2]** sep dep ♦ to make (someone) do gentle exercises to relax the muscles after a match ~ obligar a (alguien) a hacer ejercicios suaves para relajarse después del partido || *The* *coach always warms us down at the end* ~ *El entrenador siempre termina la sesión con unos ejercicios de aflojamiento* **[3]** sep ♦ [hunger/illness] *véase* keep away [3]

warm over **[1]** sep USA ♦ [for the second time] *véase* heat up [2] **[2]** sep USA ♦ *véase* dust down [2]; drag up [1]

warm through **[1]** vi ♦ [person/food, completely] *véase* heat up [1] **[2]** sep ♦ [person/food, completely] *véase* heat up [2]

warm to ins ♦ [+ person/idea] *véase* cotton to [1]

warm up **[1]** vi ♦ [person/food/situation/motor etc.] *véase* heat up [1] **[2]** sep ♦ [person/food (for 1st/2nd time)/ situation/motor etc.] *véase* heat up [2] **[3]** vi dep ♦ to do exercises to warm one's muscles ~ calentarse || *We usually warm up before a match* ~ *Solemos calentarnos antes de un partido* **[4]** sep dep ♦ to make (someone) do exercises to warm the muscles ~ calentar los músculos de/a || *The coach warmed the players up before the session* ~ *El entrenador calentó a los jugadores antes de la sesión* **[5]** sep dep ♦ *véase* loosen up [3] **[6]** vi ♦ *véase* gear up [1] **[7]** sep ♦ *véase* gear up [2] **[8]** sep ♦ to animate (an audience) before a show/ programme ~ animar (al público) antes de un espectáculo/programa || *Daniel used to work as a comedian warming up the audience* ~ *Daniel trabajaba de humorista animando al público antes del espectáculo principal*

warm up for **[1]** ins ♦ *véase* gear up for [1] **[2]** v2obj ♦ *véase* gear up for [2] **[3]** v2obj ♦ [heating food] *véase* fix for [2]

warm up to ins USA ♦ [+ person/ idea] *véase* cotton to [1]

warn about v2obj ♦ *véase* caution about

warn against v2obj ♦ *véase* caution about

warn away sep ♦ *véase* keep away [2]

warn away from v2obj ♦ *véase* keep from away [2]

warn of v2obj ♦ *véase* caution about

warn off **[1]** sep ♦ *véase* keep away [2] **[2]** v2obj ♦ *véase* advise against

wash away **[1]** vi ♦ to be removed by water ~ ser quitado por el agua || *It looks like all the earth has washed away* ~ *Parece que toda la tierra se ha ido con el agua* **[2]** sep ♦ [in flood etc.] *véase* carry along; carry away [1] **[3]** sep ♦ *véase* clean off

wash down **[1]** sep ♦ [with or without hose] *véase* hose down **[2]** sep ♦ *véase* rinse down [2]

wash down with v2obj ♦ *véase* rinse down with

wash of v2obj ♦ [by washing] *véase* clear of [1]

wash off sep & v2obj ♦ *véase* clean off

wash out **[1]** sep ♦ [with liquid] *véase* clean out [1] **[2]** sep ♦ to wash (dirty clothes) ~ lavar (ropa sucia) || *I'll have to wash some shirts out this afternoon* ~ *Tendré que lavar unas camisas esta tarde* **[3]** sep ♦ *véase* rain off **[4]** vi ♦ [by washing] *véase* come out [3] **[5]** sep ♦ [by washing] *véase* clean off **[6]** vi USA inf ♦ *véase* bomb out [2]; drop out [2]

wash over ins ♦ *véase* come over [5]

wash through sep ♦ [quickly] *véase* wash out [2]

wash up **[1]** vi & sep GB AUS ♦ to wash (plates etc.) after a meal ~ fregar (los platos) || *I don't like washing (the plates) up after breakfast* ~ *No me gusta fregar (los platos) después de desayunar* **[2]** vi USA ♦ *véase* freshen up [1] **[3]** sep ♦ [sea] to throw (something) onto the beach ~ echar/arrojar (algo) a la playa || *The sea has washed up an enormous box* ~ *El mar ha arrojado una caja inmensa*

wash with **[1]** ins ♦ to wash oneself using ~ lavarse con || *I always wash with soap* ~ *Siempre me lavo con jabón* **[2]** v2obj ♦ to wash (person/thing) using ~ lavar (algo/a alguien) con || *I see you've washed the floor with shampoo again* ~ *Veo que has vuelto a fregar el suelo con* *champú* **[3]** ins inf ♦ to be believed by ~ ser creído por || *That excuse won't wash with the boss ~ Esa excusa no se la va a tragar el jefe* **[4]** v2obj téc ♦ [metal etc.] *véase* coat with; encase with

waste away **[1]** vi ♦ [become thinner/begin to die] *véase* fade away [1] **[2]** sep ♦ *véase* fritter away

waste on v2obj ♦ *véase* fritter away on

watch for ins ♦ *véase* look out for [1]

watch out vi ♦ *véase* look out [2]

watch out for **[1]** ins ♦ *véase* look out for [1] **[2]** ins ♦ *véase* beware of

watch over ins ♦ to monitor (person/activity) visually and with great care ~ velar/vigilar a (alguien); velar por (algo) || *My mother was at the window watching over us ~ Mi madre estaba al lado de la ventana vigilándonos*

water down **[1]** sep ♦ to reduce the strength of (an alcoholic drink) with water ~ aguar/diluir (una bebida alcohólica) || *I think someone has watered this beer down ~ Creo que alguien ha aguado esta cerveza* **[2]** sep ♦ *véase* tone down [1]

wave about **[1]** vi ♦ [oscilating quickly] *véase* move about [1] **[2]** sep ♦ [oscilating quickly] *véase* move about [3]

wave around **[1]** vi ♦ [oscilating quickly] *véase* move about [1] **[2]** sep ♦ [oscilating quickly] *véase* move about [3]

wave aside sep ♦ [person/request, by moving one's hand] *véase* brush aside

wave at **[1]** ins ♦ to greet (someone) by moving one's hand ~ saludar a (alguien) con la mano || *Laura waved at Daniel as the train passed by ~ Laura saludó a Daniel con un movimiento de la mano cuando pasó el tren* **[2]** v2obj ♦ to wave (something) to attract the attention of ~ agitar (algo) para llamar la atención de/a (alguien) || *The agent waved the ticket at Daniel ~ El agente agitó el billete en el aire para que lo viera Daniel*

wave away sep ♦ [person/request, by moving one's hand] *véase* brush aside

wave back **[1]** vi ♦ to return a greeting with the hand ~ devolver un saludo con la mano || *The queen waved at me and I waved back ~ La reina me saludó con la mano y le devolví la señal* **[2]** sep ♦ [with a movement of the hand] *véase* call back [2]

wave down sep ♦ *véase* flag down

wave off sep ♦ [with a movement of the hand] *véase* see off [1]

wave on sep ns ♦ to signal with the hand to invite (driver etc.) to continue ~ señalar con la mano para que (un conductor etc.) siga || *We wanted to stop but the policeman waved us on ~ Queríamos parar pero el policía nos señaló para que siguiéramos*

wave to ins ♦ *véase* wave at [1]

waver between ins ♦ *véase* vacillate between

wean away from v2obj ♦ to reduce (someone's) consumption of (something) ~ ir desacostumbrando a (alguien) de (algo) || *We're trying to wean Daniel away from drugs ~ Estamos intentando desacostumbrar a Daniel de la droga*

wean from v2obj ♦ *véase* wean away from

wean off v2obj ♦ *véase* wean away from

wean on v2obj ♦ *véase* bring up on [2]

wear away sep ♦ *véase* eat away

wear away at **[1]** ins ♦ *véase* eat away at [1] **[2]** ins ♦ *véase* eat away

wear away to v2obj ♦ *véase* grind down to

wear down **[1]** sep ♦ *véase* eat away **[2]** sep ♦ *véase* grind down [2]; fag out

wear in sep GB AUS ♦ [shoes] *véase* break in [4]

wear off **[1]** vi ♦ [feeling/effect] to disappear gradually ~ desaparecer/quitarse || *When the drugs wear off I don't know what I'll do ~ Cuando se me pase el efecto de la droga no sé qué haré* **[2]** sep & v2obj ♦ [by erosion] *véase* rub away

wear on **[1]** vi ♦ *véase* drag on [1] **[2]** v2obj ♦ to wear (a garment) on (a part of the body) ~ ponerse (una prenda) en (una parte del cuerpo) || *He's wearing a cap on his head ~ Lleva una gorra en la cabeza* **[3]** ins ♦ *véase* fag out **[4]** ins ♦ *véase* eat away

wear out **[1]** vi ♦ [clothes] to become worn from use ~ [ropa] romperse con el uso; usarse || *It looks as if those shoes have worn out ~ Parece que esos zapatos se han quedado inservibles con el uso* **[2]** sep ♦ [clothes] to use until they are old and worn ~ [ropa] romper con el uso; desgastar || *I've worn out three pairs of trousers this year ~ Este año he desgastado tres pantalones* **[3]** sep ♦ *véase* fag out

wear through **[1]** vi ♦ [producing holes] *véase* wear out [1] **[2]** sep ♦ [producing holes] *véase* wear out [2]

wear to **[1]** v2obj ♦ *véase* grind down to **[2]** v2obj ♦ to wear (a garment) in order to attend (a party etc.) ~ ponerse (algo) para ir a (una fiesta etc.) || *Are you wearing your red dress to Laura's party? ~ ¿Te vas a poner el vestido rojo para la fiesta de Laura?*

wear upon **[1]** v2obj form ♦ *véase* wear on [2] **[2]** ins form ♦ *véase* fag out **[3]** ins form ♦ *véase* eat away

weary of ins form ♦ *véase* sicken of

weasel out of ins USA inf ♦ *véase* duck out of

weather out sep ♦ *véase* come through [4]

weave about vi ♦ [in car/walking] *véase* stagger about

weave around vi ♦ [in car/walking] *véase* stagger about

weave from **[1]** v2obj ♦ [weave a product from a fabric] *véase* hew out of **[2]** v2obj ♦ *véase* base on

weave in and out of ins ♦ *véase* nip in and out of

weave into **[1]** v2obj ♦ [by weaving] *véase* change into [3] **[2]** v2obj ♦ *véase* unify into

weave through ins ♦ *véase* nip in and out of

wed to v2obj ♦ *véase* marry off to

wedge in **[1]** vi ♦ *véase* cram in [1] **[2]** sep ♦ *véase* cram in [2]

weed out **[1]** sep ♦ *véase* root out [1] **[2]** sep ♦ *véase* dig up [3]

weep about ins ♦ [a negative thing which has happened] *véase* cry for [2]

weep at ins ♦ [a negative thing which has happened] *véase* cry for [2]

weep for **[1]** ins ♦ *véase* cry for [2] **[2]** ins ♦ *véase* cry with

weep out sep os ♦ [+ one's eyes] *véase* sob out [2]

weep over ins ♦ *véase* cry for [2]

weigh against **[1]** v2obj ♦ *véase* balance against **[2]** ins form ♦ *véase* count against

weigh down sep ♦ *véase* load down

weigh down with v2obj ♦ *véase* burden with

weigh in **[1]** vi ♦ [forcefully] *véase* break in [2] **[2]** vi dep ♦ [boxer/jockey] to be weighed officially ~ pesarse || *The two boxers had to weigh in two days before the fight ~ Los dos boxeadores tuvieron que pesarse oficialmente dos días antes del combate*

weigh in at ins ♦ [boxer/jockey] to weigh (officially) ~ pesar oficialmente (x kilos) || *Daniel weighed in at 85 kilos this time ~ En esta ocasión se registró que Daniel pesaba 85 kilos*

weigh in with ins ♦ *véase* chip in with

weigh on ins ♦ *véase* grind down [2]

weigh out sep ♦ *véase* measure out

weigh up **[1]** sep ♦ to weigh (something) ~ pesar || *Can you weigh up this sugar for me? ~ ¿Te importa pesarme este azúcar?* **[2]** sep ♦ [advantages/disadvantages] *véase* deliberate on **[3]** sep ♦ *véase* size up

weigh up against v2obj ♦ *véase* balance against

weigh upon ins form ♦ *véase* grind down [2]

weight against v2obj ♦ *véase* bias against

weight down sep ♦ [with a weight] *véase* load down

weight down with v2obj ♦ [with a weight] *véase* burden with

weight with v2obj ♦ [with a weight] *véase* burden with

welch on ins inf ♦ *véase* go back on
welcome back sep ♦ [anyone who has been away] *véase* take back [6]
welcome into v2obj ♦ *véase* receive into
welcome to v2obj ♦ [place/organisation] *véase* receive into
weld to v2obj ♦ [soldando] *véase* connect with
weld together sep ♦ [soldando] *véase* bind together
well out vi ♦ [water etc.] *véase* break forth
well out of ins ♦ [water etc.] *véase* flow from [1]
well over vi ♦ *véase* brim over
well up vi ♦ [tears/emotion] *véase* bubble up [2]
welsh on ins inf ♦ *véase* go back on
welter in **[1]** ins ♦ *véase* languish in **[2]** ins ♦ *véase* abound in
wet down **[1]** sep ♦ *véase* hose down **[2]** sep ♦ [hair, with water] *véase* flatten down [2]
whack in **[1]** sep inf ♦ [put inside forcefully] *véase* drive in [2] **[2]** v2obj inf ♦ *véase* sock in [1]
whack off **[1]** sep inf ♦ [construct/create quickly] *véase* dash off [1] **[2]** sep inf ♦ *véase* cut off [1] **[3]** vi & sep arg ♦ *véase* beat off [2]
whack out **[1]** sep inf ♦ *véase* bring forth [3] **[2]** sep inf ♦ [construct/create quickly] *véase* dash off [1]
whack up **[1]** sep inf ♦ *véase* beat up [1] **[2]** sep inf ♦ *véase* chop up
whale into ins USA inf ♦ *véase* beat up [1]
wham against ins & v2obj ♦ *véase* bump against; bang into
wham into ins & v2obj ♦ *véase* bump against; bang into
whang against ins & v2obj ♦ *véase* bump against; bang into
whang into ins & v2obj ♦ *véase* bump against; bang into
wheedle away from v2obj ♦ [money] *véase* get out of [4]
wheedle into v2obj ♦ *véase* con into
wheedle out of v2obj ♦ [money] *véase* get out of [4]
wheel around **[1]** vi lit ♦ [quickly] *véase* face about [1] **[2]** sep ns ♦ [push wheelchair/supermarket trolley etc.] *véase* carry about
wheel away sep ns ♦ [push wheelchair/supermarket trolley etc.] *véase* lead away
wheel into v2obj ♦ [push wheelchair/supermarket trolley etc.] *véase* force into [1]
wheel off sep ns ♦ [push wheelchair/supermarket trolley etc.] *véase* lead away
wheel out **[1]** sep ns ♦ [push wheelchair/supermarket trolley etc.] *véase* bring out [2] **[2]** sep GB AUS inf ♦ [esp. cliché/celebrity speaker] *véase* dust down [2]; bring in [5]
wheel round **[1]** vi lit ♦ [quickly] *véase* face about [1] **[2]** sep ns ♦ [push wheelchair/supermarket trolley etc.] *véase* carry about
wheeze out sep ♦ [in an asthmatic voice] *véase* force out [2]
whiff of ins ♦ [something unpleasant] *véase* reek of
while away sep ♦ [time] *véase* fritter away
whimper about ins ♦ *véase* beef about
whine about ins ♦ *véase* beef about
whine out sep ♦ [whining/in a high voice] *véase* force out [2]
whine to ins ♦ *véase* complain to
whinge about ins ♦ *véase* beef about
whinge to ins ♦ *véase* complain to
whip around **[1]** vi ♦ [quickly] *véase* face about [1] **[2]** sep os ♦ [quickly] *véase* turn about [2]
whip away sep ♦ *véase* grab away
whip away from v2obj ♦ *véase* jerk away from
whip back **[1]** vi ♦ *véase* spring back [2] **[2]** vi ♦ [quickly] *véase* go back [1]
whip in **[1]** v2obj ♦ [with a whip] *véase* sock in [1] **[2]** sep ♦ [dogs at a hunt] *véase* call together **[3]** sep form ♦ [politicians, in order to vote] *véase* call together

whip into **[1]** ins ♦ [quickly] *véase* go in [2] **[2]** v2obj ♦ [with or without a whip] *véase* bounce into **[3]** v2obj ♦ *véase* beat into [1] **[4]** v2obj ♦ [+ shape] *véase* gear up [2] **[5]** v2obj ♦ [+ frenzy/rage etc.] *véase* drive to [2]

whip off **[1]** sep ♦ *véase* break off [5] **[2]** sep inf ♦ [construct/create quickly] *véase* dash off [1] **[3]** sep inf ♦ [letter] *véase* bang out [2] **[4]** sep ♦ *véase* fling off [1]

whip on **[1]** v2obj ♦ [with a whip] *véase* sock in [1] **[2]** sep ns ♦ [horse, with a whip] *véase* egg on **[3]** sep ♦ *véase* fling on

whip out sep ♦ [quickly] *véase* bring forth [3]

whip over sep os ♦ [quickly] *véase* send around [1]

whip past vi & ins ♦ *véase* dash past

whip round **[1]** vi ♦ [quickly] *véase* face about [1] **[2]** sep os ♦ [quickly] *véase* turn about [2] **[3]** vi inf ♦ [for a short time] *véase* call by **[4]** vi inf ♦ *véase* chip in [1]

whip round for ins inf ♦ [esp. for a colleague] *véase* collect for

whip through ins inf ♦ *véase* hurtle through

whip up **[1]** sep ♦ *véase* beat up [2] **[2]** sep inf ♦ [esp. a quick meal] *véase* cook up [1] **[3]** sep ♦ [wind moving dust/water] *véase* kick up [2] **[4]** ins ♦ *véase* drum up **[5]** ins ♦ *véase* stir up [5]

whirl around **[1]** vi ♦ [quickly] *véase* face about [1] **[2]** sep os ♦ [quickly] *véase* turn about [2] **[3]** vi ♦ *véase* go round [8] **[4]** sep ♦ *véase* spin around [4]

whirl off sep ♦ [dramatically] *véase* carry away [1]

whirl past vi & ins ♦ [spinning] *véase* dash past

whirl round **[1]** vi ♦ [quickly] *véase* face about [1] **[2]** sep os ♦ [quickly] *véase* turn about [2] **[3]** vi ♦ *véase* go round [8] **[4]** sep ♦ *véase* spin around [4]

whisk around sep ♦ [quickly] *véase* move about [3]

whisk away **[1]** sep ♦ *véase* flick away; brush away **[2]** sep ♦ [quickly] *véase* lead away **[3]** sep ♦ *véase* grab away

whisk away from **[1]** v2obj ♦ *véase* jerk away from **[2]** v2obj ♦ [person, quickly] *véase* clear out of [2]

whisk away to v2obj ♦ [quickly, to meeting etc.] *véase* lead to

whisk off **[1]** sep ♦ *véase* flick away; brush away **[2]** sep ♦ [quickly] *véase* lead away

whisk off to v2obj ♦ [quickly, to meeting etc.] *véase* lead to

whisk up sep ♦ *véase* beat up [2]

whisper about ins ♦ [in a low voice] *véase* speak about; chat about

whisper around sep os ♦ [secret/gossip] *véase* blaze abroad

whisper to ins & v2obj ♦ *véase* murmur at

whistle at ins ♦ to whistle (with satisfaction or disapproval etc.) at ~ silbar a || *The workmen whistled at the woman as she walked past ~ Los obreros silbaron a la mujer al pasar ésta*

whistle for **[1]** ins fút ♦ *véase* blow for **[2]** ins ♦ to summon/attract (esp. dog/taxi) by whistling ~ llamar (un taxi/perro etc.) con un silbido || *Why don't you whistle for a taxi? ~ ¿Por qué no llamas un taxi con un silbido?* **[3]** ins inf ♦ to whistle a melody in order to earn (a meal etc.) ~ silbar para ganarse (la cena etc.) || *In the 19th century boys had to whistle for their supper ~ En el siglo 19 los chicos tenían que silbar una melodía para ganarse la cena* **[4]** ins inf ♦ to await (something) in vain ~ esperar (algo) en vano || *If he wants the money today he can whistle for it ~ Si quiere el dinero hoy, que espere sentado*

whistle past vi & ins ♦ *véase* dash past

whistle up **[1]** sep ♦ [dog] *véase* whistle for [2] **[2]** sep inf ♦ *véase* dig up [4] **[3]** sep inf ♦ [esp. a quick meal] *véase* cook up [1] **[4]** sep inf ♦ *véase* call together

whittle at ins ♦ to use a knife to carve (wood) without skill ~ cortar pedazos a (madera) con un cuchillo || *He spent the afternoon whittling at a piece* *of wood ~ Pasó la tarde tallando un trozo de madera*

whittle away [1] sep ♦ [block of wood etc.] *véase* cut away **[2]** sep ♦ *véase* fritter away **[3]** sep ♦ *véase* chip away at

whittle away at ins ♦ *véase* chip away at

whittle down sep ♦ *véase* pare away

whittle down to v2obj ♦ *véase* pare down to

whittle out of v2obj ♦ *véase* hew out of

whiz along vi & ins USA ♦ *véase* career along

whiz past vi & ins USA ♦ *véase* dash past

whiz through ins USA ♦ *véase* hurtle through

whizz along vi & ins GB AUS ♦ *véase* career along

whizz past vi & ins GB AUS ♦ *véase* dash past

whizz through ins GB AUS ♦ *véase* hurtle through

whoop at ins inf ♦ [with whistles or similar noises] *véase* whistle at

whoop it up vi inf ♦ [noisily] *véase* live it up

whoop with ins ♦ [+ joy etc.] *véase* cry out in

widen out [1] vi ♦ [road etc.] *véase* broaden out [1] **[2]** sep ♦ [road etc.] *véase* broaden out [2]

widen out into ins ♦ [road etc.] *véase* open out into [2]

wig out vi USA inf ♦ [with drugs/alcohol] *véase* get off [8]

wiggle out of [1] ins ♦ *véase* squirm out of [1] **[2]** ins ♦ *véase* duck out of

wile away sep ♦ [time] *véase* fritter away

will away sep form ♦ [in a testament] *véase* hand down [1]

will away to v2obj form ♦ *véase* bequeath to

will on sep os ♦ [mentally] *véase* egg on

will to v2obj form ♦ *véase* bequeath to

wimp out vi inf ♦ *véase* chicken out

wimp out of ins inf ♦ *véase* chicken out of

win around sep ns ♦ *véase* bring around [2]

win at ins & v2obj ♦ to win (a prize) playing (a sport) ~ ganar (un premio etc.) jugando a (algo) || *I won (10 pesos) at cards yesterday ~ Ayer gané (10 pesos en) una partida de cartas*

win away vi dep ♦ to win playing at an opponent's stadium ~ ganar fuera de casa || *We haven't won away for six months ~ Llevamos seis meses sin ganar fuera de casa*

win away from v2obj ♦ *véase* entice away from

win back sep ♦ [e.g. trophy/girlfriend] *véase* get back [2]

win out vi ♦ [emotion] to be the strongest ~ acabar ganando || *In the end common sense won out ~ Al final acabó ganando el sentido común*

win out over ins ♦ [emotion] to be stronger than ~ acabar ganando a || *Love usually wins out over common sense ~ El amor suele abacar venciendo al sentido común*

win over sep ns ♦ *véase* bring around [2]

win round sep ns ♦ *véase* bring around [2]

win through [1] vi dep ♦ *véase* go through [3] **[2]** vi ♦ [person/emotion] *véase* win out **[3]** ins & v2obj ♦ to win (something) by means of (a procedure etc.) ~ ganar (algo) por medio de || *Last week they won (the game) through effort ~ La semana pasada ganaron (el partido) esforzándose*

win through to ins dep ♦ *véase* get through to [2]

wince at ins ♦ *véase* flinch at

winch up sep ♦ to lift (something) with a winch ~ levantar (algo) con un cabrestante || *They had to winch the machine up ~ Tuvieron que levantar la máquina con un torno*

wind along vi ♦ [road etc.] *véase* snake about

wind around [1] ins ♦ *véase* coil around **[2]** v2obj ♦ *véase* entwine around

wind back **[1]** vi ♦ [road etc.] *véase* double back **[2]** sep ♦ *véase* put back [3] **[3]** sep ♦ *véase* run back [2]

wind down **[1]** sep ♦ *véase* run down [5] **[2]** vi ♦ [person/company] *véase* ease off [3] **[3]** vi ♦ [after work] *véase* chill out **[4]** vi lit ♦ [clock] to lose time and stop ~ pararse || *I think my watch has wound down ~ Creo que se me ha parado el reloj* **[5]** sep ♦ [car window] to lower ~ bajar || *Will you wind the window down, please? ~ ¿Te importa bajar la ventanilla?*

wind forward **[1]** sep ♦ *véase* put forward [3] **[2]** sep ♦ [tape etc.] to move in a forward direction ~ girar (cinta etc.) hacia adelante || *If you wind the tape forward you'll find your favourite song ~ Si giras la cinta hacia adelante encontrarás tu canción preferida*

wind in **[1]** sep ♦ *véase* coil up [3] **[2]** sep ♦ *véase* reel in [1]

wind into ins & v2obj ♦ *véase* curl up into

wind off sep ♦ to remove (e.g. a length of string) from a coil ~ devanar/desenrollar || *There's the string - wind off two metres ~ Allí está la cuerda - desenróllale dos metros*

wind on **[1]** sep GB AUS ♦ [camera film/tape] *véase* wind forward [2] **[2]** sep ♦ *véase* put forward [3]

wind round **[1]** ins ♦ *véase* coil around **[2]** v2obj ♦ *véase* entwine around

wind through ins ♦ [path through jungle etc.] *véase* go through [2]

wind up **[1]** vi inf ♦ *véase* fetch up [4] **[2]** vi inf ♦ *véase* end up **[3]** vi ♦ [activity] *véase* finish off [1] **[4]** sep ♦ [activity] *véase* finish off [2] **[5]** sep ♦ [business] *véase* close down [3] **[6]** sep ♦ to cause (clock/toy) to function by turning a handle ~ dar cuerda a || *You have to wind it up for it to work ~ Para que funcione hay que darle cuerda* **[7]** sep GB inf ♦ *véase* have on [4] **[8]** sep GB AUS inf ♦ *véase* bum out **[9]** sep ♦ *véase* coil up [3] **[10]** sep ♦ [car window] to raise ~ subir || *Do you mind if I wind the window up? ~ ¿Os importa que suba la ventanilla* **[11]** sep ♦ *véase* fire up [2]

wink at **[1]** ins & v2obj ♦ to wink (an eye) in the direction of ~ guiñar (un ojo) a || *Laura winked (her right eye) at me ~ Laura me guiñó el ojo derecho* **[2]** ins ♦ *véase* connive at

wink away sep ♦ [+ tears] *véase* choke back; fight back [2]

winkle out sep ♦ *véase* drag out [4]

winkle out of v2obj ♦ [information] *véase* drag out of

winter over vi ♦ to spend the winter ~ invernar || *We're looking for a suitable place to winter over ~ Estamos buscando un sitio adecuado para invernar*

wipe at ins ♦ *véase* dry off [2]

wipe away sep ♦ [with hand/cloth] *véase* clean off

wipe down sep ♦ *véase* clean down

wipe off **[1]** sep & v2obj ♦ *véase* clean off **[2]** v2obj ♦ [value from financial shares] *véase* deduct from

wipe out **[1]** sep ♦ [with a cloth] *véase* clean out [1] **[2]** sep ♦ [flood/disease etc.] to destroy (village etc.) completely ~ destrozar (etc.) || *The floods wiped out several towns ~ Las inundaciones destrozaron varios pueblos* **[3]** sep IT ♦ to erase (e.g. hard disk) on a computer ~ borrar (el disco duro etc.) || *The virus wiped out most of my documents ~ El virus borró la mayoría de mis documentos* **[4]** sep ♦ *véase* rub out [1] **[5]** sep inf ♦ *véase* blow away [4] **[6]** sep USA AUS inf ♦ *véase* fag out **[7]** vi inf ♦ [when driving/skiing etc.] to lose control/have an accident ~ perder el control y tener un accidente || *She was skiing in the forest when she wiped out ~ Esquiaba por el bosque cuando se le fueron los pies* **[8]** sep ♦ [debt] *véase* clear off [3] **[9]** sep USA inf ♦ [exam etc.] *véase* bomb out [2] **[10]** sep USA inf ♦ *véase* bump off

wipe up **[1]** sep ♦ [with a cloth] *véase* clear up [5] **[2]** vi GB AUS ♦ *véase* dry up [1] **[3]** sep GB AUS ♦ *véase* dry up [2]

wire ahead vi téc ♦ to send a telegram in advance ~ poner un telegrama (al sitio al que uno va) || *If you want to reserve a room you should wire ahead* ~ *Si quieres reservar una habitación deberías poner un telegrama ya*

wire ahead for ins téc ♦ to send a telegram in advance requesting ~ poner un telegrama (al sitio al que uno va) pidiendo || *She wants to wire ahead for money* ~ *Quiere pedir dinero por medio de un telegrama*

wire back sep téc ♦ [message/money, by telegram] *véase* send back

wire for [1] ins téc ♦ *véase* wire ahead for **[2]** v2obj téc ♦ to equip (person/place) to receive/transmit (sound etc.) ~ instalar el alambrado en (un sitio) para (el sonido etc.) || *The agent wired the room for sound* ~ *El agente instaló el alambrado en la sala para el sonido*

wire in sep téc ♦ [by telegram] *véase* send in [3]

wire to [1] v2obj téc ♦ [by telegram] *véase* get off to [2] **[2]** v2obj téc ♦ [with cables] *véase* connect to

wire together sep ♦ [using wire] *véase* bind together

wire up sep téc ♦ to instal the electric wiring for ~ instalar el alambrado de || *Have you wired up the fan yet?* ~ *¿Ya has alambrado el ventilador?*

wire up for v2obj téc ♦ *véase* wire for [2]

wire up to v2obj téc ♦ [with cables] *véase* connect to

wise up [1] vi inf ♦ *véase* smarten up [1] **[2]** sep USA inf ♦ *véase* clue in

wise up about v2obj USA inf ♦ *véase* clue in on; advise on [2]

wise up to ins USA inf ♦ *véase* tune in on

wish away sep ♦ to desire (a bad situation or person) to disappear ~ desear que desaparezca (una situación/persona mala) || *Laura just wanted to wish her problems away* ~ *Laura quería simplemente cerrar los ojos y que sus problemas desaparecieran*

wish for ins ♦ *véase* hope for

wish off on v2obj ♦ *véase* fob off on

wish on [1] v2obj ♦ *véase* fob off on **[2]** ins ♦ to make a wish using (star etc.) ~ hacer un voto utilizando || *Daniel wished on a star but nothing happened* ~ *Daniel miró una estrella e hizo un voto pero no pasó nada*

wish upon [1] v2obj form ♦ *véase* fob off on **[2]** ins form ♦ *véase* wish on [2]

withdraw from [1] ins ♦ *véase* retire from [1] **[2]** v2obj ♦ *véase* retire from [2]

withdraw into ins ♦ [other room/daydream etc.] *véase* go in [2]

withdraw to ins ♦ [other room etc.] *véase* go in [2]

wither away [1] vi ♦ *véase* dwindle away **[2]** vi ♦ [become thinner/begin to die] *véase* fade away [1]

wither up [1] vi ♦ [leaf/skin/fruit] *véase* shrink up **[2]** sep ♦ [leaf/skin/fruit] *véase* shrivel up [2]

withhold from v2obj ♦ [money/information] *véase* keep from [1]; hold back from [2]

witness for ins jur ♦ [person/fact] *véase* answer for [2]

witness to ins jur ♦ [fact] *véase* answer for [2]

witter on vi inf ♦ *véase* go on [4]

witter on about ins inf ♦ *véase* go on about

wobble about [1] vi ♦ [e.g. vase] to move in an uncertain way ~ tambalearse/bambolear || *The vase was wobbling about on the table* ~ *El florero se tambaleaba en la mesa* **[2]** vi ♦ *véase* stagger about

wobble around [1] vi ♦ *véase* wobble about [1] **[2]** vi ♦ *véase* stagger about

wolf down sep inf ♦ [food] *véase* belt down

wonder about ins ♦ [with curiosity] *véase* deliberate on

wonder at ins ♦ [to be amazed by] *véase* gape at; boggle at

woo away from v2obj ♦ *véase* entice away from

work against ins ♦ *véase* go against [2]

work around ins ♦ to organise one's time so as not to be impeded by ~ organizar el horario para que (una cosa) no impida || *If that meeting is inevitable we'll work around it* ~ *Si esa reunión es inevitable pues haremos que no nos fastidie la rutina*

work as ins ♦ to work in the post/capacity of ~ trabajar como || *I was working as an accountant when I met you* ~ *Trabajaba como contable cuando te conocí*

work at **[1]** ins ♦ *véase* labour at **[2]** ins ♦ to work at (a place) ~ trabajar en (un sitio) || *Laura works at the station these days* ~ *Hoy día Laura trabaja en la estación*

work away **[1]** vi ♦ *véase* beaver away **[2]** vi ♦ to work (for a period) in a place other than where one usually works or lives ~ trabajar (un tiempo) en un sitio que no es el habitual || *My new job requires me to work away a fair bit* ~ *Mi nuevo trabajo requiere que pase bastante tiempo trabajando en otros sitios*

work away at ins ♦ *véase* beaver away at

work by ins ♦ *véase* run off [5]

work down **[1]** sep ♦ [price etc.] *véase* bring down [3] **[2]** ins ♦ [+ mine/pit] *véase* work at [2]

work for **[1]** ins ♦ *véase* labour for [1] **[2]** ins ♦ *véase* labour for [2] **[3]** ins ♦ [drug etc.] *véase* work on [7]

work in **[1]** ins ♦ *véase* work at [2] **[2]** sep ♦ *véase* rub in [1] **[3]** sep ♦ *véase* bring in [4]

work into **[1]** v2obj ♦ *véase* rub into [1] **[2]** v2obj ♦ *véase* bring into [2]

work oneself into ins ♦ [gradually] *véase* fly into [2]

work off **[1]** ins ♦ *véase* run off [5] **[2]** sep ♦ *véase* let out [4] **[3]** sep ♦ [+ fat etc.] to remove by exercising hard ~ quitarse (grasas etc.) haciendo ejercicio duro || *I'm going to the gym to work off a couple of kilos* ~ *Voy al gimnasio a quitarme un par de kilos* **[4]** sep ♦ [by working] *véase* pay off [1]; clear off [3]

work off on v2obj ♦ *véase* take out on [2]

work on **[1]** ins ♦ [+ ship etc.] *véase* work at [2] **[2]** ins ♦ [project/task] *véase* labour at **[3]** ins ♦ to work hard to improve ~ trabajar para mejorar (algo) || *I'm working on my technique at the moment* ~ *En este momento estoy intentando mejorar mi técnica* **[4]** ins ♦ [+ assumption etc.] *véase* count on [3] **[5]** ins ♦ to try to influence (someone) ~ intentar convencer a (alguien) || *Daniel doesn't want to go but we're working on him* ~ *Daniel no quiere ir pero seguimos intentando convencerle* **[6]** ins méd ♦ *véase* operate on [1]; attend to [2] **[7]** ins ♦ [drug/deceit] to have the desired effect on (someone) ~ surtir efecto en || *These tablets tend not to work on us* ~ *Estas pastillas no suelen surtir efecto en nosotros* **[8]** vi ♦ [working] *véase* carry on [1]

work out **[1]** sep ♦ *véase* figure out [2] **[2]** sep GB AUS ♦ [enigma/person] *véase* fathom out **[3]** sep ♦ *véase* ease out [2] **[4]** sep ♦ [often + question word] *véase* decide on **[5]** sep ♦ [esp. + contract] *véase* get through [4] **[6]** vi ♦ *véase* add up [2] **[7]** vi ♦ *véase* come off [4]; pan out [2] **[8]** vi ♦ *véase* sweat it out [1]

work oneself out vi ♦ [problem] *véase* clear up [2]

work out at ins ♦ *véase* add up to [1]; come out at

work out with **[1]** ins ♦ *véase* fix up with [1] **[2]** v2obj ♦ *véase* arrange with **[3]** v2obj ♦ to calculate (something) using ~ calcular (algo) con || *He worked the total out with a calculator* ~ *Calculó el total con una calculadora* **[4]** v2obj ♦ to extract (something) with care using ~ extraer (algo) con cuidado utilizando || *The marble was stuck in her nose but we worked it out with a pencil* ~ *Tenía la canica atrapada en la nariz pero se la sacamos despacito con un lápiz*

work over sep ns arg ♦ *véase* beat up [1]

work round ins ♦ *véase* work around

work round to ins ♦ *véase* come on to [1]; get around to

work through **[1]** vi ♦ to work throughout a long period ~ trabajar (durante tal jornada) sin parar || *Tonight I have to work through ~ Esta noche me toca hacer turno doble (etc.)* **[2]** ins ♦ [a lot of papers etc.] *véase* get through [4] **[3]** ins ♦ *véase* cope with **[4]** vi ♦ [results/effects] *véase* creep in [2] **[5]** sep os & v2obj ♦ *véase* force through [1] **[6]** sep os & v2obj jur ♦ *véase* force through [2]

work toward ins USA ♦ *véase* dangle after; strain after

work towards ins GB AUS ♦ *véase* dangle after; strain after

work under **[1]** v2obj ♦ *véase* pass under [2] **[2]** ins ♦ *véase* labour for [1] **[3]** ins ♦ to work underneath (car etc.) ~ trabajar debajo de || *Laura spent the morning working under the van ~ Laura pasó la mañana trabajando debajo de la furgoneta*

work up **[1]** sep ♦ *véase* conjure up **[2]** sep ♦ [business/appetite] *véase* build up [2] **[3]** sep ♦ [report/plan] to elaborate ~ elaborar/mejorar || *This week we're working up the original suggestion ~ Esta semana estamos elaborando un plan a base de la sugerencia original* **[4]** sep ♦ *véase* bum out **[5]** sep ♦ *véase* fire up [2]

work oneself up **[1]** vi ♦ *véase* fire up [1] **[2]** vi ♦ *véase* gear up [1]

work up about v2obj ♦ *véase* rag about [2]; hassle about

work up into **[1]** ins ♦ [gradually] *véase* fly into [2] **[2]** v2obj ♦ *véase* develop into [2]

work up to **[1]** ins ♦ *véase* build up to **[2]** ins ♦ *véase* lead up to [2]

work oneself up to **[1]** ins ♦ [gradually] *véase* fly into [2] **[2]** ins ♦ *véase* build up to

work upon **[1]** ins form ♦ [project/task] *véase* labour at **[2]** ins form ♦ *véase* work on [3] **[3]** ins form ♦ [+ assumption etc.] *véase* count on [3] **[4]** ins form ♦ *véase* work on [5] **[5]** ins form ♦ *véase* work on [7]

work with **[1]** ins ♦ to work with (person/tool) ~ trabajar con (persona o herramienta) || *I've worked with a variety of managers/tools ~ He trabajado con toda una serie de jefes/herramientas* **[2]** ins ♦ *véase* work on [7]

worm along vi ♦ *véase* snake about

worm in **[1]** vi inf ♦ *véase* chisel in **[2]** vi ♦ *véase* crawl in

worm into **[1]** ins inf ♦ *véase* chisel in on **[2]** ins ♦ *véase* crawl into **[3]** ins ♦ *véase* squirm into [2]

worm out **[1]** vi ♦ *véase* crawl out **[2]** vi inf ♦ *véase* cop out

worm out of **[1]** ins ♦ *véase* squirm out of [1] **[2]** ins inf ♦ *véase* duck out of **[3]** v2obj inf ♦ [information/secret] *véase* drag out of

worry about ins ♦ *véase* care about; fret about

worry at ins ♦ [dog with bone] *véase* bite into [1]

worry out sep ♦ [esp. problem] *véase* hash over; hammer out [2]

worry out of v2obj ♦ [using threats etc.] *véase* beat out of

worry over ins ♦ *véase* care about; fret about

worship as v2obj ♦ *véase* hail as

wrack off **[1]** vi AUS arg ♦ [as command] *véase* bog off **[2]** sep ♦ [wine] *véase* draw off [1]

wrack out vi inf ♦ *véase* crash out [1]

wrack up **[1]** sep ♦ *véase* rack up [1] **[2]** sep inf ♦ *véase* clock up; chalk up [2] **[3]** sep USA inf ♦ *véase* bang up [2]

wrangle about ins ♦ *véase* fight over; face off over; haggle about

wrangle over ins ♦ *véase* fight over; face off over; haggle about

wrangle with ins ♦ *véase* argue with; bargain with

wrap around **[1]** ins ♦ [arms etc.] *véase* coil around **[2]** v2obj ♦ [arms/blanket etc.] *véase* entwine around; drape around

wrap in v2obj ♦ *véase* drape in; enfold in; do up in

wrap up **[1]** vi ♦ [activity] *véase* finish off [1] **[2]** sep ♦ [activity] *véase* finish off [2] **[3]** sep ♦ *véase* bundle up [3]; do up [4] **[4]** vi ♦ *véase* bundle up [1] **[5]** sep ♦ *véase* bundle up [2]

wrap up in **[1]** v2obj ♦ *véase* drape

in; enfold in; do up in **[2]** v2obj ♦ *véase* immerse in [2]

wreak on v2obj form ♦ *véase* inflict on

wreak upon v2obj form ♦ *véase* inflict on

wreathe around [1] ins form ♦ [arms etc.] *véase* coil around **[2]** v2obj form ♦ [arms/blanket etc.] *véase* entwine around; drape around

wreathe in v2obj form ♦ *véase* garland with; drape in; enfold in; do up in

wreathe upwards vi form ♦ *véase* coil up [2]

wreathe with v2obj form ♦ *véase* garland with; drape in; enfold in; do up in

wrench away sep ns ♦ *véase* grab away

wrench away from v2obj ♦ *véase* jerk away from

wrench off sep & v2obj ♦ [by pulling violently] *véase* haul off [1]

wrench out sep ♦ [remove contents violently] *véase* drag out [3]

wrest from [1] v2obj form ♦ *véase* jerk away from; rend from **[2]** v2obj form ♦ [with difficulty] *véase* extract from

wrest off sep & v2obj ♦ [by pulling violently] *véase* haul off [1]

wrestle from v2obj ♦ *véase* jerk away from; rend from

wrestle into v2obj ♦ [something heavy/difficult] *véase* cram into [2]

wrestle to v2obj ♦ [+ the ground, during a fight] *véase* fling down

wrestle with ins ♦ [+ person/problem] *véase* contend with; fight against

wriggle about vi ♦ *véase* snake about

wriggle along vi ♦ *véase* snake about

wriggle around vi ♦ *véase* snake about

wriggle away vi ♦ [worm/snake] *véase* dash away

wriggle in vi ♦ *véase* crawl in

wriggle into [1] ins ♦ *véase* crawl into **[2]** ins ♦ *véase* squirm into [2]

wriggle out [1] vi ♦ *véase* crawl out **[2]** vi inf ♦ *véase* cop out

wriggle out of [1] ins ♦ *véase* squirm out of [1] **[2]** ins inf ♦ *véase* duck out of

wriggle through ins ♦ [small hole etc.] *véase* break through [4]

wriggle with ins ♦ [+ pain] *véase* double over with; cringe with

wring from v2obj ♦ [water from sponge/garment etc.] *véase* squeeze from [1]

wring out sep ♦ [water from sponge/garment etc.] *véase* squeeze out [2]

wring out of [1] v2obj ♦ [water from sponge/garment etc.] *véase* squeeze from [1] **[2]** v2obj ♦ *véase* squeeze from [2]

wrinkle up [1] vi ♦ [garment/fruit/paper/nose] *véase* crease up [3]; shrink up **[2]** sep ♦ [garment/fruit/paper/nose] *véase* crease up [2]; shrivel up [2]

write about [1] ins & v2obj ♦ to write (an article etc.) about ~ escribir (algo) acerca de || *Laura writes (articles) about ecology in the newspaper ~ Laura escribe (artículos) sobre ecología en el diario* **[2]** v2obj USA ♦ to write to (person/company) regarding ~ escribir a (alguien/empresa) acerca de || *He's written his attorney about the problem ~ He escrito a su abogado acerca del problema*

write against ins & v2obj ♦ to write (an article etc.) in opposition to ~ escribir (algo) en contra de || *Daniel usually writes (letters) against the council's plans ~ Daniel suele escribir (cartas) en contra de los planes del ayuntamiento*

write away [1] vi ♦ to continue writing; to write a great deal ~ continuar escribiendo; escribir mucho || *Whenever I looked at him he was writing away in the corner ~ Cada vez que le miraba, seguía escribiendo allí en el rincón* **[2]** vi ♦ *véase* send away [1]

write away for ins ♦ *véase* send away for

write back vi ♦ to write a reply to a letter ~ contestar (a una carta) || *I hope you'll write back before Christmas ~ Espero que me contestes antes de Navidades*

write back to ins & v2obj ♦ [with a letter] *véase* reply to

write down sep ♦ *véase* copy down

write down as v2obj ♦ *véase* condemn as

write down to ins ♦ [in writing] *véase* speak down to

write for **[1]** v2obj ♦ to write (something) for (a friend etc.) ~ escribir (algo) para/dedicado a (alguien) || *Laura wrote a poem for her boyfriend* ~ *Laura escribió un poema y se lo dedicó a su novio* **[2]** ins & v2obj ♦ to work as a journalist writing (articles etc.) for (newspaper) ~ escribir (artículos etc.) para/en (tal periódico) || *I used to write (a column) for the local paper* ~ *Escribía (una columna) para el periódico local* **[3]** ins ♦ *véase* send away for **[4]** v2obj USA ♦ [in writing] *véase* ask for [1]

write in **[1]** vi & sep ♦ *véase* send in [3] **[2]** ins & v2obj ♦ *véase* write for [2] **[3]** v2obj ♦ to write (something) in (a book or place) ~ escribir (algo) en || *Write your name in the book so that it won't get lost* ~ *Escribe tu nombre en el libro para que no se pierda* **[4]** v2obj ♦ *véase* mark in [2] **[5]** sep ♦ [in a book/play/film] to include (a character/scene) ~ incluir (un protagonista/una escena) || *The scriptwriter wrote an extra character in so that the girl had two brothers* ~ *El guionista incluyó un personaje adicional para que la niña tuviera dos hermanos*

write in for ins ♦ *véase* send away for

write in to ins ♦ to write a letter to (an organisation) ~ escribir a || *I wrote in to the TV channel to complain about a programme* ~ *Escribí a la cadena televisiva para quejarme de un programa*

write into **[1]** v2obj ♦ to include (a character/scene) in (a book/play/film) ~ incluir (un protagonista/una escena) en || *I had to write two extra scenes into the first act* ~ *Tuve que meter dos nuevas escenas en el primer acto* **[2]** v2obj ♦ [clause in contract] *véase* factor into

write of ins form ♦ *véase* write about [1]

write off **[1]** vi & sep ♦ *véase* send in [3] **[2]** vi ♦ *véase* send away [1] **[3]** sep ♦ to accept that (debt) will never be recovered ~ anular/cancelar/borrar (una deuda) || *The bank has decided to write my debt off* ~ *El banco ha decidido borrar mi deuda* **[4]** sep ♦ to damage (a car etc.) beyond repair ~ dañar/estropear (coche etc.) tanto que no se puede reparar || *Daniel wrote his father's car off last night* ~ *Anoche Daniel destrozó el coche de su padre en un accidente* **[5]** sep ♦ [ageing employee etc.] *véase* cast aside

write off as v2obj ♦ *véase* condemn as

write off for ins ♦ *véase* send away for

write on **[1]** vi ♦ [continue writing] *véase* write away [1] **[2]** ins & v2obj ♦ *véase* write about [1] **[3]** ins & v2obj ♦ [on page etc.] *véase* write in [3] **[4]** v2obj ♦ [on page etc.] *véase* mark in [2]

write out **[1]** sep ♦ [for 1st time/again] *véase* copy out **[2]** sep ♦ [esp. cheque etc.] *véase* fill in [1] **[3]** sep ♦ [kill/otherwise remove] *véase* kill off [2]

write out of v2obj ♦ [character from TV series] *véase* clear out of [2]

write to ins & v2obj ♦ [friend/organisation] *véase* write in to

write up **[1]** sep ♦ to write a corrected, neat version of ~ escribir una copia en limpio de || *I have to write up my essay today* ~ *Hoy me toca escribir la redacción en limpio* **[2]** sep ♦ [in formal, written form] *véase* report about **[3]** sep inf ♦ *véase* crack up [7]

writhe about vi ♦ [in pain] *véase* roll about [4]

writhe around vi ♦ [in pain] *véase* roll about [4]

writhe in ins ♦ [+ pain etc.] *véase* double over with; cringe with

writhe under **[1]** ins ♦ [+ pain etc.] *véase* double over with; cringe with **[2]** ins ♦ *véase* suffer under

writhe with **[1]** ins ♦ [+ pain etc.] *véase* double over with; cringe with **[2]** ins ♦ *véase* crawl with

X

x out sep USA AUS IT ♦ [with xxxx]
véase strike over

Y

yack off sep inf ♦ [+ one's head] *véase* babble away; go on [4]

yack up sep inf ♦ *véase* go on about

yammer about ins inf ♦ *véase* go on about

yammer away vi inf ♦ *véase* babble away; go on [4]

yammer away about ins inf ♦ *véase* go on about

yank apart sep ♦ [fighters/animals/ machine] *véase* drag apart

yank around sep USA inf ♦ *véase* bugger about [2]; fuck over

yank at ins ♦ *véase* haul at

yank away sep ♦ *véase* grab away

yank away from v2obj ♦ *véase* jerk away from

yank in sep ♦ *véase* haul in [1]

yank into v2obj ♦ [pulling] *véase* drag into [1]

yank off **[1]** sep & v2obj ♦ *véase* haul off [1] **[2]** sep ♦ [clothes] *véase* fling off [1] **[3]** v2obj USA inf ♦ [programme from TV; goods from shops] *véase* retire from [2]

yank on ins ♦ *véase* haul at

yank out sep USA AUS inf ♦ [remove contents violently] *véase* drag out [3]

yank out of v2obj ♦ [physically] *véase* drag out of

yank up sep ♦ *véase* jerk up

yap about ins inf ♦ *véase* bitch about; chat about

yap at ins ♦ *véase* bark at

yawn off sep ♦ [+ one's head] to yawn a lot ~ bostezar mucho || *I was yawning my head off throughout the class ~ Estuve toda la clase bostezando sin parar*

yawn out sep ♦ [bostezando] *véase* force out [2]

yearn for ins ♦ *véase* ache for

yell at ins & v2obj ♦ *véase* bawl at

yell out **[1]** vi ♦ *véase* call out [1] **[2]** sep ♦ *véase* call out [2]

yelp with ins ♦ [+ pain] *véase* cry out in

yen for ins ♦ *véase* ache for

yield over to v2obj USA ♦ *véase* deliver over to

yield to **[1]** v2obj USA ♦ *véase* deliver over to **[2]** ins USA ♦ to allow (pedestrian/another car etc.) to have preference ~ ceder el paso a || *Here you have to yield to pedestrians ~ Aquí hay que ceder el paso a los peatones*

yield up **[1]** sep form ♦ *véase* deliver over; give up [4] **[2]** sep form ♦ [something which was hidden] *véase* dig up [4]

yoke together sep ♦ [con yunta] *véase* bind together

Z

zap along vi & ins inf ♦ *véase* career along

zero in on **[1]** ins ♦ *véase* focus on [1] **[2]** ins ♦ *véase* home in on [2]

zing past vi & ins inf ♦ *véase* dash past

zip along vi & ins ♦ *véase* career along

zip on sep ♦ [prenda con cremallera] *véase* get on [6]; fling on

zip past vi & ins inf ♦ *véase* dash past

zip up **[1]** vi ♦ [prenda con cremallera] *véase* do up [5] **[2]** sep ♦ [prenda con cremallera] *véase* do up [2]

zip it up vi inf ♦ [as command] *véase* dry up [6]

zone as v2obj USA ♦ to designate (an area) as being reserved for/dedicated to ~ designar (una zona) como || *The council has zoned this field as a park ~ El ayuntamiento ha estipulado que este campo va a ser parque*

zone for v2obj USA ♦ [area] *véase* earmark for

zone off sep ♦ [legally, for a specific purpose] *véase* cordon off

zone out **[1]** vi USA arg ♦ *véase* switch off [3] **[2]** sep USA arg ♦ [with illegal drugs/alcohol] *véase* dope out

zonk out vi inf ♦ *véase* conk out [1]

zoom along vi & ins ♦ *véase* career along

zoom in on ins téc ♦ *véase* pan in on

zoom off vi inf ♦ *véase* dash away; buzz off

zoom out **[1]** vi téc ♦ *véase* pan out [1] **[2]** vi inf ♦ *véase* dash out

zoom over ins ♦ *véase* fly over

zoom over to ins & v2obj ♦ [very quickly] *véase* drive to [1]

zoom past vi & ins ♦ *véase* dash past

zoom through ins ♦ *véase* hurtle through

zoom to ins & v2obj ♦ [very quickly] *véase* drive to [1]

zoom up vi ♦ *véase* dash up

zoom up to ins inf ♦ [very quickly] *véase* come up to [3]